Informatik aktuell

Herausgeber: W. Brauer
im Auftrag der Gesellschaft für Informatik (GI)

Günther Görz (Hrsg.)

KONVENS 92

1. Konferenz
„Verarbeitung natürlicher Sprache"
Nürnberg, 7.-9. Oktober 1992

Springer-Verlag
Berlin Heidelberg New York
London Paris Tokyo
Hong Kong Barcelona
Budapest

Herausgeber

Prof. Dr. Günther Görz
Universität Erlangen-Nürnberg
Informatik (IMMD) VIII und FORWISS Erlangen
Am Weichselgarten 9, W-8520 Erlangen

KONVENS 92

1. Kongreß „Verarbeitung natürlicher Sprache"

Veranstaltet von

GI	– Gesellschaft für Informatik e.V., FA 1.3 „Natürliche Sprache" (Organisation)
DGfS	– Deutsche Gesellschaft für Sprachwissenschaft / Sektion Computerlinguistik
GLDV	– Gesellschaft für Linguistische Datenverarbeitung
ITG/DEGA	– Informationstechnische Gesellschaft in Zusammenarbeit mit der Deutschen Gesellschaft für Akustik
ÖGAI	– Österreichische Gesellschaft für Artificial Intelligence

Programmkomitee

G. Görz (Erlangen-Nürnberg) E. Paulus (Braunschweig)
J. Haller (Saarbrücken) M. Pinkal (Saarbrücken)
M. Herweg (Hamburg) C.-R. Rollinger (Osnabrück)
G. Heyer (Nürnberg) H. Trost (Wien)
W. Hoeppner (Duisburg) W. Wahlster (Saarbrücken)
R. Hoffmann (Dresden)

Programmkomiteevorsitz und Tagungsleitung

Günther Görz

CR Subject Classification (1992): I.2.7

ISBN-13: 978-3-540-55959-7   e-ISBN-13: 978-3-642-77809-4
DOI: 10.1007/978-3-642-77809-4

Satz: Reproduktionsfertige Vorlage vom Autor/Herausgeber

33/3140-543210 – Gedruckt auf säurefreiem Papier

Vorwort

Der Kongreß "Verarbeitung Natürlicher Sprache" (KONVENS) ist die erste Tagung, die gemeinsam von den folgenden wissenschaftlichen Gesellschaften veranstaltet wird: GI (Gesellschaft für Informatik e.V., Fachausschuß 1.3 "Natürliche Sprache"), DGfS (Deutsche Gesellschaft für Sprachwissenschaft / Sektion Computerlinguistik), GLDV (Gesellschaft für Linguistische Datenverarbeitung), ITG/DEGA (Informationstechnische Gesellschaft in Zusammenarbeit mit der Deutschen Gesellschaft für Akustik) und ÖGAI (Österreichische Gesellschaft für Artificial Intelligence). Sie soll die erste in einer Reihe von Tagungen über die Verarbeitung natürlicher Sprache im deutschsprachigen Raum sein, die die beteiligten Gesellschaften in zweijährigem Turnus planen. Die Verantwortung für die Organisation werden die veranstaltenden Gesellschaften reihum übernehmen; bei der KONVENS 92 hat die Gesellschaft für Informatik die Federführung.

Die KONVENS hat das Ziel, einen Querschnitt durch die aktuelle Forschung in *allen* Gebieten der Sprachverarbeitung zu bieten. Hierzu ist die Mitwirkung sämtlicher für die Sprachverarbeitung relevanten Disziplinen, wie z.B. Informatik, Linguistik, Psychologie und Nachrichtentechnik, erforderlich. In den Beiträgen sollen neben grundlagen-orientierten Forschungsaspekten und Resultaten auch innovative Anwendungen vertreten sein. Besonders erwünscht sind Berichte über erfolgreich durchgeführte und implementierte Vorhaben.

Zusätzlich sollen durch die Vorgabe eines Schwerpunktthemas Anstöße in wichtigen Forschungsrichtungen vermittelt werden. Als Schwerpunktthema für die KONVENS 92 wurde

"Integration akustischer und linguistischer Ansätze"

gewählt. Zum Schwerpunktthema werden drei eingeladene Vorträge angeboten sowie zwei Einführungskurse, die der Tagung vorangehen.

Die Ankündigung der KONVENS hat ein erfreulich großes Echo gefunden. Diese Resonanz zeigt deutlich die Bedeutung des Fachgebiets. Insbesondere das Schwerpunktthema hat durch die jüngsten forschungspolitischen Maßnahmen in Deutschland an besonderer Aktualität gewonnen. Der Fachausschuß 1.3 "Natürliche Sprache" in der Gesellschaft für Informatik bemüht sich bereits seit einigen Jahren um die Intensivierung des Dialogs zwischen den in der Verarbeitung gesprochener Sprache und den in der Verarbeitung geschriebener Sprache tätigen Fachkolleginnen und -kollegen und Forschungsgruppen. Daher ist es dem Unterzeichneten als gegenwärtigem Sprecher dieses Fachausschusses eine besondere Freude, daß dieses Schwerpunktthema von allen Beteiligten gleichermaßen befürwortet wurde.

Zur KONVENS 92 wurden 80 Beiträge eingereicht, aus denen das Programmkomitee 32 Hauptbeiträge sowie zehn Posterbeiträge auswählte. Der vorliegende Tagungsband enthält die Texte der eingeladenen Vorträge, der angenommenen Hauptbeiträge und Posters. Die Hauptbeiträge wurden in folgende Themenbereiche eingeordnet: Gesprochene Sprache, Morphologie, Syntax und Parsing, Semantik, Generierung und Systeme.

Weiterhin findet auf der KONVENS 92 eine Paneldiskussion zu dem vom Bundesministerium für Forschung und Technologie geplanten Verbundvorhaben *Verbmobil* statt. Diese Veranstaltung wird von der Verbmobil-Vorbereitungsgruppe unter der Federführung von Herrn Kollegen Wolfgang Wahlster, DFKI Saarbrücken, durchgeführt; sie ist im Tagungsband nicht dokumentiert.

Darüber hinaus bietet die KONVENS 92 Möglichkeiten zur Vorführung von Sprachverarbeitungssystemen.

Durch die großen Qualitätsanforderungen, die bei der Begutachtung der eingereichten Beiträge angelegt wurden, zeichnet sich die KONVENS 92 durch ein hohes wissenschaftliches Niveau aus. Das Programmkomitee dankt herzlich allen Wissenschaftlern, die sich durch die Einreichung ihrer Arbeiten engagiert haben. Weiterhin gebührt besonderer Dank den drei Referenten der eingeladenen Hauptvorträge, Walther von Hahn, William Marslen-Wilson und Mark Steedman, den Referenten der Einführungsvorträge, Günter Schukat-Talamazzini und Richard Wiese, den zahlreichen Nebengutachtern sowie Roland Hausser für die Organisation der Systemvorführungen.

Weiterhin danken wir den Verlagen, die sich an der Buchausstellung beteiligen.

Eine große Tagung wie die KONVENS bedarf umfangreicher Unterstützung bei der Vorbereitung und Durchführung. Daher ist es dem Unterzeichneten im Namen des Programmkomitees eine angenehme Pflicht, sich dafür zu bedanken: bei der Universität Erlangen-Nürnberg für ihre Bereitschaft, die Tagung zu beherbergen und die Räume in der Wiso-Fakultät Nürnberg zur Verfügung zu stellen, bei der Stadt Nürnberg für die Ausrichtung eines Empfangs im alten Rathaussaal, bei Marcus Kesseler, Matthias Mankut, Thomas Stürmer und Hans Weber für ihr überdurchschnittliches Engagement bei der lokalen Organisation sowie bei Christine Harms und Luzia Sassen-Heseler für die professionelle Vorbereitung und Ausrichtung der Tagung und die überaus effiziente und angenehme Zusammenarbeit.

Nicht zuletzt möchte sich der Unterzeichnete persönlich bei den Mitgliedern des Programmkomitees bedanken, ohne deren großen Einsatz die KONVENS 92 nicht hätte zustandekommen können. Mit dieser überaus angenehmen und kooperativen Gruppe war es mir eine Freude, die Leitung der Tagung zu übernehmen.

Erlangen-Nürnberg, im Juli 1992   Günther Görz

Inhalt

Morphologie

Syntax und Parsing

Semantik

Generierung

Systeme

Posters

Vorführungen

Von der Verknüpfung zur Integration:
Kontrollstrategie oder kognitive Architektur

Walther v. Hahn

Universität Hamburg
Fachbereich Informatik
Arbeitsbereich Natürlichsprachliche Systeme
Bodenstedtstr. 16
D - 2000 HAMBURG 50
Tel.: X40/4123 4529, Fax: X40/4123 6530
e-mail: vhahn@nats2.informatik.uni-hamburg.de

Zusammenfassung

Die integrierte Bearbeitung von Sprachsignalen und linguistischer Struktur setzt generelle
Überlegungen über die Architektur einer solchen Integration voraus. Die konzeptuellen Grundlagen
der Arbeit im Projekt ASL[1], nämlich deterministische, inkrementelle und zeitsynchrone Verarbeitung,
werden diskutiert, und eine Software-Lösung mittels Modulinteraktion ohne zentrales Regime wird
vorgestellt.

Summary

Integration of speech- and language-systems (as opposed to mere combination) requires systematic
research on architectures. Basic concepts of the integration project ASL (Architectures for Integrated
Speech and Language Systems) are discussed: deterministic, synchronous and incremental processing. Details are given on the implementation by modul interaction without a global regime.

1 Status quo

Sprachverarbeitende Systeme sind bisher, besonders in Forschungs-Projekten (z.B. auch im Projekt
HAM-ANS) im wesentlichen "organisch" gewachsen, d.h. mehr oder weniger additiv um eine zen-
trale Steuerungskomponente herum (meist eine Art Dialogmanager). Selbst Reimplementierungen be-
zogen sich selten auf die Architektur, sondern eher auf die Effizienz und Homogenität der
Komponenten. Produktnähere Systeme (z.B. stochastische Modelle) sind von vornherein eher auf
Effizienz des Erreichten hin implementiert als auf Generalisierung und Erweiterbarkeit.

In den letzten Jahren ist dann verstärkt an Systemen gearbeitet worden, die Sprachanalyse auf beiden
Ebenen der natürlich-sprachlichen Kommunikation vornehmen: Bei der Eingabe von Sprachsignalen
wird eine "subsymbolische" Signalanalyse und nachfolgend eine "symbolische" linguistische Analyse
vorgenommen. Hierbei entstanden dann zwei Systemtypen solcher Verknüpfungen:

---

[1] Die Arbeiten werden aus Mitteln des BMFT unter dem Förderkennzeichen 01IV101AO gefördert.

• Das erweiterte Speech-System (in Varianten realisiert in den Systemen des Verbundprojekts SPICOS) und

• Das erweiterte Language-System (typisch realisiert aus einem Parser heraus bei Briscoe).

In beiden Fällen liegt der wissenschaftliche Fortschritt zunächst in der Kombination zweier Aspekte von natürlicher sprachlicher Kommunikation. Eine wissenschaftlich fundierte Behandlung des dabei entstandenen Architektur-Problems konnte aber lange Zeit gar nicht einmal angestrebt werden, da die Fragestellung selbst zunächst entfaltet werden mußte. Mit Hilfe von Linguistik, Psychologie und Informatik mußte zunächst der Grundriß der Architekturfrage festgelegt werden. Davon wird im folgenden hauptsächlich die Rede sein.

2 Problemkatalog

Mit den Arbeiten von Briscoe und Craig ist in der wissenschaftlichen Diskussion über die Integration von Mehr-Komponenten-Systemen ein bedeutsamer Anfang gemacht worden, diese Studien blieben aber zunächst Einzelerscheinungen. Beide Arbeiten beziehen sich übrigens ausdrücklich auf das Integrationsproblem bei der Sprachverarbeitung.

Erstmalig ist nun seit 1990 vom BMFT ein Verbundprojekt allein zur Erforschung von Architekturfragen aufgesetzt worden, das Projekt ASL (Architekturen für Speech- und Language-Systeme).Voraus gingen diesem Projekt eine intensive Förderung der Sprachsignalanalyse (Verbundprojekte Sprachverarbeitende Systeme "SPICOS") sowie der computerlinguistischen Forschung (HAM-ANS und Verbundprojekt WISBER).

Die Forschungsrichtung "Integration von Speech und Language" hat inzwischen international eine starke Dynamik erreicht (Thema des ATR-Jahrestreffens 1989, Panel auf EuroSpeech91). Die Konferenz in Dublin im Juli war dann der erste weiter sichtbare Reflex auf die internationalen Forschungsaktivitäten. Daß inzwischen ASL in das Projekt Verbmobil eingeschmolzen wurde, ist nur ein Zeichen dafür, daß Fortschritte in der Architektur-Frage auch aus der Sicht des BMFT eine wesentliche Voraussetzung für langfristige Erfolge bei großen Systemen sein wird.

Vorherrschend bei derzeitigen Implementierungen sind sequentielle und hierarchische Architekturen.

In einer sequentiellen Architektur werden die Daten pipe-artig hintereinander bearbeitet, wobei die Ergebnisse einer Komponente bei der Übergabe als abgeschlossen angesehen werden und die Reihenfolge der Arbeit unter den Komponenten festliegt.

In einer hierarchischen Architektur stößt eine zentrale Steuerungskomponente die Arbeiten einzelner untergeordneter Komponenten an und regelt nach der Rückgabe die Weitergabe an andere Komponenten.

Die Unzufriedenheit mit den bisherigen Implementierungen[2] beginnt an vielen Stellen, daher wollen wir die Ansatzpunkte einer Umorientierung nach verschiedenen Sichten auf das Problem angehen:

---

[2] Ein Vergleich mit Produktionensystemen, Demons und RPCs findet sich bei Craig, eine Gegenüberstellung verschiedener Speech-Language-Architekturen bei v.Hahn/Pyka

Das Ebenen-Argument

Aus der Linguistik heraus ist zunehmend unklar geworden, ob eine Verarbeitung der Sprache (besonders in sequentiellen Architekturen) entsprechend den bekannten Analyse- und Beschreibungsebenen sinnvoll ist. Die Frage läßt sich stellen nach

1. der Konsistenz von solchen Ebenen, d.h. die nach der Möglichkeit und Nützlichkeit, z.B. die syntaktische, morphologische oder phonologische Struktur überhaupt isoliert beschreiben zu sollen. Mehrwortlexeme mit einer internen syntaktischen Struktur, morphologische Äquivalente zu syntaktischen Fügungen, oder die Verarbeitung von Performativen sind bekannte Beispiele, die für eine Auflösung der "Ebenen-Folklore" sprechen. Daneben ist es die Frage nach

2. der Beziehung zwischen den Ebenen. Verhalten sich die Ebenen zueinander wie Filter, wobei kein Merkmal zu früh verdeckt oder ausgefiltert wird und nichts unerkannt bleibt? Es ist des weiteren die Frage danach, ob

3. die Beziehung zwischen der Signalebene und den linguistischen Ebenen dieselbe ist, wie die der linguistischen Ebenen untereinander, d.h. ob die subsymbolische und die symbolische Verarbeitung zu ein und derselben Architektur gehören.

Das Ambiguitäts-Argument

Erfahrungsgemäß kann kein Erkennungsalgorithmus jeweils auf einer Ebene streng deterministisch[3] arbeiten, so daß keinerlei ungewollte Ambiguitäten entstehen. Diese können durch kommunikative Unterbestimmtheit echte Unklarheiten oder sogar bewußte Ambiguitäten sein oder aber durch die Unzulänglichkeit der Verarbeitung künstlich entstandene "linguistische" Ambiguitäten. Entstehen auf einer Ebene durch fehlende Interaktion mit anderen Ebenen zu viele Ambiguitäten, so wird der Hypothesenaufwand enorm hoch. Im schlimmsten Falle können die sich auf einer Ebene bereits multiplizierenden Ambiguitäten nicht auf der adjazenten Ebene aufgelöst werden, so daß sie mit den dortigen Ambiguitäten multipliziert weitergereicht werden müssen.

> Lexikalisch: *{Ich, nicht} {Kirche, Kirsche} und {abfahren, anfahren}*
> syntaktisch: *Nicht bei der Kirche / Kirsche am Platz abfahren / anfahren*
> semantisch: [Skopus der Negation]
> pragmatisch: Aufforderung vs. Frage vs. Feststellung

Die Desambiguierung der über dreißig Lesarten erfolgt endgültig erst durch den Abgleich mit konzeptuellem und referentiellem Weltwissen, falls nicht bei der Entstehung Wissen aus anderen Ebenen herangezogen werden kann.

Das Überlappungs-Argument

Hypothesen einer Analyseebene für die Bearbeitung der nächstfolgenden sind nicht naturgemäß überlappungsfrei. Die Überlappungsfreiheit ist leicht einzusehen bei Outputhypothesen über Wörter, da sie durch Leerstellen begrenzt werden. In der Morphologie, der Syntax und der Semantik gibt es al-

---

[3] vgl. Görz S.4 ff.

lerdings genügend Beispiele für überlappende alternative Interpretation, da diese Zeichen bekanntlich nicht der Fano-Bedingung unterliegen. Überlappungen sind besonders häufig natürlich auf der Signalebene, weil dort wegen der unsicheren Klassifizierung zusammen mit der unsicheren Segmentierung der Suchraum besonders groß wird. Das Unbefriedigende an der Situation ist, daß man nicht durch sichere Interpretationen auf höheren Ebenen die Überlappungen gleich zu Beginn ausschließen kann.

Der negative Fall ist der nicht anschließender Hypothesen. Zwischen zwei Hypothesen liegt also ein Datenraum, der von keiner Hypothese überdeckt wird. Normalerweise tritt auch das häufig auf der Signalebene auf, allerdings kann man sich bei nicht-sequentiellen Parsern oder nicht-lexematischen Wörtern (z.B. "ähms" und "uhms") diesen Fall auch im symbolischen Bereich vorstellen.

Das Strategie-Argument

Ein bekanntes Beispiel[4] illustriert das Problem: Ein System, das besonders gut beim Erkennen von Eigennamen ist, muß strikt bottom-up arbeiten, denn es gibt nur sehr schwache symbolische Regeln oder Intuition über Namen. Das Signal ist die einzige verläßliche Basis für korrektes Verstehen. Dasselbe System ist nun mit folgender Situation konfrontiert:

> A sitzt am Schreibtisch, morgens 9 Uhr öffnet sich die Tür und B fragt *[hbmbmhlmh]*. A antwortet: *"Zwei mit mit"* . Nach 5 Minuten erhält sie zwei Kaffees mit Milch und Zucker. B ist, wie jeder weiß, der heutige Kaffeemacher.

Um das Verstehen von A zu erreichen ist eine Verarbeitung, die strikt bottom-up arbeitet, absolut ungeeignet, da das Signal der unzuverlässigste, ja überflüssigste Teil der Kommunikation ist. Alle Variablen, außer ANZAHL und MACHART sind situativ gebunden.

Das spracherkennende System, das maßgeschneidert für "kontextfreies" Erkennen entworfen wird, sollte also ein Spezialfall des in der Kontrollstrategie flexiblen Systems sein. Flexible Systeme sind nicht aus strikt bottom-up-organisierten Systemen abzuleiten, da die isolierte Vollständigkeit von Hypothesenmengen und die Adjazenz von Komponenten deren grundlegende Konzepte sind. Die Entscheidung für ein blackboard-artiges System[5] liegt nahe.

Das Unterbestimmtheits-Argument

Der Natur natürlich-sprachlicher Zeichen entsprechend sind die Merkmale auf jeder Ebene gegenüber jeder darunterliegenden unterbestimmt. Bedingungen syntaktischer Funktionen sind z.B. auf der phonologischen Ebene nicht erhebbar. Diese Unterbestimmtheit darf aber nicht dazu führen, daß man auf jeder Ebene alle Optionen aller weiteren Ebenen blind offenhält, auch die nicht regelgerechten. Vielmehr sollen z.B. durch Abbrüche verstümmelte syntaktisch/semantische Beschreibungen durch Belegungen oder Erwartungen anderer Ebenen gefüllt werden können. Wünschenswert ist die Einbettung jeder erkannten Struktur in einen Rahmen erwarteter, vorbelegter oder weiterhin unterspezi-

---

[4] Das Beispiel verdanke ich T. Wachtel (Canon Research London)
[5] Für einen Vergleich mit anderen Architekturen (Produktionssysteme, Demons, Lokalen Prozeduren und RPCs siehe Craig § 4.8, S. 129

fizierter Repräsentationsausdrücke, "solche Wechselwirkungen also durch Systeme von Constraints zu beschreiben[6]".

Das Inkrementalitäts-Argument

Genau genommen zielt die Forderung nach inkrementeller Verarbeitung nur auf eine Verallgemeinerung eines Prinzips, das oberhalb der Syntax immer schon galt. Da aber bei kombinierten Speech-Language-Systemen aber die Verbindung von Worthypothesen und dem Aufbau syntaktisch/semantischer Strukturen eines Satzes im Vordergrund stand , konnte man sich bei entsprechend schnellen Algorithmen mit der Verarbeitung von Satzportionen durchaus zufrieden geben. Nimmt man z.B. nur referenzsemantische und pragmatische Interpretationen hinzu, ist die Satzgrenze alles andere als natürlich.

Zwei wesentliche Eigenschaften bei der Eingabe realistisch gesprochener (Sprech-)Sprache haben zusätzlich zu der Forderung inkrementeller Verarbeitung geführt: Realistische Kommunikationsbeiträge bestehen nicht aus

1. isolierten Sätzen. Da Wortgrenzen in verbunden gesprochener Sprache nicht markiert sind, sind es Satzgrenzen genauso wenig.
2. korrekten und vollständigen syntaktischen Strukturen, sondern satzartigen Ellipsen, Anakoluthen, Neuansätzen und nicht regelentsprechenden Äußerungen.

Eine inkrementelle Verarbeitung erscheint also notwendig, auch wenn man die zwingenden kognitiven Argumente unberücksichtigt läßt.

Das Effizienz-Argument

Beim Entwurf eines sprachverarbeitenden Systems möchte man einerseits keine Daten aufbauen, die später gar nicht gebraucht werden, weil sie definitiv Regeln höherer Ebenen widersprechen. Werden sie früh genug ausgeschieden, nehmen sie nicht Teil an der Kombinatorik der Hypothesen. Läßt sich auch zwischen der Signalebene und der Syntax noch nachweisen, daß die Komplexität eine vertretbare Obergrenze nicht überschreitet[7], so ist bei der Modellierung des Verstehensprozesses (z.B. bei der Aufgabenstellung von VERBMOBIL) mit einem gutartigen Zeitverhalten nicht mehr zu rechnen. Komplexe Systeme mit einer Vielzahl von Komponenten müssen auch deshalb symbolisch (im Gegensatz zu programmiertechnisch) modular aufgebaut werden, um Tests auf der Architektur-Ebene durchführen zu können und das System zu optimieren.

Besonders bei experimentellen Labor-Implementierungen ist darüber hinaus die Allgemeinheit des Entwurfs und die Modularität als Voraussetzung für additives Design und Testbarkeit wünschenswert. Das Hinzufügen.oder Löschen von Komponenten sowie die Veränderung der Struktur der Kommunikationskanäle ist erheblich vereinfacht. Eine sequentielle ebenenisolierte Verarbeitung ist dann nur der Spezialfall[8] einer Blackboard mit nur einer Komponente oder mit je einem einseitig gerichteten Kommunikationskanal je Komponente.

---

[6] Görz S. 19
[7] Ney in ICASSP90
[8] Craig Kap. 3.2.4

Das kognitive Argument

Das stärkste Argument, vor allem aus der Richtung der kognitiven Linguistik ist die vermutete und besonders von J.A.Fodor stark propagierte These[9], daß Sprachverstehen prinzipiell modular abläuft und unterschieden werden muß zwischen einer horizontalen Organisationsebene, die bereichsspezifisch und isoliert ist und einer vertikalen Organisationsebene, die bereichsunabhängig und nicht eingekapselt ist. Darüber hinaus ist es die starke Erwartungssteuerung speziell des Sprachverstehens, die auf eine Interaktion von Modulen und top-down-Hypothesen schließen läßt. Spezifische diskontinuierliche Eigenschaften von natürlichen Sprachen, wie Fernstellung von Elementen oder Rekurrenz-Phänomene legen eine Architektur nahe, die Relationen zwischen Modulen allgemein spezifiziert, also nicht nur für adjazente Module. Wie Friederici gezeigt hat, ist außerdem vermutlich ein unabhängiges Modul, dessen Prozesse nicht einfach in eine serielle Verarbeitung einzubinden sind, für das Weltwissen verantwortlich.

Es bleibt natürlich außerhalb kognitiver Modellierungsziele die Frage, wie valide kognitive Argumente in einem technischen Zusammenhang sind, das natürliche Sprachverstehen etwa ist z.B. sicher in der Regel deterministisch, aber wie ein Flugzeug auch nicht mit den Flügeln schlägt, so kann ein Spracherkenner auch ganz anders als die entsprechenden menschlichen Prozesse, z.B. mit Backtracking funktionieren.

Einige Gründe für die Schwierigkeiten

Das Architekturproblem wurde bisher entweder als Schnittstellenproblem zwischen Prozessen behandelt oder im Rahmen von Software-Engineering bzw. Optimierung von Systemen. Erst in neuerer Zeit spielen kognitive Argumente eine entscheidende Rolle und mit den formalen Fortschritten, die Unifikationsgrammatiken und Constraint-Systeme für komplexe sprachverarbeitende Systeme gebracht haben, ist auch ein befriedigender Formalismus verfügbar. Nach wie vor ist aber ein linguistisches Defizit erster Ordnung bei den sprachlichen Verstehensprozessen:

> "Die für die Sprache ins Auge zu fassenden Prozesse sind allerdings so komplex, daß über die Axiomatisierung der Elemente und ihrer interaktiven Kombinatorik hinaus starke Intuitionen über den möglichen kompositorischen Aufbau und die Funktionen der Komponenten, d.h. über die kompositorische und funktionale Systemarchitektur, erforderlich sind[10]."

Ein weiterer Grund liegt darin, daß bisher vorwiegend solche Speech-Language-Kombinationen untersucht wurden, bei denen nur zwei Komponenten, ein Spracherkenner (bis zum Wort) und ein Parser (bis zur Repräsentation) beteiligt waren. Dabei konnte man durch geschickte Codierung und Präcompilierung einen expliziten Architekturentwurf noch umgehen.

3   Problemstellungen in ASL

Die in ASL gestellte Aufgabe besteht zusätzlich zu der Integration noch in der Bearbeitung realistischer verbunden gesprochener Sprache. Realistisch heißt dabei, daß nicht (wie bisher häufig in Sprachsignal-Verarbeitungsprojekten) kooperativ vorgelesene schriftsprachliche Sätze satzweise ver-

---

[9] Fodor S.
[10] Schnelle S. 138

arbeitet werden sollen, sondern dialogische Texte mit den typischen Eigenschaften spontaner Sprechsprache. Das sind besonders

- ein höherer Grad an Verschleifung,
- variables Sprechtempo,
- starke prosodische Variation,
- Häsitationen (nicht sprachfunktional interpretierbare Pausen oder Übergangslaute),
- abweichende Syntax einschließlich Satzabbrüchen und Neuansätzen,
- starke Einbettung in die Situation und andere Diskursparameter,
- Beiträge mit mehreren Sätzen.

Dieser Typus von Material schließt allerdings nicht aus, daß er in relativ "sauberer" Umgebung aufgenommen wird und ein späterer Test auf realistische Umgebungseinbettung durch zugemischte Signale erreicht wird.

Technisches Ziel ist zunächst die Abbildung eines Eingabetextes auf eine interne Repräsentation, die zum Beispiel ihrerseits in eine Datenbankabfrage umgesetzt werden könnte. Im Folgeprojekt VERBMOBIL schließt sich hier eine Transferkomponente an.

Nun ist sicher, daß mit dem heutigen Kenntnisstand ein integriertes System, das Material des beschriebenen Typs verarbeiten kann, nicht in Realzeit arbeiten können wird. Entscheidend ist zunächst aber, daß u.a. folgende Probleme einer Lösung näher geführt werden können:

(1) Das Zeitverhalten muß kontrolliert und proportional sein,
(2) Auch auf partiellen Strukturen müssen höhere Prozesse aufsetzen können,
(3) Linguistisches Wissen muß auf allen Ebenen zur Analyse eingesetzt werden,
(4) Wissen aus nicht adjazenten Komponenten muß zur Reduzierung des Suchraums eingesetzt werden können,
(5) Information aus neuen Quelldaten muß sich auf die Verarbeitung aller Ebenen auswirken können,
(6) Die Folgen und die Effizienz einer bestimmten Architektur-Entscheidung muß testbar sein,
(7) Vor der Signalzeit liegende Erwartungen müssen systematisch einbezogen werden,
(8) Hybride Architekturen müssen einzubinden sein.

4   Lösungsvorstellungen

Die dem ersten Prototyp 1992 der Gruppe ASL-Nord[11] zu Grunde liegenden Entscheidungen wurden Ende letzten Jahres von Claudius Pyka[12] herausgegeben und enthalten die Festlegungen auf die drei Prinzipien

inkrementell,
zeitsynchron und
quasi-deterministisch[13].

Diese Architektur ist als eine Art Blackboard realisiert, allerdings ohne eine Ebenenhierarchie und ohne zentrale Kontrolle, wie dies in der CASSANDRA-Architektur[14] erstmals vorgestellt wurde.

---

[11] mit Lutz Euler, Günther Görz, Walther v.Hahn, Andreas Hauenstein, Kai Hübener, Claudius Pyka und Stefan Wermter
[12] Bericht 22, siehe Literaturverz.
[13] "im Sinne einer Minimierung von Nicht-Determinismus" (Görz, S. 20)
[14] s. Craig

Daneben sind wie in CASSANDRA spezifische Kommunikationskanäle zwischen Modulen gesetzt, es ist also keine allgemeine unspezifische Kommunikation vorgesehen. Der Datenfluß ist zunächst bottom-up gerichtet. Eine solche Architektur entspricht nicht nur den Argumenten und Anforderungen aus Abschnitt 2 und 3, sondern ist auch unempfindlicher gegen Veränderungen an der Zahl und Arbeitsweise der Module sowie deren Verbindungskanälen.

4.1 Uniforme Komponenten und deren Aufbau

Ein Grundprinzip der Architektur ist, daß die Verarbeitung von der Signaleingabe bis zur Antwortgenerierung von einer Menge gleichberechtigter Module bearbeitet wird, die alle die gleiche hier aufgeführte Struktur haben:

Die Kommunikationsschnittstelle ist die einzige Verbindung der Module untereinander. Über sie werden Input-Hypothesen empfangen und Output-Hypothesen gesendet. Die Kommunikationsschnittstelle ist außerdem für die Aktualisierung der Werte im Parameterblock verantwortlich.

Eine Hypothese hat einen Körper in Form von Attribut/Wert-Paaren über Objekte der entsprechenden Verarbeitungsebene, einen Typ {Input-Hypothese, Output-Hypothese, Top-down-Hypothese, lokale Hypothese} einen Konfidenzwert, je einen Start- und Endzeitpunkt in bezug auf das Intervall im Sprachsignal und eine eindeutige Nummer.

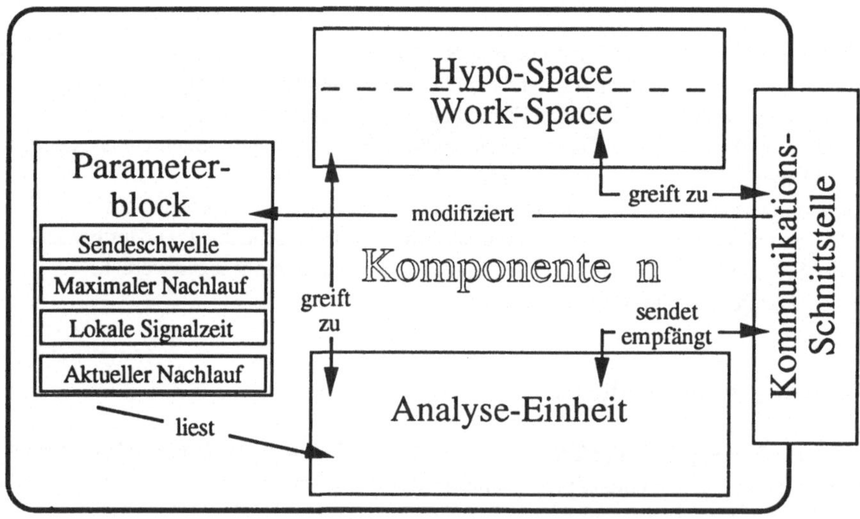

Im Parameterblock werden folgende Werte geführt: Die Sendeschwelle stellt einen Schwellwert dar, der in Abhängigkeit von der Zuverlässigkeit und dem Alter einer Hypothese (bei zu starkem Nachlauf sogar zwangsweise) deren Abschicken veranlaßt. Der Maximale Nachlauf bestimmt den spätesten Zeitpunkt, zu dem an Hypothesen noch gearbeitet werden kann. Der Aktuelle Nachlauf ist der Abstand des Endezeitpunkts der gerade bearbeiteten Hypothese zur Lokalen Signalzeit, während die Lokale Signalzeit der aktuellste Zeitstempel einer Input-Hypothese im Hypo-Space ist.

4.2 Inkrementelle Analyse

Mithilfe dieser Architektur soll in ASL an partiellen Hypothesen in allen Modulen gearbeitet werden können, so daß vor Ende der Äußerung bereits ein Teil der Verarbeitung geleistet ist. Dadurch ist gesichert, daß auch bei einem Abbruch der Äußerung eine Rekonstruktion des kommunikativen Sinns stattfindet. Für Verbmobil ist das von besonderem Interesse, weil dort auch an eine zeitlich eingeschränkte Unterstützung der Kommunikationspartner gedacht ist (z.B. Übersetzungshilfe nur bei schwierigen NPs). Ein modulares und inkrementelles Verarbeiten macht darüber hinaus Parallelisierung von Prozessen möglich.

Inkrementalität bei der Verarbeitung natürlicher Sprache ist inzwischen auch psycholinguistisch gesichert[15], so daß diese Architekturentscheidung auch kognitiven Modellierungscharakter hat.

4.3 Deterministisches Verfahren

Angestrebt wird, daß jedes Modul für einen Signalabschnitt jeweils nur eine Hypothese abliefert. Jedenfalls sind Backtracking oder andere Techniken der direkten Hypothesenrevision über Komponentengrenzen hinweg nicht zugelassen und werden auch innerhalb der Komponenten nicht unbeschränkt angewendet. Ein wesentlicher Grund dafür ist die Tatsache, daß in einem zeitsynchronen System ständig rezente Hypothesen verfügbar sind und ein zu langes inferentielles Entfalten eines älteren Datenstandes u.U. zu unnötiger und erfolgloser Arbeit führt. Die Einrichtung einer Sendeschwelle, die ständige Überwachung des Verarbeitungszustandes gegenüber dem Signal und die offene Komponentenstruktur würde sonst auch keinen Sinn machen.

Es soll durch dieses Verfahren also systematisch ermöglicht werden, Entscheidungen über Desambiguierungen hinauszuschieben (durch Unterspezifikation, nicht durch multiple Hypothesen), bis vereindeutigende Hypothesen vorliegen. Die einzige Möglichkeit, nachträglich auf eine gesendete Hypothese Einfluß zu nehmen, ist, ihren Konfidenzwert durch eine weitere Nachricht zu ändern. Ein möglichst deterministisches Vorgehen, und damit das Vertrauen darauf, daß ein unterspezifiziertes Merkmal im Prinzip auf verschiedenen Ebenen spezifiziert werden kann, ist m.E. auch eine gute Voraussetzung für ein robustes Systemverhalten.

Das ohnehin schon sehr komplexe Synchonisierungsproblem würde durch komponentenübergreifende Revisionen auch zusätzlich belastet, ohne daß dadurch ein Gewinn an kognitiver Modellierung entsteht.

4.4 Synchronität

Durch die Modulparameter ist eine grobe Synchronität zum Signal gegeben. Durch experimentelles Verändern der Werte soll schrittweise erreicht werden, daß das System eine feste Zeitrelation zum Eingabesignal einhält. Diese Relation läßt sich dann wiederum schrittweise an die Realzeit approximieren. Vermieden werden soll, daß zwei gleichlange (im Signal) aber verschieden strukturierte Äußerungen einen stark unterschiedlichen Zeitverbrauch haben. Das hat zur Folge, daß rezente Hypothesen mit Priorität weitergereicht und verarbeitet werden.

---

[15] vgl. Friederici

Sicher ist dieses Vorhaben noch mit sehr viel Forschungsarbeit verbunden, da allein die verschieden langen Analyseeinheiten der Module eine verschieden lange Portion der Eingabe überspannen und ihr Zeitverhalten daher nicht global gleich sein kann. Außerdem sind die Zeichenklassen (etwa die Morphologie im Vergleich zur Syntax) sehr unterschiedlich groß und können daher nur unterschiedlich synchron arbeiten.

5   Verbleibende Probleme

Sicherlich sind damit die Probleme eines kognitiv plausiblen, informatisch zuverlässigen und linguistisch validen Architekturentwurfs nicht mit einem Schlage gelöst. Vor allem die Bewertung der internen Hypothesen in einem Modul ohne Kenntnis einer globalen opportunistischen Strategie[16] ist eine verbleibende schwierige Frage. Wie kann man die (linguistische) Konvergenz der Verarbeitung sicherstellen, wenn nur ein "Kommunikations-Subsystem" zur Übermittlung der Nachrichten global arbeitet, aber den Inhalt der Nachrichten nicht lesen oder verändern kann?

Ein weiteres Detail, das noch intensiver Untersuchung bedarf, ist die optimale Behandlung von top-down-Hypothesen, d.h. Hypothesen deren Signalzeit in der Zukunft liegt und deren Anfangs- und Endzeiten entsprechend vage sind. Beispiele dafür sind nicht nur diskontinuierliche Einheiten in der Wortstellung, sondern auch etwa erwartete logische Satzbeziehungen zwischen Dialogbeiträgen.

Bei sehr stark verengtem Suchraum und sehr geringer Komponentenzahl lassen sich sicher aus dieser generischen Architektur auch zeitoptimierte Spezialarchitekturen ableiten, die für spezielle Anwendungen eine bessere Performanz zeigen.

6   Literatur

Craig, Iain D.: The Cassandra Architecture: Distributed Control in a Blackboard System

Briscoe, Edward. J., Modelling Human Speech Comprehension. A Computational Approach. Chichester 1987

Fodor, Jerry A.: The Modularity of Mind. Cambridge 1983

Friederici, Angela, On the Properties of Cognitive Modules. In: Psychological Research 52, 1990

Görz, Günther : Kognitiv orientierte Architekturen für die Sprachverarbeitung. Manuskript März 1992

v.Hahn, Walther und Claudius Pyka: System Architectures for Speech Understanding and Language Processing. In: Heyer und Haugeneder: Applied Linguistics. Wiesbaden 1992

Ney, Hermann, Experiments on Mixture-Density Phoneme-Modelling for the Speaker-Independent 1000-Word Speech Recognition Darpa Task. In: Proceedings of ICASSP 90

Schnelle, Helmut, Ansätze zur prozessualen Linguistik. In: Schnelle, Helmut / Rickheit, Gert (Hrsg.): Sprache in Mensch und Computer. Opladen 1988.

Pyka, Claudius, Deterministische, inkrementelle und zeitsynchrone Verarbeitung und die Architektur von ASL-Nord. Bericht ASL-TR-22-91/UHH

Pöppel, Ernst: Zeitliche Koordinationsprobleme mentaler Prozesse. In: KI 2/1992.

Dank

Für wertvolle Hinweise und Kritik an früheren Versionen dieses Papiers danke ich Claudius Pyka und Kai Hübener.

---

[16] vgl. Craig S. 126

Representation and Process in Human Speech Comprehension

William Marslen–Wilson

Birkbeck College

University of London

Department of Psychology

Malet Street

London WC1E 7HX

1. Introduction

The relationship between human speech processing and computer speech processing has been a historically difficult one; a series of failed marriages ending in divorce. At the moment, we are in a period of divorce, where statistical engineering methods (Jelinek, 1976), based around HMM's and their relatives, dominate both industrial and academic approaches to speech processing by machine. The reason for this is simply that knowledge–based[1] approaches have not been successful in offering acceptable levels of performance. Only statistical methods have seemed to offer a stable and incremental basis for achieving the goal of speaker–independent continuous speech recognition for large vocabularies.

I believe, nonetheless, that there should, in principle, be a close relationship between computer speech processing and the human solution to the same problem, and I have argued this point before on a number of grounds (Marslen–Wilson, 1980; 1985). The claim is not that successful speech recognition by machine will need to mimic in detail the properties of human performance. The point is, rather, is that a successful solution to the speech recognition problem will need to be based on a proper understanding of what the functional capacities of the system need to be. This is something, I suggest, that is most likely to be obtained by studying speech processing in its natural environment. This will tell us not only what is likely to be encoded in the signal in the first place, but also what the functional properties are of the procedures that map from this information in the signal onto representations of lexical form.

Issues of this type are exactly the subject–matter of modern cognitive theories of human speech processing; of how the human listener projects from the speech input onto stored mental representations of lexical form. These theories attempt to answer three different kinds of questions about human performance.

- First, about the *mental representation* of lexical form. Listeners know what the words in their language sound like. This knowledge, constituting what we can call the *recognition lexicon*, defines the perceptual targets of the access process. What are the properties of these target representations?

---

[1]The term "knowledge-based" seems to be widely used as a sort of euphemism for approaches to speech recognition that try to take into account theories of linguistic representation and/or psychological processing.

- Second, about the properties of the *input representation*. Information derived from the speech input is projected onto the lexical level. Under what description is this information made available for lexical access? What is the output of pre-lexical analyses of the speech input?

- Third, about the processing environment for lexical access. Some set of computational processes relate information in the speech signal to target representations in the mental recognition lexicon. What is the overall *global* structure of these processes and what are their detailed local properties?

These three sets of questions are highly interdependent. I will concentrate here on two of them (the properties of the recognition lexicon and the processing microstructure of the system), arguing that a theory of human speech processing cannot be properly evaluated except in the context of an adequate theory of lexical representation, which specifies the perceptual targets of the recognition process. I will discuss this in the context of some recent research in our laboratories into the phonological and the morphological properties of form representations in the mental recognition lexicon.

2. The Processing Environment for Human Speech Recognition

There are two levels at which one can construct a processing theory of how human listeners access lexical forms from the speech input. The first, the global (or macrostructural), is concerned with the overall properties of the system -- what is the general class of processing system that one is dealing with? I will assume here an answer of the following sort, consistent with current version of the cohort model and its relatives (Marslen-Wilson, 1987; 1989; 1991; McClelland & Elman, 1986). Specifically, I will assume that:

- Perceptual processing is based on a process of *competition* between simultaneously active candidates

- The *activation metaphor* is the appropriate one for representing the goodness of fit between sensory inputs and lexical form representations

- Perceptual choice is based on the *relationship* between levels of activation

Thus, as a word is heard by the human listener, there will be an initial joint activation of multiple candidates, the emergence over time of the best fitting candidate, with the discrimination decision becoming possible as the level of activation (reflecting the computed goodness of fit) for the correct candidate reaches a criterial level of difference from the levels of activation of its competitors.

Given these global assumptions about the general properties of the process, a host of more specific questions then emerge about its local structure; questions that have to be answered if we are to develop a precise account of human speech processing. In the context of a theory based around the notion of a "cohort", where perceptual outcomes depend on the relationship between the item being heard and its ensemble of potential competitors, the most urgent questions are about the basic processing determinants of this relationship.

1. What does it mean for an input to *match* a target representation? How closely does the input need to correspond to the internal target for this to be counted as match rather than mismatch?

The results of an extensive series of experiments (Marslen-Wilson, 1993) suggest that human speech processing is based on a very precise matching of inputs to target representations. A deviation even by a single feature[2] is sufficient to disrupt the activation of the item in question. This seems to hold true independent of the position of the mismatch in the word, suggesting that word–onsets do not have special processing properties.

In fact, given the organisation of lexical space, this degree of sensitivity is not surprising. Most monosyllabic words (and 70% of the words a listener hears are monosyllabic) only differ from some other word by a single distinctive feature. The lexicon could only have evolved like this in the context of a processing system that was able to pick up this kind of fine–grained information. Unless listeners could reliably distinguish between words differing, for example, only in a single place or voice feature, it seems implausible that the recognition lexicon would be built around differences of this order. Distinctive features, in effect, do have to be genuinely perceptually distinguishable if they are to do the work of keeping lexical items distinct from each other –– not only in the recognition lexicon but also in the process of accessing different items stored in this lexicon.

2. What are the consequences of *mismatch* between an input and a representation? Is there direct bottom–up inhibition, or simply an absence of continued facilitation?

The experimental results consistently demonstrate that the effects of mismatch are immediate, and independent of lexical status. Mismatch between input and target disrupts activation of the target directly, without mediation through lexical competitors. Mismatch does not, however, completely rule out identification of the mispronounced word–form, especially when the mismatch creates a nonword rather than another word in the lexicon. Inputs can still be mapped onto lexical representations even if they mismatch at the first segment. However, this does not mean that the lexical items in question enter into the lexical search space in the same way as items matching from word onset. Mispronounced *pomato* is not perceived as *tomato* in first pass processing. Presence of mismatch always disrupts perceptual processing. Nonetheless, *tomato* is sufficiently activated for the listener to be able to recover, in second pass processing, what the intended word should be.

3. What does *competition* mean? Does it mean lateral inhibition between candidates, where the best–fitting item directly inhibits the activation level of its close competitors? Or are competition effects simply decision–stage effects, with no direct consequences for activation–level?

We find no evidence to support the view that competition takes the form of lateral inhibition between simultaneously active lexical candidates. Instead, competition should be viewed in more cohort–like terms. Items are indeed in competition with each other as long as they remain consistent with the current input. But this has no consequences for the relative levels of activation of the competing items. Competition has its effects in determining when a given item can be identified. Recognition depends on the differentiation of the activation level of the item from the activation level of its competitors. The more similar the item is to its closest competitors, the longer the relative delay until it can be securely identified. Competition, therefore, is a decision–stage phenomenon, reflecting the effects of competitor environment on the system's ability to discriminate the activation levels of candidate words.

2.1. The Problem of Variation

I summarised in the preceding section a view of the processing environment for human speech processing that was apparently intolerant of even minor deviations between input and target representation, where correct identification in first pass processing depends on the complete absence of

---

[2]The term feature is being used here to refer to broad traditional categories such as voice and place

detectable mismatch. This is a claim which seems markedly inconsistently with what we know about the properties of natural conversational speech. Most experimental research into speech recognition is carried out using isolated words, carefully pronounced under studio conditions, and listened to through headphones in quiet testing rooms. This is not what ordinary speech is reputed to be like. Ordinary speech is noisy and, above all, variable.

There are two major sources for this variability -- variations in the physical properties of speakers, and variations in the phonological conditions under which a given form is realised. I will focus here on phonologically based variation. In the output of any individual speaker, the phonetic realisation of a given form can vary quite radically, according to the phonological conditions under which it is produced. These conditions include not only the properties of the immediate phonological environment (what precedes and follows the form in the speech stream), but also factors such as register and speech rate. This means that word-forms will regularly be produced with their segmental -- even syllabic -- properties changed in different ways. Segments may be deleted, they may appear as allophonic variants, they may change their form due to assimilation with neighbouring items, and so on.

This highly prevalent variation - one of the great stumbling blocks for automatic speech recognition - appears to rule out the view of the processing environment I have sketched earlier. A system that was intolerant of minor deviation could not function under these conditions. If lexical candidates were de-activated when minor mismatches were encountered, and if minor mismatches were the rule rather than the exception, then the system would consistently fail to access the lexical items in fact intended by the speaker.

However, to determine whether this argument actually applies as an argument against the view of processing that I have outlined here, we have to evaluate it relative to a theory of representation. Whether or not variation in the surface realisation of a lexical item is treated as deviation -- that is, as mismatching the target representation in the lexicon -- will depend on what the properties of these representations are; on the exact *content* of the representation. It is only in terms of what is actually specified in the recognition lexicon that we can determine whether or not some property of the speech input is deviant.

My argument here is that the major source of variation -- phonologically regular variation in the realisation of word-forms in continuous speech -- does not constitute deviation as far as the on-line goodness-of-fit computation is concerned. This is because lexical form representations in the recognition lexicon are highly *abstract*, in ways which mean that permissible variation does not create a mismatch with the perceptually relevant representations in the mental recognition lexicon.

3. Abstractness in the Phonological Lexicon

In recent work, we have developed an approach to the mental recognition lexicon which assumes that phonological principles determine the properties of the lexical form representations that are the perceptual targets for lexical access (Lahiri & Marslen-Wilson, 1991; 1992). In order to deal with variation in the surface realisation of words as phonetic forms, the underlying representation of these must be highly abstract. Phonological theory provides a principled way of defining what abstractness means here:

• Only *distinctive* information is coded in the lexicon, where distinctiveness is defined in linguistic terms, according to the set of distinctive features in the language. This means that regular phonetic properties of a word-form which do not involve distinctive features in the language -- for example, syllable-initial aspiration of unvoiced stops -- will not be specified in the lexical form representation.

- The representation is *non-redundant* so that properties of the word-form that are redundant are not specified underlyingly. For example, all nasal consonants in English are also voiced. Thus, if a consonant is specified as [nasal], there is no need to also specify that it is [+voice].

- The representation is *underspecified* -- only the marked (or non-default) values of distinctive features are specified. For example, for the oral/nasal parameter, being nasal is the marked case. If, therefore, a vowel or a consonant is underlyingly nasal (English, for example, has underlyingly nasal consonants, but no underlyingly nasal vowels), this is *specified* in the lexical representation. But if the segment is oral, then it is unspecified along this parameter -- it is not listed as [oral] or as [-nasal]; it simply has no specification along this feature dimension.

Given a lexicon which contains only the marked values of non-redundant distinctive features, this allows a precise account of what will and what will not count as a mismatch between information in the recognition lexicon and information in the speech signal. Where phonologically regular variation is concerned, it should be the case that no mismatch is ever created between information in the signal and information directly specified in the recognition lexicon.

This is because variation is not treated as deviation: it does not create a mismatch between inputs and lexical representations. One kind of variation that we have studied in detail (Lahiri & Marslen-Wilson, 1991; 1992) is the nasalisation of underlyingly oral vowels when they precede a nasal consonant (for example, the vowel in English *ban* is normally nasalised, in contrast to the same vowel in *bad*). On the kind of account suggested here, the lexical representation does not specify the properties of English vowels along the oral/nasal dimension. This means that the presence or absence of vowel nasalisation should simply be irrelevant to the listener's goodness-of-fit computation as he hears the vowel.

Cross-linguistic experiments, in languages with or without underlying nasal vowels, strongly support this view. Listeners in general seem to behave as if they interpret the speech input relative to perceptual representations which do not necessarily specify the surface form of the word in question. We predict that similar phenomena should be observable for other featural dimensions where the marked and unmarked cases can be securely identified. One possibility, for example, is the place dimension in English, where the major distinctions are between labial, coronal, and velar place, and where it is widely agreed that coronal place is unmarked, and therefore unspecified (Paradis & Prunet, 1991).

In summary, it becomes feasible to argue for a highly precise processing environment for lexical access from speech, but only in the context of a set of claims about the contents of lexical form representations. The consequence of this set of claims is that phonologically legal variation will not be treated as deviation. The system is only sensitive to informative deviation, and this is defined in terms of the featural information that is or is not specified in the recognition lexicon.

The wider moral of the story is that claims about processing need to be evaluated in the context of claims about representation. Without an appropriate theory of representation, it is doubtful that we will ever make much progress in developing adequately precise theories of processing -- and *vice versa*, of course. The issue for computer speech processing, is to consider whether there is a similar balance to be achieved, and whether current approaches are in fact making the correct kinds of assumptions about how to represent the processing targets of the recognition process.

4. Abstractness and Transparency in Morphological Representation

I have focused so far on the properties of phonological representations in the mental lexicon. But it is also necessary to consider the interplay between representation and access process as it affects our treatment of the basic *unit* of lexical representation. Are words represented in the mental lexicon as complete, unanalysed word-forms, or is the representation broken down into *morphemes* — traditionally, in linguistic analysis, the smallest meaning-bearing linguistic unit. The word *happy*, for example, is a single morpheme, whereas the words *happiness* and *unhappy* are polymorphemic, being made up, respectively, of the morphemes {happy} + {ness} and {un} + {happy} (where {happy} is the *stem*, and {-ness} and {un-} are morphological *affixes*).

It is important here to distinguish claims about the *lexical entry* for a given word from claims about its *access representation*. The lexical entry we define as the modality-independent core representation of a word's abstract syntactic, semantic, and phonological properties. The access representation we define as the modality-specific perceptual target for lexical access, constituting the route whereby information in the sensory input is linked to a given lexical entry. Our concern here is with the properties of the lexical entry, and with the role of *semantic* and *phonological transparency* in determining its properties.

These terms refer to two aspects of the surface relationship between stems and affixes in morphological complex words. Semantic transparency refers to whether or not the meaning of a morphologically complex word is synchronically derivable from the meaning of its parts. Words like *happiness* and *unhappy*, for example, are relatively semantically transparent, because their meaning is composable in this way. In contrast, words like *department* or *release* are not semantically transparent — the meaning of *department* cannot be derived by putting together the meaning of the free stem *depart* with the affix *-ment*. Our research shows that this factor, of surface semantic interpretability, determines whether or not the lexical entry for a given word-form is morphologically structured.

The second factor, of phonological transparency, refers to the degree to which processes of phonological alternation lead to a change in the phonetic realisation of the stem when it occurs in a morphologically complex word. In English, this applies in particular to the suffixing morphology, as in alternations like *vain/vanity* or *decide/decision*. If pairs like *decide/decision* do share the same stem at the level of the lexical entry — i.e., the morpheme {decide} — then this must be represented in a way which abstracts away from the surface phonetic properties of the word-forms in question.

To investigate these issues we focused on English *derivational* morphology, and used a priming task to investigate the representation of derivationally suffixed and prefixed words (such as *happiness* or *rebuild*) in the mental lexicon. This is an experimental situation in which the subject hears a spoken prime — for example, *happiness* — and immediately at the offset of this word sees a visual probe — for example, *happy* — which is related in some way to the prime. The subject makes a lexical decision response to this probe (i.e., judges as quickly as possible whether the string of words presented constitutes a word or not in the language). Response latency relative to a control condition, where listeners respond to the same probe following an unrelated prime, is used to measure any priming effect. Because the task is cross-modal, any priming effects should be attributable to events at the level of the lexical entry, rather than to effects of lower-level overlap at the level of modality-specific access representations.

4. 1. Abstractness and phonological opacity

A theory of lexical representation which claims that morphologically related words share the same stem morpheme in the lexical entry will need to assume that this is a level of representation which abstracts away from surface variation in phonological form. We tested this in a first experiment by varying the phonological and morphological relationship between the auditory prime and the visual probe.

In Condition 1 (see Table 1), the auditory prime is morphologically related to the visual target and this relationship is phonologically transparent. Examples of this are pairs like *friendly/friend* or *government/govern*, where the stem is fully contained within the derived word, in a form which is phonologically identical to its realisation as a free form. If the lexical entries for words like this are morphologically decomposed into stems and affixes, then priming should be obtained in Condition 1 on the basis of shared morphemes in the lexical entry. Hearing *government* should activate the stem morpheme {govern} and the link between this and the suffix {–ment}. If the same stem functions as the lexical entry for the morphologically simple form *govern*, then residual activation of this morpheme after *government* has been heard should facilitate lexical decision responses when *govern* is presented as a visual probe.

Table 1: Phonological Transparency and Morphological Relatedness

	Test	*Control*	*Difference*
Condition 1 (friendly/friend)	539	583	–44
Condition 2 (elusive/elude)	563	623	–60
Condition 3 (vanity/vain)	572	608	–36
Condition 4 (termite/term)	647	638	9

Conditions 2 and 3, in contrast, present the subjects with prime/target pairs which are still morphologically related, but where this relationship is no longer phonologically transparent. In Condition 2, we used cases like *tension/tense* or *elusive/elude*, where the phonetic form of the stem is different in isolation from what it is in the derived form. If priming is due to events at the level of the lexical entry, then changes in the surface relationship between forms should not reduce the amount of priming. Condition 3 uses pairs like *vanity/vain* or *gradual/grade*, where not only does the stem have a different phonetic form in isolation, but also the underlying representation of the stem is not identical to its surface form. This has the effect of increasing the abstractness of the relationship between the stem and the phonetic form of the derived word.

The lexical decision responses, given in Table 1, show significant amounts of priming in the three conditions with morphologically related primes and targets. For each of these conditions, responses are significantly faster following the test prime than the control prime, and the size of the facilitation effect does not differ statistically across the three conditions.

There is no sign here that the effectiveness of a prime depends on the surface phonological transparency of the relationship between prime and target. To the contrary, when there is *only* a phonological relationship between prime and target, as in Condition 4, then no priming is obtained. Pairs such as *termite/term* or *planet/plan* are not morphologically related, so that there is no shared morpheme in common. Thus, although the target is transparently contained within the prime, there is no priming at the level of the lexical entry -- which is evidently the level of the system being tapped into by the experimental paradigm.

These results not only support the view that lexical representations are morphologically structured, but also that these representations are abstract. At the level of the lexical entry, representations of lexical form do not simply reflect surface form. If they did, then *decision* would be a much less effective prime of *decide* than *friendly* would be of *friend*, where the surface phonetic overlap is much greater. This reinforces the point made earlier in this paper, for the abstractness of the underlying perceptual target in human speech processing.

4.2. Semantic Transparency

A second series of experiments addressed the issue of the role of semantic factors in determining the structure of lexical representations. All of the morphologically related pairs in Experiment 1 were semantically transparent, whereas pairs like *planet/plan* (Condition 4) clearly were not. Is there, in fact, morphological structure in the listener's mental lexicon independently of semantic structure.

The clearest arguments here are linguistic in nature. Aronoff (1975), for example, argues that morphological relations can be identified which involve morphemes that have no clear semantic interpretation. These are cases like the bound morpheme {–mit}, which only occurs as an element in words like *permit, transmit*, and *submit*. Although these words do not share a common meaning, they are linked by a common phonological rule, which generates the forms *permission, transmission*, and *submission*, and which is specific to verbs containing the root {–mit}. This suggests that phonetic strings may be identifiable as morphemes independently of semantic considerations.

Returning to English derivational suffixes, there are plenty of cases where morphological links can be established between pairs of words, but where the relationship is no longer semantically transparent. These are cases like *emergency/ emerge* or *department/depart*, which meet the standard linguistic, etymological, and phonological criteria for morphological relatedness, but where the meaning of the complex form can no longer be derived from the simple composition of the meanings of the stem and the affix. In Experiment 2 we contrast priming for semantically unrelated but morphologically related pairs with priming for semantically and morphologically related pairs of the type used in Experiment 1, such as *friendly/friend* or *predictable/predict* (Table 2).

Table 2: Semantic Transparency and Morphological Relatedness

		Test	Control	Difference
Suffixes:	Semantically Related (punishment/punish)	554	595	–41
	Semantically Unrelated (department/depart)	575	574	1
Prefixes:	Semantically Related (insincere/sincere)	503	534	–31
	Semantically Unrelated (restrain/strain)	542	543	–1

The lexical decision responses show clear effects of semantic relatedness. Although all pairs were morphologically related, according to uniformly applied linguistic and etymological criteria, only those pairs that were also synchronically semantically related showed priming in this task. In other experiments (Marslen–Wilson, Tyler, Waksler, & Older, 1992) we have found the same pattern when the order of prime and target is reversed –– *punish* is a strong prime of *punishment*, but *depart* does not prime *department* (and similarly for prefixed pairs). We also find no evidence of priming for prefixed pairs that share bound stems (of the *include/conclude* type), where there is again morphological but no synchronic semantic relation.[3]

4.3. Conclusions

To accomodate these and other results we need to postulate a model of the mental lexicon which treats separately words like *department* (which are semantically opaque) and words like *punishment* (which are semantically transparent) at the level of the lexical entry. Semantically opaque words will be represented as if they were morphologically simple –– they can enter into combination with other morphemes (as in *interdepartmental*) but they themselves have no internal structure. Synchronically transparent forms, in contrast, will be represented as free stems linked to derivational affixes.

This proposal has the effect of re–interpreting semantic relatedness in terms of its consequences for the learning process. The structure of the adult lexicon reflects individuals' experience with the language as they learn it. The listener does not mentally represent words as sharing the same stem, and therefore as morphologically related, unless there are semantic grounds for doing so. An item like *department*, although it has a phonetically transparent morphological structure on the surface, will not be analysed during language acquisition into the free stem {depart} plus the affix {–ment} at the level of the lexical entry, since this gives the wrong semantics.

This in turn means that assumptions about lexical representation in machine speech recognition may have to take into account the synchronic facts of the language. From the point of view of natural language processing – which must at some stage be integrated with the speech recognition process – the morphological decomposability of a word will affect how it can be integrated into higher level processes of parsing and interpretation. The psychological evidence for morphological decomposition of semantically transparent forms in English suggests a complex process of morphological parsing going hand–in–hand with, on the one hand, bottom–up activation of potential word candidates by the incoming speech input, and, on the other, with incremental processes of higher–level interpretation.

Again, the nature of the underlying representation is going to determine the kind of process that operates over these representations. From the phonological point of view, abstractness and underspecification lead to a particular treatment of variation in the speech signal. From the morphological point of view, semantic effects will lead to quite different underlying representations for phonologically quite similar word–forms, which will require different treatment in their interaction with other aspects of the system..

---

[3]It is important to note that the claims we are making here are *language–specific*. It is quite possible that other languages will show different kinds of morphological effects in the mental lexicon.

5. References

Aronoff, M. (1976) *Word Formation in Generative Grammar*. Cambridge, Mass.:MIT Press.

Jelinek, F. (1976) Continuous speech recognition by statistical methods. *Proceedings of the IEEE*, 64, 532–556.

Lahiri, A., & Marslen–Wilson, W.D. (1991) The mental representation of lexical form: A phonological approach to the recognition lexicon. *Cognition*, 38, 245–294.

Lahiri, A., & Marslen–Wilson, W.D. (1992) Lexical processing and phonological representation. In D.R.Ladd & G.J.Docherty (Eds.), *Second conference on laboratory phonology*. Cambridge: Cambridge University Press.

Marslen–Wilson, W.D. (1980) Speech understanding as a psychological process. In J.C.Simon (Ed.), *Spoken language generation and understanding*. Dordrecht: Reidel.

Marslen–Wilson, W.D. (1985) Aspects of human speech understanding. in F.Fallside and W.A.Woods (Eds.), *Computer speech processing*. Englewood Cliffs, NJ: Prentice–Hall.

Marslen–Wilson, W.D. (1984) Function and process in spoken word–recognition. In H.Bouma & D.G.Bouwhuis (Eds.), *Attention and Performance X: Control of Language Processes*. Hilldale, NJ: Erlbaum.

Marslen–Wilson, W.D. (1987) Functional parallelism in spoken word–recognition. *Cognition*, 25, 71–102.

Marslen–Wilson, W.D. (1989) Access and integration: Projecting sound onto meaning. In W.D.Marslen–Wilson (Ed.), *Lexical Representation and Process*. Cambridge, MA.: MIT Press.

Marslen–Wilson, W.D. (1990) Activation, competition, and frequency in lexical access. In Altmann, G.T.M (Ed), *Cognitive Models of Speech Processing*. Cambridge, Ma.: MIT Press.

Marslen–Wilson, W.D. (1993) Issue of process and representation in lexical access. In R. Shillcock and G.T.M. Altmann (Eds) *Papers from the Sperlonga Conference II*. Brighton: LEA.

Marslen–Wilson, W.D., Tyler, L.K., Waksler, R., & Older, L. (1992) Abstractness and transparency in the mental lexicon. *Proceedings of Cognitive Science Society meetings*, Bloomington, Indiana..

McClelland, J.L., & Elman, J.L. (1986) The TRACE model of speech perception. *Cognitive Psychology*, 18, 1–86.

Paradis, C., & Prunet, J–F. *Phonetics and Phonology Volume 2: The special status of Coronals*.San Diego: Academic Press.

Grammar, Intonation and Discourse Information[*]

Mark Steedman

University of Pennsylvania

Abstract

The paper extends the theory of syntax and intonation in [13] and [14] to a wider inventory of categories of discourse meaning.

§1 Introduction

Selkirk [9] and others have recently postulated an autonomous level of "intonational structure" for spoken language, distinct from syntactic structure. Structures at this level are plausibly claimed to be related to discourse-related notions, such as "focus" (see Perrehumbert and Hirschberg [7]. However, the structural units of phrasal intonation are well known to be to a considerable extent independent of the syntactic constituent boundaries that are recognised by traditional grammar and embodied in most current theories of syntax. As a result, much recent work on the relation of intonation to discourse context and information structure has either eschewed syntax entirely or has supplemented traditional syntax with entirely non-syntactic string-related principles.

In [13], and [14] I argue that the notion of intonational structure formalised by Pierrehumbert, Selkirk, and others, can be subsumed under a rather different notion of syntactic surface structure, that emerges from the "Combinatory Categorial" theory of grammar [11], [12]. This theory engenders surface structure constituents corresponding directly to phonological phrase structure. Moreover, the grammar assigns to these constituents interpretations that directly correspond to what is here called "information structure" – that is, the aspects of discourse-meaning that have variously been termed "topic" and "comment", "theme" and "rheme", "given" and "new" information, and/or "presupposition" and "focus".

The earlier papers leave some of this "information structure" implicit in the derivation. The present paper sketches an analysis which is more complete with respect to the distinction between new information, or "focus", and given information, or "ground".

§2 The Problem

We will use a notation for intonational tunes which is based on the theory of Pierrehumbert [5], as modified in more recent work by Selkirk [9], Pierrehumbert and Beckman [6], and Pierrehumbert and Hirschberg [7]. The theory proposed below is in fact compatible with any of the standard descriptive accounts of phrasal intonation. However, a helpful feature of Pierrehumbert's theory for present purposes is that it distinguishes two subcomponents of the prosodic phrase, the *pitch accent* and

---

[*]The present paper is an extended abstract for a talk to be given to the KONVENS-92 conference, Nürnberg, October 92. The research was supported in part by NSF grant nos IRI90-18513 and IRI91- , DARPA grant no. N00014-90-J-1863, and ARO grant no. DAAL03-89-C0031.

the *boundary*.[1] The first of these tones or tone-sequences coincides with the perceived major stress or stresses of the prosodic phrase, while the second marks the righthand boundary of the phrase. These two components are essentially invariant, and all other parts of the intonational tune are interpolated. Pierrehumbert's theory thus captures in a very natural way the intuition that the same tune can be spread over longer or shorter strings, in order to mark the corresponding constituents for the particular distinction of focus and propositional attitude that the melody denotes.

To get a feel for this notation, we will consider the prosody of the sentence *Mary prefers corduroy* in the following pair of discourse settings, which are adapted from Jackendoff [4, pp. 260] and the earlier papers, although the present analysis is different. To aid the exposition, words bearing nuclear pitch accents are printed in capitals, and prosodic phrase boundaries are explicitly marked in the sentences, using brackets. These are not part of the notation, but should enable the reader to guess what the tunes in question are, independently of the formal notation.

(1)   Q: Well, what about the CORDUROY? Who prefers THAT?
      A: (MARY)   (prefers CORDUROY).
         H* L   L+H* LH%

(2)   Q: Well, what about MARY? What does SHE prefer?
      A: (MARY   prefers)   (CORDUROY).
         L+H*   LH%   H* LL%

In these contexts, the main stressed syllables on both *Mary* and *corduroy* receive a pitch accent, but a different one. In the former example, 1, there is a prosodic phrase on *Mary* made up of the pitch accent which Pierrehumbert calls H*, immediately followed by an L boundary. There is another prosodic phrase having the pitch accent called L+H* on *corduroy*, preceded by null or interpolated tone on the words *prefers*, and immediately followed by a boundary which is written LH%. (I base these annotations on Pierrehumbert and Hirschberg's [7, ex. 33] discussion of a similar example.)[2] In the second example 2 above, the two tunes are reversed: this time the tune with pitch accent L+H* and boundary LH% is spread across a prosodic phrase *Mary prefers*, while the other tune with pitch accent H* and boundary LL% is carried by the prosodic phrase *corduroy* (again starting with an interpolated or null tone).[3]

The meaning that these tunes convey in these contexts is intuitively fairly obvious, though they have proved exceedingly difficult to define. As Pierrehumbert and Hirschberg point out, the latter tune seems to be used to mark some or all of that part of the sentence expressing information that the speaker believes to be *novel to the hearer*. In contrast, the L+H* LH% tune seems to be used to mark some or all of that part of the sentence as *needing to be distinguished from something else that is already established in the context*. While the need to distinguish often stems from similarity among the relevant entities, it is not the same as mere contrast, as the following minimal pair using the same two tunes shows:

(3)   Q: Did Fred eat the beans? A: Fred ate   the POTATOES.
                                                 H* LL%

(4)   Q: Did Fred eat the beans? A: Fred ate   the POTATOES.
                                                 L+H* LH%

---

[1] For the purposes of this paper, the distinction between the intonational phrase proper, and what Pierrehumbert and her colleagues call the "intermediate" phrase is ignored. These categories differ in respect of boundary tone-sequences.

[2] We continue to gloss over Pierrehumbert's distinction between "intermediate" and "intonational" phrases.

[3] The reason for notating the latter boundary as LL%, rather than L is again to do with the distinction between intonational and intermediate phrases.

In the first of these, the potatoes are marked as novel to the hearer. The speaker is thereupon committed by the usual Gricean principles to a number of implicatures, such as that Fred did not eat anything of relevance *other than* the potatoes, and in particular that he did not eat the beans. In the second example, the speaker is committed to nothing more than the proposition as stated: the utterance is perfectly consistent with Fred having eaten other things, including the beans. It is therefore a mistake to identify either of these tunes as intrinsically contrastive.

It also seems incorrect to identify H* LL% with the function of intrinsically marking comment or "rheme", and L+H* LH% with that of intrinsically marking topic, or "theme", as I have done in earlier work. The definitions I offered for theme and rheme were as follows. The theme was *what the utterance was about* in the sense of *what the speaker assumes to be the subject of mutual interest* ([13, p.275], and [14, p.28]. The rheme was *what the speaker had to say* about the theme. Examples like 1 and 2 show that it is indeed the case that where a theme has received explicit mention in prior discourse, it will be marked with the L+H* LH% tune, if it bears any pitch accent at all. The reason is of course that the speaker is necessarily committed to the existence of some *other* theme. If no other theme is accessible, then the theme will typically not bear any pitch accent at all, as in 3 and 4, in which the theme (that is, the agreed topic, defining the open proposition) is *What Fred ate*. However, those same sentences show that the L+H* LH% tune is not confined to themes, for *the potatoes* is the rheme or comment in both sentences.

In 2, the L+H* LH% tune is spread across the entire substring of the sentence corresponding to the theme in the above sense – that is, over the substring *Mary prefers*. In 1, the same tune is confined to the object of the theme or open proposition *prefers corduroy*, because the intonation of the original question indicates that prefering corduroy *as opposed to prefering some other stuff* is the new topic or theme.

It follows that the position of the pitch accent in the phrase has to do with a further orthogonal dimension of information structure *within both theme and rheme*, corresponding to a distinction between *the interesting bit* of either information unit, and the rest of it. Halliday [3], who was probably the first to identify the orthogonal nature of these two dimensions, called the latter "new" information, in contrast to the "given" information accompanied by the null tone. The term "new" is not entirely helpful, since the theme in the examples to hand is precisely *not* new. We will call the information marked by the pitch accent the "focus", and use the term "ground" for the part marked by null tone.

The distribution of focus and ground within the theme and the rheme is not a simple matter. The following example serves to illustrate the possibilities.

(5)   Q: I know that THIS car is a PORSCHE.
        But what is the make of your OTHER car?

A:	(My	(OTHER	car))	(is	(ALSO	a Porsche))
		L+H*	LH%		H*	LL%
	Ground	*Focus*	*Ground*	*Ground*	*Focus*	*Ground*
		Theme			*Rheme*	

Here the theme is *my other car*, where only the word *other* is emphasised because the previous theme was also a car and also the speaker's. The rheme is that it *is also a Porsche*, where only the word *also* is focussed, since everything else about the property of being a Porsche is ground.

There are a couple of further things to notice about this example. The first is that in a context where no contrast between the car in question and some other car, (perhaps where the questioner is quite unaware that the speaker has another car) the answerer can use the H* L tune on the phrase *my* OTHER *car*.[4] Thus the H* L tune can under certain conditions be used on a theme.

---

[4]In fact such an intonation is possible in the example as given. We will not go further into the question of why

The other thing to note is that, in the schema above, it is *only* the material marked by the pitch accent that is focussed, and that the material between it and the boundary is given. The anything not so marked is ground. This applies when there is more than one pitch accent, as the reader can verify by observing the effect of adding a further pitch accent on the word *Porsche.* The brackets indicate that we are assuming here that the post-pitch-accent ground material combines with the accented material before the pre-pitch accent material.

As far as the intonational tune is concerned, it follows that the intonational "language" that we are trying to parse can be described using the following regular grammar, using π to represent pitch accents, ϕ to represent the phrasal tone, β to represent the boundary, and 0 to represent null. (Asterisk here means Kleene's star, not Pierrehumbert's.)

$$
\begin{aligned}
(6) \qquad U &\rightarrow PP^+ \\
PP &\rightarrow (P : ground)\ N \\
P &\rightarrow 0^+ \\
N &\rightarrow F : focus\ C : ground \\
C &\rightarrow 0^* \beta \\
F &\rightarrow \pi^+
\end{aligned}
$$

This says that an utterance consists of at least one phonological phrase (PP), each of which is made up of an optional prenuclear sequence P of any number of null tones 0, followed by a nucleus N made up of a focus F including at least one pitch accent π and a phrasal tone ϕ, followed by an optional coda C, made up of any number of null tones followed by a boundary tone β.[5] The coda is ground or given, while the pitch accents occur as we have seen on focussed or new information. The pre-nuclear null tone (if there is one) is also ground.

But what is the relation of such intonational structures to syntax and semantics? Many of the intonational constituents that we have just been examining – such as the string *Mary prefers* – do not correspond to traditional syntactic constituents. Nevertheless, intonational phrases are very strongly constrained by meaning, and the elements that we have here be4en decribing as "theme" are characterisable as what Wilson and Sperber and E. Prince [8] have termed "open propositions". One way of introducing an open proposition into the discourse context is by asking a Wh-question, such as the one in 2, *What does Mary prefer?*. It is natural to think the open proposition as a functional *abstraction*, and to express it as follows, using the notation of the λ-calculus:

(7) $\lambda x\ [(prefer'\ x)\ mary']$

(Primes indicate semantic interpretations whose detailed nature is of no direct concern here.) When this function or concept is supplied with an argument *corduroy'*, it *reduces* to give a proposition, with the same function argument relations as the canonical sentence:

(8) $(prefer'\ corduroy')\ mary'$

It is the presence of the above open proposition rather than some other that makes the intonation contour in 2 felicitous. That is not to say that its presence uniquely *determines* this response, nor that its explicit mention is necessary for interpreting the response. But the effect is a strong one: exchanging the questions and answers between examples 1 and 2 yields complet incoherence.

It is therefore interesting to observe that all natural languages include syntactic constructions whose semantics is also reminiscent of functional abstraction. The most obvious and tractable class

---

this is, except to note that it too seems to be related to issues of contrast and distinction, since it seems not to be possible for the reply *My other car is a Volkswagen* in the same context.

[5]Again, we are conflating intonational phrases and intermediate phrases under the heading of phonological phrases. This is merely for simplicity in presentation and has no theoretical significance.

are Wh-constructions themselves, in which some of the same fragments that can be delineated by a single intonation contour appear as the residue of the subordinate clause. Another and much more problematic class of fragments results from coordinate constructions. The common involvement of syntax and intonation with the semantics of abstraction make it tempting to believe that it might be possible to unite the two notions of structure in a single theory of grammar.

§3 COMBINATORY GRAMMARS.

Combinatory Categorial Grammar (CCG, [11]) is an extension of Categorial Grammar (CG). Elements like verbs are associated with a syntactic "category" which identifies them as *functions*, and specifies the type and directionality of their arguments and the type of their result. We use a notation in which a rightward-combining functor over a domain β into a range α are written α/β, while the corresponding leftward-combining functor is written $\alpha\backslash\beta$. α and β may themselves be function categories. For example, a transitive verb is a function from (object) NPs into predicates – that is, into functions from (subject) NPs into S:

(9) $prefers := (S\backslash NP)/NP : prefer'$

Such categories can be regarded as encoding the semantic type of their translation, which in the notation used here is identified by the expression to the right of the colon. Such functions can combine with arguments of the appropriate type and position by functional application:

(10)
```
Mary    prefers    corduroy
----    ---------  --------

NP    (S\NP)/NP      NP
      ---------------->
             S\NP
      ------------<
             S
```

The syntactic types are identical to semantic types, apart from the addition of directional information. The derivation can therefore also be regarded as building a compositional interpretation, $(prefer'\ corduroy')\ mary'$, and of course such a "pure" categorial grammar is context free.

Coordination might be included in CG via the following rule, allowing constituents of like type to conjoin to yield a single constituent of the same type:

(11) $X\ conj\ X\ \Rightarrow\ X$

(12)
```
I    loath    and    detest    velvet
--   --------- ----  ---------  ------

NP (S\NP)/NP conj (S\NP)/NP    NP
   ------------------------&
            (S\NP)/NP
```

(The rest of the derivation is omitted, being the same as in 10.) In order to allow coordination of contiguous strings that do not constitute constituents, CCG generalises the grammar to allow certain operations on functions related to Curry's combinators [1]. For example, functions may nondeterministically *compose*, as well as apply, under the following rule:

(13) *Forward Composition:* (>B)
   $X/Y : F\ \ Y/Z : G\ \Rightarrow\ X/Z : \lambda x\ F(Gx)$

26

The most important single property of combinatory rules like this is that they have an invariant semantics. This one composes the interpretations of the functions that it applies to, as is apparent from the right hand side of the rule.[6] Thus sentences like *I suggested, and would prefer, corduroy* can be accepted, via the following composition of two verbs (indexed as **B**, following Curry's nomenclature) to yield a composite of the same category as a transitive verb. Crucially, composition also yields the appropriate interpretation for the composite verb *would prefer.*

(14)

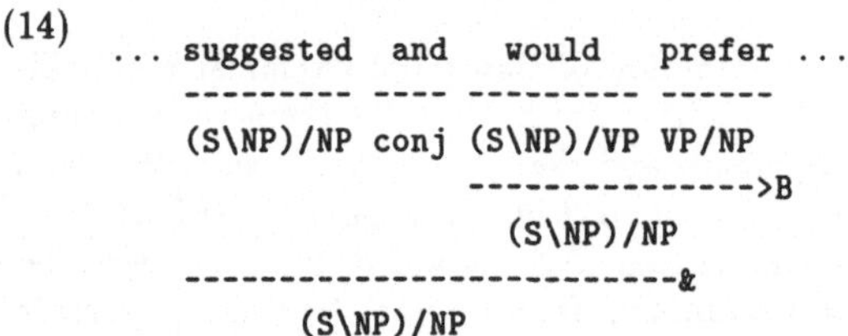

```
    ... suggested  and   would    prefer ...
        ---------  ----  ---------  ------
        (S\NP)/NP  conj  (S\NP)/VP  VP/NP
                              --------------->B
                                (S\NP)/NP
        -------------------------------&
                (S\NP)/NP
```

Combinatory grammars also include type-raising rules, which turn arguments into functions over functions-over-such-arguments. These rules allow arguments to compose, and thereby take part in coordinations like *I dislike, and Mary prefers, corduroy.* They too have an invariant compositional semantics which ensures that the result has an appropriate interpretation. For example, the following rule allows the conjuncts to form as below (again, the remainder of the derivation is omitted):

(15) *Subject Type-raising:* (>T)
$$NP : y \;\Rightarrow\; S/(S\backslash NP) : \lambda F \; Fy$$

(16)

```
        I       dislike   and   Mary     prefers ...
        --------  ---------  ----  --------  ---------
        NP      (S\NP)/NP  conj   NP      (S\NP)/NP
        -------->T                 -------->T
        S/(S\NP)                   S/(S\NP)
        ----------------->B        ----------------->B
                S/NP                       S/NP
        --------------------------------&
                        S/NP
```

This apparatus has been applied to a wide variety of coordination phenomena, including "left node raising" [2], "backward gapping" in Germanic languages, including verb-raising constructions [10], and gapping, [12]. A number of related well-known cross-linguistic generalisations concerning the dependency of so-called "gapping" upon lexical word-order are also captured (see Dowty [2] and others [10], [12]).

§4 Grammar and Intonation

Combinatory grammars embody a view of surface structure according to which strings like *Mary prefers* are constituents. It follows, according to this view, that they must also be possible constituents of non-coordinate sentences like *Mary prefers corduroy*, which must permit the following derivation a, as well as the traditional derivation 10, repeated here as b:

---

[6]The rule uses the notation of the λ-calculus in the semantics, for clarity. This should not obscure the fact that it is functional composition itself that is the primitive, not the λ operator.

(17)

```
 a.    Mary      prefers  corduroy      b.   Mary        prefers  corduroy
       ---------  --------- --------          ----------  --------- --------
       NP        (S\NP)/NP     NP             NP         (S\NP)/NP     NP
       -------->T                             -------->T
       S/(S\NP)                               S/(S\NP)
       ------------------>B                                ---------------->
              S/NP                                              S\NP
       ------------------                     -------------------->
              S                                        S
```

It will be recalled that CCG guarantees that all such non-standard derivations yield identical interpretations. However, in more complex sentences than the above, there will be many such equivalent derivations for each distinct interpretation.

The interest of such non-standard structures for present purposes should be obvious. The claim is simply that the non-standard surface structures that are induced by the combinatory grammar to explain coordination in English subsume the intonational structures that are postulated by Pierrehumbert *et al.* to explain the possible intonation contours for sentences of English. The claim is that that in spoken utterances, intonation helps to determine *which* of the many possible bracketings permitted by the combinatory syntax of English is intended, and that the interpretations of the constituents that arise from these derivations, far from being "spurious", are related to distinctions of discourse focus among the concepts and open propositions that the speaker has in mind.

For example, the L+H* LH% intonational melody in example 2 belongs to a phrase *Mary prefers ...* which corresponds under the combinatory theory of grammar to a grammatical constituent, complete with a translation equivalent to the open proposition $\lambda x[(prefer'\ x)\ mary']$ introduced by the question in that example *What does Mary prefer?* The combinatory theory thus offers a way to derive such intonational phrases, using only the independently motivated rules of combinatory grammar, entirely under the control of appropriate intonation contours like L+H* LH%.

The proof of this claim lies in showing that the rules of combinatory grammar can be made sensitive to intonation contour, which limit their application in spoken discourse. We must also show that the major constituents of intonated utterances like 2, under the analyses that are permitted by any given intonation, correspond to the information structure of the context to which the intonation is appropriate.

§5 Conclusion

The full paper will show how, according to CCG, surface syntactic structure and intonational structure are identical, and will extend the earlier accounts of the theme-rheme dimension of discourse information to the finer distinction between focus and ground, as defined above.

References

[1] Curry, Haskell and Robert Feys: 1958, *Combinatory Logic*, North Holland, Amsterdam.

[2] Dowty, David: 1988, Type raising, functional composition, and non-constituent coordination, in Richard T. Oehrle, E. Bach and D. Wheeler, (eds), *Categorial Grammars and Natural Language Structures*, Reidel, Dordrecht, 153–198.

[3] Halliday, Michael: 1967, *Intonation and Grammar in British English*, Mouton, The Hague.

[4] Jackendoff, Ray: 1972, *Semantic Interpretation in Generative Grammar*, MIT Press, Cambridge MA.

[5] Pierrehumbert, Janet: 1980, *The Phonology and Phonetics of English Intonation*, Ph.D dissertation, MIT. (Dist. by Indiana University Linguistics Club, Bloomington, IN.)

[6] Pierrehumbert, Janet, and Mary Beckman: 1989, *Japanese Tone Structure*, MIT Press, Cambridge MA.

[7] Pierrehumbert, Janet, and Julia Hirschberg, 1990, 'The Meaning of Intonational Contours in the Interpretation of Discourse', in Philip Cohen, Jerry Morgan, and Martha Pollack (eds.), *Intentions in Communication*, MIT Press Cambridge MA, 271-312.

[8] Prince, Ellen F. 1986. On the syntactic marking of presupposed open propositions. Papers from the Parasession on Pragmatics and Grammatical Theory at the 22nd Regional Meeting of the Chicago Linguistic Society, 208-222.

[9] Selkirk, Elisabeth: 1984, *Phonology and Syntax*, MIT Press, Cambridge MA.

[10] Steedman, Mark: 1985a. Dependency and Coordination in the Grammar of Dutch and English, *Language* 61.523-568.

[11] Steedman, Mark: 1987. Combinatory grammars and parasitic gaps. *Natural Language & Linguistic Theory*, 5, 403-439.

[12] Steedman, Mark: 1990. 'Gapping as Constituent Coordination', *Linguistics & Philosophy*, 13, 207-263.

[13] Steedman, Mark: 1991, Structure and Intonation, *Language*, 68, 260-296.

[14] Steedman, Mark: 1991, Structure, Intonation, and Focus, in E. Klein and F. Veltman, eds. *Natural Speech and Language*, Springer, Berlin.

Zur prosodischen Kennzeichnung von spontaner und gelesener Sprache

A. Batliner[*], B. Johne[*], A. Kießling[+], E. Nöth[+]

[*]: Institut für deutsche Philologie, Ludwig-Maximilians-Universität München
e-mail: anton.batliner@phonetik.uni-muenchen.de

[+]: Lehrstuhl für Informatik 5 (Mustererkennung), Friedrich-Alexander-Universität
Erlangen-Nürnberg, e-mail: kiessl@informatik.uni-erlangen.de

Kurzfassung: Spontane Sprache naiver Sprecher gilt i.a. als weniger regelhaft als gelesene Sprache und wurde im Hinblick auf sprachverstehende Systeme bislang noch kaum untersucht, obwohl ihre Erkennung das letztendliche Ziel solcher Systeme darstellt. In diesem Beitrag werden erste Auswertungen einer deutschen Datenbasis mit identischen spontan gesprochenen und gelesenen Äußerungen vorgestellt. Dabei wurde untersucht, inwieweit sich systematische Unterschiede in der Prosodie feststellen lassen. Den gemessenen prosodischen Kennwerten der Gesamtäußerung (wie $F0$-Offset, $F0$-Mittelwert, $F0$-Range, $F0$-Regression, Gesamtdauer etc.) wurden die Spontaneitätsurteile eines Hörtests gegenübergestellt; mit Hilfe von Diskriminanzanalysen wurde die Relevanz der Kennwerte untersucht. Es zeigt sich, daß sich Spontan- und Lesesprache systematisch in ihrer Prosodie unterscheiden, die Markierung des Unterschieds aber zum Teil eher sprecherspezifisch ist.

Abstract: Spontaneous speech of naive speakers is generally seen as less regular than read speech. Although its recognition is the ultimate aim of speech understanding systems, spontaneous speech has rarely been investigated so far. In this article first analyses on a German database containing identical utterances of spontaneous and read speech are presented. We examined what kind of systematic differences in prosody can be observed. Prosodic features computed for the whole utterance (like $F0$-offset, average $F0$, $F0$-range, $F0$-regression, total duration etc.) were put into contrast with the judgements (concerning spontaneity) obtained from a perception test. Discriminant analyses were used to judge the relevance of the investigated features. The results show that there is a systematic difference in prosody between spontaneous and read speech which however is partially speaker dependent.

1 Einleitung

Sprachverstehende Systeme mit geschriebener Sprache als Eingabe arbeiten normalerweise mit "sauberem" Input, also mit syntaktisch wohlgeformten, ganzen Sätzen in korrekter Orthographie. Pendant dazu ist bei der gesprochenen Sprache (und damit auch bei spracherkennenden Systemen) der von einem kompetenten Sprecher (Phonetiker, Schauspieler, Radiosprecher) gelesene Text, der ebenfalls wohlgeformt ist, d.h. syntaktisch vollständig und phonetisch ausgeformt (Lentostil). Spontane Sprache nicht geschulter (naiver) Sprecher wurde bis jetzt eher selten untersucht, da sie als weniger regelhaft und "gestörter" gilt. Letztlich ist man dabei aber auf Vermutungen angewiesen – es ist genauso möglich und sogar wahrscheinlich, daß auch bei spontaner Sprache Regularitäten existieren, aber – zumindest teilweise – andere als bei gelesener Sprache. Endziel für ein integriertes spracherkennendes und -verstehendes System ist aber auch die Beherrschung der spontanen Sprache – besser gesagt, die Fähigkeit, unterschiedliche Register der Spontansprache erfolgreich als Eingabe verarbeiten zu können. Natürlich hegt man dabei die Hoffnung, daß man die an gelesener Sprache gewonnenen Ergebnisse auf Spontansprache übertragen kann – sicher zu einem großen Teil zurecht. Diese Hoffnung muß aber konkret überprüft werden. In diesem Beitrag soll nun in einem ersten Schritt untersucht werden, ob sich bei parallelisierter Spontan- und Lesesprache für das Deutsche systematische Unterschiede in der Prosodie ergeben.

2 Material und experimentelles Design

Sprecher waren vier Studenten (3 weibliche: C, X und A, ein männlicher: F), die jeweils paarweise an einer Sitzung teilnahmen; die Sprecher innerhalb eines Paares (C und X bzw. A und F) waren miteinander befreundet. Die zwei Sprecher saßen sich ohne Blickkontakt in einem Versuchsraum des Psychologischen Instituts in München gegenüber und gaben sich gegenseitig Anweisungen, was der Partner mit auf dem Tisch aufgebauten Klötzchen machen sollte. Die Sitzungen dauerten, inkl. Pausen, ca. zwei Stunden. Die Aufgaben waren so angelegt, daß sich kurze Klärungsdialoge mit häufigem Sprecherwechsel ergaben, nicht längere, raisonierende Passagen o.ä. Im Gegensatz etwa zu einem erzählenden Monolog oder zu einem freien Vortrag mit längeren Planungspausen ergab sich dabei eine "echt" spontane, lebhafte Unterhaltung, ohne daß den Versuchspersonen bewußt war, daß ihre Sprache und nicht, wie ihnen gesagt wurde, ihr kooperatives Verhalten untersucht wurde.

Damit bei den später durchgeführten Hörtests (vgl. weiter unten) die Hörer bei der Spontaneitätsbeurteilung nicht der einfachen Strategie *"Mit Häsitation = spontan, ohne Häsitation = nicht spontan"* folgen konnten, wurden aus den Redebeiträgen nur "komplette", satzwertige Äußerungen (Fragen, Imperative und Aussagen) ohne Häsitationen und Abbrüche ausgewählt, deren Signalqualität ausreichend gut war, also z.B. nicht überlagert war von Stuhlrücken, Partnereinschüben etc. Die Äußerungen waren teils satzförmig, teils elliptisch.

Nach ca. 9 Monaten lasen die Sprecher in einer Einzelsitzung die so ausgewählten Äußerungen, und zwar sowohl die eigenen als auch die des jeweiligen Partners. Die Äußerungen waren in einen genügend großen Kontext eingebettet und wurden in schriftlicher Form vorgelegt. Sie wurden allerdings nicht in der orthographisch korrekten, "kanonischen" Form vorgegeben, sondern – ohne Satzzeichen – in gemäßigter Umgangssprache, angepaßt an das spontansprachliche Pendant, wie etwa *"also was ham ma jetz für Steine"* statt *"also was haben wir jetzt für Steine"* oder gar *"also welche Steine haben wir jetzt"*. Damit war gewährleistet, daß die Leseäußerung der Spontanäußerung sehr nahekommt (gleiche Segmente, gleiche Silbenanzahl) und somit direkt mit ihr verglichen werden kann. In diesem Leseregister fehlt also das Umsetzen der kanonischen Schriftsprache, aber es fehlen natürlich nicht die anderen lesetypischen Planungs- und Umsetzungsprozesse. Das folgende Beispiel zeigt eine der Vorlagen für das Leseregister; ausgewählt wurden in diesem Fall die beiden Äußerungen von C:

> X: *das steht ungefähr auf Höhe von dem hinteren Fenster*
> C: *also praktisch steht des jetz bißchen weiter vorne*
> X: *ja genau*
> C: *und wieviel Zentimeter daneben*
> X: *ja – vier bis fünf – fünf eher*

Ein erster Höreindruck von den Sprechern war folgender: C und X produzierten sehr spontan, auch beim Lesen. Sprecherin A war relativ spontan beim spontanen Produzieren, hatte aber einen auffällig geänderten Lesestil, so daß manche Hörer meinten, sie hätten im Hörtest zwei unterschiedliche Sprecherinnen bewertet. Sprecher F war weniger spontan und eher zögerlich beim Produzieren, sowohl in der Spontansitzung als auch beim Lesen.

Die Aufnahmebedingungen entsprachen in beiden Sitzungen denen einer ruhigen Büroumgebung. Die Äußerungen wurden mit 12 Bit Auflösung und einer Abtastfrequenz von 10 kHz digitalisiert. Bei den spontanen Produktionen und den gelesenen Äquivalenten zu den eigenen Äußerungen (die gelesenen Partner-Äquivalente bleiben in den hier referierten Auswertungen noch unberücksichtigt) handelt es sich insgesamt um 886 Äußerungen (ca. 18 Minuten Sprachmaterial, Zahl der Äußerungen: C: 362, X: 236, A: 132, F: 156). Von der weiteren signalphonetischen, phonetischen, linguistischen und experimentellen Verarbeitung seien hier nur die Schritte erwähnt, mit denen die im weiteren zugrundegelegten Merkmale extrahiert wurden: Eine berechnete stimmhaft(SH)/stimmlos-Entscheidung wurde manuell anhand des Zeitsignals, gegebenenfalls auditiv unterstützt, korrigiert. Mit Hilfe dreier automatischer $F0$-Verfahren[1] (vgl. [Bat91], [Hes91], [Ree89], [Kie92]) wurden $F0$-Konturen ermittelt, aus denen eine Referenzkontur (je Frame, d.h. alle 12.8 ms ein Hertzwert) erstellt und auditiv unterstützt handkorrigiert wurde. In kritischen Bereichen wurde der $F0$-Wert periodengenau am Zeitsignal ermittelt. Irreguläre Passagen (laryngalisierte Bereiche, vgl. [Bat91]) wurden gehörsadäquat interpoliert, $F0$-Sprünge, die sich als Artefakte der Verfahren herausstellten, geglättet. Die Äußerungen wurden klassifiziert nach Satztypen (Feinkategorien nach dem Satzmodussystem von [Alt87], Fragesätze und Nicht- Fragesätze als Grobkategorien) und nach syntaktischer Vollständigkeit (410 Ellipsen vs. 476 Nicht-Ellipsen). In einem Hörtest beurteilten jeweils 10 Versuchspersonen (Studenten der Phonetik bzw. der Germanistik) die Äußerungen des gesamten Korpus hinsichtlich des Grades der Spontaneität. Dazu wurden jeweils die digitalisierten und segmentierten Äußerungen der beiden Parallelkorpora (spontane und gelesene Daten) eines Sprechers in randomisierter Reihenfolge auf ein Tonband überspielt und den Versuchspersonen dargeboten, die auf Tischvorlagen mitlasen und ihr Urteil auf einer Bewertungsskala mit vier Stufen (1:"sehr spontan" – 2:"spontan" – 3:"wenig spontan" – 4:"nicht spontan") abgaben.

Merkmal	Beschreibung
Onset/Offset	$F0$-Wert des ersten/letzten SH Frames
Maximum/Minimum	maximaler/minimaler $F0$-Wert
Range	Betragsdifferenz von Maximum und Minimum
Mittelwert	Mittelwert der $F0$-Werte aller SH Frames
Streuung	Streuung der $F0$-Werte aller SH Frames
Regressionskoeffizient	Koeff. der Reg.geraden durch $F0$-Werte aller SH Frames in Hz/sec
Gesamtdauer	Dauer der Gesamtäußerung in ms
Spontaneität	Mittelwert der Spontaneitätsurteile ($\in [1;4]$)

Tab. 1: Extrahierte und berechnete prosodische Merkmale

3 Fragestellung

In diesem Beitrag werden erste Ergebnisse des Vergleichs von Spontansprache mit Lesesprache vorgestellt. Wir benutzen aus der Mustererkennung bekannte statistische Klassi-

---

[1]An dieser Stelle sei Herrn Hess, Bonn, und Herrn Reetz, Nimwegen, für die Überlassung ihrer Programme gedankt.

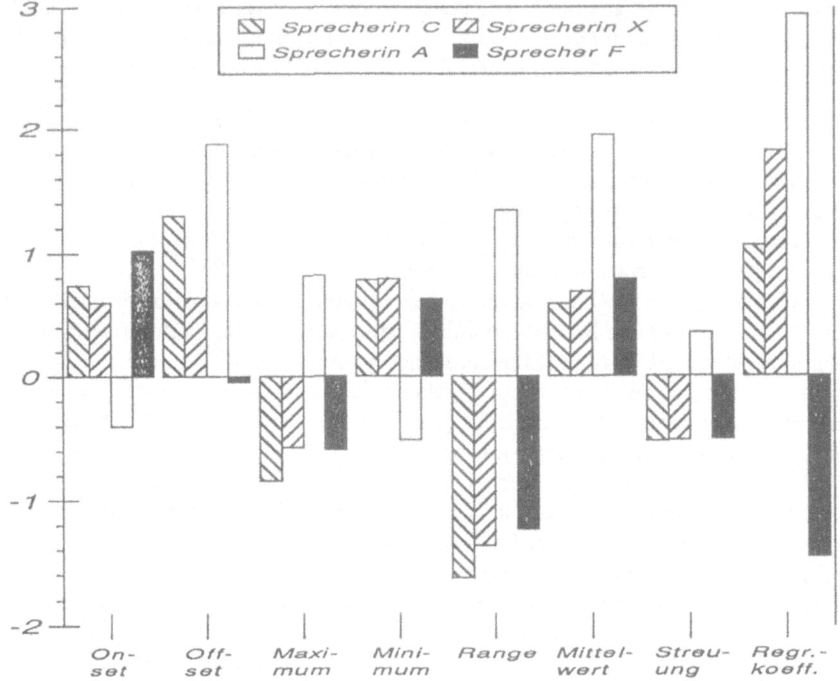

Abb. 1: Mittelwertdifferenzen der F0-Merkmale in Halbtönen
(Regressionskoeffizient in Ht/sec)

fikationsverfahren zur Überprüfung unserer Hypothesen, die Erkennungsraten geben aber
lediglich Tendenzen wieder. Es wurde noch nicht versucht, die Merkmalsauswahl zu optimieren. Ebenso wurde bei der Klassifikation keine Trennung von Lern- und Teststichprobe
vorgenommen. Die fehlende Optimierung dürfte etwas zu niedrige, die Überadaptation bei
Lern=Test dagegen etwas zu hohe Erkennungsraten zur Folge haben.

Im folgenden werden nur Kennwerte für die **gesamten** Äußerungen betrachtet, nicht
für einzelne Konstituenten. Da beim Lesen exakt dieselben Äußerungen mit der gleichen
Silbenzahl vorgegeben wurden, ist auch ein Vergleich z.B. der Gesamtdauerwerte zulässig.
Es wurden pro Äußerung die in Tab. 1 aufgeführten Merkmale extrahiert bzw. berechnet.
Hertz-Werte wurden in Halbtonwerte, relativ zum Basiswert $1\,Hz$, transformiert[2] und
diese wiederum zum Mittelwert normiert, d.h. der Mittelwert der jeweiligen Äußerung
wurde subtrahiert. Damit können die unterschiedlichen Tonlagen, insb. die von Männern
und von Frauen, angeglichen werden. Es wurde noch nicht versucht, diese Normierung
zu optimieren; andere Normierungen, etwa in Hertz zum Mittelwert oder in Hertz bzw.
Halbtönen zum Deklinationsverlauf, sind ebenfalls vorstellbar und sollen in einem späteren
Schritt auf ihre Güte hin untersucht werden.

---

[2] $Ht(F0) = 12 \cdot ld(F0)$, $F0 = F0$-Wert in Hz

4   Ergebnisse und Diskussion

Im folgenden steht SPONTAN abkürzend für die nicht-gelesenen *"spontanen Äußerungen"* bzw. *"Spontanregister"*, und ebenso GELESEN für die *"gelesenen Äußerungen"* bzw. *"Leseregister"*. Abb. 1 zeigt pro Sprecher die Mittelwertdifferenzen der Halbtonwerte (GELESEN-Werte subtrahiert von SPONTAN-Werten) und Abb. 2a die der Gesamtdauer; die Werte sind positiv bei einer größeren Ausprägung in SPONTAN und negativ bei einer größeren in GELESEN. Tab. 2 zeigt die den Mittelwertdifferenzen zugrundeliegenden Werte sowie ihre Standardabweichungen. C und X verhalten sich sehr ähnlich: bei SPONTAN sind Onset, Offset, Minimum und Mittelwert höher, Maximum niedriger und der Range (als Folge des Unterschiedes zwischen Minimum und Maximum) kleiner als bei GELESEN. Die Dauer ist kürzer. A und F zeigen untereinander und gegenüber C und X deutliche Unterschiede; Bei A sind Offset und Mittelwert bei SPONTAN deutlich höher als bei den anderen drei Sprechern, der Range und die Streuung sind größer als bei GELESEN – umgekehrt wie bei den anderen drei Sprechern. Bei F unterscheidet sich der Offset von SPONTAN und GELESEN nicht, die SPONTAN-Dauer ist deutlich kürzer als bei den anderen Sprechern. Bei C, X und A ist der Regressionskoeffizient bei SPONTAN höher als bei GELESEN, nur bei F ist es umgekehrt. Man beachte, daß in diese Mittelwertdifferenz des Regressionskoeffizienten sowohl positive Werte (=steigender $F0$-Verlauf) als auch negative Werte (=fallender $F0$-Verlauf) eingehen. Trennt man diese beiden Klassen, so ist bei positiven Werten der Verlauf für C, X und F bei SPONTAN weniger steigend als bei GELESEN, für A ist es umgekehrt. Bei negativen Werten ist der Verlauf für C und X bei SPONTAN weniger fallend als bei GELESEN, für A und F ist es umgekehrt. Es soll später untersucht werden, inwiefern eine Trennung dieser beiden Klassen (oder anderer, z.B. von Fragen vs. Nicht-Fragen) eine bessere Klassifikation von SPONTAN vs. GELESEN ermöglicht.

		Sp C		Sp X		Sp A		Sp F	
Merkmal		MW	StA	MW	StA	MW	StA	MW	StA
Onset	SPONTAN	0.5	2.2	-0.1	2.5	0.0	3.4	0.8	3.0
	GELESEN	-0.2	2.6	-0.7	2.4	0.4	1.6	-0.2	2.5
Offset	SPONTAN	-0.2	3.6	-0.6	4.0	0.7	3.6	-1.5	3.4
	GELESEN	-1.4	3.6	-1.2	4.1	-1.2	3.0	-1.5	4.0
Maximum	SPONTAN	4.3	2.0	4.4	2.2	4.5	2.0	4.5	2.1
	GELESEN	5.1	2.0	5.0	1.9	3.7	1.5	5.1	1.7
Minimum	SPONTAN	-3.3	1.5	-3.7	1.6	-4.0	2.0	-4.1	1.7
	GELESEN	-4.1	1.5	-4.5	1.6	-3.5	1.1	-4.8	1.6
Range	SPONTAN	7.6	3.1	8.1	3.3	8.5	3.5	8.7	3.2
	GELESEN	9.2	2.7	9.5	3.0	7.1	2.0	9.9	2.8
Mittelwert	SPONTAN	96.7	2.1	97.0	1.9	96.9	2.3	81.7	2.3
	GELESEN	96.1	2.0	96.3	1.8	94.9	1.2	80.9	2.3
Streuung	SPONTAN	2.2	1.0	2.2	0.9	2.4	1.7	2.3	0.9
	GELESEN	2.7	0.9	2.7	0.9	2.0	0.6	2.8	0.8
Reg.Koeff.	SPONTAN	-1.0	10.1	0.6	11.0	1.5	8.3	-2.2	9.0
	GELESEN	-2.0	13.2	-1.2	9.4	-1.5	7.0	-0.7	12.0
Gesamtdauer	SPONTAN	1231.5	881.0	1182.9	702.8	984.2	403.8	1105.9	658.5
	GELESEN	1347.8	920.8	1289.4	688.9	1075.8	465.6	1305.4	835.9
Spont.Urteil	SPONTAN	2.2	0.6	2.2	0.5	1.9	0.6	2.3	0.7
	GELESEN	2.3	0.5	2.6	0.5	2.7	0.5	2.9	0.6

Tab. 2: Mittelwerte (*MW*) und Standardabweichungen (*StA*) der prosodischen Merkmale von Abb. 1, Abb. 2a-b und Abb. 3a-e, getrennt nach Registertyp und Sprecher

Auch wenn die Korrelation vieler Merkmale untereinander sehr klein ($< |0.1|$) ist, so sind

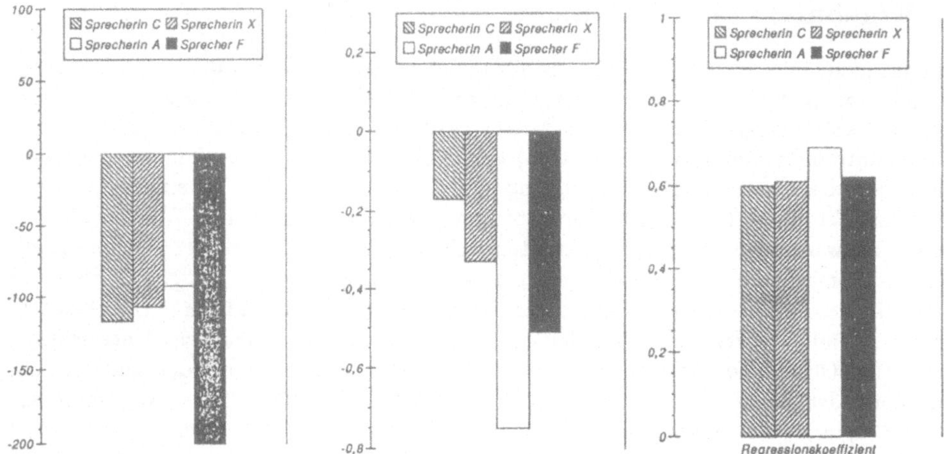

Abb. 2a: Gesamtdauer, Mittelwertdifferenzen in *ms* Abb. 2b: Spontaneitätsurteil, Mittelwertdifferenzen Abb. 2c: Spontaneitätsurteil, alle prosodischen Merkmale unabhängig, Regressionsanalyse

doch nicht alle unabhängig voneinander; diese Tatsache verdeutlicht die Korrelationsmatrix in Tab. 3 (Werte > |0.4| sind dort fett gedruckt). Trivial, da durch die Berechnung vorgegeben, ist die hohe Korrelation von Range mit Maximum und Minimum, vgl. Tab. 1., ebenso die von Streuung mit Maximum, Minimum und Range: Die Streuung wird größer bei einem tieferen Minimum und/oder bei einem höheren Maximum. Ein tiefer Onset und/oder ein hoher Offset korrelieren positiv mit einem positiven/höheren Regressionskoeffizienten, und vice versa. Zur Korrelation von Gesamtdauer mit Spontaneitätsurteil vgl. unten.

	Onset	Offset	Maxi.	Mini.	Range	Mittelw.	Streu.	Reg.Koe.	Dauer
Offset	-0.12	—							
Maximum	-0.00	0.14	—						
Minimum	0.30	0.15	**-0.46**	—					
Range	-0.16	0.01	**0.88**	**-0.81**	—				
Mittelw.	-0.18	0.11	-0.02	-0.00	-0.01	—			
Streuung	-0.10	0.02	**0.78**	**-0.72**	**0.88**	0.04	—		
Reg.Koe.	**-0.45**	**0.49**	-0.00	-0.01	0.01	0.12	0.00	—	
Ges.Dauer	-0.14	-0.19	0.29	-0.36	0.37	0.03	0.13	-0.04	—
Spont.Urt.	-0.03	-0.17	-0.01	-0.07	0.03	-0.25	-0.11	-0.09	**0.44**

Tab. 3: Korrelationsmatrix der prosodischen Merkmale (Werte > |0.4| sind fett gedruckt)

Global läßt sich der Unterschied zwischen den beiden Registern also wie folgt charakterisieren: Bei SPONTAN sind Onset, Offset und Minimum höher sowie das Maximum tiefer als bei GELESEN; damit einher gehen bei SPONTAN ein höherer Regressionskoeffizient, ein höherer Mittelwert, ein geringerer Range (Differenz von Maximum und Minimum) sowie eine geringere Streuung. Die Dauer ist immer kürzer als bei GELESEN.

Abb. 2b zeigt die Mittelwertsdifferenzen der Hörer-Spontaneitätsurteile pro Sprecher. Bei C ist der Unterschied sehr gering, bei A am größten. Diese Unterschiede bestätigen den oben erwähnten Höreindruck. Hingegen ist bei einer Regressionsanalyse mit allen prosodischen Merkmalen als unabhängige Variablen und der abhängigen Variablen *Spontaneitätsurteil* in Abb. 2c der Unterschied zwischen den Sprechern recht gering. Der Zusammenhang zwischen der Spontaneitätsbewertung und allen prosodischen Merkmalen zusammen ist positiv, aber nicht sehr ausgeprägt (R^2, die sog. *"erklärte Varianz"*, liegt zwischen 0.35 und 0.48).

Abb. 3 zeigt für alle Sprecher zusammen (Abb. 3a) sowie für jeden einzelnen Sprecher (Abb. 3b-e) das Ergebnis von Diskriminanzanalysen mit Lern=Test, mit denen die Äußerungen als SPONTAN bzw. als GELESEN klassifiziert wurden. Aufgetragen ist auf der Y-Achse der prozentuale Anteil korrekt klassifizierter Fälle; der Erwartungswert (Zufallsbereich) ist 50 %, die Y-Achse zeigt zur Verdeutlichung nur den Bereich von 40–80 %, in dem alle Werte liegen. Zunächst sind die Ergebnisse für eine univariate Analyse aufgetragen, mit jeweils einem Merkmal als Prädiktorvariablen. Dann folgt das Ergebnis einer multivariaten Analyse (in Abb. 3a-e durch *Alle* gekennzeichnet), bei der alle Merkmale zusammen die Prädiktorvariablen bildeten. Der letzte, schwarze Balken gibt das Ergebnis für die Analyse mit dem Mittelwert der Spontaneitätsbeurteilung als Prädiktorvariablen.

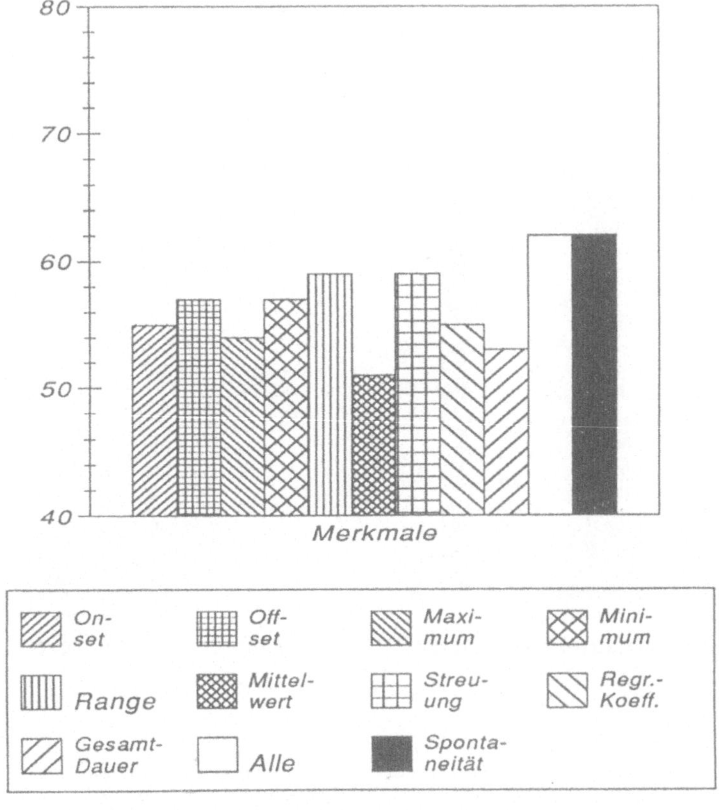

Abb. 3a: Prozent korrekt klassifiziert, alle Sprecher

Betrachtet man alle Sprecher zusammen (Abb. 3a), so ist die Klassifikation mit einzelnen Merkmalen eher im Zufallsbereich, alle Merkmale zusammen ergeben 62 %. Die Klassifikation mit der Spontaneitätsbeurteilung als Prädiktor ist ebenso niedrig (62 %). Ursache

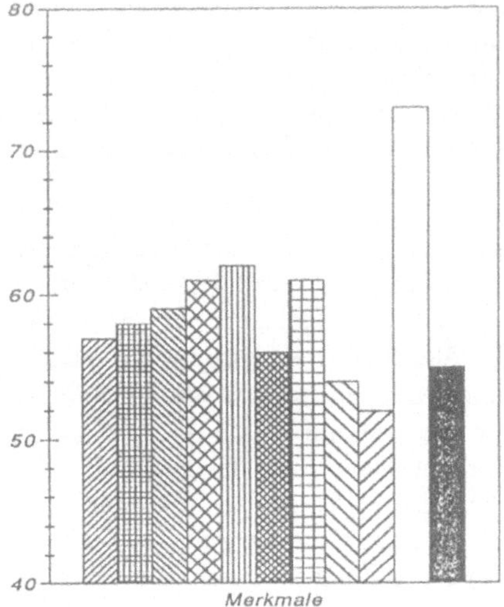

Abb. 3b: Prozent korrekt klassifiziert,
Sprecherin C

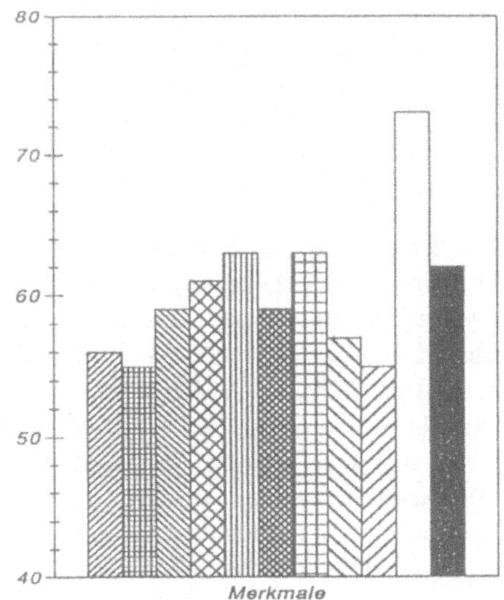

Abb. 3c: Prozent korrekt klassifiziert,
Sprecherin X

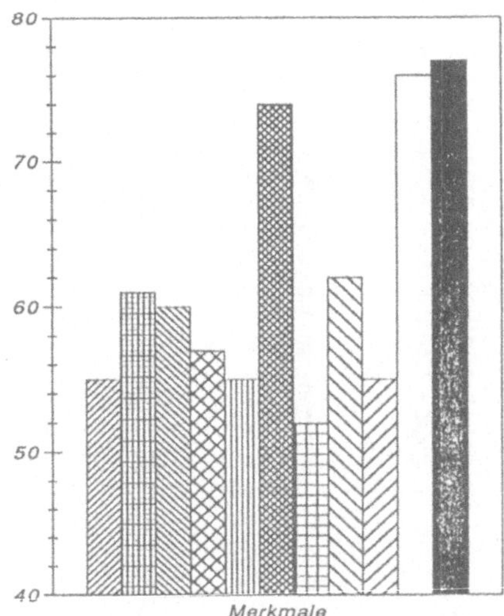

Abb. 3d: Prozent korrekt klassifiziert,
Sprecherin A

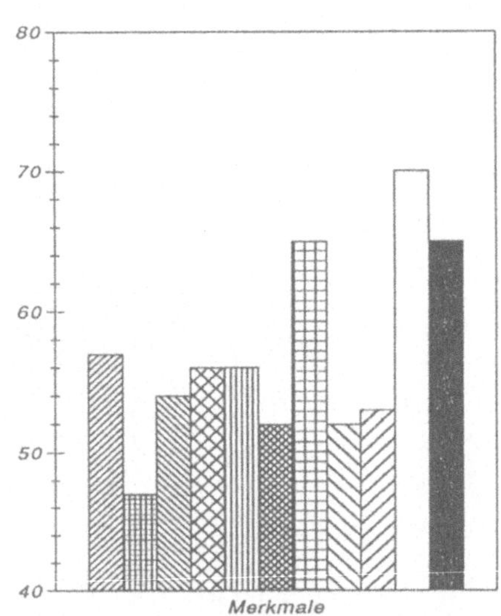

Abb. 3e: Prozent korrekt klassifiziert,
Sprecher F

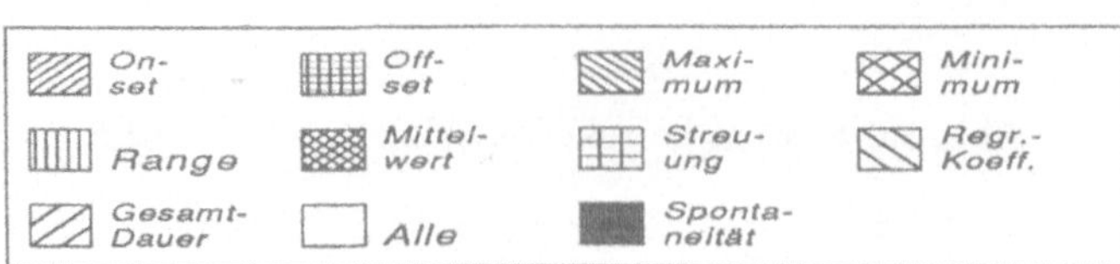

für diese schlechte Klassifikation ist nicht eine fehlende Relevanz der Merkmale, sondern eine starke Sprecherabhängigkeit: Bei getrennt klassifizierten Sprechern sind die einzelnen Merkmale ebenfalls eher wenig relevant, mit Ausnahme von A, wo der Mittelwert allein 74 % ergibt (vgl. Abb. 3b-e). Alle Merkmale zusammen ergeben aber eine deutlich bessere Klassifikation, zwischen 73 % bei C und 76 % bei A. Damit bestätigt sich die Annahme, daß sich Spontansprache und Lesesprache systematisch in ihrer Prosodie unterscheiden; die Markierung des Unterschiedes ist aber zum Teil eher sprecherspezifisch. Mit Ausnahme des Mittelwertes bei A ist offensichtlich das Zusammenspiel der einzelnen Merkmale charakteristischer für das jeweilige Register als einzelne, herausgehobene Merkmale. Prosodische Merkmale allein genügen aber nicht zur Registerkennzeichnung, sonst könnte man ja bei der Klassifikation mit allen Merkmalen ein Ergebnis deutlich über 80 % erwarten. Dies läßt sich anhand der Gesamtdauer illustrieren: als prosodisches, globales Merkmal ist sie für die Klassifizierung irrelevant, auch wenn sie sich bei allen Sprechern systematisch unterscheidet. Sie korreliert auch positiv mit dem Spontaneitätsurteil: je länger die Äußerung ist, desto weniger wird sie als spontan bewertet, vgl. Tab. 3. Die Dauer ist aber zum größten Teil kein prosodisches Merkmal "an sich", sondern Produkt segmentaler Prozesse wie etwa Vokal- bzw. Silbenkürzung und -elision; typischerweise korreliert mit diesen Prozessen ist die Vokalzentralisierung (Änderung im spektralen Bereich). Es ist vorgesehen, anhand der für das Material vorliegenden expliziten Segmentierung zu untersuchen, inwieweit diese Prozesse – allein und zusammen mit den prosodischen Merkmalen – zur Registerkennzeichnung beitragen. Möglicherweise findet sich dann auch eine Erklärung für die Diskrepanz zwischen dem großen Unterschied von A auf der einen und C bzw. X auf der anderen Seite bei der Differenz der Spontaneitätsbeurteilung (-0,75 vs. -0,17 bzw. -0,33; vgl. Abb. 2b) und dem eher geringen Unterschied in der Klassifikation mit allen Merkmalen (76 % vs. 73 % bzw. 75 %; vgl. Abb. 3b,c,d). Man muß allerdings auch beachten, daß die Hörer bei der Spontaneitätsbeurteilung das **Ausmaß** der Spontaneität bewerten und nicht **direkt** nach SPONTAN-GELESEN klassifizieren.

5 Vergleich mit anderen Studien

Die Ergebnisse der wenigen vergleichbaren Studien zum Registerunterschied "SPONTAN-GELESEN" stimmen nur zum Teil mit den unseren überein: [Tro85] z.B. berichtet für das Deutsche bei SPONTAN einen niedrigeren Range (für C, X und F übereinstimmend) sowie niedrigere Minima (für C, X und F nicht übereinstimmend). [Bla91] findet für das Niederländische bei SPONTAN einen niedrigeren Mittelwert (nicht übereinstimmend) sowie niedrigere Streuung und niedrigeren Range (für C, X und F übereinstimmend). Ebenfalls für das Niederländische berichtet [Bei90] einen niedrigeren $F0$-Median und keine Dauerunterschiede (für C, X und F nicht übereinstimmend) sowie einen niedrigeren Range (für C, X und F übereinstimmend). Beim jetzigen Kenntnisstand läßt es sich nicht entscheiden, ob diese Gemeinsamkeiten bzw. Unterschiede sprach-, sprecher-, design- oder registerspezifisch sind, da – aus verständlichen Gründen – die Zahl der Sprecher immer recht gering ist, und da sich die Studien auch sonst unterscheiden; so gab etwa [Tro85] Akzentverteilung und finalen Tonverlauf bei GELESEN via Instruktion vor, das Material von [Bei90] ist aus einem erzählenden Monolog, nicht aus einem Dialog, etc. Ein Vergleich mit anderen Studien, die andere Merkmale zugrundelegen, wie etwa [How91], wo die Pausensetzung und Position der Hauptakzente untersucht werden, oder [Bru91] (Vergleich von Ton-Sequenzen), ist erst zu einem späteren Zeitpunkt möglich.

6 Schlußbemerkungen

Registerunterscheidung ist an sich natürlich ein interessantes Thema; anwendungs- und kommunikationsrelevant wird sie letztlich aber erst dann, wenn man untersucht, ob in den unterschiedlichen Registern die Prosodie auch unterschiedlich eingesetzt wird. Erste Ergebnisse zur Frage/Nicht-Frageunterscheidung bei elliptischen vs. nicht-elliptischen sowie spontanen vs. gelesenen Äußerungen deuten auf einen gewissen Unterschied hin. Wir nehmen an, daß die funktionale Belastung und damit die Ausprägung der prosodischen Merkmale bei elliptischen Äußerungen größer ist als bei vollständigen. Ebenfalls sollte bei gelesener Sprache wegen des fehlenden situativen Kontextes mit seinen Disambiguierungsmöglichkeiten die Ausprägung der prosodischen Merkmale größer sein als bei spontaner Sprache. Diese Annahmen sollen in einem nächsten Schritt überprüft werden.

Die diesem Bericht zugrundeliegenden Untersuchungen wurden mit Mitteln der Deutschen Forschungsgemeinschaft (Al 173/4) sowie des Bundesministers für Forschung und Technologie unter den Förderkennzeichen 01IV102F4 und 01IV102H0 gefördert. Die Verantwortung für den Inhalt dieser Veröffentlichung liegt bei den Autoren. Für wichtige Hinweise danken wir einem der Gutachter der KONVENS-92.

Literatur

[Alt87]   H. Altmann: *Zur Problematik der Konstitution von Satzmodi als Formtypen*, in J. Meibauer (Hrsg.): *Satzmodus zwischen Grammatik und Pragmatik*, Niemeyer Verlag, Tübingen, 1987, S. 22–56.

[Bat91]   A. Batliner, A. Kießling, R. Kompe, E. Nöth: *"Irregularitäten" spontaner Sprache und ihre Verarbeitung mit automatischen Grundfrequenzverfahren*, in *Fortschritte der Akustik–DAGA'91, Teil B*, DPG–GmbH, Bad Honnef, 1991, S. 993–996.

[Bei90]   F. K. van Beinum: *Spectro-temporal reduction and expansion in spontaneous speech and read text: The role of focus words*, in *Int. Conf. on Spoken Language Processing*, Kobe, 1990, S. 1.6.1–1.6.4.

[Bla91]   E. Blaauw: *Phonetic characteristics of spontaneous and read-aloud speech*, in *Proceedings of the ESCA Workshop. Phonetics and Phonology of Speaking Styles: Reduction and Elaboration in Speech Communication*, Barcelona, 1991, S. 12–1–12–5.

[Bru91]   G. Bruce, P. Touati: *On the analysis of prosody in spontaneous speech with exemplification from Swedish and French*, in *Proceedings of the ESCA Workshop. Phonetics and Phonology of Speaking Styles: Reduction and Elaboration in Speech Communication*, Barcelona, 1991, S. 13–1–13–5.

[Hes91]   W. Hess: *Persönliche Mitteilung*, 1991, Institut für Kommunikationsforschung und Phonetik, Universität Bonn.

[How91]   P. Howell, K. Kadi-Hanifi: *Comparison of prosodic properties between read and spontaneous speech material*, *Speech Communication*, 10 1991, S. 163–169.

[Kie92]   A. Kießling, R. Kompe, H. Niemann, E. Nöth, A. Batliner: *DP-Based Determination of F0 Contours From Speech Signals*, in *Proc. Int. Conf. on Acoustics, Speech and Signal Processing*, Bd. 2, San Francisco, 1992, S. II–17–II–20.

[Ree89]   H. Reetz: *A Fast Expert Program for Pitch Extraction*, in *Proc. European Conf. on Speech Communication and Technology*, Bd. 2, Paris, 1989, S. 476–479.

[Tro85]   H. Tropf: *Zur Intonation spontan gesprochener und laut gelesener W-Fragen*, in W. Kürschner, R. Vogt (Hrsg.): *Grammatik, Semantik, Textlinguistik. Akten des 19. Linguistischen Kolloquiums Vechta 1984, Band I*, Niemeyer Verlag, Tübingen, 1985, S. 49–60.

Dual Use of Syntactic Information for Acoustic Recognition and Semantic Processing in a Spoken-Language Database Query System

H. Bergmann, H.-H. Hamer, A. Noll, A. Paeseler, H. Tomaschewski
aspect Gesellschaft für Mensch-Maschine Kommunikation mbH,
Gutenbergring 38, W-2000 Norderstedt

Abstract

We present a particular way of connecting syntax, semantics, and speech recognition, which uses a single syntactic-semantic representation both as a backbone for the speech recognition and semantic interpretation modules. A spoken-language database query system is described which was developed in this framework with a commercial speech recognition development toolkit.

1. Introduction

Representing syntactic information for processing continuously spoken language is a difficult task, because competing requirements on the kind of representation and possible operations have to be satisfied. The acoustic recognition component needs information about the probabilities of word sequences in order to increase the recognition accuracy. Because the amount of processing is considerable, one of the main criteria for choosing a particular syntactic representation is its property to allow the determination of follow words at low costs. Thus statistical n-gram language models [6] and finite-state networks [8] are used frequently.

On the other hand, for the construction of semantic representations we need a syntactic representation which maps the recognized sentence into a hierarchical structure allowing a syntax-directed transformation into a representation of the meaning. Especially in the development of commercial systems, which typically pass through several test and revision cycles, it is simply a necessity to have a unique representation for both the language model for the speech recognizer and the interpretation module. The syntactic-semantic notation underlying the SpeechMaster development system can be seen as a first step in this direction. The notation can be converted into a finite-state network for the speech recognizer on one hand and into an interpretation table for reconstructing the hierarchical sentence structure during semantic interpretation on the other hand.

After surveying some of the main problems in spoken-language processing, we present a uniform representation of syntactic and semantic information, to be used both in the recognition and the interpretation stage. The recognition and interpretation procedures are described. Finally we present an application of the framework outlined before, a spoken-language database query system that converts spoken input into SQL database queries.

2. Motivation

Two of the main tasks that have to be performed in a spoken-language processing system[1] are
-   the recognition of the spoken sentence, i.e. finding the sequence of spoken words in the input speech signal, and

---

[1] In the last years 'spoken-language processing' becomes more and more used as a unifying term for approaches both involved in speech and natural language processing.

- the semantic interpretation of the recognized word sequence in terms of a meaning representation language or of the command language of an underlying backend software system.

Due to the high variability of speech concerning the pronunciation and the speaking rate, the recognition procedure is very time-consuming. Especially the absence of clear separations between words in continuous speech requires the computation of many hypotheses for possible word sequences in parallel. In order to increase the recognition accuracy and to reduce the computational costs of the search procedure, syntactic restrictions on word sequences are made use of. A language model predicts the probability of successor words for a partially recognized word sequence hypothesis. Finite-state network language models fit well into the recognition process, because successor words can be retrieved by simple table look-ups.

If we look at different techniques for performing semantic interpretation of a natural language sentence (cf. [2]), they typically have one thing in common: semantic properties have to be combined in accordance with the nested dependencies of the phrases making up the sentence. Therefore for doing interpretation we clearly need a hierarchical representation of the syntactic structure of the word sequence at hand. Unfortunately this information is absent in typical language models for speech processing, e.g. finite-state networks.

There are basically two possibilities to solve the problem. First, we could develop the syntactic representation for the recognition module (i.e. the language model) and the interpretation module independently on each other. But this is only reasonable in certain cases, e.g. if changes in vocabulary and the behaviour of the backend system occur rarely as in research prototypes. For commercial applications that we have in mind, the opposite is the case. These systems typically pass through many test and revision cycles. As a consequence we chose a different approach, a uniform representation for the syntax and semantics of a given application which is compiled into a form to be used during recognition as well as for the interpretation procedure.

3. A Uniform Grammar Formalism for Recognition and Interpretation

In this section we describe a uniform representation for syntax and semantic. It is compiled into a finite-state network, used by the recognition process, the edges of which are annotated with semantic actions for the interpretation of the recognized word sequence. Although we use the form of context-free rules no recursive rules are allowed. Therefore the grammar can always be translated into a finite-state automaton.

3.1 An Example

A grammar in our formalism consists of four parts, (1) a list of slots, (2) a list of startsymbols, (3) a lexicon, and (4) a sequence of rules. Let's consider a simple example grammar, which for instance recognizes the sentence "John sleeps" and defines its 'semantic' representation as "sleeps(John)".

(1) slots: CAT, SEM, SUBJ   (2) start symbols: S

(3) lexicon: "John" = [cat=NP, sem ="John"];
            "Mary" = [cat=NP, sem ="Mary"];
            "loves" = [cat=V2, sem ="loves"];
            "sleeps" = [cat=V1, sem ="sleeps"];

(4) rules: (4.1) VP = V2 NP [^.SEM=CONCAT (V2.SEM '(' ^.SUBJ ',' NP.SEM ')')]|
              V1 [^.SEM=CONCAT (V1.SEM '(' ^.SUBJ ')')];
       (4.2) S = NP VP [VP.SUBJ=NP.SEM, ^.SEM=VP.SEM];

The lexicon assigns properties like category and semantic values to the words. The rules define possible word sequences in their phrase structure part and their semantic interpretations by attached *semantic actions*. The semantic actions, enclosed in brackets, can be divided in two clas- ses, actions that copy a value to an attribute of the lefthand side (synthesizing actions) and actions copying values to an attribute of a righthand-side symbol (inheriting actions). E.g. The *synthesizing action* "^.SEM=VP.SEM" in rule (4.2) copies a value of the righthand-side symbol VP to the left-hand-side symbol (abbreviated by "^") and the *inheriting action* "VP.SUBJ=NP.SEM" copies a value from the righthand-side symbol NP to its neighbour VP. Because the grammar is non-recursive it can be compiled into an *augmented finite-state network* (AFSN), shown in Fig. 1.

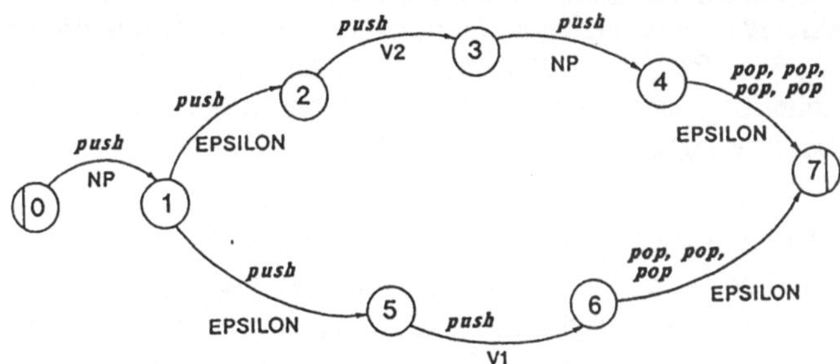

Fig. 1: Augmented finite-state network with annotated edges

The edges in the network are labelled with preterminal symbols, which are expanded into the relevant word transitions[2]. Additionally, the edges are marked with semantic actions. In Fig. 1 only the actions "push" and "pop" are shown, which reconstruct parts of the parsing tree during the interpretation phase. The interpretation takes place after recognition, which returns a path through the network.

3.2 Grammar compilation

The compilation procedure takes a phrase structure grammar of the form described above as its input and converts it into an AFSN. Three steps have to be performed:
(1) Compilation of the lexicon
(2) Compilation of rules
(3) Computing the transitive closure of epsilon transitions.

The interesting part of the compilation is performed in part (2). Therefore we will consider this step in more detail below. Step (1) is a special case of step (2) because lexicon entries can be represented as rules expanding preterminal symbols. Step (3) inserts for any sequence of edges, leading from node A to node B and labelled with the empty word epsilon, a new direct epsilon edge from A to B. This step simplifies the recognition procedure, because it guarantees that any transition reachable by a sequence of epsilon transitions can be reached with one epsilon transition look-ahead.

Now let's consider step (2) in more detail. A rule has the form

(1) $L = R_1 \mid R_2 \mid ... \mid R_n$;

with lefthand-side symbol L and righthand sides R_i. Each righthand-side R_i is of the following form

(2) $E_1 E_2 ... E_k [S_1, S_2, ..., S_m, I_1(p), I_2(q), ..., I(r)_n]$.

The expressions E_i on a righthand-side are either simple non-terminal symbols or non-terminal symbols followed by an asterisk '*' denoting the Kleene star iteration operator. The semantic actions are enclosed in brackets. They can be grouped into the synthesizing actions S_i and the inheriting actions $I_i(e)$. A synthesizing action is of the form $\hat{\ }.A = f(P_1, P_2, ..., P_n)$. It assigns a value to the slot A of the lefthand-side symbol. The expression $f(P_1, P_2, ..., P_n)$ denotes some function application, e.g. string concatenation, on the parameters P_k. The parameters P_k either denote a slot of some symbol occurring in the rule or a constant expression. An inheriting action $I_i(p)$ is of the form $E_p.A = f(P_1, P_2, ..., P_n)$ where $E_p.A$ denotes a slot of the p-th symbol on the righthand side. For inheriting actions we put the restriction on the parameters P_k that they must not refer symbols occurring right of the symbol denoted by E_p.

The compilation of a rule yields an AFSN which is put in an association list with its lefthand-side symbol. In addition to a normal finite-state network the edges of an AFSN are labelled with action lists. If we now consider a righthand-side R_i, we can retrieve the corresponding AFSNs M_i for the expressions E_i from the association list mentioned above, because the grammar is non-recursive. If E_i is a non-terminal followed by an asterisk, the corresponding AFSN N_1 is augmented as shown in Fig. 2.

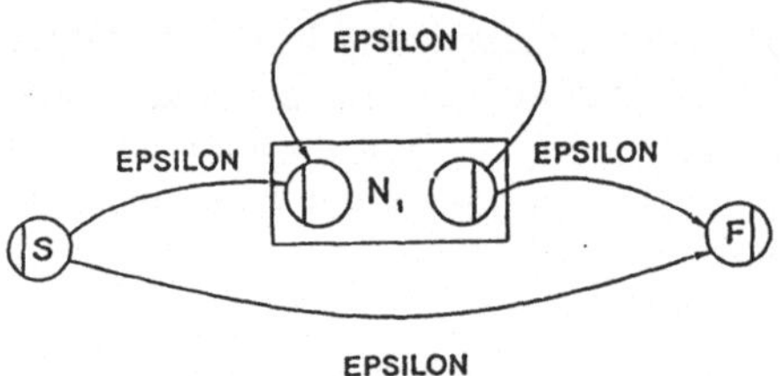

Fig. 2: Conversion of Kleene star expression in its corresponding AFSN

Given the AFSN M_i for expression E_i we add the action 'push' and the inheriting actions $I_1(i)$, $I_2(i)$,... at the beginning of the action list of the edges going out from its startnode. After this step is performed for E_1 to E_k we merge the endnode and startnode of neighbouring AFSNs M_i and M_{i+1}, yielding a new single AFSN M. We then append the synthesizing actions $S_1, S_2, ..., S_m$ and k actions 'pop' to the action lists of the edges leading to M's endnode. In Fig. 3 the result of this step is shown for a righthand-side with two expressions, corresponding to AFSNs M_1 and M_2.

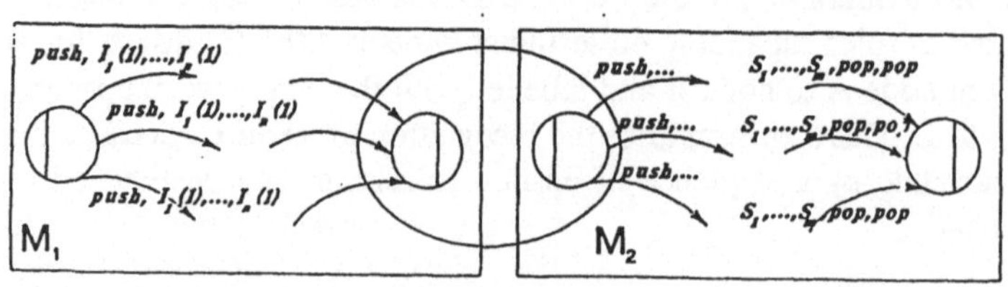

Fig. 3: AFSN corresponding to a righthand-side with two expressions

Finally the partial AFSNs N_i corresponding to the righthand sides R_i are merged into an AFSN representing the complete rule as shown in Fig. 4.

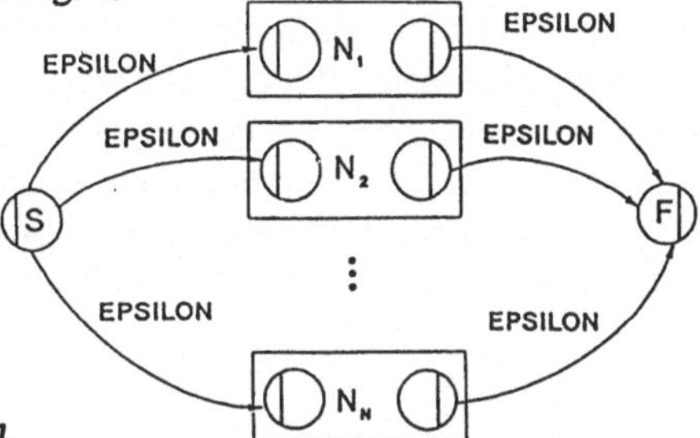

Fig. 4: Result of a complete rule compilation

Up to here we assumed that the semantic actions can be put in the AFSN without change. This is not quite true. To make efficient use of a semantic action $E_p.A = f(P_1, P_2, ..., P_n)$ in the interpretation phase we substitute the result and parameter expressions by indices composed of the relative position of the non-terminal referred in the rule and the index of its slot. For an in-depth discussion of synthesized and inherited attributes in syntax-directed translation we refer the reader to [1].

4. Connecting Acoustic Recognition and Semantic Interpretation

In this section we describe how the representation shown above is made use of in the recognition and the interpretation stage. A refined version of the principles described are realized in the SpeechMaster development system, which we used in the implementation of the database application described in section 5.

4.1 The Recognition Procedure

The recognition procedure of the SpeechMaster system is based on well-established techniques which can shortly be described as Viterbi decoding with a pruning strategy in order to reduce the computational costs. The roots of this method go back to Vintsyuk [12], Bridle [5], and Ney [9].

The acoustic properties of the words or morphemes of the recognition vocabulary are modeled by stochastic finite-state automata. Their parameters are estimated from training utterances. Recognition can be seen as finding the best matching path for a speech utterance in a search space given by the finite-state network of the language model, where each word transition is substituted by the stochastic finite-state network of the acoustic word model. Every 12ms, the signal analysis delivers an acoustic feature vector describing a small portion of the input signal (time frame). For each frame the hypotheses in the search space have to be extended. If more than one hypothesis arrives at the same language model node or the same state in the acoustic word model at the same time frame, the hypotheses are recombined, i.e. only the best one is retained. If the probability of a hypothesis goes below a certain threshold, it is pruned, i.e. it is no longer processed. The principle structure of the recognition procedure concerning the interaction with language model is shown in Box 1.

The recognition starts by putting the start node number to the list of reached nodes. The input time frames are then sequentially processed. For all nodes in the list of reached nodes the epsilon transitions are looked up, in order to activate the nodes reached by them. In the second step all word transitions going out of an active node are activated. The bookkeeping information is updated, in order to keep track of the path through the network for each hypothesis. In the third step the hypotheses are extended inside the acoustic word models. The score for each hypothesis and the current frame is computed and compared to the pruning threshold. If the last state of an acoustic word model is reached, the number of the end node of the corresponding transition is retrieved and put to the list of reached nodes. If no active hypothesis is left in one of the states of the acoustic word model the transition is removed from the list of active transitions.

```
begin
put STARTNODE to REACHED_NODES;
for each frame f do
begin
      ACTIVE_NODES := Empty;
      for each node n in REACHED_NODES do                          {expand epsilon transitions}
      begin
            put n to ACTIVE_NODES;
            for each transition t with from_node(t) = n do
            begin
                  if word(t) = EPSILON then
                        put to_node(t) to ACTIVE_NODES;
            end;
      end;
      for each node n in ACTIVE_NODES do                           {activate transitions}
      begin
            for each transition t with from_node(t) = n do
            begin
                  if word(t) < > EPSILON then
                  begin
                        initialize t;
                        if t not in ACTIVE_WORD_TRANSITIONS then
                              put t to ACTIVE_WORD_TRANSITIONS;
                  end;
            end;
      end;
      REACHED_NODES := Empty;
      for each transition t in ACTIVE_WORD_TRANSITIONS             {process transitions}
      begin
            match acoustic word model w with word(t) = w and input frame f;
            if word end of w is reached then
                  put to_node(t) to REACHED_NODES;
            if all hypotheses for w are pruned then
                  remove t from ACTIVE_WORD_TRANSITIONS;
      end;
end;
return path (word and node sequence) ending in ENDNODE;
end;
```

Box 1: Interaction of acoustic recognition and language model

After recognizing a sentence, the complete network path (including word and state numbers) serves as input to the interpretation module, which uses a stack to dynamically reconstruct the value-passing in the parse tree.

4.2 The Interpretation Procedure

The interpretation is performed on a complete path through the AFSN (see Box 2). We have to consider two kinds of actions. The first kind of actions includes 'push', 'pop', and the parameter retrieval functions. They reconstruct parts of the parsing tree using a stack. The depth of the stack is limited by the static nesting of the rules in the grammar. Iteration can be performed in a single stack location, like tail recursion in LISP. Therefore the maximum stack size can be determined already during compilation of the grammar.

The second kind of actions are user-defined and responsible for the 'real' interpretation.

```
begin
STACKPOINTER:=0;
for the sequence of edges E in the recognized path do
     begin
     retrieve the actions ALIST from E;
     for each action A in ALIST do
              begin
              if A = 'push' then STACKPOINTER := STACKPOINTER + 1;
              if A = 'pop' then STACKPOINTER := STACKPOINTER - 1;
              if A has the form "i = f(k,...,n)" then
                       begin
                       VALUES:=STACK[STACKPOINTER+k], ... STACK[STACKPOINTER+n];
                       evaluate f on VALUES;
                       put the result in STACK[STACKPOINTER+i];
                       end;
              end;
     end;
return (STACK[0]);
end;
```

Box 2: The interpretation procedure

5. DBQUERY - A Spoken-Language Database Query System

DBQUERY is a database query system which converts spoken natural-language database-queries into formal SQL queries. The latter are sent to a relational database for evaluation. The system reaction consists of two parts, the presentation of the computed database table on the screen and the acoustic output of a summarized answer. Our example database contains one table with fields like NACHNAME, VORNAME, STATUS, EINSTELLUNGSJAHR and EINKOMMEN (LAST_NAME, FIRST_NAME, STATUS, YEAR_OF_HIRING, and INCOME). The grammar defines a lexicon with 185 entries and contains about 50 rules. The generated AFSN consists of more than 3000 transitions.

The following example dialog in Box 3 gives an impression of the system performance. User utterances are continuously spoken. System output is constructed from previously recorded acoustic sentence fragments and data items. The recognition component is based on trained morphemes, as can be seen in the presentation of the German number 'neun zehn hundert acht zig' ('nine teen hundred eight ty') in dialog step (1). The lexicon does not contain 'achtzig' as complete word but the more elementary morphemes 'acht' and 'zig'. These items are then used during recognition for the composition of larger words and word sequences. Even for small applications this technique has an important impact in reducing lexicon size and training time. The user utterances in the dialog of Box 3 have an average perplexity of about 25 with respect to the given grammar.

```
(1) User:      Welche Manager wurden vor neun zehn hundert acht zig eingestellt?
               (Which Managers were hired before nine teen hundred eight ty?)

(1') System:
    SQL form:    SELECT VORNAME, NACHNAME FROM PERSONEN
                 WHERE STATUS = 'MANAGER' AND EINSTELLUNGSJAHR < 1980

    Answer table:
                 VORNAME       NACHNAME  (FIRST_NAME LAST_NAME)
                 ----------------
                 Anton         Meyer
                 Fritz         Müller

    Acoustic answer:       Anton Meyer und Fritz Müller. (Anton Meyer and Fritz Müller)

(2) User:      Wer von ihnen verdient mehr als fünf und neun zig tausend?
               (Who of them earns more than nine ty five thousand?)

(2') System:
    SQL Form:    SELECT VORNAME, NACHNAME FROM PERSONEN
                 WHERE STATUS = 'MANAGER' AND EINSTELLUNGSJAHR < 1980
                 AND EINKOMMEN > 95000

    Answer table:
                 VORNAME       NACHNAME (FIRST_NAME LAST_NAME)
                 ----------------


    Acoustic answer:       Keiner. (Nobody.)
```

Box 3: Example dialog with DBQUERY

The structure of sentences (1) and (2) of the example dialog are described by the following top - level rule:

```
ANFRAGE =   WH-WORD UNRESTRICTED-NP-GEN VP
            [UNRESTRICTED-NP-GEN.SOURCE = WH-WORD.SOURCE,
             UNRESTRICTED-NP-GEN.PROJECTION = WH-WORD.PROJECTION,
             UNRESTRICTED-NP-GEN.SEM = WH-WORD.SEM,
             ^.SEM = CONCAT ("SELECT " UNRESTRICTED-NP-GEN.PROJECTION
                     " FROM " UNRESTRICTED-NP-GEN.SOURCE
                     " WHERE " UNRESTRICTED-NP-GEN.SEM VP.SEM
                     WH-WORD.COMPUTE)];
```

WH-WORD is a preterminal category and describes pronouns like "wer" (who) and "welche" (which). The non-terminal UNRESTRICTED-NP-GEN expands into nouns referring a database relation, like "Personen" (persons), "Mitarbeiter" (employees), etc. It also describes partitives, which are represented by the genetive gender or the preposition "von" (of) in German. The non-terminal VP is expanded in several variants of referring database attributes and values either by a verb or the mentioning of the corresponding attribute name. The rule contains inheriting actions which copy the value of the SOURCE, PROJECTION, and SEM slot of the interrogative pronoun to the nominal phrase following it. The following lexicon entries for the pronoun "welche" and the Noun "Manager" are used.

```
"welche" =      [CAT = WH-WORD, SEM = "&LAST_RESTRICTION ",
                 PROJECTION = " &LAST_PROJECTION ",
                 SOURCE = "&LAST_TABLE_NAME "]|
                [CAT = WH-QUAL, SEM = ""];

"Manager" =     [CAT = NOM, SOURCE = "PERSONEN",
                 PROJECTION = " VORNAME, NACHNAME",
                 SEM = "Status = 'MANAGER'"];
```

For the word "welche" the three slots are initialized in the lexicon with the values "&LAST_TABLE_NAME", "&LAST_PROJECTION", and "&LAST_RESTRICTION", respectively. In sentence (1) the word "Manager" overwrites these slots for UNRESTRICTED-NP-GEN with its own values taken from the lexicon. The anaphoric reference in sentence (2) does not alter the inherited initialization and thus "&LAST_RESTRICTION" is inserted in the query, which is substituted by the restriction of the previous sentence.

From the examples it can be seen that the grammar is an engineering approach that lacks some generality, because no intermediate representation was chosen, but SQL directly serves as the meaning representation language. The advantage is that the semantic representation is produced in a single step.

For answer generation and the handling of dialog phenomena (anaphora and ellipses) we aimed at the simplest implementation possible. During answer generation, the type of question, the projection field, the total number of selected data records and the number of different data records are used to select the adequate sentence pattern out of a predefined list. Additional parameters in this sentence pattern, like first and last data record or the result of an aggregation function, are instantiated and the whole sentence is acoustically given out. The dialog control scheme supported by the SpeechMaster system is described in [4]. It works by activating and deactivating parts of the AFSN.

6. Implementation

The implementation of DBQUERY is based on the SpeechMaster system, which provides speech recognition and interpretation for PC's [4]. The system comprises modules for training and recognition, and an interface modul for the integration of speech recognition in application programs. The continuous-speech recognition uses whole word or morpheme models. The signal preprocessing, i.e. A/D conversion and feature extraction, is performed on a plug-in board with a signal processor (Motorola DSP56001). The compilation of syntactic and semantic information defined in grammar and lexicon into a finite-state network is performed by the module NETCOMP, which is an integral part of the SpeechMaster development kit.

7. Related Work and Perspectives

Using finite-state networks as language model has a long tradition in automatic speech recognition ([7], [8]). Often the language model and the module for semantic interpretation are developed independently. Normally the recognized word sequence has to be parsed again in order to get the necessary structure information for the semantic analysis.

Other approaches aim on the integration of more complex grammatical knowledge into the recognition process. Paeseler [10] e.g. modifies the Earley-algorithm for guiding the search process in speech recognition. Bahl et al. [7] describes a statistical method, which goes beyond the well-known bi- or trigram approach. It uses a statistically trained decision tree, which determines the probability of a successor word based on a longer history.

A promising approach to a closer coupling of grammatical information in recognition and interpretation is introduced by Pereira [11]. It approximates a context-free grammar, which is annotated by a finite number of feature equations, by a finite-state network. The algorithm guarantees that all - and for certain classes of grammars exactly all - sentences of the original language are included in the network.

In the current version of the system only simple semantic actions, like string copying and string concatenation are used. We are currently experimenting with more elaborate schemes in two directions. One direction is the desired ability to produce more complex interpretations, allowing e.g. substitution or function application. Another direction is using limited feature unification that could be integrated in the recognition procedure.

8. Summary

A grammar formalism for representing the syntactic and semantic properties of an application specific natural language subset was described. We have shown its use in the recognition and interpretation procedure of a spoken language processing system. The practical relevance of the approach was demonstrated in the implementation of a spoken language database query system.

References

[1] Aho, A.V., R. Sethi, J.D. Ullman: Compilers - Principles, Techniques and Tools. Reading, Mass., Addison-Wesley, 1986.
[2] Allen, J.: Natural Language Understanding. Benjamin Cummings, Menlo Park, CA, 1987.
[3] Bahl, L.R, P.F. Brown, P.V. de Souza, R.L. Mercer: "Tree Based Statistical Language Model for Natural Language Speech Processing". In: IEEE Trans. on Acoustics, Speech, and Signal Processing, Vol. ASSP-37, No. 7, July, 1989, pp. 1001 - 1008.
[4] Bergmann, H., H.-H. Hamer, A. Noll, A. Paeseler, H. Tomaschewski: "An Adaptable Man-Machine Interface Using Connected-Word Recognition". In: Proc. of the Eurospeech91 2nd European Conference on Speech Communication and Technology, Genova, 1991, pp. 467-470.
[5] Bridle, J.S., M.D. Brown: "Connected Word Recognition Using Whole Word Templates". In: Proc. Int. Acoust. Autumn Conf., November, 1979, pp. 25 - 28.
[6] Jelinek, F.: "The Development of an Experimental Discrete Dictation Recognizer". In: Proc. of the IEEE, Vol. 73, No. 11, November, 1985, pp. 1616 - 1624.
[7] Lowerre, B.T.: The HARPY Speech Recognition System. PhD thesis, Carnegie Mellon University , April, 1976.
[8] Mergel, D., A. Paeseler: "Construction of Language Models for Spoken Data Base Queries". In: Proc. of the ICASSP 87 IEEE Int. Conference on Acoustics, Speech, and Signal Processing, Dallas, 1987, pp. 844-847.
[9] Ney H.: "The Use of a One-Stage Dynamic Programming Algorithm for Connected Word Recognition", In: IEEE Trans. on Acoustics, Speech, and Signal Processing, Vol. ASSP-32, No. 2, April, 1984, pp. 263 - 271.
[10] Paeseler, A.: "Modification of Earley's Algorithm for Speech Recognition". In: H. Niemann, M. Lang, G. Sagerer (Eds.): Recent Advances in Speech Understanding and Dialog Systems. Springer Verlag, Berlin, 1988, pp. 465 - 472.
[11] Pereira, F.: "Finite-State Approximations of Grammars". In: Proc. of the Speech and Natural Language Workshop, Hidden Valley, Pennsylvania, June, 1990, pp. 20 - 25.
[12] Vintsyuk, T.K.: "Generative Grammars and Dynamic Programming in Speech Recognition with Learning". In: IEEE Int. Conference on Acoustics, Speech, and Signal Processing, Philadelphia, PA, April, 1976, pp. 446 - 449.

EVAR: Ein sprachverstehendes Dialogsystem

W. Eckert[+], G. Fink[*], A. Kießling[+], R. Kompe[+], T. Kuhn[+], F. Kummert[*], M. Mast[+], H. Niemann[+], E. Nöth[+], R. Prechtel[+], S. Rieck[+], G. Sagerer[*], A. Scheuer[+], G. Schukat-Talamazzini[+], B. Seestaedt[*]

[*]: AG Angewandte Informatik, Universität Bielefeld
 e-mail: sagerer@techfak.uni-bielefeld.de
[+]: Lehrstuhl für Informatik 5 (Mustererkennung), Friedrich-Alexander-Universität Erlangen-Nürnberg, e-mail: niemann@informatik.uni-erlangen.de

Kurzfassung: Dieser Artikel befaßt sich mit dem sprachverstehenden Dialogsystem EVAR, insbesondere mit der linguistischen Verarbeitung des Systems. Aufgabe von EVAR ist die Führung eines informationsabfragenden Dialogs über das deutsche InterCity-Zugsystem. Das linguistische Wissen ist einheitlich in einem semantischen Netz repräsentiert. Die Wissensbasis ist gemäß einem geschichteten linguistischen Modell wohlstrukturiert. Schnittstelle zur Spracherkennung ist die Worthypothesen-Ebene. Der Kontrollalgorithmus ist anwendungsunabhängig formuliert und erlaubt das dynamische Umschalten zwischen den beiden grundlegenden Analysestrategien *top-down* und *bottom-up*. Das im System repräsentierte Wissen wird sowohl zur Steuerung der Erkennungsphase als auch in der Verstehensphase benutzt. Das System ist in der Lage, Anfragen trotz fehlerhafter Erkennungsergebnisse zu bearbeiten. Ergebnisse für eine sprecherabhängige- und eine Mehrsprecher-Version der Erkennung werden vorgestellt.

Abstract: This article presents the speech understanding and dialog system EVAR and concentrates on the linguistic processing of the system. The task of EVAR is to lead an information retrieval dialogue about the German InterCity train system. The linguistic knowledge is uniformly represented in a semantic network structure. The knowledge base is well structured following the layered linguistic model. Interface to the speech recognition is the level of word hypotheses. The control algorithm is independent of the application and allows to alternate dynamically between the two fundamental control strategies *top-down* and *bottom-up*. The linguistic knowledge represented in the system is used to control the recognition phase and for the understanding phase. The system can handle defect input due to recognition errors. Results are presented for speaker-dependent and multi-speaker versions of the recognition module.

1 Motivation

Eine der wichtigsten Anwendungen für das Forschungsgebiet "Automatische Spracherkennung" ist die Abfrage von Information. Häufig ist hierbei ein Klärungsdialog notwendig, z.B. falls der Benutzer unterspezifizierte Fragen stellt. Leider können die Ergebnisse der Forschungen zum Gebiet "natürlichsprachlicher Datenbankzugang" [8] nicht direkt übernommen werden. Zwei Hauptgründe lassen sich hierfür anführen:

- Im Gegensatz zu getipptem Input (NL-System) kann bei gesprochenem Input nicht von syntaktisch wohlgeformten Sätzen ausgegangen werden. Typische Eigenschaften spontaner Sprache, wie Häsitationen und (für Schriftsprache) ungewöhnliche Anordnung der Satzglieder müssen für ein reales System modelliert werden.

- Während bei NL-Systemen von einer 100-prozentigen "Erkennung" ausgegangen werden kann, muß bei Systemen mit gesprochener Eingabe die Unsicherheit, bedingt durch Aussprachevariationen und fehlerhafte Erkennung, modelliert werden. Da der Wortschatz eines Erkennungssystems immer begrenzt ist, und die Erkennungsverfahren immer ein Ähnlichkeitsmaß zwischen einer lexikalischen Repräsentation eines beliebigen Wortes und einem Sprachsignal berechnen, kann das System nicht feststellen, ob der Benutzer ein dem System unbekanntes Wort äußert oder nicht.

Das in Erlangen und Bielefeld entwickelte System EVAR versucht, diese Gegebenheiten zu berücksichtigen: Das System versucht zunächst, die gesamte Äußerung zu interpretieren. Ist es dazu nicht in der Lage, z.B. aufgrund von Fehlern in der Worterkennung oder wegen der Verwendung von dem System unbekannten Wörtern, so wird versucht, die Anfrage mit der bis dahin erstellten partiellen Interpretation zu verarbeiten. Somit können die oben genannten Probleme zumindest zum Teil modelliert werden. Die syntaktische Korrektheit wird auf der Konstituenten-, jedoch nicht auf der Satzebene gefordert. Somit können einige für Spontansprache typische Satzkonstrukte verarbeitet werden.

Der Beitrag ist folgendermaßen aufgebaut: Abschnitt 2 stellt die Systemkomponenten *akustische Verarbeitung, linguistische Wissenbasis* sowie *Dialog* und *Anwendungsdatenbank* vor. In Abschnitt 3 wird die integrierte Verarbeitung der Spracherkennungsebene und der linguistischen Ebenen behandelt. Abschnitt 4 stellt erste Erkennungsergebnisse zur dialogfähigen Version von EVAR vor. Zum Schluß wird ein Ausblick auf weitere Arbeiten gegeben.

Schwerpunkt dieses Beitrages ist die Darstellung der Interaktion zwischen der akustischen und den linguistischen Analyse-Ebenen. Die Analyse verläuft nicht sequentiell, da Vorerwartungen und Analyse-Zwischenergebnisse einer Wissensebene jederzeit an die anderen Ebenen weitergegeben werden. Die einzelnen System-Komponenten werden aus Platzgründen jeweils nur soweit, wie es für die Darstellung der Interaktion notwendig ist, vorgestellt (und somit unterschiedlich detailliert). Für weitere Einzelheiten muß auf die angegebene Literatur verwiesen werden.

2 Architektur und Systemkomponenten

2.1 Architektur

Das System EVAR gliedert sich in die Module *Worterkennung, Syntax, Semantik, Pragmatik und Dialog.* Die Wissensbasis ist gemäß einem geschichteten linguistischen Modell strukturiert ([5]). Einen Überblick über das System gibt Bild 1, siehe auch [6].

Die vier Module der linguistischen Analyse sind mit einem einheitlichen Formalismus realisiert, dem **ER**langer Semantischen **NE**tzwerk Sy**ST**em **ERNEST** (Ein Überblick über das System und seinen Einsatz bei verschiedenen Anwendungen der Mustererkennung findet sich in [7]). Dieses System erlaubt die Modellierung von Begriffen, wie Präpositionalgruppe und Dialogschritt, und die Darstellung von Beziehungen zwischen diesen Begriffen. Jedes der Module bildet innerhalb des Netzwerks eine Abstraktionsebene. Es stehen drei Kantentypen zur Verfügung:

- *Spezialisierungen (spez)* erlauben Verfeinerungen von allgemeinen Konzepten, wobei die Vererbung von Eigenschaften (Attributen, Bestandteilen, Konkretisierungen) möglich ist.

- *Bestandteile (bst)*: Beziehungen zwischen einem Konzept und anderen Konzepten der Wissensbasis, aus denen sich dieses Konzept zusammensetzt. So ist z.B. *Ankunftsort* ein Bestandteil des Konzeptes, das eine Fahrplanauskunft modelliert.

- *Konkretisierungen (kon)* ermöglichen die Verbindung von Wissen aus höheren Abstraktionsebenen mit niedrigeren Ebenen. Mit ihnen wird z.B. die Modellierung des pragmatischen Konzeptes *P_ANKUNFTSORT* durch das semantische Konzept

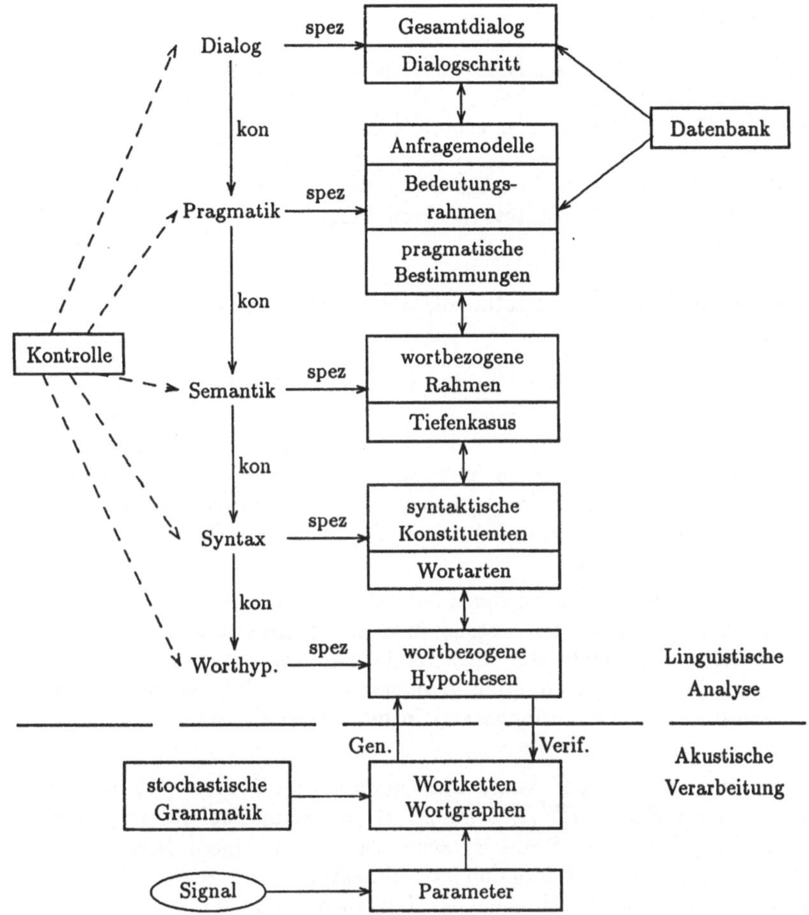

Bild 1: Struktur des Systems EVAR

S_GOAL gekennzeichnet. Diese Kanten dienen während der Analyse zur top-down Prädiktion und zur bottom-up Interpretation von signalnahen Konzepten durch abstraktere Konzepte.

Das Kontrollmodul ist problemunabhängig und wird von ERNEST bereitgestellt. Es basiert auf dem A^*-Algorithmus.

Die Schnittstelle zwischen der linguistischen Analyse und der Worterkennung ist über eigens dafür geschaffene Konzepte realisiert. Diese dienen zur Anforderung von Worthypothesen. Die Anforderung kann gemäß dem aktuellen Status der Analyse auf bestimmte Signalbereiche und eine Teilmenge des Lexikons restringiert sein.

Das EVAR-System wurde in C auf einer DECstation 5000/200 implementiert. Die Spracheingabe erfolgt über ein Desklab der Firma Gradient, das über eine SCSI-Schnittstelle mit der DECstation verbunden ist. Es wird keine Spezialhardware verwendet.

2.2 Akustische Verarbeitung

Die akustische Verarbeitung in EVAR analysiert das Sprachsignal der Benutzeräußerung hinsichtlich der gesprochenen Wörter. Eine sprecherunabhängige Worterkennung mit großem Wortschatz und einer den Anwendungsbereich komfortabel abdeckenden Grammatik ist nach dem gegenwärtigen Stand der Technik nicht völlig fehlerfrei möglich. Daher wurde die akustische Analyse in ein von der linguistischen Verarbeitung gesteuertes heuristisches Suchverfahren (A^*) eingebettet, in deren Verlauf sie zwei unterschiedliche Aufgaben zu erfüllen hat:

- Die initiale Erzeugung von Worthypothesen, welche der nachfolgenden Suche als Saatpunkte dienen.

- Die akustische Verifikation partieller Interpretationen der Benutzereingabe.

Das tiefpaßgefilterte (6.4 kHz) Signal wird mit 16 kHz abgetastet und mit 14 Bit quantisiert. Anschließend wird die Eingabe in Sprach- und Stille-Intervalle aufgeteilt. Während der Kurzzeitanalyse (10 msec Fenster) werden 12 Cepstralparameter des *mel*-Spektrums sowie, zur Erfassung der dynamischen Eigenschaften der Sprachproduktion, deren zeitliche Ableitungen berechnet.

Akustische Wortmodelle werden aus Modellen kleinerer Spracheinheiten zusammengesetzt. Die Rolle der Wortuntereinheiten übernehmen hier kontextunabhängige sowie, zur genaueren Modellierung phonetischer Koartikulation, kontextabhängige Phone. Zur akustischen Beschreibung durch ein Markovmodell (HMM, [9]) gelangen all jene Spracheinheiten, deren hinreichende Verfügbarkeit in der Lernstichprobe des Erkenners gesichert ist.

Die Erzeugung von Hypothesen über vermutlich gesprochene Wörter W_i und ihre zeitlichen Begrenzungen im Signal t_i^{anf}, t_i^{end} geschieht in einem zweistufigen, HMM-basierten Verfahren [3]. Zuerst wird die Spracheingabe nach einem Inventar kontextabhängiger Phone (Tri-, Bi- und Monophone) klassifiziert und segmentiert. Die resultierende Segmentfolge dient als Eingabe der Links-Rechts-Suche auf Wortebene, deren Ergebnis eine Menge gut passender Worthypothesen $H_i = (W_i, t_i^{anf}, t_i^{end})$ ist. Die Elemente dieser Hypothesenmenge dienen der integrierten Analyse als initiale Ankerpunkte. Der Suchraum wird von einem Vokabular von 1081 Wortformen aufgespannt. Er wird durch eine stochastische Grammatik eingeschränkt, die zur Zeit 95 syntaktisch-semantische Wortkategorien unterscheidet [1] und eine Perplexität von 111 besitzt.

Die Verifikation partieller Interpretationen des Eingabesignals besteht in einer akustischen Bewertung hypothetischer Wortketten, welche unter Umständen mit zeitlichen Unterbrechungen vorliegen können. Bewertungsgrundlage sind Markovmodelle mit kontinuierlichen Ausgabedichten; in dieser Phase werden außer Phonen diverse Lautverbindungen, Halbsilben, Silben, Morpheme und selbst komplette Wörter als Entscheidungseinheiten herangezogen, um eine möglichst detaillierte Erfassung kontextueller Aussprachevariation zu garantieren [11]. Als Kettenbewertung der Gesamtkontrolle fungiert dann der negative Logarithmus der bedingten Produktionswahrscheinlichkeit der akustischen Evidenz X_K aus dem Wortkettenmodell λ_K:

$$q(H_K) = -\log P(X_K \mid \lambda_K)$$

2.3 Linguistische Wissensbasis

Die Beschreibung des linguistischen Wissens ist im semantischen Netzwerk in die folgenden vier Abstraktionsebenen unterteilt:

- Die *Hypothesenebene* stellt die Schnittstelle zur Worterkennung dar.

- Die *Syntaxebene* enthält Konzepte, die zum einen syntaktische Konstituenten wie Verbalgruppe oder Präpositionalgruppe (*SY_PNG*) und zum anderen spezielle Zeitangaben wie Datum und Uhrzeit modellieren. Auf die Erstellung einer kompletten Satzgrammatik wurde verzichtet, da Stellungsregularitäten in gesprochener Sprache praktisch nur *innerhalb* von Konstituenten auftreten und die Anordnung der Konstituenten innerhalb einer Äußerung relativ frei ist. Die Konstituenten können diskontinuierlich sein, wie z.B. die Verbalgruppe in "Wann *fährt* der Zug ... *ab?*"

- Die Modellierung von Bedeutungen auf der *Semantikebene* beruht auf der Tiefenkasustheorie [2]. Sie geht davon aus, daß ein Verb für eine gewisse Bedeutung Leerstellen eröffnet, denen eine funktionale Rolle oder Tiefenkasus wie z.B. `Goal` (*S_GOAL*) zugeordnet wird. Dieses Vorgehen läßt sich auch auf Nomina übertragen.

- Die *Pragmatikebene* dient der Beschreibung anwendungsabhängiger Begriffe wie `Fahrplanauskunft`, `Ankunftsort` (*P_ANKUNFTSORT*) oder "`mit dem Zug fahren`". Die Modellierung orientiert sich stark an der Semantikebene. Die dort vorhandenen Konzepte werden hier auf ihre spezifische Bedeutung im Anwendungsbereich eingeschränkt.

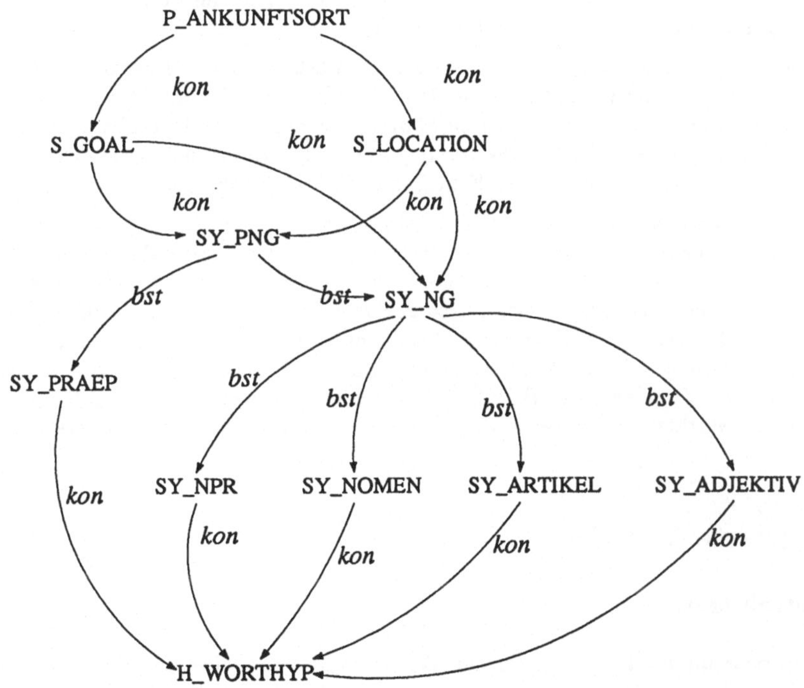

Bild 2: Modellierung des Begriffs `Ankunftsort` im semantischen Netz

Auf allen genannten Beschreibungsebenen können Abfolgerelationen zwischen Bestandteilen komplexerer Konstituenten spezifiziert werden. Bild 2 zeigt beispielhaft die Modellierung des Begriffs `Ankunftsort`. Syntaktische, semantische und anwendungsabhängige Merkmale werden durch Attribute der Netzwerkkonzepte beschrieben. Eine ausführliche Beschreibung der Wissensbasis findet sich in [4].

2.4 Dialog

Das *Dialogmodul* soll die Steuerung des Auskunftdialogs über einen begrenzten Aufgabenbereich übernehmen. Ein Dialogmodell wurde manuell aus einem Korpus von echten Telefondialogen mit Diskursbereich Reiseauskunft extrahiert. Grundelemente des Dialogmodells sind Dialogschritt-Typen, die in etwa Sprechakten entsprechen.

Dialoge lassen sich im allgemeinen grob in die Phasen *Einleitung, Hauptteil* und *Abschluß* gliedern. Einleitung und Abschluß bestehen hauptsächlich aus metakommunikativen Äußerungen wie Gruß- oder Dankformel. Der Hauptteil dient hier der Informationsgewinnung und läßt sich in weitere Abschnitte untergliedern. Zuerst stellt der Informationssuchende seine Anfrage, die dann bearbeitet und wenn möglich beantwortet wird. Diese Abschnitte lassen sich bis auf die Dialogschrittebene untergliedern. So kann z.B. die Bearbeitungs- oder Klärungsphase einer Anfrage aus einer Nachfrage nach einem fehlenden Parameter durch das System und der Ergänzung dieses Paramters durch den Benutzer bestehen.

Um eine Interpretation der Benutzeräußerungen relativ zum Dialogmodell zu ermöglichen, wurden die möglichen sprachlichen Realisierungen festgelegt, wobei die Besonderheiten gesprochener Sprache berücksichtigt wurden. Charakteristisch für Dialoge ist ein möglichst ökonomischer Sprachgebrauch, wie z.B. die Verwendung von Ellipsen und Proformen. Ellipsen sind syntaktisch oder semantisch unvollständige Sätze, die jedoch aus dem Zusammenhang interpretiert werden können. Dafür wird die Information vergangener Äußerungen in einem Dialoggedächtnis abgelegt.

Zur Beantwortung von Anfragen bzgl. des Anwendungsbereichs "InterCity-Auskunft", wurde der Zugriff auf eine Datenbank, die den Fahrplan enthält, ermöglicht. Um EVAR sinnvoll mit "naiven" Benutzern testen zu können, ist eine reale Datenbank notwendig. Aus diesem Grund wurde in EVAR das von der Deutschen Bundesbahn (DB) verwendete und von der Firma HaCon entwickelte Fahrplanauskunftssystem HaFas integriert.

Der HaFas-Fahrplan umfaßt sämtliche Verbindungen (über 40.000) der DB. Eine Fahrplanauskunft erfolgt in den Teilschritten *Wegesuche* (Ermittlung einer Menge möglicher Wege) und *Verbindungssuche* (Bestimmung der im Sinne von Reisezeit, Umsteigehäufigkeit, Weglänge, Fahrzeughierarchie, Fußwegen und Aufenthaltszeiten günstigsten Verbindung). Für eine Fahrplanauskunft müssen vom Benutzer Abfahrts- und Ankunftsort, Abfahrts- oder Ankunftszeitpunkt oder -intervall und optional Restriktionen auf bestimmte Zugklassen (z.B. IC), Routen oder Serviceleistungen (z.B. Schlafwagen) angegeben werden. Diese Parameter werden von EVAR aus der Benutzeräußerung ermittelt.

3 Integrierte Verarbeitung

3.1 Kontrollstrategie

Um die Vorerwartungen der linguistischen Wissensbasis möglichst umfassend zu nutzen, wird eine Hypothese nicht aufgrund einer sequentiellen Abarbeitung des Sprachsignals (Links-Rechts-Analyse, Inselstrategien) erweitert, sondern aufgrund von strukturellen Beziehungen. Dies bedeutet, daß für die Erweiterung einer Hypothese nicht die aktuelle Überdeckung des Sprachsignals mit Worthypothesen entscheidend ist, sondern die Analyse durch Vorerwartungen, die im semantischen Netz modelliert sind, gesteuert wird. Dadurch wird eine Worthypothese in jedem noch nicht überdeckten Abschnitt des Sprachsignals akzeptiert, sobald sie den Anforderungen der Wissensbasis genügt.

Ziel der linguistischen Analyse ist die Instantiierung eines Konzepts, das eine zulässige Be-

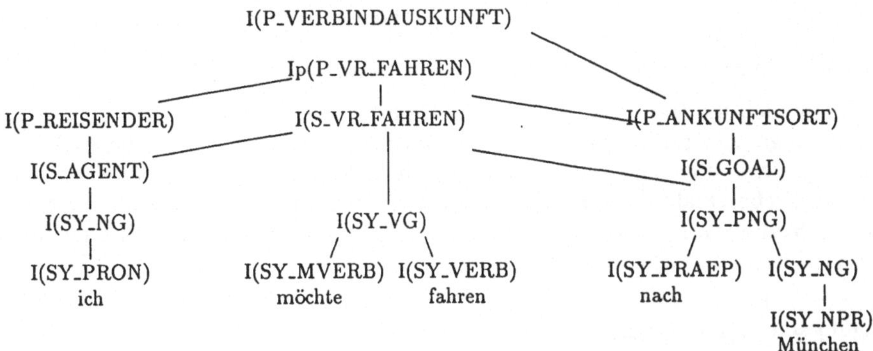

Bild 3: Inhalt eines Suchbaumknotens nach vollständiger linguistischer Analyse

nutzeranfrage repräsentiert, z.B. Verbindungsauskunft, Fahrplanauskunft. Wegen der unsicheren Worterkennung und wegen der vielfältigen Ausdrucksmöglichkeiten von Sprache erscheint weder ein rein datengetriebener Ansatz noch eine rein erwartungsgesteuerte Analyse erfolgversprechend. Deshalb verfolgen wir eine Strategie, die sowohl die akustischen Daten als auch die Vorerwartungen des linguistischen Modells berücksichtigt [4].

Der einheitliche Formalismus erlaubt trotz einer modularen Strukturierung des Wissens eine hohe Effizienz der Analyse durch frühzeitigen Einsatz von Wissen aller Ebenen (*constraint propagation*). Dabei werden während der Analyse Konzepte modifiziert und dadurch dem aktuellen Stand der Analyse angepaßt (weiß man z.B., daß die Worthypothese *München* Bestandteil einer Präpositionalgruppe (PNG) sein muß und daß es sich um einen Ankunftsort handeln muß, so sind lediglich die Präpositionen *in* und *nach* für die Realisierung dieser PNG zulässig und sie können sich im Signal nur unmittelbar vor dem Wort *München* befinden.

Bild 3 zeigt den Inhalt eines Suchbaumknotens nach der vollständigen linguistischen Analyse. Über die darin enthaltenen Instanzen werden den gesprochenen Wörtern syntaktische, semantische und aufgabenspezifische Interpretationen im Rahmen der linguistischen Wissensbasis zugeordnet. Der Satz "ich möchte nach München fahren" wurde als Verbindungswunsch mit dem Ankunftsort München analysiert. Da kein Abfahrtsort detektiert wurde, wird als Default der aktuelle Standort eingesetzt (in Bild 3 nicht dargestellt).

3.2 Bewertungen

Die *Zulässigkeit* einer Hypothese ist durch die strukturellen Beziehungen der zugeordneten Interpretation gegeben. Sie ist ein binäres Maß und überprüft, ob die linguistischen Restriktionen, wie zum Beispiel Kongruenz von Kasus, Numerus und Genus innerhalb einer Nominalgruppe, erfüllt sind. Da hier nur grundlegende Beziehungen getestet werden, die i.a. selbst bei spontan gesprochener Sprache zutreffen, wird eine Hypothese bei Verletzung dieser Restriktionen verworfen.

Die *Qualität* einer Hypothese ist durch die akustische Ähnlichkeit zwischen den zugrunde liegenden Wortketten und dem Sprachsignal definiert [11]. Um die Vergleichbarkeit der Bewertung unterschiedlich langer Interpretationen zu gewährleisten, wird eine Restabschätzung durchgeführt, die auf statistischen Annahmen über die Verteilung der Qualität korrekter Hypothesen basiert. Wie in [10] empirisch verifiziert wurde, ist die Qualität korrekter Hypothesen q_k, die L Längeneinheiten umfassen, folgendermaßen normalverteilt:

$$\mu_k(L) = \mathcal{E}(q_k|L, \text{korrekt}) = \mu_k L \qquad \sigma_k^2(L) = \mathcal{E}((\mu_k(L) - q_k)^2|L, \text{korrekt}) = \sigma_k^2 L$$

Damit ergibt sich die Restschätzung für die Qualität eines nicht überdeckten Signalbereichs der Länge L zu $\tilde{q}(L) = \mu_k L - C\sigma_k\sqrt{L}$. Über die Konstante C wird die Wahrscheinlichkeit eingestellt, mit der die Restschätzung einen optimistischen Wert liefert. Da das für die akustische Qualität verwendete Bewertungsmaß additiv ist, ergibt sich für eine Hypothese H, die aus N Wortketten $K_i, 1 \le i \le N$ besteht und L Längeneinheiten nicht überdeckt, die folgende Qualitätsbewertung:

$$q(H) = \sum_{i=1}^{N} q(K_i) + \tilde{q}(L)$$

Die *Sicherheit* einer Hypothese orientiert sich an der Tatsache, daß längere Worthypothesen mit größerer Sicherheit korrekte Hypothesen darstellen [10]. Daneben werden benachbarte Hypothesen zu einer Kette zusammengefaßt und als Einheit verifiziert. Das heißt, es wird für K_i auf der Grundlage des Sprachsignals die akustische Qualität $q(K_i)$ bestimmt. Demzufolge läßt sich $s(H)$ als ein Maß für die Sicherheit einer Hypothese wie folgt definieren:

$$s(H) = \max_{1 \le i \le N}\{L(K_i)\}, \quad L(K_i) := \text{Länge der Kette } K_i$$

Als Maß für die *Relevanz* einer Hypothese bietet sich der Aufwand an, der benötigt wird, um eine vollständige Interpretation zu erreichen. Somit werden Hypothesen, die bereits einen Großteil des Sprachsignals überdecken, für die weitere Analyse bevorzugt. Damit gilt als Maß für die Relevanz einer Hypothese $r(H)$ = Anzahl der von H überdeckten Einheiten.

Zu einem Vektor zusammengefaßt läßt sich die Bewertung $b(H)$ einer Hypothese wie folgt darstellen $b(H) = (z(H), \hat{q}(H), s(H), r(H))$. Da der Bewertungsvektor monoton in jeder Komponente ist, ist das Bewertungsschema für den A*-Algorithmus zulässig, d.h. es wird die im obigen Sinne bestbewertete Äußerung gefunden. Die Vergleichbarkeit zwischen zwei Bewertungsvektoren wird durch einen komponentenweisen Vergleich erreicht, wobei bei den ersten beiden Komponenten Gleichheit über Intervalle definiert ist:

$$(x_1, ..., x_k) < (y_1, ..., y_k) \Leftrightarrow \exists x_i[x_i < y_i], 1 \le i \le k \wedge \forall x_l[x_l = y_l], l < i$$

4 Experimente und Ergebnisse

4.1 Test1: Sprecherabhängige Version

Bei den Experimenten zur sprecherabhängigen akustischen Verarbeitung wurden pro Dialogschritt bis zu 100 Worthypothesen (abhängig von der Länge der Benutzeräußerung) berechnet. Das Training wurde mit 100 anwendungsabhängigen und 200 phonetisch balancierten Sätzen durchgeführt. Zur Erzeugung der Worthypothesen wurde ein stochastisches Bigrammodell mit der Perplexität 111 verwendet [3].

Jeder Dialog kann aus bis zu fünf Dialogschritten bestehen: der Benutzer beginnt mit einer Anfrage, wobei möglicherweise eine Begrüßungsfloskel vorausgeschickt wird. Daraufhin erfragt das System weitere Parameter, die für einen Datenbankzugriff notwendig sind, oder erwartet die Bestätigung der Daten. Nachdem der Benutzer die Parameter bestätigt oder korrigiert hat, wird eine Datenbankanfrage erzeugt und das Resultat in einer Antwortschablone dargestellt. Schließlich wird die akustische Ausgabe durch einen Sprachsynthesegerät der Firma Daimler-Benz generiert.

In 68 Fällen der 85 Testdialoge mit insgesamt 170 Benutzeräußerungen wurde der Test erfolgreich beendet. Davon war in drei Fällen eine Korrektur bei einer Bestätigungsfrage notwendig. 17 Dialoge konnten nicht erfolgreich durchgeführt werden, das heißt die Datenbankanfrage lieferte nicht die erwarteten Ergebnisse. Dies ist auf Analysefehler oder Speicherbegrenzung zurückzuführen. Im Mittel dauerte ein Dialog 3:57 Minuten, die mittlere Rechenzeit für die linguistische Analyse betrug 1:32 Minuten. Die akustische Verarbeitung bis zur Generierung der Worthypothesen geschah in 3,5-facher Echtzeit. Der Suchbaum bestand durchschnittlich aus 1390 Knoten.

4.2 Test2: Mehrsprecher-Version

Zur Worterkennung und -verifikation wurde das ISADORA–System [11] ohne Sprachmodell verwendet. Daher ist die Perplexität etwa genauso groß wie die Kardinalität des Lexikons. Von jedem Sprecher wurden 500 anwendungsabhängige Sätze zum Training des Worterkennungssystems verwendet. Die linguistische Analyse basiert auf den Worthypothesen, die aus den jeweils 10 besten Wortketten gebildet wurden.

Aufgrund der hohen Perplexität wurde lediglich eine Wortakkuratheit von 74.6% im 4–Sprecher–Modus erreicht, wodurch in einigen Sätzen für die linguistische Analyse nicht alle gesprochenen Wörter hypothetisiert werden konnten. Daher wurde die für eine Interpretation notwendige Überdeckung des Sprachsignals durch Worthypothesen reduziert und ein erweitertes Dialogmodell in das System integriert. Um eine erfolgreiche linguistische Analyse zu gewährleisten, wurde die Überdeckung auf 2/3 eingestellt, was die korrekte Interpretation von Äußerungen trotz fehlender Worthypothesen erlaubt. Desweiteren können fehlerhafte Interpretationen durch zusätzliche Dialogschritte korrigiert werden, bis alle notwendigen Werte für eine Datenbankabfrage bestätigt sind.

Das System wurde von einem in der Trainingsstichprobe vertretenen Sprecher mit 50 Dialogen getestet. 60% der Dialoge wurden ohne Korrekturdialog erfolgreich beendet, wobei im Mittel ein Dialog aus 2.7 Äußerungen bestand. 14% der Dialoge konnten unter Verwendung eines Korrekturschrittes beendet werden, wobei jeweils durchschnittlich 3.4 Benutzeräußerungen notwendig waren.

Die linguistische Analyse einer Äußerung benötigte durchschnittlich 25.5 Sekunden Rechenzeit, wobei 478 Suchbaumknoten erzeugt wurden.

Der Dialog konnte in den übrigen 26% nicht erfolgreich beendet werden. Tabelle 1 faßt die Ergebnisse der beiden Experimente zusammen.

	sprecherabhängig	Mehrsprecher
Anzahl der Dialoge	85	50
erfolgreich beendete Dialoge	68 (80%)	37 (74%)
davon mit Korrekturen	3 (4%)	7 (14%)
erfolglos	17 (20%)	13 (26%)

Tabelle 1: Zusammenfassung der Ergebnisse zur sprecherabhängigen und zur Mehrsprecher-Version der Erkennung

5 Zusammenfassung und Ausblick

Es wurde ein System-Ansatz zum Führen eines informationsabfragenden Mensch-Maschine-Dialogs vorgestellt. Wichtige Charakteristika des Systems sind die uniforme Repräsentation des linguistischen Wissens in einem semantischen Netz sowie die Verarbeitung defekter Eingabe aufgrund fehlerhafter Erkennung oder Verwendung unbekannter Wörter. Bei ersten Experimenten mit einer sprecherabhängigen (Mehrsprecher-) Version der Erkennung konnten 80 (74) % der gesprochenen Dialoge erfolgreich abgeschlossen werden.

Ein Schwerpunkt der zukünftigen Arbeiten ist die Erweiterung der linguistischen Kompetenz des Systems. Besonderes Augenmerk liegt dabei auf der Verwendung prosodischer Information zur Unterstützung der Erkennung und der linguistischen Analyse, der Verbesserung der Anaphernauflösung, der Interpretation von Mehrsatzäußerungen, der verbesserten Modellierung von Phänomenen spontaner Sprache sowie der Verwendung linguistisch motivierter Sprachmodelle.

Das diesem Bericht zugrundeliegende Vorhaben wurde mit Mitteln des Bundesministers für Forschung und Technologie, des Esprit-Projekts P 2218 (SUNDIAL) und der Deutschen Forschungsgemeinschaft gefördert. Die Verantwortung für den Inhalt dieser Veröffentlichung liegt bei den Autoren.

Literatur

[1] F. Andry, P. Baggia, G. Bakenecker, F. Charpentier, A. Cozannet, G. Niedermair, S. Thornton C.Rullent, and H. Tropf. *Linguistic Knowledge Bases and Software Realisation Specification for the Linguistic Processing Component.* Technical Report, Esprit P 2218 SUNDIAL WP5 Report, 1991.

[2] Ch. Fillmore. A case for case. In E. Bach and R. T. Harms, editors, *Universals in Linguistic Theory*, pages 1–88, Holt, Rinehart and Winston, New York, 1968.

[3] T. Kuhn, E.G. Schukat-Talamazzini, and H. Niemann. Context-dependent modeling in a two-stage hmm word recognizer for continuous speech. *European Signal Processing Conference (to appear)*, 1992.

[4] F. Kummert. *Flexible Steuerung eines sprachverstehenden Systems mit homogener Wissensbasis.* PhD thesis, Lehrstuhl für Informatik 5 (Mustererkennung), Universität Erlangen-Nürnberg, 1991.

[5] H. Niemann, A. Brietzmann, R. Muehlfeld, P. Regel, and G. Schukat. The speech understanding and dialog system evar. In De Mori, Suen R., and C. Y., editors, *New Systems and Architectures for Automatic Speech Recognition and Synthesis*, pages 271–302, Springer, NATO ASI Series, Berlin, 1985.

[6] H. Niemann, G. Sagerer, U. Ehrlich, E.G. Schukat-Talamazzini, and F. Kummert. The interaction of word recognition and linguistic processing in speech understanding. In P. Laface and R. De Mori, editors, *Speech Recognition and Understanding. Recent Advances, Trends, and Applications*, pages 425–453, Springer, 1992.

[7] H. Niemann, G. Sagerer, S. Schröder, and F. Kummert. Ernest: a semantic network system for pattern analysis. *IEEE Trans. Pattern Analysis and Machine Intelligence*, 9:883–905, 1990.

[8] William Ogden and Ann Sorknes. What do users say to their natural language interface? In H.J. Bullinger and B. Schedul, editors, *Human-Computer interaction – INTERACT-87*, pages 561–566, North Holland, Amsterdam, 1987.

[9] L.R. Rabiner. Mathematical foundations of hidden markov models. In H. Niemann, M. Lang, and G. Sagerer, editors, *Recent Advances in Speech Understanding and Dialog Systems*, pages 183–205, Springer, 1988.

[10] E. G. Schukat-Talamazzini. *Generierung von Worthypothesen in kontinuierlicher Sprache.* Volume 141 of *Informatik-Fachberichte*, Springer-Verlag, Berlin, 1987.

[11] E.G. Schukat-Talamazzini, H. Niemann, W. Eckert, T. Kuhn, and S. Rieck. Acoustic modelling of subword units in the isadora speech recognizer. In *Proc. Int. Conf. on Acoustics, Speech, and Signal Processing*, pages 577–580, San Francisco, 1992.

Prosodisches Wissen im Lexikon

Doris Bleiching
Fakultät für Linguistik und Literaturwissenschaft
Universität Bielefeld
Postfach 100131
4800 Bielefeld 1
Tel: 0521 106 3518
Fax: 0521 106 2996
Email: bleichin@asl.uni-bielefeld.de

Zusammenfassung

In einem System zur Verarbeitung gesprochener Sprache spielt der Bereich der Prosodie eine entscheidende Rolle, da die Strukturierung sprachlicher Äußerungen zu einem großen Teil durch melodische bzw. rhythmische temporale Faktoren determiniert wird. Einer der wesentlichsten Faktoren ist die Wortbetonung, deren Beschreibung im Lexikon jedoch noch nicht befriedigend gelöst worden ist. In diesem Beitrag wird die Differenzierung von Regularitäten, Sub- und Irregularitäten der Wortbetonung exemplarisch dargestellt und ein neuartiges linguistisch motiviertes Beschreibungssystem für prosodisches Wissen im Lexikon, basierend auf *default*-Vererbung, vorgeschlagen.

Abstract

In a system for processing spoken language the domain of prosody plays an important role. The structure of spoken utterances is determined to a large extent by melodic or rhythmic temporal factors. One of the most important factors is lexical stress, for which there is as yet no satisfactory descriptive lexical representation technique. This contribution deals with regular, subregular and irregular information about lexical stress which is shown in a range of characteristic examples, and a new system for describing prosodic knowledge in the lexicon, based on default-inheritance, is proposed.

1   Einleitung

Die Komponente für Linguistische Wortmodellierung (LWM) in einem System für die Verarbeitung gesprochener Sprache umfaßt die drei interagierenden Bereiche Silbenphonologie, Morphophonologie und Wortprosodie. Integrierter Teil dieser Bereiche ist eine lexikalische Wissensbasis, ein Wortformenlexikon, das als *top-down* Informationsquelle für Spracherkennung oder Sprachsynthese dient. Aufgrund des praktischen Problems der bei der Verarbeitung von gesprochener Sprache anfallenden großen Datenmengen erweist es sich als notwendig, ein sehr strukturiertes und komprimiertes Lexikon zu erstellen, um möglichst effizientes Arbeiten durch größtmögliche Redundanzfreiheit zu ermöglichen.

Dieser Beitrag befaßt sich vorwiegend mit der Darstellung erster Ergebnisse des Versuchs, ein neuartiges, operationales linguistisches Beschreibungssystem für prosodisches Wissen in gesprochener Sprache aufzubauen. Behandelt werden hier vorrangig Aspekte der Betonung von Komposita. Für diese linguistische Wortmodellierung wurde das Konzept des *constraint*-basierten Lexikonansatzes ILEX (*Integrated Lexicon with EXeptions*, Gibbon 1992) zugrundegelegt.

2 ILEX: ein linguistisches Lexikonmodell

Der ILEX-Ansatz wurde entwickelt, um neben strukturellen morphologischen bzw. syntaktischen Worteigenschaften auch die sog. Oberflächeneigenschaften von lexikalischen Einheiten im Lexikon zu beschreiben. Zu diesen Oberflächeneigenschaften gehören die Orthographie, phonematische Repräsentationen sowie auch prosodische Worteigenschaften, wie z.B. Betonungsverhältnisse der gesprochenen Sprache.

ILEX-Modelle erfassen Generalisierungen und Hierarchien von Subregularitäten sowie idiosynkratische Worteigenschaften. Ein ILEX-Lexikon besteht aus drei Komponenten (vgl. auch Gibbon 1992):

1   Eine Hierarchie von lexikalischen Lemmata (maximal unterspezifizierte lexikalische oder grammatische Morpheme und lexikalisierte Ableitungen und Komposita)

2   Eine Taxonomie von morphologischen Klassen (Generalisierungshierarchien in Form einer *default*-Vererbungshierarchie)

3   'Teil-von'- Hierarchien (kompositionelle *Template*-Hierarchien) von segmentalen und nichtsegmentalen (z.B. prosodischen) Schemata

Innerhalb des ILEX-Lexikonkonzepts werden die kompositorischen Prinzipien der abstrakt-temporalen QLP-Morphotaktik (*quasi-linear-precedence*) von den Kompositionsprinzipien der atemporalen, rein hierarchischen ID-Morphotaktik (*immediate dominance*) unterschieden: während auf der ID-Ebene die Morphemkombinatorik ungeachtet der zeitlichen Komposition der Wörter als 'unmittelbare Dominanz' definiert wird, wird auf der QLP-Ebene die zeitliche Struktur der Wörter als 'quasi-lineare Präzedenz'-Relationen (dazu gehören die lineare Verkettung von Segmenten, u.a. Affigierung sowie die Assoziation von temporal überlappenden, z.B. prosodischen Informationen mit parallel vorkommenden Einheiten) definiert.

Die Struktur eines ILEX-Models läßt sich folgendermaßen graphisch darstellen, wobei doppelt gezeichnete Pfeile Generalisierungsbeziehungen zwischen Klassen und Unterklassen repräsentieren und einfache Pfeile konkrete Instantiierungen der idiosynkratischen Eigenschaften durch Spezialisierungsrelationen (vgl. Bleiching 1991, S. 39):

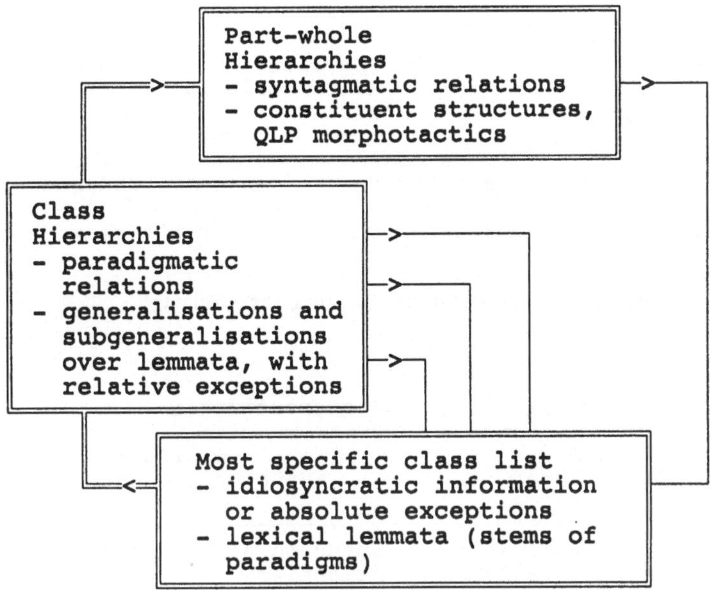

Abbildung 1: Struktur eines ILEX-Models

Aus den Lemmata und den Kompositionsprinzipien werden unter Hinzunahme der Informationen in den morphologischen Hierarchien vollständig spezifizierte Wörter mit einer allgemeinen Inferenzstrategie abgeleitet. ILEX-Modelle können in der Repräsentationssprache DATR (vgl. Evans & Gazdar 1989 u. 1990 und Gibbon & Ahoua 1991) implementiert werden. Ziel der DATR-Beschreibung ist eine deklarative Repräsentation der relevanten Klassen und Strukturen.

3   Das Beschreibungssystem: wortprosodische und morphologische *defaults*

Innerhalb des Bereichs der deutschen Wortprosodie wurde zunächst die Relevanz grundlegender lexikalisch-morphologischer Faktoren für die Betonungszuordnungen auf der Wortebene untersucht und systematisiert. Bei der Analyse der verschiedenen Bedingungen für lexikalische Akzentpositionen stand besonders der lexikalische Prozeß der Komposition, primär Nominalkomposita, im Vordergrund. Die aus der Detailspezifizierung und Systematisierung unter dem Aspekt *Normalität* (Regularitäten, somit unmarkiert) und *Abweichung von der Norm* (Sub- und Irregularitäten, somit markiert) resultierenden Generalisierungen über die Akzentrelationen bei Wurzeln, Derivationen und Kompositionen wurden in Form von differenzierten *default*-Hierarchien dargestellt. Auf eine Gesamtdarstellung dieser Hierarchien wird hier verzichtet und auf Bleiching (1991) verwiesen. Zu Illustrationszwecken werden als Beispiele die *default*-Hierarchie der Derivationen sowie die der Betonung von dreigliedrigen Komposita graphisch dargestellt. Die Generalisierungen basieren u.a. auf den Ausführungen von Féry (1986), Giegerich (1983), Chomsky & Halle (1968) sowie Liberman & Prince (1977). (In den Abbildungen 2 und 3 wird die Primärbetonung nach dem *SAMPA-Standardalphabet* (vgl. Wells 1989) durch '""' repräsentiert).

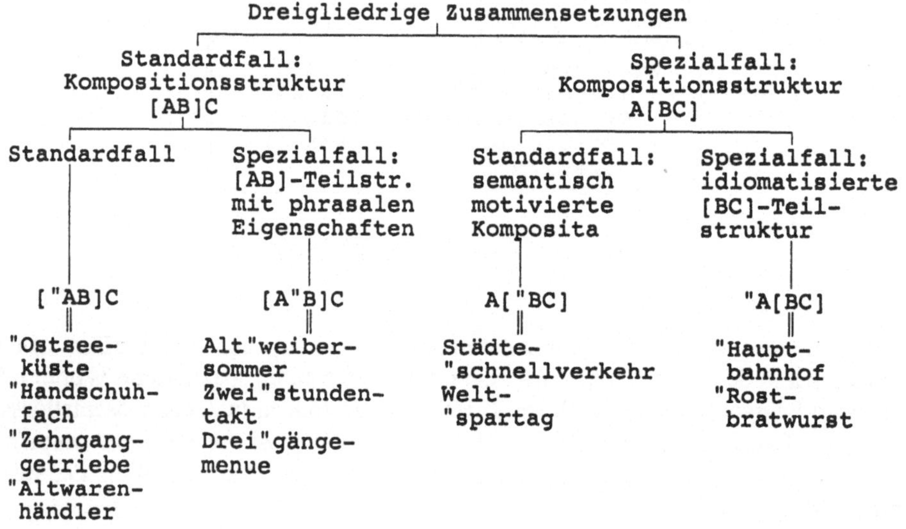

Abbildung 2: *default*-Hierarchie der Betonung von Ableitungen

Abbildung 3: *default*-Hierarchie der Betonung von dreigliedrigen Zusammensetzungen

Diese linguistisch motivierten *default*-Hierarchien bilden die Grundlage für eine formale Repräsentation als Klassenhierarchie im Rahmen des ILEX-Lexikonmodells. Dieser Ansatz vereinfacht die lexikographische Wissensaquisition erheblich, indem die durch die morphologisch bedingten Standardannahmen festgelegten Akzentstellen (bzw. Akzentmuster) für die Wortakzentzuweisungen solange gelten, bis zusätzliche oder gegenteilige Information als *constraint* vorliegt, die gegen die betreffende Vorannahme spricht und zu deren Revision führt. Solche *constraints* könnten z.B. auch Bedingungen für kontrastive Betonung sein. Diese in den *default*-Hierarchien formulierten prosodischen Strukturen und Bedingungen werden im Lexikon neben den übrigen Eigenschaften von lexikalischen Einträgen (Lemmata) angegeben. In der DATR-Implementierung dieses Modells (Bleiching 1991), die in Auszügen am Beispiel der Betonungszuordnung mit regionaler Variation bei Komposita dargestellt wird, können u.a. folgende Theoreme abgeleitet werden (Repräsentation der QLP Operatoren der Konkatenation bzw. Assoziation durch '^' bzw. '°'):

Ost:<surf phon qlp>   = [" ° O s t].
See:<surf phon qlp>   = [" ° z e :].

Küste:<surf phon qlp> = [" ° k Y s t @].
Ostsee:<surf phon qlp> = [" ° O s t] ^ [z e :].
Ostseeküste:<surf phon qlp> = [" ° O s t] ^ [z e :] ^ [k Y s t @].
Bürgermeister:<surf phon qlp> = [b Y 6 g 6] ^ [" ° m a I s t 6].
Badefreude:<surf phon qlp> = [" ° b a d] ^ @ ^ [f r O Y d @].

Ostseeküstenbadefreude:<surf phon qlp>
  = [" ° O s t] ^ [z e :] ^ [k Y s t @] ^ n ^ [% ° b a d] ^ @ ^ [f r O Y d @].

Ostseeküstenbürgermeister:<surf phon qlp>
  = [" ° O s t] ^ [z e :] ^ [k Y s t @] ^ n ^ [% ° b Y 6 g 6] ^ [m a I s t 6].

Bei Komposita ist normalerweise die Wortakzentstelle das erste Element, hier als *determinans* bezeichnet. Beispiele dafür sind *Ostsee* oder *Ostseeküste*. Jedoch gibt es Abweichungen von diesem Muster, die u.a. regional bedingt sein können und dazu führen, daß die *default-* Annahme der Initialbetonung überschrieben wird. Dadurch erhält man das Muster der Betonung auf dem zweiten Element: *Bürgermeister* im Gegensatz zu *Bürgermeister*. In komplexeren Komposita führen andere (evtl. auch rhythmisch bedingte) Faktoren dazu, daß dieses Variationsmuster selbst wiederum revidiert und folgendes Betonungsmuster mit Primär- und Sekundärakzent erzeugt wird: *Ostseeküstenbürgermeister*.

Aus Sicht des ILEX-Ansatzes besteht diese DATR-Theorie aus drei Komponenten: aus der Lemmahierarchie mit lexikalischen Morphemen (Wurzeln) und Komposita (grammatische Morpheme und Derivationen werden hier nicht berücksichtigt). Es werden an dieser Stelle nur einzelne Lexikoneinträge exemplarisch dargestellt, da weitere Einträge analog definiert werden können. Die bei jedem Lemmaknoten spezifizierten Pfade in der DATR- Repräsentation können als Attribut-Wert Struktur interpretiert werden. Eine solche Darstellung des Lemmas *Ost* hätte folgende Struktur:

$$
\text{Ost} = \begin{bmatrix} \text{surf} = \text{phon} = \begin{bmatrix} \text{nuc} = \text{vow} == \text{'O'} \\[2ex] \text{cod} = \begin{bmatrix} \text{sib} == \text{s} \\ \text{con} == \text{t} \end{bmatrix} \end{bmatrix} \end{bmatrix}
$$

Weitere Spezifizierungen werden in der DATR-Repräsentation durch den Verweis auf den Generalisierungsknoten *Noun* geerbt.

```
Ost:
  <>                      == Noun
  <surf phon nuc vow>     == 'O'
  <surf phon cod sib>     == s
  <surf phon cod con>     == t.

See:
  <>                      == Noun
  <surf phon ons con>     == z
  <surf phon nuc vow>     == e
  <surf phon nuc son>     == ':'.
```

```
Ostsee:
  <>                        == Noun_compound
  <determinans>             == "Ost:<>"
  <determinatum>            == "See:<>".


Ostseeküste:
  <>                        == Noun_compound
  <determinans>             == "Ostsee:<>"
  <determinatum>            == "Küste:<>".


Ostseeküstenbadefreude:
  <>                        == Noun_compound
  <determinans>             == "Ostseeküste:<>"
  <determinatum>            == "Badefreude:<>"
  <interfix>                == n.


Bürgermeister:
  <>                        == Noun_compound_marked
  <determinans>             == "Bürger:<>"
  <determinatum>            == "Meister:<>".


Ostseeküstenbürgermeister:
  <>                        == Noun_compound
  <determinans>             == "Ostseeküste:<>"
  <determinatum>            == "Bürgermeister:<>"
  <interfix>                == n.
```

Wie aus den Lexikoneinträgen ersichtlich wird, werden alle Eigenschaften, die das gesamte Lexem betreffen, einschließlich Struktur, regulär von der übergeordneten Klasse (Noun, Noun_compound usw.) geerbt, die in der morphologischen Generalisierungshierarchie spezifiziert ist. Bei Simplizia werden die (idiosynkratischen) Oberflächeneigenschaften direkt angegeben; bei Komposita werden sie im transparenten Fall kompositorisch von ihren Bestandteilen geerbt.

```
Noun:
  <>                        == ()
  <syn cat>                 == noun
  <morph cat>               == root
  <surf phon qlp>           == QLP:<>
  <pros cat>                == ().


Noun_compound:
  <>                        == Noun
  <pros cat>                == left_stress
  <morph cat>               == compound.


Noun_compound_marked:
  <>                        == Noun_compound
  <pros cat>                == right_stress.
```

Bei voller Transparenz von Komposita werden Eigenschaften von Lexemen einschließlich prosodischer Eigenschaften auf diese Weise also letztlich von den kleinsten Konstituenten geerbt ('naive Vererbung', vgl. Krieger & Nerbonne 1991, S. 18f); bei partieller oder vollständiger Nichttransparenz werden die nichttransparenten Teile gesondert geerbt und überschreiben damit die 'naiv' erbbaren Eigenschaften.

Über die Klassenhierarchie der Substantive wird von einem allgemeinen Betonungsschema (*template*) die Struktur eines Lexems (in Abhängigkeit seines Status als Wurzel oder Kompositum in DATR als parametrisierte Vererbung mit eingebetteter globaler Vererbung mit Anführungszeichen ausgedrückt) in der Form der abstrakten temporalen QLP-Eigenschaften geerbt.

```
QLP:
    <>                   == <qlp "<morph cat>">
    <qlp root>           == Root:<>
    <qlp compound>       == Compound:<>.
```

Die Struktur von Komposita wird als Liste mit Verkettungszeichen dargestellt.

```
    Compound:<>          == (Determinans ^ Interfix ^ Determinatum).
```

Die Konstituenten *Determinans* und *Determinatum* werden global geerbt; das erste Pfadelement bezeichnet die Konstituente, während die anderen Realisierungsbedingungen für die Konstituente definieren, die u.a. durch parametrisierbare globale Vererbung des Akzentuierungstyps <pros cat>, d.h. *'left_stress'* oder *'right_stress'*, bedingt wird. Diese Bedingungen werden bei verschachtelten Komposita rekursiv aufgebaut.

```
    Determinans:<>       == "<determinans surf phon qlp determinans "<pros cat>">".

    Determinatum:<>      == "<determinatum surf phon qlp determinatum "<pros cat>">".

    Interfix:<>          == "<interfix>".        % Umlaut nicht berücksichtigt!
```

Auf der Wurzelebene werden sowohl idiosynkratische Informationen wie die distinktiven Merkmale der Ausprache (repräsentiert in SAMPA, vgl. Wells 1989) der einzelnen Lemmata geerbt als auch die prosodische Information der Betonung zugeordnet.

```
    Root:<>              == ([ Stress Onset Nucleus Coda ]).
    Onset:<>             == (O_sib O_con O_son).
    Nucleus:<>           == (N_vow N_son).
    Coda:<>              == (C_sib C_con C_son).
    O_sib:<>             == "<surf phon ons sib>".
    ...
    C_son:<>             == "<surf phon cod son>".
```

Die Betonung wird in Abhängigkeit von den sieben definierten Akzentuierungsbedingungen entsprechend der Markiertheitstheorie den Komposita zugeordnet. Dabei werden nur die zwei obersten Rekursionsebenen berücksichtigt. Im allgemeinen *default*-Fall wird Betonung zugeordnet; nach den DATR-Vererbungsregeln gilt hier: Besonderheiten überschreiben die allgemeineren Bedingungen dadurch, daß Rekursionstiefe durch Pfadlänge modelliert wird.

```
Stress:
<>                                              == (\" °)
<determinans right_stress>                      == ()
<determinatum left_stress>                      == <determinans right_stress>
<determinans left_stress determinatum>          == (\% °)
<determinatum left_stress determinatum>         == <determinatum>
<determinans right_stress determinatum>         == <determinans left_stress determinatum>
<determinatum right_stress determinatum>        == <determinatum left_stress determinatum>.
```

Diese sieben Bedingungen werden im Detail in Bleiching (1991) erläutert. Die Spezifikation (in phonemischer Transkription, unter Vernachlässigung segmentalphonologischer Details) sieht dann folgendermaßen aus:

Ostseeküste:<surf phon qlp> = [" ° O s t] ^ [z e :] ^ [k Y s t @].

4 Schlußbemerkungen und Ausblick

In diesem Papier wird ein neuartiger Ansatz für die Beschreibung prosodischen Wissens vorgestellt. Dieser Beitrag zur Computerlexikologie bzw. -graphie behandelt linguistische Aspekte der Wortprosodie im Rahmen des *constraint*-basierten Lexikonmodells ILEX und - in Auszügen - deren Implementierung in der auf *default*-Vererbung basierenden deklarativen Lexikonrepräsentationsprache (DATR). Es wird gezeigt, daß prosodisches Wissen im ILEX-Format hochgradig strukturiert und komprimiert dargestellt und operationalisiert werden kann.

Erweiterungen dieses Beschreibungssystems (u.a. Behandlung von Derivationen sowie von Komposita mit komplexen derivierten Kompositionsgliedern) sind zur Zeit in Arbeit. Diese Erweiterungen schließen Untersuchungen zum Inventar der lexikalisierten Morphe des gesprochenen Deutschen anhand von Lexika und Corpora (hier die *Vorläufige Wortliste* des Verbmobil-ASL Projektes, vgl. Ruediger, Koch & Reimann 1991) ein. Im Rahmen dieser Untersuchungen wurden eine Morph-Segmentierung und eine Morph-Klassifizierung durchgeführt. Diese Arbeiten bildeten die Grundlage für eine allgemeine Lexikonhierarchie und eine formale Repräsentation morphologischer und prosodischer Kategorien im Rahmen des ILEX-Lexikonmodells mit DATR-Implementierung. Im folgenden werden diese Erweiterungen kurz skizziert.

Innerhalb der modularen Lexikonhierarchie (vgl. Abbildung 4) werden neben den Komponenten der Morphologie und der Syntax auch die Komponente mit den verschiedenen Oberflächenrepräsentationen (orthographische, phonemische und prosodische) berücksichtigt. Innerhalb der Morphologie-Komponente wird - nach dem ILEX-Ansatz - für die Morphotaktik die ID-Ebene von der QLP-Ebene unterschieden. Auch wird den Lexemen hier die Betonung aufgrund der morphologischen Hierarchie zugeordnet (siehe in diesem Zusammenhang Abbildung 2 oben: *default*-Hierarchie der Betonung von Ableitungen).

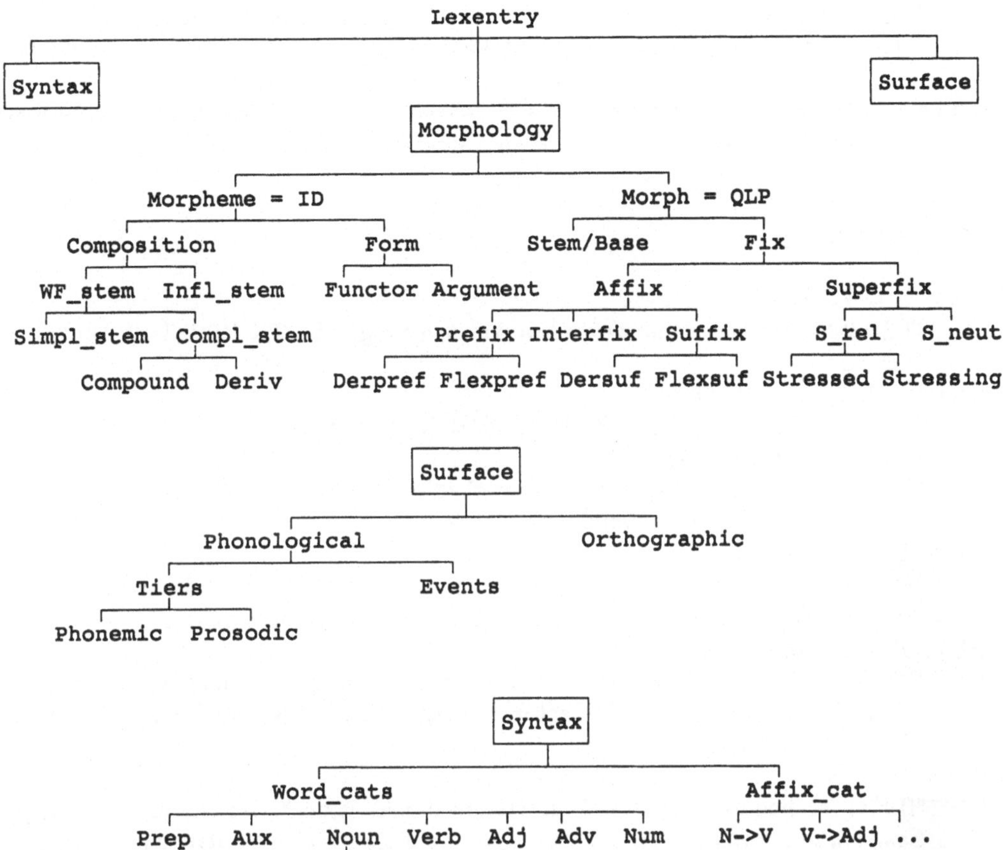

Abbildung 4: Lexikonhierarchie

Ohne hier weiter auf die Darstellung der drei ILEX-Komponenten der Lemma-Hierarchie, der morphologischen Generalisierungshierarchie sowie der 'Teil-Ganzes'-Hierarchie von segmentalen und nichtsegmentalen (prosodischen) Schemata einzugehen, sollen abschließend einige DATR-Theoreme aufgelistet werden, die derzeit aus der erweiterten DATR-Theorie abgeleitet werden können:

Morph_akzept:<mor status>   = non_native.
Morph_akzept:<syn cat val> = verb.
Morph_abel:<syn cat arg>   = verb.
Morph_abel:<syn cat val>   = adjective.
Morph_abel:<mor cat qlp>   = dersuffix_S_rel.
Morph_abel:<mor stress>   = stress_bearing.
Morph_akzept:<mor pros>   = ([a k t s E p t ° accent]).
Morph_abel:<mor pros>   = (stem ^ [a: b @ l ° accent]).
Morph_auf:<mor pros>   = ([a U f ° accent] ^ stem).
Morph_s:<mor pros>   = ([stem ° accent] ^ s ^ stem).
Morph_ent:<mor pros>   = (E n t ^ [stem ° accent]).

Stem_akzept+abel:<surf phon>   = (a k t s E p t a: b @ l).
Stem_re+servier+ung+s+pflicht+ig:<surf phon> = (R E z E 6 v i: 6 U N s p f l I C t I C).

Damit erscheint die Verallgemeinerbarkeit des Ansatzes für die Entwicklung von linguistisch motivierten Lexica mit integrierter prosodischer Information gewährleistet.

5   Literatur

Bleiching, D. (1991):
> *Default-Hierarchien in der deutschen Wortbetonung.* ASL-TR-19-91/UBI, Universität Bielefeld.

Chomsky, N. & M. Halle (1968):
> *The Sound Pattern of English.* Harper & Row, New York.

Evans, R. & G. Gazdar (1989):
> "The DATR Papers: May 1989", (second edition February 1990), *Cognitive Science Research Papers 139*, University of Sussex.

Féry, C. (1986):
> "Metrische Phonologie und Wortakzent im Deutschen". In: D. Wunderlich (Hrsg.): *Studium Linguistik* 19-20, Hain Verlag, Meisenheim, Königstein/Ts., 16-43.

Gibbon, D. & F. Ahoua (1991):
> DDATR: un logiciel de traitement d'héritage par défaut pour la modélisation lexicale". *Cahiers Ivoiriens de Recherche Linguistique,* U Nationale de Côte d'Ivoire, Abidjan (to appear).

Gibbon, D. (1992):
> "ILEX: A linguistic approach to computational lexica". In: Klenk, U. (Hrsg.): *Computatio Linguae.* Aufsätze zur algorithmischen und quantitativen Analyse der Sprache. Zeitschrift für Dialektologie & Linguistik Beiheft 73, 32-53.

Giegerich, H. J. (1983):
> "Metrische Phonologie und Kompositionsakzent im Deutschen". In: *Papiere zur Linguistik* 24-29, 1981-1983, Gunter Narr Verlag, Tübingen, 3-25.

Krieger, H.-U. & J. Nerbonne (1991):
> *Feature-Based Inheritance Networks for Computational Lexicons.* DFKI Saarbrücken.

Liberman, M. & A. Prince (1977):
> "On stress and linguistic rhythm". In: *Linguistic Inquiry* 8, 249-336.

Ruediger, B., S. Koch & D. Reimann (1991):
> *Vorläufige Wortliste für ASL.* ASL-Memo-10-91/ZSB.

Wells, J.C. (1989):
> "Computer-coded phonemic notation of individual languages of the European Community". In: *Journal of the International Phonetic Association* 1989, 19(1), 31-54.

Computational Tools for the Development of Event Phonologies

Julie Carson-Berndsen
Fakultät für Linguistik und Literaturwissenschaft
Universität Bielefeld
Postfach 100 131
4800 Bielefeld 1
Tel: 0521 106 3518
Fax: 0521 106 2996
Email: berndsen@asl.uni-bielefeld.de

Summary

In this paper interactive computational phonological tools are presented, which were developed as part of the *UBI-Linguistic Word Modelling Development Environment* (cf. Appendix) in connection with the project Verbmobil-ASL-Nord (Architectures for Speech and Language Systems, Sub-area: Linguistic Word Modelling). This paper is concerned primarily with the phonological component of the ASL speech recogition system and in particular with the generation of top-down phonological event predictions at the phonetics/phonology interface. In both the phonetic and the phonological components of the ASL-Nord system, the event concept plays an important role. The tools presented in this paper are intended for use in a multi-lingual context and although their motivation lies in the need for top-down hypotheses at the phonetics/phonology interface, an additional interest lies in their contribution to multi-tier prosodic labelling.

Zusammenfassung

In diesem Papier werden interaktive computerphonologische Werkzeuge vorgestellt, die im Rahmen der Bielefelder Entwicklungsumgebung für linguistische Wortmodellierung (s. Anhang) im Zusammenhang mit dem Verbmobil-ASL-Nord-Projekt (*Architectures for Speech and Language Systems, Teilgebiet: Linguistische Wortmodellierung*) entwickelt wurden. Dieses Papier befaßt sich vorrangig mit der phonologischen Komponente des ASL-Nord-Spracherkenners und insbesondere mit der Generierung von *top-down* Vorhersagen phonologischer Ereignisse an der Schittstelle Phonetik/Phonologie. Sowohl die akustisch-phonetische Komponente als auch die phonologische Komponente des ASL-Nord-Systems basiert auf dem Ereigniskonzept. Die hier dargestellten computerphonologischen Werkzeuge sind für Anwendungen in einem multi-lingualen Kontext gedacht. Diese Werkzeuge sind nicht nur durch die Notwendigkeit von *top-down* Hypothesen an der Phonetik/Phonologie-Schnittstelle motiviert, sondern sie spielen auch eine wichtige Rolle bei der Entwicklung von *multi-tier* prosodischen Annotierungssystemen.

1 Introduction

The development of complex speech and spoken language systems is heavily dependent on the use of data collection and knowledge acquisition tools. This paper is concerned with interactive computational tools for the development of event phonologies and in particular with the generation of event label files from phonemic transcriptions. In the research project *Verbmobil - Architectures for Speech and Language Systems* (Nord-Consortium), a speech recognition system is being developed which relies heavily on the integration of acoustic and all types of linguistic information. The tool described below was developed as part of the knowledge acquisition component for the phonological parser within the area of linguistic word modelling. Both the phonological and the acoustic-phonetic components of the ASL-Nord speech recogniser rely on the concept of events, events being interpreted as an interval with a particular property (Carson-Berndsen, 1991, 1992; Lancé et. al 1991). At the interface between the two components, hypotheses on events are exchanged both bottom-up and top-down; from the acoustic-phonetic component, autonomous event detectors provide information based on what can be recognised in the signal, and from the phonological component, predictions are made on the basis of phonotactic constraints.

The motivation for the use of events in the linguistic word modelling component of the ASL-Nord project stems from the search for a solution to the projection problem at the phonetics/phonology interface. In the processing of speech, one of the major problems is the projection problem: sounds and words are realised with different degrees of coarticulation (overlap of properties) in different lexical, syntactic and phonostylistic contexts and thus a segmentation into phonemes alone is too rigid in order to capture all variants. Furthermore a set of possible words in natural languages, analogous to the set of sentences, is infinite. In fact even subsets of these sets may be so large that a simple list is no longer tractable. This has so far proved to be an insuperable problem for the simple concatenative word models of current speech recognition systems, whether phoneme, demisyllable, or word based.

In Carson-Berndsen (1991), it was shown, how, by using the notion of overlapping events at the phonetics/phonology interface, a representation which was nearer to phonetics than the phoneme sequences of more traditional phonologies could be obtained. On the basis of overlap, precedence and inclusion relations, complex events describing phonologically relevant structures such as classes of plosives or syllable codas may be constructed. In Carson-Berndsen (1992), a new approach to the phonotactic description of German was proposed, starting from recent well-motivated developments in phonology such as autosegmental phonology (Goldsmith, 1976,1990), articulatory phonology (Browman & Goldstein, 1986,1989), underspecification theory (Archangeli, 1988; Keating, 1988), and phonological events (Bird & Klein, 1990). For linguistic word modelling a flexible notion of compositionality is utilised, based on underspecified structures with 'autosegmental' tiers of parallel phonological events which avoids a rigid mapping from phonetic parameters to simple sequences of segments (cf. also Carson-Berndsen & Gibbon, 1992) and goes some way to solving the projection problem in speech recognition. The basic principles can be generalised to the analysis of prosodic events of all kinds.

In the following sections, the environment in which the computational tools were developed will be discussed together with an overview of the functionality of the individual tools.

2 Development environment

This work was undertaken as part of the *UBI Linguistic Word Modelling Development Environment* (cf. Appendix), a knowledge acquisition environment with computational tools for the development of phonological, morphophonological and word prosodic knowledge components of a speech recognition system. The aim was to maximally use existing tools and knowledge and in addition develop tools which may be employed in a multi-lingual context, that is to say, which can be used to supply phonological, morphophonological and word prosodic information for other languages. For the development work in connection with the event-based knowledge component for the phonological parser, it was necessary to specify language independent computational tools for collecting information on event statistics, temporal duration of events, and comparison of acoustic and phonological events. Existing tools developed in the context of the Bielefeld research projects *ESPRIT 2589 SAM* and *Phonological Rule Systems* were used as a basis for development. Figure 1 shows the architecture of the relevant subsection of the *UBI-Linguistic Word Modelling Development Environment.* The speech signal labelling software SAMLAB and the phonological knowledge base for the grapheme to phoneme converter GRAPHO were developed in the above mentioned projects.

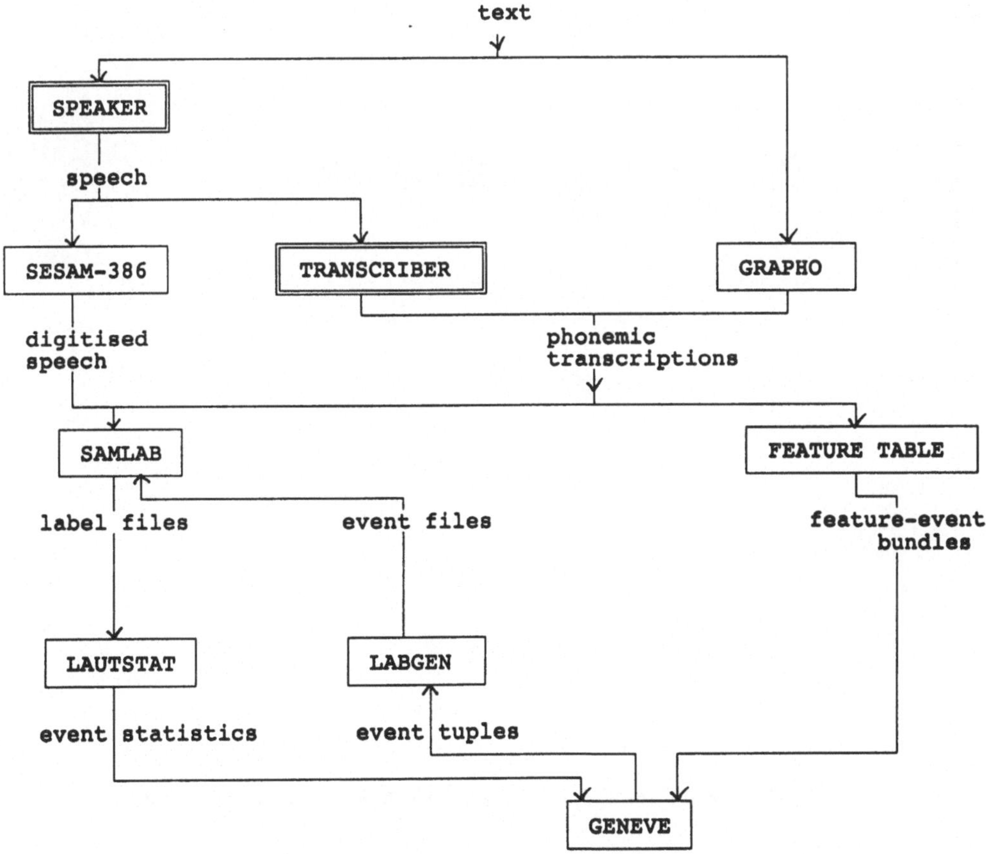

Figure 1: Subsection of the UBI-LWM Development Environment

In the rest of this section a brief description of the architecture will be given. The tools will be described in section 3. The input to the complete development environment is text, that is to say, an orthographically transcribed utterance. This text is either spoken by a speaker to produce speech or analysed by a grapheme to phoneme converter (GRAPHO). GRAPHO will not be discussed in detail here except to say that it is based on a phonotactic transducer describing the well-formedness constraints on syllables of a language (cf. Carson-Berndsen et. al. 1989). The spoken utterance is either transcribed by trained personnel or digitised using the SESAM-386 workstation (research project ESPRIT SAM 2589). The phonemic transcriptions, from whichever source, and the digitised speech are then analysed by the SAMLAB, LAUTSTAT, GENEVE and LABGEN tools producing phonemic and event label files. These will now be described in section 3.

3 The tools

The phonemic transcriptions provided by the transcriber or by the grapheme to phoneme converter provide top-down knowledge for the speech signal labelling software SAMLAB (Braun, 1991). A display of the annotated speech signal produced with SAMLAB for the example utterance *Ostseeküstenbadefreude* is given in Figure 2.

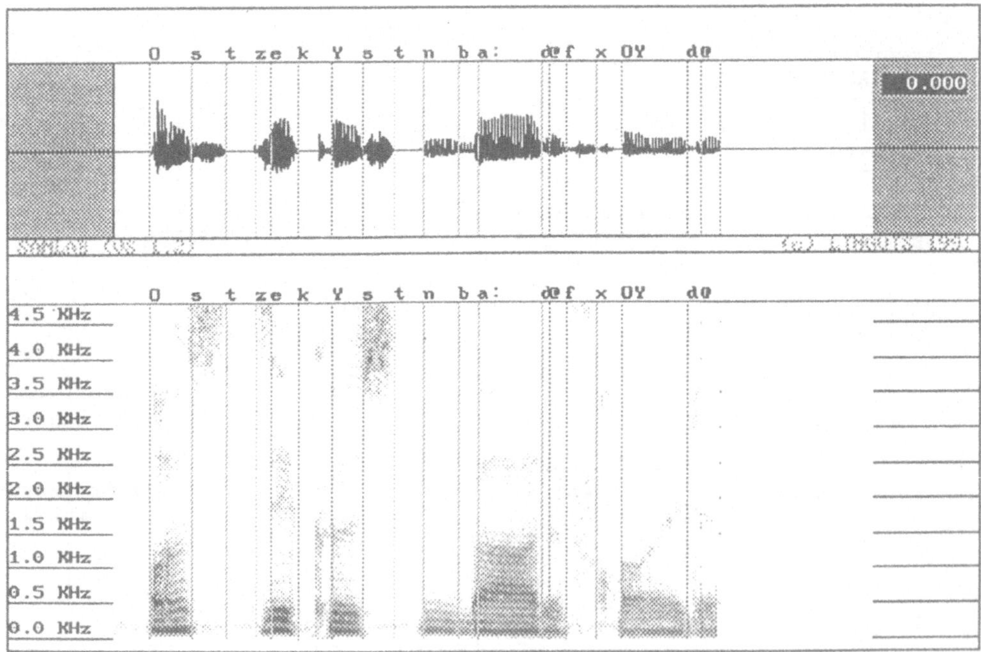

Figure 2: Annotated speech signal for *Ostseeküstenbadefreude*

The resulting phonemic label file is shown in Figure 3. A description of the SAM label file format and a comparison to another label format can be found in Gibbon (1991).

```
LHD: V1.1
FIL: Label
TYP: phonemic
SRC: SM.pgs
TXF: ?
SAM: 20000
BEG: 0
END: 38851
DAT: 2/Dec/1991
SPA: 1.1
LBD:
LBB: 2405,,5279,O
LBB: 5279,,7509,s
LBB: 7509,,9542,t
LBB: 9542,,10580,z
LBB: 10580,,12336,e
LBB: 12336,,14517,k
LBB: 14517,,16583,Y
LBB: 16583,,18647,s
LBB: 18647,,20537,t
LBB: 20537,,22865,n
LBB: 22865,,24151,b
LBB: 24151,,28302,a:
LBB: 28302,,28872,d
LBB: 28872,,29981,@
LBB: 29981,,31991,f
LBB: 31991,,33678,x
LBB: 33678,,37916,OY
LBB: 37916,,38851,d
LBB: 38851,,40002,@
ELF:
```

Figure 3: Example phonemic label file in SAM-format

On the basis of a large speech database, the LAUTSTAT tool extracts statistical information on frequency of occurrence and average duration of segments from the label files. For this the labels (LBB lines) are analysed with respect to the sampling rate which in this case is 20KHz (SAM: 20000). The output of LAUTSTAT is two sets of tuples. The first set of tuples has a structure similar to that used for the exchange of information at the phonetic/phonology interface in the ASL-Nord project. For each label a tuple of the form <LABEL, LENGTH, START, END> is produced, where START and END refer to the interval. The second set of tuples contains information on the occurrence and duration of labels and has the form <LABEL, FREQUENCY, AVERAGE LENGTH, STANDARD DEVIATION>. The value of the first set of tuples will become apparent later in the discussion. The second set of tuples is used to update the temporal information of the event conversion table in the event generator tool GENEVE. Information on phonotactic context is also of relevance here and is to be incorporated in the next version of the tool.

The FEATURE TABLE is not a computational tool as such. It is responsible for providing each phoneme of the phonemic transcription with feature information. The feature classification is based on the classification of the International Phonetic Alphabet (cf. also Carson-Berndsen, 1992). In the Carson-Berndsen (1992) classification, the diphthongs are still described using single features for place of articulation and roundness. Based on the information collected using the *UBI-Linguistic Word Modelling Development Environment*, these will be replaced by complex events such as *front-to-back* which are constructed compositionally using overlap and immediate precedence relations between the simplex events *front* and *back*, for example. The output of the FEATURE TABLE is feature-event bundles which serve as input to the event generator tool GENEVE.

The knowledge component of the event generator GENEVE contains, as already indicated above, temporal information on events or phonological segments. GENEVE uses this information to convert the feature-event bundles into event tuples of the form <EVENT PROPERTY, START, END> where START and END refer to the interval in which the event occurs. The event description in GENEVE is based on the work described in Carson-Berndsen (1991,1992) where phonological knowledge is represented as autosegmental tiers of parallel phonological events. In GENEVE, where two or more occurrences of the same event property (adjacent segments) are found on a single tier in adjacent intervals, they are reduced to a single occurrences over the complete interval. This is in line with the obligatory contour principle (cf. Goldsmith, 1976,1990) where it is stated that no two adjacent, identical autosegments are to be found in a particular domain. It is clear that from a phonetic point of view, this leads to highly stylised event structures. However, these structures are not intended to replace detected or even hand-labelled acoustic events, but rather provide top-down predictions of important temporal information on phonological events for the knowledge component of the phonological parser. An example of the output of GENEVE is given in Figure 4.

```
<voiced,0,81.75>                <front,359.75,458.5>
<voiced,272.25,458.5>           <front,558.75,628.75>
<voiced,558.75,628.75>          <front,1476.0,1661.25>
<voiced,819.25,1304.5>          <velar,458.5,558.75>
<voiced,1412.75,1775.5>         <central,819.25,878.0>
<vowellike,0,81.75>             <central,1245.75,1304.5>
<vowellike,359.75,458.5>        <central,1716.75,1775.5>
<vowellike,558.75,628.75>       <labial,1304.5,1412.75>
<vowellike,819.25,878.0>        <labial,977.5,1037.25>
<vowellike,1037.25,1190.25>     <uvular,1412.75,1476.0>
<vowellike,1245.75,1304.5>      <short,0,81.75>
<vowellike,1476.0,1661.25>      <short,558.75,687.5>
<vowellike,1716.75,1775.5>      <short,1245.75,1304.5>
<fricative,81.75,190.25>        <short,1716.75,1775.5>
<fricative,272.25,359.75>       <long,359.75,458.5>
<fricative,628.75,737.25>       <long,1037.25,1190.25>
<fricative,1304.5,1476.0>       <mid,0,180.5>
<plosive,190.25,272.25>         <mid,819.25,878.0>
<plosive,458.5,558.75>          <mid,1245.75,1363.25>
<plosive,737.25,819.25>         <high,558.75,628.75>
<plosive,977.5,1037.25>         <low,1037.25,1190.25>
<plosive,1190.25,1245.75>       <round,1476.0,1661.25>
<plosive,1661.25,1716.75>       <round,0,81.75>
<nasal,878.0,977.5>             <round,558.75,628.75>
<back,0,81.75>                  <nonround,359.75,458.5>
<back,1037.25,1190.25>          <nonround,819.25,1148.5>
<apical,81.75,359.75>           <close,0,250.5>
<apical,628.75,819.25>          <open,1037.25,1190.25>
<apical,878.0,977.5>
<apical,1190.25,1245.75>
<apical,1661.25,1716.75>
```

Figure 4: Example output of GENEVE for *Ostseeküstenbadefreude*

The event tuple output of GENEVE serves as input to the LABGEN tool which is responsible for creating an event label file for the event tuples.

The event label file generated by LABGEN corresponds exactly to the SAM label format given in Figure 2. For each event property of the event tuples, LABGEN creates a separate event label file. An offset is calculated according to the offset of the phonemic label file (in this example 2405, which says that the utterance does not begin at 0ms). This offset may be entered by the user. The new event label files contain information as to the original speech file (SM.pgs) and the sampling rate (20KHz). An example of an event label file for the event property *voiced* in the utterance *Ostseeküstenbadefreude* is given in Figure 5 where *+V* represents presence and *-V* represents absence of voice. The event label files can then be reanalysed interactively using the SAMLAB speech signal labelling software and where possible the interval endpoints altered or corrected by trained labelling personnel. At this stage the knowledge acquisition cycle repeats. An example of the first part of the utterance with the voiced event label file is shown in Figure 6.

```
LHD:  V1.1
FIL:  label
TYP:  event-voiced
SRC:  SM.pgs
TXF:  ?
SAM:  20000
BEG:  0
END:  37915
DAT:  26/02/1992
SPA:  1.1
LBD:
LBB:  2405,,4040,+V
LBB:  4040,,7850,-V
LBB:  7850,,11575,+V
LBB:  11575,,13580,-V
LBB:  13580,,14980,+V
LBB:  14980,,18790,-V
LBB:  18790,,28495,+V
LBB:  28495,,30660,-V
LBB:  30660,,37915,+V
ELF:
```

Figure 5: Event label file for voicing

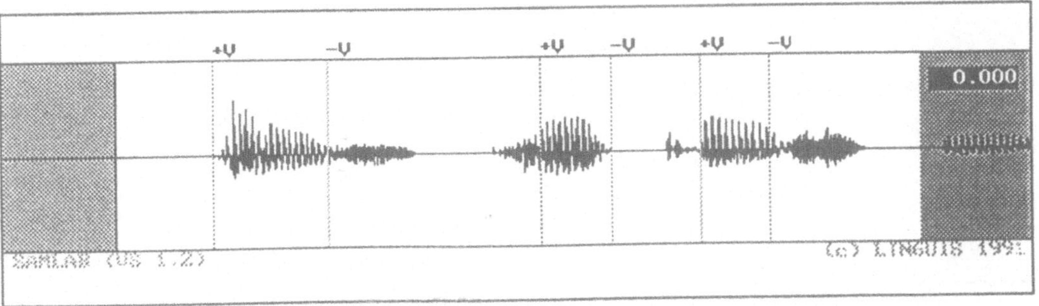

Figure 6: Annotated speech signal for the event voicing

4 Final Remarks

In this paper, computational phonological tools for interactive development of event phonologies were presented. It was shown that by extracting statistical information (LAUTSTAT) from phonemically labelled speech databases, temporal information could be provided for the knowledge base of an event generator (GENEVE). The output of this generator could then be aligned to the speech signal using LABGEN in order to obtain realistic temporally annotated phonological data. The event tuples which have been aligned to the speech signal are used by the phonological parser to produce top-down predictions at the phonetics/phonology interface. Since the SAMLAB software allows changes to be made to the output of LABGEN, the knowledge acquisition cycle repeats providing statistical information on the basis of the event files allowing an update of the temporal information in the GENEVE knowledge base to be made. It is at this stage also that the first set of output tuples from LAUTSTAT may be used to simulate data for input to the phonological parser, that is to say, phonological event data which has a direct correspondence to the speech signal. On this basis, the phonological parser has realistic temporal data with which complex events may be constructed. Since phonological events are now temporally annotated, cooccurrences between phonological and temporally annotated acoustic events from other sources can be generated. Furthermore, the individual event label files may together be employed in multi-tier prosodic labelling systems to provide top-down knowledge in the same way as the phonemic transcriptions provide top-down information for the speech signal labelling software.

A more detailed description of these computational phonological tools and their application in the context of the ASL-Nord project will appear as ASL-TR-35-92/UBI (Carson-Berndsen, in prep.)[1]

---

[1] I would like to thank Dafydd Gibbon for helpful comments on earlier drafts of this paper, Gunter Braun and Michael Schwalbe for supplying speech signals and annotations for use in this paper and Christoph Schillo for help with the implementations of LAUTSTAT and LABGEN.

5 Bibliography

Archangeli, D. (1988): Aspects of underspecification theory. *Phonology* 5:183-207.

Bird, S; E. Klein (1990): Phonological Events, In: *Journal of Linguistics* 26, 33-56.

Braun, G. (1991): *SAMLAB*, Ms. University of Bielefeld.

Browman, C. P.; L. Goldstein (1986): Towards an articulatory phonology. In: *Phonology Yearbook* 3:219-252.

Browman, C.P.; L. Goldstein (1989): Articulatory gestures as phonological units. In: *Phonology* 6, Cambridge: Cambridge University Press, 201-251.

Carson, J. (1988): Unification and Transduction in Computational Phonology. In: *Proceedings of the 12th International Conference on Computational Linguistics*, Budapest, 106-111.

Carson-Berndsen, J.; D. Gibbon; K. Knäpel (1989): Interim Report 31.03.89 and Final Report 30.09.89 *Forschungsprojekt: Entwicklung phonologischer Regelsysteme und Untersuchungen zur Automatisierung der Regelerstellung für Zwecke der automatischen Spracherkennung.* Research Project financed by the Deutsche Bundespost, Ms. University of Bielefeld.

Carson-Berndsen, J. (1991): *Ereignisstrukturen für phonologisches Parsen.* ASL-TR-9-91/UBI, University of Bielefeld, August 1991.

Carson-Berndsen, J. (1992): *An event-based phonotactics for German.* ASL-TR-29-92/UBI, University of Bielefeld, February 1992.

Carson-Berndsen, J. (in prep.): *Tools for the development of event phonologies.* ASL-TR-35-92/UBI, University of Bielefeld.

Carson-Berndsen, J.; D. Gibbon (1992): Event Relations at the Phonetics/Phonology Interface, To appear in: *Proceedings of the 14th International Conference on Computational Linguistics*, Nantes.

Gibbon, D. (1991): *Einige Anmerkungen zu Labelling-Formaten (ESPS/SAM).* ASL-Memo-24-91/UBI, December, 1991.

Goldsmith, J. (1976): *Autosegmental Phonology.* Bloomington, Indiana: Indiana University Linguistics Club.

Goldsmith, J. (1990): *Autosegmental and Metrical Phonology.* Cambridge, Massachusetts: Basil Blackwell Inc.

Keating, P.A. (1988): Underspecification in phonetics. *Phonology* 5:275-292.

Lancé, D,; W. Hess; L. Faust; B. Möbius; M. Pätzold (1991): *Das Ereigniskonzept unter akustisch-phonetischem Aspekt*, ASL-TR-16-91/UBN, University of Bonn, November 1991.

Appendix

UBI-Linguistic Word Modelling Development Environment 1992
Bleiching, Braun, Carson-Berndsen, Gibbon, Langer

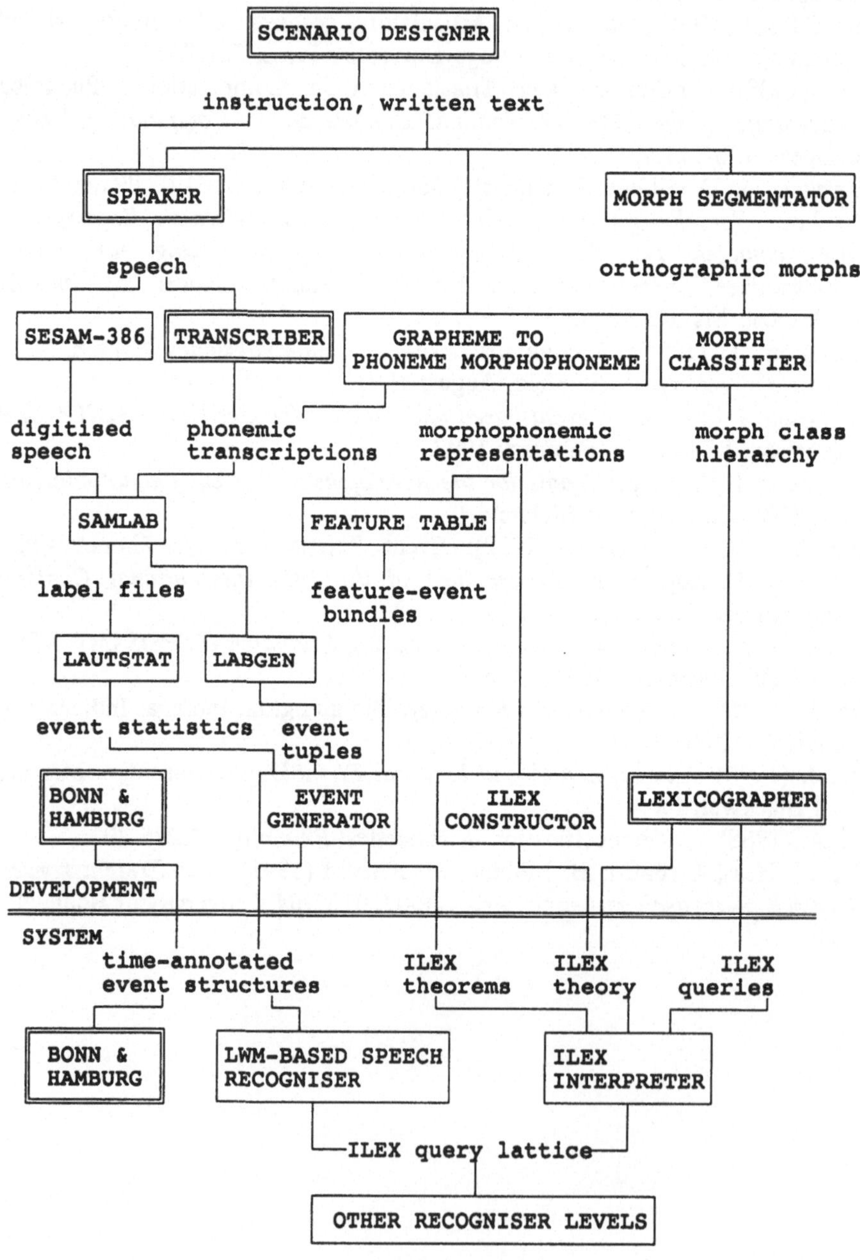

Optimierung eines HMM–Spracherkennungssystems [*]

F. Class[°]   A. Kaltenmeier[°]   P. Regel-Brietzmann[°]
K. Trottler[♦]

[°]Daimler-Benz AG, Forschungsinstitut Ulm, 7900 Ulm, Germany
[♦]Telefunken Systemtechnik, Sedanstr. 10, 7900 Ulm, Germany

Dieser Beitrag beschreibt mehrere Optimierungsschritte eines auf Hidden-Markov-Modellen basierenden Spracherkenners. Im einzelnen betrifft dies: Wortuntereinheiten, dynamische Merkmale, Vektorquantisierung sowie Größe und Art der verwendeten Codebücher. Außerdem wird im Detail auf ein Verfahren zur schnellen Sprecheradaption eingegangen. Wir beschreiben dabei die Kombination von "Sprecheradaption durch Merkmalstransformation" mit semi-kontinuierlichen Hidden-Markov-Modellen *SCHMM* [1, 5, 9, 10]. Da in einem solchen Erkennungssystem die Sprache eines Referenzsprechers nicht explizit in Form von Merkmalsvektoren, sondern nur in Form mehrdimensionaler Normalverteilungen vorliegt, müssen diese Verteilungen an Stelle der Merkmalsvektoren transformiert werden.

Diese Arbeit vergleicht auch hard- und soft-decision Vektorquantisierung (HVQ bzw. SVQ) mit SCHMM bei sprecheradaptiver und sprecherunabhängiger Erkennung. Zusätzlich untersuchen wir den Einfluß dynamischer Merkmale und optimieren die (von Art und Umfang der Trainingsstichprobe abhängigen) Wortuntereinheiten sowie die SCHMM-Codebücher. Dabei stellen wir Normalverteilungen mit Diagonalmatrizen entsprechenden Verteilungen mit vollen Kovarianzmatrizen gegenüber und untersuchen unterschiedliche Codebuchgrößen, den Einfluß einer iterativen Codebuch-Neuschätzung (Reestimation) während des Trainings und die Modellinitialisierung.

Im Vegleich zu unserem früheren, auf HVQ basierenden System werden signifikante Verbesserungen erzielt: unter recht schwierigen Randbedingungen steigt die Erkennungsrate von 71.6% auf 84.6% (sprecherunabhängige Einzelwort-Erkennung) und von 80.4% auf 87.4% (sprecheradaptive Einzelwort-Erkennung).

1   Der Spracherkenner

Unser Erkennungssystem, das detailliert in [1] beschrieben ist, basiert auf HMM von Wortuntereinheiten. Dieses System enthält einen Vektorquantisierer (VQ) und ein Modul zur schnellen Sprecheradaption. Unser Augenmerk gilt vor allem der Verbesserung der VQ; d.h. der Modellierung der Emissionswahrscheinlichkeiten. In [1,6] haben wir die HVQ durch eine soft-decision VQ (SVQ) ersetzt, die auf statistischen Abstandsmodellen beruht. Im sprecherunabhängigen Fall war die SVQ der HVQ deutlich überlegen.

---

[*]Das diesem Beitrag zugrundeliegende Vorhaben wurde teilweise mit Mitteln des Bundesministers für Forschung und Technologie unter dem Förderkennzeichen FKZ 01 IV 102 E gefördert. Die Verantwortung für den Inhalt dieser Veröffentlichung liegen bei den Autoren.

In [2] beschrieben wir darüberhinaus ein Verfahren, bei dem die HVQ direkt mit der Sprecheradaption durch Merkmals-Transformation verbunden werden kann. Bei diesem Ansatz werden die Merkmalsvektoren eines neuen Sprechers und die des System-Referenzsprechers in einen gemeinsamen, neuen Merkmalsraum transformiert [2–4]. An Stelle der - im System jedoch nicht vorhanden - Merkmalsvektoren des Referenzsprechers müssen die Codebuch-Centroiden transformiert werden. Diese Art der Sprecheradaption verbessert die Worterkennungsrate von 71.6% (HVQ, sprecherunabhängig) auf 80.4% (HVQ, sprecheradaptiv).

Im sprecherunabhängigen Anwendungsfall liefert die SVQ bessere Erkennungsergebnisse als die HVQ. Es liegt daher nahe, auch die SVQ mit der Sprecheradaption zu verbinden. Dies ist jedoch nicht möglich, da bei diesem Ansatz keine n-dimensionalen Verteilungen der Merkmalsvektoren, sondern nur noch deren eindimensionale Abstandsverteilungen vorliegen. Für die soft-decision VQ verwenden wir daher künftig nicht mehr die SVQ, sondern das mit ihr verwandte semi-kontinuierliche HMM-Verfahren (SCHMM) [5]. SCHMM verwendet multidimensionale Normalverteilungen zur Modellierung der HMM-Emissionswahrscheinlichkeiten. Eine Transformation dieser Verteilungen zur Sprecheradaption ist daher möglich; die einzelnen Verfahrensschritte werden in Abschnitt 2 vorgestellt. Die Abschnitte 3 bis 5 beschreiben das Erkennungssystem, die Testbedingungen und die einzelnen Experimente.

Die Architektur unseres Spracherkennungssystems ist in [1] beschrieben; die wichtigsten Einzelheiten sind:

- Kontextabhängige HMM
  von Wortuntereinheiten (Laute, Lautkomponenten, Lautübergange, Diphone, usw.). Diese Untereinheiten entsprechen lautlichen Elementen unterschiedlicher Länge.
- Wortdarstellung, Training der Wortuntereinheiten:
  - Repräsentation der einzelnen Wörter des Vokabulars als Kette von Wortuntereinheiten und Zusammenfassung aller Wortketten zu einem Lexikonbaum. Das Vokabular wird in orthographischer Form vorgegeben. Mit Hilfe mehrerer Regelsätze wird daraus automatisch der Lexikonbaum mit Wortuntereinheiten generiert.
  - Diese Wortuntereinheiten werden in der Regel an einem Wortschatz trainiert, der *nicht* dem Anwendungswortschatz entspricht.
- Akustische Analyse und VQ-Codebücher:
  - 10 mel-Cepstrum Koeffizienten (10 ms Intervallrate).
  - Ein dynamisch normierter Energieparameter.
  - Dynamische Merkmale als Regression von Energie und Cepstralkoeffizienten im 50 ms Zeitfenster.
  - Getrennte Codebücher (oder Normalverteilungen) für die drei Teile der Merkmalsvektoren unter Annahme statistischer Unabhängigkeit zwischen den Teilvektoren.

Implementiert sind sowohl ein sprecherunabhängiges als auch ein sprecheradaptives Erkennungssystem. Für die schnelle Sprecheradaption genügt es dabei, daß ein unbekannter Sprecher einige vorgegebene Wörter (ca. 30–50) spricht. Getestet wurden die Verfahren an isoliert gesprochenen Wörtern und kontinuierlich gesprochenen Sätzen.

2 SCHMM in Verbindung mit Sprecheradaption

2.1 SCHMM-Implementierung

Am einfachsten läßt sich SCHMM in das Erkennungssystem integrieren, indem man die Codebücher, d.h. die Codebuchvektoren, durch Normalverteilungen ersetzt. Diese Verteilungen werden bei der Codebuchgenerierung mit dem bekannten iterativen LBG-Algorithmus geschätzt [8]. Nach der letzten LBG-Iteration werden für jede Codebuchzelle l der Mittelwertvektor μ_l und die Kovarianzmatrix $\mathcal{K}_l$ aller Merkmalsvektoren geschätzt, die zu dieser Zelle gehören. Die Zugehörigkeit eines neuen Merkmalsvektors X zu einer Codebuchzelle l ist dann gegeben durch die Normalverteilung

$$\mathcal{N}(\mu_l, \mathcal{K}_l) = C \cdot exp\left[-\frac{1}{2}(X - \mu_l)^T \cdot \mathcal{K}_l^{-1} \cdot (X - \mu_l)\right] \tag{1}$$

mit $C = 1/\sqrt{(2\pi)^n \cdot \det \mathcal{K}_l}$, $n =$ Dimension der Merkmalsvektoren, $\mathcal{K}_l = E[(Y - \mu_l)(Y - \mu_l)^T | l]$, und $\mu_l = E[Y | l]$ (Y ist ein Merkmalsvektor des Referenzsprechers).

2.2 Sprecheradaptive SCHMM

Die grundlegende Idee unseres Verfahrens zur Sprecheradaption besteht darin, sowohl die Merkmalsvektoren X eines neuen Sprechers als auch die Merkmalsvektoren Y des Referenzsprechers mit Hilfe linearer Transformationen $x = \mathcal{P}_X^T \cdot X$, $y = \mathcal{P}_Y^T \cdot Y$ in einen gemeinsamen neuen Merkmalsraum zu transformieren. In den beiden Literaturstellen [3],[4] ist ausführlich dargestellt, wie die beiden Matrizen $\mathcal{P}_X$ und $\mathcal{P}_Y$ zu erzeugen sind (siehe auch [7, 10-12]).

Da die Sprache des Referenzsprechers aber nicht in Form von Merkmalsvektoren, sondern nur in Form multidimensionaler Normalverteilungen vorliegt, müssen diese Verteilungen entsprechend Gl. 1 transformiert werden. Da aus einer Normalverteilung durch lineare Transformation wieder eine Normalverteilung wird, kann man den transformierten Mittelwertvektor $\bar{\mu}$ und die Inverse der transformierten Kovarianzmatrix $\bar{\mathcal{K}}$ wie folgt berechnen:

$$\begin{aligned}
\bar{\mathcal{K}}_l^{-1} &= \left\{\mathcal{P}_Y^T \cdot E[(Y - \mu_l)(Y - \mu_l)^T | l] \cdot \mathcal{P}_Y\right\}^{-1} \\
&= (\mathcal{P}_Y^T \cdot \mathcal{K}_l \cdot \mathcal{P}_Y)^{-1} = \mathcal{P}_Y^{-1} \cdot \mathcal{K}_l^{-1} \cdot \mathcal{P}_Y^{-T} \tag{2} \\
\bar{\mu}_l &= \mathcal{P}_Y^T \cdot \mu_l \tag{3}
\end{aligned}$$

Der Exponent von Gl. 1 ist damit $\bar{\mathcal{H}} = -\frac{1}{2}\left(\mathcal{P}_X^T \cdot X - \bar{\mu}_l\right)^T \cdot \bar{\mathcal{K}}_l^{-1} \cdot \left(\mathcal{P}_X^T \cdot X - \bar{\mu}_l\right)$.

Transformation mit erweiterten Merkmalsvektoren: In [2] wurde ein Adaptionsverfahren eingeführt, das die Vorteile linearer und nichtlinearer Transformationen vereinigt, indem *lineare* Transformationen auf *nichtlinear* (quadratisch) erweiterte Merkmalsvektoren angewendet werden: $v_Q = (v_1, v_2, \ldots, v_n, v_1^2, v_1 v_2, \ldots, v_n^2)$. Die Transformationsmatrizen können auf die gleiche Weise wie bisher berechnet werden, vgl. [3] und [4].

Unter der Annahme, daß die primären Merkmalsvektoren normalverteilt sind, bleiben auch die transformierten Merkmalsvektoren normalverteilt. Diese Annahme gilt jedoch nicht mehr für die quadratischen Komponenten des erweiterten Merkmalsvektors. Wir nehmen aber trotzdem an, daß die transformierten Merkmale normalverteilt sind. Die

Normalverteilungen werden mit den erweiterten Merkmalsvektoren geschätzt. Mittelwertvektoren, Kovarianz- und Transformationsmatrizen haben folglich eine höhere Dimension, werden jedoch auf die gleiche Weise geschätzt wie bei nichterweiterten Merkmalsvektoren.

In [4] werden die besten Ergebnisse erzielt, wenn die erweiterten Merkmalsvektoren nach der Transformation wieder auf ihre primäre Dimension reduziert werden. Dies wird einfach dadurch erreicht, daß man alle Koeffizienten höherer Ordnung wegläßt. Nach der Transformation arbeiten wir also mit Mittelwertvektoren und Kovarianzmatrizen der ursprünglichen Dimension weiter.

2.3 Rechenschritte

Das Training des Erkennungssystem erfordert im einzelnen folgende Rechenschritte:
- Trainingsphase (off-line):
  - Schätzung der Normalverteilungen der (quadratisch erweiterten) Merkmalsvektoren des Referenzsprechers in Verbindung mit der Codebuch-Generierung (LBG-Algorithmus).
  - Forward/backward-Training des Erkenners mit soft-decision (SCHMM) Vektorquantisierung.
  - Glättung der Modell-Emissionswahrscheinlichkeiten mit Hilfe eines Parzen Estimators. Im Gegensatz zu [1] können wir direkt die Codebuch-Normalverteilungen zur Glättung verwenden.
- Adaptationsphase (einmalig für jeden neuen Sprecher)
  - Einmaliges Vorsprechen des Adaptionsvokabulars (etwa 30 bis 50 Wörter) und Berechnen der Transformationsmatrizen $\mathcal{P}_X$ und $\mathcal{P}_Y$ (vgl. [3] oder [4]).
  - Berechnung der transformierten Mittelwertvektoren $\bar{\mu}_l$ und Kovarianzmatrizen $\bar{\mathcal{K}}_l^{-1}$, Gln. 2 und 3.
- Erkennungsphase:
  - Quadratische Erweiterung des Merkmalsvektors X und Transformation $x = \mathcal{P}_X^T \cdot X$.
  - Schätzung der Wahrscheinlichkeiten für die Normalverteilungen, Gl. 1.

3 Vokabular, Datenbasis und Auswertung

Set 1: Isoliert gesprochene Wörter
Für Training und Test des Isoliertwort-Erkenners werden zwei unterschiedliche Wortschätze mit jeweils 1000 Wörtern verwendet. Das Trainingsvokabular besteht aus mehrsilbigen Wörtern, die so ausgewählt wurden, daß sie alle im Deutschen vorkommenden Laute in möglichst vielen unterschiedlichen Kombinationen enthalten. Das Testvokabular (Vollform-Lexikon) ist für den Erkenner recht schwierig, da es viele kurze, phonetisch ähnliche Wörter – u.a. auch das deutsche Alphabet – enthält. Das Adaptionsvokabular besteht aus 50 mehrsilbigen Wörtern, die von jedem Sprecher einmal vorgesprochen werden.

Unsere Sprachdatenbasis enthält neun Sprecher, acht männliche und einen weiblichen, die in zwei Gruppen eingeteilt sind: fünf Sprecher (vier männliche und ein weiblicher) für das Training, die restlichen vier für den Test. Die Testbedingungen sind also strikt getrennt von den Trainingsbedingungen – sowohl hinsichtlich des Vokabulars als auch hinsichtlich der Sprecher.

Als Gütemaß des Isoliertwort-Erkenners verwenden wir die Erkennungsrate. Die Perplexität des Testwortschatzes beträgt 1000, d.h. es wird keine Wortfolgestatistik (*Language-Modell*) eingesetzt.

Set 2: Kontinuierlich gesprochene Sätze

Wie beim Einzelwort-Erkenner werden unterschiedliche Vokabularien für Training und Test verwendet; zwischen beiden Wortschätzen besteht eine Überdeckung von ca. 15 % (meist Funktions- und Zahlwörter). Das Trainingsvokabular besteht aus den 100 Marburger und den 100 Berliner Sätzen, die von jweils 10 Sprecherinnen und 10 Sprechern gesprochen wurden (insgesamt 4000 Sätze). Die Teststichprobe enthält 100 unterschiedliche Sätze aus dem Bereich *Intercityauskunft*. Zwanzig Personen (12 männlich, 8 weiblich), die nicht an der Lernstichprobe beteiligt waren, sprachen je 10 Sätze (insgesamt 200 Sätze). Ein Testsatz hat im Mittel 8 Wörter. Bei der Erkennung wird ebenfalls ohne Language-Modell gearbeitet.

Das Ergebnis der Analyse kontinuierlich gesprochener Sätze ist ein Worthypothesengraph. Dieser Graph hat einen Startknoten (Beginn des Satzes) und einen Endeknoten (Ende des Satzes), die Worthypothesen sind die Kanten des Graphen. Ein Pfad durch den Graphen bildet eine Worthypothesenkette. Der einer solchen Kette zugeordnete Fehler ist definiert als ihr Levensthein-Abstand zur gesprochenen Wortfolge. Einfügungsfehler, Auslassungsfehler und Verwechslungsfehler verursachen jeweils gleiche Kosten, werden also gleich gewichtet.

Der einem Worthypothesengraphen zugeordnete Fehler ist der kleinste Fehler aller Pfade durch den Graphen, also der Fehler der am besten passenden Worthypothesenkette. Daraus folgt natürlich, daß je mehr Worthypothesen im Graphen sind, desto höhere Erkennungsraten zu erwarten sind. Deshalb wird die – auf die Anzahl aller gesprochenen Wörter bezogene – Erkennungsrate über die Größe des Worthypothesengraphen dargestellt. Die Größe ist die Anzahl der Hypothesen bezogen auf die mittlere Satzdauer in Zeitintervallen (10 ms Zeitintervall, ein Testsatz ist im Mittel 320 Zeitintervalle = 3.2 Sekunden lang).

4 Experimente

Unsere ersten Experimente stellen HVQ, SVQ und SCHMM gegenüber, untersuchen den Einfluß der dynamischen Merkmale und vergleichen den sprecheradaptiven mit dem sprecherunabhängigen Erkenner. HVQ, SVQ and SCHMM wurden zuerst am "sprecherunabhängigen" Erkenner untersucht. Dieser Erkenner wurde mit beiden Trainings-sets (Set 1: Isolierte Wörter; Set 2: kontinuerlich gesprochene Sätze) trainiert und getestet.

Die Sprecheradaption wurde nur in Verbindung mit Set 1 getestet. Für das Training wurde hierbei willkürlich ein Sprecher der Lernstichprobe als Referenzsprecher ausgewählt. Die Stichproben der vier anderen Lernsprecher (und später auch der Testsprecher) werden anschließend auf diese Referenzstichprobe transformiert; für jedes Sprecherpaar erhält man eine eigene Transformationsmatrix. Das HMM-Erkennungssystem wurde dann mit dem gesamten Lernmaterial (1000 Wörter des Referenzsprechers plus 4000 Wörter der adaptierten Lernsprecher) trainiert. Die Experimente wurden mit und ohne dynamische Merkmale ausgeführt.

Abbildung 1 verdeutlicht, daß die dynamischen Merkmale die Erkennungsleistung erheblich verbessern; der linke Bildteil zeigt die Ergebnisse bei sprecherunabhängiger, der rechte

Teil bei spracheradaptiver Erkennung von Einzelwörtern. Bei sprecherunabhängiger Erkennung steigt die Erkennungsrate um 2% bei HVQ, 4% bei SVQ und 5% bei SCHMM. Die Abbildung zeigt auch die deutliche Überlegenheit der SCHMM. Die Erkennungsrate ist etwa 3% besser als bei SVQ und 7% besser als bei HVQ. Die Ergebnisse für kontinuerlich gesprochene Sätze, Set 2, Abbildung 2 zeigen die gleichen Tendenzen.

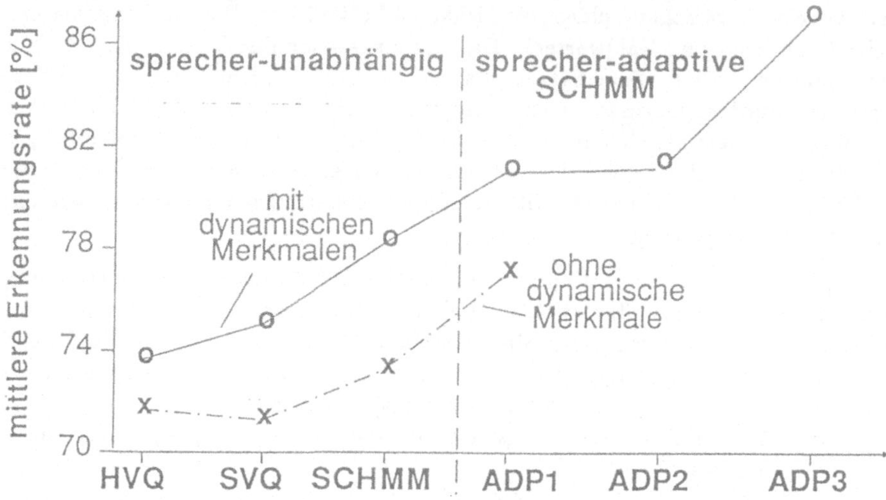

Abbildung 1: Vergleich von HVQ, SVQ und SCHMM; sprecherunabhängige und sprecheradaptive Erkennung isoliert gesprochener Wörter; mittlere Erkennungsrate in %.

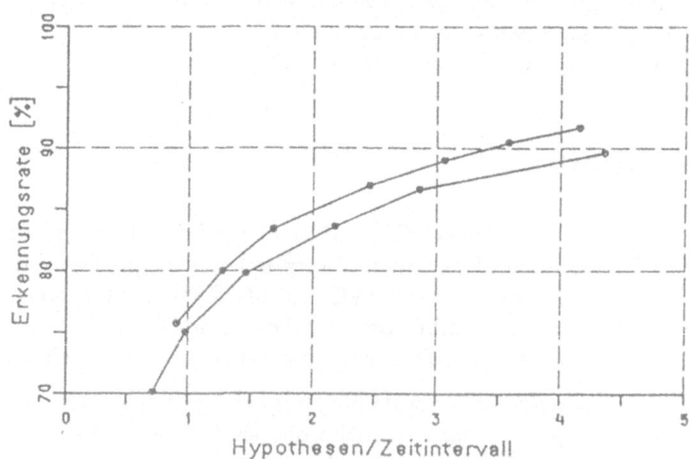

Abbildung 2: Vergleich von SVQ (unten) und SCHMM (oben); sprecherunabhängige Erkennung kontinuierlich gespochener Sätze; Erkennungsrate in % über der Größe des Worthypothesengraphen.

Bei sprecheradaptiver Erkennung (Experiment ADP1) erhöhen die dynamischen Merkmale die Erkennungsleistung um ebenfalls ≈ 5%. Bei Experiment ADP1 wurden sowohl die dynamischen, als auch die statischen Merkmale nach unserem Adaptionsverfahren transformiert. Im nächsten Experiment **ADP2** wurden dann nur die statischen Merkmale, *nicht* jedoch die dynamischen Merkmale transformiert. Zwischen ADP1 und ADP2 gibt es offensichtlich keinen Unterschied. Die dynamischen Merkmale sind also relativ sprecherunabhängig und müssen nicht sprecheradaptiert, (transformiert) werden. Schließlich zeigt Abbildung 1 auch, daß die Erkennungsleistung durch die Sprecheradaption um $\approx 3\%$ verbessert wird (von 78.4% auf 81.5%).

5 Systemoptimierung

Um die Erkennungsleistung des SCHMM-Systems noch zu verbessern, wurden weitere Experimente mit dem sprecherunabhängigen Erkenner ausgeführt; u.a. wurde untersucht:

- *Ersatz* der Laut-, Lautkomponenten-, Lautübergangs- und Diphonmodelle durch *kontextabhängige* Lautmodelle. Im Vergleich zu dem bisherigen Modellset reduzieren die neuen Modelle sowohl die Größe des Wortlexikons (Anzahl der HMM-Zustände) als auch die Rechenzeit für Training und Erkennung. Außerdem ist es wesentlich einfacher, kontextabhängige Lautmodelle mit wohltrainierten kontextunabhängigen Lautmodellen zu initialisieren.
- *Initialisierung kontextabhängiger Modelle.* Unsere Experimente gehen aus von 42 Lautmodellen, die mit 5 FB-Iterationen (Forward/Backward Algorithmus) trainiert werden und dann mit dem oben beschriebenen Parzen Estimator geglättet werden.. Mit diesen geglätteten Modellen werden dann bis zu 128 kontextabhängige Modelle initialisiert, die mit ebenfalls 5 FB-Iterationen nachtrainiert werden. Zu Vergleichszwecken werden die 42 Basismodelle ebenfalls 5-mal nachtrainiert; bei allen Experimenten sind die verschiedenen Modellsets somit 10-mal trainiert.
- *Unterschiedliche Codebuchgrößen.* [128,16,128]-Codebücher werden mit [256,64,256]-Codebüchern verglichen [Anzahl der Verteilungen für statische Merkmale, statische und dynamische Energie bzw. dynamische Merkmale].
- *Diagonale* vs. *volle* Kovarianzmatrizen.
- *Codebook-Reestimation.* Während des FB-Trainings werden alle Codebuch- Normalverteilungen neu geschätzt, vgl. [5].

Tabelle 1 faßt die Ergebnisse für Einzelwort-Erkennung zusammen, der obere Teil zeigt die Experimentierbedingungen, der untere Teil die Erkennungsraten für die unterschiedlichen Codebücher (Anzahl der Verteilungen). Die Ergebnisse zeigen eindeutig:

Modellset	bisherige Modelle			kontextabhängige Bi- und Triphone							
Anzahl Modelle	115			42	42	128	128	128	128	128	128
Algorithmus	HVQ	SVQ	SCHMM	SCHMM							
Matrixtyp	–	–	voll	diag	voll	diag	voll	diag	voll	diag	voll
Initialisierung	–	–	–	F	F	F	F	T	T	T	T
Codebook-Reest.	–	–	F	F	F	F	F	F	F	T	T
Cb=[128,16,128]	73.8	75.2	78.4	–	79.7	–	82.6	–	83.2	–	84.6
Cb=[256,64,256]	–	–	–	81.1	81.3	83.2	83.7	84.5	84.6	84.6	85.8

Tabelle 1: Ergebnisse zur Systemoptimierung; sprecherunabhängige Einzelwort-Erkennung (4 Sprecher); mittlere Erkennungsrate in %.

- größere Codebücher verbessern die Erkennungsrate um 1%–1.5%.
- kontextabhängige Modelle schneiden $\approx 4\%$ besser ab als der bisher verwendete Modellset.

- Codebuch-Reestimation verbessert die Erkennungsleistung um 1%–1.5% für Normalverteilungen mit vollen Kovarianzmatrizen; bei Diagonalmatrizen erhält man keine Verbesserung. Darüberhinaus liefern Diagonalmatrizen die gleichen Ergebnisse wie volle Kovarianzmatrizen, falls die Codebücher beim FB-Training *nicht neu* geschätzt werden.
- Die Initialisierung der kontextabhängigen Modelle mit wohltrainierten kontextunabhängigen Modellen erhöht die Erkennungsrate ebenfalls um $\approx 1\%$.

Die Abbildungen 3-5 zeigen die Ergebnisse für kontinuierlich gesprochene Sprache; die in Tabelle 1 aufgezeigten Tendenzen werden hierbei eindeutig bestätigt.

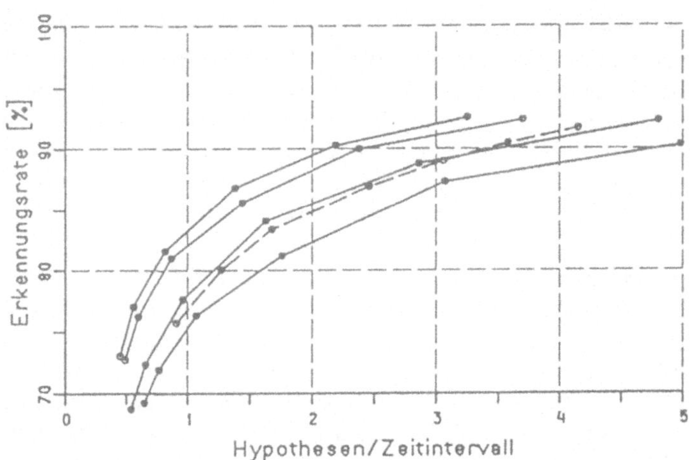

Abbildung 3: Zur Auswahl der Wortuntereinheiten (von unten nach oben): 42 Basismodelle; 115 Phon-, Diphon- und Übergangsmodelle (gestrichelt); 72, 97 und 128 kontextabhängige Modelle; sprecherunabhängige Erkennung kontinuierlich gespochener Sätze; Erkennungsrate in % über der Größe des Worthypothesengraphen.

Abschließend verbanden wir unser Sprecheradaptionsverfahren mit dem verbesserten Erkennungssystem und fanden folgende Parametereinstellungen als optimal:
- Diagonale Kovarianzmatrizen vor der Sprecheradaption (Transformation); nach der Transformation werden die Diagonalmatrizen zu vollen Kovarianzmatrizen.
- Keine Transformation der dynamischen Merkmale.
- Codebuchgrößen [128,16,128]; mit größeren Codebüchern wurde - im Gegensatz zur sprecherunabhängigen Erkennung - kein Verbesserung erzielt. Die Codebuch-Reestimation während des FB-Trainings wurde noch nicht implementiert.
- Modellinitialisierung (zweistufiges Training).

Mit diesen optimierten Systemparametern konnte die sprecheradaptive Erkennungsrate auf **87.4%** gesteigert werden, s. Experiment **ADP3** in Abbildung 1.

6 Zusammenfassung

In diesem Beitrag beschrieben wir die Integration unseres, auf der Transformation von Merkmalsvektoren basierenden Sprecheradaptionsverfahrens in ein Erkennungssystem mit

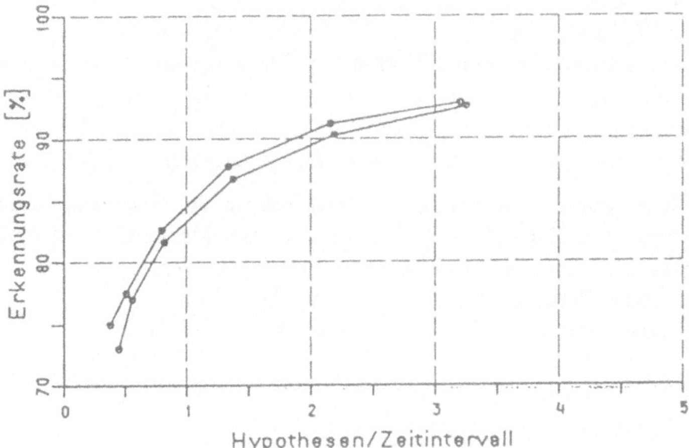

Abbildung 4: Initialisierung mit trainierten Basismodellen: 128 kontextabhängige Modelle trainiert mit 10 FB-Iterationen (unten); 128 kontextabhängige Modelle trainiert mit 5 FB-Iterationen FB-Training bei Initialisierung Modelle mit 42 vortainierten (5 FB-Iterationen) Basismodellen (oben); sprecherunabhängige Erkennung kontinuierlich gespochener Sätze; Erkennungsrate in % über der Größe des Worthypothesengraphen

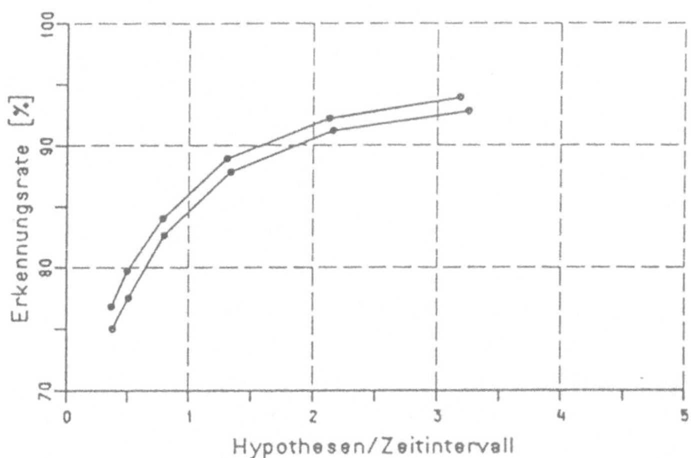

Abbildung 5: Einfluß der Codebuch-Reestimation: ohne Reestimation (unten); mit Reestimation (oben); sprecherunabhängige Erkennung kontinuierlich gespochener Sätze; Erkennungsrate in % über der Größe des Worthypothesengraphen

semi-kontinuierlichen HMM. Darüberhinaus verglichen wir drei Ansätze zur Vektorquantisierung – HVQ, SVQ und SCHMM – bei sprecheradaptiver bzw. sprecherunabhängiger Erkennung. Wir untersuchten den Einfluß von dynamischen Merkmalen, Modellinitialisierung und Codebuch-Reestimation während des Trainings. Optimiert wurden die HMM-Wortuntereinheiten sowie das SCHMM-Gesamtsystem im Hinblick auf Art (Diagonal- bzw. volle Kovarianzmatrizen) und Größe der verwendeten Codebücher.

Im Vergleich zu unserem bisherigen System konnte die Erkennungsrate erheblich verbessert werden: von 71.6% (HVQ ohne dynamische Merkmale) auf 84.6% bei sprecherunabhängiger Einzelwort-Erkennung und von 80.4% auf 87.4% bei sprecheradaptiver Erkennung. Diese Verbesserungen sind allein algorithmischer Natur und basieren *nicht* auf heuristischen oder anwendungsabhängigen Arrangements.

Literaturverzeichnis:

[1] F. Class, A. Kaltenmeier, P. Regel: *Soft-Decision Vector Quantization based on the Dempster/Shafer Theory.* ICASSP '91, Toronto, Canada, pp. 665–668.

[2] F. Class, A. Kaltenmeier, P. Regel, K. Trottler: *Fast Speaker Adaptation for Speech Recognition Systems.* ICASSP '90, Albuquerque, April 90, pp. 133–136.

[3] F. Class et al.: *Speaker Adaptation for Recognition Systems with a Large Vocabulary.* Proc. of MELECON '89, April 1989, Lissabon, pp. 241–244.

[4] F. Class: *Standardisierung von Sprachmustern durch vokabular-invariante Abbildungen zur Anpassung an Spracherkennungssysteme.* Fortschrittberichte VDI, Reihe 10, Nr.131; VDI-Verlag Düsseldorf.

[5] X. D. Huang, M. A. Jack: *Semi-continuous hidden Markov models for speech signals.* Computer Speech and Language, Vol. 3, 1989, pp. 239–251.

[6] A. Kaltenmeier, E. Mandler: *Vektorquantisierung mit klassenspezifischer Abstandsmodellierung bei der Schätzung der Emissionswahrscheinlichkeiten von Hidden-Markov-Modellen.* Digitale Sprachverarbeitung– Prinzipien und Anwendung, VDE-Verlag GmbH, Berlin, 1988, S.105-110.

[7] K.Choukri, G.Chollet, Y.Grenier: *Spectral Transformations through Canonical Correlation Analysis for speaker adaptation in ASR.* ICASSP86, 1986, S.2695-2662.

[8] Y. Linde, A. Buzo, R.M. Gray: *An Algorithm for Vector Quantizer Design*, IEEE Trans. COM, Vol. 28, No. 1, Jan. 1980, pp. 84–95.

[9] L.R. Rabiner: A tutorial on Hidden Markov Models and Selected Applications in Speech Recognition, Proc. IEEE, Vol. 77, No. 2, Febr. 1989, pp. 257–285.

[10] F.Class, H.Katterfeldt, P.Regel: *Methoden und Algorithmen der Worterkennung.* in H. Mangold(Hrsg.): Sprachliche Mensch-Maschine-Kommunikation. Oldenbourg Verlag, München, 1991, S.1-13.

[11] F.Class, A.Kaltenmeier, P.Regel-Brietzmann, K.Trottler: *Fast Speaker Adaptation Combined with Soft Vector Quantization in an HMM Speech Recognition System.* ICASSP '92, San Francisco, 1992, Session 55.8.

[12] F.Class: *Standardisierung von Sprachmustern durch vokabular-invariante Abbildungen zur Anpassung an Spracherkennungssysteme. Dissertation.* Fortschrittberichte VDI, Reihe 10: Informatik/Komm.techn., Nr. 131; VDI-Verlag.

Prosody, Time Types, and Linguistic Design Factors
in Spoken Language System Architectures

Dafydd Gibbon
Fakultät für Linguistik und Literaturwissenschaft
Universität Bielefeld
Postfach 100131, D-4800 Bielefeld 1
gibbon@asl.uni-bielefeld.de

Summary Attempts to extend work on speech and natural language systems to the broader spoken language (SL) domain rapidly meet with bottlenecks due to temporal features of spoken language at different levels, and to the projection problem connected with speaker and language variation in spoken language, from speech style through dialectal to multilingual variation. It is suggested that part of the solution to the bottleneck problems is to consider typical SL problems like the 'Prosodic Paradox', connected with integrating the notion of time into linguistic descriptions. Four notions of time are distinguished, and a novel arrangement of linguistically motivated components for SL system architectures is suggested. Finally, consequences of this framework for the specification of a prosodic parser are discussed.

Zusammenfassung Wenn Ergebnisse von Sprachtechnologie und natürlichsprachlichen Systemen auf die gesprochene Sprache (SL) im weiteren Sinne ausgedehnt werden, trifft man rasch auf diverse Flaschenhalssituationen; diese betreffen die zeitlichen Eigenschaften gesprochener Sprache sowie das Projektionsproblem der Variation, von Sprecher und Sprechstil bis zu dialektalen und multilingualen Varianten. Als Teil einer Lösung für diese Flaschenhalsprobleme werden typische SL-Probleme wie das 'prosodische Paradoxon' und die Integration eines Zeitbegriffs aus linguistischer Sicht untersucht. Vier relevante Zeitbegriffe werden unterschieden, und eine neuartige Anordnung linguistisch motivierter Architekturkomponenten vorgeschlagen. Zum Schluß werden einige Konsequenzen für einen prosodischen Parser besprochen.

1   Spoken language, SL systems, SL system architectures

The description and modelling of spoken language (SL) is a complex endeavour, in which a number of well-known development bottlenecks have to be overcome. These bottlenecks are partly quantitative, relating to the size of systems and, more important, to the size of the resources involved in data and knowledge acquisition logistics, which requires specialised linguistic skills and techniques from phonetics to dialogue analysis. The bottlenecks are partly qualitative, involving theoretical problems of the variability of linguistic units and speaker behaviour, from simple repetitions, through speech style, speech register, dialect, to complex multilingual variation. In many of these areas, results obtained from previous work on written language (WL) and keyboard dialogue, or in text-to-speech and other speech front end (SFE) systems are not directly transferable, as they abstract away from central parameters of SL such as time dependence, prosody, constraints on rapid fluent dialogue, or the projection problem in flexible but restricted multi-code communication.

Treatment of these bottlenecks requires increasing attention to domain-specific linguistic constraints and support for empirical techniques of spoken language data and knowledge acquisition, as well as new software engineering concepts. This range of variability is too great to be captured by statistical means alone, and requires language models of higher complexity. A common criticism of such suggestions is that we do not know whether the linguistic categories are the best categories; this is a feature of all empirically testable - i.e. falsifiable - theories and systems, however. This paper is an attempt to outline central linguistic design features for SL systems. They will need to be relativised in the context of non-linguistic system design factors. However, linguistic design features relate closely to cognitive factors, which also affect other design choices such as incremental and signal-synchronous processing with partial analysis and top-down prediction from multiple knowledge sources; other things being equal, non-hybrid and non-*ad hoc* domain-oriented solutions are to be preferred.

Intuitively, spoken language as understood here is defined as follows: *Spoken Language is the use of restricted forms of verbal dialogue among a restricted group of people with a common core of restricted and (partially) shared cultural and communicative code conventions, for a restricted and (partially) shared task, and within a restricted and (partially) shared domain of discourse*. A spoken language system (SL system) is taken to be a software and hardware package which will support, augment, and substitute for some features of SL which a fluent member of a SL user group might reasonably be expected to have mastered. Solutions to the problem of developing SL systems depend on parametrisation of the above dimensions, and on further reference to political, economic, intellectual, and resource oriented development factors.

Linguistic design features for SL system architectures differ along all of these dimensions from design features for WL or keyboard dialogue or SFE systems. One of the main design features concerns the different roles of *time* in SL as opposed to *time* and *space* in WL and SFE systems. A key role in this respect is played by prosody, which has both declarative and procedural functions in the temporal domain: prosodic units have meaning in terms of speaker states and speech styles, and they 'point' indexically in time to focussed constituents in SL, but they also mark states in the processing of SL, such as constituent chunking, iteration, termination at word, phrasal, textual and dialogue levels. The main focus in this paper is on the consequences of prosody and its pervasive multifunctionality as a fundamental design problem for SL system architecture, and the problem will be illustrated with special reference to prosodic morphology as a prototypic SL problem. The following sections deal with the SL domain, the problem of time and the Prosodic Paradox in SL, an integrated approach to linguistic components for SL system architectures, and consequences for prosodic parsing as a specific example of a SL processing problem.

2   The SL Domain

As a canonical reference point, the most elementary form of SL will be defined as follows: *Canonical Spoken Language is dyadic auditory dialogue between users of a homogeneous language variety for a cooperative common task with few and uniquely identified concrete objects*. At the opposite corner in the multidimensional space of spoken language varieties (SL variety space) is the complex communicative problem faced by a stranger in an unknown land with a language he does not speak. The traveller in SL variety space rapidly finds himself in various forms of multi-code situation: the dimensions of speaker variation, dialect and sociolect variation, speech style variation (e.g. formal-informal; humorous-boring), speech register variation (architect-doctor-politician...), multi-modal communication, and the fact that within one variety, there are multi-code elements such as style-shifting, code-switching, the use of foreign words, and citations. There have been many attempts to define empirically the specific 'design features' (Hockett 1958) or 'constitutive factors' (Jakobson 1960) involved in language as a means of communication, as opposed to other systems of human or animal behaviour or to machine operations; the main approaches are semiotic theory, behaviourism, empiricist functionalism (London), rationalist functionalism (Prague) and discourse analysis. The variety space for restricted SL and WL in international contexts is discussed by Gibbon (1981, 1985, 1992). Computational linguistics has so far been less concerned with contextual and communicative issues than with syntax theory or lexicography; a 'Contextual Revolution' may perhaps be around the corner, influenced by AI models of keyboard dialogue and recent developments in situation and discourse semantics, but also by the exigencies of SL modelling.

3 Time Types and the Prosodic Paradox

The problem of time in the SL domain will be discussed in linguistic terms, rather than in terms of contemporary temporal logics or of processing theory. SL differs most obviously from WL in its indexical properties: SL is constituted by behaviour in time, WL is generally taken to be the printed word in two-dimensional space. However, WL is, on closer inspection, also human temporal behaviour mediated by various instruments (e.g. finger movements with a pen or on a keyboard), and at this level it is comparable with SL. A simple analogue (with similar algorithms and analysis steps) to current state of the art single word speech recognition components is Optical Character Recognition (OCR) of well-separated, clearly formed characters from pre-defined font types; a more sophisticated analogue is the recognition of more sloppily written characters and words. Somewhat analogous to the general problem of speech recognition is that of the recognition and understanding of fluent handwriting in pen-based input.

One of the basic precepts of the 'competence' idealisation in linguistics, as with structural linguistics in general, is that linguistic descriptions abstract away from performance factors and are therefore 'timeless' or 'asynchronic'. This view has led to various difficulties, for instance, how to deal with context change in text semantics, or with 'iconic' properties of utterances in which temporal word order reflects temporal event order, or what to do with phonological features such as duration. The difficulty which I would like to focus on here is the Prosodic Paradox (cf. Gibbon 1987):

The Prosodic Paradox
(1) *The defining feature of prosodic categories and structures is the patterning of phonetic features such as pitch and loudness over temporal domains longer than a phonemic segment.*
(2) *Knowledge of prosodic categories and structures belongs to the competence of speakers of a given language.*

From (1) we see immediately that prosodic categories and structures crucially have temporal properties. From (2), however, we may conclude on the general premise of the atemporality of competence descriptions, that prosody has no temporal properties. These characterisations are by no means 'straw men', but are commonly to be found in the literature. A solution to the Prosodic Paradox is proposed here in terms of temporal type distinctions for levels of SL description. Although this may seem, in retrospect, to be an obvious solution, no systematic solution has been proposed previously. Four temporal type levels will be distinguished for this purpose; they co-exist as different perspectives on SL systems and utterances: *Category time, Structural time, Algorithm time* and *Process time*.

(1) *Category time*, T_{cat}: The null case, applicable to the 'competence' or long term storage aspects of a SL system; from this perspective, a category of whatever size may be seen as a point, or as a-temporal. Since a point in time has no temporal parts (there may be other dimensions, of course), the parts of any object at this point have no temporal parts either. Temporally interpretable prosodic features have purely mnemonic status at this abstract level.

(2) *Structural time*, T_{str}: The most abstract level which has an empirically interesting notion of time. Categories are conceived as temporal intervals, and relations over these intervals are defined: precedence, overlap, inclusion (cf. Bird & Klein 1990). Other than these, categories have no temporal properties. These relations are expressed in linguistic grammars and structural descriptions; they are most clearly relevant to facts about linear precedence and autosegmental (prosodic) tier association. In the special case of immediate precedence, a virtual point (represented for instance by a vertex or node in a chart parse of a sentence) separates two intervals; this notion of point is quite different from that in T_{cat}. In an empirical interpretation, intervals have a second order temporal property of duration (based on subjective or statistical generalisations). The duration property is a quasi-constant, dependent on contextual factors. Appropriate formalisations for T_{str} involve event semantics.

(3) *Algorithmic time*, T_{alg}: The location of states of a machine within a temporal coordinate space, and of temporal transition relations within the state space. The points may be interpreted as points in time, and the relations as minimal intervals (differences) between these points. A special case is the clock time represented by a hardware timing diagram and interpreted in terms of the instructions of a specific processor. Algorithmic time defines temporal complexity as linear, logarithmic, polynomial, or non-polynomially hard.

(4) *Process time*, T_{pro}: Measured linear signal time (or subjective judgment time), an independent empirical variable calibrated relative to a clock system such as the physiology of a speaker or hearer, or oscillations in an electronic system. Process time is an independent variable calibrated in terms of points, which are first-order quasi-constants (more or less precise constants) in a temporal coordinate system. A special case may be termed T_{utt}, the timing of utterance tokens and their contexts in terms of either subjective or clock time. 'Real-time' behaviour is when the T_{pro} of a system process is linearly related to an independent process which it models, for instance when a speech analyser functions in time $T_{pro}=nT_{utt}$; in the special case of on-line real-time, $n=1$. Current work in formal declarative phonetics is based on a denotational semantics with T_{utt} as the domain for T_{str}. Appropriate formalisations for T_{pro} involve point-based interval semantics.

Using these definitions, a number of otherwise confusing aspects of prosody features can be sorted out in terms of definitions at these different levels. Competence definitions are at type level (1). Prosodic theories which contain grammatical and lexical descriptions of discourse, text, phrase and word structure, with their associated prosodies (such as intonation, tone) as well as auditory paralinguistic features and visual gestures are at type level (2). Theoretical computational linguistics is concerned, *inter alia*, with type level (3). Experimental phonetics, experimental psycholinguistics, psychoacoustics and speech technology are concerned mainly with type level (4). A typical task for 'on-line' experimental phonetics and experimental psycholinguistics is "find a function which relates T_{utt} to some independently defined T_{pro}, and to T_{str}"; an application to prosodic parsing is given by Gibbon & Braun (1988).

A complicating factor for prosody is that there are three major temporal domains for prosodic timing (cf. Gibbon 1987; also Tillmann & Mansell 1980, Chao 1968), corresponding to the phonemic, word and supra-word levels respectively; that is, T_{utt} and its relations to other type levels is factorised into at least three, only partially synchronised temporal domains:

(1) *Micro-prosodic timing*: $<\, <$ 250 ms: subsyllabic segments; pitch perturbations, intrinsic pitch
(2) *Core prosodic timing*: ca. 250...1500 ms: syllables within words, and accent peaks and tones
(3) *Macro-prosodic timing*: $>\, >$ 1500 ms, words in phrases, sentences, texts and discourses; pauses and intonation contours in larger contour hierarchies. Macro-prosodic timing encompasses a scale with further divisions, with so-called 'paragraph intonation' or 'paratones', and discourse intonation at higher levels (cf. Gibbon & Richter 1984).

Linguistic categories are mapped at each level on to two representation types: a PHON mapping via structural and algorithmic time to phonetic utterance token representations, and a SEM mapping through logical form and algorithmic time to the indexical situation of utterance. The two mappings are theoretically entirely analogous.

A major source of confusion in SL processing concerns the status of structural descriptions in SL parsing: traditionally, structural descriptions are free from information about location in temporal coordinates (T_{cat}). However, a more realistic view of parse results is in terms of T_{str} as temporal relations in a system of virtual point coordinates; these have (partial) indexical interpretations in terms of T_{utt} points. Thus, the chart vertices or nodes in a SL chart parser are not simply uniquely indexed as T_{str} at type level (2), but also by quasi-constants derived from the temporal coordinate system of T_{utt}. Indexing by a module-independent variable is necessary for inter-module synchronisation of uniquely identifiable indexical information about the token under analysis. Thus, T_{str} and T_{utt} can be thought of as 'type time' and 'token time', T_{typ} and T_{tok}, respectively. In current speech recognition work, the problem of mapping T_{utt} on to T_{str} is known as 'lattice parsing', in which a stream of word or phoneme hypotheses as input to a system module is organised into a temporally indexed precedence/overlap lattice of competing word or phoneme hypotheses. Where a chart parser is concerned, the problem of relating points in T_{utt} to the virtual points in T_{str} is known as the *lattice-chart mapping problem* (cf. Chien & al. 1990; Section 5 below).

These distinctions, which are clearly of more than theoretical interest, are generally blurred in traditional WL and keyboard dialogue processing. The identity of WL as object language and WL as theory language, as well as the greater familiarity of most people with conscious analysis of written text as opposed to spoken discourse, generally leads parsing theoreticians and practitioners to omit or abstract away from the fact that at runtime, a WL parser *analyses an inscription token* (or a sequence of finger movements over a keyboard) by *assigning it to a type*. In a WL parser, the keyboard and disk hardware and drivers are unobtrusive and efficient A/D-converters which remove all awareness of the millimetres and milliseconds of finger movements or sensitive magnetic media from the mind of the NLP or CL worker, and thus in general insulate him intellectually from the core problems of SL processing. Traditional linguistic training insists that the declarative component of linguistics is about competence, and that linguists describe types, not tokens; description of utterance types with no empirical description of utterance tokens is an evident impossibility, however, whether by a linguist or by a parser.

4   Domain oriented linguistic architecture for SL systems

Component candidates for SL systems may be expected to have standard module properties: modules can be developed independently of each other; modules have an immediate interpretation in terms of a task or domain model, may change internal details without affecting other modules, have specific internal data structures for domain representations and functions which relate these structures both internally and to inputs from other modules. Using the linguistic design criteria discussed in the preceding section, a number of candidates for components of SL systems, and for relations between these components, may be identified; they differ in some ways both from traditional linguistic views and from current notions of system architecture. However, they constitute a strong set of domain-specific constraints on possible module interactions within a SL system architecture. On linguistic and psycholinguistic grounds, there are reasons to suppose that complex language models with top-down and bottom-up interaction are required right down to the sub-word level. The basic SL components defined by this approach are shown in Figure 1. The components constitute design features for the linguistic part of a generic SL architecture.

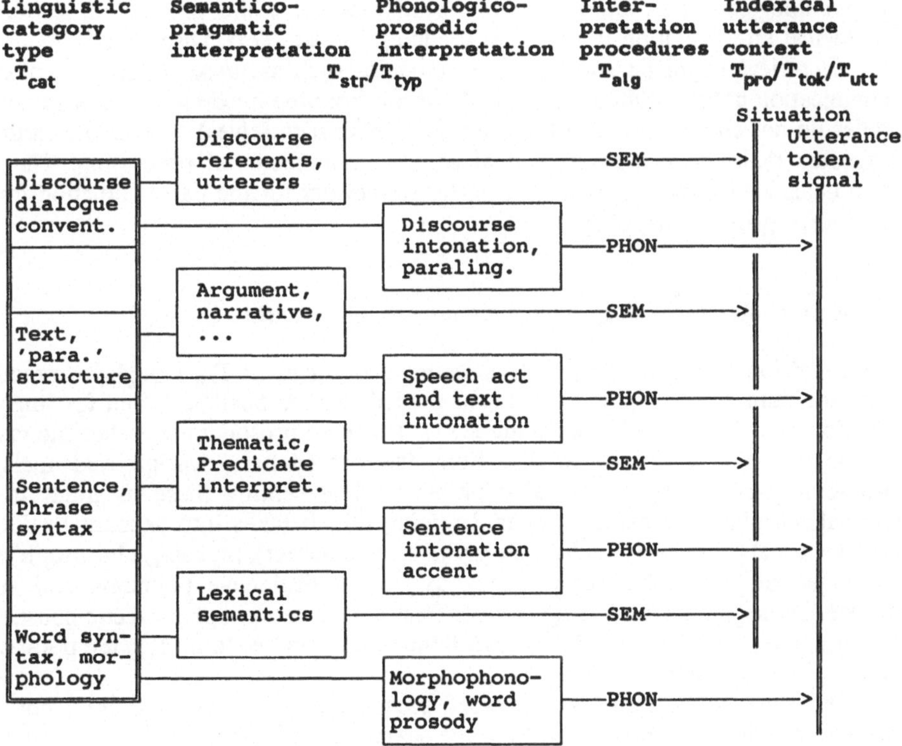

Figure 1: Linguistic design components for generic SL architectures

     Linguistic design components do not in themselves define modules for a specific SL architecture because modularisation decisions may need also to be based on other factors. The design components can be defined horizontally, i.e. by assigning to each module its own time domain; with few exceptions, vertical grouping does not make so much sense, though there are clearly borderline cases, which may motivate module overlapping, such as clitics, functional units and grammatical words between morphology and syntax, or complex sentences between phrase structure and texts, or the semantics of compound words between word semantics and sentence semantics. Figure 1 represents the following basic linguistic design requirements:

(1) *Definition of categories* (elementary categories, rules of composition, lexicalised categories) *and systems of categories* (in terms of types and sorts), i.e. grammar and lexicon, defining T_{cat} (left column).

(2) *Definitions of the mapping of categories via their forms* (phonological representations) *and meanings* (logical form, semantic representations) defining T_{str}/T_{type} (columns 2, 3).

(3) *Indexical temporal properties* defining $T_{pro}/T_{tok}/T_{utt}$ (right column).

(4) *Processor definitions* for linking information from other modules within the overall architecture concept (cf. Section 5), defining T_{alg} for parsing, generation, or other types of knowledge access (column 4).

The force of this suggestion for explicit models of prosody is that each module not only has its own semantic (and indexical) interpretation, but also that it has its own phonological (and phonetic) interpretations: traditional phonology and word prosody are then phonological interpretation in the word module, while prosody in general is phonological interpretation in the other modules: Phrase, Text, Discourse.

Empirical linguistic constraints on modules such as these reduce the directed communication paths within a modular SL system from the maximum of n^2-n (assuming modules do not communicate in the same sense with themselves) to a smaller number, but greater than the n-1 of traditional serial non-incremental processing. The next section deals with some consequences of this framework for the parser function for the inverse word prosody mapping.

5   A prosodic morphology parser module: design criteria

A basic division of morphology will be assumed in terms of T_{cat} (roughly: immediate dominance) and T_{str} (roughly: quasi-linear precedence; cf. Section 3, and for linguistic motivation, see Gibbon 1990, Bleiching 1991). The word prosodic parser has the task of extracting word constituents in T_{str} from the precedence, overlap and inclusion information provided by the syllable parser, and presenting these as input to the categorial morphotactic parser proper. In doing this, it takes into account distinctive word-level tonal properties (such as the occurrence of accent), meaningful prosodic units (such as accent forms, boundary tones), as well as distinctive phoneme and archi-phoneme-like segments, and 'long components' due to morphophonotactic constraints and overlapping assimilations. Below their domain, parsers 'see' only T_{cat}; temporal parts of terminal symbols are irrelevant.

The work to be done by the word prosodic parser is considerable, not only because of ambiguities but also because the search space is enormous: one of its tasks is to identify not only existing lexicalised items, but to identify, as far as possible, well-formed non-lexicalised items and to distinguish these from ill-formed input. Consequently, top-down constraints from multiple knowledge sources, as well as cognitively and phonetically plausible procedural design considerations are required. Word prosody and morph parsing illustrates well the specific requirements for SL processor modules in general. An appropriate parsing procedure needs to cope with the following problems:

(1) Incremental left-right processing based on time-flow and memory characteristics.

(2) Inter-module top-down constraint of predictions to minimise the search space and maximise the deterministic element in SL processing.

(3) Uncertain beginnings and ends of input due to unpredictable noise and performance properties of speakers (parallelled by attention-wandering etc. in hearers).

(4) Ill-formed input, also due to unpredictable noise and performance properties.

(5) Input structures which are more complex than single strings in being graph or lattice structured, and differing from conventional parser inputs in at least four ways:
- competing input hypotheses (ambiguous input; this is partly a construct of current models, and may be minimised by using underspecified input)
- underspecified input for reasons of noise or ambiguity
- non-segmental multi-channel (multi-tier) prosodic event input
- inputs with complex and varying temporal structure, tagged with indices locating them within the temporal coordinates of T_{utt}.

(6) Output structures which are more complex than sets or lattices of conventional letter-string words, being lattices of (possibly underspecified) feature structures as keys for lexical access; they have the following additional properties:
- outputs are tagged with indices locating them within the temporal coordinates of T_{utt}
- ambiguous outputs are underspecified (in preference to disjunctions)
- outputs distinguish between lexicalised and inferred (compositionally constructed, potential) lexical items

(7) Calculation of analysis confidence weightings on the basis of
- stochastic information on input unit distributions in time
- measurement values and accuracy
- lexicalisation information
- top-down constraints, both module-internal and module-external
- activation spreading principles, in connectionistic implementations

With this number of empirically determined parametrisations to be considered in the parser configuration, it is intutively obvious that considerable experimentation within an elaborate empirical development environment is required before a final specification can be given; a parametrised parser tool prototype has been implemented for many of these features. Only a subset of the features has been considered so far in speech technological systems (cf. Görz 1988, Haton & al. 1991, Sagerer 1990).

Traditional top-down parser modules have a basic iterative algorithm structure with PREDICT-SCAN-COMPLETE steps (a bottom-up parser may be considered to represent the null hypothesis for PREDICT, effectively an unconstrained 'predict anything' strategy). Although they are generally treated as sequential steps, and a minimal sequentiality clearly must be retained, there is much potential overlap in activity between the steps, allowing some parallelisation in principle. In cognitive terms, these three steps may represent local functions corresponding to global access, selection, and integration functions in speech recognition as suggested by Marslen-Wilson (1987).

Any active chart parser will fulfil point (2), and the PREDICT step will incorporate PREDICT information for T_{cat} and T_{str} in the word time domain from higher level contexts, in order to reduce the local search space. Earley's algorithm with its combination of top-down (active) and left-right incremental processing will fulfil point (1). In Earley's original algorithm, only the acceptor algorithm is incremental; the parse extractor presupposes complete analysis. However, there is an elementary modification of the COMPLETE step for incremental parsing (i.e. insertion of the completed structure of an item into the COMPLETED list of the dominating item).

Point (3) can be solved by PREDICTing a new start for the parse domain in question (here: word constituents, morphs and prosodies), at each cycle of the algorithm, and by emitting any syntactically or semantically relevant COMPLETED sub-constituent on completion for processing incrementally in semantics and at the higher levels, rather than waiting for maximal analysis of the word domain. Further generalisations of the PREDICT algorithm can be considered. Point (4) is more difficult, but can in principle be reduced to point (2), with an additional problem of 'bridging the gap' by top-down interpolation, constraint relaxation (cf. Langer 1990) or by analysing noise types.

Point (5) is the hard SCAN task of skipping over the 'signal-symbol barrier': this involves mapping intervals defined in terms of T_{utt} on to virtual interval borders (represented by chart vertices or nodes) in T_{str} (cf. Carson-Berndsen 1992; cf. also Chien & al. 1990 for a more *ad hoc* solution), and defining higher level units in terms of precedence and overlap relations (cf. Carson-Berndsen's event-based approach, 1991). Point (6) is a difficult, but fairly conventional speech analysis problem (cf. Görz 1988).

Procedural linguistic design features for a prosodic morphology or word prosody parser are thus much more complex in task and domain oriented functional terms than the design features for traditional WL parser algorithms, whatever the formal complexity of their core algorithm (which defines T_{alg}) may be. These prosodic processor design features can, on the basis of current evidence, also be applied to the higher levels, though different prosodic and semantic properties at higher levels determine significant differences in information types and core algorithms.

6   Conclusion

A close examination of the linguistic design features underlying SL system architectures showed a wide range of parameters which require different settings in SL systems than in WL or SFE systems. Within this framework, a set of detailed design criteria were formulated for a prosodic parser; the parser was initially specified for the time domain of word prosody; in principle, these criteria also apply for prosodic parsers over the longer time domains. An experimental version of the parser has been implemented within the linguistic word modelling section of the ASL-Nord project, and is currently undergoing tests.

It may be suggested on the basis of this study that a detailed examination of functional linguistic criteria is not simply of marginal theoretical interest for the development of multi-variety, including multilingual SL systems, but that it is a prerequisite as a source of combinatorial constraints on the complex language models required for future SL systems. Further, the open empirical problems in the SL context create considerable problems of data and knowledge acquisition logistics, and require sophisticated tools for linguistic and phonetic knowledge acquisition, and extensive cooperation throughout the computational and linguistic community at the international level. Finally, over and above task specific demands, the criterion of the generalisability of results suggests that it also makes economic and scientific sense to take into account a wide range of resources and at the multilingual level, including general and theoretical issues in linguistic typology. These in turn will, like the Time Type issues discussed in this paper, provide information about further constraints on the variability of spoken language.

7 References

Bird, S., E. Klein (1990). Phonological events. *Journal of Linguistics* 26:33-56.

Bleiching, D. (1991). *Default-Hierarchien in der deutschen Wortprosodie.* ASL-TR-19-91/UBI.

Carson-Berndsen, J. (1991). *Ereignisstrukturen für phonologisches Parsen.* ASL-TR-9-91/UBI.

Carson-Berndsen, J. (1992). *An Event-based Phonotactics for German.* ASL-TR-29-92/UBI.

Chao, Y-R. (1968). *Language and Symbolic Systems.* Cambridge, CUP.

Chien, L-F., K.J. Chen, L-S. Lee (1990). An augmented chart data structure with efficient word lattice parsing scheme in speech recognition applications. *Proceedings, COLING 90, Helsinki,* Vol. 2: 60-65. Helsinki.

Gibbon, D. (1981). Idiomaticity and functional variation. A case study of international amateur radio talk. In *Language and Society* 10, 1981:21-42.

Gibbon, D. (1985). Context and variation in two-way radio discourse. In C.Ferguson, ed. *Discourse Processes* 8:395-419.

Gibbon, D. (1987). Prosodic Parsing. Plenary Lecture, Intonation Symposium (2 August 1987), 11th International Congress of Phonetic Sciences, 1-7 August 1987, Tallin, Estonia.

Gibbon, D. (1990). Prosodic Association by Template Inheritance. In: Gazdar, G. & W. Daelemans, eds., *Proc. Int. Workshop on Inheritance in Natural Language Processing.* Tilburg.

Gibbon, D. (1992). Language and software, or: Fritzl's Quest. In: Floyd, C. & H. Züllighoven, eds. *Software Development and Reality Construction.* Berlin, Springer.

Gibbon, D., G. Braun (1988). The PSI/PHI model of prosodic parsing. In *Proceedings, COLING 88, Budapest.*

Gibbon, D., H. Richter, eds. (1984). *Intonation, Accent and Rhythm. Studies in Discourse Phonology.* Berlin, de Gruyter.

Görz, G. (1988). *Strukturanalyse natürlicher Sprache.* Bonn, Addison-Wesley.

Haton, J.-P., J.-M. Pierrel, G. Perennou, J. Caelen, J.L. Gauvain (1991). *Reconnaissance automatique de la parole.* Paris, Dunod Informatique.

Hockett, C.F. (1958). *A Course in Modern Linguistics.* Toronto, Macmillan.

Jakobson, R. (1960). Linguistics and Poetics: Closing Statement. In T. Sebeok, ed., *Style in Language.* Cambridge, Mass., MIT Press, 350-377.

Langer, H. (1990). Syntactic normalisation of spontaneous speech. *Proceedings, COLING 90, Helsinki,* Vol. 3: 180-184.

Magerman, D.M., M.P. Marcus (1991). Pearl: a probabilistic chart parser. *5th EACL Conference,* Berlin. 15-20.

Marslen-Wilson, W.D. (1987). Functional parallelism in spoken word recognition. *Cognition* 25.

Sagerer, G. (1990). *Automatisches Verstehen gesprochener Sprache.* Mannheim, B.I. Wissenschafts-Verlag.

Tillmann, H-G., P. Mansell (1980). *Phonetik: Lautsprachliche Zeichen, Sprachsignale und lautsprachlicher Kommunikationsprozeß.* Stuttgart, Klett-Cotta.

Towards Cognitive Processing of Speech Signals

Andreas Hauenstein and Kai Hübener

University of Hamburg
Computer Science Department
Bodenstedtstraße 16
D–2000 Hamburg 50
E–Mail: {andreas,kai}@nats4.informatik.uni–hamburg.de

Zusammenfassung

In diesem Beitrag wird die Architektur der Signalverarbeitungsstufen des ASL–Systems beschrieben. Der Entwurf basiert auf einem psycholinguistischen Modell des menschlichen Sprachverstehens. Die vorgestellte Architektur gestattet es den Signalverarbeitungsstufen, durch Interaktion mit der phonologischen Verarbeitung phonologisches Wissen auszunutzen. Wir stellen eine strukturierte symbolische Repräsentation für Sprachsignale vor. Abschließend wird anhand eines konkreten Beispiels die Interaktion zwischen Signalverarbeitung und Phonologie unter Verwendung dieser Repräsentation erläutert.

Abstract

This paper presents the architecture of the signal processing stages of the ASL (Architectures of Spoken Language Systems) project. The design is based on psycholinguistical findings on human speech understanding. The proposed architecture enables the signal processing stages to benefit from phonological processing by introducing extended interaction between these two. A structured symbolic representation for speech signals is presented. Finally, we discuss a practical example of how phonological and signal processing stages interact, using this representation.

1 Introduction

The ASL project[1] is concerned with the integration of speech and language processing. We define language processing as comprising all levels of a system which deal with linguistically meaningful units like phonemes, morphemes, or words. It is the object of speech processing to extract those units from the speech signal. This task can be further divided into low level and intermediate level signal processing (ILSP). Low level processing enhances important acoustical features in the speech signal whereas ILSP is concerned with the actual extraction of meaningful units. Research in ASL covers the development of software architectures, techniques to systematically apply linguistic knowledge in ILSP as well as the adaptation of conventional linguistic formalisms to the particular syntax and semantics of spoken language.

One goal of ASL is to demonstrate that integrated speech and language processing systems are inherently superior to conventional systems where all levels are kept strictly separate and

---

[1] This research was sponsored by the German Ministry of Research and Technology (BMFT). Contract No. 01IV101B2. The views and conclusions contained in this document are those of the authors.

language processing merely acts as a post processor to remove incorrect hypotheses. A considerable improvement in overall performance should result from the use of predictions generated by the language processing modules, since generation of hypotheses from the speech signal is drastically reduced at an early stage. It is our long–term goal to achieve a completely deterministic computation where, ideally, the best path of analysis is strictly followed without considering alternatives.

In existing systems linguistic knowledge at subword level has only been applied to select candidates from a set of phoneme hypotheses later, but not to control the generation of hypotheses from the beginning on.

Currently, we are working on improved methods to extract phonological events (cf. Fant) from a speech signal while using predictions generated by language processing modules.

In the next section we discuss what information from language processing modules can be applied in ILSP. We further explain why we restrict ourselves to using predictions from the phonology module. In section three, we present our ideas about an architecture for ILSP which is designed to make use of predictions in a cognitively plausible way. Section four discusses a symbolic representation for speech signals which has the properties required by the architecture outlined in the previous section. Implementation details of an object oriented, distributed system and a short description of the auditory model used for low level signal processing are covered in section five.

2 Linguistic Knowledge and ILSP

Early approaches to automatic speech recognition were based on the assumption that it is possible to segment the speech signal into discrete units which can then be combined to form word lattices. This paradigm was especially popular during the 70s in the ARPA Speech Understanding Project. However, it turned out that a recognition rate of 60% for phonemes could not be exceeded.

Since there are numerous constraints stemming from phonotactics, morphology, syntax, semantics, and pragmatics which can be used in ILSP, it is promising to try to improve recognition rates using these constraints. This is also plausible from a cognitive point of view, as shown in [3] where it is demonstrated that humans perceive sounds which are not present in the signal by applying predictive knowledge.

In particular phonotactical constraints considerably reduce the number of possible combinations of sounds observed in the speech signal. For example, there are only about 50 possible word initial consonant clusters in English. Coarticulary effects can also be predicted by phonological rules, e. g. word final nasal–stop combinations have to agree in their place of articulation as in "hand" and "thank".

The MINDS speech understanding system uses knowledge from its dialogue control to constrain the SPHINX speech recognition system in order to improve its speed and robustness. To that end, the dialogue control builds a semantic network describing the set of expected sentences for the next utterance. Single words are coded by Hidden Markov Models that are applied to the speech signal as the corresponding edge in the network is traversed. The highest scoring path describes the recognized utterance.

Similar approaches which apply knowledge about dialogue structure, syntax and semantics to predict word candidates are described in [8, 10, 11].

A recent project at the MIT tries to combine the natural language system TINA and the speech recognition system SUMMIT [5]. TINA predicts word candidates to constrain SUMMIT to linguistically meaningful hypotheses. SUMMIT builds a phonetic network from the speech signal. At the same time, a lexical network describing possible phonemic realizations is constructed, using phonological rules and information from the lexicon. The lexicon contains several pronounciations of each word in phonemic representation. Phonological rules describe effects like palatalization, flapping and geminalization. The word lexical networks are then combined into one big network describing all possible phonemic realizations of all utterances expected by TINA. The single best path through both networks corresponds to the recognized utterance.

In ASL, we start by considering only phonological predictions in ILSP. We define these to be predictable phonological events together with a likelihood of occurrence. They are provided by the phonology module. As shown by spectrogram reading experiments it is possible to recognize the sounds in a speech signal using only phonotactical and lexical constraints. Syntactical and semantical constraints are not necessary [17].

The phonology module PHOPAS is based on a phonological parser developped by Carson [1, 2]. It parses phonological events into syllables by using rules encoding phonological knowledge. There is no concept of phonemes. Events are signal–oriented properties like voicedness, vowel–likeness, fricativity, syllable center, and so on. The signal is segmented independently for each of these events, i. e. segments for different events usually overlap. Due to its structure, this parser is in an excellent position to supply predictions of such events.

Nevertheless, there are at least four serious problems to be solved if phonological predictions are to be used in ILSP:

1. The Architecture Problem: Processing of phonological predictions requires — like all knowledge processing systems — complex control structures and strategies.
2. The Representation Problem: The symbolic representations used in the phonology module cannot be mapped easily to the numerical representations in ILSP. Thus, intermediate representations must be found to bridge the gap between them.
3. The Projection Problem: Time in the phonology module is measured in events; these are basic units that vary significantly in duration. ILSP however measures time in fixed length intervals, the size of which is defined by the sampling rate being used. A mapping between these two scales must be found to enable ILSP to benefit from phonological predictions.
4. The Scoring Problem: Like the event candidates supplied by ILSP, predictions from the phonology module are scored with a confidence value to facilitate decision making when faced with contradictory statements. It is absolutely nontrivial to choose a range of possible values for confidences and an associated metric. Moreover, a canonical way to combine two confidence values into a single new score is hard to find when confidences are computed by different methods.

In the following sections we will present our approach to solve the first two problems.

3 Cognitive Architecture

The ability to learn, adaptability and the capability to deal with incomplete information are the most prominent features of human speech understanding. Categorial perception and the ability to understand speech even in adverse environments (telephone conversation, cocktail party) are striking examples of the first two. The fact that humans complete information not present in the speech signal by making use of linguistic and world knowledge in order to decode utterances illustrates the third feature.

An appealing psycholinguistic model that tries to explain the way humans decode speech is described in [12]. We use this rather abstract model as a basis for the development of our software architecture which will hopefully exhibit some of the features described above.

Figure 1 illustrates what is called a "top–down active process" in [12]. Note that the labels on the edges correspond to transformations and actions, while the nodes represent the data being processed while traversing the edges. An incoming signal S_i is transformed into some internal representation R_i. At the same time, a representation R_x of what the system expects the input to look like is generated from a knowledge base K. Each element of R_x is compared to R_i, resulting in an error measure. If all elements of R_x are rejected, the error measure is used to aid in the generation of new candidates from the knowledge base. Otherwise, the closest match in R_x is accepted as the correct interpretation of the input.

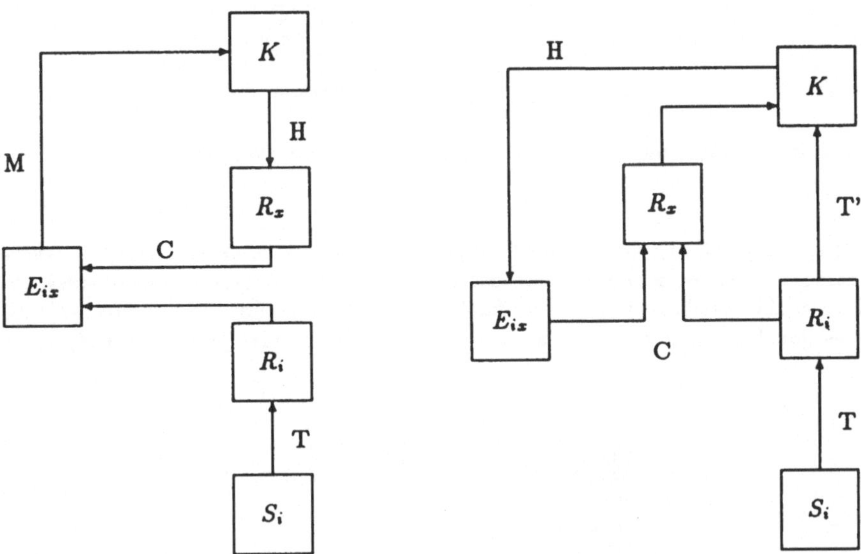

Fig. 1. Top–down active process   Fig. 2. Bottom–up active process

There is also a bottom–up type of active process, which is illustrated in figure 2. The only difference is that for lack of a knowledge base, a tentative classification P_x is used to supply the input to H, which generates the reference R_x to be compared to the signal representation R_i.

As the degree of predictability varies in the course of an utterance, we decided to combine both paradigms into a single software architecture. This allows us to switch between top–down and bottom–up processing depending on the availability of information while processing an utterance.

Figure 3 shows how the active system paradigm is mapped to a software architecture for detecting phonological events. In this figure, boxes represent software modules, i. e. actions, and data move along the edges between modules. With this difference in mind, it should be obvious how figure 3 corresponds to figures 1 and 2.

First, the speech signal is transformed into a frequency representation by an auditory model. Details on this are given in section five. At the next stage, it must be converted into a representation which takes the place of R_i in figures 1 and 2. We call this representation an LSD–structure.

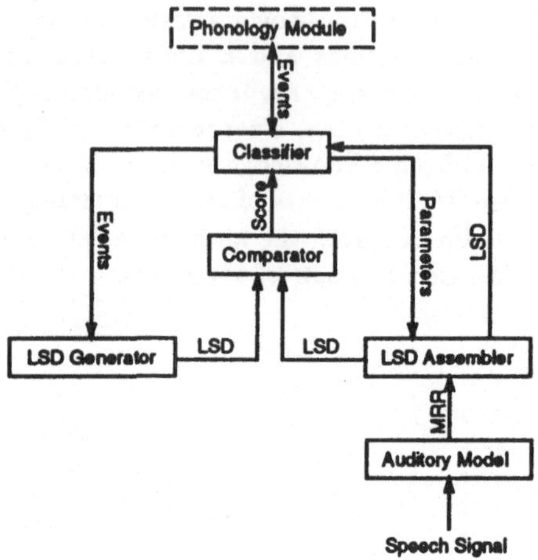

Fig. 3. MRR = Mean Rate Response, LSD = Low–Level Signal Description

(Low–level Signal Description). On the one hand, the LSD–structure must be closer to the signal than an event description or a phonemic transcription, but on the other hand it must be symbolic enough to enable predictions to be verifiable. The representation we are currently using is described in section four. It is based on a dendrogram approach first proposed in [4].

Relation	Result
$E = K$	K
$E \subset K$	E
$K \subset E$	K
$K \neq E \wedge K \cap E \neq \emptyset$	see text
$K \cap E = \emptyset$	see text

Table 1. Classifier strategy: E is the set of predictions, K is the set of candidates detected by the classifier.

The classifier recognizes and scores events from LSD structures. If predictions are available, they are compared to the event candidates recognized by the classifier in order to reduce the number of candidates. Table 1 shows possible relations between candidate and prediction sets. There are basically two situations: Either the two sets are compatible, i.e. one set is a subset of the other, or the two sets are incompatible. In the first case, the result is simply the smaller one of the two sets. If, however, event predictions and candidates are contradictory, the result is computed as follows: The LSD generator converts the predictions into LSD structures. The comparator computes a distance measure between the synthetic LSD structure and the one derived from the speech signal. The distance measure is then used to adjust the scores associated with the predictions. The result is determined by comparing the adjusted scores with those of the event candidates. This strategy combines ideas from both the top–down and the bottom–up active process, with the phonology module taking the part of the knowledge base.

When predictions are not available, or the confidences associated with the events found by the classifier are low, the generator could also be used to build an LSD structure from the event lattice found by the classifier. This could then be used as input to the comparator for verification against the output from the assembler, working like a bottom-up active system.

Classifier and LSD generator both learn from highly reliable predictions to reduce the error rate and to improve synthesis, respectively. As both modules rely on different methods, they are able to control each other. Thus the length of the training stage supervised by a person can be limited to a minimum. Also, adaptation to different speakers and background noise is facilitated.

4 Suitable Representations

The choice of the LSD structure is one of the key issues in implementing the suggested architecture, as can be seen from the previous section.

Speech signals exhibit a complex temporal structure, since they result from the combination of numerous articulatory processes which overlap in the time domain. Thus, representations that allow a separation of the contributions of these processes should be preferred. A promising strategy for dealing with this problem is the scale space approach first proposed for digital image processing in [15], which has been popular for some time now, see e. g. [4, 6, 9, 14]. This approach is especially appealing because it generates a tree–like hierarchical description of a speech signal that is amenable to symbolic manipulation and because it supplies alternative segmentations of the signal, which is essential as we need different segmentations for different types of events.

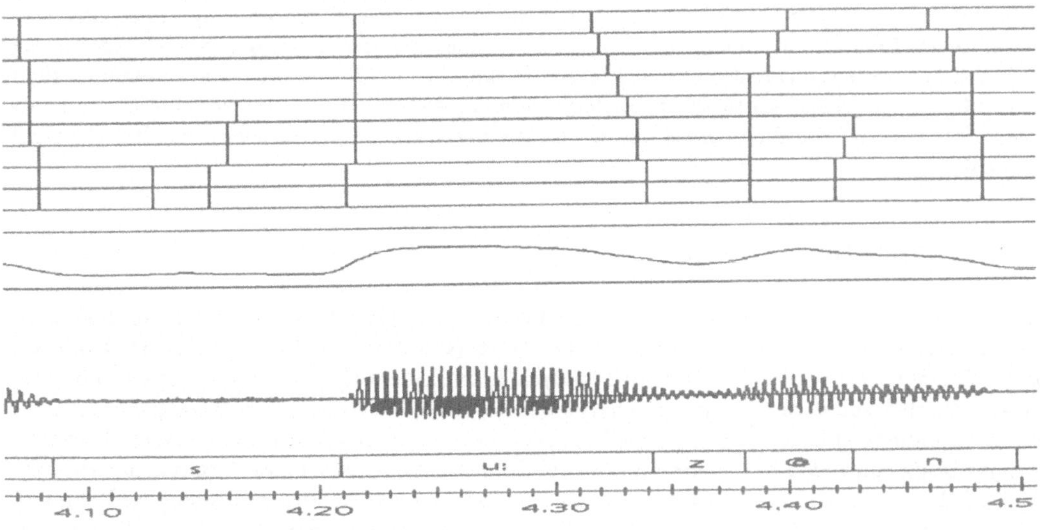

Fig. 4. Dendrogram of the utterance "Susan".

Figure 4[2] shows the output of our prototype LSD–assembler module when run on the word "Susan" uttered by a female speaker.

---

[2] The signal is taken from the material distributed for the ESCA workshop on speech signal representations, Sheffield, April 7–9, 1992

At the bottom of the figure, the input signal together with a manual phonetic transcription is displayed. Above the total energy across the forty critical band filters of the auditory model is shown. The dendrogram is shown in the upper half of the figure. There are nine different levels of temporal resolution in the dendrogram, with resolution decreasing from bottom to top. The boundaries correspond to changes in the spectral properties of the speech signal. They are detected by smoothing the output of the critical band filters with the derivative of Gaussians of increasing sizes from bottom to top.

Boundaries appear on a certain level and then move towards their true location in the signal with increasing resolution. Due to this property, the segments between the boundaries can be linked across levels to form a tree. In the example, there are four trees, corresponding to the phonemes /s/, /u/,/z/, and the combination /@n/.

Several things can be seen from this example: First, there is no single level in the dendrogram where all five phonemes have been segmented correctly. At the top level /@/ and /n/ have been merged into a single segment, whereas at the bottom level the /s/ has been split into three segments. Second, there is not even a unique path through the dendrogram as it is unclear if /@/ and /n/ should be merged into a single segment which would emphasize the syllabic character of /@n/, or if it should be represented as two segments. Third, splitting of the /s/ is a segmentation error (insertion) that may cause severe problems for the phonological parser which expects a single segment instead of three.

While bottom–up processing alone will certainly not do in this situation, predictions passed down from the phonology module can be used to overcome these problems in the following way: As long as there are no predictions, the classifier works strictly bottom–up. Only the top level segments will be classified and passed on to the phonological parser. This will help to suppress spurious boundaries appearing at levels of higher resolution which will confuse the parser. In case of the segment /@n/, suppose a prediction of the form "vowel followed by nasal" has been passed down from the phonology module. The classifier now switches to top–down processing and classifies the subsegments on lower levels. If they belong to the predicted categories their exact identity is passed up to the phonology module. Alternatively, the overlapping segments /@n/, /@/ and /n/ could be passed up, in case the phonological parser fails to predict the right segments.

5 Implementation Issues

To implement the above mentioned ideas, we follow a strategy which we call cooperative analysis. This strategy permits both conceptually driven (top down) and data driven (bottom up) processing of speech signals. Cooperative analysis is implemented through a set of autonomous, loosely coupled software modules which coordinate their activities by message passing. They pursue a common goal, namely the transformation of the speech signal into phonological events, without being controlled by a central authority. Cooperating modules may execute concurrently. Each of the above modules can be viewed as a knowledge source with processing and communication capabilities. Since modules communicate by message passing, it is appealing to use object oriented programming techniques as these have proven to be powerful tools for design and implementation of distributed AI systems[16].

A common problem in distributed systems arises from the differences in processing speed between modules and delays incurred in message passing. To account for that problem, we use a relativistic concept of time based on Jefferson's Virtual Time concept [7]. Each module has its own clock to measure its progress. Modules execute concurrently as long as there are no time conflicts. Such conflicts occur when the relative temporal order of activities is violated, e. g. a prediction arrives after the corresponding part of the speech signal has already been processed.

For reasons of overall performance, we rely on an optimistic strategy, i. e. conflicts are resolved when they occur, rather than avoided. Conflict resolution is performed by rolling back and resuming processing at an earlier, consistent state.

The auditory model used for demodulation of speech signals [13] consists of two stages: The first is a bank of forty linear filters, evenly spaced on a Bark scale with center frequencies ranging from 130 to 6400 Hz. The second stage tries to model the transformation from the basilar membrane vibration to the auditory nerve response. It incorporates nonlinearities like dynamic range compression, half-wave rectification, short-term adaptation and forward masking. The averaged output of this stage corresponds to the firing rate on the auditory nerve and is termed mean rate response. Using the mean rate response as input to ILSP offers two important advantages: Relevant acoustical features such as event boundaries are enhanced and low energy sounds are attenuated by forward masking, as their amplitude falls below the spontaneous firing rate.

So far, the auditory model and subsequent filter stages have been implemented. The LSD assembler is operational, currently using Glass' Rate of Change function. As per now, all channels contribute equally to the Rate of Change. Next steps will include a weighting function for the critical band outputs. This will allow the use of predictions like "vowel" and "fricative" to enhance segmentation results by concentrating on the relevant portions of the respective spectra.

6 Concluding Remarks

In this paper we have shown why phonological predictions are important for speech processing. We have demonstrated how phonological predictions can be integrated with the intermediate level processing of speech signals. An object oriented, distributed system is currently being built by adapting existing software modules. Presently, our research concentrates on determining which phonological predictions are most suitable for integration with ILSP.

To date, little is known about the exact nature of phonological knowledge used in human speech perception and the ways in which it is applied. Consequently, there have been few attempts to integrate such knowledge in automatic speech recognition systems. However, we are confident that our approach will contribute to a wider use of linguistic knowledge in decoding speech signals and thus result in the development of more robust and flexible speech understanding systems.

References

1. Julie Carson. Unification and transduction in computational phonology. In *Proc. Coling'88*, pages 106–111, Budapest, 1988.
2. Julie Carson-Berndsen. Phonological processing of speech variants. In *Proc. Coling'90*, pages 21–24, Helsinki, 1990.
3. H. Fujisaki et al. A new approach to continuous speech recognition based on considerations on human process of speech perception. In *IEEE International Conference on Acoustics, Speech and Signal Processing 1986*, 1986.
4. James Robert Glass. Finding acoustical regularities in speech: Applications to phonetic recognition. Technical Report 536, MIT, Cambridge, Massachusetts, December 1988. An Andreas verliehen.
5. David Goodine et al. Full integration of speech and language understanding in the MIT spoken language system. In *Proc. ECST 91*, 1991.

6. Kai Hübener et al. Konturbäume. In *Proc. 4. GI–Fachgespräch Bildverstehen, Heidelberg,* November 1988.

7. David R. Jefferson. Virtual time. *ACM Transactions on Programming Languages and Systems,* 7(3):404–425, July 1985.

8. Takeshi Kawabata. HMM continuous speech recognition using predictive LR parsing. In *ATR Symposium on Basic Research for Telephone Interpretation, Kyoto, Japan,* December 1989.

9. R. Lyon. Speech recognition in scale space. In *Proc. ICASSP'87,* pages 1265–1268, Dallas, April 1987.

10. Robert C. Moore. Integrating speech and natural language processing. In *ATR Symposium on Basic Research for Telephone Interpretation, Kyoto, Japan,* December 1989.

11. Seiichi Nakagawa. Role of linguistic knowledge and syntax & semantics, parsing method for spoken language understanding. In *ATR Symposium on Basic Research for Telephone Interpretation, Kyoto, Japan,* December 1989.

12. Howard C. Nusbaum and Eileen C. Schwab. The role of attention and active processing in speech perception. In *Pattern Recognition by Humans and Machines,* volume 1, chapter 4, pages 113–157. Academic Press Inc., San Diego, CA, 1986.

13. Stephanie Seneff. A joint synchrony/mean-rate model of auditory speech processing. *Journal of Phonetics,* 16(1):55–76, 1988.

14. Meg Withgott et al. Acoustic-phonetic segment classification and scale-space filtering. In *Proc. ICASSP'87,* pages 860–863, Dallas, April 1987.

15. Andrew P. Witkin. Scale-space filtering: A new approach to multi-scale description. In *Proc. of the IEEE,* pages 1–4, 1984.

16. Akinori Yonezawa and Mario Tokoro. *Object–Oriented Concurrent Programming.* The MIT Press, Cambridge (MA), London, 1987.

17. Victor W. Zue. The use of speech knowledge in automatic speech recognition. *Proc. of the IEEE,* 73(11):1602–1615, November 1985.

This article was processed using the LaTeX macro package with LMAMULT style

MAFID - Ein Experimentalsystem zur Erkennung und Interpretation der Fokusintonation im Deutschen

Joachim Machate
Fraunhofer Institut für
Arbeitswirtschaft und Organisation
Nobelstraße 12, 7000 Stuttgart 80

Jaap Hoepelman
IBM Deutschland GmbH
Institut für Wissensbasierte Systeme
Wilckensstraße 1a, 6900 Heidelberg

ABSTRACT

The focus of an utterance is often treated as the information kernel of a sentence which can be emphasized by word order or intonation (cf Lewandowski 1990). To have a clear definition of phonetic focusing and its related pragmatic interpretation we use the term "focus intonation". Starting from a phonetic model of focus recognition in continuous speech a dialog model for the interpretation of focus intonation is presented. Based on an operational semantic, dialog rules are defined which determine action and reaction of the dialog partners with regard to focus intonation. The research presented in this paper is part of a project called MAFID (Modellbildung für die Auswertung der Fokusintonation im gesprochenen Dialog) which was sponsored by the German Research Foundation (DFG). The project aimed at the implementation of a focus recognition and a dialog module able to interpret spoken utterances and exploit their intonational focusing as a dialog device.

ZUSAMMENFASSUNG

Der Fokus eines Satzes wird oft auch als Informationskern des Satzes behandelt, der sowohl durch die Wortstellung als auch durch den Intonationsverlauf, d.h. durch den Satzakzent, hervorgehoben wird (vgl. Lewandowski 1990). Um einen eindeutigen Begriff in Bezug auf die phonetische Fokussierung einzelner Satzkonstituenten und deren pragmatischer Deutung zur Verfügung zu haben, wird der Begriff der Fokusintonation verwendet. Ausgehend von einem phonetischen Ansatz zur Erkennung der Fokusintonation in kontinuierlich gesprochenen Sätzen wird ein dialogisches Modell zur Interpretation der Fokusintonation vorgestellt. Anhand einer operativen Semantik werden Dialogregeln definiert, die das Verhalten der Dialogpartner in Bezug auf die Fokusintonation bestimmen. Das hier vorgestellte Modell ist Teil eines Projekts zur "Modellbildung für die Auswertung der Fokusintonation im gesprochenen Dialog" (MAFID), das von der Deutschen Forschungsgesellschaft (DFG) gefördert wurde.

INTONATIONS- UND SPRACHERKENNUNG IM SYSTEM MAFID

In der Phonetik und in der Perzeptionsforschung herrscht seit längerer Zeit Übereinstimmung darüber, daß die Erkennung eines gesprochenen Satzes nicht allein durch das Verstehen der darin enthaltenen Worte und ihrer Semantik erfolgt, sondern daß die Prosodie eines Satzes dem Hörer wesentliche Informationen zur Interpretation des empfangenen Satzes bereitstellt. Prosodie umfaßt den Rhythmus und die Melodie (Intonation) der gesprochenen Sprache. Unter Sprachrhythmus versteht man die temporale Struktur von Segmenten und Silben. Die Intonation, die sich akustisch als Variation der Grundfrequenz (Fo) manifestiert, umfaßt im Deutschen die Wortintonation, die sich im Wortakzent einer Silbe des Wortes oder des Taktes äußert, und die Satzintonation, die den Satztyp, den Fokus, die Phrasierung und die Textverknüpfung signalisiert.

Der Fokus eines Satzes, der sich phonetisch in erster Linie tonal, aber auch temporal, spektral oder durch höhere Intensität äußert, markiert das oder, sofern mehrere Foki vorliegen, die bedeutungswichtigsten Worte einer Äußerung. Ausgehend von der Annahme, daß sich der Satzfokus im Deutschen anhand der Fo bestimmen läßt (Bannert 1991), wurde ein Fokuserkennungs-Algorithmus implementiert, der die Fo-Kurve einer Äußerung restauriert und nach Analyse der prosodischen Komplexität die Wortakzente innerhalb einer prosodischen Phrase bestimmt. Zur Validierung wurde der Algorithmus mit mehreren Korpora getestet, die hinsichtlich diverser Merkmale, wie unterschiedliche Sprecher, Variation der Eigenschaften der Konsonanten, Sonoranten bzw. Obstruenten, Art des Akzents, Illokutionstyp, Fokuspositionierung, Anzahl der Akzente, etc. zusammengestellt wurden. Dabei stellte sich als häufige Fehlerursache einer inkorrekten Fokusanalyse die unzulängliche Analyse der Grundfrequenz heraus, die oftmals, besonders bei obstruenten-reichem Material, stark abweichende oder verzerrte Fo-Werte lieferte.

Als Ergebnis der Intonationserkennung werden die Impulsfolgen (Frames) innerhalb des Sprachsignals markiert, in denen ein Wortakzent vorliegt. Zur Spracherkennung wurde das Experimentalsystem COSIMA des Fraunhofer Instituts für Arbeitswirtschaft und Organisation, Stuttgart, eingesetzt, das mittels stochastischer Verfahren ("Hidden-Markov-Modelling") die Erkennung kontinuierlich gesprochener Sprache ermöglicht. Da die Entwicklung eines Spracherkenners nicht im Projektplan vorgesehen war, sondern die Fokuserkennung und Interpretation im Zentrum der Forschungsarbeiten standen, wurde an diesem System keine Weiterentwicklung betrieben. COSIMA erzeugt eine Satzhypothese, in der das Ergebnis der Intonationserkennung einfließt, so daß der Dialogmanagement-Komponente eine Wortliste zur Verfügung steht, in der akzentuierte Worte als fokussiert markiert sind.

SEMRED - EINE OPERATIONELLE SEMANTIK

Ausgehend von dieser Wortliste wird auf einer Syntaxanalyse basierend direkt eine semantische Struktur erzeugt. Anhand der in dieser Struktur enthaltenen Operatoren lassen sich Dialogregeln definieren, die eine Interpretation der Fokusintonation ermöglichen. Die in MAFID entwickelte und verwendete semantische Repräsentationssprache SEMRED (Semantical Representation In Dialog) orientiert sich an den Konzepten der Valenztheorie (vgl. Helbig & Schenkel 1975) und der Dependenzgrammatiken (vgl. Hays 1964, Schank 1975, Hellwig 1986, McCord 1989), die die Satzanalyse vom Verb ausgehend vorantreiben. Die durch die Syntaxanalyse gewonnene Struktur enthält, ähnlich dem Vorgehen in der spieltheoretischen Semantik (Hintikka 1979, 1985) oder in der Diskurs-Repräsentations-Theorie (Kamp 1981), Referenten für definite Deskriptionen oder Eigennamen, die einen Bezug auf alle in einem Satz enthaltenen "entities" ermöglichen.

Die folgende Tabelle zeigt eine kurze Übersicht über die in diesem Artikel aus SEMRED verwendeten Operatoren.

SEMRED-Ausdruck	Bedeutung
proper(RID, PN)	Eigenname PN mit Referenz RID
ref(RID, DSC)	Deskription DSC mit Referenz RID
adjunct(SID, ADJ)	Auf Aussage SID bezogene Ergänzung ADJ
phrase(SID, V, S [,O1, O2])	Aussage SID mit Verb V, zugehörigem Subjekt S und optionalen Objekten O1, O2
quest(SID, SKP)	Auf Aussage SID bezogener Frageoperator mit Skopus SKP
focus(SID, FID, FOP, SKP)	Aus Aussage SID bezogener Fokusoperator FID vom Typ FOP mit Skopus SKP

Ein Beispiel für eine SEMRED-Repräsentation bietet die folgende Darstellung, in der im Beispielsatz das akzentuierte Wort in Großbuchstaben gesetzt wurde:

(1)   arbeitet Klaus im ERSTEN Stock?

```
(SR1)    proper( X, [klaus])
         ref( Y, [erst(stock(Y))])
         adjunct( P, in(Y))
         focus( P, F, int, erst(Y))
         quest(P, P)
         phrase( P, arbeitet, X)
```

Neben den erwähnten Referenten enthält die Repräsentations-Struktur SR1 zwei Operatoren, die die Behandlung der Äußerung im Dialogverlauf bestimmen. Zum einen ist in der Struktur ein Fokusoperator "focus" vom Typ "int" (Fokusintonation) angegeben, der auf den Ausdruck "ersten Stock" referiert und dort "ersten" hervorhebt. Zum anderen beinhaltet die Struktur einen Frage-Operator "quest", der signalisiert, daß es sich bei der Äußerung P um eine Entscheidungsfrage handelt.

FOKUSINTONATION IM DIALOG

Die semantische Struktur einer Äußerung ist ein Teil der Voraussetzung, um eine Äußerung im Dialogkontext interpretieren zu können. Ein weiterer Teil ist neben den eigentlichen Regeln die Notwendigkeit eine Form der Wissensdarstellung der Dialogpartner und der Dialogzustände zu finden. Zur Darstellung von Dialogzuständen hat sich die Verwendung von Sequenten als besonders geeignet herausgestellt, wie sie in der Beschreibung von Tableau-basierten Systemen (Gentzen 1934, Lorenz & Lorenzen 1978, Barth & Krabbe 1982) üblich ist. Die Sequenten-Form, die im MAFID-System zur Anwendung gelangte (vgl. Hoepelman et. al. 1991), ist eine Erweiterung der Carlson-Sequenten (Carlson 1984), und wird folgendermaßen definiert:

$$D_X \text{ def}= <AL_B,R_B,<ED_B,ED_W>,AL_W,R_W>$$

Dabei enthält ein Dialogzustand D zum Zeitpunkt x neben einem Tableau $<ED_B,ED_W>$, in dem die expliziten Züge zweier Parteien Schwarz (B=Black) und Weiß (W) verzeichnet sind, für jede der beiden Parteien eine Liste der Annahmen (AL) und eine Liste sogenannter protektiver Verteidigungsrechte (R), die sich aus der Anwendung der Dialogregeln im Verlauf des Dialogs ergeben. Die Annahme-Listen werden wiederum als Tripel dargestellt, in dem die eigenen Informationen einer Partei (INF_P), Informationen, von denen eine Partei annimmt, daß sie die andere Partei besitzt ($INF_P(\bar{P})$), und eine Menge gemeinsam bekannter Objekte, die bereits in diesem oder einem anderen Dialog zwischen den Parteien etabliert wurden (Stock of Shared Knowledge, SSK_P), enthalten sind.

Die beiden Dialogregeln, die im folgenden exemplarisch vorgestellt werden, behandeln die Verwendung der Fokusintonation in Entscheidungsfragen (RF-2) und als korrigierende Fokussierung (RF-3). Sie sind Bestandteil einer Gruppe von Dialogregeln, die als dual angesehen werden muß, da für jede der Regeln, die für eine Partei (in der Regel Schwarz) formuliert wurde, ein entsprechendes Gegenstück für die andere Partei existieren muß.

(RF-2) Fokusintonation in Entscheidungsfragen

Angenommen, es existiert ein Dialogzustand D_n, der wie folgt definiert ist:

$$D_n = <AL_B,R_B,<ED_B,[\alpha/ED_W]>,AL_W,R_W>$$
$$\alpha = S[quest(P,P),focus(P,I,int,F)]$$

Dann lassen sich die folgenden Fälle unterscheiden:

(i) positive Antwort
if $S \in INF_B$
$D_{n+1} = <AL_B,[+(S)|R_B],<ED_B,[\alpha|ED_W]>,AL_W,R_W>$

(ii) negative Antwort mit Alternativen-Nennung
$\forall G,S'$ if $(F{\neq}G, S'=S_{F/G}, S'\in INF_B \, \& \, S \notin INF_B)$ then
$D(G)_{n+1} = <AL_B,[-(S'[focus(P,K,int,G)])|R_B],$
$<ED_B,[\alpha|ED_W]>,AL_W,R_W>$

(iii) Nichtübereinstimmung präsupponierter Konstituenten
$\forall G$ if $(G{\neq}F, G\in \{X:X\in constituent(S)\}, G \notin SSK_B)$ then
$D(G)_{n+1} = <AL_B,[\Gamma G|R_B],<ED_B,[\alpha|ED_W]>,AL_W,R_W>$

(iv) unbekannt
else
$D_{n+1} = <AL_B,[\oslash|R_B],<ED_B,[\alpha|ED_W]>,AL_W,R_W>$

Die in RF-2 in der Beschreibung des Dialogzustands verwendete Notation zur Satzrepräsentation besagt, daß sich ein Satz α in einen Teil S mit den dort angegebenen Operatoren "quest" und "focus" zerlegen läßt, d.h. in dem nicht weiter spezifizierten Teil S sind die aus α herausgezogenen Operatoren nicht mehr enthalten. In der Fallunterscheidung der Regel werden einige zusätzliche Sonderzeichen verwendet, die folgende Bedeutung haben:
+ (Bestätigung einer Aussage), - (Verneinung einer Aussage), Γ (Präsuppositonelle Zurückweisung), $\oslash$ (unbekannter Fakt).

Vier Fälle werden in RF-2 unterschieden. Im ersten Fall kann die Frage positiv beantwortet werden, was durch ein + gekennzeichnet wird. Dies gibt der Partei Schwarz die Möglichkeit die Frage, wie sie von Weiß gestellt wurde, als Ganzes positiv zu bestätigen. Soll der Fall der positiven Beantwortung detailierter beschrieben werden, so kann beispielsweise eine Spezialisierung eingeführt werden, in der Schwarz auch die Betonung von Weiß übernimmt. Diese Art von Verhalten trifft beispielsweise auf Situationen zu, in denen Weiß bereits eine ähnliche Frage gestellt, aber darauf eine negative Antwort erhalten hat. In solch einem Fall kann Schwarz die Intonation übernehmen, um auszudrücken, daß Weiß nun auf der richtigen Spur ist. Der zweite Fall der Regel übernimmt die Dialogsituation, in der Schwarz die Frage nicht positiv beantworten kann. Stattdessen muß Schwarz in dem eigenen Informationsbestand nach einer geeigneten Alternative suchen. Wird solch eine geeignete Behauptung S´ gefunden, in der die betroffenen Konstituenten aus S ersetzt werden können, so erhält Schwarz das Recht, die gestellte Frage zu negieren, wobei er gleichzeitig die seiner Meinung nach korrekte Information zur Verfügung stellen muß. Dabei ist zu beachten, daß von Schwarz ein kooperatives Verhalten erwartet wird, was bedeutet, daß die Frage nicht nur mit "nein" zurückgewiesen werden darf, sondern, daß die Alternative auch genannt werden muß. Für den Fall, daß sich keine geeignete

Alternative finden läßt, ist die letzte Klausel der Regel vorgesehen, in der Schwarz signalisieren kann, daß er keine Antwort parat hat. Möchte man die Regel dahingehend modifizieren, daß es Schwarz freigestellt bleibt, die Alternative zu nennen, so kann dies bewerkstelligt werden, indem die Existenz der Alternative gefordert wird, aber die Information darüber erst bei entsprechender Nachfrage von Weiß zur Verfügung gestellt werden muß.

Die dritte Klausel der Regel behandelt die Situation, in der in der von Weiß geäußerten Frage Elemente enthalten sind, die, soweit es Schwarz anbelangt, bisher nicht im Bestand der gemeinsam bekannten Objekte enthalten sind. Um den Dialog in Bezug auf die Frage fortsetzen und Weiß doch noch mit einer Antwort versehen zu können, erhält Schwarz das Recht anzuzeigen, welche Teile des Satzes für ihn unklar sind. Die in der Regel genannte Bedingung F≠G ist natürlich sehr vereinfacht, da nicht nach einer formalen Gleichheit gesucht werden kann, sondern eher, daß, soweit Schwarz es beurteilen kann, F auf ein anderes Objekt referiert als dies für G der Fall ist. Das wiederum bedeutet, daß, wenn man eine angemessenere Behandlung von referierenden Ausdrücken erreichen möchte, eine zusätzliche Liste eingeführt werden müßte, in der für beide Parteien Information darüber enthalten ist, welcher Ausdruck auf was referiert und darüberhinaus von welchem Ausdruck jede Partei annimmt, auf was er sich in Bezug auf die andere Partei bezieht.

Tableau (T1) zeigt eine Anwendung der vier Fälle aus RF-2.

(T1)	**B**	**W**
	(i) ja, Klaus arbeitet im ersten Stock. (ii) nein, PETER arbeitet im ersten Stock. (iii) Ich kenne KLAUS nicht. (iv) Ich weiß es nicht.	arbeitet KLAUS im ersten Stock?

Die in der Regel RF-2 beschriebene Verwendung der Fokusintonation beschreibt ein Beispiel der Anwendung der Fokusintonation in Frage-Antwort-Situationen. Den meisten Frage-Antwort-Situationen ist gemeinsam, daß entweder die Partei, die die Frage stellt, durch die Betonung die Ausdrücke hervorhebt, die für sie von besonderem Interesse sind (Entscheidungsfragen), oder daß die Partei, die die Frage beantwortet, die Ausdrücke hervorhebt, die auf den Frageinhalt passen (W-Fragen). Zusätzlich zur reinen Beantwortung der Fragen ist in der Regel eine Klausel enthalten, die Situationen ansprechen soll, in denen die Konversation schief läuft; was bedeutet, daß eine Partei (P) davon ausgeht, daß die andere Partei ($\overline{P}$) über ein gewisses, in dem betreffenden Satz enthaltenes Objekt Bescheid weiß, und daß diese Annahme sich jedoch als falsch herausstellt. Dadurch erhält die Partei ($\overline{P}$) das Recht die Objekte zu nennen, die seiner Meinung nach bisher noch nicht ausreichend im gemeinsamen Bestand der referierten Objekte etabliert worden ist. Diese Art der Behandlung pragmatischer Präsuppositionen erscheint tagtäglich in typischen Alltags-Situationen.

Eine ziemlich ähnliche Situation entsteht, wenn die Partei $(\overline{P})$ Einwände gegen ein von P eingebrachtes Objekt geltend macht, indem er eine entsprechende Alternative dazu nennt. Der Unterschied zum Präsuppositions-Konflikt liegt darin, daß $\overline{P}$ hier über die betroffenen Objekte des von P geäußerten Satzes Bescheid weiß, während ihm in dem anderen Fall lediglich eine gewisse Information fehlt, um den Satz erfolgreich verstehen zu können. Es erscheint nur natürlich, wenn $\overline{P}$ in einer solchen Situation nicht nur die Alternative nennt, sondern auch die betroffenen Objekte durch Betonung hervorhebt. In diesem Sinn ist die folgende Regel RF-3 eine Generalisierung der Klausel (ii) aus RF-2.

Bevor die Regel RF-3 jedoch etabliert werden kann, muß die bisherige Definition der Annahme-Listen dahingehend erweitert werden, daß für jede Partei P zu jeder Konstituente F ein Bestand von sogenannten Inkompatiblen $F^{*}p$ angelegt wird, ähnlich einer Idee von Gabbay/Moravcsik (1978). Zur Berechnung dieses Inkompatibilitätsbereichs wird eine Funktion INCp eingeführt, die jeder Konstituente F den entsprechenden Bereich $F^{*}p$ in Bezug auf P zuordnet. Die Annahme-Liste ALp, wird nun wie folgt definiert:

$$ALp\ def=\ \langle INFp, INFp(\overline{P}), SSKp, INCp\rangle$$

Für eine noch genauere Behandlung müßte darüberhinaus noch eine weitere Funktion $INCp(\overline{P})$ eingeführt werden, die für jedes F den Inkompatibilitätsbereich für $\overline{P}$ aus Sicht von P festlegt. Für die folgende Regel zur korrigierenden Fokusintonation reicht jedoch die erste Erweiterung aus.

<u>(RF-3) Korrigierende Fokusintonation</u>

Angenommen, es existiert ein Dialogzustand D_n, der wie folgt definiert ist:

$$D_n = \langle AL_B, R_B, \langle ED_B, [\alpha/ED_W]\rangle, AL_W, R_W\rangle$$
mit beliebigem Frage-Operator-freiem α
und der folgenden Eigenschaft (I)
(I) $\alpha \notin INF_B$ &
$\exists F, G, \alpha'\ (F \in \{X : X \in \text{constituent}(\alpha)\}$ & $G \in F^{*}_B$ & $\alpha' = \alpha F/G)$

Dann lassen sich die folgenden Fälle unterscheiden:

(i) eigene Information
if $\alpha' \in INF_B$
$D_{n+1} = \langle AL_B, [\nabla\,(\alpha'[\text{focus}(P,K,int,G)])|R_B],$
$\langle ED_B, [\alpha/ED_W]\rangle, AL_W, R_W\rangle$

(ii) P weiß, daß $\bar{P}$ die entsprechende Information hat

if $\alpha' \in INF_B(W)$

$D_{n+1} = <AL_B,[\Delta\ (\alpha'[focus(P,K,int,G)])|R_B],$
     $<ED_B,[\alpha|ED_W]>,AL_W,R_W>$

(iii) P und $\bar{P}$ haben sich bereits über den Sachverhalt geeinigt

if $\alpha' \in SSK_B$

$D_{n+1} = <AL_B,[\Diamond\ (\alpha'[focus(P,K,int,G)])|R_B],$
     $<ED_B,[\alpha|ED_W]>,AL_W,R_W>$

Neben der in RF-3 geforderten Eigenschaft (I) werden in den einzelnen Fällen der Regel weitere Sonderzeichen verwendet, die lediglich als Platzhalter für einige standardisierte Äußerungen dienen, die in Bezug auf die jeweilige Informationsquelle stehen, wie z.B. "Ich denke ...", "Du sagtest ...", oder "Wir waren doch der Meinung, ...". In der Eigenschaft (I) wird die Existenz einer Äußerung α gefordert, die bisher nicht in B's Information enthalten ist. Andererseits kann B aber ein α' konstruieren, indem ein(ig)e Konstituente(n) F aus α durch entsprechende Elemente G ersetzt werden, die zu dem aus B's Sicht F betreffenden Inkompatibilitätsbereich zählen: $G \in F^*_B$. Es ist sicherlich keine triviale Aufgabe den Inkompatibilitätsbereich einer bestimmten Konstituente in Bezug auf eine gegebene Dialogsituation und aus Sicht eines Dialogpartners zu berechnen. In der Arbeit von Gabbay/Moravcsik (op.c.) wird ein Vorschlag zur Berechnung des Inkompatibilitätsbereichs gemacht, der sich auf Konstituenten derselben lexikalischen Kategorie bezieht. Dies mag zwar für eine pragmatische (und implementierbare) Annäherung zunächst genügen; andererseits muß man sich aber darüber im klaren sein, daß Inkompatibilität sich ebenso über Ausdrücke definieren läßt, die nicht derselben Kategorie angehören, wie das folgende Beispiel zeigt:

(2a) W: "Pavarotti singt wunderschön."
(2b) B: "Ich mag diesen Schreihals nicht."

Wie auch immer die Berechnung des Inkompatibilitätsbereichs aussehen mag, in Regel RF-3 wird lediglich gefordert, daß sich ein wohlgeformtes α' durch Substitution von F (oder mehreren Fs) durch ein inkompatibles G (oder mehrere Gs) aus α gewinnen läßt. Dabei werden drei Fälle unterschieden: Wenn Schwarz ein solches α' in seiner eigenen Information finden kann, erhält er (für jedes entsprechende G) das Recht anzuzeigen, daß er etwas über ein bestimmtes G weiß, das inkompatibel zu F ist. Und um zu verdeutlichen, welcher Teil seiner Äußerung der in der aktuellen Dialogsituation kommunikativ wichtigste ist, wird jedes dieser Gs durch Intonationsfokus hervorgehoben. Der zweite und der dritte Fall aus RF-3 sind dem ersten ähnlich und unterscheiden sich nur dahingehend, daß die Informationsquelle, aus der α' stammt, variiert.

Tableau (T2) zeigt ein Beispiel, wie ein Dialog fortgesetzt werden könnte, wenn RF-3 direkt angewendet würde.

(T2)

B	W
(i) Ich denke, KLAUS arbeitet im ersten Stock. (ii) Du sagtest, KLAUS arbeitet im ersten Stock. (iii) Wir waren doch der Meinung, KLAUS arbeitet im ersten Stock.	Peter arbeitet im ersten Stock.

IMPLEMENTATION

Anhand zweier Dialogregeln zur Interpretation der Fokusintonation wurde ein Ansatz vorgestellt, mit dem es möglich ist, das Dialogverhalten zweier gleichberechtigter Diskussionspartner zu modellieren. In der Implementation dieser Regeln wurde allerdings die Handhabung der Verteidigungsrechte, wie sie im eigentlichen Tableau-Verfahren gefordert ist, dahingehend eingeschränkt, daß nach Vorliegen einer semantischen Struktur eines Satzes, ein aus der Anwendung einer Dialogregel resultierendes Recht direkt vom System angewandt wurde. Eine Überprüfung etwaiger aus dem Dialog entstandener Rechte seitens des System-Benutzers findet nicht statt. Im Experimentalsystem MAFID wurden die Dialogregeln direkt als Prolog-Klauseln implementiert, die als Eingabeparameter eine SEMRED-Struktur erhalten. Diese Struktur wird von einem Parser erzeugt, der auf Satzebene einem vom Lexikoneintrag des Hauptverbs dirigierten Islandparsing folgt, und die vom Verb geforderten funktionalen Argumente nach herkömmlichen DCG-Methoden analysiert. Die Eingabe für die Syntaxanalyse wird vom Spracherkennungsmodul COSIMA und dem erwähnten Fokuserkennungsmodul bereitgestellt. Ergänzt wurde das Experimentalsystem durch ein Sprachausgabe-Board, mit dem auch die Intonation von seiten des Systems gezeigt werden konnte. Die Implementationen wurden auf einer SPARC Station unter UNIX in C und Prolog durchgeführt. Als Front-End für die digitale Analyse diente dabei ein 286er PC, der mit einem mit OROS Software bestücktem TMS Board erweitert wurde, das wegen seiner höheren Sampling-Rate der SPARC eigenen AD-Wandlung vorgezogen wurde.

Das MAFID-System ist in der Lage, den Intonationsverlauf einiger typischer Äußerungen zu verstehen, zu interpretieren und eine geeignete Reaktion zu synthetisieren. Der Erfolg eines korrekten Verstehens seitens des Systems hängt dabei wesentlich von der verwendeten Spracherkennungssoftware ab. Da für die Erkennung der Fokusintonation eine kontinuierlich gesprochene Eingabe unabdingbar ist, entsprechende Module bisher aber kommerziell nur m.E. erhältlich sind, wurde auf eine hauseigene Entwicklung zurückgegriffen, die mit Sprecher-training und einer unterstützenden Grammatik recht akzeptable Ergebnisse lieferte. Neben der eigentlichen Spracherkennung stellte die für die Fokuserkennung notwendige Analyse der Grundfrequenz ein weiteres Problem dar: Die von ihr gelieferten Werte wiesen oftmals Lücken oder Verzerrungen auf, die nur z.T. durch den Fokuserkennungsalgorithmus kompensiert werden konnten. Zusätzlich zu den hier vorgestellten Dialogregeln wurden Regeln zur Verwendung der Fokusintonation in Verbindung mit anderen Satzoperatoren, wie Negation und Gradpartikel, implementiert (Machate, Hoepelman 1992).

LITERATUR

Bannert, R. (1991) "Automatic Recognition of Focus Accent in German",
in: Journal of Semantics 8, 3.

Barth, E.M. & Krabbe, E.C.W. (1982) From Axiom to Dialogue. A Philosophical Study of
Logics and Argumentation. Berlin.

Carlson, L (1984) "Focus and Dialogue Games",
in L. Vaina & J. Hintikka (Hrsg.): Cognitive Constraints on Communication, Dordrecht.

Gabbay, D.M. & Moravcsik, J.M. (1978) "Negation and Denial",
in F. Günthner & Ch. Rohrer (Hrsg.): Studies in Formal Semantics. Intensionality,
Temporality, Negation, Amsterdam.

Gentzen, G. (1934) "Untersuchungen über das logische Schließen",
in: Mathematische Zeitschrift 39.

Hays, D.G. (1964) "Dependency Theory: A Formalism And Some Observations",
in: Language 40,4.

Helbig, G. & Schenkel, W. (1975) Wörterbuch zur Valenz und Distribution deutscher Verben,
Leipzig.

Hellwig, P. (1986) "Dependency Unification Grammar",
in: Proceedings of the International Conference on Computational Linguistics
(COLING-86), Bonn.

Hintikka, J & Carlson, L (1979) "Conditionals, Generic Quantifiers and other Applications of
Subgames", in F. Guenthner & S.J. Schmidt (Hrsg.): Formal Semantics and Pragmatics
for Natural Languages, Dordrecht.

Hintikka, J. & Kulas, J. (1985) Anaphora and Definite Descriptions. Dordrecht.

Hoepelman, J., Machate, J. & Schnitzer,R. (1991) "Intonational Focusing and Dialogue
Games", in: Journal of Semantics 8, 3.

Machate, J. & Hoepelman, J. (1992) "The Semantics of Focus as a Dialogue Function"
in J. Jacobs (Hrsg.): Informationsstruktur und Grammatik - Sonderheft der
Linguistischen Berichte, Opladen.

Kamp, H. (1981) "A Theory of Truth and Semantic Representation", in .Groenendijk,
Janssen, Stokhof (Hrsg.): Formal Methods in the Study of Language, part 1.

Lewandowski, Th. (1990) Linguistisches Wörterbuch 1, Heidelberg.

Lorenzen, P. & Lorenz, K. (1978) Dialogische Logik, Darmstadt.

McCord, M. (1989) A New Version of Slot Grammar.
Research Report RC 14506, IBM Research Division,
Yorktownheights, NY 10598.

Schank, R.C. (1975) Conceptual Information Processing, Amsterdam.

Supporting Speech Processing By Expectations:
A Conceptual Model Of Radiological Reports
To Guide The Selection Of Word Hypotheses

Martin Schröder

University of Hamburg
Computer Science Department
Natural Language Systems (NatS)
Bodenstedtstr. 16
D-2000 Hamburg 50, Germany
E-mail: martin@nats4.informatik.uni-hamburg.de

Zusammenfassung

Bei der Verarbeitung kontinuierlich gesprochener Sprache entsteht eine sehr große
Anzahl von Worthypothesen. Wir stellen einen Ansatz vor, der domänenspezifisches
Wissen ausnutzt, um semantisch plausible Worthypothesen zu bevorzugen. Anwendung ist das Diktieren radiologischer Befundungstexte. Für die jeweils nächste Äußerung werden Erwartungen generiert, die aus einem Modell der radiologischen
Befundung abgeleitet werden. Die Kontrollstruktur kann, im Gegensatz zu traditio-
nellen sequentiellen Architekturen, als *zyklisch* und *erwartungsgesteuert* beschrieben werden. Mehrstufige Erwartungen ermöglichen im Falle eines Scheiterns die
nochmalige Verarbeitung einer Äußerung. Erwartungen äußern sich in einer Erhö-
hung des Konfidenzwertes von Worthypothesen.

Abstract

Continuous speech processing has to face the problem of dealing with a huge number of word hypotheses. We present an approach that uses domain-specific knowledge to prefer semantically plausible word hypotheses. The approach is applied to the
dictation of radiological reports. Expectations, which are based on a model of radiological reporting, are generated for the next incoming utterance. The control structure can be characterized as *cyclic* and *expectation-driven* in contrast to a traditional
sequential architecture. Multi-layered expectations allow the reprocessing of an utterance in case of failure. Expectations are realized by increasing the confidence
value of word hypotheses.

1 Introduction

In this paper we want to show how domain knowledge can be used to support the processing of
continuous speech. The most pressing problem in this area seems to be the large amount of bottom-up hypotheses on several levels, which cause a combinatorical explosion in the number of
hypotheses on the next layer. We will concentrate on the layer of word hypotheses. Our goal is
to prefer those words that are expected to occur in an utterance, based on semantic and pragmatic considerations. This is often the case with texts and dialogues that exhibit an underlying
structure, which can be used to predict the concepts, words and phrases of the next incoming
utterance. An example of such texts are radiological reports.

The motivation to work on the processing of medical reports is twofold: First, huge amounts of reports have to be dictated and typed. Any support that speeds up this process is highly appreciated. Second, the information contained in the reports should be easily available for documentation and diagnostic purposes. However, applications like database retrieval, indexing or expert systems require a knowledge based approach to map natural language utterances to a conceptual level using a semantic representation language. Our claim in this paper is that the knowledge sources acquired for semantic analysis can be used to generate expectations to support the processing of continuous speech.

We present the METEXA system ("Medical Text Analysis") that has been designed for the knowledge based processing of natural language medical reports. The components for syntactic and semantic analysis and inferencing are described in (Schröder 1992a, b). In this paper we explain the generation of expectations based on a conceptual model of radiological reporting. We want to show how speech processing, which is traditionally based on stochastic methods, could benefit from the symbolic processing of knowledge-based natural language understanding. This is achieved by the integration of semantic and pragmatic knowledge that trickles into lower processing levels. The result is a control structure that differs radically from the traditional sequential ordering of processing components. Moreover, we want to equip a speech understanding system with a kind of semantic and pragmatic sensitivity, because a domain like medicine is especially sensitive to recognition errors.

There have been numerous approaches over the last years to analyse the linguistic structure of medical language. Prominent is the Linguistic String Project (LSP) conducted by Naomi Sager (Sager et al. 1987). Ranum (1988) and Baud et al. (1991) present work on the knowledge-based processing of radiology reports. Other approaches can be found e.g. in (Scherrer et al. 1989) and the annual proceedings of SCAMC (e.g. Kingsland 1989).

1.1 Speech Processing

Radiological reporting has already been recognized as an expanding market by several producers of speech recognition systems. Some of the most prominent ones are the VoiceRAD system by Kurzweil (Kurzweil and Steingart 1988), the POLYGLOT system by Olivetti (Billi et al. 1991) and the TANGORA system by IBM (Cerf-Danon et al. 1991). These systems, however, are restricted to isolated word input.

Most systems for the recognition of continuous speech are based on stochastical methods, e.g. SPICOS (Ney and Billi 1991). Most often, modules for the semantic and pragmatic interpretation of language, if any, are applied after the words have been recognized. However, there have been attempts to integrate semantic knowledge in the speech understanding process, e.g. Hayes et al. (1986) present a semantic caseframe approach for the parsing of spoken language. The EVAR project goes even further in not only applying semantic, but also pragmatic constraints when analysing an utterance (Ehrlich 1987): All the words that are considered for a sentence are checked for pragmatic consistency according to task-specific families of words.

An approach for the generation of domain-specific expectations concerning the next incoming utterance has been developed in the MINDS system, a dialog system for databases (Young et al. 1989a, Young et al. 1989b). Task plans for problem solving within the domain and discourse plans, which describe what the user may do next, are the basis for the generation of context-dependent expectations. Layered sets of predicted words and phrases are derived that reduce the perplexity of the grammar. Several layers are provided to reparse a sentence with a bigger set of predicted words, if it fails with a smaller one.

2 Analysis of Radiological Reports

A corpus of about 1500 radiological reports forms the empirical basis of the METEXA system. Here is an example of an X-ray report of the thorax region (chest):

```
Thorax in 2 Ebenen
Normaler Zwerchfellstand mit glatter Begrenzung und frei entfalteten
costodiaphragmalen Sinus. Regelrechte Transparenz und Gefaesszeichnung
der Lunge, kein Infiltrat, kein tumorverdaechtiger Lungenherd. Herz
nicht pathologisch vergroessert oder fehlerkonfiguriert. Grosse Ge-
faesse altersentsprechend unauffaellig. Hilusstrukturen und Mediasti-
num normal. Dargestellte Skelettanteile ohne pathologischen Befund.
Urteil: Thoraxorgane ohne pathologischen Befund.
```

The style of the reports shows the characteristics of a sublanguage (Lehrberger 1986). Often it is telegraphic, verbs are omitted. Utterances typically consist of coordinated noun phrases, prepositional phrases and adverbial phrases. The text consists of many rather long content words and few short function words like determiners and prepositions. This is an advantage for continuous speech processing, because the longer the words are the better they can be recognized. Another favourable aspect is the fact that morphosyntactic endings, which normally play an important role in an inflectional language like German, are not very important for the understanding of the text. Sometimes, an utterance is only a sequence of constituents without "syntactic glue", but semantics makes it easily understandable. This observation has led to a semantic-oriented interpretation component, where the syntactic parser only proposes many possible syntactic constituents, which are verified immediately in the knowledge base.

The corpus consists of 1464 reports, each containing one to three examinations. 8126 different words (inflected forms) have been counted to occur 117945 times.

n most frequent words	occurences	percentage
100	68334	57.9
200	80049	67.9
500	93440	79.2
1000	101499	86.0
8126	117945	100.0

Table 1. Frequency of words

As we can see in table 1, few words occur very often. 200 different words are sufficient to cover 2/3 of all occurences. 4100 words occur only once, and 1130 only twice. As a result we conclude: With relatively few words a high coverage can be reached, but for a complete coverage the number of words has to be increased exponentially. However, it has been observed that many words with only one or two occurences are compounds, often created in an ad-hoc fashion. Morphological derivation algorithms could help to keep the lexicon smaller.

Alternatively, we can take an application-oriented view on the reports. There are many different radiological examinations, e.g. 100 standard examinations are listed in (Möller 1987). They can be classified according to the part of the body, the type of radiological examination and some other criteria. Obviously, each examination has its typical vocabulary, depending on the anatomical entities considered, their typical diseases, and their typical radiological features. However, the vocabulary cannot strictly be partitioned, because the vocabularies of different examinations overlap in many ways, e.g. there can be different types of examinations in the same anatomical region, and examinations of adjacent regions may be overlapping. Therefore, a division of the vocabulary must take into account in more detail the structure of each examination, which will be done in the section on checklist-based planning.

3 Overview of the METEXA System

Figure 1 gives an overview of the METEXA system: The main components are a bottom-up parser using graph unification to produce a feature term structure as a result (Schröder 1991), a semantic interpretation module, and a semantic network to represent anatomical, pathological, radiological, and other general knowledge. The result is a semantic representation of an utterance that can be mapped to a database or an expert system. or used for further inference. The parser and the semantic interpretation have been developed for the processing of typed input. At the current stage of development, the parser does not deal with the problem of selecting appropriate word hypotheses according to adjacency constraints. However, the parser checks whether the "real" input is in the set of predicted words (see chapter 7).

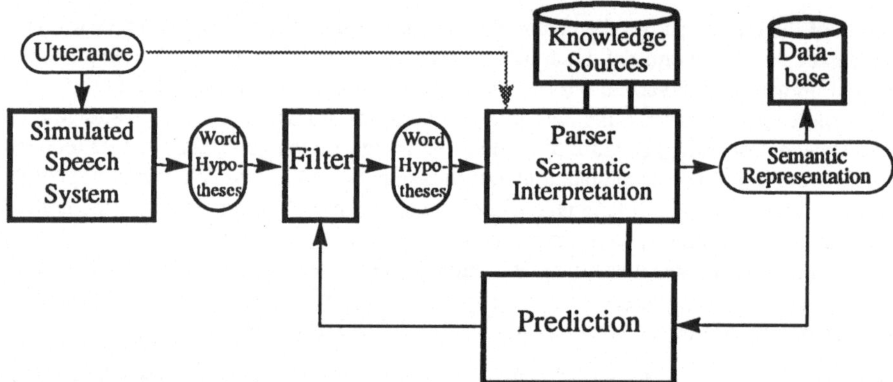

Fig. 1. METEXA: Prediction and filtering of word hypotheses

The representation of semantic and domain knowledge is based on the *Conceptual Graph Theory* by John Sowa (Sowa 1984). The domain model used for the semantic interpretation of the reports consists of a lattice of concept types, and relations defined between them. Figure 2 shows the first two levels of the type lattice, starting from the root named UNIV. The upper levels of the type lattice are designed to be suited for more general applications than radiology as well. The types important for the radiological application are the subtypes of ANAT (anatomical entities), PATHO_ALT (pathological alteration), ATTRIBUT (anatomical, pathological and radiological attributes), and XMERKMAL (radiological feature, subtype of SYMPTOM).

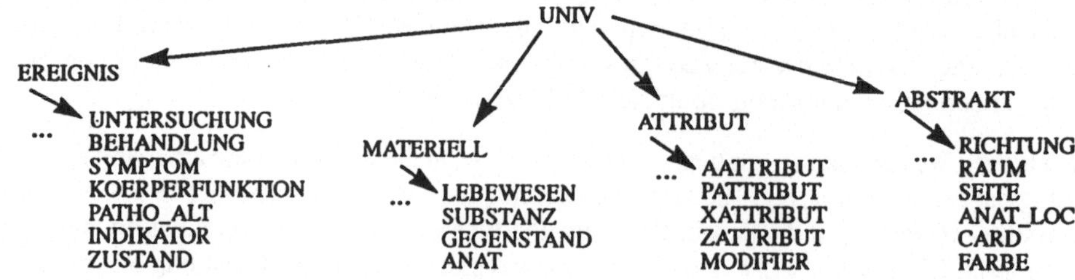

Fig. 2. Upper levels of the type lattice

Concepts are connected to each other by relations. For example, the PATHO relation relates an anatomical entity to its potential pathological alterations. The definitions of valid connections between concept types and relation types are provided by a collection of *canonical graphs* (Sowa 1984, p. 91). They express selectional restrictions. Some examples are given in figure 3.

Syntactic and semantic analysis work in an interleaved way. Each time a pair of related syntactic

```
[LUNGE]      -> PATHO  -> [LUNGE_PATHO].
[LUNGE]      -> XCHAR  -> [XMERKMAL_LUNGE].
[LUNGE]      -> AATTR  -> [LUNGE_ATTR].
[VERDACHT]   -> THEME  -> [PATHO_ALT].
```

Fig. 3. Examples of canonical graphs

constituents (e.g. adjective and noun) is proposed by the parser, the semantic interpretation tries to find a conceptual relation between the head concepts of the two constituents. The result of this compositional process is a conceptual graph. An example, representing the utterance "Normaler Zwerchfellstand mit glatter Begrenzung und frei entfalteten costodiaphragmalen Sinus", is given in figure 4. For more details see (Schröder 1992a, b).

```
[ZWERCHFELLSTAND: #3]-
    (MIT)->[BEGRENZUNG: #5]->(XATTR)->[GLATT: #4]
    (AATTR)->[NORMAL: #1]
    (MIT)->[SINUS_PHRENICOCOSTALES: #12]->(AATTR)->[FREI_ENTFALTET: #11]
    (ZUSTAND)<-[ZWERCHFELL: #2].
```

Fig. 4. Example of a conceptual graph

4 Checklist-based Planning of Utterances

The total vocabulary that is typically used in radiology can amount to several 10.000 words, since it includes e.g. all the parts of the body with their diseases and pathological alterations. However, not all the words are equally likely to occur at each point in time. The basic idea is to highlight a set of words that describes the possible context of the next utterance. Figure 5 illustrates this process, using various knowledge sources.

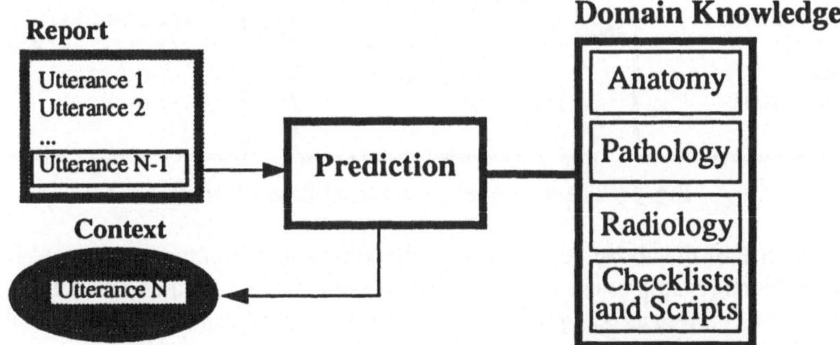

Fig. 5. Predicting the context of the next utterance

The topics that have to be mentioned in a certain radiological report can be loosely described by the concept of a "checklist". Such a semantic document structure can be found in other applications as well where a natural language report has to be produced with an underlying, maybe informal checklist structure. Therefore, we have extracted the following domain-independent *principles of checklist-based reporting* in order to use them for the planning of utterances:

- A speaker produces an unrestricted natural language text that describes a currently perceived function of a system.

- The function description is based on a checklist. The checklist, however, is not visually available, but has been learned by experience or training. (Here, the concept of a checklist is used to describe the process; something the speaker, however, is not necessarily aware of).

- There is no inherent sequence to the items on the checklist. The actual order of the items as uttered by the speaker is highly heuristic and speaker-dependent. (There is no overall goal that has to be reached by performing certain sequences of subgoals. This is the major reason why planning algorithms with pre- and post-conditions for each step cannot be applied).

- The speaker-specific orders have been established as in-house conventions (a certain "school") or personal habits. Many of the reports follow the established order. However, single reports can deviate drastically from the standard order.

- The main purpose of the utterances is to state normal function or malfunction. In both cases the style of language can be "rich". (E.g. in the case of a normal function the utterance can contain more than just the word *normal*). Many utterances, usually stating a normal function, are close to standard text patterns.

- In order to satisfy one item on the checklist, several utterances can be necessary. On the other hand, several checklist items may be combined in one utterance.

- The checklist is a heuristic collection of items. Not all of the items have to be mentioned. Some items are more important than others.

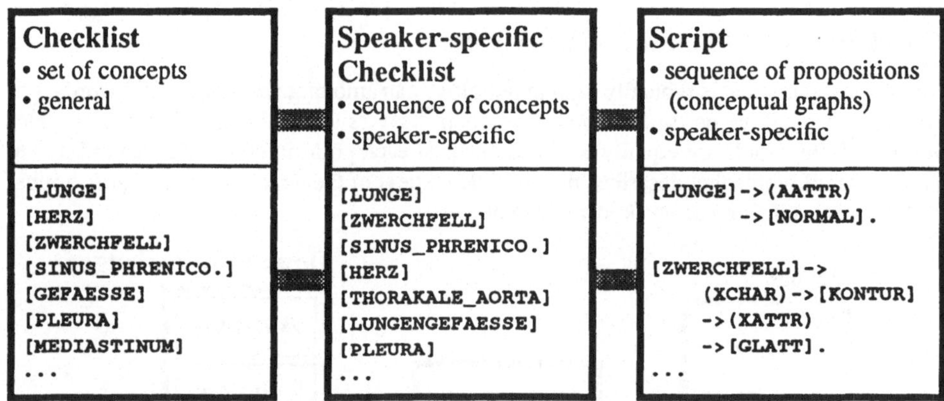

Fig. 6. 3-level model of checklist-based planning

As a consequence of the above considerations the knowledge structures displayed in figure 6 have been designed (examples are given for an X-ray examination of the chest (thorax)). These three levels can be viewed as being scaled from general to specific. While the checklist contains radiological knowledge that is shared across the medical community, a script represents the typical statements of a certain speaker on a conceptual level:

- The *checklist* consists of a set of all relevant anatomical entities for a certain examination.

- The *speaker-specific checklist* is a sequence of concepts that describes the habits of a speaker. The concepts in this list may be any of the concepts in the checklist, or any subconcept of them. There may be several speaker-specific checklists defined for each speaker.

- A *script* is a sequence of specific propositions that is usually obeyed by the speaker to describe a normal function. This level has been introduced due to the fact that many reports are close to standard text patterns. Since the information is represented on the semantic level, it is more flexible than patterns of words and phrases. The propositions look like semantic representations of utterances, but without referents. There may be several scripts defined for each speaker-specific checklist.

5 Semantic Fields

The conceptual entities on the checklist can be read as topics of utterances. Taking a topic concept as the starting point, all concepts belonging to its context will be generated. We call this context a *semantic field*. To further explain it, some definitions are needed:

Def 1: Consider a conceptual graph consisting of two concepts and a relation connecting them: [C1]→(REL)→[C2]. Viewed from [C1] the relation (REL) is called a *forward relation*, viewed from [C2] it is called a *backward relation*.

Def 2: Consider a collection of canonical graphs. A *semantic expansion* E(C) of a given concept type C is the set of all concept types that are connected by any relation to [C]:

$$E(C) = \{ \text{ Ci} \mid [C] \rightarrow (REL) \rightarrow [Ci] \text{ or } [Ci] \leftarrow (REL) \leftarrow [C] \}$$

E(C) can be restricted to contain only forward relations or only backward relations. It is called a *forward semantic expansion* or a *backward semantic expansion*, respectively. If all subtypes of Ci are included in E(C), the expansion is called a *full semantic expansion*.

Def 3: A *general semantic field definition* for a concept type CC is given as

$$(CC, \{ (CCj,FBj) \mid j = 1..n, FBj \in \{forward, backward, both\} \})$$

This specifies a "template" for canonical graphs of the form [CC]↔(REL)↔[CCj]. FBj defines, whether REL is allowed to be a forward or a backward relation or both, viewed from [CC].

Def 4: A *semantic field* S(C) for a concept type C is constructed as follows: Find the supertype CC of C that has a general semantic field definition. Expand C fully to yield E(C). Then consider each Ci ∈ E(C). If Ci is a subtype of any of the CCj, then expand Ci fully in the direction specified by FBj to yield E(Ci). The semantic field S(C) is the union of E(C) and all the E(Ci).

Example: The general semantic field definition for anatomical entities ANAT is given as

$$(ANAT, \{ (PATHO\_ALT,both), (XMERKMAL,both), (AATTRIBUT,forward) \})$$

The semantic expansion of LUNGE, which is a subtype of ANAT, consists of the set {LUNGE_PATHO, XMERKMAL_LUNGE, LUNGE_ATTR} (see figure 3). To yield the semantic field, these three concept types are fully expanded depending on the specified direction. It is important to *fully* expand them: e.g. TRANSPARENZ, which is a subtype of XMERKMAL_LUNGE, must be also expanded to include its attributes, e.g. SEITENGLEICH. Another example shows why it is useful to specify the direction of expansion: Some attributes of LUNGE in LUNGE_ATTR might be defined as attributes of other anatomical entities as well. In this case a full backward expansion of LUNGE_ATTR (including its subtypes) would generate other anatomical entities. To cut this off, AATTRIBUT is specified as "forward"-only in the general semantic field definition.

A semantic field can be generated for any concept type occuring in a checklist. The effect for the three knowledge structures is as follows:

Checklist: The union of the semantic fields of all topics represents the whole context of the examination type specified by the checklist.

Speaker-specific checklist: Since the topics in this list are only a subset of the general checklist, and since subtypes of concepts are allowed (s.a.), the context specified by the speaker-specific checklist is smaller and more specific than the general one.

Script: The context is defined by the set of all concept types occuring in the propositions.

Finally, a set of concepts is mapped to the lexical level by mapping each single concept to its corresponding lexical items. A lexical entry in the fullform lexicon looks like

lex(<inflected form>, <uninflected form>, <syntactic category>, <lexical semantics>).

The field <lexical semantics> contains a reference to one or more concepts in the domain model. By searching the lexical semantics field, all forms can be retrieved. Since the lexicon allows the definition of lexemes containing several words, small phrases are contained in the resulting set as well. With respect to the generation of expectations the resulting set is called the *expected word set*.

Considering the runtime behaviour of such a system we should note that all the sets can be pre-compiled. Doing this requires much storage, but reduces the computation of a set to a simple lookup. The sets stay unchanged until the domain model or the checklist structures are modified.

6 Generating Expectations

The semantic fields are used to generate the expected context of the next incoming utterance. The control structure of the whole system can be characterized as *"expectation-driven"*: As figure 1 (chapter 3) shows, it is a cycle with an alternating prediction and analysis phase. The same control structure can be found in FRUMP, an expectation-driven system for the understanding of newspaper stories (DeJong 1979, p. 256). This cyclic structure is a radical change compared to the sequential strategy, which only starts processing when input data is available. The expectation-driven strategy already starts processing before the input of an utterance.

The problem of every expectation-driven approach is: What will happen, if the expectation is not fulfilled? To address this problem, we have implemented an approach similar to the MINDS speech understanding system (Young et al. 1989a, 1989b). The basic idea are multiple layers of predictions, each layer being a subset of the more general one. First, it is tried to process an utterance with the most constraining layer. If this fails, it is processed on the next general layer, and so on. Depending on the successful level, a new prediction will be generated.

Currently, our levels of prediction correspond to the three checklist and script structures described above, plus one general layer of an unrestricted vocabulary. The guideline is to keep the level of prediction as specific as possible. As long as the report follows the script, the expected word set will be very small (about 10–20 words). If the script prediction is violated, the semantic field of a corresponding topic concept on the speaker-specific checklist is generated. This level typically contains about 50 concepts and around 50–100 words. If the processing of the utterance still fails, the semantic fields of all the topic concepts on the general checklist are taken as the basis of interpretation. This set of concepts/words describes the context of the entire examination (e.g. X-ray of thorax). At the present state of modelling, this set contains about 180 concepts and about 300 words, compared to an overall vocabulary of about 8000.

To improve prediction, more expectation levels could be introduced, e.g. by defining a lookahead on the next three items of the speaker-specific checklist. Another refinement would be to define not only atomic topic concepts in the checklist, but to specify several subtopics to model the different aspects of a given anatomical entities more exactly.

7 Interfacing the Level of Word Hypotheses

The interface between the top-down expectation of word sets and the bottom-up generation of word hypotheses is represented by a "filter" for the preferred selection of expected word hypotheses (see figure 1). Preference is realized by increasing the confidence value. The representation of word hypotheses is based on a general model used in the ASL project (Pyka 1992).

Since at the time of writing a running prototype of a continuous speech processing system is not available, we have written a simple simulator for the generation of word hypotheses. We will briefly describe its basic principles. The simulator generates a set of word hypotheses depending on the input sentence. The whole procedure should work with the phonemic transcription of words. But as long as this is not available, we have taken the orthographic representation. A likeness value lv(s1,s2) between two strings is defined: It is computed as the percentage of identical letters at corresponding positions in the two strings. The procedure is as follows: To model missing word boundaries in continuous speech, concatenate all input words to form one single string S. For each word w in the lexicon, and for each substring s of S, compute lw(w,s). Next, the likeness value is modified by a random number: get a random number r, uniformly distributed in the intervall -i to +i, and add it to lw(w,s). The resulting number is considered to be the simulated confidence value c. The result is a set of hypotheses that have a confidence value higher than a predefined threshhold t1. The position of each lexicon string in the input string S is considered to be the start and end point of the hypothesis.

Threshhold t1 must be set rather low, to give expected words a fair chance, even if their bottom-up value would normally exclude them. Then, increase the confidence value for expected words (simple: add an offset o), and apply a second, higher threshhold t2. The resulting set is fed to the parser. It is up to the parser then to apply adjacency and structural constraints to produce a valid interpretation. If these constraints cannot be fulfilled, the parse fails. In the current implementation, the parser works only on typed input, and the "real" input is available to the parser as well (see figure 1). However, the parser is allowed to process only those words that are in the filtered set of word hypotheses. This way a failing of the parser due to not satisfiable adjacency constraints is simulated.

To make some experiments, we have filled the lexicon with all the different word forms (ca. 7600) occuring in our corpus of about 1500 examinations. For i=0.25, t1=0.7, o=0.2, and t2=0.8, we get for the phrase *"normale seitengleiche Strahlentransparenz"* 188 hypotheses in the initial set and 71 hypotheses after adding the expectation offset. (The same word may occur at different positions.) However, only content words are modelled by a semantic field and thus have a chance to increase their confidence value. Content words correspond mainly to the syntactic categories of nouns, verbs, and adjectives/adverbs. Since short function words like determiners, prepositions and conjunctions are more difficult to recognize anyway, we have applied threshold t2 only to content words in another experiment. This yields a set of 82 hypotheses, 30 of them being function words for the phrase mentioned above: a reduction to 52 content words.

8 Conclusion

We have shown how the number of word hypotheses can be reduced by applying task-oriented knowledge. Those words that are likely to occur in a given situation are preferred. In general, a large number of hypotheses causes a combinatorical explosion on subsequent processing stages. Therefore, it is desirable to reduce the number of hypotheses as early as possible. If "wrong" words are already ruled out at the word hypotheses level, they cannot produce ambiguous interpretations in subsequent syntactic, semantic and pragmatic processing stages. It should be noted that our approach does not exclude the application of intersentential constraints, e.g. stochastic grammars, case-based semantics, or pragmatic consistency (see section 1.1). Moreover, the model of checklist-based planning could be further exploited to apply intersentential constraints as well. The main value of the presented approach, however, lies in the fact that a pragmatic focus is established before the utterance is spoken.

The METEXA system is written in Prolog (ProLog by BIM) and runs on a SUN SparcStation. The system is fully implemented as described here. The lexicon contains about 1000 forms, the number of concept types modelled in the knowledge base approaching 400. The grammar has about 100 rules. I would like to thank Lutz Euler for many discussions on type lattices and other beasts, Claudius Pyka and Hans Weber, who have made substantial contributions to the simulated generator of word hypotheses, and Corinna Mohnhaupt for never being tired of correcting my English writing.

References

Baud, R. H., Rassinoux, A.-M. and Scherrer, J.-R. Knowledge Representation of Discharge Summaries. In: *AIME 91, Third Conference on Artificial Intelligence in Medicine, Maastricht*, June 1991, pp. 173-182.

Billi, R., Buttafava, P., De Stefani, P., Gamba, M., and Voltolini, D. Computer-Aided, Voice-based, Medical Report Preparation: An Application To Radiology. In *EUROSPEECH-91*, pp. 961,1991.

Cerf-Danon, H., DeGennaro, S., Ferreti, M., Gonzales, J., and Keppel, E. TANGORA - A Large Vocabulary Speech Recognition System For Five Languages. In: *EUROSPEECH-91*, pp. 183-192.

DeJong, G. Prediction and Substantiation: A New Approach to Natural Language Processing. In: *Cognitive Science*, 3, pp. 251 – 273, 1979.

Ehrlich, U. Multilevel semantic analysis in an automatic speech understanding and dialog system. In: *Proc. of the Third Conf. of the European Chapter of the Association for Computational Linguistics*, Copenhagen, 1987.

Hayes, P.J., Hauptmann, A.G., Carbonell, J.G., and Tomita, M. Parsing spoken language: a semantic caseframe approach. In: *Proceedings of COLING-86*, Bonn, pp. 587-592.

Kingsland, L. C. (ed) *The 13th Annual Symposium on Computer Applications in Medical Care*. IEEE Computer Society Press, November 1989.

Kurzweil, R., and Steingart, R. The Application of Large Vocabulary Speech Recognition and Knowledge Engineering to the Creation of Written Documents. In *Speech Tech '88*, pp. 56 – 60, 1988.

Lehrberger, J. Sublanguage Analysis. In: Grishman, R., and Kittredge, R. (eds) *Analyzing Language in Restricted Domains: Sublanguage Description and Processing*, pp. 19 – 38, Lawrence Erlbaum, Hilldale (NJ), 1986.

Möller, T.B. *Röntgennormalbefunde*. Thieme, Stuttgart, 1987.

Ney, H. and Billi, R. Prototype systems for large-vocabulary speech recognition: POLYGLOTT and SPICOS. In: *Proc. of EUROSPEECH-91*, pp. 193-200, 1991.

Pyka, C. Management of Hypotheses in an Integrated Speech-Language Architecture. In: *ECAI-92*, Wien, 1992.

Ranum, D.L. Knowledge Based Understanding of Radiology Text. In *The 12th Annual Symposium on Computer Applications in Medical Care*, Greenes, R.A., IEEE Computer Society Press, November 1988, pp. 141-145.

Sager, N., Friedman, C., and Lyman, M.S. *Medical Language Processing: Computer Management of Narrative Data*, Addison-Wesley, Reading, MA, 1987.

Scherrer, J. R., Côté, R. A., and Mandil, S. D. (eds) *Computerized Natural Medical Language Processing for Knowledge Representation*. North Holland, Amsterdam, 1989.

Schröder, M. Ein semantisch-gesteuerter Bottom-Up-Parser in Prolog. Tech. Rept. FBI-HH-M-195/91, Mitteilung, University of Hamburg, Computer Science Department, May, 1991.

Schröder, M. Knowledge-based Processing of Medical Language: A Language Engineering Approach. In: *GWAI-92, 16. Fachtagung für Künstliche Intelligenz*, Springer-Verlag, 1992a.

Schröder, M. Knowledge-based Analysis of Radiological Reports Using Conceptual Graphs. In: *Proceedings of the 7th Annual Workshop on Conceptual Graphs*, Las Cruces, New Mexico, July 1992b.

Sowa, J.F. *Conceptual Structures: Information Processing in Mind and Machine*, Addison-Wesley, 1984.

Young, S.R., Hauptmann, A.G., Ward, W.H., Smith, E.T., and Werner, P. High Level Knowledge Sources in Usable Speech Recognition Systems. In: *Communications of the ACM*, Vol. 32, No. 2, February 1989a.

Young, S.R., Ward, W.H., and Hauptmann, A.G. Layering Predictions: Flexible Use of Dialog Expectation in Speech Recognition. In: *IJCAI-89*, pp. 1543-1549, 1989b.

Einflüsse der Folgestruktur und der zeitlichen Bedingungen auf die Vokalperzeption

Walter Tscheschner
Technische Universität Dresden
Institut für Technische Akustik
Mommsenstraße 13, O-8027 Dresden
☎ (0351) 463 2721

1. Zusammenfassung

Im Kontext der iterativen Optimierung eines Formantsynthetisators (TUSY 2) mittels der Analyse-Synthese-Technologie [1] ist ein erheblicher Einfluß der zeitlichen Dimension auf die Gestaltung der sprachlichen Folgen festzustellen. Ein Einfluß, der sich auf die Spektralgestalt der Laute und ihre perzeptive Verarbeitung auswirkt, jedoch nur in der Folgestruktur zum Tragen kommt. Einige Beobachtungen an kurzen deutschen Vokalen sollen hier diskutiert werden.

2. Die statische Vokal-Formantbeschreibung

Umfangreiche statistische Untersuchungen zur Frequenzverteilung der Formanten (Eigenwerte des Ansatzrohres), die auf sonagraphischer Grundlage bereits bis in die 50er Jahre zurückreichen, belegen phonemtypische F_1-F_2-F_3-Mittelwertsverteilungen. Bild 1 zeigt F_1-F_2-Konfigurationen von Formant-Mittelwertsverteilungen, die auf Daten von Fant [2] (♀, ♂, vornehmlich Schwedisch) und Peterson, Barney (♀, amerikanisches Englisch, ausgewertet in [2]) beruhen. Bezogen auf die hier verwendeten Bark-skalierten Koordinaten ergeben sich nierenförmige Konfigurationen, die im wesentlichen die durchschnittliche Potenz des Menschen zur Vokalartikulation beschreiben. Bei den nach Alter und Geschlecht unterschiedlichen Sprechern verändert sich die rechtsseitige nierenförmige Konfiguration - F_2 < 10,5 Bark - nur geringfügig mit f_g (Pitch), während die linksseitige Konfiguration - F_2 > 10,5 Bark -, je nach mittlerer Artikulationstraktlänge des Sprechertyps, erhebliche Toleranzen zeigt. Unterschiedliche Sprachen führen auf ähnliche Konfigurationen; s. Bild 1, ×, deutsch, ♂, 3 Sprecher [3], die sich lediglich in der Lage einiger Phonempositionen unterscheiden ([œ], [ɔ]).

Werden in Bild 1 die Phonempositionen (gleiche Phoneme) der drei Sprecherklassen ♀, ♂, ♀ miteinander verbunden (z. B. —o— [ɛ]), dann entstehen Isoklinen, die in sehr ähnlicher Form auftreten, wenn die Frequenzbewegungen der Harmonischen des Säuglingsschreis in die F_1-F_2-Darstellung eingetragen werden, Bild 2. Der Säuglingsschrei pendelt nach der Geburt um einen Mittelwert von $\overline{f_g}$ = 440 Hz, der nach ca. 3 Wochen auf etwa 400 Hz absinkt [4]. Zugleich sind zunehmend Pegelvariationen oberhalb der 3. Harmonischen zu beobachten, so daß über Maximalwerte der 1. oder 2. Harmonischen, zugleich mit einzelnen Maximalwerten der höheren Harmonischen Formantpositionen in zentralnervösen rezeptiven Feldern, über eine Selbstprägung vorbereitet werden können. Aus den nach Bild 2 hervorgegangenen Strukturen ist zu ersehen, daß einzelne Harmonische (1. und 2.; 1. und 4.; 1. und 5.; 2. und 3.) als Stützstellen zur Lagenbeschreibung der weiblichen Formantverteilungskonfiguration (Mutterprache) geeignet sind. Daneben spiegelt sich das psychoakustische Rastermaß von 1 Bark in den Positionsabständen der meisten Phoneme wider, und die charakteristische Breite der Vokalmerkmalbänder von 3,5 Bark wird durch den Abstand der 1. und 2. Harmonischen des Säuglingsschreis markiert.

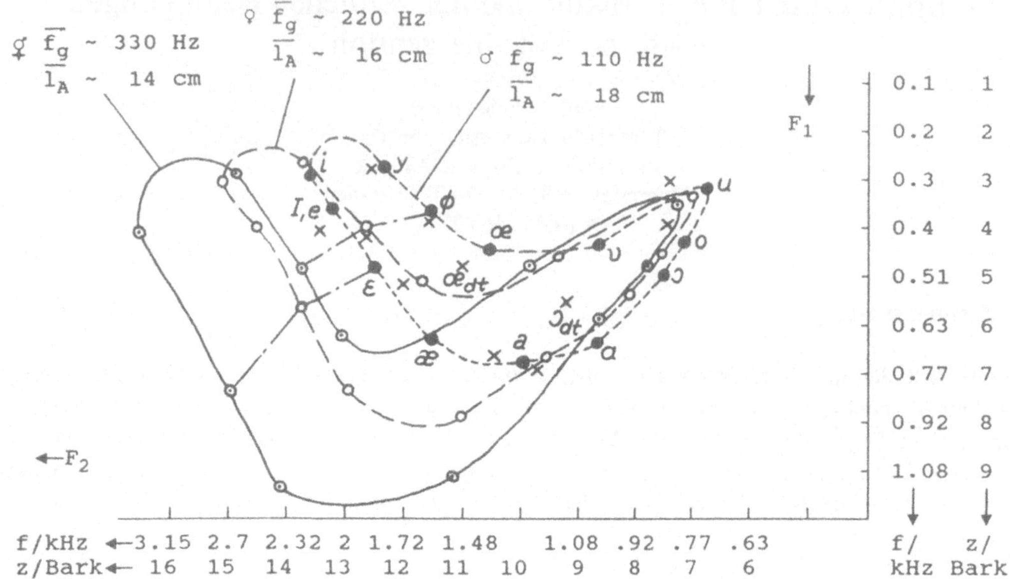

Bild 1. F_1-F_2-Formant-Mittelwertverteilungen nach [2];
× Formantpositionen, 3 ♂, deutsche Vokale nach [3]

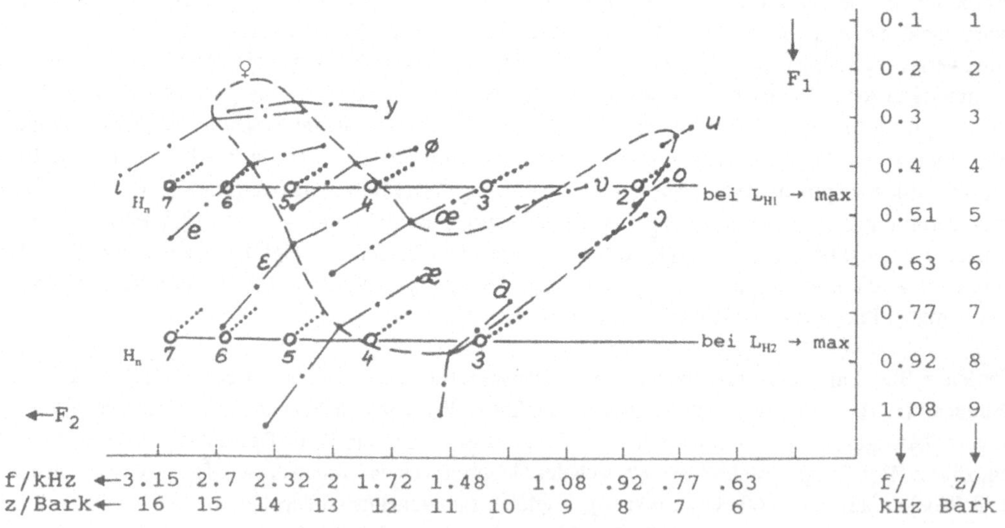

Bild 2. Isoklinen, F_1-F_2-Vokalpositionen = $f(\overline{f_g})$ [2];
o···· Harmonische des Säuglingsschreis und ihre Verschiebung im Schreimuster [4];
- - - Formant-Mittelwertverteilung ♀ aus Bild 1

3. Die Formantbewegungen im Vokal

Während sich für die hier betrachteten Sprecherklassen bei hinreichendem statistischem Aufwand immer gut separisierbare, regelmäßig verteilte phonemtypische Formantpositionen finden lassen, weichen die Formantverteilungen eines individuellen Sprechers z. T. in erheblichem Umfang davon ab. Bild 3 enthält Beispiele für Formantzeitfunktionen aus Vokalphasen von gut verständlichen Wörtern.

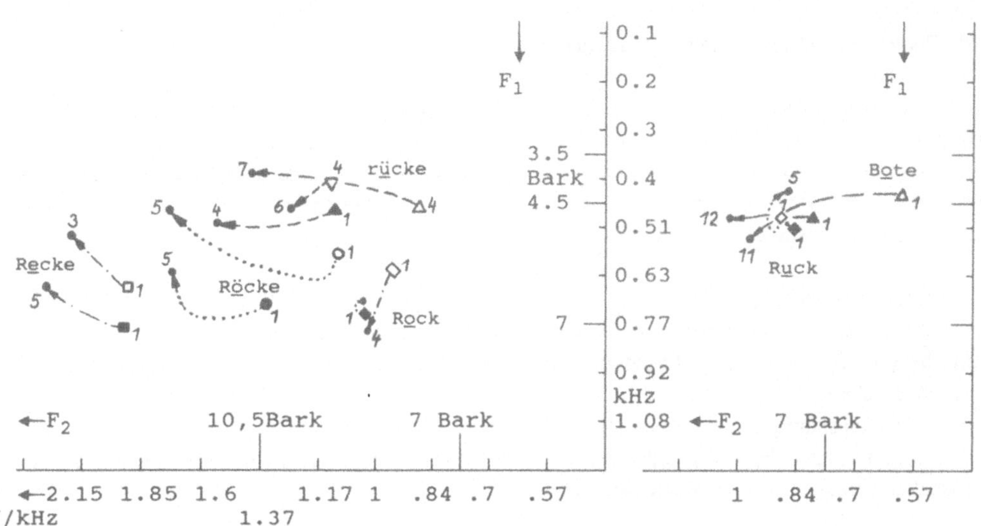

Bild 3. Formantzeitfunktionen aus Vokalphasen.
Meßbedingungen: LPC 13 Koeffizienten, 128 Punkte FFT, Fortsetzrate 16 ms;
die Zahlen bezeichnen die Nummer des Zeitfensters.
Sprecher 2 ♀; f_g ~ 220 - 260 Hz; offene Symbole Spr. Ri, geschlossene Symbole Spr. Fl.

Sprechbedingungen: isolierte Wörter, 2 ♀, f_g ~ 220 - 260 Hz, Wortdifferenzierung vornehmlich durch den 1. Vokal.
Hörbedingungen: 10 phonetisch nichtgeschulte Hörer, normale Umgebungsbedingungen, Einzelversuch.
Meßbedingungen: LPC, 13 Koeffizienten, 128 Punkte FFT, $f_{Abt.}$ = 10 kHz, Fortsetzrate 16 ms (die in Bild 3 angegebenen Zahlen bezeichnen die Nummer des Zeitfensters, vom Vokalanfang aus gezählt), Zeitfensterbreite 26 ms, Hanningfenster.

Die großen Toleranzen, die zwischen den individuellen Formantdarstellungen besonders der kurzen Vokale und den mittleren Formantpositionen nach Bild 1 zu verzeichnen sind, können, abgesehen von den nur unerheblichen sprachlichen Differenzen, auf folgende Einflüsse zurückgeführt werden:

a. Referenzmodell des Sprechers (Dialekt, Niveau des Sprachmodells).
b. Die Kommunikationssituation und die Kenntnis des Sprechers über den bzw. die Adressaten.
c. Die Worteigenschaft (z. B. Sinnwort, Funktionswort).
d. Die Lautposition im Wort (vordere bzw. betonte Vokale werden genauer artikuliert).

e. Die auf den Laut und die Lautposition bezogene Differenzierbarkeit, die erforderlich ist, um die Wortbedeutung sonst gleich aufgebauter Worte zu unterscheiden.

f. Die Rolle bzw. die Tragfähigkeit des Formantkonzepts bei der Perzeption.

g. Die Meßgenauigkeit und die Meßzeitpunkte.

h. Die zeitlichen Realisierungsbedingungen.

Alle diese Einflüsse werfen Fragen bzw. Probleme auf, die in der Frage kulminieren, inwieweit der hochorganisierte menschliche Perzeptionsapparat auf solche Bedingungen zu reagieren vermag.

4. Die Perzeption zeitinvarianter Vokalstrukturen

Identifikationsexperimente mit stationären, 200 - 400 ms langen synthetischen Reizen, die aus vereinzelten Harmonischen mit variierter Amplitude aufgebaut sind, belegen, daß Hörer auch unabhängig von einer formantorientierten Übertragungsfunktion - z. B. alle Harmonischen gleich groß bzw. nur eine Frequenz angeboten - Vokalurteile finden können. Die Vokalurteile und ihre Sicherheit werden dabei von vielen Randbedingungen beeinflußt, u. a. von:

- der Grundfrequenz f_g;
- der Anzahl der beteiligten Harmonischen - für geschlossene Vokale reichen bereits wenige Harmonische (2 - 3) zur sicheren Erkennung aus, offene Vokale erfordern dagegen mindestens 4 bis 6 Harmonische -;
- der Auftretenshäufigkeit einzelner Muster im Text;
- dem Kenntnisstand der Hörer über die phonetische Transkription (hier nicht vorgebildete Hörer können Vokalzuordnungen nur mit Buchstaben kodieren).

Bild 4 enthält die Ergebnisse einer Testserie, die mit ein- bzw. zweigipfligen Spektralstrukturen durchgeführt wurden [5]. Die u-o-Schwelle resultiert aus Reizkonfigurationen mit festgehaltener 1. Harmonischer f = 140 Hz und amplitudenvariierter 3. bzw. der 3. und 4. Harmonischen. Die anderen Lautschwellen (Schnittpunkte der Lautverständlichkeit bei ca. 50 %) ergeben sich über Spektren mit frequenzgruppengefilterten, zweigipfligen Spektralanteilen mit jeweils gleicher Lautheit. Die niederfrequente Komponente liegt pro Testreihe bei 1,5; 4,5; 6,5 oder 8,5 Bark, und die hochfrequente Komponente wird pro Testreihe zwischen 9,5 bis 16,5 Bark in der Frequenzlage variiert.

Wie eingehendere Untersuchungen zeigten [5, 6], gilt unterhalb von 10,5 Bark für die subjektive Vokalzuordnung vornehmlich das Dominanzprinzip (die Lage der maximalen Teillautheit im Merkmalband M_1 = 0 - 3,5 Bark oder M_2 = 3,5 - 7 Bark oder M_3 = 7 - 10,5 Bark differenziert Vokalentscheidungen). Oberhalb 10,5 Bark ist dagegen überwiegend die Tonheitslage eines Schwerpunktes der Teillautheiten von 10,5 bis ca. 20 Bark das maßgebliche Kriterium. Z. B. liegt die i/ü-Schwelle bei ca. z_s = 15 Bark.

Die in Bild 4 angegebenen Schwellen zeigen eine unterschiedliche Abhängigkeit von der Grundfrequenz f_g. Beispielsweise ist die i/ü-Schwelle frequenzunabhängig, während die u/o-Schwelle eine komplizierte Frequenzabhängigkeit besitzt. Werden Klänge mit jeweils variierter Grundfrequenz verwendet, in denen die 2. Harmonische um 15 dB größer als die benachbarten Harmonischen ist, dann liegt die 2. Harmonische mit sehr geringer Varianz nur bis f_g = 175 Hz, also bis 350 Hz, im u-Merkmalband [6]. Liegen dagegen die Amplitudendifferenzen zu den benachbarten Harmonischen unter 5 dB, so springt die u/o-Schwelle auf 520 Hz, d. h. bis f_g = 260 Hz (weibliche Stimme) liegt die 2. Harmonische nach [7] ebenfalls im u-Merkmalband. Genauere Untersuchungen hierzu stehen jedoch noch aus.

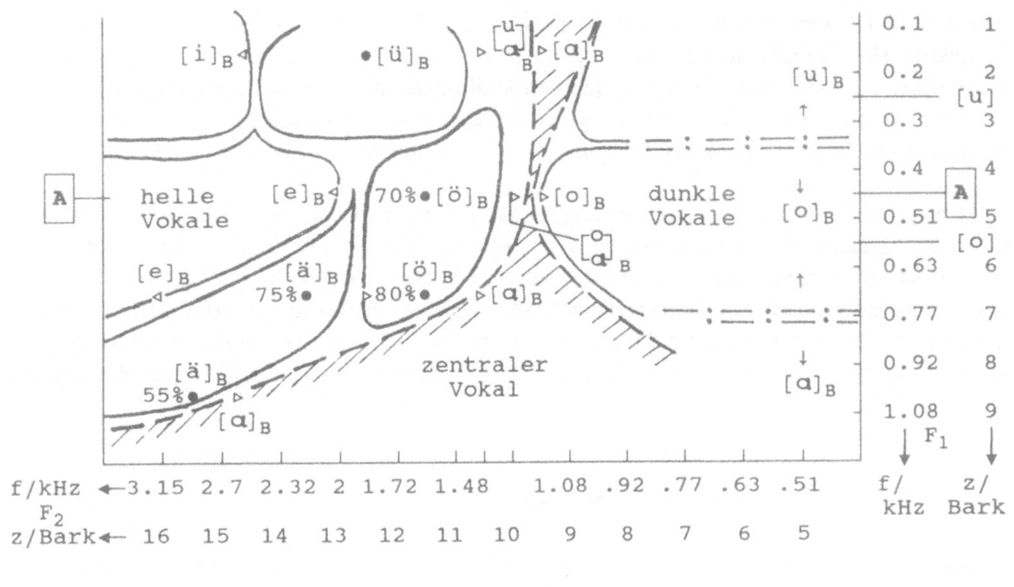

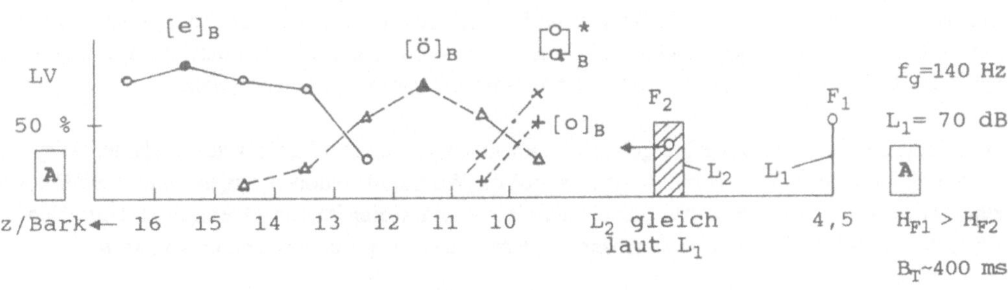

Bild 4. Verständlichkeitstest bei ein- und zweigipfligen
synthetischen Vokalstrukturen [5].

—·—·— eingipfliges Spektrum (3 - 4 Harmonische), f_g = 140 Hz

══════ zweigipfliges Spektrum, gleiche Lautheit der Maxima

5 Hörer, Kodierung der Reaktion durch Buchstaben

● Maximalwerte (Lautverständlichkeit LV); ◁, ▷ Randwerte ca. 50 % LV

*) Vokalgruppe erkennbar, o/α nicht unterscheidbar

Gegenüber Bild 1 weist Bild 4 zwei wesentliche Unterschiede auf. Zunächst ist zu ersehen, daß in Bild 4 subjektive Vokalzuordnungen in der gesamten F_1-F_2-Fläche (0,1 - 1 kHz; 0,5 - 3,5 kHz) gefunden werden können. Damit weisen die Konfigurationen der Klassenbereiche keine Leerstellen auf und zugleich ist deutlich, daß im Vergleich zu Bild 1 weniger Ähnlichkeitsrelationen zu phonemtypischen Mittelwertverteilungen, als vielmehr Trennebenenmechanismen die subjektive Vokalzuordnung bestimmen.

Weiter ist offensichtlich eine Untergliederung der [o, ö, e, ä]$_B$-Bereiche, auf der Basis von Buchstabenreaktionen, bezüglich der Phoneme [ʊ, ɔ, Y, œ, ɛ] nicht möglich. Für die subjektive Zuordnung der kurzen Vokale sind somit spektrale Kriterien nur dann bedeutsam, wenn weitere Bedingungen erfüllt sind. Auch in zeitlicher Hinsicht konnte bei weitergehenden Reizdaueruntersuchungen keine Spezialisierung der Schwellen zur Differenzierung der kurzen und langen Vokale gefunden werden. Eine Variation der Reizdauer zwischen 200 ms und 25 ms führte nicht auf eine systematische Schwellenverschiebung [5].

5. Analyse-Synthese-Experimente zu kurzen Vokalen

Zur weitergehenden Untersuchung der vokalischen Phänomene vor allem im Zusammenhang mit Mehrlautstrukturen erwies sich die Analyse-Synthese-Technik als ein geeignetes Mittel. Zur Signalgenerierung wurde das 4-Formantsystem TUSY 2 (Kaskadenschaltung) nach dem Prizip der Diphonsynthese angesteuert [8]. Die Editierung der Signalstrukturen wurde durch Vokalbeschreibungen nach Bild 1 und Bild 4 unterstützt, wie auch mittels DFT-, LPC- und anderer Analysen natürlicher Signale.

Da die Reproduzierbarkeit der Hörergebnisse in erheblichem Maße von der hochentwickelten Adaptions- und Lernfähigkeit der Hörer beeinflußt wird, waren die Wortkonstruktionen, angelehnt an die Wörter des Freiburger Diskriminationstests [9], zumeist durch ungeübte Hörer im Einzelversuch zu beurteilen. Bei Übereinstimmung von 3 und mehr unabhängigen Höreraussagen wurde das Ergebnis gewertet.

5.1. Darstellung kurzer Vokale durch Verkürzung von deutschen Langvokalen

Nach Bild 1 korrespondieren die F_1-F_2-Muster, abgesehen von [ɛ] und [æ], überwiegend mit den Schwellen nach Bild 4. In sonagraphische Abbildungen der Syntheseparameter (F_1, F_2)$_s$ lassen sich deshalb unmittelbar Orientierungslinien eintragen (Bild 5), die Schwellen nach Bild 4 entsprechen. Werden zunächst die Kurzvokale aus den Langvokalen über eine Verkürzung der Lautdauer - von 8 mal 16,8 ms auf 4 mal 16,8 ms - abgeleitet, so tendiert der Höreindruck über die Wortkonstruktionen in Richtung der Vokale, die als Langvokale einen niederfrequenteren F_1-Formanten besitzen, z. B. e | $_{kurz}$ → [i]$_B$, o | $_{kurz}$ → [u]$_B$. Diese Tendenz ist jedoch nicht sehr ausgeprägt. Gleichzeitig sinkt die Lautverständlichkeit der vokalischen Randkonsonanten, so daß die Wortverständlichkeit für ungeübte Hörer erheblich beeinträchtigt wird.

5.2. Korrektur der Formanten für kurze Vokale

Eine Verbesserung der Wortverständlichkeit der Wörter mit kurzen Vokalen, die sowohl die Erkennbarkeit der Vokale und auch die der Konsonanten betrifft, ergibt sich nach Einführung von Formantpositionen, etwa nach Bild 1, z. B. [ʊ] f_g = 110 Hz, F_1 = 450 Hz, F_2 = 1 kHz; [I] f_g = 110 Hz, F_1 = 450 Hz, F_2 = 2,3 kHz. Da eine zeitliche Eliminierung der Vokalsegmente dann wieder zum Höreindruck der hier positionierten Langvokale führt, z. B. $[\upsilon]_{\text{segmentiert}} \to [o]_B$, $[I]_{\text{segmentiert}} \to [e]_B$ bzw. $[\ddot{o}]_B$, belegen solche Ergebnisse, daß die <u>kurzen deutschen Vokale</u>, ähnlich den meisten Konsonanten, <u>unselbständige Laute</u> sind.

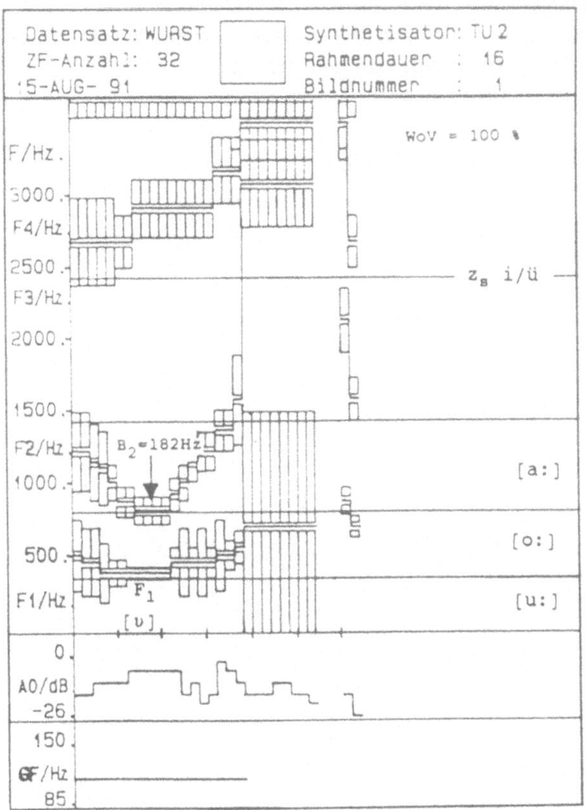

Bild 5. Sonagramm von Datensätzen
zur Ansteuerung eines Formantsynthetisators.

5.3 Zur Artikulation deutscher kurzer Vokale

Während die Langvokale von der Stabilität der individuellen, zumeist quasistationären Formanten und der jeweiligen Dauer - im Minimalfall 120 ms - her die Charakteristik eines individuellen Bezugssystems annehmen, zeigen die häufigeren Kurzvokale ein ausgesprochen dynamisches Verhalten (Koartikulation). Ihre spektrale Struktur wird von der Lautdauer und den Randkonsonanten erheblich beeinflußt. Die Lautdauer - im Minimalfall 60 ms - richtet sich nach der Dauer der im Umfeld auftretenden Langvokale etwa nach der Beziehung: Kurzvokaldauer $\approx$ 0,5 Langvokaldauer.

Wie auch das Beispiel nach Bild 6 - ausgewählte Vokal-Kurzzeitspektren von Wörtern entsprechend Bild 3 - verdeutlicht, verändert sich das Kurzzeitspektrum des Kurzvokals gegenüber dem Spektrum des vergleichbaren Langvokals dahingehend, daß die beiden vokalbestimmenden Phasen (30 ms nach dem vorderen Gradientenmaximum der Enveloppe und 30 ms vor dem rückwärtigen Gradientenmaximum) unterschiedlich ausgebildet sind. Abgesehen von den Randkonsonanten, die entsprechende Modifikationen verstärken oder abschwächen, werden in der 1. Vokalphase die distinktiven nieder- und hochfrequenteren Spektralanteile prägnanter dargestellt. Damit korrespondiert:

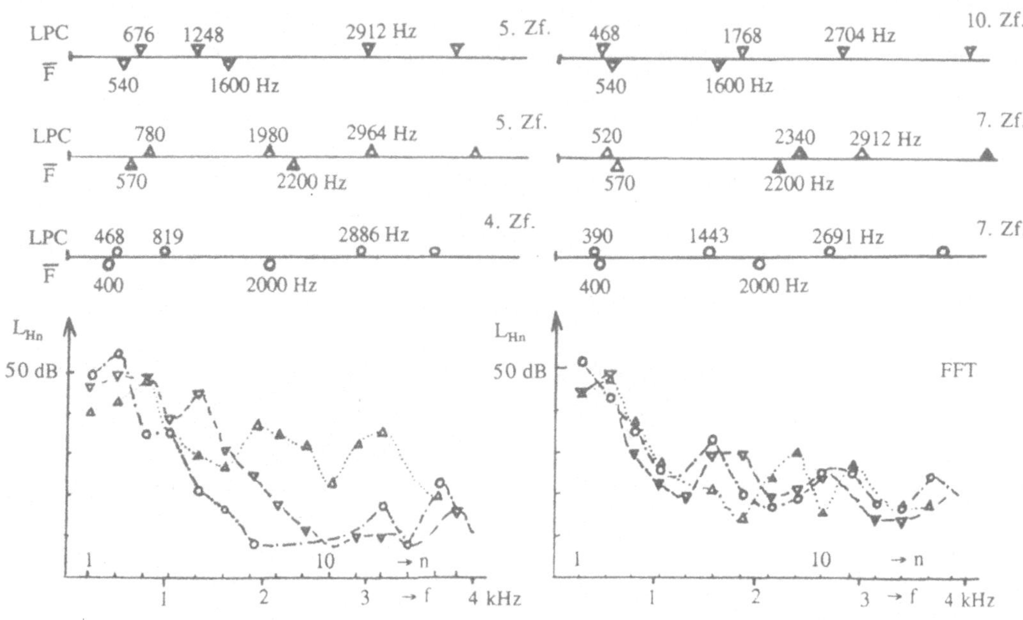

a. Zeitfenster nach dem initialen
   Gradientenmaximum

b. Zeitfenster vor dem finalen
   Gradientenmaximum

Bild 6. Kurzzeitspektren der Kurzvokale aus [rʏkə, rœkə, rɛkə], ♀, f_g ~ 260 Hz.
LPC 13 Koeffizienten, 128 Punkte FFT, f_A = 10 kHz, Zf = 26 ms, Fortsetzrate 16 ms;
FFT 256 Punkte, Fortsetzrate 16 ms; $\overline{F}$ ~ Formantmittelwerte, weiblicher Sprecher [2];
O ▲ [ʏ]; △ ▲ [ɛ]; ▽ ▲ [œ].

1. eine F_1-Position der kurzen Vokale, die signifikant oberhalb der entsprechenden Langvokale liegt. Diese Verschiebung vergrößert sich mit der Verkürzung der Lautdauer und bei Anwesenheit eines Initialkonsonanten mit ausgebildetem F_1-Formanten; z. B. bei [n, m, l] (Koartikulationsspeichereffekt).
2. daß, besonders bei Umlauten, der F_2-Formant in Abhängigkeit von den Initialkonsonanten auch zur Ausbildung des niederfrequenten Spektralmaximums der Vokale herangezogen werden kann.
3. daß das hochfrequentere Spektralmaximum, gestützt auf F_3 und F_4, höherfrequente Werte annimmt.

In der Vokalendphase nähern sich dann, wie in den Fällen nach Bild 6, die Formantlagen der Kurzvokale zumeist wieder denen der Langvokale.

Werden die Kurzzeitspektren der Initialphase und der Finalphase miteinander verglichen, so ergibt sich in der Initialphase eine wesentlich deutlichere Vokaldifferenzierung. Diese bezieht sich jedoch weniger auf die Ausbildung charakteristischer Formantstrukturen als vielmehr auf die von den einzelnen Harmonischen getragene Spektralhülle, die Gestaltfunktion.

Wie genauere Untersuchungen zeigen [7], ist auch das Vokalmodell, das die Lautheit in Merkmalbändern beachtet, nur bedingt in der Lage, die subjektiv mögliche Vokaldifferenzierung bei kurzen Vokalen adäquat zu beschreiben. Damit ist offensichtlich der Perzeptionsapparat in der Lage, unter relationalen Bedingungen, in Zeitfenstern von 30 ms, eine genauere Bestimmung der Lautheitsbeiträge einzelner Harmonischer vornehmen zu können. Bei weiblichen Stimmen sind solche Effekte besonders gut zu beobachten.

6. Resümé

Es werden Ergebnisse zur Vokalperzeption und Vokalbeschreibung vorgestellt, die sich auf analytische und synthetische Untersuchungen stützen. Besonderer Gegenstand ist die Charakterisierung der kurzen deutschen Vokale. Im Einzelnen werden folgende Aussagen getroffen:

- Die kurzen deutschen Vokale sind unselbständige Laute, deren beabsichtigte Zuordnung nur in dem zugehörigen Konsonantenkontext erkannt werden kann.

- Gegenüber den Langvokalen besitzen die Kurzvokale eine ausgeprägt dynamische Struktur.

- Überindividuelle Formantmittelwertbeschreibungen, wie auch über einen Laut gemittelte Formantbeschreibungen, sind nur für Langvokale hinreichend tragfähig.

- Das Vokalmodell, das auf der Lautheitsdifferenzierung zwischen Merkmalbändern beruht, läßt zwar für Langvokale eine sehr hohe Erkennungssicherheit zu, leistet aber bei Kurzvokalen noch keine der menschlichen Hörfähigkeit angemessene Differenzierung.

- Um bei kurzen Vokalen die Zuordnungssicherheit eines Perzipienten zu erreichen, ist es notwendig, den Konsonantenkontext zu berücksichtigen und die subjektive Gestaltfunktion der Spektralhülle in Zeitfenstern von 30 ms zu bestimmen.

7. Literatur

[1]   Tscheschner, W.: Analyse- und Synthesetechnologie bei akustischen Sprachsignalen. Studientexte zur Sprachkommunikation H. 7 (1990), S. 4 - 24, Technische Universität Dresden.

[2]   Fant, G.: Non-uniform vowel normalisation. Stockholm: Speech Transm. Lab. QPSR (1975) 2 - 3, S. 1 - 19.

[3]   Jivonen, A.; Toivonen, R.: Computer in der psychoakustischen Analyse und Repräsentation der Vokale und Vokalsysteme. Wiss. Beiträge der MLU Halle-Wittenberg (1990) 36, F 98, S. 34 - 37.

[4]   Martin, M.: Besonderheiten des Säuglingsschreis beim Spaltträger. Diss. A, KMU Leipzig 1989.

[5]   Ose, R.: Extraktion von Merkmalen zur Vokalklassifikation. Diss. A, Technische Universität Dresden 1984.

[6]   Adam, N.: Prinzipien bei der subjektiven Klassifikation von Vokalen. Diss. A, Technische Universität Dresden 1974.

[7]   Wissel, H.: Vokalperzeption im dynamischen Fall. Diplomarbeit, Technische Universität Dresden 1988, Bereich Akustik und Meßtechnik.

[8]   Wirth, A.: Ein Experimentiersystem für synthetische Sprachstrukturen. Diss. A, Technische Universität Dresden 1991.

[9]   Hahlbrock, K.-H.: Sprachaudiometrie. Georg Thieme Verlag, Stuttgart 1970.

Prosodic phonology and its role in the
processing of written language

Richard Wiese

Seminar für Allgemeine Sprachwissenschaft
Heinrich-Heine-Universität Düsseldorf
Universitätsstr. 1, D-4000 Düsseldorf 1
wiese@ze8.rz.uni-duesseldorf.de

Abstract

Computational systems for the processing of natural language regularly make use of syntactic, semantic and pragmatic knowledge as components of such systems. Contrary to common assumptions, however, *phonological* knowledge must be an integral part of intelligent language processing systems as well, even if written rather than spoken language is the domain of such a system. The specific examples used in this study come from a class of widespread "deletion" phenomena in German. It appears that the regularities behind these phenomena require information about the phonological word, the phonological phrase and the intonational phrase. As these categories are well-established parts of the prosodic hierarchy, they are phonological entities necessarily involved in the processing of language, be it spoken or written.

Zusammenfassung

Studien zu Computersystemen zur Verarbeitung natürlicher Sprache betonen im Allgemeinen die Bedeutung syntaktischen, semantischen und pragmatischen Wissens als Komponenten der Systeme. Entgegen einer verbreiteten Auffassung muß jedoch auch *phonologisches* Wissen ein Bestandteil natürlichsprachlicher Systeme sein, sogar wenn geschriebene und nicht gesprochene Sprache Gegenstand der Verarbeitung ist. Diese These illustriere ich anhand eines in der deutschen Sprache verbreiteten Tilgungsphänomens. Die Regularitäten hinter diesen Fakten verlangen die Verfügbarkeit des phonologischen Wortes, der phonologische Phrase und der Intonationsphrase. Diese generell gut motivierten prosodischen Kategorien sind phonologische Größen, die generell für die Sprachverarbeitung zur Verfügung stehen müssen.

1. The neglect of phonology[1]

Research on natural language processing (NLP) aims at giving an explicit and formal account of the mechanisms and knowledge bases which are required for the complex task of producing or understanding language in a comprehensive way. It is the received, though perhaps not universally accepted view that linguistics has something to offer for this enterprise, as this dis-

---

1) Research reported in this study was supported by the grant "Theorie des Lexikons" (SFB 282) from the *Deutsche Forschungsgemeinschaft*. I thank Josef Bayer, Tracy Hall, Joachim Jacobs, James Kilbury, Paul Kiparsky, Robert Ladd, Ewald Lang, Ursula Kleinhenz and Renate Raffelsiefen for very useful discussions.

cipline characterizes the language-specific knowledge bases which define linguistic entities such as sentences or words. That is, syntactic, semantic and pragmatic regularities, as these are described in linguistic work, are implemented in computational natural language systems.

The part of linguistic knowledge called *phonology* plays a different role, however. It seems to be the generally accepted view that phonology, as that subdiscipline of linguistics which treats systematic aspects of sound structure, can safely be ignored in natural language processing studies - as long as spoken language (speech) is not the object of the research or development work. Countless examples of this view could be given: Grosz/Sparck Jones/Webber (1985), for example, treat syntactic models, semantic interpretation, and discourse interpretation as linguistic domains to be covered in NLP, but fail even to mention phonological aspects. Similarly, Günthner/Lehmann (1986) survey NLP studies and explicitly see syntax, semantics and pragmatics as contributions of theoretical linguistics. Given the place of phonology in both traditional and modern linguistics, the fact that phonology is not mentioned by these authors is hardly accidental.[2]

Recent textbooks, such as Krulee (1991) or Smith (1991), also explicitly convey to the student the conviction that phonology is about spoken language and may be put aside as long as written texts are studied and processed.[3]

In the following, I will dispute the view that, as a matter of course, phonology is only relevant in the processing of spoken language. Rather, *if* linguistics has something to offer to NLP, then phonology must be considered alongside other domains of linguistics. I will show that any language processing system that attempts to parse or generate a wide range of linguistic structures requires (a subset of) phonological knowledge to be available for computation.

In this study, the distribution of particular "gaps" found in German as in the examples under (1) is scrutinized. In these rather frequent cases, the dash in the orthography indicates a missing element which is identical to another element further to the right or left.

(1) mütter- und väterlich, Sachsen entwickelte sich vom Herzog- zum Königtum, Ostersonn-
    tag oder -montag, Psycho- oder Soziolinguistik

Building on an analysis proposed by Booij (1985), I will conclude that such examples demonstrate that:

- the missing unit must be the phonological word,
- there must be a phonological operation of Word Deletion,
- contextual conditions for this operation are provided by a configuration in terms of the phonological phrase and the intonational phrase,
- syntax and morphology play only an indirect role in the account of such examples by providing the input for prosodic structure formation.

---

2) The role of morphology in NLP would require a more differentiated discussion. For some authors, 'syntax' is a cover term for the description of word-internal and sentence-internal structure.

3) This is not to say that phonology is neglected to an equal extent in the works mentioned.

2. The prosodic hierarchy

In present-day phonology, use is made of a number of prosodic categories arranged in a hierarchical way not unlike the tree structures familiar from syntax.[4] In (2) I specify such a hierarchy of phonological constituents. The specific constituents here are a subset of those proposed in the literature, as by Nespor & Vogel (1986). Clearly, the hierarchy extends below the syllable level, and other categories higher in the hierarchy may exist as well.

(2) *The hierarchy of prosodic constituents:*

$$\begin{array}{c} \text{intonational phrase} \\ | \\ \text{phonological phrase} \\ | \\ \text{phonological word} \\ | \\ \text{foot} \\ | \\ \text{syllable} \\ \triangle \end{array}$$

The discussion here will concentrate on the three top-level categories, the phonological word, the phonological phrase, and the intonational phrase.[5] The relevance of these categories for the description of deletion phenomena will become apparent shortly.

3. Deletion in German

Consider the following sets of expressions in German, in which a missing element is again indicated by a dash. There is always, in the same phrase, an element identical to the unit intended at the deletion position. This element is highlighted in (3) and later by the use of bold face.

(3) a. Tief- und Hoch**ebenen**, konsonant- oder schwa**final**, Herbst- und Frühlings**blumen**, termin- und qualitäts**gerecht**

   b. mütter- und väter**lich**, Heiser- oder **Übel**keit, Ritter- und Bauern**schaft**, Piraten- und Banausen**tum**

   c. Ur- oder **Urur**oma, Psycho- und Sozio**linguistik**, Über- oder **Unter**bau, pro- und anti**amerikanisch**

(3a) contains conjoined compounds in which the right part of the left-hand compound is deleted. But the examples in (3b) demonstrate that the same type of deletion is also possible for at least some non-compound words - with a missing derivational suffix. In (3c), the left-over element is itself a prefix. These examples also demonstrate that the deleted parts may themselves be morphologically complex.

The obvious hypothesis that words or morphemes may always be deleted in compounds if there is an identical element in the compound further to the right, is wrong, however. Constructions as in (4a) are absolutely impossible, though morphologically there is no difference

---

4) There are clear differences, though. Phonological categories, for example, are apparently unable to enter into a recursive relationship.

5) These prosodic categories as well as the ones not treated here are discussed more fully in Wiese (1992).

between, say, *Heiser+keit* and *Versicher+ung*. Complex words such as these are different, however, in their syllabification. In the former word, the syllable boundary coincides with the morpheme boundary, while in the latter word the two boundaries do not coincide; see *Versi-che.r+ung*.[6] This observation might lead to the hypothesis that the deleted elements must be the complete syllables to which the morphemes belong. But the respective deletions, given in (4b), are ungrammatical as well. Cases as in (4c) make the apparent paradox complete, since syllables not corresponding to a morpheme are again not deletable.[7]

(4) a. *winz- oder riesig, *Komponist- und Lehrerin, *Versicher- und Verwaltungen, *maler- und romantisch

    b. *zor- und launig, *male- oder wähler+isch, *Verwal- und Bearbeit+ung,

    c. *Dan- oder Leipzig, *Va- und Mutti

It is important to distinguish the markedly ungrammatical forms as in (4) from those expressions which should allow for deletions but do only marginally as those in (5a). These forms should be as acceptable as those in (3), but seem somewhat marginal and less acceptable than the expressions in (5b). I will argue below that this lack of acceptability is different in nature from that visible in the examples in (4).

(5) a. ?freund- oder feindlich, ?sach- und ehrlich

    b. Freundes- oder Feindeshand, sach- und fachgerecht

In order to see the whole extent of the possibilities of this type of deletion in German, more cases have to be considered. First, as shown in (6), not only the right parts in the left-hand coordinate can be deleted, but also the mirror-image element, the left part of a right-hand coordinate. Again, free as well as bound morphemes are subject to deletion.

(6) a. **Oster**sonntag oder -montag, **Pfeifen**reiniger und -tabak

    b. **Ur**oma und -opa, **Pseudo**argumente und -lösungen

A second observation is that it is not the case, as various authors have assumed, that the deletion is restricted to coordinative constructions. In (7), examples are presented in which such deletions occur in other environments. I submit that the frequency and ease of deletion in coordinative constructions simply follows from the fact that identical elements are most likely to be found in coordination, since in all other constructions typically words of different status are combined, as a noun with a verb, an adjective with a noun, etc.

(7) a. Sachsen entwickelte sich vom Herzog- zum Kurfürstentum,

    b. Formen wir den Aktiv- in einen Passivsatz um,

    c. ... übernahm zum Fraktions- auch noch den Landesvorsitz.

In (8), further examples are presented which may be used to argue against a syntactic description of the phenomenon in question. In (8a), *saft* is not a syntactic constituent according to current theories of syntax, and, even more dramatically, *saft trinkt*, the deleted part of (8b), is a string cutting across a major constituent boundary of the first clause. This sentence may also exemplify that deletion may apply more than once.

---

6) I use '+' to denote morpheme boundaries and '.' to denote syllable boundaries.

7) This does not exclude the possibility of using such forms as puns.

(8) a. [Peters Apfel-] [und Annas Orangen**saft**]

    b. [Wenn Peter Apfel- -] [und Anna Orangen**saft trinkt.**]

I will leave open the question whether other well-studied types of "deletion" such as those of verb gapping *(Peter trinkt Apfelsaft und Anna Orangensaft,* see, e.g., Ross 1970) are to be covered by the analysis proposed here, or whether they are of a different nature.

4. The phonological word

The hypothesis I will pursue now, before turning to a description of the context of the deletion, is that the deleted item is to be identified as the *phonological word.* This element of the prosodic hierarchy specified in (2) is defined as in (9). The basic idea is that the prosodic constituent structure is established on the basis of morphological information, but is not isomorphic to the morpho-syntactic structure. The approach also assigns phonological words (and other prosodic categories) by rule, since their presence is largely predictable from other information. I assume that the distinction between free and bound morphemes is encoded in lexical entries, for example in such a way that bound morphemes have subcategorization frames.

(9) *Phonological word construction:*

    a. A phonological word $_\omega\{$ $\}$ is assigned in correspondence to each free morpheme, to each prefix, and to each suffix beginning in a segmental sequence of [+ cons.] [- cons.].

    b. Remaining material is adjoined to the preceding ω.

(9a) is the basic rule mapping morphological structures onto phonological words. As the deletion data and other regularities mentioned below illustrate, suffixes of German beginning with a vowel or consisting of a single segment (consonant or vowel) behave different from those with an initial consonant followed by a vowel.[8] The present theory captures this difference by denying ω-hood to the former class of suffixes, to which *-ung, -ig, -iv, -or, -ier,* and others belong. (9b) is simply a mechanism ensuring that all segments are eventually integrated into the hierarchy. The operation of (9) is illustrated in (10) and (11), the examples showing the different status of the suffixes *-ung* and *-lich.*

(10) a. [[Ver] [sicher] [ung] en]   morphemes
    b. {Ver} {sicher} ung en   Assignment of phonological words, (9a)
    c. {Ver} {sicherungen}   Adjunction of remaining material

(11) a. [[lieb] [lich] er]   morphemes
    b. {lieb} {lich} er   Assignment of phonological words, (9a)
    c. {lieb} {licher}   Adjunction of remaining material

Prefixes, as *ver-* in (10), are at least partly phonological words, as witnessed by their deletability in **prowestlich** *und -kapitalistisch.* A closer study must however consider the role of stress in these cases. (The potential confusion arising in spoken language through local ambi-

---

8) Inflectional suffixes are never morphemes of the type required by (9a); therefore they cannot qualify as phonological words.

guity is discussed in § 6.) Prefixes also behave like other phonological words with respect to the next regularity, which I take as independent evidence for the claims made here.

Consider the syllabification of German words as illustrated in (12). A syllable boundary always co-occurs with an internal compound boundary, as in (12a). But consonant-initial suffixes (12b) and prefixes (12c) also constitute domains of syllabification of their own. *U.roma, etc. are ungrammatical, in spite of the general tendency to maximize syllable onsets, and not codas.

(12) *Syllabification of complex words:*
    a. Tier.+art, Tief.+ebene, Stand.+uhr
    b. täg.+lich, Sträf.+ling, farb.+los
    c. Ur.+oma, Ver.+antwortung, Un.+art
    d. kin.d+isch, far.b+ig, Ach.t+ung
    e. Kin.d+er, le.b+en, Män.n+er+n

The important point is that the suffixes not granted the status of a phonological word by (9) are syllabified together with the preceding material, as (12d) and (12e) show. This fact is accounted for if a) we postulate that the phonological word is a domain within which syllabification in German takes place, and, if b) the phonological word is defined as in (9). In other words, syllabification provides independent evidence for the phonological word as proposed above.

I have now demonstrated that the proposed notion of the phonological word not only characterizes the deletable material in a uniform way, but that it is a unit needed independently. Thus, the argument that it is always the phonological word which is deleted is reasonably complete. We may propose that German has a rule of Word Deletion as part of its phonology which can be formulated as in (13). At this point, we leave open the exact nature of the phrase referred to in the conditions.

(13) *Word Deletion* (optional):
    Delete a phonological word ω_i,
    - if ω_i occurs adjacent to a phrase boundary of its phrase,
    - if ω_i also occurs within the phrase adjacent to the phrase boundary.

The second of the two conditions is amply motivated by all of the examples given above; cf. also the contrast between *Uroma und -opa* and **-oma und Uropa*, which illustrates that the adjacent phrase must indeed be adjacent to that phrase boundary at which the deleted item is situated. The first condition in (13) is necessary because of the general unacceptability of examples as in (14a). Furthermore, as (14b-d) demonstrates, words may be deleted successively, assuming that each deletion places a new word into phrase-final position. Note that this analysis presupposes that gapping constructions do indeed fall under the rule of Word Deletion studied here.

(14) a. *[Der Apfel- von Peter] [und der Orangensaft von Anna]
     b. [Weil er den Apfelsaft getrunken -] [und den Orangensaft getrunken hat].
     c. [Weil er den Apfelsaft - -] [und den Orangensaft getrunken hat].
     d. [Weil er den Apfel- - -] [und den Orangensaft getrunken hat].

To return briefly to the questionable examples of (5), we can now note that there may be a prosodic condition on the part remaining after deletion. Examples in which this part is monosyllabic (see *sach*, *freund*, etc.) seem less acceptable than those in which the remaining part is at least bisyllabic – if the deleted item is a suffix. This aspect requires further study.

Another argument for the phonological nature of the deletion derives from the fact that identity between the two items in morphological (and thereby semantic) features is not required. As has been noted in earlier studies, what matters is the phonological identity. In (15a), the morphological mis-match between the accusative marking on the deleted *schaft+en* and the dative marking on its partner is irrelevant. In the same morpho-syntactic constellation, deletion is not possible if a difference in marking ([ə] vs. [ən] in (15b)) is found. (There is, however, a liberal dialect in which (15b) is (just) acceptable.) The irrelevance of case features *as such* is again shown by the possibility of deletion in (15c, d).

(15) a. Wir müssen die Ritter-$_{acc}$ von den Bauern**schaften**$_{dat}$ unterscheiden.
  b. *Wir müssen die Frage-$_{acc}$ von den Aussage**sätzen**$_{dat}$ unterscheiden.
  c. Weil Leitungs-$_{nom}$ von Mineral**wasser**$_{dat}$ zu unterscheiden ist, ...
  d. Wir müssen Leitungs-$_{acc}$ von Mineral**wasser**$_{dat}$ unterscheiden.

This phonological account of the deletion phenomena contrasts with earlier attempts of a syntactic treatment. These latter accounts are subject to at least two problems: First, word-internal elements have to be accessible to syntactic rules, in contrast to the general belief that the syntactic word is the terminal unit the parts of which cannot be manipulated by syntactic rules. Second, as Eisenberg (1973) has pointed out, the identity condition is one of *phonological* identity. Therefore, syntax must be given the power of using phonological information.

No such problems arise in the present account. The deleted item is dominated by a genuine category of the prosodic hierarchy; and the phonological rule is naturally the subject of phonological domain conditions. A further interesting theoretical consequence of the proposal is that it might be possible, as many have argued, to do away with formal operations such as deletions in syntax, but not in phonology. The characterization of the phrase boundaries indicated in (8) and (14) is the remaining major task to which I now turn.

5. The phonological phrase

Driving the analysis proposed above to its consequences, I will pursue the idea that the contexts for Word Deletion must also be described in phonological terms. We have already seen that the restriction of deletion to coordinative structures is only apparent. Furthermore, the phrases in which the two identical items (phonological words) are contained are of various kinds and enter different relationships to each other. This fact casts a first doubt on their syntactic nature.

Consider, instead, the type of phrase dominating the phonological word in the prosodic hierarchy (2). The phonological phrase is generally regarded as a unit consisting of one major class word plus surrounding material such as function words. However, there is a certain degree of freedom in constructing phonological phrases from syntactic phrases, such that not all major class words must correspond to a phonological phrase. This characterization of the phonological phrase, which must be made more precise eventually, can be illustrated for a moderately complex sentence as in (15), where a portion of the prosodic hierarchy is specified. Note that the option has been taken of integrating *alte* and *Mann* in a single phonological phrase (φ).

(15)

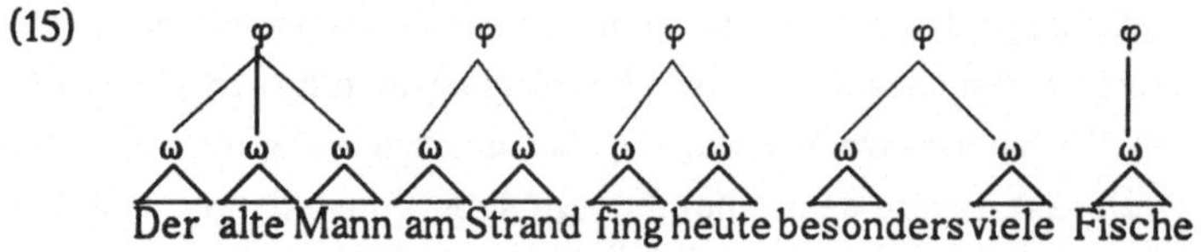

Starting from this notion of φ, one of the examples from (7) will have the prosodic structure in (16). On the basis of this structure, it appears that deleted items, i. e., phonological words, must be final (or initial) in a phonological phrase, while the identical counterpart is part of an adjacent phonological phrase. This configuration, to be revised below, is sketched in (17).

(16)

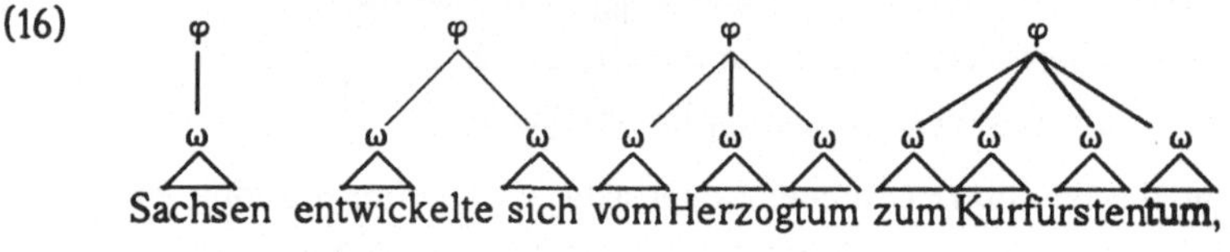

(17) *Context for Word Deletion:*   a. ... ω_i]$_\varphi$ $_\varphi$[... ω_i ...
$\downarrow$
$\emptyset$

b. ... ω_i ...]$_\varphi$ $_\varphi$[ω_i ...
$\downarrow$
$\emptyset$

The requirement of adjacency of phonological phrases can be justified by the unacceptability of the deletion in (18). Here, the phrase *seine Macht* standing between the two relevant phrases makes deletion impossible.

(18) *... [dem Herzog-] [seine Macht] [über das Kurfürstentum]

To formulate the context condition for the deletion in terms of the phonological phrase is a satisfactory result, since it gives a uniform context for Word Deletion, and furthermore requires access to one type of information only, namely a portion of the prosodic hierarchy. As we will see in the next section, however, there is more to be said about the prosodic context of deletion.

6. The intonational phrase

It turns out that not all identical phonological words appearing in adjacent phonological phrases may be deleted. Consider the examples in (19). The two complex nouns *Herbstblumen* and *Frühlingsblumen* are in two adjacent phrases (if not in (19a), then certainly in (19b)), yet deletion of *blumen* leads to a clearly unacceptable sentence.

(19) a. *[Er liebt alle Herbst-], [die sich von Frühlingsblumen unterscheiden.]
    b. *[Er liebt die Herbst-], [weil Frühlingsblumen so schnell verblühen.]

The difference between sentences of this type and those presented earlier is that there is another, superordinate, prosodic boundary between the two items involved: the boundary of an intonational phrase. The prosodic structure of (19b), and probably (19a) as well, is not the one indicated in (20a), but the one in (20b), with 'I' indicating the intonational phrase boundaries. Subordinated sentences, at least if containing a finite verb form, correspond to one (or more) intonational phrase.

(20) a. $[\dots [\text{blumen}]_\omega]_\varphi \quad [[\text{weil}]_\omega [\text{Frühlings}]_\omega [\text{blumen}]_\omega]_\varphi$

     b. $[[\dots [\text{blumen}]_\omega]_\varphi]_I [[[\text{weil}]_\omega [\text{Frühlings}]_\omega [\text{blumen}]_\omega]_\varphi \dots]_I$

This observation leads to an analysis in which it is not simple adjacency of phonological phrases which provides the relevant context, but an adjacency within a single intonational phrase. The context for Word Deletion, in complete form, must be characterized as in (21).

(21) *Context for Word Deletion*:   a. $[[\dots \underset{\underset{\emptyset}{\downarrow}}{\omega_i}]_\varphi \ [\dots \omega_i \dots]_\varphi]_I$

             b. $[[\dots \omega_i \dots]_\varphi \ [\underset{\underset{\emptyset}{\downarrow}}{\omega_i} \dots]_\varphi]_I$

With this statement the analysis of deletion in German is complete. On the descriptive level, I have proposed that it is a prosodic constituent which can be deleted, and that the two constituents dominating the former unit provide the context condition for the deletability. To be sure, there are open ends and remaining questions. Two such major questions are the precise definitions of phonological and intonational phrases and the extent of the phonological (vs. non-phonological) type of deletion.

7. Conclusions

For the linguist/phonologist, the regularities *of* the type of gap studied here provide much-needed structural evidence for higher-level prosodic categories, in particular the phonological word, the phonological phrase, and the intonational phrase. The analysis of the deletion phenomena supports models which postulate a rather rich system of prosodic categories with evidence from Modern Standard German.

But beyond the purely linguistic significance, the analysis presented above, if it proves to be close to the correct one, sheds some light on the relevance of phonology for NLP. First, there seems to be no way of neglecting the existence of the deletion constructions in written German. Cases as the one illustrated in the present paper are far from rare. Moreover, it seems to be the case that such constructions occur more often in written than in spoken language. This is so since local ambiguities may arise in the processing of such utterances in spoken language.

Consider the first example, *mütter- und väterlich*. Up to the point at which *-lich* is processed, a wrong parsing of the phrase is possible, and often likely, namely as a conjunction of noun phrases. The complete form *mütterlich und väterlich* prevents such a misparsing with subsequent backtracking. This parsing problem is certainly another reason why not all examples used above are immediately accepted by native speakers.

Nevertheless, in written German deletions are rather frequent. As all of the examples above show, the dash representing the missing element removes the ambiguity in written German.

On the other hand, the corresponding full forms are simply less concise and more redundant. In short, gap constructions by their very nature are a typical and useful feature of the written language.

This confirms the view that we are dealing here with a central aspect of phonology in written German.[9] Any system attempting to handle the full range of German written sentences must therefore have access to prosodic structures. The deletion phenomena are certainly not the only cases in which prosody plays a role. Line-final word division, e.g., comes to mind as a clear example of syllable-related processing of written language. But the dependance of deletion on higher order prosodic categories is a dramatic example of the extent to which phonology is involved in the grammar of a language, and, thereby, in the processing of this language.

The deletion facts pose different problems for systems dealing with production or with understanding of language. For a production system, it seems inevitable that it be able to compute the full range of prosodic structures, if we require a system to be able to identify items which may be deleted. For a language understanding system, the convention in German orthography of inserting a dash to indicate a deleted item, is of considerable help. Nevertheless, it is still necessary to find the right non-deleted counterpart. And both to determine what a possible candidate is, and to delineate the domain within which these candidates can occur, it is necessary to refer to the prosodic structures discussed above. Not relying on the restrictions provided by these structural configurations would enlarge the search space considerably.

8. References

Booij, G. E. (1985) Coordination reduction in complex words: A case for prosodic phonology. In: H. van der Hulst & N. Smith (eds.) *Advances in Non-linear Phonology*. Dordrecht: Foris, 143-160.

Eisenberg, P. (1973) A note on "identity of constituents". *Linguistic Inquiry* 4, 417-420.

Grosz, B. & K. Sparck Jones & B. Lynn Webber, eds. (1986) *Readings in Natural Language Processing*. Los Altos, CA: Kaufman.

Guenthner, F. & H. Lehmann (1986): Verarbeitung natürlicher Sprache - ein Überblick. *Informatik-Spektrum* 9, 162-173.

Krulee, G. K. (1991) *Computer Processing of Natural Language*. Englewood Cliffs, N. J.: Prentice Hall.

Nespor, M. & I. Vogel (1986) *Prosodic Phonology*. Dordrecht: Foris.

Ross, J.R. (1970) Gapping and the order of constituents. In: M. Bierwisch & K.E. Heidolph (eds.): *Progress in Linguistics*. The Hague: Mouton, 249-259.

Smith, G. W. (1991) *Computers and Human Language*. Oxford: Oxford University Press.

Wiese, R. (1992) *The Phonology of German*. Ms., Heinrich-Heine-Universität Düsseldorf.

---

9) Indeed, a related language such as English does not allow for most of the deletion constructions discussed here.

Modeling form similarity in the mental lexicon with self-organizing feature maps

Peter Wittenburg and Uli H. Frauenfelder
Max-Planck Institute for Psycholinguistics
Wundtlaan 1, 6525 XD Nijmegen, The Netherlands
pewi@mpi.nl or uli@mpi.nl

Abstract

This paper describes recent efforts to model the remarkable ability of humans to recognize speech and words. Different techniques for representing phonological similarity between words in the lexicon with self-organizing algorithms are discussed. Simulations using the standard Kohonen algorithm are presented to illustrate some problems confronted with this technique in modeling similarity relations of form in the human mental lexicon. Alternative approaches that can potentially deal with some of these limitations are sketched.

1. Introduction

The psychological processes underlying human behavior are extremely complex. To deal with this complexity, it has become increasingly common for psychologists to abandon simple verbal descriptions and to appeal to computer-implemented models. These models can translate unclear and complex ideas into more accessible and explicit hypotheses about processing and representation. These hypotheses can in turn be tested with psychological experiments. This interaction between simulation and experimentation can lead to the construction of computer models that capture systematically more of the human capacity. It should be obvious that what is important in this enterprise is not how well the models perform in the absolute, but how closely their structure and performance matches that of the human.

One area of psychological investigation where computer modeling has begun to have an impact is that of language processing and, in particular, speech and word recognition. Artificial neural network models have proven to be effective pattern recognizers that show properties similar to those of the human system. Moreover, these models may also have the capacity to store and represent information in ways that can be compared with human behavior.

In this paper we focus on the capacity of neural net models to handle lexical representation, and, in particular, to represent the form similarity (phonological and orthographic) between words. First, the problem of lexical representation and process will be identified. In so doing, the psychological evidence pointing to a lexical organization based on form similarity will be considered briefly. Then we sketch diverse connectionist techniques for representing similarity with local and distributed nets. Next, we discuss some attempts to model similarity with self-organizing feature maps (SOFM). We present some of our own simulation results that illustrate some problems associated with this approach for our purposes. Lastly, we consider the potential of some alternative algorithms to deal with the observed limitations of standard SOFMs for representing lexical similarity neighborhoods.

2. Lexical representation and process

The human ability to understand spoken language depends in large part upon the efficiency and rapidity with which words can be retrieved from the mental lexicon. By storing form and meaning information together, the lexicon solves the difficult problem of the arbitrary mapping from sensory input to a meaningful interpretation. In studying this ability, the issues of how words are represented in the lexicon and how they are recognized on the basis of sensory and contextual information must be addressed.

Most current psycholinguistic models describe spoken word recognition as a matching process in which some internal representation of the speech input, the **input representation,** is matched with internally stored **lexical representations.** Thus there are three basic components to be specified in defining these models: the input and lexical representations, and the mechanism for matching the two.

Considerable empirical research has been devoted to characterizing these three components. Experiments in speech perception [6] have aimed at determining which information is extracted from the acoustic signal and what types of internalized input representation are computed. The outcome of this research suggests an immediate sequential analysis of the signal, but is still inconclusive about the unit(s) representing this information (e.g., phoneme, syllable).

At the lexical level, there is an emerging consensus that listeners first activate a set of lexical candidates on the basis of the signal and then select the appropriate lexical entry from this set [8]. However, the precise definition of the lexical candidates and the way in which these competitors affect target recognition is still under intense investigation. Considerable disagreement persists as to what form properties the competitors must share with the target to be activated - for example, the onset or offset - and how the activated competitors influence target recognition - for example, through inhibition. What appears certain is that the time-course of word recognition can only be specified with reference to the set of lexical competitors from which a given target word must be discriminated.

In what follows we will examine how the representations produced by neural networks can shed light on the competitor set and its influence on word recognition.

3. Representation in connectionism

Although the focus of connectionist models has mainly been on the problem of pattern recognition, it has expanded more recently to issues of representation as well. This is partially in reaction to the serious criticism of the connectionist models by advocates of symbolic paradigm [2].

3.1 Representing words

Connectionist approaches to representation can be distinguished according to whether they represent specific hypotheses (i.e., words, concepts, etc..) in a **local** or **distributed** fashion. In the extreme form of localist models, each hypothesis is represented by the activity of a single unit. At the other extreme, distributed models assume that each hypothesis is represented by the pattern of activity across a number of different units and each unit is involved in the representation of more than one hypothesis.

There are a number of intermediary representational schemes that are combinations of local and distributed approaches. For example, in a locally distributed approach, a collection of units can serve to represent a hypothesis where the activated units are expected to be centered around the best matching unit. Each representation scheme has its advantages and disadvantages. The main interest of local representations is their transparency since each unit is labeled. Randomly distributed representations are harder to interpret but are more economical (more hypotheses can be stored in few units). Locally distributed representations are similar to local representations with respect to their transparency.

3.2 Representing similarity relations

Several ways of representing similarity exist within the connectionist framework. First, similarity can be expressed indirectly in local representations such as those assumed by interactive activation models. In the model Trace [10], for example, the similarity between two word units can be identified by looking at their level of activations as a function of the input. When a particular target word is presented as input to the model, other words sharing the same phonemes are activated in proportion to their match with the input. In this way the shared levels of high activation indicate form similarity.

Similarity between hypotheses can be identified in distributed networks more or less directly depending upon the representation assumed. Sharkey [15] makes the distinction between symbolic and subsymbolic micro-features. The number of shared symbolic micro-features provides a straightforward measure of similarity [11] since these micro-feature units are labeled and interpretable. For subsymbolic representation, the similarity is harder to detect since the hidden units do not have specific predetermined roles as is the case for symbolic micro-features. Nonetheless despite the fact that each processing unit is unlabeled, it is possible by means of different clustering techniques [4] to analyze the activation levels or the weights associated with the hidden units. Examples of such analyses can be found for visually presented words [17] and for phonemes [1].

Similarity can also be expressed spatially such that units (or collections of units) that are similar are located in physical proximity. An example of this approach can be found in self-organizing feature maps. Here, the similarity between two words can be expressed by the distance (e.g., Euclidean) separating the two corresponding units (or groups of units).

Since we are interested here primarily in how similarity can be expressed and how lateral and hierarchical interactions can be modeled, we will focus on the self-organizing systems with locally distributed representations. In what follows we will consider different attempts to model similarity with these models.

4. SOFMs and similarity

Several neural network models have been developed to represent different types of linguistic data spatially or topographically through an unsupervised learning process. Let us briefly consider research that investigates phonological and semantic relations below.

Kohonen [7] has produced two-dimensional phonotopic maps formed by self-organization. These maps display similarity relations between phonological units using short-time spectra extracted from speech as input. They partially reflect metric distance relations between these phonological units. This is possible since many phonemes can be characterized roughly by two dimensions (i.e., their first two formants). Words can be visualized in these maps as a trajectory through the two-dimensional space.

At a higher level, Ritter and Kohonen [13] extracted and organized words according to their meanings on the basis of sentence inputs. In the resulting semantotopic maps, words with similar meanings were placed in physical proximity, thereby creating regions in the map for words with shared semantic properties. As the authors themselves admit the input was extremely simple both in terms of syntactic structures and in the meaning of the words in the sentence. It remains an important question as to how well this approach can handle more complex problems.

An attempt to link form and meaning with SOFMs can be found in the work of Miikkulainen [12]. This model includes two different maps - one for form and the other for meaning representations. These two maps were linked with connections that were determined by the Hebb-rule. Within each map, the standard SOFM algorithm was used to achieve organization and express similarity. Since the inter-map links were derived from the activation patterns, the resulting organization and its limitations did not influence the quality of the links.

At a higher level, Scholtes [16] combined semantic and contextual maps to extract semantic relationships. To do so, he used recursive links that provide a short-term memory allowing the model to input and process words sequentially. To organize and express relations Scholtes also uses the standard SOFM algorithm.

The goal of each of these SOFM studies is not explicitly to deal with psychological constraints. Rather their primary objective was to show that the system could perform (i.e., accurate phoneme recognition).

5. Constraints on computational models

The psycholinguist's objective in modeling is to make explicit what is known about lexical processing in the form of a computer program and to use this model to make novel predictions that can be tested experimentally. It is important therefore to incorporate known psychological constraints as far as possible. There are, however, important implementational constraints that also must be reckoned with. These latter constraints are often in conflict with the psychological constraints forcing a trade-off or compromise. These compromises exist at each step in the modeling process starting with the definition of the input to the kinds of lexica presented to the model. We now consider these constraints.

Ideally, the computer model should take real speech as input. However, given the difficulty of automatic speech recognition [19], it is common practice in computer modeling of lexical processing to use **mock** input. This corresponds to some symbolic representation (i.e., string of phonemes or phones). It is important that this mock input render as closely as possible both the information extracted by the listener from the signal and the way in which the listener receives and processes this information (continuous and overlapping speech). Various types of mock input have been used in the literature.

An important aspect of lexical processing that needs to be expressed in the model is the word recognition process. It is of particular interest to be able to study the time-course of word recognition and to trace the changes in the activation states of the lexical entries across time as a function of the input. From a psychological perspective, it is desirable to model with a lexicon that is representative of a native speaker's lexical knowledge. However, complete lexica of 50,000 - 100,000 words is beyond the scope of most models. It is necessary to start with smaller lexica and to gradually scale up to larger ones. These lexica should constitute a representative sample. Another crucial aspect of modeling the lexicon is expressing the different types of relations between the individual lexical entries. In particular, it is important to be able to determine how the individual words are represented and how the relations between them can best be expressed.

6. Mapping lexical representation

In this section we present the results of several simulations that examine the spatial organization produced for two different lexica with SOFMs. For more details, we refer the reader to the study of Hogeweg [5]. In this mapping process, there are two important steps. In the first, the inventory of words, the word input space, must be coded in terms of vectors. In the next step the vector space is mapped onto feature maps. These two steps are shown in Figure 1.

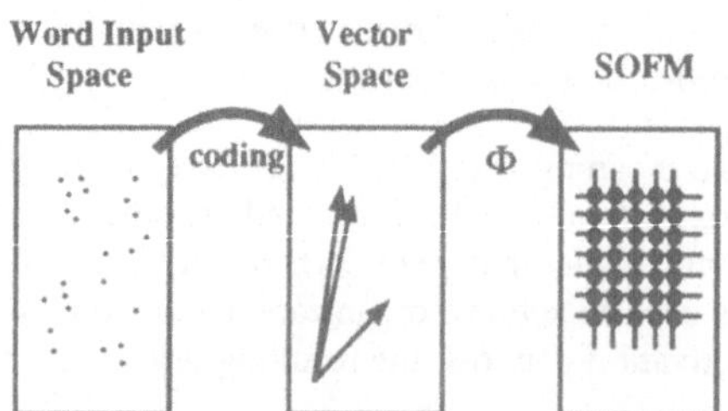

Figure 1: Transformations involved to map words to a SOFM

6.1 Simulation method

The Kohonen algorithm imposes several constraints upon the coding schemes. Each word must be represented by a unique vector. The vectors must also all be of the same dimension. Furthermore, the vector must also be presented simultaneously, unlike real speech which come in over time.

For the present purposes we used the following coding scheme. Each phoneme is coded as a 17-

dimensional vector where each dimension stands for one (binary) distinctive feature. Each word thus consists of a sequence of such 17-dimensional vectors, one for each phoneme. This coding approximates real speech in that distances between phonemes are expressed. However, there are no smooth transitions between phonemes as in real speech for which there is high auto-correlation. The code also does not code the internal linguistic structure (syllable structure) of the words directly.

Several different toy lexica (6) were selected from the CELEX database. Each lexicon contained words with different phonological relations. Here, we will only report about the results for a 24-words lexicon with several clusters of neighbors all of the same length and a 22-word lexicon with insertion neighbors and different lengths. These neighbors differed in one phoneme in any position. Similar effects as presented here have been found for the other lexica.

The map took the form of a two dimensional array of 100 (10 x 10) neurons. We used both circular and non-circular maps. In the circular maps a toroid-like continuous surface is modeled by connecting the sides of the map. Due to the high dimensionality of the input space these maps performed much better than non-circular maps. With the non-circular maps most of the words were represented by neurons at the edge of the maps even after many iterations.

Our experiments used the standard h(r,s) adaptation function in which exponential behavior determines the size of the affected area and the learning rate over time.

The vector word representations were presented to the network in random order with uniform frequency. We tested the behavior of the maps after 4000 and 100000 iterations with different random seed values for the initial weights. After the training phase, the words were presented once more. The neuron with the weight vector that best matched the input vector was labeled with that word. If there was more than one input vector in the receptive field of a single neuron, then this neuron represented two words.

6.2 Results

In this section, some selected results of the simulations are presented. To evaluate these results, we first can consider a map resulting from a simulation with 4000 iterations as shown in figure 2. If a neuron represents a word, then this word is printed on that lattice node.

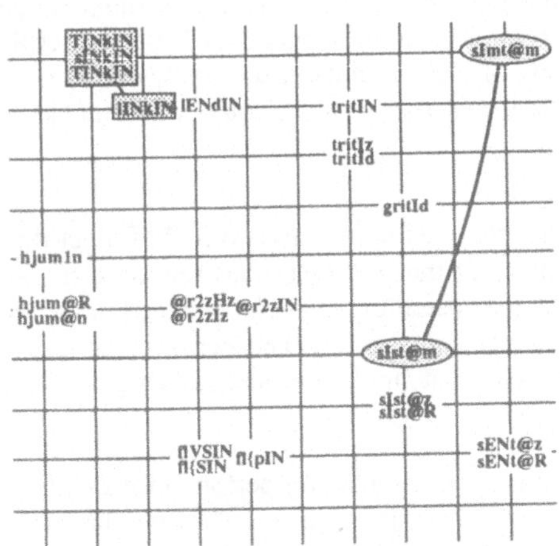

Figure 2: resultant SOFM for lexicon 1 after 4000 iterations, circular map used

This figure shows that the map clusters certain words that are neighbors according to the definition that we have adopted. However, in other instances lexical neighbors are not located close together in the map. It is of course impossible to consider all lexical relations here. Rather we will examine a few specific instances in which relations in word input space were not preserved in the resultant map. This will help us to identify the limitations of this approach.

Table 1:Words with inconsistent mappings		
Word pair	distance	replacement
sINkIN-TINkIN	0	1
lINkIN-TINkIN	2	1
lINkIN-lEndIN	1	3
sImt@m-sIst@m	6	1
sIst@z-sEnt@z	3	2

Table 2: Words with inconsistent mapping		
Word Pair	distance	insertion
@rEst - @rEsts	0	1
@rEst - @drEst	7	1

Table 1 gives some examples of words for which the distance in the map - in terms of number of intervening nodes - does not correspond to their phonological distance. This latter distance is computed as the minimum number of phonemes that need to be replaced or inserted to get from one word to the other. The first two word pairs with the same phonological distance (1 replacement) are at different distances in the map. Such inconsistencies in the map are even more salient for the second group of examples.

For another lexicon we obtained the mappings like those listed in table 2. These examples show the influence of the position of the inserted phoneme. Insertions near word onsets produce larger distances than those at offsets where there is no apparent effect of the inserted phoneme.

The results of other simulations with lexica of mixed length showed a general trend for words that were equal in length to be clustered together - even though they were not similar in their form properties. This is the result of the coding constraint imposed by the SOFM algorithm.

To assess the quality of the maps more globally, we also computed correlations between the distances between words in the input space, in vector space and in the resultant maps. We restrict ourselves here to the correlations between the vector space and the map distance for words within clusters and for all words. The maps produced high correlations of around 0.9 for words within the clusters. The correlation of distances between all words was lower (0.7).

Lastly, we also investigated the influence of the random values attributed to initial weights. The within and between cluster configurations varied dependent on the random seed used to set the initial random, weight values. Normally the set of members of clusters remained roughly constant. However their spatial configuration changed. The same hold for the spatial configuration of different clusters.

6.3 Discussion

The lexical organization resulting from our simulations with the standard SOFM algorithm proves not to be adequate for our purposes. A careful analysis of the resulting maps reveals their limitations even for this relatively simple problem. For example, the spatial organization obtained in the maps cannot be interpreted quantitatively as is required to introduce lateral effects between word units. This result raises the concern whether SOFMs are really able to represent similarities and extract generalizations as the language-oriented research described above requires.

Three major problems can be distinguished in the lexical modeling performance of SOFMs. The first has to do with the coding used, the second with the complexity of the problem and the third with the behavior of the algorithm itself. Here, we will only consider the last two.

The mappings performed in our simulations are very complex: reducing a high dimensional input space to a two-dimensional structure. The input code includes 17 binary values for each phoneme making up the word. It is impossible to obtain a topology preserving mapping with so much information reduction. As the maps show there are foldings and other non-linear transformations. These prevent us from being able to interpret the distances between word units quantitatively.

It is clear that using a higher dimensional map does not make sense in our application. The word input space is a complex non-Euclidean space with clusters with extreme differences in density and dimensionality. To solve the mapping problem, a brute force technical solution as SOFM is not appropriate. Rather one should abandon the fixed grid scheme to represent the similarity relations.

The central role of the h(r,s)-function in the standard SOFM algorithm leads to many problems. This function has to serve various conflicting purposes such as global organization, local organization, prototype vector distribution, and convergence. The larger and more complex the task, the more difficult it is to find a good compromise in the definition of this function. To define more convincing models one has to step away from algorithms which attempt to achieve a global organization.

Another well-known limitation of the standard SOFMs is their inability to deal with time-sequential behavior. The maps are static and cannot provide information about the time-course of processing. However, Zandhuis [20] has shown how the standard approach can be modified to deal with this problem. Another related problem has to do with incremental learning which is not possible in standard SOFM. Some suggestions for solutions to this problem have also been made [3].

7. Other algorithms

Recently some new algorithms have been described to overcome some of the severe limitations of the standard SOFM method. Ritter [14] developed Random Nets (RNs) with the primary objective of escaping the fixed grid structure and therefore avoiding the fixed dimensionality in a map too. Preliminary experiments show that large groups of semantically related words tend to be represented by clusters of connected neurons. Martinetz and Schulten [9] developed the idea of Neural Gas (NG) mainly to improve upon the non-optimal vector quantization performance of the standard SOFM algorithm. These authors included a separate step in which links are successively constructed between the two closest prototype vectors. With the proper parameters, NG achieves a link structure in which all neurons having adjacent receptive fields are connected (i.e., Delaunay triangulation).

8. Relational SOFM

In the preceding, we have pointed to some limitations in the spatial organization obtained in self-organizing feature maps using the Kohonen algorithm. In this section we explore an alternative approach: rSOFMs [18]. Here, form similarities between words are represented in terms of the strength of the connections or links between the neurons that represent them. In parallel with some suboptimal organization process which need not to be optimal (in the first version we still use Kohonen's algorithm), links are established between the units.

Since the activation of the neurons provides a good measure of similarity when the input and weight vectors are normalized (v'',w''), it makes sense to use the Hebb-rule shown below.

$$\Delta s_{ij} = \alpha * a_i * a_j$$

with $p_i = \sum_i v_i'' * w_i''$ and $a_i = f(p_i)$, (f = sigmoid fct.)

$$\sum_j s_{ij} = c \qquad (i = \text{best match neuron})$$

While the map is organizing itself by adapting the weight vectors stepwise, the strengths of the links are adapted too. In rSOFM1 only the links between the best-match neuron and all the other neurons in the map are adapted. Of course, the strengths of the links have to be balanced or normalized, since the Hebb-rule itself leads to a monotonic increase of the connection strengths. With an appropriate value of c, highly similar neurons (for example, variants of the target word) will facilitate each other. Other less similar word units (for example competitors of the target word) will inhibit each other, since the strengths of their links are negative. Ideally, this algorithm leads to bell-shaped functions as shown in figure 4.

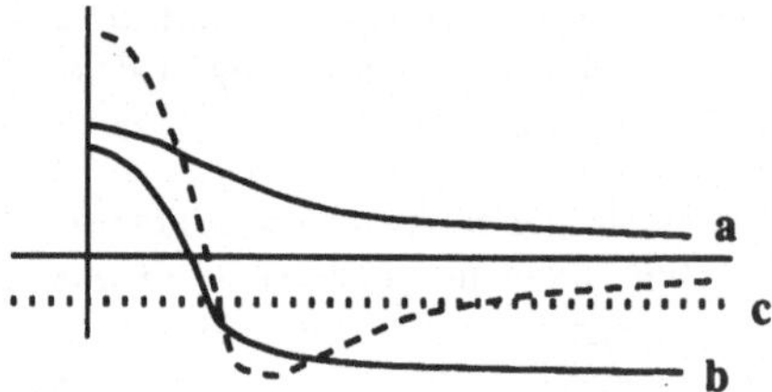

Figure 4: Idealized activation function (a), idealized function of the link strengths (b), and the resulting influence function (dashed line), c is the constant used to normalize the link strengths. The horizontal axis specifies the similarity distance between the best match and competitor units.

The link strengths between neurons decrease in a monotonic fashion with decreasing similarity between the words. Since both functions, the expected activation pattern and the link strengths, are bell-shaped, the resulting influencing function has a Mexican-Hat-like shape.

By combining these links with an appropriate organization algorithm, it is possible to overcome some of the main limitations described above as for example incremental learning, dimensionality considerations, scaling limitations, amount of iterations during training, and especially expressing the similarity relation.

The rSOFM1 algorithm, however, also faces several problems as for example chosing the constant c, limiting the linked words to those which have a certain degree of similarity, and extending the adaptation rule to the links of all neurons proportional to their similarity to the best match neuron.

9. Conclusions

In this paper, we have reported on our attempts to use the standard SOFM algorithm for psycholinguistically motivated modeling of the mental lexicon. After having carefully studied and tested the SOFM-technique we conclude that it is too limited to be of use for our purposes. The standard Kohonen algorithm produces mappings which only partially preserve the topology of the input space. The resulting distances in the SOFMs cannot be interpreted quantitatively. Since our main interest is to model the lateral interactions between neuron clusters as a function of the similarity between the words which they represent, we need an alternative method.

We have briefly presented several new algorithms that constitute improvements over the standard SOFM approach and tried to show that the class of algorithms which we call "relational SOFM" has some attractive properties. By allowing word maps to organize themselves with some algorithm and simultaneously expressing the form similarity between words in terms of the strengths of the links that connect the corresponding neurons, we have a more flexible and attractive mechanism to model relations within a hierarchical layer. The chosen technique can be extended to model bottom-up and top-down interactions too. It still has to be determined whether "relational SOFM" is adequate for handling additional effects documented in the psycholinguistic literature (e.g., phonotactic rules, bottom-up inhibition, top-down effects) in order to construct a psychologically motivated model of word recognition.

Acknowledgments

The authors would like to thank Bob Boelhower, Alex Hogeweg, Sikko Sikkema, and Jan Zandhuis for their contributions at various stages of this research.

REFERENCES

1. Elman, J. L., (1988). Finding the structure in time. TR 880, CRL, University of California, San Diego.

2. Fodor, J. A., & Pylyshyn, Z. W. (1988). Connectionism and cognitive architecture: a critical analysis. *Cognition*, 28, 2-71.

3. Fritzke, B. (1991). Self-Organizing Feature Maps with Problem Dependent Cell Structure. In T. Kohonen et al. (Eds). *Artificial Neural Networks*. North Holland.

4. Hanson, S.J. & Burr, D.J. (1990). What connectionist models learn: Learning and representation in connectionst networks. *Brain and Behavioral Science*, 13, 3, 471-518.

5. Hogeweg. H. (1991). Modelling the human mental lexicon with a Kohonen neural network. Technical University, Enschede.

6. Klatt, D. H. (1980). Speech perception: A model of acoustic-phonetic analysis and lexical access. In R. A. Cole (Ed). *Perception and production of fluent speech*. Hillsdale, N.J.: Lawrence Erlbaum Associates, 243-288.

7. Kohonen, T. et al. (1984). Phonotopic Maps - Insightful representation of Phonological Features for Speech Recognition. *Proc. IEEE Seventh Conf. Pattern Recognition* (IEEE Computer Society), 182-185.

8. Marslen-Wilson, W. D. (1987). Parallel processing in spoken word recognition. Functional parallelism in spoken word recognition. In U. H. Frauenfelder & L. K. Tyler (Eds). *Spoken word recognition*. Cambridge, MA: MIT Press.

9. Martinez, T. & Schulten, K. (1991). A "Neural Gas" Network Learns Topologies. In T. Kohonen et al. (Eds). *Artificial Neural Networks*. North Holland.

10. McClelland, J. L., & Elman, J. L. (1986). The TRACE model of speech perception. *Cognitive Psychology*, 18, 1-86.

11. McClelland, J. L., & Kawamoto, A. H. (1986). Mechanisms of sentence processing: assigning roles to constituents. In J. L. McClelland & D.E. Rumelhart (Eds). *Parallel Distributed Processing*, Vol. 2. MIT, Cambridge, MA.

12. Miikkulainen, R. (1990). A Distributed Feature Map Model of the Lexicon. Technical Report UCLA-AI-90-04.

13. Ritter, H., & Kohonen, T. (1989). Self-Organizing Semantic Maps. *Biological Cybernetics*, 61, 241-254.

14. Ritter, H. (1991). Learning with the Self-Organizing Map. In T. Kohonén et al. (Eds). *Artificial Neural Networks*. North Holland.

15. Sharkey, N. E. (1992). Connectionist Representation Techniques, TR 217. University of Exeter.

16. Scholtes, J.C. (1991). Recurrent Kohonen Self-Organization in Natural Language Processing. In T. Kohonen et al. (Eds). *Artificial Neural Networks. North Holland.*

17. Seidenberg, M. S., & McClelland, J. L. (1989). A Distributed, Developmental Model of Word Recognition and Naming. *Psychological Review,* Vol. 96, No. 4, 523-568.

18. Wittenburg, P. (1992). Relational Self-Organizing Feature Maps. Technical Report MPI-NL-TG-3/92.

19. Wittenburg. P., & Couwenberg, R. (1991). Recurrent Neural Networks as Building Blocks for Word Recognition Models. *Proceedings of the Eurospeech Conf.,* 1015-1019, North Holland.

20. Zandhuis, J.A. (1992). Storing Sequential Data in Self-Organizing Feature Maps. Technical Report MPI-NL-TG-4/92.

Paradigm-Based Derivational Morphology

James Kilbury
Seminar für Allgemeine Sprachwissenschaft
Heinrich-Heine-Universität Düsseldorf
Universitätsstr. 1, 4000 Düsseldorf 1, Germany
e-mail: Kilbury@ze8.rz.uni-duesseldorf.de

Abstract

The paper sketches an approach to derivational morphology that is based on the notion of the paradigm and provides new possibilities for an integrated treatment of inflection and derivation. The principal innovation lies in the use of cross-subcategorization to describe derivational combinations. The notion of a derivational closure is also introduced. Advantages of the approach for computational morphology involve both the representation and the processing of derivational information. Primary attention is directed at derivational morphotactics.

Das Papier umreißt einen Ansatz in der Morphologie abgeleiteter Formen, der auf dem Begriff des Paradigmas beruht und neue Möglichkeiten für eine integrierte Behandlung der Flexion und Derivation eröffnet. Die wichtigste Innovation liegt in der Verwendung einer gegenseitigen Subkategorisierung, um Ableitungskombinationen zu beschreiben. Auch der Begriff einer derivationellen Hülle wird eingeführt. Vorteile des Ansatzes für die computerlinguistische Morphologie beziehen sich sowohl auf die Repräsentation wie auch die Verarbeitung derivationeller Informationen. Der Schwerpunkt der Aufmerksamkeit wird auf die derivationelle Morphotaktik gerichtet.

1 Introduction

The aim of this paper is to sketch an approach to derivational morphology that is based on the notion of the paradigm.[1] While recent studies reflect a renewed interest in the latter (cf Calder 1990), most follow grammatical tradition in applying paradigms primarily to the domain of inflection. The major exception is Gibbon (1991, 1992), whose conception of morphological paradigms, while more general than ours and developed independently, is close to that of this paper.

In addition to providing new possibilities for an integrated treatment of inflection and derivation, the approach we present here offers advantages for computational morphology with respect to both the representation and the processing of derivational information. While these techniques may prove also to be applicable in the domain of compositional morphology, this will not be discussed. Likewise, the treatment of morphophonemic or morphographemic alternations will only be briefly mentioned in this paper. Thus, the focus of attention is directed at derivational morphotactics, the arrangement of morphological elements in derived forms. Examples will be taken chiefly from German.

---

[1] Much of the material of this paper has been presented orally on a number of previous occasions, including the 1990 DGfS meeting in Saarbrücken and workshops in Bielefeld and Bochum in 1991. My particular thanks for discussion and suggestions go to Dafydd Gibbon, Ewan Klein, Petra Naerger, Ingrid Renz, and Richard Wiese, who, however, are not responsible for remaining errors. The work was supported by the DFG with a grant for the project "Simulation of Lexical Acquisition" (Ki 374/1).

An adequate approach to derivational morphotactics must meet a number of criteria. While it must capture the combinatory potential of affixes in order to model derivational productivity, it must also characterize derived lexemes as lexicalized combinations of elementary morphological units. Linguistic adequacy requires simple representations with minimal redundancy (cf Kiparsky 1982: 25), and the model must furthermore capture generalizations and explicitly describe the structure of the lexicon as an integrated whole, including the principles according to which individual lexical entries are *addressed* or located within the lexicon.[2] Computational adequacy demands representations and algorithms allowing for the efficient storage and processing of derivational information.

This is not the place to review discussions of morphology in general or the arguments presented for or against the lexicalist hypothesis (cf e.g. Spencer 1991) in particular. Much of the linguistic discussion as to whether derived forms should be "entered as wholes" in the lexicon or "derived by rule" is too vague to allow interpretation and evaluation within the context of computational linguistics. Whatever special assumptions a particular theory of language may make, it clearly must take account of the fact that derived forms such as German *Un-zu-ver-läss-ig-keit* 'unreliability', *Eigen-heit* 'peculiarity', or *Ent-eign-ung* 'expropriation' are combinations of elementary morphological units but also that such combinations may be *lexicalized* and associated with information not predictable from that of the constituent parts. In practice, computational approaches to derivation have tended to ignore one or the other aspect of the problem, either treating derived forms as rule-generated and entirely transparent, or else recording them individually and failing to use derivational generalizations to minimize redundancy in the representations. In view of the novelty of nonmonotonic devices in representation languages for lexical information (cf Evans/Gazdar 1990), it hardly comes as a surprise that most approaches have fallen victim to this dilemma, since, as can be seen below, the purely monotonic combination of derivational information necessarily leads to such a restriction of the possible solutions.

In contrast, our approach seeks to reconcile the apparent conflict between productive patterns and lexicalized combinations which constitutes the central problem of derivational morphology. The approach provides an efficient technique for addressing lexicalized derived forms indirectly and captures extension of the lexicon with new vocabulary in a natural fashion.

2 Representation of derivational information

We assume a morpheme-based lexicon containing a single entry for each root and affix morpheme. Affixes comprise bound morphemes of closed classes, whereas roots belong to open classes and may be free. Lexicalized derived forms are lemmatized under their constituent root morpheme so as to avoid direct addressing under the full forms. This is accomplished within a unification-based approach to grammar (cf Shieber 1986) making extensive use of structure sharing and cross reference between entries.

Although the direct orthographic or phonological addressing of morphemes is not the central concern of this paper, we will sketch the techniques employed, which are now largely conventional in computational morphology, in order to show the overall structure of the lexicon. Lexical entries for morphemes are associated with nodes in a discrimination network, the edges of which are labeled with orthographic or phonological segments, or complex representations thereof. Following the techniques of finite-state

---

[2] Of course, linguistic adequacy also requires a detailed account of many special phenomena which are not discussed here. The simple model of derivational morphotactics assumed in this paper is intended as a formal basis for extensions in future work.

morphology developed in particular by Kay (1983) and Koskenniemi (1983), the string representing the surface form of an item is matched with a path in the network leading to the node bearing the lexical entry of the form. Depending on the particular descriptive techniques chosen for a given language, the surface string is transduced in parallel with one or more underying strings (cf Kay 1987) encoding the lexical address of the entry. Alternatively, the surface alternants of a morpheme may be encoded in individual paths leading to a single node bearing the lexical entry, so that surface forms need not be transduced with underlying representations; in this case the discrimination network constitutes a graph rather than a tree. Clearly, the transduction technique is appropriate to capture *automatic* orthographic or phonological alternations (cf Hockett 1958, Kilbury 1976), which involve no grammatical conditioning but are forced by the phonological structure of the language, while grammatically conditioned alternations such as those involving suppletive forms like English *go* and *went* can best be handled with distinct paths. Moreover, we follow current practice (cf Trost 1990) in extending the original framework of two-level morphology to allow for unification operations to restrict the application of transduction rules or to label individual transitions in the discrimination network. Allomorphs encoded in alternative paths of surface segments leading to the same morpheme entry can thus be distinguished by different feature structures built up during traversal of the distinct paths.

Final-state nodes, which correspond to morphemes, bear lexical representations. These may take the form of feature structures, descriptions of feature structures consisting of Boolean expressions over path equations and templates, or DATR descriptions of feature structures (cf Kilbury/Naerger/Renz 1991). We assume in any case that a feature structure is associated directly or indirectly with each morpheme entry. The particular structuring of information within this feature structure will of course depend on the particular theoretical framework chosen. Whatever this may be, the representation will include information analogous to that involving subcategorization at the sentence-syntactic level to express the combinatory potential of the morpheme. The latter may involve general classes or individual lexical items, just as transitive verbs in general combine with a direct object to form a verb phrase or English *kick* combines specifically with *the bucket* to build a particular phraseolexeme with opaque semantics.

Since derivational structures in German can generally be viewed as *binary* combinations of stem and affix morphemes (cf Wiese 1988 and the *unary* rule stated below for conversion), it is convenient to represent German derivational morphotactics within the framework of categorial grammar. Work done since the development of PATR-II (cf Shieber 1986) has shown how categorial grammars can be encoded in unification-based formalisms (cf e.g. Uszkoreit 1986), and these techniques can be adopted for the representation of derivational information.

In one major respect, however, our representations constitute a substantial departure from conventional practice in categorial grammar. Fundamental to the latter is the distinction between *functor* and *argument* categories, whereby the latter may be *basic* or *complex*. We instead assign complex categories to all morphemes, both stems and affixes, and then formulate functional application rules in terms of a cross-subcategorization between the morphemes.

Affixes subcategorize for stem classes with their *arg(ument)* specification and describe the resulting derived stem with their *val(ue)* specification. They serve as functors encoding the syntactic and semantic information of transparent derivational constructions and thus constitute the repository of information about productive derivational processes.

Roots and derived stems are likewise subcategorized, but for *particular* affixes rather than *classes* of affixes. In contrast to the affix representations, which encode the transparent and functionally determined information about derived stems, the stem representations encode precisely that information which has been lexicalized and is not predictable from general information in the affix representations.[3] Therefore, the latter, together with templates that may be used in their definition, express linguistic generalizations about derivation and help to minimize redundancy in the lexicon.

The representation assigned to a derived stem inherits information from the *val* specifications of both the affix and the constituent stem representations, but the inheritance from the latter is *strict* and can be modelled with conventional unification, whereas that from the affix representation is *defeasible* or *nonmonotonic* (cf Kilbury, to appear). Since the lexicalized information stored under roots captures irregularity (such as semantic opacity and phonological idiosyncracy like lexical exceptions to umlaut), it must have precedence over the *default* information of affixes that characterizes transparent constructions, but the information from both sources must be combined in order to reconcile these conflicting aspects of derivation. Any formalization that takes account of these considerations must make use of devices for dealing with nonmonotonicity in lexical description like those that have recently been proposed (cf e.g. Evans/Gazdar 1990 and Bouma 1990), but which particular such devices are chosen is of secondary importance in the present paper. To simplify the formal exposition below, we will ignore technical questions involving reentrancy and simply use *overwriting* as presented by Shieber (1986: 60), where $A => B$ may be roughly understood as meaning that feature structures A and B are to be unified, but if any specifications give rise to conflicts that would cause normal unification to fail, then the overwriting succeeds anyway, and the specifications of B win out over those of A.

Before schematic rules for derivation can be formulated that are comparable to those for functional application in conventional categorial grammar, a detail involving the notion of cross-subcategorization must be clarified. We introduce the attribute *msc* for *morphological subcategorization* as opposed to syntactic subcategorization represented with the attribute *subcat*. As its value *msc* receives a feature structure with categorial specifications for *arg* and *val* or else the atom *none*. Given feature structures S and A for a constituent stem and affix, repectively, the *arg* specification of A expresses subcategorization for some S' such that S' subsumes S, and the *arg* specification of S expresses subcategorization for A. As it stands, this leads to cyclic feature structures. While these may in fact be desirable in the present context, we wish to avoid them for the sake of conventional implementations of PATR-II or similar formalisms. As a notational aid we therefore introduce a function Ψ such that, for any feature structure F containing a specification of morphological subcategorization α, $\Psi(F)$ subsumes F and contains all the information of the latter *except* any further morphological subcategorization specification nested within α. Thus, given the feature structure F represented in (1), $\Psi(F)$ is the feature structure represented in (2):

(1)

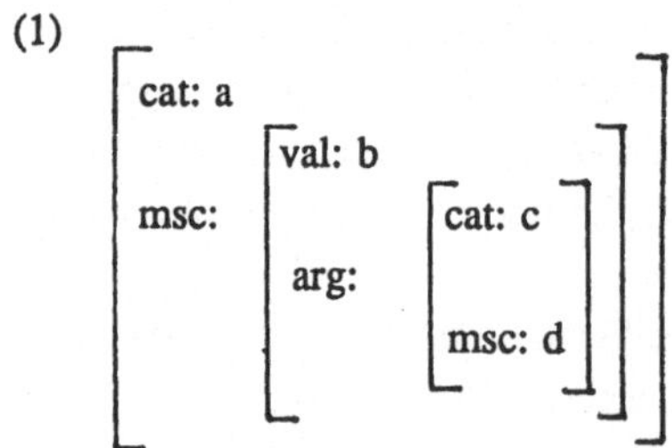

---

[3] Exceptionally, fossilized suffixes such as *-st* in *Dien-st* 'service' may be subcategorized for particular stems in order to capture a semantic relationship to the root, here *dien* V 'serve', and to *block* the production of nonoccurring forms like *'Dien-ung*.

(2)

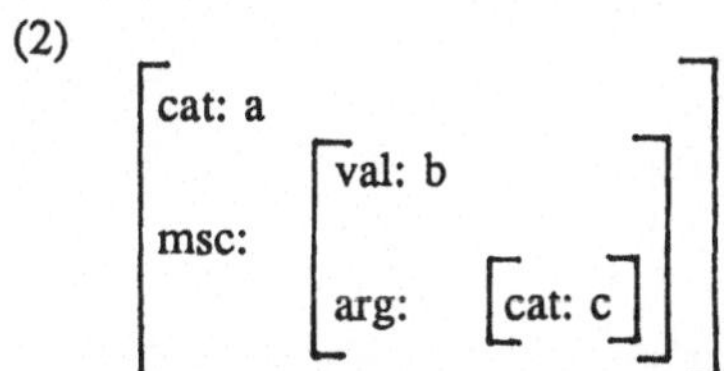

We then can formulate the cross-subcategorization of S and A so that S subcategorizes for $\Psi(A)$ and A for $\Psi(S')$.

Simplified lexical entries for the German morphemes *ver-*, *-lich*, and *wirk* (prefix, suffix, and root, respectively) are given in (3), where braces indicate disjunction:

(3) [1]

[2]

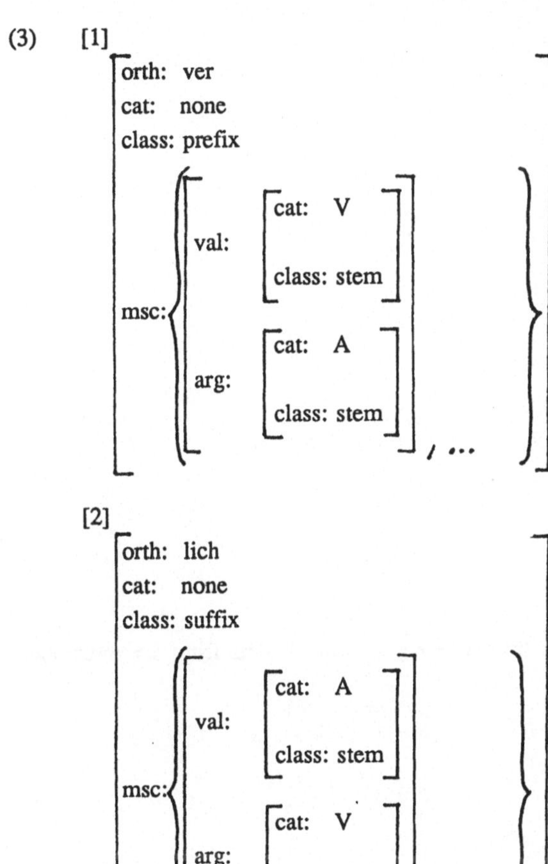

[3]

$$
\begin{bmatrix}
\text{orth:} & \text{wirk} \\
\text{cat:} & \text{V} \\
\text{class:} & \text{stem} \\
\text{msc:} & \left\{ \begin{bmatrix} \text{val:} & \begin{bmatrix} \text{msc:} & \left\{ \begin{bmatrix} \text{arg: [1]} \end{bmatrix}, \ \dots \right\} \end{bmatrix} \\ \text{arg:} & \text{[2]} \end{bmatrix}, \ \dots \right\}
\end{bmatrix}
$$

Application rules for prefixation and suffixation are stated in (4):

(4)   Rule {prefixation}
      RESULT --> PREFIX STEM :
            <PREFIX class> = prefix
            <PREFIX msc arg> = Ψ(STEM)
            <PREFIX msc val> = RESULT
            <STEM class> = stem
            <STEM msc arg> = Ψ(PREFIX)
            <STEM msc val> => RESULT.

      Rule {suffixation}
      RESULT --> STEM SUFFIX :
            <SUFFIX class> = suffix
            <SUFFIX msc arg> = Ψ(STEM)
            <SUFFIX msc val> = RESULT
            <STEM class> = stem
            <STEM msc arg> = Ψ(SUFFIX)
            <STEM msc val> => RESULT.

An analogous *unary* application rule for *conversion* (to derive e.g. a nominal stem from the verbal stem *ess-* 'eat' without affixation) is formulated in (5):

(5)   Rule {conversion}
      RESULT --> STEM :
            <STEM class> = stem
            <STEM msc arg> = none
            <STEM msc val> = RESULT.

As the above representations show,[4] the morphological subcategorization is specified with *both* the attributes *val* and *arg*, rather than the latter alone. This apparent departure from the conventional notion of subcategorization is necessary to capture dependencies between the subcategorized sister and mother categories and constitutes the key to our innovation in formal representation. The category assigned to a

---

[4] In this formulation the nonmonotonicity seems to be extended from the description of the lexicon to analysis. This can, however, be avoided in a reformulation that locates the nonmonotonicity in template definitions for the morpheme classes. That is, the rules of (4) can themselves be viewed as generalizations about the lexicon.

derived stem is also subcategorized, so that morphological subcategorization involves a *recursive nesting* of *msc* specifications.

Since morphological subcategorization is recursively structured in this manner, all the complex stems derived from a given root (i.e. from a morphologically simple stem) are represented within the morphological subcategorization of the latter. We can call this set of lexemes R^* derived from a root R its *derivational closure*, which may in principle encompass an infinite number of potential forms but only a finite number of actual, lexicalized forms associated at least partially with idiosyncratic information that cannot be derived transparently from the given construction. This captures the notion of a *word family*, which is familiar within traditional lexicology but has not been treated systematically in synchronic structural linguistics.

A substantial subset of the lexicalized derivational closure of the German verbal root *wirk* 'work, operate, have effect on' is shown in (6):

(6)

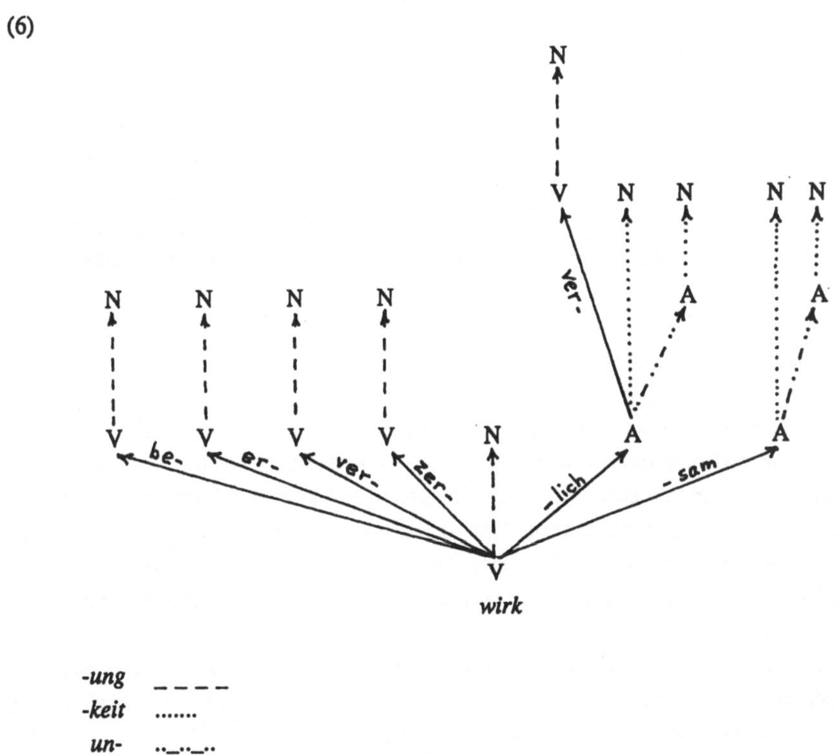

Except for the root node, which corresponds to the morphological root of the family, nodes of the tree represent the lemmata for derived stems located under *val* specifications. Edges correspond to *arg* specifications for the subcategorized affixes. Thus, only the lemma of the root is addressed directly in the orthographic or phonological discrimination network, whereas the lemmata of derived stems are addressed indirectly, via the primary address of the root together with the morphological subcategorization of the latter.

A node is needed for each lexicalized derived stem as a receptacle of idiosyncractic information, but all functionally determined, transparent information is inherited from the representations of the affixes, which are each recorded once. This radically reduces the amount of information represented under a root. In the extreme case, a node of the derivational closure may bear no idiosyncratic information at all and simply attest the fact that a particular derived form happens to occur rather than not to occur, although the construction in which the form stands is entirely transparent.

The derivational closures of two distinct roots may be similar or even isomorphic in structure. In this case the information common to both can be represented in *templates*, from which the entries then inherit and which themselves build an inheritance network. In this way the amount of information stored in an individual derivational closure is still further reduced. Such templates characterizing a set of concrete derivational closures constitute *derivational paradigms* parallel to the inflectional paradigms of inflectional morphology. Inheritance relations between derivational paradigms can be captured with representation languages such as DATR (cf Evans/Gazdar 1990), so that generalizations about derivational structure can be explicitly formulated which, to our knowledge, have not even been informally discussed up to now in the linguistic literature.

3 Parsing morphologically derived forms

Corresponding to the indirect addressing of derived lexemes in our representations, parsing the forms can be modelled as involving two analytic stages. In the first stage, the surface form is parsed into a *regular expression,* familiar from the theory of finite-state automata (FSAs) and regular formal languages. Although its precise form is undoubtedly language-specific, we assume that for each language a general schema for derived forms can also be stated as a regular expression. For German this general schema can be stated as in (7):

(7) Prefix* Root Suffix* (Ending$_1$) (Ending$_2$)

That is, a derived form in German consists of zero or more prefixes followed by a single root, which in turn is followed by zero or more derivational suffixes and at most two inflectional endings.[5] In the course of the left-to-right decomposition into a regular expression, the prefixes of a derived form are pushed onto a stack (first-in, last-out) and the suffixes into a queue (first-in, first-out). After this first stage of parsing, the innermost affixes are both directly accessible. Once the root has been parsed, the node in the discrimination network has been found at which the derivational closure is represented in which the lemma for the derived form is embedded.

In the second stage of parsing, innermost affixes are successively taken from the stack and queue, and the path of morphological subcategorization specifications in the root entry is traversed in parallel. The lemma for the derived stem is found when both devices are empty.

In the case of lexicalized derived stems, each POP operation is determined by the *msc* specification of the current stem, although the principle of cross-subcategorization also ensures compatibility of the stem with the subcategorized affix. If the *msc* specification of the current stem does not call for one of the current TOP affixes, then either (1) the derived form is nonlexicalized and novel, and the further analysis is driven by the *msc* specifications of the affixes, or (2) apparent structural ambiguity in the derived form led to an incorrect POP operation, and backtracking must be initiated, or (3) the form is ungrammatical and cannot be built up on the basis of the morphological subcategorization information of the constitutent

---

[5] Two inflections occur e.g. in the form *Brett-er-n* 'boards' (dative plural). Sequences of affixes are in fact more highly constrained in German than the Kleene star suggests, but this need not be taken into account here.

morphemes. Internal sandhi (i.e. morphological alternation) phenomena are checked in parallel with the assembly of the derived stem. In case (1) the number of lexicalized affixation steps that precede shift of assembly control to the affix subcategorization determines the degree of *transparency* of the derived stem.

A special case (4) arises when the root cannot be parsed, i.e. when there is no orthographic or phonological address in the discrimination network that records an entry for the root. The search for the path addressing a root runs in parallel with a finite-state automaton defining the orthographic or phonological structure of root morphemes. This permits the morphological parser to postulate a form for roots not recorded in the lexicon. The decomposition into potential derivational suffixes and inflectional endings is then continued, and the constituent structure of the unknown derived stem is assembled according to the *msc* specifications of the affixes as in case (1) above.

Note that both stages of the analysis are nondeterministic and may find alternative solutions. Since the morphological parser attempts to find a maximal morphemic decomposition, the first stage will first incorrectly identify a prefix *ver-* in *Versifizierung* 'versification' before backtracking to find the correct decomposition (cf Black et al. 1991). This appears to us to embody a correct modelling of linguistic competence. Likewise, assembly in the second stage of analysis will identify structurally ambiguous stems to which more than one internal constituent structure can be assigned.[6]

While the two-stage model of analysis just outlined is useful for expository purposes, implementations would undoubtedly be based on a simplification combining the stages. After a partial-decomposition stage in which the potential prefixes are isolated and pushed onto a stack, the further decomposition into morphs and the assembly to derived stems would proceed together. Assuming that the cyclicity of phonological rules presents no problems for splitting off the prefixes, this modified strategy permits a direct morphological analysis of derived forms from left to right.

Although the representations described here were chosen primarily with regard to analysis, it should be clear that our approach can be extended to synthesis and in fact *includes* the latter as a part of analysis since complex forms are reassembled during parsing. A full treatment of synthesis would additionally require that lemmata be accessible on the basis of semantic and pragmatic information. Note that the treatment of blocking mentioned above in footnote 3 is important for generation.

For the sake of completeness we briefly summarize our treatment of inflection. While morphs constituting inflectional endings are isolated in the decomposition stage, the representation of these endings differs from that of other affixes and of roots because we assume that the former are not subcategorized and have no morpheme-like nodes bearing lexical representations. Instead, each root and derived stem, if subject to inflection,[7] is marked for an *inflection class* or *paradigm* implemented as a *continuation class* as in Koskenniemi (1983). Within the FSAs implementing inflectional paradigms, grammatical markings on the edges in paths associated with morphs found in the decomposition stage serve to distinguish and identify the grammatical function of the endings. This captures the fact that the inflectional endings of languages like German cannot usefully be analyzed in isolation and that their grammatical features must be defined within a system of oppositions building a paradigm. In the case of derived stems, the inflection class will generally be inherited from a constituent affix. Likewise, syncretism within and relations between paradigms are captured with inheritance mechanisms.

---

[6] Although globally unambiguous, the verbal stem *ver-wirk-lich* is assembled nondeterministically because the root *wirk-* is subcategorized for both *ver-* and *-lich*, so that local structural ambiguity arises.

[7] Note that this allows us to represent stems which exceptionally cannot be inflected but which are needed for other derived forms. *Back-formations* arise when the representations of such stems, which by default should be capable of inflection, are systematically simplified to allow inflection.

4 Conclusion

We have outlined an approach to representation and analysis for derivational morphology that rests crucially on a notion of cross-subcategorization and the nonmonotonic combination of information. The derivational closure of a root consists of the family of lexicalized forms derived from it. Taken together, the techniques presented allow us formally to capture the relations between productive and transparent derivational constructions, on the one hand, and lexicalized and opaque information, on the other. Furthermore, unknown derived lexical items, for which either an affixation or the root itself is not lexicalized, can be handled without the introduction of any special devices except a general description of the orthographic or phonological structure of roots, which is independently desirable. Although morphological composition involves further complications that have not been touched on in this paper, the application of the techniques to this area will be the subject of future investigation.

References

Black, Alan W. / van de Plassche, Joke / Williams, Briony (1991) Analysis of Unknown Words through Morphological Decomposition, *Proceedings of the 5th EACL Conference*, 101-106.

Bouma, Gosse (1990) Defaults in Unification Grammar, *Proceedings of the 28th ACL Conference*, 165-172.

Calder, Jonathan (1989) Paradigmatic Morphology, *Proceedings of the 4th EACL Conference*, 58-65.

Evans, Roger / Gazdar, Gerald (eds) (1990) *The DATR Papers: February 1990* (= *Cognitive Science Research Paper* 139). School of Cognitive and Computing Sciences, University of Sussex, Brighton, England.

Gibbon, Dafydd (1991) Lexical Signs and Lexicon Structure: Phonology and Prosody in the ASL-Lexicon (ASL-Memo-20-91/UBI). University of Bielefeld.

Gibbon, Dafydd (1992) ILEX: A Linguistic Approach to Computational Lexica, 32-53, Ursula Klenk (ed), *Computatio Linguae*. Stuttgart: Franz Steiner Verlag.

Hocket, Charles F. (1958) *A Course in Modern Linguistics*. New York: MacMillan.

Kay, Martin (1983) When Meta-rules are not Meta-rules, K. Sparck-Jones and Y. Wilks (eds), *Automatic Natural Language Processing*. Chichester: Ellis Horwood.

Kay, Martin (1987) Nonconcatenative Finite-State Morphology, *Proceedings of the 3rd EACL Conference*, 2-10.

Kilbury, James (1976) *The Development of Morphophonemic Theory*. Amsterdam: Benjamins.

Kilbury, James (to appear) Strict Inheritance and the Taxonomy of Lexical Types in DATR.

Kilbury, James / Naerger, Petra / Renz, Ingrid (1991) DATR as a Lexical Component for PATR, *Proceedings of the 5th EACL Conference*, 137-142.

Kiparsky, Paul (1982) Lexical Morphology and Phonology, I.-S. Yang (ed), *Linguistics in the Morning Calm*, 3-91. Seoul: Hanshin.

Koskenniemi, Kimmo (1983) Two-level Model for Morphological Analysis, *Proceedings of IJCAI-83*, 683-685.

Shieber, Stuart M. (1986) *An Introduction to Unification-based Approaches to Grammar* (= *CSLI Lecture Notes* 4). Stanford, Calif.: CSLI.

Spencer, Andrew (1991) *Morphological Theory*. Oxford and Cambridge, MA: Blackwell.

Trost, Harald (1990) The Application of Two-level Morphology to Non-concatenative German Morphology, *Proceedings of COLING-90, Vol. 2*, 371-376.

Uzskoreit, Hans (1986) Categorial Unification Grammars, *Proceedings of COLING '86*, 187-194.

Wiese, Richard (1988) *Silbische und lexikalische Phonologie*. Tübingen: Niemeyer.

Using Disjunctive Constraints in a Bottom-Up Parser

H. Ulrich Block and Ludwig A. Schmid
Siemens AG, Corporate Research, ZFE ST SN 74
Otto Hahn- Ring 6, D-8000 München 83
block@ztivax.zfe.siemens.de, schmid@ztivax.zfe.siemens.de

Abstract

We present a simple method to encode and process disjunctive information in unification grammars. The approach is based on constraints. We show how to integrate this approach in a bottom-up parser. The use of constraints replaces the copying and sharing of feature structures used by other systems. A simple efficient constraint solver reusing its results is proposed.

1 Representation of disjunctive information

Grammar and lexicon of a natural language define a relationship between sequences of words forming the phrases of the language and informational elements representing their linguistic analyses [Shieber 1986]. It is well-known that this relationship is ambiguous. Therefore, a whole set of informational elements is associated with a sequence of words forming a phrase. We call such a set of informational elements an INFORMATIONAL SET.

There are several methods for the representation of informational elements and informational sets. Following the DCG tradition, we choose complex categories as informational elements and encode them by Prolog terms. The simplest representation of an informational set seems to be an enumeration of its elements, often called a *disjunctive normal form*. But using this representation is expensive in space and time. [Kasper 1987] proposes an AND/OR tree whose leafs are feature structures. [Nakano 1991] represents disjunctive information by Horn clauses. We go back to mathematics and represent an informational set by a set forming expression

$$\{Template \mid Constraint\} \tag{1}$$

where *Template* and *Constraint* are Prolog terms. *Template* is a template for the informational elements in the set and *Constraint* is a condition constraining the variables in *Template*. The set former (1) represents the set of all informational elements which are instances of *Template* for a variable substitution forming a solution of *Constraint*. This set is not empty if *Constraint* has at least one solution. In this case we say that *Constraint* is SATISFIABLE.

We restrict *Constraint* to conditions which are built by Prolog's connectives " , " (and) and " ; " (or) from equations of the form

$$Term_1 = Term_2$$

In this paper, we call every condition satisfying this restriction a CONSTRAINT. The restriction ensures that constraints are Prolog goals and can be used to enumerate their solutions by backtracking.

To demystify these concepts, let us represent by a set former the morphological information associated with the German article *die*. This article is used in the nominative and accustive case of singular feminine nouns and all plural nouns. Using terms of the form $det(agr(Person, Number), Gender, Case)$ as informational elements, we can encode this information by the set former

```
{ det(agr(3prs,Num),Gen,Case) |
   (   Num = sg, Gen = fem
   ;   Num = pl
   ),
   (   Case = nom
   ;   Case = acc
   )
}
```

1.1 Rules

We define the relationship between sequences of words and informational elements inductively by rules of the following form:[1]

$$A \longrightarrow X_1, X_2, \ldots, X_n \mid Constraint \qquad (2)$$

where A, X_1, X_2, $\ldots$, X_n are terms representing complex categories and $Constraint$ is a constraint for the variables in A, X_1, X_2, $\ldots$, X_n. Rule (2) means: The constituents X_1, X_2, $\ldots$, X_n can be combined to the constituent A if $Constraint$ is satisfied.

2 Bottom-up parsing with disjunctive information

Now let us integrate the set formers with a bottom-up parser. We consider a bottom-up parser constructed from the context-free skeleton of the grammar rules as proposed by [Tomita 1986]. It uses a shared forest representation of the parse trees. Every node of the shared forest is associated with an informational set.

In order to use a shared forest representation, we must support the two basic operations of this data structure, namely *reduction by a rule* and *merging (packing) of nodes*.

2.1 Reduction by a rule

Reduction by a rule creates a new constituent. Let

$$\{T_1 \mid C_1\}, \{T_2 \mid C_2\}, \ldots, \{T_n \mid C_n\}$$

be the informational sets associated with the members of a sequence of constituents.[2] This sequence of daughter constituents can be reduced by a rule

$$A \longrightarrow X_1, X_2, \ldots, X_n \mid C$$

---

[1]Using rules of this form was inspired by PATR II [Shieber 1986] and Prolog III [Colmerauer 1990]. Colmerauer's approach to formal semantics can also be used to give a formal semantics for our formalism.

[2]We assume that these informational sets have no common variables.

to a new mother constituent if for i, $1 \le i \le n$ the terms X_i, T_i unify and the constraints $C_1, C_2, \ldots, C_n, C$ are satisfied, i.e. if the constraint

$$X_1 = T_1, X_2 = T_2, \ldots, X_n = T_n, C_1, C_2, \ldots, C_n, C$$

is satisfiable. Therefore the mother constituent gets the informational set

$$\{A \mid X_1 = T_1, X_2 = T_2, \ldots, X_n = T_n, C_1, C_2, \ldots, C_n, C\}$$

Note that we do not unify the elements of the right hand side of the rule with the templates of the daughter constituents, but *record* that they must unify. Using a shared forest representation where different mother constituents can have the same daughter constituent, it is erroneous to do these unifcations and then build an informational set

$$\{A' \mid C_1', C_2', \ldots, C_n', C'\}$$

where "'" denotes the effects of the unifications. Unifying would change the informational sets of the daughter constituents by binding variables in them.[3]

Recording the unifications to do instead of executing them avoids expensive methods like copying the daughter constituents or structure sharing used by other systems. Only executing the constraint performs the unifications. Of course there is some overhead in doing the unifications every time the constraint is executed. But empirical results show that this approach works surprisingly well.

2.2 Merging of nodes

Merging nodes is very simple. We have to union their informational sets:

$$\{T_1 \mid C_1\} \cup \{T_2 \mid C_2\} = \{X \mid X = T_1, C_1; X = T_2, C_2\}$$

where X is a new variable not ocurring in T_1, C_1, T_2, C_2.

3 Disjunctive constraint satisfaction

To use the above bottom-up parsing scheme, we need an efficient method for determining whether constraints like

$$X_1 = T_1, X_2 = T_2, \ldots, X_n = T_n, C_1, C_2, \ldots, C_n, C \tag{3}$$

are satisfiable. Our approach to constraint satisfaction is suggested by the following observations.

Observation 1 *The constraint (3) is a conjunction containing the constraints C_1, C_2, $\ldots$, C_n. During bottom-up parsing we have already determined that these constraints are satisfiable.*

We want to reuse the information gained during satisfying these constraints. How can we record this information?

---

[3]A backtracking bottom-up parser can do the unifications $X_1 = T_1$,$X_2 = T_2$, $\ldots$, $X_n = T_n$ and then build an informational set$\{A' \mid C_1', C_2', \ldots, C_n', C'\}$ because backtracking undoes the effects of these unifications.

Observation 2 *A constraint is an AND/OR tree whose leafs are equations. A solution is uniquely determined by recording the decisions made in the OR-nodes.*

Walking depth-first through the AND/OR tree, this recording can be done by a list of the letters "l" (go left) and "r" (go right). We call this sequence of decisions the POSITION of the solution.[4]

Observation 3 *Solving a constraint by backtracking produces the positions of its solutions in lexicographically ascending order, because the leafs are deterministic goals. Especially the position of the first solution of a constraint is a lexicographically lower bound for the positions of all its solutions.*

Consider, for example, the constraint of the set former for the German article *die*:

```
(    Num = sg, Gen = fem
;    Num = pl
),
(    Case = nom
;    Case = acc
)
```

Solving this constraint by backtracking produces the following solutions (to the right of every solution we have notated its position):

```
Num = sg, Gen = fem, Case = nom          [l,l]
Num = sg, Gen = fem, Case = acc          [l,r]
Num = pl, Gen = _  , Case = nom          [r,l]
Num = pl, Gen = _  , Case = acc          [r,r]
```

In order to reuse the information gained in satisfying constraints, we extend our constraint formalism and allow to annotate a constraint *Constraint* with a lexicographically lower *Bound* for the position of its solutions by a term

$$Constraint/Bound$$

Bound is a hint to the constraint solver. It says: "Don't look for solutions of *Constraint* at positions which are lexicographically before me".

Let us now present our method for constraint satisfaction. To make the description explicit, we present a Prolog implementation.

```
satisfy(Constraint, Position) :-
        \+ \+ (
            solve(Constraint, []-[], Position-[]),
            assert(solution(Position)),
        ),
        retract(solution(Position)).
```

The goal *satisfy(Constraint, Position)* succeeds if *Constraint* is satisfiable and returns in *Position* the position of its first solution. *Position* is a lower bound for the positions of all solutions of *Constraint*. Note that because of "\+ \+" no variable of *Constraint* is bound.

Our constraint solver *solve/3* is nothing but the obvious Prolog interpreter for constraints augmented with a facility to handle bounds for solutions.

---

[4]Positions of solutions should not be confused with the contexts of [Dörre/Eisele 1990]. The concepts are similar, but they are used in entirely different ways.

```
% solve(Constraint, B0-B, P0-P)
%     Constraint   a constraint
%     B0-B         a difference list; lower bound for searching a
%                  solution of Constraint
%     P0-P         a difference list; position of the found solution
%                  of Constraint
% Searches for a solution of Constraint whose position P0-P is
% lexicographically greater than or equal to B0-B.

solve((L,R), B0-B, P0-P) :-
        solve(L, B0-B1, P0-P1),
        solve(R, B1-B, P1-P).


solve((L;R), [l|B0]-B, [l|P0]-P) :-
        solve(L, B0-B,  P0-P).
solve((L;R), [l|_]-[], [r|P0]-P) :-
        solve(R, []-[], P0-P).
solve((L;R), [r|B0]-B, [r|P0]-P) :-
        solve(R, B0-B, P0-P).
solve((L;R), []-[], [l|P0]-P) :-
        solve(L, []-[], P0-P).
solve((L;R), []-[], [r|P0]-P) :-
        solve(R, []-[], P0-P).


solve((T=T), B-B, P-P).


solve((C/U), []-[], P0-P) :-
        solve(C, U-[], P0-P).
solve((C/U), B0-B, P0-P) :-
        \+ B0-B = []-[],
        solve(C, B0-B, P0-P).
```

3.1 Reduction by a rule (revised)

In order to use the above constraint solver in our bottom-up parser and annotate constraints with bounds, we have to revise the operation of reduction by a rule. Let

$$\{T_1 \mid C_1\}, \{T_2 \mid C_2\}, \ldots, \{T_n \mid C_n\}$$

be the informational sets associated with the members of a sequence of constituents. This sequence of daughter constituents can be reduced by a rule

$$A \longrightarrow X_1, X_2, \ldots, X_n \mid C$$

to a new mother constituent if the Prolog goal

$$satisfy((X_1 = T_1, X_2 = T_2, \ldots, X_n = T_n, C_1, C_2, \ldots, C_n, C), Position)$$

succeeds. The informational set associated with the mother constituent is

$$\{A \mid (X_1 = T_1, X_2 = T_2, \ldots, X_n = T_n, C_1, C_2, \ldots, C_n, C)/Position\}$$

4 Discussion

There are several other approaches for dealing with disjunctive constraints ([Kasper 1987, Maxwell/Kaplan 1989, Dörre/Eisele 1990, Nakano 1991]). We think our method is quite different from them. All these methods involve an analysis and transformation of the constraint. Because these are expensive operations, especially in a language like Prolog, we tried to avoid them. We analyze only a part of the constraint by executing it (searching for a solution) and avoid any transformation by annotating the constraint with control information (a bound to the positions of its solutions). Informally speaking, the annotation cuts off the part of the constraint known to be unsatisfiable after we have found a solution. The empirical results reported below show that our simple minded approach is viable.

4.1 Extendability

The informational set approach does not restrict constraints to AND/OR trees of equations. Elementary constraints which are not equations can be added. It is easy to expand the formalism by concepts like set membership, semantic type checking in a hierarchy. Of course the overall performance of the system is affected by the complexity and number of such extensions. We have added to our system elementary constraints allowing a GB like multiple gap analysis as proposed in [Chen et al. 1988]. The results are very encouraging.

4.2 Performance

It is well-known, that disjunctive constraint satisfaction is NP-complete [Kasper 1987]. Therefore our constraint solver, like the other methods, will require exponential time in the worst case. But its average performance seems to be quite good. We have tested the above approach to bottom-up parsing with disjunctive information on our German grammar containing many disjunctions.[5] Parsing sentences up to 15 words takes between 1 to 5 secs on a SUN SPARC2 using Quintus Prolog Release 3.1.1, with a tendency to the lower value.

To get an impression of where disjunctions are used in our grammar besides the typical morphological cases, let us consider determining the antecedents of extraposed relative clauses. Extraposed relative clauses can take nearly any NP in the sentence as its antecedent, as exemplified by the sentences *Ich glaube, daß der Mann$_i$ der Frau$_j$ das Buch$_k$ gegeben hat, ($den_i|die_j|das_k$) Peter gesucht hat*. This is handled by rules like

```
s(_,...) -> s(Antecedent,...), rels(Antecedent,...) |
    true.
s(RelsAnte,...) -> np(NPRelsAnte,...), vp(VPRelsAnte,...) |
    (   RelsAnte = NPRelsAnte
    ;   RelsAnte = VPRelsAnte
    ).
vp(RelsAnte,...) -> np(NPRelsAnte,...), v1(V1RelsAnte,...) |
    (   RelsAnte = NPRelsAnte
```

---

[5]In one experiment, we used a grammar consisting of 164 rules with 395 disjunctions and 1450 lexical entries with 5297 disjunctions. The grammar also contained traces and movement rules for the treatment of nonlocal dependencies. We parsed a text of 99 sentences that was 796 words long. The text is known as the SUNDIAL sentences. The parser had to produce all parses of all sentences. All sentences could be parsed and 155 parses were found. The total parsing time was 97.67 sec. This results in an average parsing time of 0.12 sec/word.

```
    ;    RelsAnte = V1RelsAnte
    ).
  v1(RelsAnte,...) -> np(NPRelsAnte,...), vk(VKRelsAnte,...) |
    (    RelsAnte = NPRelsAnte
    ;    RelsAnte = VKRelsAnte
    ).
  np(RelsAnte,...) -> np(NPRelsAnte,...), pp(PPRelsAnte,...) |
    (    RelsAnte = NPRelsAnte
    ;    RelsAnte = PPRelsAnte
    ).
```

The possible antecedents of the relative clause are "collected" in a disjunction.

We have found that the critical factor for performance is not the number of disjunctions in the grammar, but the number of disjunctions containing equations between variables[6] instead of variables and values[7]. A similar oberservation was made by [Eisele/Dörre 1988].

4.3   Possible Improvements on Reduction and Merging

The above constraint construction mechanism has an obvious deficiency: it builds constraints in cases where this is not necessary. For example, the reduction step constructs a constraint $X_1 = T_1, X_2 = T_2, \ldots, X_n = T_n, C_1, C_2, \ldots, C_n, C$ even if both $X_1 \ldots X_n$ and $T_1 \ldots T_n$ are unifiable ground terms. Obviously, the equations $X_1 = T_1, X_2 = T_2, \ldots, X_n = T_n$ are unnecessary in this case. In general, we can dispense with the constraint and do the unification directly, if the right hand side $X_1 \ldots X_n$ of the grammar rule subsumes the list of daughters $T_1 \ldots T_n$, because it is only forbidden to unify extra information into the list of daughters, whereas the variables in the grammar rule's right hand side can be instantiated in the reduction step. A possible improvement to the reduction mechanism consists in unifying the terms as much as possible. This can be achieved by a function *match(<right hand side>,<daughters>)* as defined below. It takes the right hand side of the grammar rule and the list of daughters as arguments and returns a conjunction of equations $X_i = T_i$ in cases where X_i is more specific than T_i.

```
match(X,T)
      if    X is identical to T
      then  return true
      elseif X is the first occurrence of a variable
      then  unify(X,T) and return true
      elseif X is a variable or T is a variable
      then  return (X=T)
      elseif X and T are structures with same functor and arity
      then  return the conjunction of match(X_1,T_1) ... match(X_n,T_n)
            for all arguments X_1,...X_n of X and all arguments T_1,...T_n of T
      else fail.
```

A similar situation arises when merging two nodes. The approach sketched above blindly constructs a disjunctive constraint and makes no use of the common parts of the two informational sets. Merging of two terms T_1 and T_2 can be approved by constructing a new term T_3 that subsumes both T_1 and T_2 and building a disjunctive constraint only for the differing parts of T_1 and T_2. This is done by the predicate *generalize/5* defined below.

---

[6]also called path equations.

[7]also called value assignments.

It takes two terms T_1 and T_2 and returns the generalized term T_3 and the constraints C_1 and C_2 that produce T_1 respectively T_2 from T_3.

```
generalize(T1,T2,T3,C1,C2)
        if     T1 is identical to T2
        then  unify(T1,T3), C1 := true, C2 := true
        elseif T1 and T2 are both variables that occur for the first time
        then  unify(T1,T3), unify(T2,T3), C1 := true, C2 := true
        elseif T1 and T2 are structures with same functor and arity
               F(T11,...,T1n) and F(T21,...,T2n)
        then  construct T3 := F(T31,...,T3n)
               do generalize(T11,T21,T31,C11,C21), ..., generalize(T1n,T2n,T3n,C1n,C2n),
               C1 := conjunction of C11, ..., C1n,
               C2 := conjunction of C21, ..., C2n
        else   C1 := (T3 = T1), C2 := (T3 = T2)
```

The merging of two nodes can now be performed by

$$\{T_1 \mid D_1\} \cup \{T_2 | D_2\} = \{T_3 \mid C_1, D_1; C_2, D_2\}$$

where *generalize(T1,T2,T3,C1,C2)*.

We expected an improvement in efficiency from these improvements because they reduce the number of necessary unifications. In our present Prolog implementation the use of *generalize* has no effect on the efficiency and the use of *match* leads to a decrease in efficiency by a factor of 3 to 4. We guess that this rather bad result can be improved by implementing *match* and *generalize* not in Prolog but at the level unification is implemented.

References

[Chen et al. 1988] Chen, H.H., I.P. Lin and C.P. Wu. A New Design of Prolog-based Bottom-up Parsing System with Government-Binding Theory. *Proc. of the 12th International Conference on Computational Linguistics* (COLING-88), pp. 112–116.

[Colmerauer 1990] Colmerauer, A. An Introduction to Prolog III. *Commun. ACM 33, 7* (July 1990), pp. 69–90.

[Dörre/Eisele 1990] Dörre, J. and A. Eisele. Feature logic with disjunctive unification. *Proc. of the 13th International Conference on Computational Linguistics* (COLING-90), pp. 100–105.

[Eisele/Dörre 1988] Eisele A. and J. Dörre. Unification of Disjunctive Feature Description. *Proc. of the 26th Annual Meeting of the ACL*, pp. 286–294.

[Kasper 1987] Kasper, R.T. A Unification Method for Disjunctive Feature Description. *Proc. of the 25th Annual Meeting of the ACL*, pp. 235–242.

[Maxwell/Kaplan 1989] Maxwell, J. and R. Kaplan. An overview of disjunctive constraint satisfaction. *Proc. of the Int. Workshop on Parsing Technologies*, pp. 18–27.

[Nakano 1991] Nakano, M. Constraint propagation: An efficient treatment of disjunctive feature descriptions. *Proc. of the 29th Annual Meeting of the ACL*, pp. 307–314.

[Shieber 1986] Shieber, St.M. *An Introduction to Unification-Based Approaches to Grammar.* Chicago: University of Chicago, CSLI Lecture Notes Series.

[Tomita 1986] Tomita, M. *Efficient Parsing for Natural Language: A Fast Algorithm for Practical Systems.* Boston: Kluwer Academic Publishers.

How to Cope with Scrambling and Scope

Anette Frank   Uwe Reyle

Institute for Computational Linguistics
University of Stuttgart
Azenbergstr. 12, 7000 Stuttgart 1
Tel: (0711) 121-1361 Fax: (0711) 121-1366
e-mail: uwe@adler.philosophie.uni-stuttgart.de

Abstract

The paper presents an HPSG grammar for a fragment of German that deals with quantifier scope ambiguities triggered by scrambling and/or movement. The syntax-semantics interface we design states syntactic conditions on quantifier scoping according to the theory developed in [Frey] and constructs underspecified semantic representations (UDRSs) for scope ambiguities, for which inferences rules have been defined in [Reyle92a]. At both levels the processing of the information regarding scope ambiguity is fully incremental.

1   Introduction

Several authors[1] have put forward the idea that it is preferable to represent ambiguities in a single partial representation to which further constraints can be added monotonically to gain more information about the content of a sentence – rather than to build up a large number of alternative representations of the sentence which are then filtered by subsequent discourse and world knowledge. But as long as these partial representations are neither model-theoretically interpretable nor provided with a suitable proof theory the need to produce disambiguations remains. With it remain all the disadvantages partial interpretations were designed to eliminate. The system in [Reyle92a] breaks this deadlock. It provides a complete proof theory for structures that are partial with respect to quantifier scope.

In this paper we show how the semantics given in [Reyle92b] can be combined with an HPSG-style grammar. The basic idea of the combination being that syntax as well as semantics provide structures of equal right; that the principles internal to the syntactic and semantic level are motivated *only* by the syntactic and semantic theory, respectively; and that mutually constraining relations between syntax and semantics are governed by a separate set of principles that relate syntactic and sematnic information appropriately. Thus the Semantics Principle of standard HPSG versions will be replaced by the following principle, which directly reflects the *monotonicity* underlying the interpretation process desigend in [Reyle92b]: At any stage of the derivation more details are added to the descriptions of the semantic relations between the various components of the sentence, i.e. the partial representation of any mother node is the union of the partial representations of its daughter nodes. The interface between syntactic and semantic structures is governed by principles implementing particular theories on syntactic/semantic restrictions. Here too, a particular perspicous way of formulating these principles is provided by the formalism of [Reyle92b]. In the present paper we will focus only on principles restricting scope ambiguities.[2] The underlying scope theory was developped originally by Frey in [Frey] for arguments of the verb and has then been extended to include adjuncts in [Frey/Tappe]. We give a brief overview of their theory in Section 2. Section 3 introduces to the formalism of [Reyle92b]. In Section 4 we introduce the Semantics Principle governing the construction of partial DRS's. We will state an HPSG grammar for a fragment of German that deals

---

[1] See for example [Schubert/Pelletier], [Fenstad et. al.], [Nerbonne], [Alshawi], [Reyle92b].

[2] For an implementation of binding restrictions see [Frank].

correctly with the scope principle of Frey and Tappe in Section 6. Although we adopt their theory in spirit, our analysis will not assume any traces in the parse. The grammar includes a precise statement the principles governing the interplay of scrambling and scope. An informal description of this interplay will be given in Section 5.

2 Syntactic constraints on Quantifier Scoping

Work by Frey and Tappe (see [Frey] and [Frey/Tappe]) has shown that in German the relation between the actual positions occupied by the quantificational argument phrases of the verb and their traces are instrumental in determining the possible scope relations between the arguments.[3] In (1) for example *mindestens einen Bewerber* may have wide scope over *fast jedem Mitarbeiter* because the former NP c-commands the latter; and *fast jedem Mitarbeiter* may have wide scope over *mindestens einen Bewerber* because it c-commands the trace of *mindestens einen Bewerber*.

(1)   Mindestens einen Bewerber habe ich fast jedem Mitarbeiter vorgestellt.

(2)   [[Mind. einen Bewerber]$_1$ habe [ich f. jed. Mitarbeiter t$_1$ vorgestellt]]

If on the other hand *mindestens einen Bewerber* is not moved in the "Vorfeld", then it cannot take wide scope over any of the other NP's. This is shown by the non-ambiguous sentence

(3)   Ich habe fast jedem Mitarbeiter mindestens einen Bewerber vorgestellt.

Frey and Tappe assume that all the argument phrases of German verbs (including their subjects) are dominated by the verb's maximal projection, V^{max}. If the arguments have been moved from their so-called *base position* they leave traces that are coindexed with the moved arguments (compare t$_1$ in (2)). The movements that are relevant for the determination of scope ambiguities are, however, restricted to those occurring within – what is called – the local domain of the moved NP. This is exemplified by the non-ambiguity of examples like *Fast jeden Besucher meinte mindestens einer habe Maria gekannt*, in which the local domain of the NP *Fast jeden Besucher* is – roughly speaking – the complement structure of the matrix verb. In GB-terms the precise definition is as follows:

The *local domain* of an expression α is defined as the minimal complete functional complex, containing the licensing element of α as well as the lexically realized governor of α, where a complete functional complex is defined as the minimal maximal projection in which all Θ-roles are realized.

Given the notion of local domain we are able to state Frey's scope principle.

Syntactic Scope Principle

Suppose L_α is the local domain of an expression α. Then α *may have scope over* an expression β if either α or one of its traces c-commands β itself or one of β's traces.[4]

3 Underspecified DRS's

The easiest way to introduce U(nderspecified)D(iscourse)R(epresentation)S(tructures) is the following. Consider the DRS representation (4) of (3).

---

[3]By "quantificational" argument phrase we understand a real generalized quantifier. This means that indefinites are not quantificational and thus not subject to the restrictions discussed.

[4]We mentioned earlier that this principle may be applied also to adjuncts ([Frey/Tappe]). For reasons of space we cannot even touch the matter in this paper.

(4)

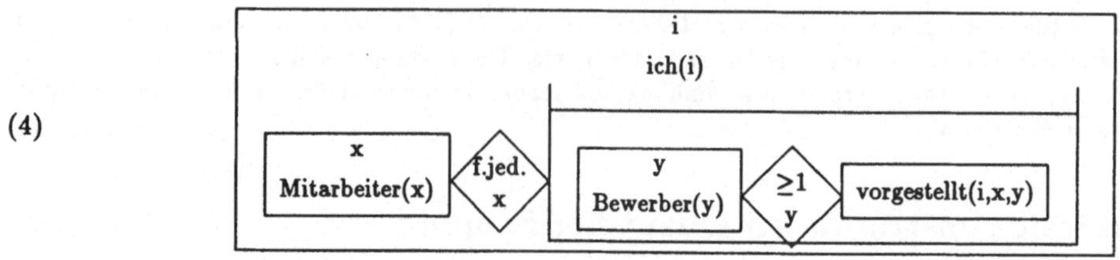

It contains two types of information. First, there is information about the hierarchical structure of the sub-DRS's, especially the information about nestedness of DRS's, or – as the term goes – about the *subordination* relation, <, between (sub-) DRS's. The second type of information relates to DRS's proper. It is of three types: universes of discourse referents, atomic conditions, and the generalized quantifier relations between (sub-) DRS's. Suppose, now, that each (sub-) DRS in (4) comes with a name l, then (4)'s information may equally well be represented by the following set of conditions.

(5)

$$
\begin{array}{lll}
l_T{:}i & & \\
l_T{:}ich(i) & l_1 \leq l_T,\ l_T \leq l_1 & \text{(i.e. } l_1 = l_T) \\
l_1{:}l_{11}{<}f.jed,x{>}l_{12} & l_{11} \leq l_1 & \\
l_{11}{:}x & l_{12} \leq l_1 & \\
l_{11}{:}Mitarbeiter(x) & l_2 \leq l_{12},\ l_{12} \leq l_2 & \text{(i.e. } l_{12} = l_2) \\
l_2{:}l_{21}{<}{\geq}\,1,x{>}l_{22} & & \\
l_{21}{:}y & l_{21} \leq l_2 & \\
l_{21}{:}Bewerber(y) & l_{22} \leq l_2 & \\
l_3{:}vorgestellt(i,x,y) & l_3 \leq l_{22},\ l_{22} \leq l_3 & \text{(i.e. } l_3 = l_{22})
\end{array}
$$

Thus, UDRS's are pairs consisting of conditions of the form l:τ together with an upper semilattice $< L, \leq >$ with one-element, l_T. Note that the language of UDRS's uses *weak subordination*, $\leq$, instead of <. This has the advantage to be able to deal with scope disambiguation monotonically: Recall that (1) is ambiguos between (4) and (6).

(6)

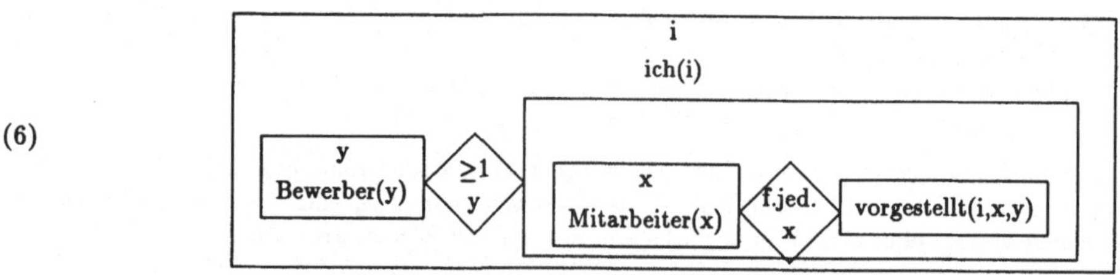

What (4) and (6) have in common is given in (7), which is underspecified with respect to the scope relationship between the two quantified NP's.

(7)

$$
\begin{array}{ll}
l_T{:}i & \\
l_T{:}ich(i) & l_1 \leq l_T \\
l_1{:}l_{11}{<}f.jed,x{>}l_{12} & l_{11} \leq l_1 \\
l_{11}{:}x & l_{12} \leq l_1 \\
l_{11}{:}Mitarbeiter(x) & \\
l_2{:}l_{21}{<}{\geq}\,1,x{>}l_{22} & l_2 \leq l_T \\
l_{21}{:}y & l_{21} \leq l_2 \\
l_{21}{:}Bewerber(y) & l_{22} \leq l_2 \\
l_3{:}vorgestellt(i,x,y) & l_3 \leq l_{12},\ l_3 \leq l_{22}
\end{array}
$$

The construction of a meaning representation for a given sentence produces this kind of underspecification in a natural way. And it is also well suited to disambiguate such representations – once there is more information about the scope relationships of its parts. In case of (3) the syntactic scope principle tells us that the indirect object must have scope over the direct object. This information is expressed by a condition $l_2 \leq l_{12}$, which we may add to (7) in order to get the reading in (5). Thus the difference between the representations of the ambiguous sentence (1) and the non-ambiguous (3) manifests itself in the presence of the condition $l_2 \leq l_{12}$. There is no need to restructure (parts of) a semantic structure if more information about scope restriction has become available. This process of enrichment is characteristic to the construction of meaning representation: information from different sources (syntactic and semantic knowledge as well as knowledge about the world) may be incorporated into the structure by elaborating it in the sense just described.

4   The Semantics Principle

The main task of the construction of UDRS's consists in relating the labels of the information bits that are to be combined. What we mean is the following. Suppose a head complement structure. Then both of the daughters will have the description of a UDRS as value of their CONT feature. This description has the following form.

$$
\left[\text{CONT} \left[\begin{array}{l} \text{SUBORD}\{l \leq l', ...\} \\ \text{UDRS} \left[\begin{array}{l} \text{LS} = \textit{distinguished label} \\ \text{CONDS}\,\{\gamma_1, ...\} \end{array} \right] \end{array} \right] \right]
$$

The feature SUBORD contains the information about the partial order of labels and UDRS contains a set of labeled conditions which comes with a distinguished label LS. The task of combining the two CONT values is to give upper and lower bounds, with respect to $\leq$, for their distinguished labels. The identification of both of these bounds is subject to general principles. In the case of the head being verbal, e.g., the lower bound of the distinguished label l of the complement is given by the distinguished label l' of the head. This means that the description of the partial order that is attributed to the mother node will contain – beneath the subordination relations of its daughters – the condition $l' \leq l$. We will state this principle beyond. The form of the labelled conditions γ_i is determined by the lexical entries. Verbs will specify a relation together with its arguments.

$$
\left[\text{LOC} \left[\text{CONT} \left[\begin{array}{l} \text{CAT}\,[\,\text{SUBCAT} =<\, NP_{[nom,DREF=x]},\, NP_{[acc,DREF=y]},\, NP_{[dat,DREF=z]} >\,] \\ \text{UDRS} \left[\begin{array}{l} \text{SUBORD} = \Gamma \\ \text{LS}\,[\,\text{L-MIN} = l\,] \\ \text{COND} \left\{ \left[\begin{array}{l} \text{LABEL} = l \\ \text{REL} = \textit{vorstellen} \\ \text{ARG1} = x \\ \text{ARG2} = y \\ \text{ARG3} = z \end{array} \right] \right\} \end{array} \right] \end{array} \right] \right]
$$

The reason for the substructure $\text{LS}[\text{L-MIN} = l]$ has to do with the representation of generalized quantifiers. Generalized quantifiers introduce two new labels identifying restrictor and scope as well as the type of quantification relation between the two. And for that reason there is no unique distinguished element for generalized quantifiers. The label for which the interpretation process has to identify an upper bound is the one to which the newly introduced labels are immediately subordinate, and the label for which a lower bound has to be identified is the label of the scope of the quantifier. This is the reason for the internal structure of the value of LS. We give the entry for *fast jeder*.

$$
\left[\text{LOC} \left[\text{CONT} \left[\begin{array}{l} \text{CAT} \left[\begin{array}{l} \text{HEAD} = \textit{quant} \\ \text{SUBCAT} =<\, [\,\text{LOC}\,[\,\text{CONT}\,[\,\text{UDRS}\,[\,\text{COND}\,\{\,[\,\text{LABEL} = l_{11}\,]\,\}\,]\,]\,]\,] > \end{array} \right] \\ \text{UDRS} \left[\begin{array}{l} \text{SUBORD} = \{l_1 \geq l_{11}, l_1 \geq l_{12}\} \\ \text{LS} \left[\begin{array}{l} \text{L-MAX} = l_1 \\ \text{L-MIN} = l_{12} \end{array} \right] \\ \text{COND} \left\{ \left[\begin{array}{l} \text{LABEL} = l_1 \\ \text{REL} = \textit{fast jeder} \\ \text{RES} = l_{11} \\ \text{SCOPE} = l_{12} \end{array} \right] , \left[\begin{array}{l} \text{LABEL} = l_{11} \\ \text{DREF} = x \end{array} \right] \right\} \end{array} \right] \end{array} \right] \right]
$$

As for all quantifiers a new discourse referent is introduced in the restrictor DRS, labelled l_{11}. Furthermore the feature SUBORD contains conditions saying that restrictor and scope are subordinate to the label l_1

of the entire condition. The entry for the indefinite determiner only introduces a new discourse referent. It does not distinguish between restrictor and scope.

$$
\left[\text{LOC} \left[\begin{array}{l} \text{CAT} \left[\begin{array}{l} \text{HEAD} = det \\ \text{SUBCAT} = < \left[\text{LOC} \left[\text{CONT} \left[\text{UDRS} \left[\text{COND} \left\{ [\text{LABEL} = l] \right\} \right] \right] \right] \right] > \end{array} \right] \\ \text{CONT} \left[\begin{array}{l} \text{SUBORD} = \{\} \\ \text{UDRS} \left[\begin{array}{l} \text{LS} \left[\begin{array}{l} \text{L-MAX} = l \\ \text{L-MIN} = l \end{array} \right] \\ \text{COND} \left\{ \left[\begin{array}{l} \text{LABEL} = l \\ \text{DREF} = y \end{array} \right] \right\} \end{array} \right] \end{array} \right] \end{array} \right] \right]
$$

Since we adopt a DP analysis, the SUBORD-conditions are stated in the entries of the determiners, and the entries for nouns are almost trivial.

$$
\left[\text{LOC} \left[\text{CONT} \left[\begin{array}{l} \text{SUBORD} = \{\} \\ \text{UDRS} \left[\text{COND} \left\{ \left[\begin{array}{l} \text{LABEL} = l \\ \text{REL} = Mitarbeiter \end{array} \right] \right\} \right] \end{array} \right] \right] \right]
$$

Having explained the roles of the features occurring within CONT we are in the position to formulate the basic components of our Semantics Principle. In this paper we will only consider verbal head complement structures. It will, however, become clear that only minor modifications are needed in order to apply the Semantics Principle to other configurations as well. We start with the case where the arguments of the verb show up in basic order (i.e. where no scope ambiguity will arise). In this case the subordination conditions stated in the lexicon or derived incrementally during the analysis will remain unchanged, i.e. the SUBORD value of the mother node is defined to contain the SUBORD value of both of its daughters.

Semantics Principle (I): CSP+BASIC (preliminary: final version in Section 6)

$$
\left[\begin{array}{l} \text{SYNSEM} \left[\text{LOC} \left[\text{CONT} \left[\text{SUBORD} = \ldots \cup \Gamma_1 \cup \Gamma_2 \right] \right] \right] \\ \text{DTRS} \left[\text{HEAD-DTR} \left[\begin{array}{l} \text{SYNSEM} \left[\text{LOC} \left[\text{CONT} \left[\text{SUBORD} = \Gamma_1 \right] \right] \right] \\ \text{COMP-DTR} \left[\text{SYNSEM} \left[\text{LOC} \left[\text{CONT} \left[\text{SUBORD} = \Gamma_2 \right] \right] \right] \right] \end{array} \right] \right] \end{array} \right]
$$

The next principle applies to COND and LS. The condition sets COND of the daughter UDRS's will simply be unified. But what shall we do with the distinguished labels of head and complement daughter? Recall that the lower bound relative to which L-MIN of the complement will be located in the partial order is given by the L-MIN of the head. Thus the latter gets inherited from daughter to mother in order to be available for the interpretation of possible other complements. For analoguous reasons the same holds for L-MAX.

Semantics Principle (II): Percolation of UDRS-Conditions and Upper/Lower Bounds

$$
\left[\begin{array}{l} \text{SYNSEM} \left[\text{LOC} \left[\text{CONT} \left[\text{UDRS} \left[\begin{array}{l} \text{LS} \left[\begin{array}{l} \text{L-MAX} = l_{max} \\ \text{L-MIN} = l_{min} \end{array} \right] \\ \text{COND} = \Gamma_1 \cup \Gamma_2 \end{array} \right] \right] \right] \right] \\ \text{DTRS} \left[\begin{array}{l} \text{HEAD-DTR} \left[\text{SYNSEM} \left[\text{LOC} \left[\text{CONT} \left[\text{UDRS} \left[\begin{array}{l} \text{LS} \left[\begin{array}{l} \text{L-MAX} = l_{max} \\ \text{L-MIN} = l_{min} \end{array} \right] \\ \text{COND} = \Gamma_1 \end{array} \right] \right] \right] \right] \right] \\ \text{COMP-DTR} \left[\text{SYNSEM} \left[\text{LOC} \left[\text{CONT} \left[\text{UDRS} \left[\text{COND} = \Gamma_2 \right] \right] \right] \right] \right] \end{array} \right] \end{array} \right]
$$

The principle that restricts the possible target places of NP's downwards guarantees that the discourse referent x introduced by an NP that is subcategorized by some verb will bind x's occurrence in the (semantic) argument list of this verb. As was explained in Section 3, the feature L-MIN in the label structure serves this purpose.

Semantics Principle (III): Closed Formula Principle

$$
\left[\begin{array}{l} \text{SYNSEM} \left[\text{LOC} \left[\text{CONT} \left[\text{SUBORD} = \ldots \cup \{ l \geq l_{verb} \} \right] \right] \right] \\ \text{HEAD-DTR} \left[\text{SYNSEM} \left[\text{CONT} \left[\text{UDRS} \left[\text{LS} \left[\text{L-MIN} = l_{verb} \right] \right] \right] \right] \right] \\ \text{COMP-DTR} \left[\text{SYNSEM} \left[\text{CONT} \left[\text{UDRS} \left[\text{LS} \left[\text{L-MIN} = l \right] \right] \right] \right] \right] \end{array} \right]
$$

Let us now consider the upper bound L-MAX. Recall what we said about the scope potential of indefinite NP's and genuine quantifiers. The former may take arbitrarily wide scope whereas the latter are allowed to take scope only over the elements that appear in their local domain. We will implement this restriction to the interpretation of real quantifiers by saying that the label L-MAX of the quantified NP must be subordinate to the label l_{max} which is associated with the upper bound of the local domain. The identification of L-MAX requires – as the definition in Section 2 clearly shows – a detailed discussion of the syntactic principles we are going to adopt. We will state these principles in Section 6. For the purpose of the present section it is sufficient to accept l_{max} as parameter which will be instantiated correctly by syntactic means. The Quantifier Scope Principle then states that for each complement that is a real quantifier the SUBORD value of the verb phrase will contain the further condition that the quantifier's maximal label in LS (L-MAX = l_{quant}) is subordinate to the label l_{max} indicating the upper limit of the local domain:

Semantics Principle (IV): Quantifier Scope Principle

$$\left[\begin{array}{l} \text{SYNSEM}\left[\text{LOC}\left[\text{CONT}\left[\text{SUBORD} = \ldots \cup \{l_{quant} \leq l_{max}\}\right]\right]\right] \\ \text{DTRS}\left[\text{C-DTR}\left[\text{SYNSEM}\left[\text{LOC}\left[\begin{array}{l}\text{CAT}\left[\text{HEAD} = quant\right] \\ \text{CONT}\left[\text{UDRS}\left[\text{LS}\left[\text{L-MAX} = l_{quant}\right]\right]\right]\end{array}\right]\right]\right]\right] \end{array}\right]$$

This finishes our list of general semantic principles. We now turn to the principle that governs the interaction of scrambling and scope.

5 Recognizing scope restrictions on-line

The UDRS's that can be built up according to the principles given in the last section depend on what we assume to be the value Γ of the SUBORD feature in the lexical entry of the verb. Suppose Γ is empty. Then the UDRS that is built up for a sentence like (1) would be the same as the one for (3), namely (7). I.e. all permutations of quantifiers are allowed. The realization of Frey's principle would in this case amount to monotonically add more and more restrictions to SUBORD. Although this approach is possible, we will not persue it in this paper. (A brief discussion of this alternative is given in a footnote at the end of this section.) The other possibility is to encode in Γ the reading that Frey's principle predicts for the case all NP's occur in their base position. I.e. for *vorstellen* $\Gamma = \{ l_1 \geq l_2, l_1 \geq l_3, l_2 \geq l_3 \}$. In this case the algorithm starts with the default assumption that the NPs occur in their basic order, and then allows (parts of) this assumption to be defeated by scrambling (or movement). To persue this approach we don't need to assume any traces in our syntactic analysis.

Frey's scope principle will be realized by comparing the actual order of verbal arguments in the sentence with their basic or 'normal' order, which can be identified in neutral intonation contexts.[5] This order is represented in the attribute BASIC, a list containing elements of type *synsem*. Due to the right-branching structure of the VP in German, the precedence relations holding among the elements of this list correspond to the c-command relations that hold among the verbal arguments if they appear in basic order. Thus in case the actual order is identical to the basic order we know that the scope relations are fixed and correspond exactly to this order. However, if at some stage of the derivation an argument a that is predicted by BASIC to appear in its base position does not occur, then we conclude that it has been moved and that it will no longer be restricted to have narrow scope with respect to the argument b that is actually processed. In this case we have to eliminate the condition(s) from SUBORD that assign a narrow scope relative to b. In general these conditions are computed by an operation of transitive closure over the precedence relation. (The formal definition of transitive closure will be given in Section 6). To see how this works in detail let us consider an example.

In (1), the value of BASIC is < $\text{NP}_{[nom]}$, $\text{NP}_{[dat]}$, $\text{NP}_{[acc]}$ >. In the order of actual ocurrence the rightmost argument of the VP will be the NP marked dative (*fast jedem Mitarbeiter*). If it would also figure as rightmost element on the list of basic order, we could infer that it has narrow scope with respect to all other arguments that precede (i.e. c-command) it on the list. Since it does not, we know that the argument

---

[5] See e.g. [Hoehle].

that is expected as rightmost element, ($NP_{[acc]}$), has been moved from its basic position (by scrambling or other means). With respect to scope relations, this tells us that the moved element will, from its landing position, c-command the NP marked dative[6] so that there will be – besides the narrow scope reading – a wide scope reading of the moved argument over the argument $NP_{[dat]}$. As a consequence, we have to modify the set of scope conditions we gained by the computation of transitive closure[7] over the list BASIC in the lexicon: the label associated with $NP_{[acc]}$ (l_3) will not be constrained any more to have narrow scope with respect to the semantic value of $NP_{[dat]}$ (l_2), so the condition $l_3 \leq l_2$ will be removed from the set of scope conditions.

Parallel to the treatment of SUBCAT, we now delete the argument that has been processed, ($NP_{[dat]}$), from the list of expected basic order, and proceed with the next element appearing in the sentence ($NP_{[nom]}$). Again we find that it does not figure as last element on the list, since the moved element still didn't show up. So it will have a wide scope reading over the nominative argument, too, and we remove the corresponding condition of narrow scope from the scope condition set. Again, the processed argument will be taken from the ordering list. Finally, the moved element ($NP_{[acc]}$) is analyzed in its landing site position. It figures as the last element on the ordering list, and no operation on the scope set is triggered. What we end up with, is the set of scoping conditions: { $l_2 \leq l_1$ }, defining narrow scope of $NP_{[dat]}$ with respect to $NP_{[nom]}$.[8]

6 Syntactic Conditions on Scope

In Section 4 we introduced the Semantics Principle which defines the values of the COND attribute and the label structures of the partial DRS's as well as the projection of the SUBORD value. Since the scoping conditions are highly dependent on the underlying syntactic structure, we now have to state the syntactic conditions which constrain the subordination relations among the labels that identify the partial Sub-DRS's.

The main syntactic principles of HPSG presented in [Pollard] (Head-feature Principle, SUBCAT Principle etc.) are maintained. But we introduce more refined language-dependent Constituent Order Principles for verbal arguments in German. These operate on the order-defining attribute BASIC.

6.1 Constituent Order Principles for Verbal Arguments

Contrary to Pollard 1991, we will assume binary syntactic rules for German. Thus, the attribute COMP-DTR will only provide for an atomic object instead of representing a list of objects. The assumption of

---

[6]We assume the principle of non-vacuous movement to hold.

[7]The reader convinces himself that it is necessary to formulate the principle w.r.t. the notion of transitive closure. The example to consider is: *Fast jedem Mitarbeiter hat mindestens einen Bewerber niemand vorgestellt.*

[8]The approach mentioned above, viz. to start with the value Γ of SUBORD being the empty set, is most easily realized, if we analyze scrambling by introducing traces for non-wh arguments. In this scenario, the NON-LOCAL attribute provides a SLASH attribute in the INHERITED feature. The order of elements on SUBCAT will be defined in the lexicon by unfying SUBCAT with the value of BASIC, which is now represented as a HEAD feature and thus gets projected by the Head Feature Principle. Note that this would mean that the order of elements on SUBCAT is no longer defined by the obliqueness hierarchy of grammatical functions. Since the traces are introduced as complement daughters, we would then state a single constituent order principle operating on SUBCAT, that enforces the actual complement being processed as complement daughter to appear as last element on the SUBCAT list. This restriction ensures that the argument(s) we find not being realized in basic order will be analyzed as traces and represented in the SLASH attribute. Accordingly we would state a filler rule that decharges SLASH if it can be structure shared with the TO-BIND value introduced by the value of a filler daughter. Our Complement Scope Principle would then (informally) state that for each argument a that is actually processed as a complement or filler daughter (i) it has to be identified with one of the arguments on the BASIC list of the HEAD and (ii) for each argument b on BASIC that follows it, and which is not contained in the actual SLASH value, the condition $l_a \geq l_b$ is added to the SUBORD value. As scrambling of multiple arguments over the subject as in (i) does not induce narrow scope of the object NP with respect to the indirect object, the introduction of scope restrictions by the Complement Scope Principle has to obey the general condition that SUBCAT may not be empty.

(i) *Fast jedem Mitarbeiter hat mindestens einen Bewerber niemand vorgestellt.*

We decided not to choose this alternative, in order to clearly separate pure subcategorization information, encoded in SUBCAT, from precedence conditions, subject to the Constituent Order Principles. In the grammar we sketch in the following section, the Constituent Order Principles operate on the order-defining attribute BASIC, while the SUBCAT-Principle is solely concerned with the processing of the subcategorization information proper.

binary rules is crucial for our approach to the variation of word order and its consequences for scope relations.

Up to now, HPSG has not provided for a definition of the Constituent Order Principle that covers the range (and restrictions) of word order variation one finds in a scrambling language like German. As already mentioned, we define the basic order of verbal arguments in the lexicon. The attribute BASIC is used as controlling information structure that distinguishes between two constituent order principles for complements, COP-CH+V+BASIC, for the basic order, and COP-CH+V–BASIC, for non-basic order resulting from scrambling or topicalization of arguments. As shown in [Frank], licensing syntactic and semantic conditions on scrambling (such as definiteness, pronominal status, theme-rheme etc.) can be stated in COP-CH+V–BASIC, which constrains word order variations to wellformed sentences of German.

Due to the right-branching VP-structure, arguments that show up in the order defined in BASIC will fulfill the condition that they figure as last element on the actual value of the attribute BASIC. For ease of description, we state this condition by using a concatenation operator $\circ$ that defines $a \circ b \circ c$ as a the result of the concatenation of the lists a, b and c. If the BASIC value of the head daughter is partitioned into the (adjacent) sublists $\boxed{\text{basic}}$ and $\boxed{\text{arg}}$, the phrase's value of BASIC is defined as the sublist $\boxed{\text{basic}}$, the list of remaining arguments that are expected in basic order.

COP-CH+V+BASIC: COP for Basic Order of Complements

$$\text{COP-CH+V } \&$$

$$\left[\begin{array}{l} \text{SYNSEM}\left[\text{LOC}\left[\text{CAT}\left[\text{BASIC} = \boxed{\text{basic}}\right]\right]\right] \\ \text{DTRS}\left[\begin{array}{l}\text{HEAD-DTR}\left[\text{SYNSEM}\left[\text{LOC}\left[\text{CAT}\left[\text{BASIC} = \boxed{\text{basic}}\circ <\boxed{\text{arg}}>\right]\right]\right]\right] \\ \text{COMP-DTR}\left[\text{SYNSEM } \boxed{\text{arg}}\right]\end{array}\right]\end{array}\right]$$

The COP for non-basic order of arguments partitions the head daughter's value of BASIC in a way such that $\boxed{\text{arg}}$ precedes a non-empty list (nelist) of arguments ($\boxed{\text{non-basic}}$). As before, $\boxed{\text{arg}}$ is removed from BASIC to give the phrase's value of BASIC, which is defined as the concatenation $\boxed{\text{basic}}\circ\boxed{\text{non-basic}}$.

COP-CH+V-BASIC: COP for Non-Basic Order of Complements

$$\text{COP-CH+V } \&$$

$$\left[\begin{array}{l} \text{SYNSEM}\left[\text{LOC}\left[\text{CAT}\left[\text{BASIC} = \boxed{\text{basic}}\circ\boxed{\text{non-basic}}\right]\right]\right] \\ \text{DTRS}\left[\begin{array}{l}\text{HEAD-DTR}\left[\text{SYNSEM}\left[\text{LOC}\left[\text{CAT}\left[\text{BASIC} = \boxed{\text{basic}}\circ <\boxed{\text{arg}}>\circ\boxed{\text{non-basic}}_{\text{nelist}}\right]\right]\right]\right] \\ \text{COMP-DTR}\left[\text{SYNSEM } \boxed{\text{arg}}\right]\end{array}\right]\end{array}\right]$$

6.2 Syntactic Conditions on Scope

Syntactic Constraints on the Complement Scope Principle

The differentiation between COPs for basic and non-basic order of arguments provides a means for defining the modification of scope relations among arguments that result from the change of syntactic c-command relations when scrambling or topicalization occurs.
In Section 4, we already mentioned that for arguments showing up in basic order, the SUBORD value of the mother is a superset of the SUBORD values of its daughters.

Semantics Principle (I): CSP+BASIC

$$\left[\begin{array}{l} \text{SYNSEM}\left[\text{LOC}\left[\text{CONT}\left[\text{SUBORD} = \ldots \cup \Gamma_1 \cup \Gamma_2\right]\right]\right] \\ \text{DTRS}\left[\text{HEAD-DTR}\left[\begin{array}{l}\text{SYNSEM}\left[\text{LOC}\left[\text{CONT}\left[\text{SUBORD} = \Gamma_1\right]\right]\right] \\ \text{COMP-DTR}\left[\text{SYNSEM}\left[\text{LOC}\left[\text{CONT}\left[\text{SUBORD} = \Gamma_2\right]\right]\right]\right]\end{array}\right]\right]\end{array}\right]$$

For non-basic argument order, however, we concluded that the arguments being moved (represented in the sublist $\boxed{\text{non-basic}}$) are no longer constrained to have narrow scope with respect to the argument $\boxed{\text{arg}}$ currently processed. We therefore derive the transitive closure over the concatenated list $\boxed{\text{arg}}\circ\boxed{\text{non-basic}}$, which computes the set of subordination relations which no longer can be assumed to hold.[9] This set is deleted from the SUBORD set of the HEAD-DTR (Γ_1). The result is defined to be contained in the SUBORD value of the phrase's CONT.

Semantics Principle (I): CSP–BASIC: COP-CH+V–BASIC &

$$\left[\begin{array}{l} \text{SYNSEM} \left[\text{LOC} \left[\text{CONT} \left[\text{SUBORD} = \ldots \cup \Gamma_2 \cup (\Gamma_1 \setminus \text{trans-closure}(<\boxed{\text{arg}}> \circ \boxed{\text{non-basic}})) \right] \right] \right] \\ \text{DTRS} \left[\begin{array}{l} \text{HEAD-DTR} \left[\text{SYNSEM} \left[\text{LOC} \left[\begin{array}{l} \text{CAT} \left[\text{BASIC} = \boxed{\text{basic}} \circ <\boxed{\text{arg}}> \circ \boxed{\text{non-basic}} \right] \\ \text{CONT} \left[\text{SUBORD} = \Gamma_1 \right] \end{array} \right] \right] \right] \\ \text{COMP-DTR} \left[\text{SYNSEM} \left[\text{LOC} \left[\text{CONT} \left[\text{SUBORD} = \Gamma_2 \right] \right] \right] \right] \end{array} \right] \end{array} \right]$$

Definition of Local Domain for the Quantifier Scope Principle

In Section 2, the local domain of an expression α has been defined as the minimal complete functional complex, containing the licensing element of α as well as the lexically realized governor of α, where a complete functional complex was defined as the minimal maximal projection in which all Θ-roles are realized. In our HPSG grammar this definition of the local domain for verbal arguments corresponds to the phrasal verb projection where all arguments have been realized, i.e. SUBCAT is saturated. We therefore instantiate the label l_{max} as the value of the feature L-MAX in the CONT attribute of the verb phrase, which the Quantifier Scope Principle stated in Section 4 defines as the upper local domain for quantified phrases.

$$\left[\text{LOC} \left[\begin{array}{l} \text{CAT} \left[\begin{array}{l} \text{HEAD} = verb \\ \text{LEX} = - \\ \text{SUBCAT} =<> \end{array} \right] \\ \text{CONT} \left[\text{UDRS} \left[\text{LS} \left[\text{L-MAX} = l_{max} \right] \right] \right] \end{array} \right] \right]$$

7 Conclusion

We presented an HPSG grammar for German that defines a syntax-semantics interface for the construction of underspecified discourse representation structures. The properties of the principles governing the syntactic and semantic representations are stated individually in the form of general principles. The separation of syntactic and semantic principles enables us to clearly identify the interaction between the modules, i.e. the 'interface' between syntax and semantics. In the fragment we discussed, this interaction was formulated for the scoping properties of quantifiers, where syntactic constraints of word order restrict the set of possible readings.

We end by giving an informal description of all the Semantics Principles we have been discussing.

Semantics Principle

- **Percolation of Upper and Lower Bounds**
  In a headed structure, the value of the head-daughter's LS, the distinguished label of a UDRS, is token-identical to the value of the phrase's LS attribute.

---

[9] Transitive closure is defined as a function that takes a list of synsem objects and computes the set of conditions defining the subordination relations holding among the arguments:

$$\text{trans-closure}(<>) \rightarrow \{ \}$$
$$\text{trans-closure}(<_{synsem-object}>) \rightarrow \{ \}$$
$$\text{trans-closure}(< \begin{array}{l} \left[\text{LOC} \left[\text{CONT} \left[\text{UDRS} \left[\text{LS} \left[\text{L-MAX} = l_1 \right] \right] \right] \right] \right], \\ \left[\text{LOC} \left[\text{CONT} \left[\text{UDRS} \left[\text{LS} \left[\text{L-MAX} = l_2 \right] \right] \right] \right] \right] \end{array} >) \rightarrow \{ l_1 \leq l_2 \}$$
$$\text{trans-closure}(< \begin{array}{l} \left[\text{LOC} \left[\text{CONT} \left[\text{UDRS} \left[\text{LS} \left[\text{L-MAX} = l_1 \right] \right] \right] \right] \right], \\ \left[\text{LOC} \left[\text{CONT} \left[\text{UDRS} \left[\text{LS} \left[\text{L-MAX} = l_2 \right] \right] \right] \right] \right], \\ \left[\text{LOC} \left[\text{CONT} \left[\text{UDRS} \left[\text{LS} \left[\text{L-MAX} = l_3 \right] \right] \right] \right] \right] \end{array} >) \rightarrow \{ l_1 \leq l_2, l_1 \leq l_3, l_2 \leq l_3 \}$$

- **Inheritance of UDRS Conditions**
  In a headed structure, the phrase's value of the set COND, representing atomic UDRS conditions, is the union of the COND values of the daughters.

- **Scoping Principles**
  In a head-complement structure, the phrase's value of SUBORD is defined as the union of the sets of conditions defined by the following clauses:

  1. **Complement Scope Principle**
     - If COP-CH+BASIC applies, the phrase's SUBORD value will contain the union of the SUBORD values of the daughters as a subset.
     - If COP-CH-BASIC applies, the phrase's SUBORD value will contain the SUBORD value of the complement daughter and the subset that results from subtraction of scoping conditions from the SUBORD value of the head daughter (defined in CSP-BASIC).

  2. **Quantifier Scope Principle**
     If the head feature of the complement daughter is of type quant, the phrase's SUBORD value will contain the condition $l_{quant} \leq l_{max}$ where l_{quant} is the value of L-MAX of the quantified noun phrase, and l_{max} is the label L-MAX of the verb phrase's upper local domain.

  3. **Closed Formula Principle**
     The phrase's value of SUBORD will contain the condition $l_{verb} \leq 1$ where l_{verb} is the value of L-MIN of the verbal projection and 1 is the value of L-MIN in the CONT attribute of the nominal complement.

  4. No further conditions will be contained in the phrase's SUBORD value.

References

[Alshawi]   Alshawi, Hiyan (1990): "Resolving Quasi Logical Forms", in *Computational Linguistics*, Vol. 16, No. 3.

[Fenstad et. al.] Fenstad, J.E. / Halvorsen, P.-K. / van Benthem, J. (1987) *Situations, Language and Logic*, Reidel Publishing Company, 1987.

[Frank]   Frank, Anette (1992): "A New HPSG-Analysis of Scrambling and Binding in German." ms. Stuttgart.

[Frey]   Frey, Werner (1990): *Syntaktische Bedingungen für die Interpretation*, AIMS No. 01-90, Stuttgart.

[Frey/Tappe] Frey, Werner / Tappe Thilo (1992): *Grundlagen eines GB-Fragments für das Deutsche*, appears as *Arbeitspapier des Sonderforschungsbereichs 340*, Stuttgart.

[Hoehle]   Hoehle, Tilman (1982): "Explikation fuer 'normale' Betonung und 'normale Wortstellung'. " in: W. Abraham (ed.): *Satzglieder im Deutschen. Vorschlaege zur syntaktischen, semantischen und pragmatischen Fundierung.* Tuebingen, Narr, p.75-153.

[Kamp/Reyle 91] Kamp, H. / Reyle, U. (1991): *From Discourse to Logic, Vol I*, to appear: Kluwer, Dordrecht (1990).

[Nerbonne]   Nerbonne, J. (1992), "A Feature Base Syntax/Semantics Interface", ms. Saarbruecken.

[Pollard/Sag] Pollard, Carl / Sag, Ivan A (1987): *Information-Based Syntax and Semantics*, CSLI Lecture Notes Series 13.

[Pollard]   Pollard, Carl (1991): *Topics in Constraint-Based Syntactic Theory.* ms.

[Reyle92a]   Reyle, Uwe (1992): "Dealing with Ambiguities by Underspecification: A First Order Calculus for Unscoped Representations", in: *Proceedings of the Eighth Amsterdam Colloquium*, Amsterdam, 1992.

[Reyle92b]   Reyle, Uwe (1992): "Dealing with Ambiguities by Underspecification: Construction, Representation and Deduction", to appear in: *Jounal of Semantics.*

[Schubert/Pelletier] Schubert, L.K. / Pelletier, F.J. (1982), "From English to Logic: Context-Free Computation of Conventional Logic Translations", in: *Journal of the Association for Computational Linguistics.*

Eine Parserarchitektur zur Verarbeitung koordinierter Strukturen

Hans Haugeneder
Siemens AG
ZFE BT SE 13
Otto-Hahn-Ring 6
8000 München 83

Zur syntaktischen Analyse koordinierter Strukturen wurden eine Reihe von Parserarchitekturen vorgeschlagen, die auf koordinationsspezifischen, vom Standardverarbeitungmodell des Parsers abweichenden Verarbeitungsmechanismen beruhen. Das KONCHA *Modell stellt einen solchen Ansatz zur Analyse koordinierter Strukturen dar, bei dem darüberhinaus keine explizite grammatische Spezifikation vorausgesetzt werden. Es erweitert die zugrundegelegte Architektur eines aktiven Chartparsens um Koordinationsdämonen, die für die Behandlung der linguistisch kohärenten, ausschließlich syntaktisch determinierten Phänomenklassen der Konstituentenkoordination und der Linkstilgung verantwortlich sind. Die Koordinationsdämonen initiieren während des Parseprozesses beim Auftreten einer koordinationsaktiven Konfiguration in der Chart neue Analyseprozesse. Diese haben die Form aktiver (Standard-)Kanten und multipel aktiver Kanten im Fall der Linkstilgung, wobei zur Interpretation der letzteren die fundamentale Regel des Chartparsens geeignet angepaßt wird.*

1 Einleitung

Zur syntaktischen Analyse koordinierter Konstruktionen sind in der Computerlinguistik eine Vielzahl von Ansätzen vorgeschlagen worden, die sich dadurch auszeichnen, daß zur Behandlung dieses Phänomenbereichs dezidierte, über die Möglichkeit der expliziten Spezifikation im Rahmen des jeweils verwendeten Grammatikformalismus hinausgehende Mittel eingeführt werden. Neben einer ganzen Reihe von sog. "Meta"-Ansätzen (insbes. Techniken der Metaprogrammierung) spielen dabei die dämonen-basierten Modelle[1] eine herausragende Rolle.

Innerhalb dieser Grundarchitektur lassen sich eine Reihe verschiedener Ausprägungen identifizieren: die dynamische Kreierung von Parserkonfigurationen ([Woo73, DM83]), die

---

[1] vgl. dazu [Win75]

Verwendung wortspezifischer Koordinationsprozeduren ([Win72]), die automatische Expansion der Grammatik zur Analysezeit ([Bog83]), auch kombiniert mit expliziter grammatischer Spezifikation ([Raz76]) sowie die Aktivierung einer koordinationsspezifischen Teilgrammatik ([Hua83]). Bei allen Unterschieden ist eine wesentliche Eigenschaft der meisten dieser dämonenbasierten Modelle in der Tatsache begründet, daß sie prozedurale Erweiterungen der zugrundegelegten Architektur aufweisen, durch welche die vorkommensgesteuerte Behandlung der koordinierten Strukturen geleistet wird. Darüberhinaus wird auf die grammatische Spezifikation der koordinierten Strukturen häufig vollständig verzichtet ([Win72, Woo73, DM83, Bog83]).

Die im folgenden vorgestellte KONCHA Architektur reiht sich in diese Klasse der dämonen-basierten Ansätzen ein. Sie zeichnet sich dadurch aus, daß sie

1. das Modell des aktiven Chartparsing um konstruktionsspezifische Koordinationsdämonen erweitert,[2]

2. keine grammatische Spezifikation der behandelten koordinativen Phänomene voraussetzt,

3. ausschließlich syntaktisch determinierte Konstruktionstypen (Konstituentenkoordination und Linkstilgung) behandelt[3] und

4. sprachunspezifisch in dem Sinne ist, daß ihre Anwendbarkeit auf Sprachen, die dem Deutschen typologisch verwandt sind, gegeben ist.

2 Das KONCHA Modell

2.1 Erweitertes aktives Chartparsing als Basisarchitektur

Dem KONCHA Modell ist die Architektur des aktiven Chartparsens ([Kap73, Kay80]) zugrundegelegt. Der Hauptgrund dafür liegt darin, daß die aktive Chart als eine Repräsentation wesentlicher Aspekte der Konfiguration des Parsers angesehen werden kann. Daneben erweist sich die hohe Flexibilität bei der Modellierung von Kontrollstrukturen und Regelinvokationsstrategien als vorteilhaft.

Eine schematische Darstellung der erweiterten Chart Architektur ist in Abbildung 1 gegeben. Die koordinationsspezifischen Dämonen als wesentliche Erweiterung der Basisarchitektur sind in die Komponente zur Auftragsgenerierung eingebettet. Sie werden in Abhängigkeit von der Chartkonfiguration und vom Typ der neu eingefügten Kante, für welche neue Aufträge zu generieren sind, aktiviert und erzeugen zusätzlich neue Kanten.

---

[2]Ein Ansatz, der auf konstruktionsspezifischen Dämonen basiert, weist den Vorteil auf, daß diese zielgerichtet jeweils nur in spezifischen Konfigurationen zur Anwendung kommen. Die Alternative der Verwendung eines einzigen mächtigen und sehr komplexen Koordinationsmechanismus wie etwa im SYSCONJ Ansatz ([Woo73]) hat den Nachteil einer verhältnismäßig hohen Intransparenz.

[3]Gapping-Konstruktionen als eine weitere produktive Klasse sind aufgrund ihrer semantischen und pragmatischen Kodeterminiertheit (vgl. [SGWW85, 164] und [Kun76]) ausgeschlossen.

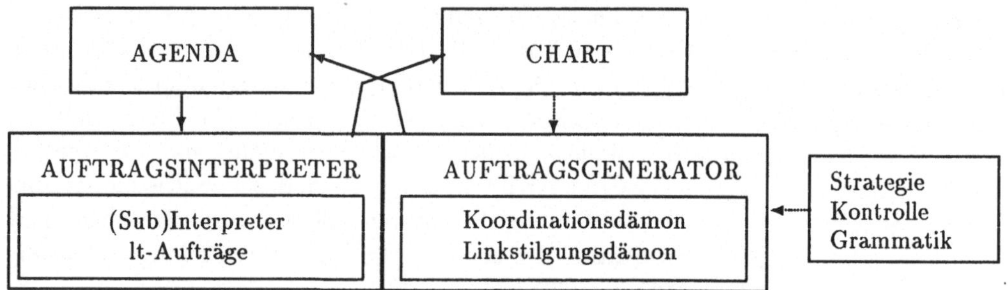

Abbildung 1: Die KONCHA Basisarchitektur

Diese führen in der Folge zu weiteren Aufträgen (siehe Abbildung 2, [⋆1]), die die für die Analyse der koordinierten Konstruktion verantwortlichen initialen Analyseschritte charakterisieren.

Eine vereinfachte Version des Basisalgorithmus ist in Abbildung 2 beschrieben, wobei als Spezifikationsformalismus DL* verwendet wird.[4]

PROC: parse

Zweck: Durchführung des Chartparsing Basiszyklus

Eingaben: eine initiale Konfiguration   %%*die I-Konfiguration*

Ausgaben: eine Chart

Hintergrund: eine Grammatik, ein Lexikon

Arbeitsstrukturen: eine aktive Chart, initialisiert mit der Chart der I-Konfiguration, eine Agenda, initialisiert mit der Agenda der I-Konfiguration, ein Auftrag

Basismethode:
- Entferne einen Auftrag aus der Agenda und mache ihn zum aktuellen Auftrag
- Interpretiere den aktuellen Auftrag und erzeuge neue Kanten
- Erweitere die Chart um die neuen Kanten
- Erzeuge neue Aufträge für die in die Chart eingefügten neuen Kanten ([⋆1])
- Füge die neuen Aufträge in die Agenda gemäß der Kontrollstrategie ein

Bedingung:
Wenn eine finale Konfiguration erreicht wird, gib Chart zurück, sonst fail

---

Abbildung 2: Basisverarbeitungszyklus

---

[4]DL* ist eine Variante der von Winograd verwendeten Pseudoprogrammiersprache DL ([Win83, 419–442]). Die in der Folge verwendeten DL* Beschreibungen beschränken sich auf die für den KONCHA Ansatz relevanten Aspekte; eine DL*-basierte Beschreibung der datenstrukturellen und prozeduralen Aspekte des aktiven Chartparsens findet sich in [Gör88, 198f]. Die Implementierung des KONCHA Modells ist in Prolog durchgeführt.

2.2 Konstituentenkoordination

Für den Konstruktionstyp der Konstituentenkoordination ist das Vorhandensein eines oder mehrerer Koordinationspartikel konstitutiv, wobei binäre und iterative Koordination die grundlegenden Konstruktionstypen darstellen. Als Konjunktionsglieder können in beiden Fällen sowohl phrasale als auch Wortkategorien fungieren; dabei ist die Verträglichkeit der kategoriellen Eigenschaften der Konjunktionsglieder entweder als strikte kategorielle Identität oder in bestimmten Konstruktionstypen über eine komplexere Beziehung zwischen den Kategorien der beteiligten Phrasen bestimmt (s.u.). Einige Beispiele für die verschiedenen Typen von Konstituentenkoordination finden sich in (1.a-e).

(1.a) [$_{NP}$ Die lombardischen Städte (und) der Papst und das Kriegsglück] verbündeten sich gegen Friedrich.

(1.b) Friedrich besaß Güter [$_{PP}$ in Apulien und auf Sizilien].

(1.c) ...daß [$_S$ Friedrich entweder sein Kreuzzugsversprechen einlösen würde oder der Papst ihn mit dem Bann belegen könnte].

(1.d) Meinst du [$_{DET}$ diesen oder jenen] Friedrich?

(1.e) Friedrich war [$_{N+}$ gewalttätig und ein Kosmopolit zugleich].[5]

Als diesen Konstruktionen zugrundeliegend kann das folgende Prinzip angesehen werden:

(2) Basisregel für Konstituentenkoordination
Konstituenten mit verträglicher Kategorie können mittels der veschiedenen Konjunktionspartikel in den entsprechenden Konstruktionstypen koordiniert werden.

Auf der Ebene des Verarbeitungsmodells[6] findet dies darin seinen Ausdruck, daß der entsprechende Dämon (coco_trigger) aktiviert wird, wenn Aufträge für eine neue aktive Kante in einer koordinationsaktiven Chartkonfiguration generiert werden, wie in Abbildung 3, [⋆2] beschrieben. Eine solche Konfiguration liegt vor, wenn die entprechende Chartkante adjazent zu einem Konjunktionspartikel ist. Im einfachsten Fall einer binären koordinierten Struktur mit strikter kategorieller Identität (wie beispielsweise in (1.b)) resultiert daraus eine neue aktive Kante, welche die für die Aktivierung des Dämons verantwortliche Kante und die Konjunktion überspannt und eine mit der ersten identische Prädiktion aufweist.

Im Falle von Koordination auf der Wortebene (siehe dazu Beispiel (1.d)) tritt ausschließlich strikte kategorielle Identität auf. Aus diesem Grund wird dieser Koordinationsdämon auch in der Initialisierungsphase aktiviert, um dort bereits auf der Wortebene vorkommende koordinierte Strukturen zu analysieren. Die durch ihn erzeugten Aufträge werden dann bereits vor dem Beginn der eigentlichen Analyse interpretiert, es werden also

---

[5]N+ steht für die Kategorienstruktur {[N,+],[V,-]}.

[6]Die folgende Darstellung beschränkt sich auf die Beschreibung des Prinzips anhand von Konstruktionen mit in Infixposition stehenden Konjunktionen wie "und" bzw. "oder"; zur Behandlung phraseninitialer Koordinationspartikel wie etwa in "weder ... noch ..." wird der Koordinationsdämon ganz analog beim Einfügen einer aktiven Kante in einer koordinationsaktiven Chartkonfiguration aktiviert.

PROC: gen_task

Zweck: Erzeuge Aufträge für eine neue Kante

Eingaben: eine Chartkante

Ausgaben: eine Menge von Aufträgen

Hintergrund: eine Grammatik, eine Chart

Basismethode:
- Erzeuge für die neue Chartkante neue Aufträge in Abhängigkeit von ihrem Typ:
  - Wenn sie inaktiv ist: einen Auftrag für jede aktive Fortsetzungskante
    - Falls die Chartkante koordinationsaktiv ist: aktiviere coco_trigger[7]und erzeuge Aufträge für die Fortsetzungskanten der durch ihn kreierten Kanten [*2]
  - Wenn sie aktiv ist: einen Auftrag für jede inaktive Fortsetzungskante
    - Falls die Chartkante koordinationsaktiv ist: aktiviere lt_trigger und erzeuge Aufträge für die Fortsetzungskanten der durch ihn kreierten Kanten [*3]
- Gib die so erzeugten Aufträge zurück

Abbildung 3: Auftragsgenerierung mit Dämonenaktivierung

in bestimmten Konfigurationen der Chart Teilanalysen durchgeführt. Diese resultieren im Ergebnis in der Einfügung inaktiver Kanten für wortkoordinierende Konstruktionen in die initiale Chart, wie beispielsweise einer inaktiven Kante für "diesen oder jenen" in (1.d).[8]

DEMON-PROC: coco_trigger

Zweck: Erzeuge Aufträge für Konstituentenkoordination

Aktivierungsdatum: eine Chart-Kante   %%*die Triggerkante*

Aktivierungsbedingung: die Triggerkante ist inaktiv und koordinationsaktiv

Ausgabe: eine aktive Chartkante

Basismethode:
- Erzeuge eine neue aktive Kante welche die Triggerkante und die rechtsadjazente Konjunktionskante überspannt mit einem aktiven Symbol gleich der Kategorie der Triggerkante

Abbildung 4: Koordinationsdämon: Konstituentenkoordination

Die Identität der Kategorien von Konjunktionsgliedern mit phrasaler Kategorie ist im allgemeinen nicht über die strikte Identität, sondern über die Generalisierbarkeit der Kategorienstruktur der Konjunktionsglieder definiert (siehe Beispiel (2.e)). Da der Parser auf unstrukturierten atomaren Kategorien operiert, wird zur Behandlung dieses Phänomens eine spezielle Kategorienvariable eingeführt. Diese hat die folgende Funktionalität: Falls eine solche Kategorienvariable das aktive Symbol einer Kante ist, werden an ihrer End-

---

[7]Nach der Kreierung der koordinationsspezifischen Aufträge gibt der Dämon seine Kontrolle wieder an den Auftragsgenerator ab, im Gegensatz zu anderen dämonen-basierten Ansätzen wie dem in [DM83] vorgeschlagenen, bei dem der Dämon die Kontrolle für den gesamten Rest der Analyse übernimmt.

[8]Die effektive Anwendung von coco_trigger auf der Wortebene findet jedoch nur dann statt, wenn dies für die entsprechende Kategorie explizit spezifiziert wurde.

position bottom-up neue Phrasen prädiziert. Eine aktive Chartkante mit einer solchen Variablen als aktuellem Symbol kann nur weiterentwickelt werden (d.h. eine als Folge dieser bottom-up Regelinvokationsstrategie entstandene Fortsetzungskante konsumieren), falls deren Kategorie, d.h. die mit ihr assoziierte Kategorienstruktur, mit dem aktuellen Symbol der aktiven Kante generalisiert werden kann.

2.3 Linkstilgung

Bei der Linkstilgung handelt es sich um ein Phänomen, das innerhalb koordinativer Konstruktionen verschiedener Kategorien (z.B. S, VP, NP) auftritt. Die wesentliche Eigenschaft dieses Konstruktionstypes besteht darin, daß in allen nicht-finalen Konjunktionsgliedern identisches rechtsperipheres Material fehlt, das im finalen Konjunktionsglied tatsächlich vorhanden ist. Dieses fehlende Material muß dabei nicht Konstituentencharakter haben.[9] Darüberhinaus tritt Linkstilgung auch auf der Wortebene auf. In (3.a-d) finden sich Beispiele dieses Konstruktionstypes.

(3.a) [S Otto liebt __ und Maria haßt Mozart's Symphonien].
(3.b) [S Otto liebt Haydn's frühes __ und
       Karl schätzt Mozart's spätes kammermusikalisches Werk].
(3.c) [NP zehn authentische __ und zwei rekonstruierte meisterhafte Sonaten]
(3.d) ...Mozart's [N Klavier-__ Orgel-__ und Violinspiel]...

Das Linkstilgungsphänomen ist also durch das folgende Prinzip charakterisiert.

(4) Basisregel für Linkstilgung
     Konstituenten mit identischer Kategorie können koordiniert werden, wobei in allen nicht-finalen Konjunkten die identische rechtsperiphere Teilkette getilgt sein kann, falls diese im finalen Konjunkt vorhanden ist.

Der für die Behandlung der Linkstilgung verantwortliche Dämon lt_trigger[10] wird aktiviert, wenn der Auftragsgenerator neue Aufträge für aktive Kanten in einer koordinationsaktiven Chartkonfiguration (siehe Abbildung 3, [*3]) erzeugt.[11] Das Ergebnis dieser Aktivierung ist eine sog. lt-Kante (lt_vertex); diese ist als neuer Kantentyp definiert, der folgende Komponenten enthält (siehe Abbildung 6): Die Mutterkante, anfangs aktiv und linksadjazent zur Konjunktion, mit fehlendem rechtsperipheren Material, die das nicht-finale Konjunktionsglied repräsentiert, die Tochterkante, anfangs aktiv und rechtsadjazent zur Konjunktion, die das finale Konjunktionsglied repräsentiert, die Konjunktionskante, eine inaktive Kante, die die Konjunktion repräsentiert sowie den Konsumptionsmodus,

---

[9]RNR-Konstruktionen ("right node raising") werden also als Spezialfall der Linkstilgung betrachtet.

[10]Im folgenden wird nur der Fall von binären Linkstilgungskonstruktionen betrachtet. Die Verallgemeinerung auf multiple Linkstilgungskonstruktionen ist problemlos möglich.

[11]Dies ist eine solche Konfiguration, in der sich in der Chart rechtsadjazent zur aktiven Kante eine Koordination befindet.

der bestimmt wie Mutter- und Tochterkante weiterentwickelt werden.[12] Die Grundidee bei der Interpretation von Kanten dieses Typs besteht darin, die Tochterkante solange weiterzuentwickeln bis sie mit der Mutterkante eine identische Pädiktion teilt; danach werden beide Kanten mit der identischen Eingabe synchron weiterentwickelt. Die essentiellen Fallunterscheidungen bei der Interpretation von lt-Aufträgen sind (in vereinfachter Form) in Abbildung 7 beschrieben.

DEMON-PROC: lt_trigger

Zweck: Erzeuge Aufträge für Linkstilgungskonstruktionen

Aktivierungsdatum: eine Chart-Kante   %%*die Triggerkante*

Aktivierungsbedingung: die Triggerkante ist aktiv und koordinationsaktiv

Ausgabe: eine lt_Kante

Basismethode:
- Erzeuge eine neue lt_Kante mit
  der Triggerkante als Mutterkante
  der Konjuktion als Konjunktionskante
  der zur Konjunktionskante rechtsadjazent prädizierten aktiven Kante als Tochterkante
  und dem Konsumptionsmodus **einfach**

Abbildung 5: Koordinationsdämon: Linkstilgung

CLASS: lt_vertex

Beschreibt: eine Linkstilgungskante   %%*eine lt-Kante*

Rollen:

Mutterkante: eine Chartkante

Tochterkante: eine Chartkante

Konjunktionskante: eine inaktive Chartkante

[c]**Tochterstart:** eine Position   %%*Endposition der Konjunktionskante*

Konsumptionsmodus: {**einfach,multipel**}

Prädikate:

> ein lt-Kante ist aktiv gdw. ihre Tochter- und Mutterkante aktiv ist
>
> eine lt-Kante ist pseudo-aktiv gdw. ihre Mutter- und Tochterkante inaktiv und kategoriell verschieden sind
>
> eine lt-Kante ist echt inaktiv gdw. ihre Tochter- und Mutterkante inaktiv, von identischer Kategorie und rechts- bzw. linksadjazent zur Konjunktionskante sind

---

Abbildung 6: Linkstilgungskante

Im Erfolgsfall wird als letzter Schritt also immer eine inaktive Standardkante erzeugt, die dann vom Standardverarbeitungsmechanismus in der üblichen Weise weiterentwickelt wird.

---

[12]Ist er **einfach**, so kann sowohl Tochterkante allein als auch Tochter- und Mutterkante fortgesetzt werden; ist er **multipel**, so müssen Tochter und Mutterkante gleichzeitig fortgesetzt werden.

PROC: process_lt_task

Zweck: Interpretiere einen lt-Auftrag

Eingaben: ein Auftrag *%%der lt-Auftrag*

Ausgaben: eine Menge von Chartkanten

Hintergrund: eine Grammatik

Basismethode:[13]
- Wenn der Konsumptionsmodus der lt-Kante des lt-Auftrages **einfach**
  und die lt-Kante des lt-Auftrags aktiv ist
  - wenn Mutter- und Tochterkante identische Prädiktion haben
    - dann kreiere eine neue lt-Kante mit weiterentwickelter Mutter- und Tochterkante
      und dem Konsumptionsstatus **multipel**
    - sonst kreiere eine neue lt-Kante mit weiterentwickelter Tochterkante
      und dem Konsumptionsmodus **einfach**
- Wenn der Konsumptionsmodus der lt-Kante des lt-Auftrages **multipel** und die lt-Kante aktiv ist
  - dann kreiere eine neue lt-Kante mit weiterentwickelter Mutter- und Tochterkante
    und identischem Konsumptionsmodus
- Wenn der Konsumptionsmodus der lt-Kante des lt-Auftrages **multipel**
  und die lt-Kante pseudo-aktiv ist
  - dann kreiere eine neue lt-Kante mit der linksperipher weiterentwickelter Mutterkante
- Wenn der Konsumptionsmodus der lt-Kante des lt-Auftrages **multipel**
  und die lt-Kante echt inaktiv ist
  - dann kreiere eine neue inaktive (Standard-)Kante
    mit der Kategorie der Mutterkante,
    der Mutter-, Tochter- und Koordinationskante als Töchter
    und der Anfangs- und Endposition der Mutter- bzw. Tochterkante
- Gib die neue(n) lt-Kante(n) zurück

Abbildung 7: Interpretation von lt-Aufträgen

2.4 Behandlung systematischer Ambiguitäten

Da das KONCHA Modell mit seinen Dämonen für die verschiedenen Koordinationsphänomene im Prinzip alle Lesarten erzeugt, ist dies auch für einen spezifischen, systematisch ambigen Konstruktionstyp der Fall. So tritt in der in (5.a) charakterisierten Konfiguration immer eine Ambiguität bezüglich der Linkstilgungs- und Konstituentenkoordinationslesart auf: Ein linksperipheres konstituentenartiges Koordinationsglied kann sowohl als Konstituentenkoordination (5.b) als auch als initiales Element einer Linkstilgungskonstruktion (5.c) interpretiert werden.

$$(5.a)\quad [_\gamma \; \alpha \; \text{Conj} \; \alpha \; \; \beta]$$
$$(5.b)\quad [_\gamma \; [_\alpha \; \alpha \; \text{Conj} \; \alpha] \; \; \beta]$$
$$(5.c)\quad [_\gamma \; [_\gamma \; \alpha \; \; \beta_{<i,lt>}] \; \text{Conj} \; [_\gamma \; \alpha \; \; \beta_{<i>}]],$$
$$\text{mit} \; \alpha \in V_T \cup V_{NT} \; \text{und} \; \beta \in (V_T \cup V_{NT})^+$$

Eine Konstruktion wie "frühe und zu Lebzeiten aufgeführte Opern" weist etwa die beiden Lesarten (6.a) und (6.b) auf.

---

[13]Auf die Darstellung der fail-Ausgänge wird verzichtet.

(6.a) [NP [AP frühe und zu Lebzeiten aufgeführte] Opern]

(6.b) [NP [NP frühe [N<i,LD> Opern]] und [NP zu Lebzeiten aufgeführte [N<i> Opern]]]

Ambiguitäten dieses Typs lassen sich jedoch einfach und systematisch aus der Nichttilgungslesart (6.a) rekonstruieren, was zu einer erheblichen Reduktion des Analyseaufwandes durch den Verzicht auf die explizite Analyse der Linkstilgungskonstruktionen führt. Dies wird dadurch garantiert, daß die Verarbeitung von Koordinationen im KONCHA Modell dem in (7) beschriebenen Nicht-Ambiguitätsprinzip genügt.

(7) Prinzip der Nichtambiguität von Konstituentenkoordination und Linkstilgung
Eine Konstruktion wie die in (5.a) charakterisierte wird immer nur als Konstituentenkoordination geparst.

Die Grundidee zur Verankerung dieses Prinzips besteht darin, die beiden für die Lesart verantwortlichen Prozesse als echt disjunkte Verarbeitungsalternativen zu betrachten. Der für die Linkstilgungslesart verantwortliche Prozess – er ist durch den entsprechenden lt-Auftrag repräsentiert – wird nur dann aktiviert, falls der kompetitive Analyseprozess für die Konstituentenkoordinationslesart nicht erfolgreich ist. Dies wird dadurch realisiert, daß die lt-Aufträge als potentielle Aufträge in einer eigenen Agenda (pot_lt_agenda) abgelegt werden, die erst nach der vollständigen Abarbeitung der Standardagenda bearbeitet wird.[14] Zusätzlich wird bei der erfolgreichen Analyse einer Konstituentenkoordinationskonstruktion die entsprechende Information automatisch in den in der pot_lt_agenda befindlichen kompetitiven lt-Auftrag propagiert, was bei der Interpretation dieses Auftrags zu seiner Blockung führt. Er wird also nur dann weiterentwickelt, die Linkstigungslesart also nur dann erzeugt, falls die kompetitive Konstituentenkoordination nicht erfolgreich war.

3 Zusammenfassung

Das KONCHA Modell stellt einen erweiterten aktiven Chartparser dar mit speziellen Eigenschaften zur Behandlung syntaktisch determinierter koordinativer Konstruktionen. Es deckt die beiden wesentlichen hochgradig produktiven koordinativen Konstruktionstypen ab, ohne eine explizite grammatische Spezifikation vorauszusetzen. Darüberhinaus wird der Verarbeitungsaufwand für koordinative Strukturen aufgrund der Absenkung in das Verarbeitungsmodell und der datengesteuerten Aktivierung auf das Auftreten solcher Konstruktionen reduziert und damit auch der Overhead bei der Behandlung nicht koordinierter Strukturen minimiert.

---

[14]Die Alternative der Kreierung eines disjunktiven Auftrags erscheint wegen der starken Abhängigkeit, die dadurch bei der Aktivierung der Koordinationsdämonen enstünde als wenig attraktiv.

Literatur

[Bog83]   Bran K. Boguraev. Recognising conjunctions within the ATN framework. In Karen Sparck-Jones, editor, *Automatic Natural Language Parsing*, pages 39–45. Ellis Horwood, 1983.

[DM83]   Veronica Dahl and Michael C. McCord. Treating coordination in logic grammars. *American Journal of Computational Linguistics*, 9(2):69–91, 1983.

[Gör88]   Günther Görz. *Strukturanalyse gesprochener Sprache*. Addison Wesley, 1988.

[Hua83]   Xiuming Huang. Dealing with conjunction in a machine translation environment. In *Proc. 1st Meeting of European Chapter of ACL*, pages 81–85, 1983.

[Kap73]   Ronald M. Kaplan. A general syntactic processor. In R. Rustin, editor, *Natural Language Processing*, pages 193–242. Algorithmics Press, 1973.

[Kay80]   Martin Kay. Algorithm schemata and data structures in syntactic processing. Technical Report CSL-80-12, Xerox PARC, 1980.

[Kun76]   Susumu Kuno. Gapping: A functional analysis. *Linguistic Inquiry*, 7:300–318, 1976.

[Lan87]   Ewald Lang. Parallelismus als universelles Prinzip sekundärer Strukturbildung. In Ewald Lang and Gert Sauer, editors, *Parallelismus und Ethymologie*, pages 1–51. Berlin, 1987.

[Raz76]   Carol Raze. A computational treatment of coordinate conjunctions. *American Journal of Computational Linguistics*, Microfiche(52):1–44, 1976.

[SGWW85] Ivan P. Sag, Gerald Gazdar, Thomas Wasow, and Steven Weisler. Coordination and how to distinguish categories. *Natural Language and Linguistic Theory*, 3:117–171, 1985.

[Win72]   Terry Winograd. *Understanding Natural Language*. Academic Press, 1972.

[Win75]   T. Winograd. Frame representations and the declarative/procedural controversy. In D.G. Bobrow amd A.M. Collins, editor, *Representation and Understanding: Studies in Cognitive Science*, pages 185–210. Academic Press, 1975.

[Win83]   Terry Winograd. *Language As A Cognitive Process Vol. I: Syntax*. Addison Wesley, 1983.

[Woo73]   William A. Woods. An experimental parsing system for transition network grammars. In R. Rustin, editor, *Natural Language Processing*, pages 111–154. Algorithmics Press, 1973.

SOUL-Processing[1]:
Semantik-orientierte Prinzipien menschlicher Sprachverarbeitung

Barbara Hemforth, Lars Konieczny, Christoph Scheepers und Gerhard Strube

Institut für Informatik und Gesellschaft
Abteilung: Kognitionswissenschaft
Universität Freiburg, Friedrichstr. 50
e-mail: barbara@cognition.iig.uni-freiburg.de
bzw. lars@cognition.iig.uni-freiburg.de

Summary: Central to the present discussion in psycholinguistics are the principles of human language processing. The principles proposed by the garden-path theory of human parsing and the licensing structure parser will be discussed and their shortcomings in the light of experimental data will be demonstrated with respect to English and German structurally ambiguous sentences. Meaning-oriented parsing will be developed as an alternative, where parsing decisions are made such that immediate semantic integration is possible. The SOUL-processor will be shown to explain more of the wellknown human processing preferences on the basis of a small set of heuristic principles than any of the other models discussed.

Zusammenfassung: Prinzipien menschlicher Sprachverarbeitung sind ein zentrales Thema psycholinguistischer Forschung. Es wird gezeigt, daß die im Rahmen des Garden-Path-Modells sowie des Licensing-Structure Parsers vorgestellten Prinzipien den empirisch auffindbaren Gegebenheiten bei der Verarbeitung struktureller Ambiguitäten im Englischen und im Deutschen nicht standhalten. Bedeutungs-orientierte Verarbeitung, die darauf abzielt, eine frühestmögliche semantische Interpretation zu gewährleisten, stellt eine geeignete Alternative dar. Der SOUL-Prozessor ist schließlich in der Lage, auf der Basis weniger heuristischer Prinzipien eine größere Menge der beim Menschen auffindbaren Verarbeitungspräferenzen zu erklären als die anderen hier diskutierten Ansätze.

1 Einleitung

Die Entwicklung theoretischer und empirischer Rahmenbedingungen für Modelle menschlicher Sprachverarbeitung ist das Ziel, das sich die Kognitive Linguistik (Felix, Kanngießer & Rickheit, 1990) gesetzt hat. Zu diesem Zweck haben sich vormals getrennte Wissenschaftsdisziplinen wie die Linguistik, die Kognitive Psychologie und die Künstliche Intelligenz im Rahmen der allgemeineren Kognitionswissenschaft zusammengefunden, um die unterschiedlichen Herangehensweisen und Forschungsmethoden zu einem gemeinsamen Forschungsprogramm zu integrieren (Habel, Kanngießer & Strube, 1990). Im folgenden sollen Prinzipien menschlicher Sprachverarbeitung diskutiert werden, die vorwiegend auf den Ergebnissen psycholinguistischer Leseexperimente basieren[2].

---

[1] SEMANTICS-ORIENTED UNIFICATION-BASED LANGUAGE (SOUL)- Processing

[2] Die hier berichteten Forschungsergebnisse entstanden zu großen Teilen im Rahmen des DFG-Projekts "Kognitive Modellierung und empirische Analyse von Prozessen der Satzverarbeitung".

2 Prämissen des SOUL-Systems

Das im folgenden vorzustellende Modell menschlicher Sprachverarbeitung, das SOUL-System, beinhaltet eine kleine Gruppe heuristischer Prinzipien, durch die die Mehrzahl der zur Zeit bekannten empirisch nachweisbaren Präferenzen bei der Verarbeitung strukturell mehrdeutiger Sätze erklärt werden können. Es wird zu belegen sein, daß das Erklärungsspektrum über das anderer aktueller Ansätze hinausgeht. Einige wesentliche Prämissen des Modells können an dieser Stelle nur genannt, nicht aber theoretisch und empirisch ausgefüllt werden. Für eine ausführlichere Diskussion sei hier auf Hemforth, Konieczny, Strube und Wrobel (1990), Hemforth, Hölter, Konieczny, Scheepers und Strube (1991) sowie Konieczny, Hemforth und Strube (1991) und Hemforth (1992) verwiesen.

- Menschliche Sprachverarbeitung ist **kompetenzbasiert**, d.h. grammatisches Wissen wird grundsätz-lich für die Analyse von Sprache genutzt. Die Verarbeitung dieses Wissens verläuft in den meisten Fällen hochautomatisiert, d.h. unter geringem kognitiven Aufwand, und effizient.

- Die Analyse grammatischen Wissens verläuft **wortweise inkrementell**: die Wörter eines Satzes werden von **links nach rechts** gelesen. Jedes Wort wird, wenn möglich, in eine bestehende Struktur integriert. Sämtliche grammatische Information wird für die Integration genutzt.

- Die so gebildeten Strukturen werden (wortweise) auf ihre Kompatibilität mit semantisch-konzeptuellem Wissen und mit der Diskurssituation geprüft. Das Verarbeitungssystem arbeitet also **(schwach) interaktiv**.

- Bei strukturellen Mehrdeutigkeiten wird nur eine der Alternativen weiterverfolgt. Das menschliche Sprachverarbeitungssystem baut also **seriell** jeweils eine Strukturanalyse auf. Semantikorientierte Verarbeitungsprinzipien (SOPP) bestimmen dabei die Analyserichtung (die Auswahl der zu verfolgenden Alternative).

- Scheitert die gewählte Analyse aus syntaktischen oder semantischen Gründen, muß eine Reanalyse eingeleitet werden. Die **Reanalyse** funktioniert in den meisten Fällen gezielt, schnell und effizient.

3 Das Holzweg-Modell

Nachdem schon Kimball (1973) in einem ersten kompetenzbasierten Modell zur Verarbeitung von Oberflächenstrukturen versuchte, die Vielzahl heuristischer Strategien in früheren Ansätzen auf sieben Prinzipien zu reduzieren, folgten Modelle, in denen zusätzlich die Prinzipien selbst auf die architektonischen Gegebenheiten des menschlichen Verarbeitungssystems zurückgeführt werden sollten. Zentral ist dabei die Annahme eines begrenzten Arbeitsspeichers, der die Verarbeitbarkeit syntaktischer Strukturen einschränkt (Fodor & Frazier, 1980; Marcus, 1980). Das wohl bekannteste und eines der meistuntersuchten Modelle der Satzverarbeitung ist das aus der *Sausage Machine* (Frazier & Fodor, 1978; Fodor & Frazier, 1980) entstandene *Garden-Path-* oder *Holzweg*-Modell (Frazier, 1985, 1987a,b, 1990). Das menschliche Sprachverarbeitungssystem baut gemäß diesem Modell bei der Verarbeitung von Sätzen auf der Basis grammatischen Wissens wortweise inkrementell (*left-to-right constraint*) eine möglichst sparsame und der Kapazität des Arbeitsspeichers angepaßte syntaktische Struktur auf. Meßbare Verarbeitungsprobleme bei globalen oder lokalen strukturellen Ambiguitäten werden innerhalb eines solchen seriellen Modells (s. *first-*

analysis constraint) auf zeitaufwendige Reanalyseprozesse zurückgeführt, die immer dann eingeleitet werden müssen, wenn sich die zunächst postulierte Struktur aus syntaktischen oder semantischen Gründen als nicht akzeptabel erweist.

Zwei zentrale Prinzipien des Garden-Path-Modells sind (p1) und (p2):

(p1) *Minimal Attachment*
Postuliere keine Knoten, die sich möglicherweise als unnötig herausstellen.

(p2) *Late Closure*
Wenn möglich, ordne jedes neue Item der niedrigsten Phrase zu, die momentan verarbeitet wird (auch: *low attachment*).

Minimal Attachment sorgt für ökonomische syntaktische Strukturen, *Late Closure* ermöglicht die Anbindung von Konstituenten weitestgehend innerhalb des Arbeitsspeichers. Gemeinsam mit dem *left-to-right-* und dem *first-analysis constraint* scheinen sie, wie sich im folgenden zeigen wird, für eine Vielzahl empirischer Befunde bei der Verarbeitung struktureller Ambiguitäten adäquate Vorhersagen zu liefern.

Frazier & Rayner (1982, Rayner, Carlson & Frazier, 1983) konnten für Sätze wie (1) zeigen, daß die Präpositionalphrase *with binoculars* präferiert an die Verbalphrase (... *saw* ... *with binoculars* statt ... *the cop with binoculars*) angebunden wird, daß also die strukturell sparsamere Lesart (1a: fünf präterminale Knoten) der weniger sparsamen (1b: sechs präterminale Knoten) vorgezogen wird.

(1) *The spy saw the cop with binoculars.*
  a. [s   [NP *The spy*]
       [vp *saw*   [NP *the cop*]
       [pp *with binoculars*]]]
  b. [s   [NP *The spy*]
       [vp *saw*   [NP   [NP *the cop*]
       [pp *with binoculars*]]]]

Für eine komplexe [NP *the cop with binoculars*] müßte bei der Verarbeitung der [NP *the cop*] ein zusätzlicher NP-Knoten postuliert werden. Dies sollte jedoch nach *Minimal Attachment verhindert werden. Vergleichbare Vorhersagen gelten auch für deutsches Satzmaterial wie (2) und konnten partiell in verschiedenen Experimenten bestätigt werden (Strube, Hemforth & Wrobel, 1990a,b).*

(2) *Karl-Heinz kachelte den Keller mit den kühlen Klinkern.*

Wie in Strube, Hemforth, Konieczny und Wrobel (1990), sowie in Konieczny, Hemforth und Strube (1991) ausgeführt wird, lassen sich für die Anbindung von Präpositionalphrasen bei Sätzen mit Verbendstellung (3) die gleichen Vorhersagen ableiten.

(3) *Karl-Heinz hat den Keller mit den kühlen Klinkern gekachelt.*

Auch hier ist die strukturell einfachere Lesart diejenige, bei der die PP an die VP angebunden wird. Bei Anbindung der PP an die NP müßte wiederum ein (möglicherweise unnötiger) NP-Knoten postuliert werden. Echtzeitexperimente mit deutschen Perfektsätzen wie (3) (Strube, Hemforth und Wrobel, 1990b; Strube, Hemforth, Konieczny & Wrobel, 1990) stehen jedoch in Widerspruch zu diesen Vorhersagen. Für diese Untersuchungen wurden neben strukturell und semantisch ambigen Sätzen wie (3) auch Sätze konstruiert, die vom Weltwissen her eher die attributive Lesart (4) oder eher die "verbmodifizierende" Lesart (5) nahelegten.

(4)   *Karl-Heinz hat den Keller mit dem feuchten Boden gekachelt.*
(5)   *Karl-Heinz hat den Keller mit dem neuen Werkzeug gekachelt.*

Es zeigten sich hier beim Nomen der Präpositionalphrase bei "verbmodifizierender" Lesart (5) signifikant *höhere* Verarbeitungszeiten als bei "objektmodifizierender" Lesart (4) oder bei ambigen Sätzen. Wenn erhöhte Verarbeitungszeiten auf Reanalyseprozesse hinweisen, so finden diese offensichtlich statt, sobald das Weltwissen die Bildung einer komplexen Nominalphrase *verhindert*. Eine erste Analyse besteht im Falle von Perfektsätzen also im Aufbau einer komplexen Nominalphrase und eben nicht im Aufbau einer "flachen" VP mit NP und PP als Konstituenten.

Vergleichbare Befunde zeigen sich bei Nebensatzstrukturen wie (6a,b,c), in denen ebenfalls die Verbendstellung realisiert wird. Auch hier entstehen Verarbeitungsschwierigkeiten, wenn die Präpositionalphrase aus semantischen Gründen nicht an die Objekt-NP anzubinden ist.

(6)   a.   *Ich habe gehört, daß Marion die Torte mit dem frischen Obst verzierte.*
        b.   *Ich habe gehört, daß Marion die Torte mit dem kräftigen Mokkageschmack verzierte.*
        c.   *Ich habe gehört, daß Marion die Torte mit der praktischen Spritztülle verzierte.*

Solche Befunde sind mit der Annahme eines universellen *Minimal-attachment-*Prinzips kaum vereinbar. Wenn eine "flache" VP mit NP und PP als Argumenten strukturell weniger komplex ist als eine "tiefe" VP mit einer komplexen NP als einzigem Argument, so gilt dies unabhängig von der Verbstellung.

Frazier (1987b) prädiziert für holländische Sätze mit Verbendstellung (7a,b) wie für Sätze mit Verbzweitstellung eine Präferenz, die strukturell weniger komplexe Anbindung an die Verbalphrase vorzunehmen. In den experimentellen Daten fand sie tatsächlich eine (statistisch ungeprüfte) Tendenz, die ihre Vermutungen zu bestätigen schien.

(7)   a.   *Ik weet dat de man / in Holland investeert.*
        b.   *Ik weet dat de man / in Spanje / in Holland investeert.*

Die Sätze wurden segmentweise wie in (7a) und (7b) markiert dargeboten. Bei Sätzen wie (7b) fanden sich leicht erhöhte Lesezeiten für das letzte Segment (**in Holland investeert.**). Diesen Befund interpretiert Frazier als Beleg für die Gültigkeit von *minimal attchment* im Holländischen, da hiernach bei Rezeption der PP *in Holland* eine Reanalyse stattfinden muß, weil die Verbargumentposition schon durch die PP *in Spanje* besetzt ist. Die Ergebnisse unserer Experimente stehen jedoch in Widerspruch zu Fraziers Befunden. Wie läßt sich die Gegensätzlichkeit der Daten erklären?

Hemforth et al. (1991) zeigen, daß Fraziers Ergebnisse als ein Artefakt der phrasenweisen Darbietungsmethode angesehen werden müssen. Oberflächliche Strukturierungen wie Zeilenumbrüche werden von Lesern als Hinweise genutzt, Phrasen zu schließen (Mitchell, 1987). Gleiches dürfte auch für die Strukturierungen gelten, die durch die phrasenweise Darbietung erzeugt werden. Dann aber ist es kaum verwunderlich, daß Fraziers Versuchspersonen die getrennt dargebotenen Phrasen [NP *de man*] und [PP *in Holland*] nicht integrierten. In einer Vergleichsstudie (Hemforth et al., 1991) wurde anhand von lokal ambigen Sätzen wie (8a,b) der Einfluß der Darbietungsmethode empirisch geprüft. Es wurde zu diesem Zweck auf eine Untersuchung zurückgegriffen, die Bader (1990) durchführte. Bader untersuchte lokal mehrdeutige NP-Anbindungen für Sätze wie (8a,b). Hier kann die [NP *der Professorin*] aufgrund der Kasusambiguität (Dativ oder Genitiv) lokal entweder als Ergänzung der [NP *die Doktorandin*] (8b) oder als Verbargument (8a) verstanden werden. Auch hier sollte die NP-Anbindung strukturell komplexer sein, da sie über die rekursive Regel [NP → NP NP] erfolgt.

(8) a.   *Daß die Doktorandin / der Professorin / zusätzlichen Urlaub / abgetrotzt hat, ...*
     b.   *Daß die Doktorandin / der Professorin / zusätzlichen Urlaub / gefordert hat, ...*

Bader (1990) fand bei phrasenweiser Darbietung (den in 8a,b angegebenen Grenzen entsprechend) eine Präferenz, die ambige NP als Verbargument zu verstehen. Dieses Ergebnis konnte in Hemforth et al. (1990) repliziert werden. Es zeigte sich jedoch eine Präferenz zu NP-Anbindung, wenn das Material wortweise dargeboten wurde. Da die Künstlichkeit phrasenweiser Darbietung im Gegensatz zu wortweiser Darbietung gut belegbar ist (Günther, 1989; Mitchell, 1987), ist es deutlich wahrscheinlicher, daß Baders Ergebnisse artifiziell durch die Experimentalbedingungen erzeugt wurden. Dann aber sind auch diese Ergebnisse Evidenzen gegen die Gültigkeit von *Minimal Attachment* im Deutschen und, da Frazier für dieses Prinzip Universalität postuliert, damit auch Evidenzen gegen das Prinzip an sich.

Weitere Probleme entstehen für das Holzweg-Modell durch Fraziers *first analysis constraint*. Es wird postuliert, daß ein erster Aufbau einer Phrasenstruktur nach rein syntaktischen Prinzipien ohne weitergehende Nutzung lexikalischer Informationen erfolgt. Damit wendet sich Frazier gegen einen Ansatz, der von einer starken *head projection hypothesis* (p3) ausgeht.

(p3) *head projection hypothesis*
      "A phrasal node is postulated by projecting the features of its head." (Frazier, 1987c, S. 523)

Frazier (1987a) gesteht den Merkmalen *(features)* der lexikalischen Köpfe bestenfalls eine Filterfunktion zu, die einer rein strukturell basierten Analyse nachgeschaltet ist. In verschiedenen Arbeiten der letzten Jahre (z.B. Konieczny, 1989; Hemforth, Konieczny, Strube & Wrobel, 1990) konnten jedoch verarbeitungsleitende Einflüsse der lexikalisch / semantischen Eigenschaften von Verben nachgewiesen werden, die die *head projection hypothesis* stützen. So ist etwa die oben beschriebene Präferenz zur Anbindung einer Präpositionalphrase an die Verbalphrase abhängig von der durch das Verb vermittelten Information über thematische Rollen (Ford, Bresnan & Kaplan, 1982; Konieczny, 1989; Strube, Hemforth & Wrobel, 1990a,b). Für Sätze wie (9a) findet sich beispielsweise im Vergleich zu (9b) eine Präferenz, die Präpositionalphrase an die Objekt-NP anzubinden.

(9) a.   *Manfred erblickte den Mann mit dem Fernglas.*
     b.   *Manfred beobachtete den Mann mit dem Fernglas.*

Derartige Präferenzen werden im Rahmen der *Lexical Functional Grammar* (Kaplan & Bresnan, 1982) durch das Prinzip der Lexikalischen Präferenz (Ford, Bresnan & Kaplan,1982) vorhergesagt.

(p4) *Lexikalische Präferenz*
      Präferiere von Alternativen der Expansion einer Phrasenstrukturregel diejenige, die mit dem stärksten Verbrahmen kohärent ist.

Für ein Verb wie *erblicken* müßte dann eine Präferenz zugunsten eines zweistelligen Verrahmens *erblicken* (Subj: *Manfred*, Obj: *den Mann mit der Krawatte*) angenommen werden, für ein Verb wie *beobachten* eine Präferenz zugunsten eines dreistelligen Verbrahmens *beobachten* (Subj: *Manfred*, Obj: *den Mann*, PComp: *mit der Krawatte*).

Völlig ungeklärt ist das Vorgehen des *Garden-Path*-Modells bei kategoriellen Ambiguitäten, die für Verarbeitungsschwierigkeiten in Sätzen wie (10a,b) verantwortlich sind.

(10) a.   *The old man the boat. (Die Alten bemannen das Schiff.)*

b.   *The old train the young. (Die Alten trainieren die Jungen.)*

Offenbar wird hier das Wort *old* zunächst als Adjektiv interpretiert und das nachfolgende Wort *man* bzw. *train* als Nomen der Subjekt-NP. Korrekt wäre die Interpretation von *old* als Nomen und von *man* bzw. *train* als Verb. So wie das auf rein strukturelle Ökonomie abzielende Verarbeitungsprinzip *Minimal Attachment* formuliert ist, müßte es eigentlich bei einer derartigen Ambiguität vorhersagen, daß das Wort *old* präferiert als Nomen interpretiert wird, da eine adjektivische Lesart zumindest einen zusätzlichen AP-Knoten erfordert (11a,b)[3], und damit immer strukturell komplexer ist.

(11) a.   [$_{NP}$ [$_{DET}$ *the*] [$_{N}$ *old*]]
       b.   [$_{NP}$ [$_{DET}$ *the*] [$_{AP}$ [$_{ADJ}$ *old*]] [$_{N}$ *man*]]

Es bedarf hier sicherlich eines zusätzlichen Prinzips, so daß bei kategoriellen Mehrdeutigkeiten die lexikalisch jeweils stärkste Form präferiert wird. Dazu muß aber für eine erste Analyse auf lexikalisches Wissen zurückgegriffen werden.

4 Der *Licensing Structure Parser*

Abney (1989) stellt mit dem *licensing structure parser* ein stärker lexikalisch basiertes Verarbeitungsmodell vor, von dem er behauptet, daß es theoretisch und empirisch dem *Garden-path*-Modell überlegen sei. Grundlegend für die Satzverarbeitung ist für Abney, daß eine Anbindung von Konstituenten nur möglich ist, wenn ein lexikalischer Kopf mit Lizensierungsrelationen für diese Konstituenten verfügbar ist. Lizensierungsrelationen wären beispielsweise *Theta-Relationen*, wie die obligatorischen (oder optionalen) Argumentrollen von Verben, oder *Modifikatoren-Relationen*, wie NP-Modifier .

Für strukturelle Ambiguitäten, die durch multiple Anbindungsmöglichkeiten von Phrasen entstehen, gibt Abney drei weitere Prinzipien (p5 bis p7) an, die menschliche Verarbeitungspräferenzen erklären sollen.

(P5) *prefer theta-attachment over non-theta-attachment*
(P6) *prefer attachment to verbs over attachment to nonverbs.*
(P7) *prefer low attachment.*

Ähnlich wie *Minimal Attachment* sagt Abneys Modell für Sätze wie (1) und (2) vorher, daß die Anbindung der Präpositionalphrase (*with binoculars* bzw. *mit den kühlen Klinkern*) an das jeweilige Verb (*saw* bzw. *kachelte*) vorgezogen wird, da zu den Verben jeweils eine Theta-Relation (p5) besteht, zu den Objekt-Nomen (*cop* bzw. *Keller*) dagegen nur eine Modifikatoren-Relation. Zugleich wird aber eine (intuitiv einsichtige) Präferenz zur NP-Anbindung bei Sätzen wie (12) vorhergesagt, bei denen durch das Nomen (*interest in the Volvo*), nicht aber durch das Verb (*thought about ... in the Volvo*) eine Thetarolle vergeben wird.

(12) *She thought about his interest in the Volvo.*

Welche Vorhersagen ergeben sich nun nach Abney für Sätze mit Verbendstellung (3,4,5), die sich für das *Garden-path*-Modell als problematisch erwiesen haben? Zu dem Zeitpunkt, an dem die PP

---

[3]Diese einfachste denkbare Struktur ist jedoch linguistisch sicherlich nicht adäquat.

gelesen ist, gibt es zwei Möglichkeiten, mit der Verarbeitung weiter zu verfahren. Eine Anbindung der PP an eine Verbalphrase ist nicht möglich, da noch kein Verb verfügbar ist, das eine mögliche Lizensierungsrelation bereitstellt. So kann die PP entweder an die Objekt-NP angebunden werden oder zunächst unangebunden bleiben, bis das Verb gelesen ist. Letzteres soll jedoch vermieden werden, da Konstituenten, wann immer eine Möglichkeit dazu besteht, angebunden werden sollten (*immediate syntactic integration*). Auf den ersten Blick scheint sich die Präferenz zugunsten der objektmodifizierenden Lesart bei deutschen Perfektsätzen so erklären zu lassen.

Als schwierig für Abneys Modell erweist sich jedoch die starke Lexikalisierung, die mit der Voraussetzung von Lizensierungsrelationen zur Anbindung von Konstituenten einhergeht. Potentielle Verbargumente können bei Sätzen mit Verbendstellung erst als solche interpretiert werden, wenn das Verb gelesen ist. Dies ist jedoch, wie Konieczny, Hemforth und Strube (1991) ausführen, psychologisch in hohem Maße unplausibel und empirisch inadäquat. Würde allerdings die Anbindung einer PP an eine zu postulierende Verbalphrase erlaubt, müßte nach (p6) wiederum die Verbanbindung vorgezogen werden. Die Befunde von Hemforth, Konieczny, Strube und Wrobel (1990) stehen dem entgegen.

Der *licensing structure parser* kann nicht als ausreichend adäquates Modell der Sprachverarbeitung angesehen werden. Dennoch ist insbesondere das Prinzip (p5: *prefer theta-attachment*) geeignet, eine Vielzahl von Befunden gerade auch zur *Lexikalischen Präferenz* (Ford, Bresnan & Kaplan, 1982) korrekt vorherzusagen. Unter der Voraussetzung, daß bei lexikalischen Ambiguitäten jeweils die im Lexikon stärkste Form gewählt wird (*Prinzip der lexikalischen Stärke*), sind die Vorhersagen durch *theta attachment* für Verben nahezu identisch wie die durch Fords (Ford, Bresnan & Kaplan, 1982) Prinzip der *Lexikalischen Präferenz* (p4).

5 Der SOUL-Prozessor

Es konnte gezeigt werden, daß weder das *Garden-path*-Modell noch Abneys Ansatz in der Lage ist, die für deutsche Sätze mit Verbendstellung nachgewiesenen Präferenzen zu erklären. Im folgenden sollen weitere Alternativen aufgezeigt werden.

Problematisch für Abneys Ansatz war die starke Lexikalisierungsannahme. Setzt man Lizensierungs-relationen durch sprachlich realisierte Köpfe für die Anbindung von Konstituenten voraus, wird eine inkrementelle Verarbeitung bei Sprachen mit Kopfendstellung zwangsläufig verhindert. Dennoch spielen solche Relationen sicherlich eine zentrale Rolle bei der Satzverarbeitung. Eine Abschwächung von Abneys Lizensierungsrestriktion im Sinne eines Präferenzprinzips stellt das in Konieczny, Hemforth und Strube (1991) entwickelte *Head-attachment*-Prinzip dar:

(p8) *Head Attachment*
Binde eine Konstituente - wenn möglich - an eine Phrase, deren lexikalischer Kopf bereits eingelesen wurde.

Nimmt man an, daß eine Konstituente in einem Anbindungskonflikt präferiert an die Phrase angebunden wird, deren Kopf bereits verfügbar ist, so lassen sich ebenfalls die oben beschriebenen Befunde erklären. Ein solches Kopf-Anbindungsprinzip (*head attachment principle*, p8) sagt für die Anbindung von Präpositionalphrasen in Perfektsätzen wie (3,4,5) vorher, daß der Aufbau einer komplexen NP vorgezogen würde, da hier der lexikalische Kopf, *Mann*, bereits vorhanden ist. Die durch den Kopf vergebene Lizensierungsrelation erleichtert hier die Anbindung. Zugleich bleibt aber als Alternative die Anbindung an die Verbalphrase möglich. Beide Möglichkeiten werden parallel in Betracht gezogen, bevor eine Entscheidung getroffen wird. Vergleichbares gilt für die Anbindung strukturell ambiger Nominalphrasen in Sätzen wie (8a,b). Auch hier fällt die Anbindung an die

Subjekt-NP leichter, da der lexikalische Kopf der Phrase schon verarbeitet ist, das Verb dagegen noch nicht.

Ein vielleicht "tieferer Sinn" des *Head-attachment*-Prinzips liegt in der möglichst frühzeitigen semantischen Integration des Gelesenen oder Gehörten. Vielfach ist die sofortige Nutzung semantischer Information nachgewiesen worden (Marslen-Wilson & Tyler, 1987; Just & Carpenter, 1987; Strube, Hemforth & Wrobel, 1990a,b). Diesem Ziel dient auch das *Head-attachment*-Prinzip, indem es die syntaktische Analyse zur Konstruktion einer Phrase zwingt, deren inhaltlich relevanteste Konstituente, der lexikalische Kopf, schon verarbeitet wurde und damit der Integration zur Verfügung steht. Eine möglichst baldige semantische Integration kann darüber hinaus zur Entlastung des Arbeitsspeichers beitragen.

Ein *Semantik-orientiertes* Verarbeitungsmodell, das Prinzipien für eine frühzeitige und informative semantische Integration (*head attachment* bzw. *immediate semantic integration*, Konieczny, Hemforth & Strube, 1991, *Lexikalische Stärke* und *theta-attachment*, Abney, 1989; Pritchett, 1988) mit einem Prinzip kombiniert, das die Beschränkungen des Arbeitsspeichers berücksichtigt (*right association*, Kimball, 1973, Frazier & Fodor, 1978, oder auch *local association*, Fodor & Frazier, 1980, bzw. *late closure*, Frazier, 1987a) scheint zur Zeit den höchsten Erklärungswert zu haben:

Semantics Oriented Processing Principles (SOPP)

▸ Wähle bei kategorieller Mehrdeutigkeit die lexikalisch stärkste Form, die mit dem syntaktischen Kontext vereinbar ist (*lexical strength*).

▸ Binde eine Konstituente - wenn möglich - an eine Phrase, deren lexikalischer Kopf bereits eingelesen wurde (*head attachment*).

▸ Wähle eine Anbindung, bei der der ambigen Konstituente eine Theta-Rolle zugewiesen wird (*theta-attachment*).

▸ Binde die ambige Konstituente an die Phrase an, die gerade verarbeitet wird (*late closure*).

Die Verarbeitungsprinzipien dieses Modells orientieren sich zunächst und vor allem an dem Ziel ökonomischer semantischer Verarbeitung. Da das Verstehen einer sprachlichen Äußerung das Ziel menschlicher Sprachverarbeitung ist (Hörmann, 1976), ist dieses u.E. eine äußerst plausible Orientierung. Zugleich lassen sich mit diesem Ansatz sowohl die meisten durch Frazier (1987a,b, 1989, 1990) dokumentierten Verarbeitungspräferenzen als auch die von Strube, Hemforth & Wrobel (1990b) und Hemforth, Konieczny, Strube & Wrobel (1990) berichteten Befunde zu deutschen Sätzen mit Verbendstellung erklären. Wie steht es jedoch mit weiteren in der psycholinguistischen Literatur beschriebenen Phänomenen?

Ein empirischer Befund, der meist durch *Minimal Attachment* erklärt wird, findet sich bei der Anbindung strukturell ambiger Nominalphrasen im Rahmen koordinativer Strukturen. Die Koordination von Nominalphrasen (13a,b) wird, wenn möglich, einer Satzkoordination (13c,d) oder einer Koordination elliptischer Verbalphrasen[4] vorgezogen (13e, Hemforth, in Vorb.). Ist die einfache NP-Koordination aus syntaktischen oder semantischen Gründen nicht möglich, entstehen Verarbeitungsschwierigkeiten (s. a. Frazier, 1979, 1987c). Diese können so weit gehen, daß der Satz fälschlicherweise ungrammatisch erscheint (*Garden-path*- bzw. *Holzweg*-Effekt).

---

[4] Es könnte sich in diesem Fall ebenfalls um eine (hier elliptische) Satzkoordination handeln(14). Dies ist jedoch für die Argumentation letztlich irrelevant.

(14)　*Ulla reparierte ihren Nachbarn den Fernseher und den Rasenmäher [reparierte sie] ihrem Großvater.*

(13) a. *Ulla reparierte der Nachbarin den Fernseher und den Rasenmäher am Wochenende.*
   b. *Peter spielte mit Gabi und ihrer Schwester im Garten.*
   c. *Tom kissed Marcie and her sister laughed.* (Frazier, 1979)
   d. *Peter spielte mit Gabi und ihrer Schwester gab er ein Eis.*
   e. *Ulla reparierte$_i$ der Nachbarin den Fernseher und e$_i$ den Rasenmäher ihrem Großvater.*

Ebenso wie *Minimal Attachment* sagt *Head Attachment* die hier auffindbaren Verarbeitungspräferenzen vorher. Es ist jeweils eine Integration der strukturell mehrdeutigen Nominalphrasen (z.B. *her sister, den Rasenmäher*) in eine Phrase möglich, deren lexikalischer Kopf, das Verb (*kissed* bzw. *reparierte*), schon gelesen wurde.

Holzweg-Effekte bei Sätzen wie (15, Crain & Steedman, 1985) lassen sich über das *Theta-Attachment*-Prinzip erklären. Die ambige Phrase [*that he had trouble with* ...] kann zum einen als thetalizensiertes Verbargument zu *told* verstanden werden, zum anderen als modifizierende Ergänzung zu der [NP *the woman*]. Ersteres sollte im Rahmen des SOUL-Prozessors vorgezogen werden.

(15) *The psychologist told the woman that he had trouble with to leave her husband.*
(16) *The horse raced past the barn fell.* (Bever, 1970)
(17) *Tom said Bill will die yesterday.*(Wanner, 1980).

In (16) wird das Wort *raced* zunächst als Hauptverb des Satzes *The horse raced past the barn* interpretiert, statt als Partizip des reduzierten Nebensatzes *The horse that was raced* ... . Diese Präferenz läßt sich leicht über die anzunehmende lexikalische Präferenz zugunsten eines Hauptverbs *raced* gegenüber der Lesart als Partizip erklären. *Late Closure* bewirkt schließlich, daß das Adverbial *yesterday* in (17) zunächst fälschlicherweise an den eingebetteten Nebensatz angebunden wird (**Bill will die yesterday*).

6 Conclusio

Es ließen sich noch viele Beispiele für Verarbeitungspräferenzen bei strukturellen Ambiguitäten aufzeigen, für die der SOUL-Prozessor die empirisch korrekten Vorhersagen leistet. Diese alle aufzuführen würde jedoch den Rahmen dieser Arbeit sprengen.

Auffällig ist, daß die ersten drei der vier Prinzipien des SOUL-Prozessors auf lexikalischesWissen zurückgreifen: auf lexikalische Stärke, Wissen über lexikalische Köpfe und Lizensierungsrelationen. Um solche Verarbeitungsprinzipien im Rahmen eines konsistenten Verarbeitungsmodells zu realisieren, sollte eine ebenfalls konsequent lexikalisierte Grammatik als Kompetenzbasis verwendet werden. Der diesbezüglich meistversprechende Ansatz ist zur Zeit die unifikationsbasierte *Head Driven Phrase Structure Grammar* (HPSG, Pollard & Sag, 1987, in Vorb.).

Eine kopfgesteuerte Grammatik als Grundlage der Verarbeitung führt jedoch zwangsläufig zu den schon oben für den *Licensing-structure*-Parser beschriebenen Problemen: ein inkrementeller Aufbau syntaktischer Strukturen ist ohne Zusatzannahmen nicht möglich. Lösungsansätze für dieses spezifische Problem können im Rahmen dieses Artikels nicht mehr dargestellt werden. Es sei jedoch auf Konieczny und Hemforth (1992) verwiesen, die Möglichkeiten einer inkrementellen Verarbeitung im Rahmen der HPSG diskutieren.

Die Vorhersagen, die hier gemacht wurden, basieren auf Experimenten zur Verarbeitung geschriebener Sprache. Es kann jedoch davon ausgegangen werden, daß sich die dargestellten Annahmen auf die Verarbeitung gesprochener Sprache verallgemeinern lassen, obwohl sich die Situation hier wegen zusätzlicher Segmentierungsprozesse ungleich komplexer darstellt. Die

Übertragbarkeit der Prinzipien auf das Verstehen gesprochener Sprache muß daher in weiteren Experimenten empirisch geprüft werden.

Bezüglich der bekannten Verarbeitungsphänomene konnte gezeigt werden, daß die semantikorientierten Verarbeitungsprinzipien des hier vorgestellten SOUL-Prozessors den zur Zeit höchsten Erklärungswert aufweisen.

Literatur

Abney, S. (1989). A computational model of human parsing. *Journal of Psycholinguistic Research*, 18.1, 129-144.

Bader, M. (1990). *Syntaktische Prozesse beim Sprachverstehen: Theoretische Überlegungen und experimentelle Untersuchungen.* Magisterarbeit an der Albert-Ludwigs-Universität Freiburg:.

Bever, T. (1970). The cognitive basis for linguistic structures. In J. R. Hayes (Ed.), *Cognition and development of language.* New York: John Wiley.

Crain, S. & Steedman, M. (1985). On not being led up the garden path: The use of context by the psychological parser. In D. R. Dowty, L. Karttunen & A. Zwicky (Eds.), *Natural language parsing: psychological, computational, and theoretical perspectives* (pp. 320-358). Cambridge, MA: Cambridge University Press.

Felix, S. W., Kanngießer, S. & Rickheit, G. (1990). Perspektiven der kognitiven Linguistik. In S. W. Felix, S. Kanngießer & G. Rickheit (Eds.), *Sprache und Wissen. Studien zur Kognitiven Linguistik.* Opladen: Westdeutscher Verlag.

Fodor, J. D. & Frazier, L. (1980). Is the HSPM an ATN? *Cognition, 8,* 417-459.

Ford, M., Bresnan, J. & Kaplan, R.M. (1982). A comptence-based theory of syntactic closure. In: Bresnan, J. (Ed.), *The mental representation of grammatical relations.* Cambridge, MA: MIT Press.

Frazier, L. (1979). *On comprehending sentences: syntactic parsing strategies.* Bloomington, Ind.: IULC.

Frazier, L. (1985). Syntactic complexity. In D. Dowty, Karttunen & Zwicky (Eds.), *Natural Language Parsing.* Cambridge: Cambridge University Press.

Frazier, L. (1987a). Sentence processing: A tutorial review. In M. Coltheart (Ed.), The psychologyof reading (pp. 559-586). Hove/London/Hillsdale: Lawrence Erlbaum.

Frazier, L. (1987b). Syntactic processing: evidence from Dutch. *Natural Language & Linguistic Theory, 5,* 519-559.

Frazier, L. & Fodor, J. D. (1978). The sausage machine: a two stage parsing model. *Cognition, 6,* 291-325.

Frazier, L. & Rayner, K. (1982). Making and correcting errors during sentence comprehension: eye movements in the analysis of structurally ambiguous sentences. *Cognitive Psychology, 14,* 178-210.

Günther, U. (1989). Lesen im Experiment. *Linguistische Berichte, 122,* 282-320.

Habel, C., Kanngießer, S,. & Strube, G. (1990). Editorial. *Kognitionswissenschaft, 1,* 1-3.

Hemforth (1992). *Kognitives Parsing: Repräsentation und Verarbeitung sprachlichen Wissens.* Dissertation an der Ruhr-Universität Bochum.

Hemforth, B., Hölter, M., Konieczny, L., Scheepers, C. & Strube, G. (1991). *Kognitive Modellierung und empirische Analyse von Prozessen der Satzverarbeitung. 4. Zwischenbericht im DFG-Schwerpunktprogramm Kognitive Linguistik.* Ruhr-Universität Bochum.

Hemforth, B., Konieczny, L., Strube, G. & Wrobel, H. (1990). *Kognitive Modellierung und empirische Analyse von Prozessen der Satzverarbeitung. 3. Zwischenbericht im DFG-Schwerpunktprogramm Kognitive Linguistik.* Ruhr-Universität Bochum.

Hörmann, H. (1976). *Meinen und Verstehen. Grundzüge einer psychologischen Semantik.* Frankfurt am Main: Suhrkamp.

Just, M. A. & Carpenter, P. A. (1987). *The psychology of reading and language comprehension.* Boston: Allyn & Bacon.

Kaplan, R. M. & Bresnan, J. W. (1982). Lexical-Functional Grammar: A Formal System for Grammatical Representation. In J. W. Bresnan (Ed.), *The Mental Representation of Grammatical Relations.* Cambridge, MA: MIT Press.

Kimball, J. (1973). Seven principles of surface structure parsing in natural language. *Cognition, 2,* 15-47.

Konieczny, L. (1989). *Zum Verstehen von strukturellen Ambiguitäten: Der Einfluß von Kontext, Weltwissen und lexikalischen Präferenzen.* Diplomarbeit an der Ruhr-Universität Bochum.

Konieczny, L. & Hemforth, B. (1992). *Kognitives Parsing mit der Head Driven Phrase Structure Grammar.* Universität Freiburg: Manuskript.

Konieczny, L., Hemforth, B. & Strube, G. (1991). Psychologisch fundierte Prinzipien der Satzverarbeitung jenseits von Minimal Attachment. *Kognitionswissenschaft, 1,* 58-70.

Marcus, M. (1980). *A theory of syntactic recognition.* Cambridge, MA: MIT Press.

Marslen-Wilson, W. D. & Tyler, L. K. (1987). Against modularity. In J. Garfield (Ed.), *Modularity in knowledge representation and natural language understanding.* Cambridge, MA: MIT Press.

Mitchell, D. C. (1987). Lexical guidance in human parsing: Laws and processing characteristics. In M. Coltheart (Ed.), *Attention and Performance XII: The psychology of reading.* London: Lawrence Erlbaum Associates Ltd.

Pollard, C. & Sag, I. A. (1987). *An Information-Based Approach to Syntax an Semantics: Volume 1, Fundamentals.* Chicago: University Press.

Pritchett, B. L. (1988). Garden path phenomena and the grammatical basis of language processing. *Language, 64,* 539-576.

Rayner, K., Carlson, M. & Frazier, L. (1983). The interaction of syntax and semantics during sentence processing: Eye movements in the analysis of semantically biased sentences. *Journal of Verbal Learning and Verbal Behavior, 22,* pp. 358-374.

Strube, G., Hemforth, B. & Wrobel, H. (1990a). Auf dem Weg zu psychologisch fundierten Modellen der Sprachverarbeitung: Echtzeitanalysen des Satzverstehens. In S. Felix, S. Kanngießer & G. Rickheit (Eds.), *Sprache und Wissen. Beiträge des DFG-Forschungsschwerpunktes Kognitive Linguistik.* Opladen: Westdeutscher Verlag.

Strube, G., Hemforth, B. & Wrobel, H. (1990b). Resolution of Structural Ambiguities in Sentence Comprehension: On-line analysis of syntactic, lexical, and semantic effects. *Proceedings of the 12th Annual Conference of the Cognitive Science Society.* Hillsdale, NJ: Lawrence Erlbaum, pp. 558-565.

Wanner, E. (1980). The ATN and the sausage machine: Which one is baloney? *Cognition, 8,* 209-225.

An empirical approach to syntax learning

Sven Naumann and Jürgen Schrepp

Computational Linguistics, University of Trier, P.O. Box 3825, W-5500 Trier, FRG

Abstract

This paper describes the outline of a system which is designed to infer a grammar from a collection of linguistic data (corpus). An incremental learning algorithm is used to produce a sequence of grammars which approximates the target grammar of the data provided.

In each step, a small set of sentences is selected and analysed by a special parser which produces partial structural descriptions for sentences not covered by the actual grammar. The sentence which minimizes the inductive leap for the learner is selected. For this sentence several hypotheses for completing its partial structural description are formulated and evaluated. The "best" hypothesis is then used to infer a new grammar. This process is continued until the corpus is completely covered by the grammar.

Keywords: machine learning of natural language, parsing, inductive inference

Zusammenfassung

Wir beschreiben die Grundzüge eines Systems, daß, konfrontiert mit einer Menge von linguistischen Daten (Korpus), eine Syntax für diese Daten generiert. Den Kern des Systems bildet ein inkrementeller Lernalgorithmus, der eine Folge von Grammatiken generiert, die den Verlauf des Lernprozesses reflektiert.

In jedem Schritt wird eine kleine Menge von Sätzen aus dem Korpus ausgewählt. Sie werden mit Hilfe eines speziellen Parsers analysiert, der für die Sätze, die nicht von der aktuellen Syntax erfaßt werden, partielle Beschreibungen generiert. Von diesen Sätzen wird derjenige ausgewählt, der den zur Generierung der neuen Syntax notwendigen induktiven Schritt minimiert. Die partielle Strukturbeschreibung dieses Satzes bildet die Grundlage für die Formulierung von Hypothesen zur Erweiterung der Syntax. Der Prozeß terminiert, sobald die aktuelle Syntax das Korpus vollständig abdeckt.

Schlüsselwörter: maschinelles Lernen natürlicher Sprache, Parsing,
                 induktives Schließen

1 Introduction

With the "Chomskyan Revolution" language aquisition became a central issue for (cognitive) linguistics. Today, more than 10 years after the Chomsky-Piaget debate, the question whether language aquisition is guided by language-specific knowledge (*nativism*) or performed by general learning mechanisms (*constructivism*), is still unsettled.

Two important arguments against the constructionist conception of language aquisition, which are still to be found in literature, are the *time* and the *negative-evidence* argument:

- Natural language is entirely complex. Language aquisition is fast. Induction is slow. Obviously, language aquisition cannot be an inductive process.

- It has been proved (Gold 1967) that not even regular languages can be learned inductively if only positive evidence is available. Children are not provided with negative evidence in a systematic way. As it is well-known amoung linguists natural language is at least *mildly context-sensitive*. It follows that it is impossible to learn natural language inductively.

We present an approach to the machine learning of natural language which stands in the constructionist tradition and is based on the paradigm of *inductive inference* as established by Gold (1967). We want to show that:

1. Inductive learning of syntactic rules can be accomplished quite efficiently.

2. Under certain conditions induction guided by positive-only examples is powerfull enough to learn a family of non-empty recursive languages (Anguin 1980).

The following sections describes the outline of a system S that when confronted with a collection of linguistic data, called Corpus from now on, generates a grammar G for Corpus. To put it differently: Corpus is taken as a finite sample of the language to be learned and a minimal requirement for G output by S is that Corpus $\subseteq L(G)$. Actually, in most cases Corpus $\subset L(G)$.[1]
S is basically composed of:

- A *tagging component* TC which maps the sentences in Corpus onto sequences of tags (i.e. lexical categories).

- A *learning component* LC which, while processing Corpus, produces a sequence of grammars $G_1, G_2, \ldots, G_n$. Each grammar in this sequence determines a language which incorporates a greater portion of Corpus than its predecessors. G_n is called the *target grammar*, i.e. G_n is the grammar finally output by S.

In the past few years quite an amount of work has been done on the development of reliable tagging systems (see e.g. Garside et.al. 1987). The systems proposed so far typically employ a huge number of unstructured tags. On the contrary we use (HPSG-styled) feature-structures for the representation of lexical and grammatical categories which offer advantages both for the tagging of sentences and the grammar generated.

The grammars inferred by the learning algorithm are *reversible context-free grammars* which are particular well suited for bottom-up parsing and can be learned in polynomial time from a finite structural sample (Yokomori 1989).

The learning component LC, which is described in this paper, operates in the following way: A small set **B** of sentences is selected from Corpus. The computation of **B** is guided by a special kind of parser, called *gap-parser*, which allows to measure the "distance" between a sentence and the actual grammar G_t. For sentences in **B**, which are *not* captured by G_t, hypotheses for completing the partial structural descriptions delivered by the gap-parser are formed. The most plausible hypothesis is selected and used to infer G_{t+1}. This process is continued until the grammar covers Corpus.

---

[1]A prototype of S has been implemented in Common LISP on an APOLLO-workstation.

2 Theoretical Foundations

The proposed extraction algorithm is motivated by the paradigm of *inductive inference* as established by Gold (1967) where inductive inference is viewed as the hypothesizing of general rules from examples. In his study on language learning Gold introduced the concept of *identification in the limit*. Let L be a (formal) language and M an inductive inference algorithm (the *learner*). At time t=1, 2,... the learner will be presented a unit of information i_t concerning the unknown language L, which means M will be confronted with an infinite sequence of examples. After receiving i_t M has to make a guess G_t about L based on all the information units recognized so far, i.e. M performs the function

$$G_t = M(i_1, i_2, \ldots, i_t)$$

The guesses made by M are grammars, and after some finite time t the guess G_t should be the target grammar with $L(G_t) = L$ and never changed for time $t + i$, $(i \geq 1)$. Within this learnability framework Gold distinguished between two different kinds of information presentation:

- TEXT: at each time t M is presented a word $w \in L$ *(positive examples)*

- INFORMANT: the learner is provided with positive *and* negative examples

One of his results was that even the class of regular languages is *not* identifiable in the limit from TEXT. The reason for the weakness of TEXT is the fact that, if the unknown language L is a proper subset of another language L', then every finite sequence of words $w \in L$ is also a valuable sequence for L'. So if M guesses L' to be the target language, M will never recognize without negative examples that his guess was too general.

In 1980 Angluin proposed some conditions for the inference from TEXT which avoid the above mentioned "overgeneralizations".

Condition 1 (Angluin 1980)
*A family $\mathcal{L} = \{L_1, L_2, \ldots\}$ of nonempty languages satisfies Condition 1 (the **Subset Principle**[2]) iff there exists an effective procedure which on any input $i \geq 1$ enumerates a set of strings T_i such that*

1. $|T_i| < \infty$

2. $T_i \subseteq L_i$, and

3. $\forall j \geq 1 : T_i \subseteq L_j \Rightarrow \neg(L_j \subset L_i)$

Theorem 1 (Angluin 1980) *A family of nonempty recursive languages is inferrable[3] from positive data iff it satisfies the Subset Principle.*

Normally the Subset Principle is used to establish a linear order on the space of hypotheses so that they are *maximally disconfirmable* by positive examples (i.e. hypothesis i+1 should not be a proper subset of hypothesis i (Berwick 1986)). We want to go in the opposite direction and sort the positive data (i.e. the sentences of a corpus) given to a learner according to Cond.1.

Let **V** be an arbitrary alphabet (e.g. a set of tags), $L \subseteq \mathbf{V}^*$ the unknown language and Corpus a finite sequence of words ("sentences") $\alpha \in L$, i.e.

$$\mathsf{Corpus} := (\alpha_\nu)_{\nu=1}^n = \alpha_1 \ldots \alpha_n, \ \alpha_\nu \in L$$

Now imagine a learner M who should infer a grammar on the input of Corpus. It will be easier for M to avoid overgeneralizations if the complexity of the sentences increases gradually from α_1 to α_n. The *inductive leap* M has to perform in every step $i \rightarrow i + 1$ should be minimized, i.e. Corpus has to be sorted in a way that this goal can be achieved.

---

[2]The term is adopted from Berwick (1986).

[3]The distinction between Angluin's concept of inferrability and Gold's identification in the limit is of minor importance in this context and is therefore not taken into consideration.

Definition 1 *Define* **TS** $:= \{p \mid p \text{ is a permutation of } \text{Corpus}\}$. *The elements* $ts \in$ **TS** *are called* **training sequences** *for L. For* $ts = (\beta_\nu)_{\nu=1}^n$ *the subsequence from the jth to the kth element is denoted by* $ts_{jk} = (\beta_\nu)_{\nu=j}^k$.

Assume **G** to be an arbitrary set of grammars (i.e. the *hypotheses space*) containing the grammar $G_\emptyset = (\{S\}, \mathbf{V}, S, \emptyset)$, and define an inference algorithm

$$\mathbf{F} : \mathbf{G} \times \mathbf{V}^* \mapsto \mathbf{G}, \quad \mathbf{F}(G, \alpha) := G' \tag{1}$$

so that $L(G) \cup \{\alpha\} \subseteq L(G')$ holds. F makes an inductive leap iff the strict subset relation holds. The effort F has to make in hypothesizing a new grammar from an input (G, α) depends on the "distance" between G and α.

A preliminary version of the extraction algorithm can be described by the function $f : \mathbf{G} \times \mathbf{TS} \mapsto \mathbf{G}$ with

$$f(G, ts) := \begin{cases} \mathbf{F}(G, ts) & \text{, if } |ts| \leq 1 \\ f(\mathbf{F}(G, ts_{11}), ts_{2\,|ts|}) & \text{, if } |ts| > 1 \end{cases} \tag{2}$$

The sentences of the input sequence ts will be processed by f in incoming order. Because f is *order-dependent* the resulting grammar depends heavily on the order of ts. As a consequence, the training sequence given as an input to f should be sorted in a way that the above mentioned "distance" is minimized in each step. Assume G' to be the grammar generated by f after processing a subsequence of ts, and ts' to be the rest of the original input. Then the next sentence $\beta \in \{ts'\}$[4] has to be chosen in a way that $L(\mathbf{F}(G', \beta))$ is minimal compared with all other possible languages wrt G' and ts' generated by F, i.e.

$$L(\mathbf{F}(G', \beta)) = \min\{L(\mathbf{F}(G', \alpha)) \mid \alpha \in \{ts'\}\}$$

Now the Subset Principle can be established for training sequences as follows.

Condition 2 $ts = \beta_1 \ldots \beta_n \in$ **TS** *satisfies Condition 2 wrt an inference algorithm* F *and a grammar* G *iff*

$$\forall 1 \leq j < n, \nexists 1 \leq k \leq n - j : L(\, f(G, \underbrace{\beta_1 \ldots \beta_{j-1}}_{ts_{1\,j-1}} \beta_{j+k})\,) \subset L(\, f(G, ts_{1j})\,)$$

Unfortunately Cond.2 cannot be verified in general because the inclusion problem is only decidable for the class of regular languages. With the help of a suitable complexity measure $\Phi_\mathbf{F}$, Cond.2 can be approximated by a computationally tractable criterion. For this reason let

$$\Phi_\mathbf{F} : G \times \mathbf{V}^* \mapsto \mathbb{N}, \quad \Phi_\mathbf{F}(G, \alpha) = m \tag{3}$$

be an arbitrary *complexity measure* wrt F (cf Eq.1) which yields a natural number on the input of a grammar G and a sentence α.

Condition 3 $ts = \beta_1 \ldots \beta_n \in$ **TS** *satisfies Condition 3 wrt an inference algorithm* F *and a grammar* G *iff*

$$\forall 1 \leq j < n, \nexists 1 \leq k \leq n - j : \Phi_\mathbf{F}(\, f(G, ts_{1\,j-1}), \beta_{j+k})\,) < \Phi_\mathbf{F}(\, f(G, ts_{1\,j-1}), \beta_j\,)$$

Definition 2 $ts \in$ **TS** *is called* **optimal training sequence** *wrt a complexity measure* $\Phi_\mathbf{F}$ *and a grammar* G *iff ts satisfies Condition 3.*

It is clear that such an optimal ordering cannot be computed in advance because in each step the next sentence to be chosen depends on the actual grammar.

Therefore the choice of the next sentence has to be computed according to $\Phi_\mathbf{F}$ every time after processing a sentence. The final version of f is formulated in pseudocode using a PASCAL-like notation (cf Fig.1)

Our proposals for F and a corresponding Φ_F follow in the next section.

---

[4] $\{a_\nu\}$ denotes the associated set with the sequence (a_ν).

```
program DACS (G : grammar, corpus : corpus)
    var ts : training-sequence;
        G' : grammar;
         i : index
    begin
      ts := corpus;
      G' := G;
      while    |ts| ≠ 0
        do
          i := [choose i in a way that
                  Φ_F(G', α_i) is minimal for ts];
          G' := F(G', α_i);
          ts := α_1 ... α_{i-1}α_{i+1} ... α_{|ts|}
        od
    end.
```

Figure 1: The extraction algorithm

3 Grammatical Inference

3.1 Structuring the Corpus

As we have mentioned in the introduction, the TEXT we use is a tagged corpus. Let us consider the while-loop of the algorithm shown in Fig.1. In the first step, the whole corpus has to be scanned in order to find a "best" sentence according to Φ_F(cf (3)). Although having polynomial time complexity (provided that Φ_F is polynomial bounded) this scheme is *not* very practicable for large corpora. Based on the assumption that the length of a sentence is proportional to the complexity of its structural description, we suppose that

$$\forall G \in \mathbf{G}, \forall \alpha, \beta \in \mathbf{V}^* : |\alpha| \ll |\beta| \Rightarrow \Phi_F(G, \alpha) < \Phi_F(G, \beta)$$

holds. As a consequence we have

1. sorted the items of the corpus in a length increasing order(i.e. for all i holds $|\alpha_i| \leq |\alpha_{i+1}|$), and

2. only a window of k sentences will be searched for in each pass where k is fixed.

The value of k is determined by the probability distribution of the sentence length in regard to the actual corpus.

3.2 Parsing Unknown Sentences

The complexity measure Φ_F (cf (3)) we apply is based on the notion of *structural similarity* which is used to determine the "distance" between a Grammar G and a sentence α.

Let $G = (V_N, V_T, S, R)$ be a (non-empty) context-free grammar. G defines a (in most cases *infinite*) set **SD** of structural descriptions, i.e. the set of structural descriptions onto which the sentences of L(G) are mapped by G.[5]

An ordinary parser P can be considered as a procedure which computes a non-empty subset of SD for any $\alpha \in L(G)$. A characteristic property of P is that it fails when confronted with an 'unknown'

---

[5] We are not dealing with a sentence directly but with the sequence of lexical categories that the tagging system produces for it. This fact has no theoretical implications but should kept in mind for a better understanding of what follows.

sentence (i.e. for any $\alpha \notin L(G), P(\alpha) = \emptyset$). Unfortunately, as long as L(G) is a proper subset of **Corpus** our system will be regularely confronted with sentences of this type. If a parser is to be used in the process of grammatical inference it has to be one which provides plausible structural information for at least some sentences not in L(G).

The parser we developed is able to process all sentences not in L(G) which can be mapped onto some structural description in **SD** in the following way:

Definition 3 *Let G,* **SD** *be defined as above. The* **order-preserving mapping** $opm : V_T^* \mapsto \mathcal{P}(\textbf{SD})$ *maps each* $\alpha = w_1 w_2 ... w_n (n \geq 1, w_i \in V_T)$ *onto the set of all* $s_i \in$ **SD** *for which the following conditions hold:*

1. $t_1, ..., t_m \ (m \leq n)$ *are the leave nodes of* s_i;

2. *for each* t_i *there is a* w_j, *so that* $\text{label}(t_i) = w_j$, *and*

3. *for all* t_i, t'_i: $\text{label}(t_i) = w_j \land \text{label}(t_{i'}) = w_{j'} \land i < i' \Rightarrow j < j'$.

To put it differently: α can be parsed iff $\alpha = \cdots \text{label}(t_1) \cdots \text{label}(t_2) \cdots \text{label}(t_m) \cdots$ for a sequence of leave-nodes $(t_1 \cdots t_m)$ of a structure $s_i \in$ **SD**. The number of symbols of α for which there are no corresponding leave-node labels in a structural description s_i is called the *gap-number* of α relativ to s_i (*gap-number*(α, s_i) for short).

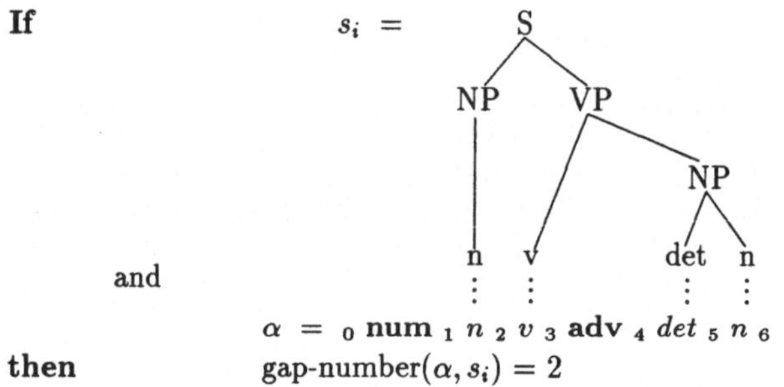

Figure 2: Example of an order-preserving mapping

Obviously for each $\alpha \in L(G)$ there is at least one $s_i \in$ **SD**, with *gap-number*$(\alpha, s_i) = 0$ and for each α', with $\alpha' \notin L(G)$ and $opm(\alpha) \neq \emptyset$, *gap-number*$(\alpha', s'_i) > 0$, for every $s'_i \in opm(\alpha')$.

Definition 4 *The* **structural similarity** *of a sentence* α *with regard to a grammar G is measured by a function* $gap(\alpha, G)$, *which computes the smallest gap-number for* α *if* $opm(\alpha) \neq \emptyset$ *or* $| \alpha |$ *otherwise.*

The parser we use is an earley-based island-parser which can extend edges in both directions and uses the *constraint extension* technique described in Steel & De Roeck (1987) to avoid the generation of redundant edges. The gap-numbers for a sentence α are computed by forming *gap-edges* which realize the order-preserving mapping for α (cf Def.3) and include information about unanalyzed fragments of α.

The structural descriptions generated by the parser do not contain labels for nonterminal nodes (i.e. syntactic categories). In the following examples we use simple category symbols and insert the the labels for grammatical categories simply to insure better readability.

The *gap-parser* P can be considered as a function of three arguments:

- a sentence α to be analysed;

- a set $\mathbf{I}$ of *islands*, which have been identified for α and serve as starting-points for the analysis, and

- a chart C containing all edges which have been built for α in the past.

The analysis of α can require several calls to P: At the start, $\mathbf{I}$ is initialized with the set of all *lexical edges*[6] which can be generated for α[7], and C is empty. P generates the set of all gap-edges e_i which can be built for α with gapnum$(e_i) = 0$. If $\alpha \in L(G)$, P terminates and returns all parses found for α.

Otherwise the set $\mathbf{E_{gap}}(C)$ is computed by a procedure called *gap-complete* and P is called again with α, $\mathbf{I} = \mathbf{E_{gap}}(C)$ and C (C now containing the edges computed during the first call to P). This process continues recursively until either α is parsed and all parses found are output or $\mathbf{E_{gap}}(C) = \emptyset$, i.e. no new edges can be formed.

Example 1

if $\quad \alpha = det\ n\ v\ adv\ det\ n$
$\quad\quad e_1 = (2, 3, VP, (), (v), (NP), [v], 0)$
$\quad\quad e_2 = (4, 5, VP, (v), (NP), (), [_{NP}\ [det\ n]], 0)$

then $\quad gap\text{-}complete(e_1, e_2) =$
$(2, 5, VP, (), (v\ NP), (), [_{VP}\ [v]\ \mathbf{adv}\ [_{NP}\ [det\ n]]], 1)$

The characteristic property of the edges formed by *gap-complete* is that they all include an unanalysed part of α which is not part of the edges combined: If $e_i, e_j \in C$ and *gap-complete*$(e_i, e_j) = e_i e_j$, then gapnum$(e_i e_j) >$ gapnum(e_i) + gapnum(e_j). The unanalysed part of the sentence is specially marked. It is used later on for forming hypotheses which can lead to the formulation of new rules (cf Sect.3.4).

The gap-edges in $\mathbf{E_{gap}}(C)$ can stretch over any part of the sentence α (not necessarily including the first/the last words of α). It is this property that makes it crucial to use a parser which can continue analysis in both directions. Moreover, taking these edges as islands and using the chart with the edges already built minimizes the computational effort needed for finding parses for α (if there are any).

3.3 Hypotheses

Let us again consider the **while**-loop of the schematised inference algorithm in Fig.1. In each step one has to choose a sentence α from the rest of **Corpus** so that the gap-number of α is minimal. Let G be the grammar inferred at time t and $\alpha \in \{\mathbf{Corpus}\}$. Three cases have to be considered:

- If $\alpha \in L(G)$ (i.e. gap(α, G)=0), then G does not have to be changed and α can be disregarded.

- If $\alpha \notin L(G)$, but $opm(\alpha) \neq \emptyset$ (i.e. gap$(\alpha, G) > 0$), then the parser only produces structural descriptions for α which contain one or more unanalysed fragments of α.

- If $\alpha \notin L(G)$ and $opm(\alpha) = \emptyset$ (i.e. gap$(\alpha, G) = |\alpha|$), it will be disregarded for the moment and reconsidered later on .

Once a "best" sentence α with $opm(\alpha) \neq \emptyset$ is selected, the grammar has to be extended to accommodate α. This process takes two steps: First, hypotheses for completing the partial structural description already built for α have to be formulated and evaluated. In order to reduce the hypotheses

---

[6]A *lexical edge* is an edge whose *head* is a lexical category.

[7]Using **all** lexical edges as islands means that we process the sentence in the ordinary left-to-right fashion. Different strategies are possible (*verb-oriented* for example) but have no influence on the results obtained.

space, we use statistical information (first-order Markov model) which is extracted from the analysed sentences. In each step, the 'best' hypothesis h_α is used to update the transition matrix S. Second, a new grammar has to be inferred using h_α.

The generation of the set of structural hypotheses **H** is influenced by two conflicting considerations: on the one hand, the size of **H** should be minimized to insure that only few hypotheses have to be tested; on the other hand, it has to be guaranteed that **H** includes the 'right' hypotheses.

Let α be a sentence with $opm(\alpha) \neq \emptyset \wedge gap(\alpha, G) > 0$. For each constituent K of a structural description computed for α which contains a gap of length n, i.e. $g = g_1 \cdots g_n (n \geq 1)$ only hypotheses which do not conflict with the following heuristic principles are generated:

P1 The constituent boundaries of K are not altered, i.e. *global restructuring* is excluded.

P2 The constituent boundaries of the subconstituents of K can only be altered by inserting a sequence of categories $g_i \cdots g_m (1 \leq i, m \leq n)$, i.e. *local restructuring* is restricted to the subconstituents of K which delimit g.

P3 If $|g| > 1$ only such hypotheses are built which do not conflict with the structural information for g already present in the chart.

These principles are based on the assumption that the structural information gained sofar are basically correct and should be completed with minimal effort.

Example 2 *Suppose the set of productions R of the grammar G contains only the following rules:*

$$S \overset{(1)}{\rightarrow} NP\ VP \qquad NP \overset{(2)}{\rightarrow} det\ NOM$$
$$NP \overset{(3)}{\rightarrow} det\ n \qquad NOM \overset{(4)}{\rightarrow} adj\ n$$
$$VP \overset{(5)}{\rightarrow} v \qquad VP \overset{(6)}{\rightarrow} v\ NP$$

If the sentence selected next includes a subject-NP with two adjectives, e.g. $\alpha = $ det adj adj n v, the gap-parser will generate (among other edges) a gap-edge e for α with structure(e) =
[[det **adj** [adj n]] [v]], *i.e.* gaps(e) $= 1$. *In this very simple case only the following five hypotheses are compatible with P1-P3:*

1. *[det adj [adj n]]   – the simple way*

2. *[det [adj] [adj n]] – gap is treated as an independent constituent*

3. *[[det adj] [adj n]] – a new constituent containing the first two categories is built*

4. *[det [adj adj n]]   – the gap is inserted into the constituent to its right*

5. *[det [adj [adj n]]] – a new constituent is built by combining the gap with the constituent to its right*

The option of giving this constituent a completely different shape is excluded by P1. The generation of different subconstituents (e.g. [adj adj], [det adj adj], ...) contradicts P2. Subconstituents like [[det] adj], [[[det]] adj], ... are not considered for obvious reasons.

After the generation of **H** a "best" hypothesis has to be chosen. Depending on $gap(\alpha, G)$, the size of **H** can get very large. As a consequence the evaluation procedure consists of two steps:

1. The probability $P(h_i)$ that h_i is the "best" hypothesis in H is computed for each $h_i \in$ **H**. If $P(h_i)$ is lesser than the threshold δ, then h_i is disregarded. After this filtering process we obtain $H_{best} := \{h_i | h_i \in \mathbf{H} \wedge P(h_i) \geq \delta\}$. δ is dynamically updated to insure that H_{best} is not empty.

2. For all hypotheses $h_j \in H_{best}$ a new grammar G_j is inferred from the actual grammar G using a grammar compression algorithm so that $L(G) \subseteq L(G_j)$ holds. Then each new grammar is used to parse *all* sentences in the actual "window" (**Window** $:= (\beta_\nu)_{\nu=1}^k$), and the sum of the gap-numbers is computed, i.e.

$$sum(G_j) := \sum_{\nu=1}^{k} gap(\beta_\nu, G_j)$$

The grammar G_j with minimal sum is chosen, i.e. h_j is the "best" hypothesis. h_j is then used to update the transition matrix S.

The obtained grammar is therefore "best" wrt the statistical information gathered from the analysed sentences *and* the parsebility of the sentences in **Window**.

3.4 Extending the grammar

During the evaluation process it is necessary to infer a new grammar from a hypothesis h and the actual grammar G. For this purpose several algorithms have been designed (e.g. Yokomori 1989, Crespi-Reghizzi 1972) which are very similar. In the first step the primitive context-free grammar $G_p(h)$ is computed, and in the second step $G_p(h) \cup G$ is compressed by merging nonterminals according to certain criteria.

We use Yokomori's RC-algorithm (Yokomori 1989) for computational reasons which produces a reversible context-free grammar. The advantage of such a compression algorihm is that recursive rules can be inferred. This can *not* be achieved when using the rules from the hypothesis directly.

References

[1] ANGLUIN, D. (1980). Inductive Inference of Formal Languages from Positive Data. *Information and Control*, **45**:117-35.

[2] BERWICK, R.C. (1986). Learning from Positive-Only Examples. In: R. S. Michalski, J. G. Carbonell & T. M. Mitchell (Eds). *Machine Learning-Vol.II*. Morgan Kaufmann:Los Altos, 625-45.

[3] CRESPI-REGHIZZI, S. (1972). An effective model for grammar inference. In: B.Gilchrist (Ed). *Information Processing 71*. Elsevier North-Holland, 524-29.

[4] GARSIDE, R., G. LEECH & G. SAMPSON (1987). *The computational analysis of English*. Longman:New York.

[5] GOLD, E. M. (1967). Language Identification in the Limit. *Information and Control*, **10**:447-74.

[6] STEELE, S. & A. DE ROECK (1987). Bidirectional Chart Parsing. In: J. Hallam & C. Mellish (Eds). *Advances in Artificial Intelligence*. John Wiley & Sons:New York, 223-35.

[7] YOKOMORI, T. (1989). Learning Context-Free Languages efficiently. In: K. P. Jantke (Ed). *Analogical and Inductive Inference*. Springer:Berlin-Heidelberg, 104-23.

On Non-Head Non-Movement

Klaus Netter *
Deutsches Forschungszentrum für Künstliche Intelligenz GmbH
Stuhlsatzenhausweg 3, D-6600 Saarbrücken 11, Germany
e-mail: netter@dfki.uni-sb.de

The paper discusses different approaches to the analysis of finite verb position in German within the framework of HPSG. It argues that among three parameters (a) standard subcategorization and adjunction, (b) uniform structural representation and (c) clause initial finite verbs as heads, only two can be maintained simultaneously, unless additional devices are introduced. We abandon (c) and present an approach which allows to derive a binary right-branching structure for the "Mittelfeld" also for V-initial structures without modifications of general principles of the theory. The key to the analysis is the postulation of an empty node as a functional head which takes the finite verb as a complement.

Die Arbeit diskutiert mehrere Analysen für die Stellung des finiten Verbums im Deutschen im Rahmen der HPSG. Es wird argumentiert, daß von den drei Parametern (a) Standard Subkategorisierung und Adjunktion, (b) uniforme strukturelle Representation und (c) initiale Verben als Köpfe, ohne eine Erweiterung der Theorie um spezielle Mechanismen nur zwei aufrechterhalten werden können. Wir geben (c) auf und diskutieren eine Analyse, die auch bei V-initialen Strukturen ein binär verzweigendes Mittelfeld erzeugt, ohne daß generelle Modifikationen die Theorie erforderlich werden. Der Schlüssel für die Analyse ist die Annahme eines leeren Knoten als funktionalen Kopf des Satzes, der das finite Verbum als Komplement subkategorisiert.

1 Introduction

The initial and final position of the finite verb in languages such as German or Dutch presents an interesting problem for grammar frameworks such as Head Driven Phrase Structure Grammar (HPSG) and related Categorial Grammar style theories. Since the finite verb as the head of a clause may either precede or follow its complements and adjuncts (1)/(2), the question arises whether the two types of clauses can and should be assigned a uniform structural representation (modulo the position of the finite verb and the complementizer).[1]

(1) [$_H$ Bringt] [$_C$ er] [$_A$ morgen] [$_C$ dem Kunden] [$_A$ pünktlich] [$_C$ die Fracht]

(2) daß [$_C$ er] [$_A$ morgen] [$_C$ dem Kunden] [$_A$ pünktlich] [$_C$ die Fracht] [$_H$ bringt]

---

*The research underlying this paper was supported by a research grant, FKZ ITW 9002 0, from the German Bundesministerium für Forschung und Technologie to the DFKI project DISCO. We would like to thank Sergio Balari, John Nerbonne, Maike Paritong and Hans Uszkoreit for dicussions and comments. The described approach has been implemented in the DISCO system on the basis of the type description language TDL.

[1]Throughout this paper we will abbreviate the abstract grammatical functions HEAD, COMPLEMENT and ADJUNCT as H, C and A respectively. In our discussion we will largely abstract away from the phenomena of V-second or topicalization and from word order variations in the "Mittelfeld". Both of these phenomena we consider to be quite unrelated to the problem of the position of the finite verb and for both a range of independent modular solutions can be envisaged.

In this paper we want to show that the possible analyses of this problem within the framework of HPSG are limited by combinations of the following basic assumptions:

(a) The HPSG treatment of complements and adjuncts is maintained as it is expressed in the Subcategorization Principle (SP) and the Semantics Principle (SemP).

(b) V-initial and V-final structures are given a uniform structural representation.

(c) The verb in the initial position is analysed *in situ* as the head of the clause.
We will argue that fixing two of the parameters will automatically lead to a rejection of the remaining assumption. Maintaining all three assumptions will require the introduction of additional devices requiring a modification and extension of principles and generalizations of the framework.

The first approach we discuss, by (Pollard 1991), maintains the parameters (b) and (c) by postulating a flat structure for the verb and its complements and adjuncts. We will argue that this approach not only complicates the treatment of adjunction but also commits one to the assumption of a phrase structure for which there is little linguistic motivation. As a variant of the rejection of (a) we discuss the possibility of a uniform binary right-branching structure which involves a modification of the SP and which has a technically very unpleasing analysis as a consequence. Thirdly, we will discuss the effects of maintaining the assumptions (a) and (c) on the second parameter, above all the implications of a non-uniform phrase structural representation for V-initial and V-final clauses. Finally two solutions suggested by Borsley (1990) and Kiss/Wesche (1991), and Oliva (1992) attempt to maintain all three assumption at the cost of introducing additional devices.

In section 3 we introduce our own approach and assume that assumption (c) as the least motivated should be abandoned, i.e., that a clause initial finite verb is not derived as the clausal head *in situ*. We present an analysis which is embedded in an approach to specifiers or functional categories, such as determiners, complementizers etc., which analyses these categories as the functional heads of the respective constituents. The analog to a complementizer in a V-final clause will be a clause-final empty functional head which subcategorizes for the (initial) finite verb.

2.1 Pollard: On Head Non-Movement

Pollard (1991) suggests to treat V-initial structures in German as a more general case of the phrase structure schema for auxiliary inversion in English.[2] Whereas in English the schema is restricted to apply only to phrases headed by an auxiliary, it would apply in German to all finite verbs, such that the structure for V-initial clauses will be (3).

(3) [[$_H$ Schenkt] [$_C$ der Mann] [$_C$ dem Kind] [$_C$ ein Fahrrad]]

The position of the finite verb is determined by a topological HEAD feature INV marking inversion. All root sentences (or main clauses) are required to be specified as [INV +]. Two LP-rules have to specify that a verbal head marked as [INV +] has to precede all its complements, whereas a verbal head marked [INV −] has to follow them.

The obvious advantage of this approach is that it not only provides a solution to the problem of finite verb position but also gives us a relatively simple handle on the order of complements in the "Mittelfeld" which can be freely permuted.[3]

---

[2]Cf. Pollard/Sag (1992: 29), where the relevant phrase structure schema for English is defined as
"(Schema 3) a saturated ([SUBCAT ( )]) phrase with DTRS value of sort *head-comp-struc* in which the
HEAD−DTR value is a lexical sign."

[3]In fact, in connection with a technique developed by Hinrichs/Nakazawa (1992), this approach even allows the description of some of the more intricate phenomena of partial VP-fronting. Some of the

However, ignoring a certain number of linguistic counter-arguments, the main problem of this approach is that it will complicate the syntactic treatment of adjunction and complementation. If we want to maintain a uniform *flat* structure for the "Mittelfeld" and the assumption of the finite verb as a head in *in situ*, we may be able to keep up the SP, but we cannot maintain the treatment of adjunction as it is proposed in Pollard/Sag (1992:45ff).[4]

In Pollard/Sag (1992) adjuncts are characterized as non-head daughters which select a head through an attribute MOD whose value is identified with the SYNSEM value of the HEAD-DTR. In the SemP the flow of semantic information for head-complement structures and head-adjunct-structures (4) is defined such that in the latter case the CONTENT value of the mother node is not identified with the one of the HEAD-DTR but rather with the CONTENT value of the ADJ-DTR. Thus, while the HEAD-DTR continues to provide the syntactic head, the ADJ-DTR functions as the semantic head.

(4)   Phrase Structure Schema for Head Adjunct Structures

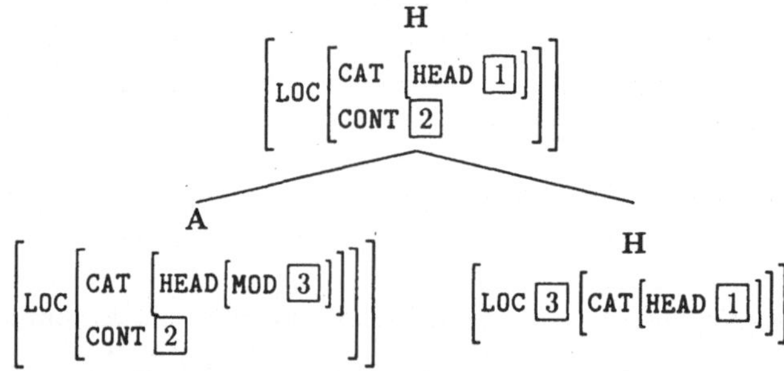

Sentences such as (1)/(2) where several adjuncts are interspersed with complements present a serious problem for Pollard's approach for various reasons. To begin with, it will be necessary to modify the approach such that in a flat head-complement structure the verb combines not only with all the complements but also with all the adjuncts at the same time. In a certain way this renders the notion of a phrase structure obsolete, since head, complements and adjuncts appear now as a list of constituents on a par.

As a further consequence the value of the attribute ADJ-DTR will have to be a list or set of feature structures rather than a simple feature structure. Since each element of this set may impose selectional restrictions on the head, we will need universal quantification in order to distribute the head daughters information over all the elements. In addition, we cannot maintain the SemP anymore since we would now have multiple semantic heads, namely as many as there are adjuncts. This would again make it necessary to use universal quantification or a corresponding function to collect the semantic content of all the adjuncts.

2.2   Inversion of the Subcategorization Principle

To avoid in particular the last problem addressed, one could go for an alternative approach where the verbal head is combined with only one complement or adjunct at a time, yielding a binary branching structure of a lexical or phrasal head, and a complement or adjunct.

While the head-adjunct rule could be maintained as it is given above, only one head-complement rule is required (5). For the sake of simplicity we assume here that the SP is

shortcomings of this analysis are addressed and neutralized in Nerbonne (1992).

[4]This problem is the central concern of Kasper (1992) who also develops a proposal for the necessary modifications.

reduced to a simple function **cons** concatenating the SYNSEM value of the COMP-DTR with the SUBCAT list on the mother.

(5) Phrase Structure Schema for a Binary Head-Complement Structure

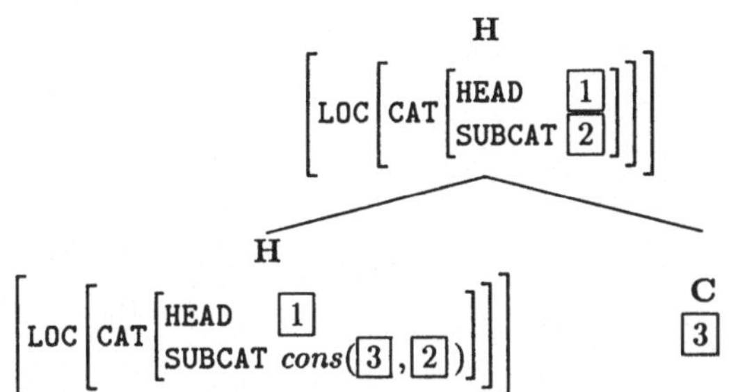

The advantage of such a binary derivation is obviously that we can freely mix complements and any number of adjuncts without having to worry about the identity of the syntactic or semantic head at any given time. However, according to the definition of the SP a head cannot precede a right-branching structure of complements (or follow a left-branching one) since the SP works "inside out". The head introduces the subcategorization list which is then successively reduced until it has become an empty list at the root of the domain of the head.

Thus, it seems that the assumption of the "Mittelfeld" as a uniform right-branching structure and the initial finite verb as a head *in situ* could only be maintained if we inverted the SP for the particular case of V-initial structures, such that it works exactly the opposite to standard derivations. In such a definition, the SUBCAT value of the mother node would have to be the sum or concatenation of the SUBCAT lists of the HEAD-DTR and the COMP-DTR. This could be implemented with a lot of tricky hacking but it is easy to imagine that it would also cause an enormous complication and proliferation of rules and principles just for this one particular case.[5]

2.3 Non-uniform Structural Representations

If we want to assume a binary structure, due to the problem of adjunction *and* maintain that the verb in initial position is derived as the head, the standard SP will enforce two different directions of branching for V-initial and V-final structures, namely left-recursive and right-recursive respectively (6).

As one effect of these assumptions standard c-command relations will be inverted for different head positions. If c-command should play a role in determining the scope of quantifiers or adjuncts, we end up in a situation where we would have to accept different scoping relations for the same sequence of complements and adjuncts, depending on whether the verbal head appears in a final or inital position.

Similarly, the simplified implementation of the SP above, which exploits the order of elements on the SUBCAT for determining the order of complements, will now give us reversed orderings of complements for a left- and a right-branching structure. As a consequence we have to reverse the order of elements on the SUBCAT-list for the two different verb positions, i.e., assume two different lexical entries.[6] Furthermore, under this account

---

[5]An approach in categorial grammar which goes in this direction is Hepple (1990) who suggests to apply type raising to the verbal head as well as to the complements, such that all complements can be combined with each other to form a constituent *before* they combine with the head.

[6]An approach along these lines has been suggested in Hoeksema (1985) for categorial grammar.

we are forced to stipulate constituency for substrings for which there is no linguistic evidence whatsoever. In particular, in a simple unmarked V–S–O structure we would have to claim that the verb first of all forms a constituent with its subject before it combines with an object.

(6) Left- and Right-Recursive Binary Branching

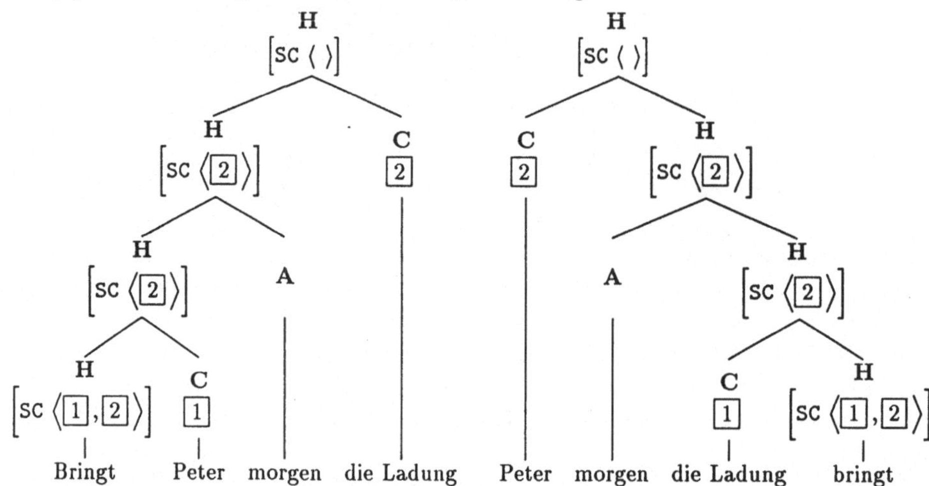

In short, the only mileage that we can get out of a left-branching binary structure is that it simplifies our treatment of adjuncts, whereas it does not increase in any respect the linguistic adequacy or elegance of the description.

2.4   Introduction of Extra Mechanisms

To resolve the obvious conflict between a right-branching structure and the preceding verbal head several proposals have been made to "transport" the subcategorization frame from the "external" position of the head to an "internal", i.e., clause final position, such that the SP can be applied in its standard way. One proposal along this line is by Kiss/Wesche (1991) who apply an approach by Borsley (1989) to German and who use a non-local mechanism, another suggestion is by Oliva (1992) who exploits the Head Feature Principle (HFP) for this purpose.

Kiss/Wesche's proposal involves a specific non-local feature "Double Slash" DSL in analogy to the standard non-local feature SLASH used to percolate dislocated WH-Phrases. The finite verb in initial position is derived by a lexical rule and subcategorizes for a VP carrying this feature. This lexical rule also coindexes the value of the DSL feature with the LOCAL attribute of the original verb such that DSL also contains the original subcategorization frame (7). At the bottom of the tree DSL is coindexed with the LOCAL value of an empty head such that the SUBCAT list can now be reduced from right to left.

The weaknesses of this approach are not only that it requires in addition to an empty head a lexical rule deriving a second type of finite verb. Above all, it makes use of a mechanism devised for non-local relations, in order to express a dependency which is clearly limited to "head domains" which could be defined through the HFP.

While genuine non-local dependencies in German, such as topicalization or dislocation of WH-elements, are not limited by clause boundaries, the relation between a finite verb in initial position and a corresponding empty terminal node is clearly bound to a domain which is even smaller than the domain of a clause, if one assumes that a clause may

(7)   Introduction of DSL (including Lexical Rule)

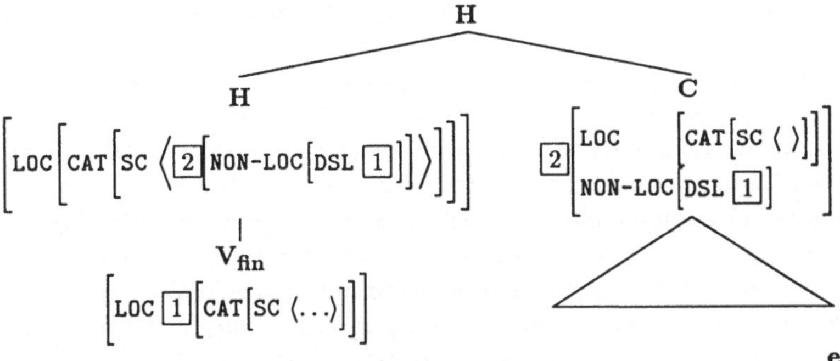

contain several (non-finite) verbal heads in addition. As a consequence the Non-Local Principle governing the distribution and flow of non-local information has to be artificially constrained for this particular case in order to percolate DSL features *only* along a path of heads.

At least in this latter aspect the approach taken by Oliva (1992) appears to be preferable insofar as he exploits the HFP directly for establishing a relation between the subcatorization of an initial finite verb and a clause final empty node. The structures he proposes are very similar to (7), the difference being that not the entire LOCAL value of the verb is coindexed with the DSL value, but only the SUBCAT value is coindexed with a HEAD feature HEAD-SUBCAT appearing on its complement. This subcategorization is percolated by the HFP and taken off again at the bottom of the tree where it becomes the SUBCAT value of an empty node.

However, in order to achieve this percolation effect Oliva has to split up the HFP and the SP into several subprinciples which regulate when the HEAD-SUBCAT may be identified with SUBCAT value and when not, i.e., again some very general prinicples have to be modified.

3   Non-Head Non-Movement

Before we now outline our own approach, we shortly summarize some of the basic assumptions and generalizations that we consider to be linguistically relevant.

– There is no evidence for assuming different types of lexical entries for finite verbs in a V-final and a V-initial position.

– A right branching binary structure for the "Mittelfeld" presumably simplifies the description of phenomena such as adjunction, scoping and focus, and coordination.

– The most general way to characterize word order in German is that categories which can be marked as [V −], i.e., nouns and prepositions, take a head-initial position, whereas those which are marked [V +], i.e., verbs and adjectives, are consistently head-final.

– A relation between an initial finite verb and a clause final empty head is not a non-local relation but should be restricted to head domains.

In order to maintain these generalizations we will adopt one assumption from the movement analysis for V-initial, namely that there is a clause final empty node which functions as the head of the clause. However, to establish the relation between this empty node and the finite verb we will make use of the existing *subcategorization* mechanism of HPSG rather than introducing new or modifying existing principles.

Before we go into the details of our analysis we outline some background assumptions concerning some steps in the direction of a theory of *functional heads* outlined in Netter (1992). In this paper we give an analysis for German noun phrases based on the view that the determiner functions structurally as the HEAD–DTR of noun phrases.[7]

One of the crucial hypotheses in this analysis is that the traditional HEAD features can be split into two subsets, which are organized under two features MAJOR and MINOR. Under the MAJOR feature information associated with "major" categories (nouns, verbs, adjectives, prepositions) would be encoded, such as some categorial features, agreement, tense and mood features, etc. The MINOR feature contains information concerning "minor" or functional categories such as complementizers, determiners, conjunctions etc.

We then define the category of maximal phrasal projections, such as nominal phrases, sentences, etc., by requiring that they have to be fully saturated (i.e., have an empty SUBCAT list) but that they also have to be marked as "functionally complete" (f-complete). Functional completeness is taken to be a property which can either be introduced through a functional category, or which can be associated directly with a lexical category. For example, singular count nouns are marked in the lexicon as being f-incomplete [FCOMPL −], which means that they first have to combine with a determiner in order to form a maximal phrase. Mass nouns and bare plurals on the other hand are unmarked in this respect, such that they can either combine with a determiner or they can project into a maximal nominal phrase directly.

Functional categories, such as determiners or complementizers, are assumed be the head of the phrase and to subcategorize for a major category which has to be marked as f-incomplete. The MAJOR feature of the complement is "raised" and unified with the MAJOR attribute of the functional category. Accordingly, an unspecified and a specified phrase will have the same MAJOR feature, but could differ in their MINOR features.

(8)   Lexical Entry for Determiner (SYNSEM value)

$$
\mathit{det}\begin{bmatrix} \text{LOC} \mid \text{CAT} \begin{bmatrix} \text{HEAD} \begin{bmatrix} \text{MAJOR } \boxed{1} \begin{bmatrix} \text{N }+ \\ \text{V }- \end{bmatrix} \\ \text{MINOR}\begin{bmatrix}\text{FCOMPL }+\end{bmatrix} \end{bmatrix} \\ \text{SUBCAT } \Big\langle \; \mathit{np}\begin{bmatrix} \text{CAT} \begin{bmatrix} \text{HEAD} \begin{bmatrix} \text{MAJOR } \boxed{1} \\ \text{MINOR}\begin{bmatrix}\text{FCOMPL }-\end{bmatrix} \end{bmatrix} \\ \text{SUBCAT } \langle\,\rangle \end{bmatrix} \end{bmatrix} \Big\rangle \end{bmatrix} \end{bmatrix}
$$

How does the notion of f-completeness for nouns and determiners carry over to finite verb constructions? To begin with, if we compare finite with non-finite constructions we see that finite verbs are intrinsically f-incomplete in a way that non-finite verbs are not. For example, while there are plenty of constructions (9)/(10) where non-finite verbs project into full maximal phrase without any specifiers or structural reorganisation, this is never the case for finite constructions.

(9)   Den Rasen nicht betreten

(10)   Saarländischer Finanzminister zurückgetreten

Whenever we find a finite verb in German involved in the formation of a maximal phrase, be it a main or a subordinate clause, it is bound either to the presence of some *lexical* functional head (f-head) or to some *structural* marking of the finite verb. The former

---

[7]A very similar approach had been suggested by Gosse Bouma (1988) for the framework of categorial grammar.

situation is given in the case of V-final clauses, where we have to have a complementizer, relative or question pronoun which will mark the sentence as f-complete. In all cases where such a lexical f-head is absent, the finite verb has to appear in a clause initial position. As a natural conclusion, we could assume that its intrinsic f-incompleteness in this case is compensated on a structural level.

We presuppose accordingly that all finite verbs are intrinsically marked in the lexicon as f-incomplete, i.e., [FCOMPL −].[8] The derivation of V-final finite constructions with a complementizer then follows the pattern involving a specifier or determiner in nominal constructions. The lexical entry of a complementizer will be identical to the entry for determiners (10)with the difference that the MAJOR feature of the complement is verbal rather than nominal. Given the assumption that verbal heads always have to appear in a head-final position the clause-final position of the finite verb follows.

However, for the derivation of V-initial structures there is clearly no such explicit lexical element which could operate as the f-head marking the construction as f-complete. To compensate this lack we propose an *empty* f-head whose lexical structure (11) will be quite similar to lexically overt complementizers. This empty node has in common with complementizers that it subcategorizes for a f-incomplete verbal category, however in this case the subcategorization will be for a non-phrasal, lexical category. Exactly like complementizers the empty head will adopt the MAJOR features from the verbal category, while providing itself some MINOR head feature which marks the clause as f-complete.[9]

Under this assumption, the clause initial finite verb will not function as the HEAD–DTR of the clause anymore but simply as a complement to the f-head. However, all of its relevant MAJOR properties (e.g. tense, mood etc.) will still be passed on through the empty head to the maximal projection of the clause. The same holds for the semantic CONTENT of the verb.

(11)   Empty Functional Head

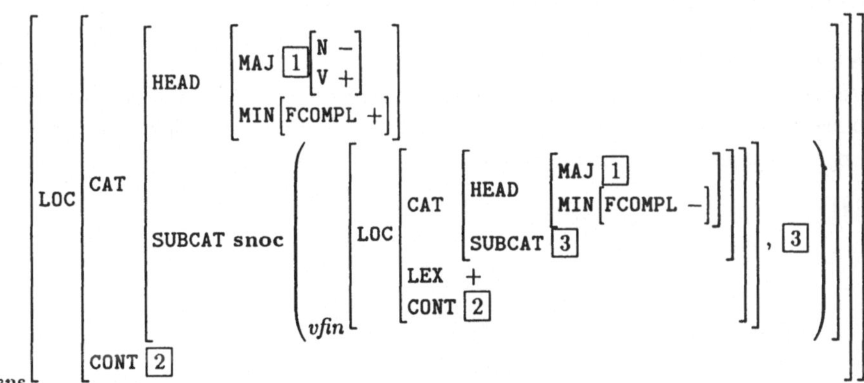

What still requires some explanation is how the subcategorization requirements of the verb are incorporated into those of the empty head. If the verb appears as a complement

---

[8]Whether non-finite verb forms should be assumed to be altogether unmarked in the lexicon we want to leave open here. The constructions which have to be investigated to resolve this question involve "non-finite" complementizers such as *um* or *anstatt*. Alternatively, it could also make sense to analyse the infinitive marker *zu* as an f-head.

[9]Note by the way that the f-head in V-initial clauses does not necessarily have to be empty. It is easy to imagine an analysis for separable verb prefixes such as (i) where the prefix replaces the empty f-head subactegorising for the finite verb stem.

(i) *Stellt* er das Problem *dar*

the empty f-head must be subcategorized on the one hand for the finite verb itself, but also for all the complements that the finite verb is subcategorized for. This is expressed in (11) by specifying the SUBCAT value of the f-head as the value of a functional constraint **snoc** (the "inverse" of **cons**). This function appends a feature structure to the end of a list of feature structures, yielding as a result a list of feature structures. In this instance, the function will have as its value a list which is obtained from appending the feature structure of the finite verb itself to the list which occurs as the SUBCAT value of the verb.

We illustrate this function with the example of a transitive finite verb which subcategorizes for two nominal complements. If we instantiate the first argument of **snoc** with such a verb the function representing the SUBCAT value of the empty node takes the following form:

$$(12) \quad \textbf{snoc}\left(\left[\text{LOC}\left[\text{CAT}\left[\text{HEAD}\left[\begin{matrix}\text{MAJ}\begin{bmatrix}\text{N} -\\ \text{V} +\end{bmatrix}\\ \text{MIN}\begin{bmatrix}\text{FCOMPL} -\end{bmatrix}\end{matrix}\right]\right.\right.\right.\left.\left.\left.\text{SUBCAT}\;\boxed{3}\langle np\text{-}acc[\;], np\text{-}nom[\;]\rangle\right]\right]\right]_{vfin},\;\boxed{3}\right)$$

As the result of the evaluation of the function we obtain a list of three elements consisting of the two arguments of the verb and the verb itself:

$$(13) \quad \left\langle\boxed{1}np\text{-}acc[\;],\;\boxed{2}np\text{-}nom[\;],\;\left[\text{CAT}\left[\text{HEAD}\left[\begin{matrix}\text{MAJ}\begin{bmatrix}\text{N} -\\ \text{V} +\end{bmatrix}\\ \text{MIN}\begin{bmatrix}\text{FCOMPL} -\end{bmatrix}\end{matrix}\right]\right.\right.\left.\left.\text{SUBCAT}\;\langle\boxed{1},\boxed{2}\rangle\right]\right]_{vfin}\right\rangle$$

The important point about this SUBCAT list is of course that as soon as the empty head "consumes" one of the nominal arguments the structure of this argument will be automatically unified with the variables on the SUBCAT list of the finite verb. This is relevant insofar as only the lexical entry of the verb will "know" how to integrate or relate the semantics of its complements. The semantic content of the finite verb is then unified in the lexical entry of the f-head (11) with its CONTENT feature, such that it will enter into the semantic representation of the clause.

(14)

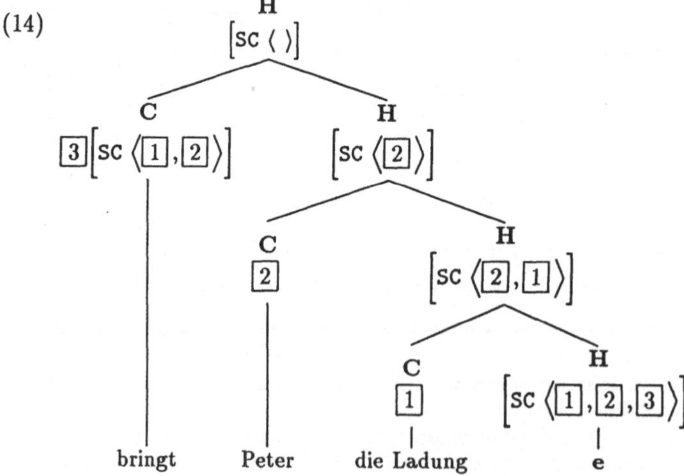

The only other devices that we need to complete the picture are the independently motivated binary head-complement and head-adjunct rules given above. Also, we need only one linear precedence constraint to determine the branching direction of the clausal structure. This LP constraint will require that a HEAD-DTR specified as [V +] has to follow a COMP-DTR or an ADJ-DTR.

Given these two rules together with the head-final LP constraint, we are now able to derive all of the above described V-initial sentences with an unmarked word order of nominal complements and an arbitrary order and number of adjuncts. As mentioned, verb-final clauses will be trivial to derive if we specify the complementizer as the f-head of the clauses.

As a topic for further research we have to mention that our simplistic assumption above, that the order of nominal complements in the "Mittelfeld" can be encoded in the linear order of the SUBCAT list, of course cannot be maintained in a more serious approach to this problem. Fortunately, there are already quite a number of proposals on the table which show how precendence constraints over complements can be expressed even if these complements are not sister to each other but occur in a hierarchical structure.[10]

Nevertheless, even if it will have to be proven by further research, we very much expect that our approach will turn out to be sufficiently modular to be maintained under these extensions.

Bibliography

[**Borsley 1989**] Robert Borsley: "Phrase-structure conception and the *Barriers* conception of clause structure", in: Linguistics 27, 843-863

[**Bouma 1988**] Gosse Bouma: "Modifiers and specifiers in categorial unification grammar", in: Linguistics 26, 21-46

[**Engelkamp/Erbach/Uszkoreit 1992**] Judith Engelkamp, Gregor Erbach, Hans Uszkoreit: "Handling Linear Precedence Constraints by Unification" , in: Proceedings of ACL 1992

[**Hepple 1990**] Mark Hepple: "Verb Movement in German and Dutch", in: E. Engdahl, M. Reape (eds.): *Parametric Variation in Germanic and Romance*, DYANA Deliverable R1.1.A, Edinburgh

[**Hinrichs/Nakazawa 1992**] Erhard Hinrichs, Tsuneko Nakazawa: "Linearizing Finite AUX in German Complex VPs", to appear in: [Nerbonne et al. 1992]

[**Hoeksema 1985**] Jack Hoeksema: "Wazdat? - Contracted Forms and Verb second in Dutch", in: J.F. Farlund (ed.): *Germanic Linguistics*, IULC, Indiana, 112-124

[**Kasper 1992**] Robert Kasper: "Adjuncts in the Mittelfeld", in: [Nerbonne et al. 1992]

[**Kiss/Wesche 1991**] Tibor Kiss, Birgit Wesche: "Verb Order and Head Movement", in: O. Herzog, C. Rollinger (eds.): *Text Understanding in LILOG*, Berlin, Heidelberg, New York, 216-240

[**Nerbonne 1992**] "Partial Verb Phrases and Spurious Ambiguities", In: [Nerbonne et al. 1992]

[**Nerbonne et al. 1992**] John Nerbonne, Klaus Netter, Carl Pollard (eds.): *German Grammar in HPSG*, to appear as: CSLI Lecture Notes, Chicago

[**Netter 1992**] Klaus Netter: "Morpho–Syntax of German Noun Phrases", in: [Nerbonne et al. 1992]

[**Oliva 1992**] Karel Oliva: "Word Order Constraints in Binary Branching Syntactic Structures", CLAUS 20, Universität Saarbrücken, Computerlinguistik

[**Pollard 1991**] Carl Pollard: "On Head Non–Movement", in: *Proceedings of the symposium on Discontinuous Constituency*, Appendix, Tilburg

[**Pollard/Sag 1992**] Carl Pollard, Ivan Sag: *Agreement, Binding and Control: Information based Syntax and Semantics 2*, CSLI Lecture Notes, Chicago

---

[10]Cf. e.g., Engelkamp/Erbach/Uszkoreit (1992), Oliva (1992)

Constituent Coordination
in HPSG[1]

Maike Paritong
University of the Saarland,
Dept. for Computational Linguistics
Im Stadtwald, W - 6600 Saarbrücken
Tel: +681-302-4115/4348
Fax: +681-302-4351
e-mail: paritong@coli.uni-sb.de

Zusammenfassung

Diese Arbeit schlägt eine Behandlung von Konstituentenkoordination im Rahmen der Head-driven Phrase Structure Grammar *(HPSG) vor. Anders als vorhergehende Ansätze, die davon ausgehen, daß eine koordinierte Konstruktion kopflos ist oder mehrere Köpfe hat, nehme ich an, daß die Konjunktion als funktionale Kategorie der Kopf der Koordinationsphrase ist. Die syntaktische Spezifikation des Kopfes wird als eine Funktion der Spezifikationen seiner beiden Komplemente betrachtet. Unter dieser Annahme kann der innerphrasale Aufbau von einfachen sowie komplexen Koordinationskonstituenten allein mit dem in HPSG vorhandenen Inventar an Prinzipien und Regeln beschrieben werden. Koordination von ungesättigten Konjunkten kann durch den Lexikoneintrag der Konjunktion ohne zusätzliche Regeln oder Modifikationen gesteuert werden.*

Abstract

In this paper we propose a treatment of constituent coordination within the framework of Head-driven Phrase Structure Grammar (HPSG). In contrast to former approaches which assume that a coordinated construction is either a headless or a multi-headed structure, we take the position that the conjunction is a functional category which functions as the head of the coordinate phrase. Under this assumption, the internal structure of ordinary and complex coordinate constituents can be described with the existing inventory of principles and rules in HPSG. Coordination of unsaturated conjuncts is controlled by the lexical entry for the conjunction and without any additional rules or modifications.

1   Introduction

A largely unresolved problem in language processing is the integration of coordination phenomena into a theory for the description and formalization of natural language. Approaches in different formalisms either confine themselves to a specific and delimited field within coordination,[2] or they stipulate a considerable modification of the underlying syntactic theory.[3]

---

[1] I would like to thank Gregor Erbach, Reinhard Karger, Karel Oliva, Hans Uszkoreit and Birgit Wesche for critical remarks. I am especially grateful to Sergio Balari Ravera and Klaus Netter for discussions and helpful comments.

[2] E.g., [Sag et al 85], [Proudian / Goddeau 87].

[3] E.g., [Cooper 90].

In this paper we propose an analysis for the treatment of constituent coordination which comprises not only coordination of maximal but also of non-maximal constituents, i.e., constituent coordination with unsaturated argument slots. Our analysis will be embedded in the linguistic and formal framework of *Head-driven Phrase Structure Grammar* (HPSG) as presented in [Pollard / Sag 87] and [Pollard / Sag 91].[4] Due to a high degree of declarativity and a rich inventory of descriptive means based on unification, HPSG ranks among the standard grammar formalisms used in machine language processing. In various experimental systems large grammatical areas have been worked out and implemented in the last few years.

First of all, we have to discuss the *internal structure* of the coordinate constituent. In the next section we will argue that the conjunction as a *functional category* functions as the head of a coordinate phrase. Through this assumption specific properties of coordination can be captured and formalized without additional rules and without modifying essential principles.

We will show how relevant syntactic features (head features) of the constituent as a whole are computed and inherited via the *Head Feature Principle* (HFP)[5]. For instance, it has to be guaranteed that for (1a-c) the values for person and number are instantiated correctly:

1a   *both you and I have made fools of ourselves*
1b   * *both you and I have made fools of yourselves*
1c   * *both you and I have made fools of myself*

As mentioned above, not only maximal but also unsaturated constituents can be coordinated. It has to be ensured that for the coordination of non-maximal constituents, e.g., verbal heads, the subcategorization information of all conjuncts is compatible. Furthermore, this information has to be available at the resulting constituent to exclude ungrammatical constructions like (2c) and (2d).

2a   *the professor [read the article] and [wrote a review]*
2b   *the professor [read] and [edited] the article*
2c   **the professor [edited the article] and [read]*
2d   * *der Professor [lobt] und [dankt] den / dem Studenten*
      the professor praises and thanks the[acc] / the[dat] student[acc/dat]

In section 3 we will illustrate the inheritance of unsaturated argument slots of the conjuncts only by means of the respective lexical entry for conjunctions and by making crucial use of the notion of structure sharing that unification based theories like HPSG allow for. The *Subcategorization Principle* (SP)[6] in HPSG provides for the correct number and composition of conjuncts and conjunction (3) as well as for embedded coordination and enumeration, and combinations of the two (section 4).

3a   **the professor and [edited] the article*
3b   **the professor [read] [edited] the article*

---

[4] Some familiarity with the architecture and the essential principles of HPSG has to be presupposed.

[5] The Head Feature Principle controls the percolation of head features:

    <u>Head Feature Principle</u> ([Pollard / Sag 91], p.25)

    The HEAD value of any headed phrase is structure-shared with the HEAD value of the head daughter.

[6] The Subcategorization Principle is, very generally spoken, responsible for determining the subcategorization requirements of a head:

    <u>Subcategorization Principle</u> ([Pollard / Sag 91], p.25)

    In a headed phrase (...), the SUBCAT value of the head daughter is the concatenation of the phrase's SUBCAT list with the list (in order of increasing oliqueness) of SYNSEM values of the complement daughters.

2   Conjunction as a Functional Head

In the following we will briefly discuss three more or less plausible assumptions about the head of a coordinate constituent analogous to the verbal or nominal head of a VP or NP.

A.) A complex coordinate constituent X consisting of conjuncts Y1 and Y2 is regarded as a *headless* phrase. This assumption is made by [Cooper 90] in his analysis of coordination in HPSG. Cooper distinguishes between the phrasal types *headed-phrase* and *coordinate-phrase*. As a consequence, syntactic principles such as the SP and HFP cannot be applied to instances of the type *coordinate-phrase* since they are defined by referring to the concept of a *head*. Therefore his approach takes the position that the syntax of coordination differs from non-coordination syntax to such a degree that non-language-specific principles have to be re-formulated.

B.) Regarding Y1 as well as Y2 as heads is a second possibility chosen for example by [Sag et al 85]. This assumption shows the disadvantages that

- the complex constituent X has more than one head;

- the syntactic status of the conjunction is not clear: the conjunction is neither subcategorized for by any of the heads nor is it a complement but nevertheless obligatory.

C.) Finally, the conjunction itself is considered as the head of the coordinate structure. In favour of this analysis we make the observation that

- the conjunction X subcategorizes for the conjuncts Y1 and Y2 such that the subcategorization properties of X make sure that the structure contains at least two conjuncts;[7]

- it is possible to percolate relevant information to the phrasal projection via the HFP;

- Linear Precedence rules can be defined relative to the head of the constituent, i.e., by referring to the position of the head with respect to its complements.

At first sight one can argue in contrast to this hypothesis that

- being syntactically as well as semantically underspecified, a conjunction is not a "real head";

- relevant head features like information about inflection and category are not encoded in the conjunction but in its complements Y1 and Y2.

However, these objections show nothing but that a conjunction is certainly not a *lexical* head for the simple reason that, in contrast to lexical categories like A, V or N, it carries almost no syntactic or semantic information. If our theory allows for *functional* heads, as for example the Government & Binding Theory[8] or HPSG[9] do in the case of complementizers, then a

---

[7] In this paper we ignore conjunctions without a preceding conjunct.

[8] The term *functional head* is used slightly differently in GB theory. We cannot go into that in more detail, here.

[9] In [Pollard / Sag 87], p. 53, only a MAJOR-feature, i.e., only lexical heads are admitted in the theory:

> (...) each phrase contains a certain word which is centrally important in the sense that it determines many of the syntactic properties of the phrase as a whole; that word is called the lexical head of the phrase.

In [Pollard / Sag 91], S.15, they introduce the types *substantive* und *functional* :

> The appropriate values for head are divided into the two sorts *substantive (subst)* and *functional (funct)*. Subsorts of the sort substantive are *noun, verb, adjective,* and *preposition*, whereas *determiner*, and *marker* (e.g. complementizers) are the two subsorts of the sort *functional* (...)

conjunction is a good candidate for that type of category.[10] Just as a complementizer, a conjunction being an operator does not bear "autonomous" semantic information. To both elements one cannot refer with a pro-form which is possible when referring to a verb or a noun. Both are members of a closed class of words which means that morphological processes do not add new elements to these classes.

A lexical head, like a verb, carries relevant head features of the whole phrase and passes these features up to its mother node via the HFP. In a phrase with a functional head, however, it is the syntactic properties of the *complements* that have to be inherited. If, for instance, a complementizer like "that" takes as a complement a finite sentence, then this information (FINIT +) has to be made available at the resulting constituent. But how is it possible to handle inheritance of information of complements without cancelling the HFP or replacing it by another principle?

[Netter 92] suggests to split up the HEAD feature into MINOR and MAJOR features such that categories can be defined for both classes of properties. Typical MAJOR features are NUM, CASE, or TENSE, i.e., features of lexical categories. The value of the attribute MINOR indicates the syntactic category of a functional head. The value of the functional head's MAJOR attribute is identical with the MAJOR value of the complement: the head shares its syntactic information with the complement. All HEAD features, be they of type MAJOR or of type MINOR, are inherited via the HFP. Functional categories like conjunctions or complementizers are instances of the type *functional-type*:[11]

(4)

$$\textit{functional-type}\left[S|L|C \begin{bmatrix} HEAD \begin{bmatrix} MINOR\,[...\,] \\ MAJOR\,\boxed{1} \end{bmatrix} \\ SUBCAT < ...\,[LOC|CAT|HEAD\,[MAJOR\,\boxed{1}\,]]\,...\,> \end{bmatrix}\right]$$

Different to a complementizer, a conjunction subcategorizes not for one but for two complements. An obvious thing to do would be to unify the MAJOR value of the head with those of *both* complements. However, this assumption turns out to be too restrictive excluding well-formed coordinate structures with non-identical syntactic features of the conjuncts (cf. 1a). Given that firstly the syntactic properties of complements of a conjunction can be different (or identical as a special case) and that secondly the MAJOR features of the head can be computed from the MAJOR feature of both complements, then the MAJOR specification of the head is a *function* of both complements' MAJOR specifications:

(5)   *coord-conj-type* (preliminary version)

$$\textit{coord-conj-type}\left[S|L|C \begin{bmatrix} HEAD \begin{bmatrix} MINOR\,\textit{conj} \\ MAJOR\,\boxed{3} \end{bmatrix} \\ LEX + \\ SUBCAT < [\,LOC|CAT|HEAD\,[MAJOR\,\boxed{1}\,]]\,, \\ \quad\quad\quad\quad [\,LOC|CAT|HEAD\,[MAJOR\,\boxed{2}\,]]\,> \end{bmatrix}\right]$$

$$\text{constraint: } \boxed{3} = f\,(\boxed{1},\,\boxed{2}\,)$$

---

10 The concept of a functional head is close to a *functor* in Categorial Grammar and Categorial Unification Grammar. Cf. for instance [Uszkoreit 86]; the conjunction "and" is a functor that takes one argument to the right. The result is a functor that takes an argument to the left. Unsaturated argument slots of the arguments themselves are inherited by the resulting category.

11 We use the following abbreviations: "S": SYNSEM; "L": LOC; "C": CAT; "SC": SUBCAT.

(6) Inheritance of head features in a coordinate structure:

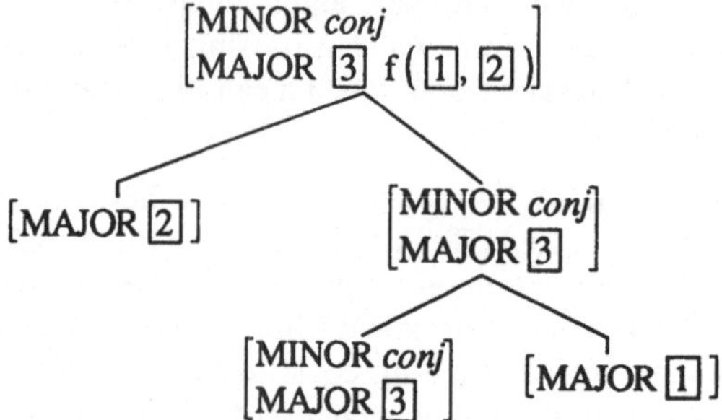

Evidence for a *right branching* structure, which we assume here, is also given by sentence initial conjunctions that form a constituent with a conjunct on the right hand side ("and the professor has told us ...") but never with a conjunct on the left hand side.

Two LP-rules ensure the correct order of head and complements. A lexical conjunction has to be to the left of its complements whereas a non-lexical node of type *conj* follows the complement.

(7) LP-rules for coordination:
1. *conj* [lex +] < C
2. C < *conj* [lex-]

3   Subcategorization

In coordinations each of the conjuncts have to have the same degree of saturation. In sentences 8a-d lexical heads of the same category having still one element on their subcategorization list are coordinated. In principle the number of unsaturated argument slots is open (8e) under the condition that the case requirements of the missing arguments are identical (cf. 2d).[12] (Note that the respective lexical heads in (8a-e) within each example all govern the same case.)

8a   *daß der Professor den Artikel [las und redigierte]*
     that the professor the article[acc] [read and edited]
8b   *dieser Mann ist seiner Frau [treu und ergeben]*
     this man is his wife[dat] [faithful and devoted]
8c   *er sucht verzweifelt [in, unter und hinter] dem Schrank*
     he searched desparately [in, under and behind] the cupboard[dat]

---

[12] Interesting enough, lexical heads of different categories behave heterogeneously in German with respect to syntactic identity requirements of unsaturated complements of the conjuncts. Adjectives missing an argument with different case information can be coordinated if both case forms coincide phonologically:

dieser Mann war seiner Frau einerseits überdrüssig und andererseits hörig
this man was his wife[dat / gen] on the one hand weary and on the other hand enslaved
* *diese Frau war ihres Mannes einerseits überdrüssig und andererseits hörig*
this woman was her husband[gen] on the one hand weary and on the other hand enslaved

(note that "überdrüssig" governs genitive whereas "hörig" governs dative).

Prepositions governing different cases are even more generous. They can be coordinated even if the common argument is not phonologically ambiguous with respect to case marking under the condition that the NP is more adjacent to the preposition that subcategorizes for its case:

du bist jederzeit willkommen, mit und ohne Kinder
you are welcome anytime, with and without children[acc]
**du bist jederzeit willkommen, mit und ohne Kindern*
you are welcome anytime, with and without children[dat]

(note that "mit" governs dative whereas "ohne" governs accusative).

8d *die [Besetzung und Eroberung] der Stadt*
    the [occupation and capture] (of) the city[gen]
8e *falls der Autor der Stiftung die Manuskripte [geschenkt oder vererbt] haben sollte*
    in case the author the foundation[dat] the manuscripts[acc] [given as a present or
    bequeathed] have should
    in case the author should have given the manuscripts to the foundation as a present or that
    he has bequeathed them to the foundation

In (8a) for instance, "und" takes as complements two verbs. Both have still one argument on their subcategorization list which is NP[acc] in both cases. Still missing an NP[acc], the coordinate constituent "las und redigierte" has exactly the same subcategorization requirements as each of its conjuncts. To sum up, we have to consider the following generalizations:

- a conjunction subcategorizes for two complements;

- the complements may have unsaturated argument slots;

- the type and number of these unsaturated arguments have to be identical;

- the SUBCAT information on the complements has to be available at the resulting constituent; to be more precise, the SUBCAT information of the complements *is* the SUBCAT specification of the coordinate constituent itself.

The lexical entry for "und" shows how these requirements are met by making use of the Subcategorization Principle without any additional rules:

(9)

$$\begin{bmatrix} \text{PHON} < \textit{und} > \\ \text{SYNSEM I LOC I CAT I SUBCAT} \quad \text{append} \, (< \text{LOC I CAT I SUBCAT} \; \boxed{1} \, , \\ \qquad\qquad\qquad\qquad\qquad\qquad\qquad \text{LOC I CAT I SUBCAT} \; \boxed{1} \; > , \\ \qquad\qquad\qquad\qquad\qquad\qquad\qquad \boxed{1} \;) \end{bmatrix}$$

(10)

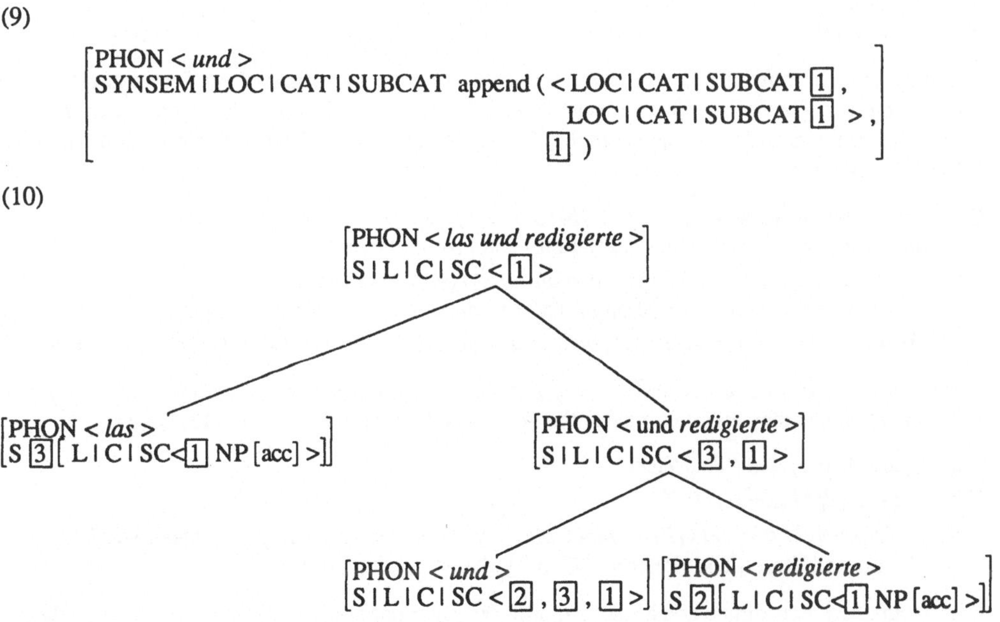

In (9), the SUBCAT list of the conjunction is computed through a function which concatenates the subcategorization *for* the two conjuncts with the subcategorization *of* the two conjuncts. The SUBCAT list of the conjunction contains as members not only the conjuncts but in addition the SUBCAT value of the conjuncts.[13] Through coindexation of the SUBCAT value of the two

---

[13] The solution of *raising of subcategorized elements* we propose here employs the same technique [Hinrichs / Nakazawa 92] introduce for handling SUBCAT information of complex verbs in HPSG. In their analysis, the SUBCAT value of auxiliaries is specified by appending the infinitival verb complement and the SUBCAT value which the verbal complement itself carries.

conjuncts identity of the degree of saturation is enforced. By appending it to the list of two conjuncts, it is guaranteed that the SUBCAT requirements of the conjuncts are satisfied simultaneously. Thus, it is possible that one single argument like "den Artikel" serves as the complement of two verbs, such that it unifies with two complements at the same time. This is achieved by "melting" together the argument slots of "las" and "redigierte" within the coordinate constituent. (10) illustrates the coordination of two unsaturated lexical heads ("daß der Professor den Artikel las und redigierte" / "that the professor read and edited the article"). Every conjunction is an instance of type *coord-conj-type*, defined as follows:

(11) *Coord-conj-type*, final version (cf. 5 and 9)

$$
\textit{coord-conj-type}\ \left[S\,|\,L\,|\,C\ \begin{bmatrix} \text{HEAD} & \begin{bmatrix} \text{MINOR } \textit{conj} \\ \text{MAJOR } \boxed{3} \end{bmatrix} \\ \text{LEX } + \\ \text{SUBCAT append } (< \text{LOC}\,|\,\text{CAT} \begin{bmatrix} \text{HEAD} [\text{MAJOR } \boxed{1}] \\ \text{SUBCAT } \boxed{4} \end{bmatrix}, \\ \text{LOC}\,|\,\text{CAT} \begin{bmatrix} \text{HEAD} [\text{MAJOR } \boxed{2}] \\ \text{SUBCAT } \boxed{4} \end{bmatrix} >, \\ \boxed{4}\ ) \end{bmatrix} \right]
$$

constraint: $\boxed{3} = f(\boxed{1}, \boxed{2})$

4 Multiple Coordination

Not only *lexical* but also *functional* categories can be coordinated as for example the complementizers "bevor", "während" oder "weil", "obwohl" in (12a,b).[14] If the complementizer is regarded as the head of a sentence, then (12c) is also an example for coordinating constituents with functional heads.[15]

12a *der Professor war sehr skeptisch, [bevor] und [während] er den Artikel las*
  the professor was very sceptical [before] and [while] he read the article

12b *er trennte sich von seiner Frau, [obwohl] und [gerade weil] er sie sehr liebte*
  . he separated from his wife [though] and [because] he loved her very much

12c *the professor was very sceptical [before he read the article] and [after he had finished it]*

Constituents specified as MINOR *conj* (i.e., with a conjunction being the head) can be coordinated only if they are maximal, as the difference between (13a,b) and (13c) shows:

13a * *[und Maria] und [und Peter]*

13b * *[und] oder [oder]*

13c *[[Hans und Maria] und [Peter und Gabi]] spielten gemischtes Doppel gegeneinander*
  [[Hans and Maria] und [Peter and Gabi]] played mixed doubles

If only *maximal* coordinate constituents qualify as potential conjuncts, the problem arises how to define a coordinate constituent as being *maximal*. The crucial property of maximal phrases is their having an empty SUBCAT list which is not necessarily the case with a coordinate phrase. The phrase "las und redigierte" for instance is maximal in the sense that the conjunction "und" has taken its conjunct complements. On the other hand, there is still one element on the

---

[14] See [Warner 89] for the problem of "minor categories" in GPSG.

[15] In [Pollard / Sag 91] complementizers are not heads but *markers* which resemble heads inasmuch as they select the phrases that they mark. The MARKING value of the complementizer (e.g. "that") is structure-shared by the mother.

SUBCAT list which is the missing complement of the conjuncts. However, in contrast to the unsaturated constituents "und" or "las und" or "und redigierte", "las und redigierte" can be selected perfectly well as a conjunct within a coordinate phrase:

14   *daß der Professor den Artikel [[zuerst las und redigierte] und [schließlich doch ablehnte]]*
       that the professor the article [[first read and edited] and [finally rejected]]

The significant property of a phrase like "las und redigierte" is not that its SUBCAT list is empty but rather that the list contains exactly the same information as the list of both complement daughters. All other complements - the conjuncts themselves - are already bound. This constraint can be captured by requiring that, if a phrasal sign has the head feature MINOR *conj* , it can become a complement within a coordinate structure only if it is an instance of type *coord-max-type*.

(15) Maximal coordination type *(coord-max-type)*

$$coord\text{-}max\text{-}type \begin{bmatrix} \text{SYNSEM} \mid \text{LOC} \mid \text{CAT} \begin{bmatrix} \text{HEAD} \; [\, \text{MINOR} \; conj \,] \\ \text{LEX -} \\ \text{SUBCAT} \; \boxed{1} \end{bmatrix} \\ \text{DTRS} \mid \text{COMP-DTRS} < [\, \text{LOC} \mid \text{CAT} \mid \text{SUBCAT} \; \boxed{1} \,] > \end{bmatrix}$$

So far we have discussed only coordination which is multiple in the sense that a conjunct itself can be defined recursively as a coordinate structure with a conjunction as a head. This holds for a sentence like 13c that is structurally ambiguous. A coordination, on the other hand, which is multiple because it contains *enumerated* conjuncts is not a hierarchical but rather a flat structure.

At first sight, a list could be an appropriate representation for enumeration. A conjunction does not subcategorize for two conjuncts and its complements but for a *list* with at least two complements such that exactly one conjunct follows the conjunction whereas all other conjuncts precede it. Under this assumption, the problem arises that the SUBCAT list of the conjunction consists of *two* lists, each of arbitrary length: first, the list of the conjuncts and second, the list of the conjunct complements. It is not clear how to identify the end of the first and the beginning of the second list.

This problem does not arise if we allow for a right-branching binary structure such that the comma (or intonation markers)[16] has a similar function as a lexical conjunction. Evidence for this analysis can be derived from the fact that

- a comma or an empty head functions as a placeholder for a conjunction with respect to the semantic information it carries. E.g., "Hans, Peter, Paul und Mary" is understood as "Hans und Peter und Paul und Mary" but not as "Hans oder Peter oder Paul und Mary";
- in contrast to the structure we suggested for multiple coordination with conjuncts, a right-branching binary structure for enumeration is non-ambigous. Moreover, clearly, "John, Peter, Paul und Mary" does not impose any "grouping" on the conjuncts such as "[Hans und Peter] und [Paul und Mary]".

In order to exclude ungrammatical sentences without a lexical conjunction directly preceding the conjunct, we have to add the condition that the first (or right-hand) complement of the comma (or of the empty head) is a structure that already contains a lexical conjunction. The comma or empty head are instances of the type *coord-eps-type*.

---

16 Alternatively we could also assume an empty head.

(16) Coordination Type with comma or empty head (*coord-eps-type*)

$$
\textit{coord-eps-type}\left[\begin{array}{l} S\,|\,L\,|\,C\left[\begin{array}{l} \text{HEAD}\begin{bmatrix}\text{MINOR } conj\\ \text{MAJOR }\boxed{1}\end{bmatrix}\\ \text{LEX}+\\ \text{SUBCAT } <\text{append } (<\,L\,|\,C\begin{bmatrix}\text{HEAD}\begin{bmatrix}\text{MINOR } conj\\ \text{MAJOR }\boxed{1}\end{bmatrix}\\ \text{SUBCAT }\boxed{2}\end{bmatrix},\\ \qquad\qquad\qquad L\,|\,C\,|\,\text{SUBCAT}\,\boxed{2}>,\\ \qquad\qquad\qquad \boxed{2}\ )>\end{array}\right]\end{array}\right]
$$

Thus, only well-formed structures like 17a are allowed where the head feature MINOR *conj* is introduced at the bottom of the tree. "Peter and Mary" is an appropriate first complement. 17b is excluded by the requirement that the head of type *coord-eps-type* takes only a complement that is specified for MINOR *conj* which is not fulfilled by the NP "Mary".

(17)

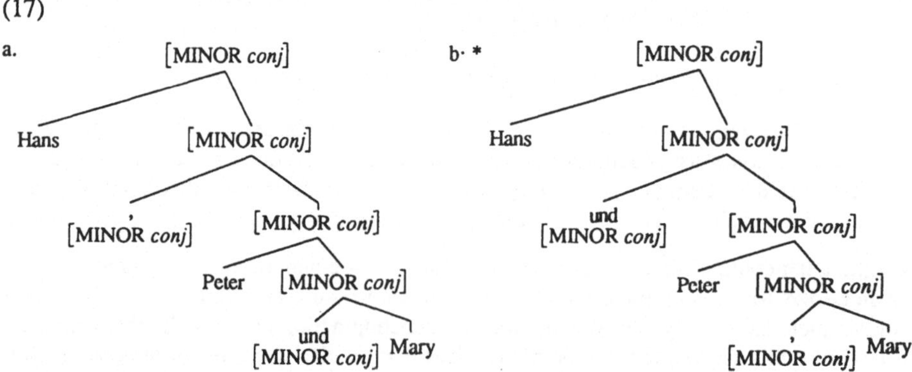

Furthermore, to exclude "Hans, Peter, und Mary" we have to require that the first complement of a comma or empty head is *maximal* in the sense that it is an instance of type *coord-max-type*. (In English, of course, "John, Peter, and Mary" is grammatical)

4 Conclusion

In this paper we suggested an analysis for constituent coordination where the conjunction is the functional head of the structure. The crucial advantage is that mechanisms specific to coordination can be described and controlled *locally* and that *universal* principles of our theory do not have to be re-formulated in order to administrate the inheritance of the head feature and the saturation of complements. In particular, the approach has the following advantages:

- Head features are inherited via the HFP as usual. Special functions which are responsible for computing coordination specific values are defined in the lexical entry or in the type definition. By keeping these functions local
  - language-specific differences can be captured in the respective type definition;
  - differences specific to single conjuncts are described in the lexical entries (e.g. different functions for the NUM value for "und" and for "oder").
- The SP controls the correct number and composition of conjuncts which is possible only because conjunction and conjuncts are instances of a head-complement-structure.
- In the type definition of conjunctions we specifiy that

- appropriate conjuncts have the same degree of saturation;

- information about unsaturated arguments of the conjuncts is available at the resulting category.

We sketched the theoretical and formal framework for the treatment of *constituent coordination* without saying anything about *Right Node Raising* or *Gapping*. Following a proposal made by Wesche that Right Node Raising is analysed with a SLASH feature, it seems that our approach is applicable to RNR under the condition that the SLASH information of both conjuncts, which is not a head feature, is structure-shared by the conjunction. Thus, the Head Filler Rule in HPSG would have to apply only to the coordinate structure as a whole and not to each of the conjuncts.

5   References

[Balari 91] Balari Ravera, Sergio: *Information-Based Linguistics and Head-driven Phrase Structure Grammar*. In: M. Filgueiras et al: Natural Language Processing. Berlin 1991.

[Cooper 90] Cooper, Richard: *Classification-based Phrase Structure Grammar: An Extended Revised Version of HPSG*. PhD-thesis. Edinburgh 1990.

[Gazdar et al 85] Gazdar, G., E.Klein, G.Pullum and I.Sag: *Generalized Phrase Structure Grammar*. Oxford 1985.

[Hinrichs / Nakazawa 92] Hinrichs, Erhard, und Tsuneko Nakazawa: *Linearizing Finite Aux in German Complex VP's* . To appear in: Nerbonne, Netter, Pollard: *German Grammar in HPSG*. 1992.

[Kaplan / Maxwell 88] Kaplan, Ronald M. and John T.Maxwell III: *Constituent Coordination in Lexical-Functional Grammar*. In: Coling 1988.

[Netter 92] Netter, Klaus: *Morpho-Syntax of German Noun Phrases*. To appear in: Nerbonne, Netter, Pollard: *German Grammar in HPSG*. 1992.

[Pollard / Sag 87] Pollard, Carl, and Ivan Sag: *Information-based Syntax and Semantics*. CSLI Lecture Note Series 13. Stanford 1987.

[Pollard / Sag91] Pollard, Carl, and Ivan Sag: *Topics in Constraint-Based Syntactic Theory*. MS, 1991.

[Proudian / Goddeau 87] Proudian, Derek and David Goddeau: *Constituent Coordination in HPSG*. CSLI Report 87-97 (CSLI-Report). Stanford 1987.

[Sag et al 85] Sag, Ivan, Gerald Gazdar, Thomas Wasow and Steven Weisler: *Coordination and how to distinguish categories*. CSLI Report 84-3. Stanford 1985.

[Warner 89] Warner, Anthony: *Multiple Heads and Minor Categories in GPSG*. In: Linguistics 1989-2, S.179-205.

[Uszkoreit 86] Uszkoreit, Hans: *Categorial Unification Grammar*. In: Coling 1986, S. 187-194.

A Parallel Bottom-up Tomita Parser

Klaas Sikkel, Marc Lankhorst[1]

Department of Computer Science, University of Twente,
PO Box 217, 7500 AE Enschede, The Netherlands
(sikkel@cs.utwente.nl)

Abstract

A novel parallel parser is presented. It is related to the algorithms of Earley and Tomita, but the
technicalities are different. As an interesting theoretical improvement vis-à-vis the conventional
Generalized LR parser, there is no restriction on the class of context-free grammars that can be
handled.

Practical comparison with the conventional Tomita parser shows a decrease in parsing complexity
and an increase in constant factors. I.e., the extra costs in communication overhead are offset by
the gain in processing power if the sentence is not too small.

Zusammenfassung

Es wird ein neuer paralleler Parser vorgestellt. Er ist den Algorithmen von Earley und Tomita
verwandt, die technischen Einzelheiten sind jedoch im Wesentlichen neu. Eine interessante theoretische Verbesserung im Vergleich zum konventionellen Tomita Parser ist, daß in der Klasse der
kontextfreien Grammatiken keine Einschränkungen gemacht werden müssen.

Ein praktischer Vergleich mit dem konventionellen Tomita Parser ergab eine niedrigere Komplexität bei höheren konstanten Faktoren. Das bedeutet für nicht zu kurze Sätze, daß die zusätzlichen Kosten der Kommunikation durch den Einsatz mehrerer Prozessoren ausgeglichen
werden.

1   Introduction

Tomita's generalized LR parser [13] is a popular parsing algorithm for natural language applications. It combines the ability to handle most context-free grammars with the efficiency of the LR
parser. In order to cope with nondeterminism, a set of LR parse stacks is maintained. The different
stacks are merged into a graph structure for efficiency.

A couple of parallel Tomita parsers, implemented in a parallel logic programming language,
have been presented by Tanaka and Numazaki. Maintaining a graph structured stack would
require too much synchronization, therefore they work in parallel on separate copies of linear
stacks [11] or with tree structured stacks [8]. We look at the problem of parallel generalized LR
parsing from quite a different angle — taking, in fact, a perpendicular view. Rather than working
through the sentence in LR fashion, we remove the left-to-right restriction and introduce processes
that parse the sentence purely bottom-up, starting at every word in parallel. Each process runs an

---

[1]The current adress of the second author is: Department of Mathematics and Computer Science, University of
Groningen, PO Box 800, 9700 AV Groningen, The Netherlands (lankhors@cs.rug.nl).

adapted Tomita parser, yielding the constituents that start with its own word. Symbols parsed by other processes can be used as atomic entities.

Earley's algorithm [3] (also called the GHR algorithm, after [4]) scans a sentence from left to right, while keeping track of (partially) recognised constituents in an upper triangular matrix. Like Tomita's algorithm, it is a bottom-up parser with top-down filtering. A straightforward parallelization is obtained by removing the left-to-right restriction, and thereby the top-down filtering. A purely bottom-up algorithm results, in which each column (or each row) of the matrix can be computed in parallel (See, e.g., [2], [6]). In a previous paper [10] we have argued that the algorithms of Earley and Tomita are structurally very similar, despite difference in appearance. The algorithm that is presented here is the Tomita equivalent of the parallel bottom-up Earley parser in which a processor is allocated to a row of the matrix, hence it is called a Parallel Bottom-up Tomita (PBT) parser.

Parallel processing may save time; it also may cost time due to increased overhead and communication. Thompson presented a parallel chart parser where adding more processors led to an *increase* in computation time [12]. We tested our parser against Tomita's algorithm, using the test sets given by Tomita [13]. It turns out that PBT is faster for long sentences; for short sentences the increase in processing power does not offset the additional overhead. Furthermore, we found that adding more processors to the PBT parser (up to the number of words in a sentence) always leads to a decrease in computation time.

An interesting theoretical aspect of our PBT parser is that some problems of the standard Tomita parser are eliminated. All context-free grammars can be handled, and nodes in the parse forest for the same constituent are guaranteed to be shared. Furthermore, the parsing tables are easier to construct and much smaller.

The PBT recognizer is described in section 2 and extended to a parser in section 3. In section 4 we discuss empirical comparison between PBT and Tomita's algorithm. Conclusions are summarized in section 5.

2 The PBT recognizer

We define a Parellel Bottom-up Tomita recognizer first, and extend it to a parser in the next section.

Let $a_1 \ldots a_n$ be a sentence according to some context-free grammar G. For technical reasons, a special end-of-sentence marker $ is added as the $n+1$-th symbol. The recognizer consists of $n+1$ processes $P_0, \ldots, P_n$, communicating asynchronously in a pipeline structure. See Figure 1. It is not necessary, however, that every process runs on a different processor; If there are more words than processors, a single processor can run multiple processes.

Figure 1: A pipeline of processes

The task of process P_i is to recognize all constituents starting with word a_{i+1}, i.e., all $X \in V$ such that $X \Rightarrow^* a_{i+1} \ldots a_j$ for some j. Recognized symbols are tagged with place markers so as to indicate which part of the sentence they span. Thus the sentence will be recognized iff P_0 can recognize a symbol $\langle 0, S, n \rangle$.

Each process P_i starts by recognizing its "own" terminal $\langle i, a_{i+1}, i+1 \rangle$. Symbols that have been recognized by some other process upstream are read from the right neighbour. These are passed on to the left neighbour, while newly recognized symbols are inserted into the stream. In a more sophisticated version, a symbol can be discarded if it can be decided locally that such a symbol is irrelevant for the remainder of the pipeline.

Each P_i uses two data structures: a pre-computed parsing table and a graph structured stack in which (partially) recognized constituents are stored. It is called "graph structured stack" as in Tomita's algorithm. It is not really a stack, though, as nothing gets ever deleted. The stack contains *state vertices* labelled with parser states and *symbol vertices* labelled with recognized symbols.

Rather than giving a formal definition, we will explain the algorithm by working through an example. The grammar G is defined by

$$
\begin{array}{ll}
(1)\ S \to NP\,VP & (5)\ PP \to {}^*p\,NP \\
(2)\ NP \to {}^*d\,{}^*n & (6)\ VP \to {}^*v\,NP \\
(3)\ NP \to {}^*n & (7)\ VP \to VP\,PP \\
(4)\ NP \to NP\,PP &
\end{array}
$$

The parsing table is shown in Figure 2, its construction will be discussed later.

	action	goto								
		*d	*n	*p	*v	S	NP	PP	VP	$
0		4	5	6	7	1	2		3	
1										acc
2								9	8	
3								10		
4			11							
5	re3									
6							12			
7							13			
8	re1									
9	re4									
10	re7									
11	re2									
12	re5									
13	re6									

Figure 2: The PBT parsing table for G

The *action* column tells in which state a reduction can be carried out, and which production is being reduced. Shift actions are not explicitly mentioned, a symbol can be shifted in a particular state if a successor state is shown in the *goto* table. Acceptation is disguised as a shift; the sentence is accepted iff $ is shifted.

As an example we take the canonical sentence *I saw the man with a telescope*. We single out P_1 and follow the construction of its stack. It's task is to recognize all constituents starting with *saw*. The stream of symbols that is read from P_2 in due course is

$$\langle 2, NP, 4 \rangle,\ \langle 4, PP, 7 \rangle,\ \langle 2, NP, 7 \rangle,\ \langle 7, \$, 8 \rangle.$$

We start with an empty stack, represented by a single state vertex labelled 0. First, P_1's terminal symbol $\langle 1, {}^*v, 2 \rangle$ is shifted. That is, a symbol vertex with that label is created, followed by a state vertex labelled 7 (the new state according to the goto table). No reduction can be made, so we read $\langle 2, NP, 4 \rangle$ from the pipe. In state 7 this can be shifted. The new state is 13, requiring action re6. Using rule (6) we rewrite $\langle 1, {}^*v, 2 \rangle\langle 2, NP, 4 \rangle$ into $\langle 1, VP, 4 \rangle$. We do *not* delete the reduced branch

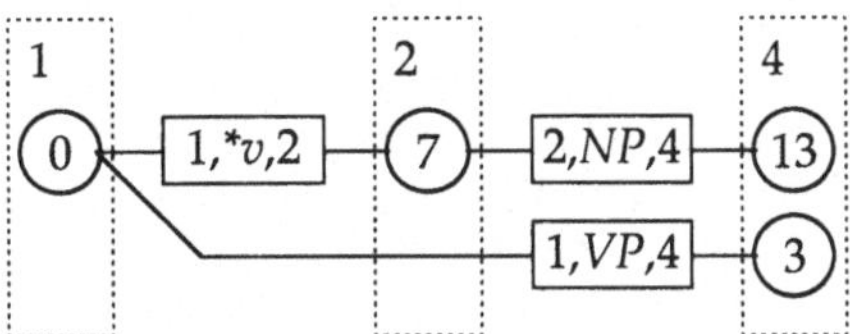

Figure 3: The stack after reducing $\langle 1, VP, 4 \rangle$

from the stack, as it might still be needed. We simply start a new branch from the initial node, shifting the completed *VP* just as if it had been read from the pipe. See Figure 3.

It is important to notice that state nodes are grouped into sets, which are identified by positions in the sentence. We may jump back and forth between positions, making extensions wherever appropriate.

The next symbol, $\langle 4, PP, 7 \rangle$, is shifted in state 3 (at position 4) and $\langle 1, VP, 4 \rangle \langle 4, PP, 7 \rangle$ is reduced to $\langle 1, VP, 7 \rangle$.

Note that $\langle 4, PP, 7 \rangle$ could not be shifted from state 13 — there is no entry in the goto table — although $\langle 2, NP, 4 \rangle \langle 4, PP, 7 \rangle$ is reducible to a compound *NP*. This is because P_1 only creates new symbols that start at position 1. As we read the next symbol, it turns out that $\langle 2, NP, 7 \rangle$ has been created by P_2 already. It is shifted at position 2. Subsequently we can reduce a verb phrase $\langle 1, VP, 7 \rangle$. This symbol is already present in the stack and need not be added again.

The last symbol, $\langle 7, \$, 8 \rangle$, cannot be shifted anywhere. It also signals the end of the stream, hence P_1 has finished its task. The final parse stack is shown in Figure 4.

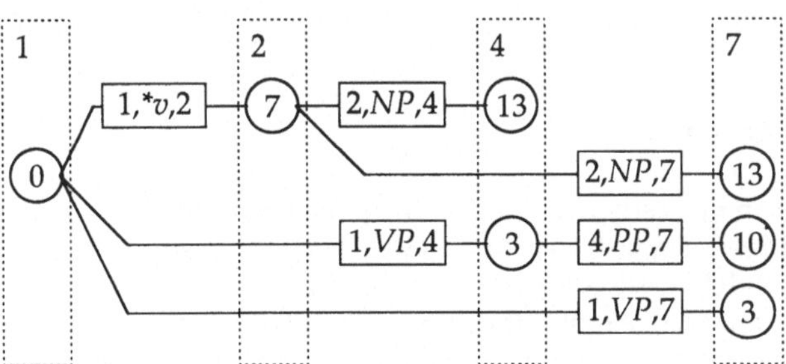

Figure 4: The final stack of P_1

Symbols are sent on to the left neighbour as soon as they are read or created, in order to minimize waiting time. Some ordering requirements must be made, however, so as to guarantee a proper functioning of the algorithm. In particular, a symbol $\langle j, Y, k \rangle$ must have been preceded by all symbols $\langle i, X, j \rangle$ for $i \leq j \leq k$, otherwise the state vertex on which $\langle j, Y, k \rangle$ is to be shifted might not yet be present. This requires some careful handling when multiple nullable symbols $\langle j, X, j \rangle$ and $\langle j, Y, j \rangle$ are present. In all other cases, the ordering requirements are satisfied naturally.

If all symbols created by all processes are passed down the pipeline, this may result in a communication bottleneck. With some additional effort most symbols can be discarded that are not needed further down the pipeline. For example: P_2, with terminal $\langle 2, {}^*d, 3 \rangle$, will receive the noun phrase $\langle 3, NP, 7 \rangle$, *man with a telescope*. But $\langle 2, {}^*d, 3 \rangle \langle 3, NP, 7 \rangle$ cannot be part of a sentential form, hence the latter symbol can be discarded. Such knowledge can be compiled into "communication tables", indicating in which cases symbols can be safely discarded. For more detailed treatment of filtering see our technical report [5].

Construction of a PBT parsing table resembles the construction of a conventional LR(0) parsing table (see, e.g., Aho and Ullman [1]). States, represented by integers, in fact consist of *sets of LR(0) items*. The initial state 0 is defined as

$$\{\ \begin{array}{ll} S' \to .S\,\$, & NP \to .NP\,PP, \\ S \to .NP\,VP, & PP \to .{}^*p\,PP, \\ NP \to .{}^*d\,{}^*n, & VP \to .{}^*v\,NP, \\ NP \to .{}^*n, & VP \to .VP\,PP \end{array}\ \}$$

That is, initially we are ready to recognize any constituent. The dot indicates how far we have proceeded in scanning each of of the right-hand sides. For each symbol after a dot, an entry in the goto table and a new state must be defined. If a constituent starts with a *NP*, for example, we move to state 2, being

$$\{\ S \to NP.VP,\quad NP \to NP.PP\ \}$$

In a conventional LR table, one should add the PREDICT sets of *VP* and *PP* to this state; not so in a PBT table! If a *PP* is to follow the *NP*, a *PP* symbol will arrive in due course, created by another processor further upstream. Such a *PP* symbol leads to a state $\{NP \to NP\,PP.\}$. This is state 9 in the table, in which the reduction into a compound *NP* is called for.

The small simplification by leaving out the PREDICT set makes a dramatic difference for the size of the table. As table size we take the number of *non-empty* table entries; goto tables are usually large and sparse, therefore they are represented as an array of lists rather than a matrix. For large grammars (as III and IV given by Tomita [13]) the PBT tables are typically an order of magnitude smaller than the conventional LR tables of Tomita's algorithm. Table size and computation time is linear in the size of the grammar. Hence, in situations where the size of a standard LR table is prohibitive or where the grammar is often changed, a sequentialized version of PBT could be run on a single workstation.

3 The PBT parser

The PBT recognizer can be easily extended into a parser. As with Tomita's algorithm, the parser yields a *packed shared forest*, a graph structure in which common sub-parses are shared. The format in which this forest is delivered is a *parse list*, containing an entry for each node, with a list of pointers to child nodes (if any). Ambiguities are represented by multiple lists of child nodes (called *sub-nodes* by Tomita). If the sentence can be parsed, a pointer to the root node is given.

In a similar way, partial parse lists can be computed by each of the processes. Whenever a processor reduces a symbol, a node is added to its part of the parse list. If the same symbol is reduced a second time, a new sub-node is added to the already existing node. Only one technical adjustment needs to be made: the left place marker of a symbol is annotated with its label in the parse list. The combination of left place marker and local label provides a unique reference across the different partial parse lists. See Figure 5, in which the parse list for the example sentence is shown.

The parse forest is not identical to the one produced by Tomita's algorithm. The nodes in our parse forest satisfy the following specification:

a node $\langle i, X, j \rangle$ is contained in the forest iff $X \Rightarrow^* a_{i+1} \ldots a_j$.

Tomita, using the top-down filtering implicit in shift/reduce parsing, only creates a node if the additional condition $S \Rightarrow^* a_1 \ldots a_j \gamma$ is satisfied for some $\gamma \in V^*$. Hence our forest contains more unreachable nodes than Tomita's. On the other hand, if X does produce $a_{i+1} \ldots a_j$, this is represented in our forest with a *unique* node (possibly containing multiple sub-nodes). In Tomita's algorithm, a symbol that spans some specific part of the sentence is *usually* represented by a single node. Sharing fails, however, if identical symbol vertices on the stack are followed by different

symbol	children	
$\langle 6.1, {}^*n, 7\rangle$		
$\langle 6.2, NP, 7\rangle$	(6.1)	
$\langle 5.1, {}^*d, 6\rangle$		
$\langle 5.2, NP, 7\rangle$	(5.1, 6.1)	
$\langle 4.1, {}^*p, 5\rangle$		
$\langle 4.2, PP, 5\rangle$	(4.1, 5.2)	
$\langle 3.1, {}^*n, 4\rangle$		
$\langle 3.2, NP, 4\rangle$	(3.1)	
$\langle 3.3, NP, 7\rangle$	(3.2, 4.2)	
$\langle 2.1, {}^*d, 3\rangle$		
$\langle 2.2, NP, 4\rangle$	(2.1, 3.1)	
$\langle 2.3, NP, 7\rangle$	(2.2, 4.2)	
$\langle 1.1, {}^*v, 2\rangle$		
$\langle 1.2, VP, 4\rangle$	(1.1, 2.2)	
$\langle 1.3, VP, 7\rangle$	(1.1, 2.3)	(1.2, 4.2)
$\langle 0.1, {}^*n, 1\rangle$		
$\langle 0.2, NP, 1\rangle$	(0.1)	
$\langle 0.3, S, 4\rangle$	(0.2, 1.2)	
$\langle 0.4, S, 7\rangle$	(0.2, 1.3)	

Figure 5: The parse list, root is 0.4

state vertices. Hence an exact specification of Tomita's parse forest is very complicated (in fact Tomita doesn't give one), as it depends on the ideosyncrasies of the particular LR parsing table.

A more substantial improvement upon Tomita's algorithm is the acceptance of arbitrary context-free grammars. Apart from cyclic grammars, there is a class of acyclic context-free grammars that cannot be handled by Tomita's algorithm. We call a grammar *pseudo-cyclic* if there is a terminal A such that $A \Rightarrow^* \alpha A \beta$, with $\alpha \Rightarrow^+ \varepsilon$ and $\beta \not\Rightarrow^* \varepsilon$. Consider the pseudo-cyclic grammar

$$\{S \to A S b, \quad S \to x, \quad A \to \varepsilon\}.$$

If the string starts $xb\ldots$, how many A's must be reduced before the x is shifted? Tomita's algorithm, anticipating an arbitrary number of b's, creates infinitely many A's for a start. Nozohoor-Farshi, who identified this problem [7], proposes to create a *loop* in the graph-structured stack; as many A's as needed can be used by unrolling the loop arbitrarily often. In the PBT parser the problem with pseudo-cyclic grammars simply does not occur. A single symbol $\langle 0, A, 0\rangle$ — or, to be precise, the state vertex following its symbol vertex — can be used to shift any $\langle 0, S, k\rangle$ and subsequent $\langle k, b, k+1\rangle$ on.

Cyclic grammars are also parsed in a natural way, without the need for extra sophistication. Consider the grammar $\{S \to S, \ S \to a\}$, and the sentence a. When $\langle 0, S, 1\rangle$ is recognized, it is reduced to $\langle 0, S, 1\rangle$, which is already present, and need not be added again. Thus the parser will add the corresponding node as a sub-node to *itself*. The complete parse list is shown in Figure 6.

symbol	children
$\langle 0.1, a, 1\rangle$	
$\langle 0.2, S, 1\rangle$	(0.2), (0.1)

Figure 6: The parse for a, $G = \{S \to S|a\}$

Dealing with arbitrary grammars and optimal node sharing for Tomita's algorithm are discussed in Chapter 1 of Rekers' Ph.D. Thesis [9]; in our approach both features come about naturally.

4   Empirical results

The PBT algorithm has been tested in a series of experiments in which parallel execution was simulated on a single workstation, In this way we could experiment with an arbitrary number of (simulated) processors.

The simulation set-up is as follows. Each (virtual) process is run consecutively. The stream of symbols is stored internally, rather than written to a pipe. When the next virtual process is started, the clock is reset. For every (simulated) read and write an extra processing time of 1 ms is counted. Each symbol that is sent from one virtual process to another is timestamped. When a process receives a symbol with a timestamp later than its own time, the clock is updated and the waiting time accounted for.

We implemented PBT in the language C and re-implemented Tomita's algorithm so as to ensure compatibility. We have not attempted to optimize run-time efficiency at the expense of straightforwardness. The timing experiments have been conducted on a Commodore Amiga because of its accurate timing capabilities.

The grammars and example sentences are the ones given by Tomita [13]. Grammar I is the toy grammar of our example. Grammars II, III and IV have 42, 223 and 386 rules, respectively. Sentence set A contains 40 sentences, taken from actual publications; set B is constructed as $*n*v*d*n(*p*d*n)^{k-1}$ with k ranging from 1 to 13. In Figures 7 and 8 the timing results for set B and grammars III and IV are plotted on a double logarithmic scale. These figures show that gain in speed due to parallelisation outweighs the additional communication overhead only if a sentence is sufficiently long. An exact break-even point cannot be given, as it depends on the grammar, the sentence, the characteristics of the parallel architecture and the implementation.

Similarly, Figure 8 shows that the extra overhead for filtering pays off only if the sentence is not too small. We could tip the balance somewhat more in favour of PBT by improving the filter. In the program that was used to produce these plots, the filter has a computational complexity linear in the size of the grammar. In retrospect, this could have been handled rather more efficiently. Adding sophistication to handling the graph structured stack and parsing table look-up could improve the performance in absolute terms; relatively it would make less difference, however, as all programs would benefit from it.

Testing sentence set A produces plots of a more varied nature, as sentences of comparable length may differ a lot in complexity. Using linear regression analysis, we found the overall trend to be similar to the results for set B. For reasons of space, we refer to the technical report [5] for more details.

The complexity of a parsing algorithm can be measured as a function of the length of the input sentence. For formal languages this makes sense, as strings (i.e., computer programs) can be very long indeed. For natural languages this is a rather doubtful measure. The size of the grammar, usually *much* larger than the average sentence, is constant and therefore considered irrelevant. Nevertheless, sentence set B shows the complexity of the algorithms rather nicely, because of the combinatorial explosion of *PP* attachment ambiguities. Moreover, constant factors as discussed above are abstracted from. For set B and grammars III and IV we estimated the asymptotic complexity. These figures, for what they are worth, are shown in Figure 9. Similar computations for sentence set A confirm the trend that the complexity of PBT, using n parallel processes, is roughly $O(\sqrt{n})$ better than Tomita's algorithm.

Finally, we have estimated the speed of the PBT algorithm as a function of the number of processors. The 37 processes for the sentence 13 of set B have been allocated to any number of

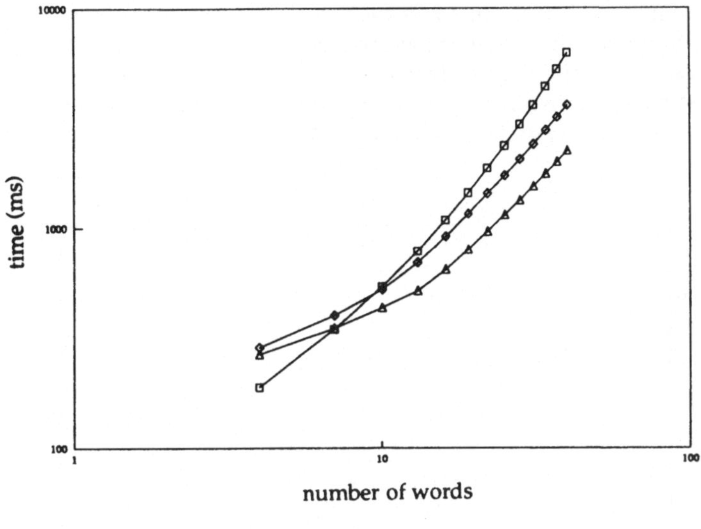

Figure 7: Sentence set B and grammar III

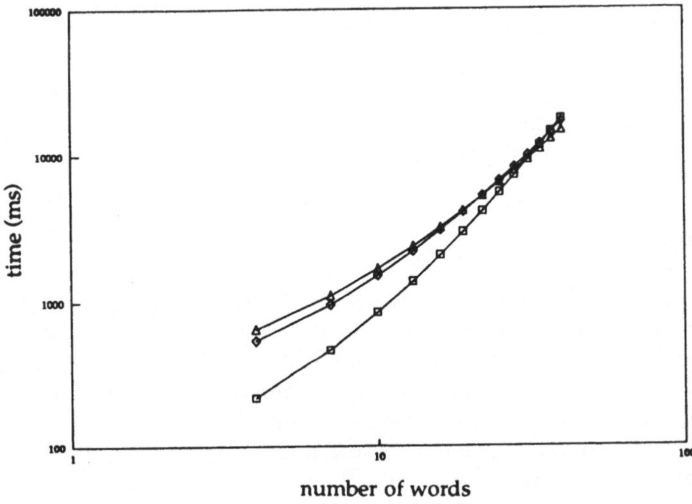

Figure 8: Sentence set B and grammar IV

algorithm	grammar	
	III	IV
Tomita	$O(n^{2.21})$	$O(n^{2.61})$
PBT, unfiltered	$O(n^{1.62})$	$O(n^{2.19})$
PBT, with filtering	$O(n^{1.50})$	$O(n^{1.86})$

Figure 9: Estimated asymptotic complexity for set B

processors ranging from 1 to 37, with the processes evenly distributed over the processors. Let p be the number of processors, then there is natural number k such that $k \leq 37/p < k + 1$. The higher ranked processes are grouped into clusters of $k + 1$, the lower ranked ones in clusters of k processors. The results are shown in figure 10. The decline is sharpest when incrementing p causes a decrease of k, in which case the processor handling $P_0, \ldots, P_{k-1}$ is relieved of one of its processes.

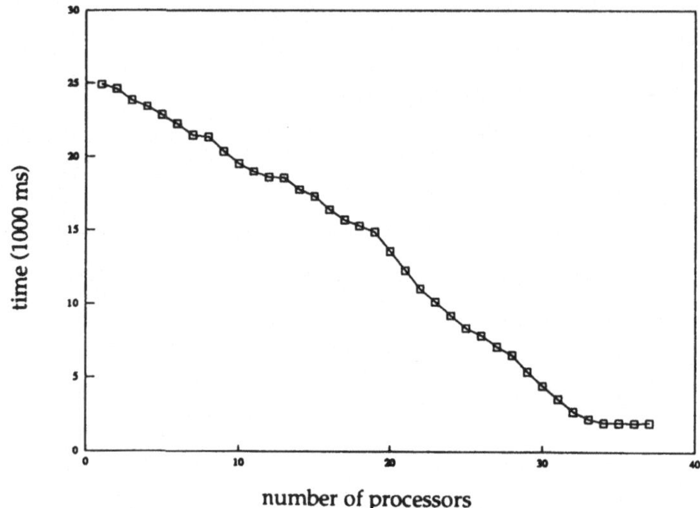

Figure 10: Performance vs. number of processors

5   Conclusions

We have presented a parallel adaptation of a generalized LR parser that works purely bottom-up. A nice theoretical improvement upon Tomita's algorithm is the ability to handle arbitrary context-free grammars without additional effort. Moreover, unlike for Tomita's algorithm, the parse forest that is given a output is easily specified in terms of the grammar and the input sentence.

The size and computation time of the parsing table is linear in the size of the grammar. This makes a (possibly sequentialized) PBT parser an interesting candidate for a linguist's workbench in which the grammar is often changed.

Experiments based on the test sets provided in [13] indicate that parallelization pays off for sufficiently long sentences. A conventional Tomita parser is faster for short sentences. Furthermore, a decrease in number of processors allocated to the PBT parser leads to an increase in computation time, and reversed.

References

[1]   A.V. AHO, J.D. ULLMAN, *Principles of Compiler Design*, Addison-Wesley, Reading, Mass. (1977).

[2]   Y.T. CHIANG, K.S. FU, Parallel Parsing Algorithms and VLSI implementations for Syntactic Pattern Recognition, *Transactions on Pattern Analysis and Machine Intelligence*, **PAMI-6** (1984) 302–314.

[3] J. EARLEY, An Efficient Context-Free Parsing Algorithm, *Communications of the ACM* **13** (1970) 94–102.

[4] S.L. GRAHAM, M.A. HARRISON, W.L. RUZZO, An Improved Context-Free Recognizer, *Transactions on Programming Languages and Systems* **2** (1980) 415–462.

[5] M.M. LANKHORST, K. SIKKEL, *PBT: A Parallel Bottom-up Tomita Parser*, Memoranda Informatica 91-69, University of Twente, Enschede, the Netherlands (1991).

[6] A. NIJHOLT, The Parallel Approach to Context-Free Language Parsing, in: U. HAHN, G. ADRIAENS (Eds.), *Parallel Models of Natural Language Computation*, Ablex Publishing Co., Norwood, N.J. (1991).

[7] R. NOZOHOOR-FARSHI, Handling of Ill-designed Grammars in Tomita's Parsing Algorithm, *Proc. Int. Workshop on Parsing Technologies*, Carnegie Mellon University, Pittsburgh, Pa. (1989) 182–192.

[8] H. NUMAZAKI, H. TANAKA, A New Parallel Algorithm for Generalized LR Parsing, *Proc. 13th Int. Conf. on Computational Linguistics (COLING'90)*, Helsinki (1990) Vol. 2, 304–310.

[9] J. REKERS, *Parser Generation for Interactive Environments*, Ph.D. Thesis, University of Amsterdam (1992).

[10] K. SIKKEL, Cross-Fertilization of Earley and Tomita, in: T. VAN DER WOUDEN, W. SIJTSMA (Eds.), *Computational Linguistics in The Netherlands, Papers of the first CLIN meeting, Utrecht, 1990*, OTS, University of Utrecht (1991) 133–148.

[11] H. TANAKA, H. NUMAZAKI, Parallel Generalized LR Parsing based on Logic Programming, *Proc. Int. Workshop on Parsing Technologies*, Carnegie Mellon University, Pittsburgh, Pa. (1989) 329–338.

[12] H.S. THOMPSON, Chart Parsing for Loosely Coupled Parallel Systems, *Proc. Int. Workshop on Parsing Technologies*, Carnegie Mellon University, Pittsburgh, Pa. (1989) 320–328.

[13] M. TOMITA, *Efficient Parsing for Natural Language*, Kluwer Academic Publishers, Boston, Mass. (1985).

Point-Based Descriptions of Interval Relations

Kurt Eberle
Institut für Maschinelle Sprachverarbeitung
Universität Stuttgart
Azenbergstr. 12
7000 Stuttgart 1

Abstract

Temporal text understanding and question answering presupposes the availability of a component which computes the transitive closure of a set of statements about interval relations. Vilain and Kautz have addressed the question of computing the transitive closure by translating such statements into equivalent point-based descriptions. The problem is that there are basic statements about interval relations which have to be translated into disjunctions of point-based descriptions. Therefore, in order to handle the general case economically, it is necessary to have translations with a minimum number of disjuncts for each and every case.

In this paper we present an algorithm which computes a best translation, i.e. a translation which consists of a minimal number of disjuncts. This number amounts at most to 5.

1   Introduction

Understanding a (narrative) natural language text involves relating temporally the events introduced by the text to each other. Therefore, inferences using transitivity rules for temporal relations have to be drawn in order to account for events and other temporal units that are not directly connected in the text by linguistic means. Such inferences for sets of statements about the temporal relations between intervals are efficiently made by the path consistency algorithm suggested by Allen (cf. [All83]). However, this algorithm is incomplete. For this reason it has been suggested, mainly by Kautz and Vilain, that one should translate the given information about intervals into information about the endpoints of the intervals and tackle the problem in the point based framework. The point-based path consistency algorithm is .complete provided it is extended by an additional test routine. This complete algorithm is, like Allen's algorithm, of polynomial complexity (cf. [VK86], [vB89], [VKvB89], [vB90], [Haj91]).

The translation of (underspecified) interval relations into relations of the corresponding endpoints is a problem in so far as there are cases where this translation necessarily ends up in a disjunction of basic statements. For instance, if we know that i occurs before or after j (call this information RS), we get two alternative translations into point descriptions, $T1_{RS}$ and $T2_{RS}$, the relevant parts of which we can render as follows (with $s(I)$ for the start and $e(I)$ for the end of I):

$$T1_{RS} = \{\ldots, s(i) \{<\} e(j), e(i) \{<\} s(j), \ldots\}$$
$$T2_{RS} = \{\ldots, s(i) \{>\} e(j), e(i) \{>\} s(j), \ldots\}$$

RS thus is expressed by the disjunction of $T1_{RS}$ and $T2_{RS}$. Note, that merging $T1_{RS}$ and $T2_{RS}$ by combining their decisive constraints to the conditions $s(i) \{<, >\} e(j), e(i) \{<, >\} s(j)$, standing for $s(i)$ before or after $e(j)$ and $e(i)$ before or after $s(j)$, and by listing the other constraints accordingly results in a set T_{RS} which indeed reflects the structural possibilities of RS but which, in addition, allows for other solutions like i overlaps j.

We learn from this that the number of alternative translations of sets Σ of interval statements can be exponential. (For a set Σ stating that i before or after j and j before or after k we would get four translations). So, in order to compute the transitive closure of Σ by translation into the point case we must take into account that there are cases where we must apply the revised path consistency algorithm for points to an exponential number of input sets. (However, the retranslation is unique). Kautz and Vilain therefore restrict themselves to Σs which have a unique translation. They show that the general problem is NP-complete. In spite of this result we think that, in particular temporal text understanding cannot be restricted to the case of *convex relations*, where convex relations mark the special case of the disjunctive use of Allen's relations with unique translation into point based descriptions (cf. for instance [Nö89]). Van Beek calls this set of relations $SP^{\neq}$ ([vB89]). It is true that most relations introduced by temporal conjunctions, by temporal adverbs or by the temporal incorporation of the event of a new sentence in the representation of the preceding text are convex relations.[1] But, nevertheless there are cases where this default is suspended. For instance, in

Last year a lot of important things happend$_{e_1}$. Peter got married$_{e_2}$. John made a tour through the United States$_{e_3}$ and another through Poland$_{e_4}$. Mary won in the lotterie$_{e_5}$.

the rhetorical or discourse relation holding between the events of sentences 2-4, confirmed by sentence 1, is *enumeration*.[2] The order between e_2-e_5 obviously is of no interest to the author. This is part of the rhetorical function. But this does not exclude that one is aware of the fact that e_3 occurs before or after e_4, since tours through the United States and tours through Poland undertaken by the same agent cannot overlap. Though not in focus in the text bit presented, this knowledge can be used by the author and necessitated by the recipient of the text in order to strengthen the global temporal structure of the whole text. For instance, these travelling events can be used as temporal anchors for other events - *when John was in Poland, ϕ_{e_6}* - thus having an impact on the temporal relations of other temporal entities of the text. High quality text understanding and in particular question answering must be able to deal with such cases and, clearly, the relation between e3 and e4 is not convex. There are other types of information that introduce non-convex relations, but we cannot go into detail with this here. Since the narratives that natural language systems deal with are normally relatively short, introducing only a restricted number of temporal entities, and since it is relatively seldom that non-convex relations are introduced (mainly by background knowledge accompanying the semantic analysis), in practice, the exponentiality of the closure algorithm does not lead to intractability. Nevertheless, it is exactly for this reason, that it is necessary to design this algorithm as efficient as possible. Therefore, it is very important to reduce the number of alternative translations of interval statements to a minimum. This is what we are concerned with here.

In this paper we show that the number of disjuncts necessary to express the information of an interval statement amounts at most to 5. [3] We present an algorithm which computes a best translation, i.e. a translation which consists of a minimal number of disjuncts. This will be done in section 4. In the sections 2 and 3 we list preliminary definitions and tackle the problem heuristically.

2 Some Definitions

Allen uses the following relation symbols:

Definition: REL, the set of Allen symbols:

$$REL = \left\{ \begin{array}{llll} b\ (before) & bi\ (before\ inverse) & s\ (starts) & si\ (starts\ inverse) \\ m\ (meets) & mi\ (meets\ inverse) & d\ (during) \quad id\ (identical) & di\ (during\ inverse) \\ o\ (overlaps) & oi\ (overlaps\ inverse) & f\ (finishes) & fi\ (finishes\ inverse) \end{array} \right\}$$

Allen's path consistency algorithm is applied to sets consisting of statements like, for instance,

- $i\ \{b,o\}\ j$, which stands for: *i occurs before j or i overlaps j*
- $k\ \{bi,mi\}j$, which stands for *k occurs after j or is met by j*

(from what we conclude by means of Allen's algorithm that $i\ \{b\}k$).

---

[1] Compare, for instance, studies on temporal semantics like [KR83], [KR85], [Hin86], [Her90], [Ebe91].

[2] For rhetorical or discourse relations compare for instance [KR85], [TM87], [AL91], [Ebe91].

[3] This confirms the result that can be taken from the work about convex relations reported in [Nö89].

Definition: *PREL*, the set of point relation symbols, *BPREL*, the set of basic point relation symbols
$$PREL = \{l,g,e,\ le,\ ue,\ ge,\ 0\}$$
$$BPREL = \{l,g,e\}$$

l, g, e, le, ue, ge, 0 stand in turn for temporally *less* (precedence), *greater* (succession), *equal, less or equal, unequal, greater or equal* and *no information*.

The intuition is that the *PREL*-symbols stand for sets of pairs of points when interpreted modeltheoretically in the point substructure of a model which satisfies suited axioms for points and intervals. It is clear that this set of axioms has to be a superset of Allen's interval axioms and that the axioms regulating the interplay of points and intervals has to be compatible with Allen's axioms. We omit being more specific about this. (Compare for instance [Bit86]).

Against this background it is natural to stipulate *PREL* to be partially ordered by means of $\leq_{ps}$ according to a join semi-lattice operation $\sqcup_{ps}$ which reflects the union in point structures.

Definition: The join semi-lattice *PREL*
$< PREL, \sqcup_{ps} >$ is a complete atomic $\sqcup_{ps}$-semi lattice with the set of atoms *BPREL* and
$l \sqcup_{ps} g = ue$, $l \sqcup_{ps} e = le$, $g \sqcup_{ps} e = ge$, $ue \sqcup_{ps} le = 0$, $ge \sqcup_{ps} le = 0$, $ue \sqcup_{ps} ge = 0$.
$\leq_{ps}$ is the partial order resulting from $\sqcup_{ps}$.

The intuitive meaning of Allen's symbols now can be expressed by means of relations between the endpoints of intervals (the start of i, $s(i)$, the end of i, $e(i)$) using the symbols introduced (I for the set of intervals). For instance, we will have:
$$\forall i,j \in I : i \ o \ j \leftrightarrow s(i) < s(j) < e(i) < e(j)$$
$$\forall i,j \in I : i \ s \ j \leftrightarrow s(i) = s(j) < e(i) < e(j)$$

In the following we will use a compact notation in order to express an Allen statement by a point based description. Therefore we define 4-place-*vectors*.

Definition: *VEC*, the set of vectors
$$VEC := \{[A, B, C, D] \mid A, B, C, D \in PREL\}$$

Convention:
Be V a tuple (for instance $V \in VEC$).
Then V^i is the i-th projection of V, i.e. the i-th slot of the tuple (if existent, otherwise it is not defined).

For instance, if $V \in VEC$ with $V = [A, B, C, D]$, then $V^2 = B, V^4 = D,\ldots$.
Now, we require that for intervalls i, j, *PREL*-symbols A,B,C,D:
$i \ \{[A,B,C,D]\} \ j$ stands for $s(i) \ A \ s(j), s(i) \ B \ e(j), e(i) \ C \ s(j), e(i) \ A \ e(j)$

Of course, as in the case of Allen statements
- $i \ \{V_1,\ldots,V_n\} \ j$ stands for $i \ V_1 \ j \ \lor \ldots \lor i \ V_n \ j$ (for $V_1,\ldots,V_n \in VEC$).

It turns out that, on the basis of such axioms as mentioned above, such vector descriptions are sufficient to retain the information of Allen statements.
Now we use $\leq_{ps}$ to define a partial order for *VEC*.

Definition: "V contains V'"
$$\forall V, V' \in VEC : V \leq_{vs} V' \leftrightarrow \bigwedge_{i \in \{1,\ldots,4\}} (V^i \leq_{ps} V'^i)$$

Definition: *AVEC*, the set of atomic vectors
$$\forall V \in VEC : V \in AVEC \leftrightarrow \neg (\exists V' \in VEC : V' <_{vs} V)$$
(where $V' <_{vs} V \leftrightarrow V' \leq_{vs} V \land V' \neq V$).

It is clear that $AVEC = \{[A, B, C, D] \mid A, B, C, D \in BPREL\}$.
Having in mind the meaning and use of vectors as attributed to them here, it is clear what a *canonical translation* (*ct*) of the Allen symbols will look like.

Definition: The canonical translation of the Allen symbols: the function *ct*

$$ct : REL \rightarrow AVEC \text{ with}$$

$$ct(b) = [1,1,1,1] \quad ct(m) = [1,1,e,1] \quad ct(o) = [1,1,g,1] \quad ct(s) = [e,1,g,1]$$
$$ct(bi) = [g,g,g,g] \quad ct(mi) = [g,e,g,g] \quad ct(oi) = [g,1,g,g] \quad ct(si) = [e,1,g,g] \quad ct(id) = [e,1,g,e]$$
$$ct(d) = [g,1,g,1] \quad ct(f) = [g,1,g,e] \quad ct(fi) = [1,1,g,e] \quad ct(di) = [1,1,g,g]$$

A vector statement $i\,V\,j$ reflects a set of relational possibilities with respect to Allen's symbols, those for which the canonical translation V' is contained within V. For this reason we call such V's a *solution* of V and more generally, abstracting from particular Vs:

Definition: SOL, the set of possible solutions
We call $V \in AVEC$ a possible solution iff $V \in SOL$, where:

$$\forall V \in VEC : V \in SOL \leftrightarrow (\exists R \in REL : \; ct(R) = V)$$

Of course, there is no need for Vs to be a solution or to have solutions. For instance, for V with $V = [1,g,ue,ue]$ there is no V' with $V' \leq_{v_s} V$ for which $V' \in SOL$ can be true. Along the lines of interpretation sketched above V denotes necessarily the empty set of interval pairs. We say that V does *not contain any solution.*

Definition: The set $NCSOL$
For $V \in VEC$: V does not contain any solution iff $V \in NCSOL$, where:

$$\forall V \in VEC : V \in NCSOL \leftrightarrow \neg(\exists V' \in SOL : V' \leq_{v_s} V)$$

3 In Search of a Best Translation

When translating interval statements (using Allen symbols) into vector statements the relevant input is just the set of Allen symbols, not the intervals. Therefore, in the following we focus exactly on this input. Singleton sets are no problem. We use the canonical translation. For richer sets RR ($\subseteq REL$) the strategy will be to use the canonical translation of the elements R of RR and to combine them into the least possible number of vectors for which the retranslation returns exactly RR. Note, that the retranslation comes out with a definite value.

Definition: The retranslation rt

$$rt : Pow(VEC) \rightarrow Pow(REL), \text{ with:}$$
$$rt(VV) = \{R \mid \text{it exists} V \in VV : ct(R) \leq_{v_s} V\}$$

Using this, we easily define the translation.

Definition: The translation T
Be $RR \subseteq REL, VV \subseteq VEC$

$$T(RR, VV) \leftrightarrow rt(VV) = RR$$

We stress that T is indeed a relation, not a function. We are interested only in best translations.

Definition: The best translation τ
Be $RR \subseteq REL, VV \subseteq VEC$

$$\tau(RR, VV) \leftrightarrow T(RR, VV) \wedge \neg(\exists VV' : T(RR, VV') \wedge |VV'| < |VV|)$$
$$\wedge (\forall VV' : T(RR, VV') \wedge |VV'| = |VV|) \rightarrow unequ(VV') \geq unequ(VV))$$

This should be selfexplaining, except for the necessity and meaning of the last conjunct of the definition using *unequ*.

Definition: The inequalites of a set of vectors *unequ*
Be $VV \subseteq VEC$:
$$unequ(VV) = \Sigma_{V \in VV} \Sigma_{i=1}^{4} 1_{ue}(V^i)$$

(Here 1_{ue} is the characteristic function which returns 1 if the argument is *ue* and 0 otherwise.) *unequ* counts the *ue* slots of the vectors of VV. Provided the same cardinality of translations VV and VV', we prefer VV to VV' iff VV counts at most as many inequalities as VV'. We do this since van Beek has shown that the inequalities must trigger an additional subroutine to guarantee the completeness of the Vilain/Kautz-algorithm (cf. [vB90]).

We observe that if we want to combine solution vectors V with $V = [A,B,C,D]$ and V' with $V' = [A',B',C',D']$ to a vector V'' whose retranslational impact is the same as that of the union of V and V', V'' must contain V and V', i.e. it must hold that $V, V' \leq_{vs} V''$. This means that it must hold: $V^i \sqcup_{ps} V'^i \leq_{ps} V''^i$ for all $i \in \{1, \ldots, 4\}$.

We say that V'' must contain the *space* built up by V and V'.

Definition: The space of a set of vectors
Be $VV \subseteq VEC$:
$$space(VV) = W, \text{ where for all } i \in \{1, \ldots, 4\} : W^i = sup_{ps}\{V^i \mid V \in VV\}$$

(Here sup_{ps} stands for the function which, applied to a subset of $PREL$, returns the least upper bound in the sense of $\leq_{ps}$ of this subset.)

In order to reduce the number of vectors a procedure for computing translations cannot use the *space*-function in an unrestricted way. Take, for instance, the canonical translations $[l,l,g,l]$, $[e,l,g,e]$ of o and id. The space of these vectors, $[le,l,g,le]$, contains, in addition to $ct(o)$ and $ct(id)$, $[l,l,g,e]$ $(= ct(fi))$ and $[e,l,g,l]$ $(= ct(s))$. This is due to the fact that $ct(o)$ and $ct(id)$ differ in more than one place. For this reason, other atomic vectors are contained in the space which are constructed from the alternate use of the differing $PREL$-projections of $ct(o)$ and $ct(id)$. This does no harm if the additional atomic vectors are not solutions, but it does if they are (as in the example).

Of course, this problem disappears if, from the beginning of the translation procedure, we combine pairs of vectors which differ in exactly one place, as suggested by Bittel in [Bit86]. This strategy defines the following reduction procedure:

$\mathbf{PROC}_N$ Input: $\quad VV_I \subseteq VEC$
Output: $\quad VV_O \subseteq VEC$, a shorter version of VV_I $(rt(VV_O) = rt(VV_I))$

- $VV \leftarrow VV_I$

- WHILE there are $V, V' \in VV$ with $N(V, V')$

    DO

        BEGIN
            - SELECT $V, V' \in VV$ with $N(V, V')$
            - $VV \leftarrow (VV \bigcup \{space(\{V, V'\})\}) \setminus \{V, V'\}$
        END

- $VV_O \leftarrow VV$

Here, N tests for neighborhood, i.e. for the difference in one place.

Definition: The neighborhood
Be $V, V' \in VEC$:
$$N(V, V') \leftrightarrow \Sigma_{i=1}^4 1_{\neq}(V^i, V'^i) = 1$$
($1_{\neq}$ is the characteristic function which tests for the inequality of pairs of symbols).

There are some problems connected to this strategy. We observe that there are cases where a more powerful combination scheme is necessary:

Example1: $VV = \{V_1, V_2, V_3\}$
with $V_1 = ct(fi) = [l,l,g,e]$, $V_2 = ct(o) = [l,l,g,l]$ $V_3 = ct(b) = [l,l,l,l]$.

The test N allows for combining V_1 and V_2, V_2 and V_3, not for combining V_1 and V_3. Choosing the first alternative yields the space $[l,l,g,le]$. This vector cannot be combined to V_3 under N. The same situation results if we choose the second alternative. We get $[l,l,ue,l]$ which cannot be combined to V_1. However, building the space of VV results in the vector $[l,l,ue,le]$ which, next to V_1, V_2, V_3 contains only the atomic vector $[l,l,l,e]$ which is no solution. So we could correctly reduce VV to one vector.

If we concentrate for a moment on the first alternative yielding $[l,l,g,le]$ as the result of combining V_1 and V_2, we see that we could combine this vector under N with V_3 if, first, we would "pump up" the latter one by the non-solution $[l,l,l,e]$.

Therefore, we define the revised version AN of the neighborhood condition which accepts vectors V, V' as neighbors iff the sum of differences can be restricted to 1 by "pumping up" V or V' respectively by specific atomic vectors which are not solutions. (In our translation procedure, presented in the next section, this "pumping up" will be only necessary for vectors which stem from $\{b, m\}$ or from $\{bi, mi\}$ respectively. Therefore in the following definitions we will restrict ourselves to this specific case).

Definition : Generalized neighborhood
For $V, V' \in VEC$:
$$AN(V, V') \leftrightarrow \exists V*, V'* \in VEC : (V* \in add\text{-}ncsol(V) \wedge V'* \in add\text{-}ncsol(V') \wedge N(V*, V'*))$$

Definition : "pumped up" version of vectors (add specific $NCSOL$-vectors)
For $V, V* \in VEC$:
$$V* \in add\text{-}ncsol(V) \;\leftrightarrow\; [V^2 \in \{ge, g, e\} \wedge V*^2 = V^2 \wedge \bigwedge_{i \in \{1,3,4\}} (V*^i \geq_{ps} V^i)]$$
$$\vee [V^3 \in \{le, l, e\} \wedge V*^3 = V^3 \wedge \bigwedge_{i \in \{1,2,4\}} (V*^i \geq_{ps} V^i)]$$
$$\vee V* = V$$

We stress, that the *ncsol-* definition guarantees that pumping up does not consist of a blind adding of non-solutions (which could result in the undesired $\leq_{vs}$-inclusion of new solutions which may develop from the crossproduct of suitable projections). We can only generalize (in the sense of $\leq_{ps}$) these projections of the initial vector which are predicted by the value of a particular place by means of the underlying knowledge about endpoints of intervals and point structures. The first disjunct reflects the case where the start of the first interval does not precede the end of the second. From this follows that, with respect to the other projections, solutions require strict succession. The second disjunct reflects the symmetric case for vectors from $\{b,m\}$.

PROC$_{AN}$: the same as PROC$_N$, but with the condition $N(V, V')$ replaced by $AN(V, V')$

With PROC$_{AN}$ we get the satisfying result with respect to example 1 if, in the first step, we choose the first alternative (the combination of V_1 and V_2). But choosing the second alternative (yielding $[l,l,ue,l]$) puts us before another (deeper) problem. We can further weaken the filter for the application of the amalgamating *space*-function. Considering the relevant cases shows that even the weakest version is not sufficient. This version would allow for the application of the *space*-function iff all solutions reached this way already are contained in one of the vectors of the actual VV. This filter version is not sufficient since it cannot rule out misleading reduction steps.

Example2: $\{ct(di), ct(o), ct(s), ct(oi)\}$

Here the choice of combining $ct(di)$ and $ct(o)$ prevents the procedure from doing any further combination (which would be a false one) whereas the choice of combining $ct(di)$ and $ct(oi)$ allows for the second combination of $ct(o)$ and $ct(s)$.

Instead of using a weak filter and correcting misleading combinations by expensive backtracking we have decided to use the filters N and AN and to direct the combining steps by a suited sorting of the input set VV_I.

This sorting is based upon the very relevant neighborhood property N. To begin with, N singles out a specific cover of REL, the cover TT, consisting of sets of pairwise neighboring Allen symbols. Since each of these sets consist of 3 symbols we call them the *triangle sets*.

Definition : The set TT of the triangles of REL
$$TT := \{T_1, T_2, T_3, T_4, T_2', T_3', T_4', T_5\}, \text{ where:}$$
$$T_1 := \{b, m, o\} \qquad T_2 := \{di, fi, o\} \qquad T_2' := \{di, si, oi\}$$
$$T_5 := \{oi, mi, bi\} \qquad T_3 := \{si, id, s\} \qquad T_3' := \{fi, id, f\}$$
$$T_4 := \{oi, f, d\} \qquad T_4' := \{o, s, d\}$$
T_2, T_3, T_4 are called the *horizontal* triangles, T_2', T_3', T_4' are the *vertical* triangles.

The geometrical terminology used here is due to a suited diagrammatical representation of the neighborhood which, for lack of space, we have to omit here.

Nevertheless we continue discriminating specific geometrical subsets of REL the use of which, however, will be made explicit only later.

Definition : The set SS of the small squares of REL
$$SS := \{S_1, S_2, S_3, S_4\}, \text{ where:}$$
$$S_1 := \{di, fi, si, id\} \qquad S_2 := \{fi, o, id, s\}$$
$$S_3 := \{si, id, oi, f\} \qquad S_4 := \{id, s, f, d\}$$

Definition : The set $\bar{S}S$ of the big squares of REL
$$\bar{S}S := \{\bar{S}_1, \bar{S}_2, \bar{S}_3, \bar{S}_4, \bar{S}_5\}, \text{ where:}$$
$$\bar{S}_1 := \{di, fi, oi, f\} \qquad \bar{S}_2 := \{fi, o, f, d\}$$
$$\bar{S}_3 := \{di, o, si, s\} \qquad \bar{S}_4 := \{si, s, oi, d\}$$
$$\bar{S}_5 := \{di, o, oi, d\}$$

In addition, we partition REL by:

Definition : The full maximal square REL^s and the rest REL^r
$$\text{REL}^s := \{di, fi, o, si, id, s, oi, f, d\}$$
$$\text{REL}^r := \{b, m, mi, bi\}$$

It is easily verified that PROC_N applied to subsets of triangles and squares - except subsets of the full maximal square - always results in a best translation, independent on the choices about combinatorical alternatives. For subsets of triangles the result always consists of just one vector. This is equally true for sets which are complete squares including the full maximal square.

The problem is to sort the input into a suited cover consisting of subsets of triangles and squares that is not misleading with respect to combining steps after this first step of combining the vectors of a particular triangle or square.

There are mainly two cases to be considered. First, the case where a best translation does not require that the same solution is contained in more than one of the resulting vectors and the second case where it does. Example 1 and example 2 illustrate the first case. To the second we will turn later. For the rest of this section we will concentrate on input sets which are subsets of REL^*. We will say something about the general case only in the next section.

Example 2 is based on a subset of REL^*. We call it RR. With respect to RR we have to make sure that for the first combination $ct(di)$ and $ct(oi)$ are taken or $ct(o)$ and $ct(s)$, but not $ct(di)$ and $ct(o)$. This is guaranteed if we choose the cover consisting of the horizontal
triangles T_2, T_3, T_4, not the corresponding vertical cover.

Definition: The partition of REL^*-symbols
Be $RR \subseteq REL^*$:
$$P_h(RR) = \{RR \cap T_2, RR \cap T_3, RR \cap T_4\}$$
$P_h(RR)$ is called the horizontal partition of RR.

$$P_v(RR) = \{RR \cap T_2', RR \cap T_3', RR \cap T_4'\}$$
$P_v(RR)$ is called the vertical partition of RR.

The value of a partition:
We omit here the exact definition. val is used (by the corresponding order $\leq_w$) to prefer one partition alternative to the other, namely the one which needs fewer triangles of the corresponding dimension for a cover than the other. If both partitions need the same number of triangles the number of the inequality symbols contained in the space vectors of the partition elements determines the choice in a rather tricky way. We do not discuss this here, but only observe that the val-criterion decides example 2 in the right way.

Finally, we turn to the second case mentioned above.

Example3: $VV = \{ct(s), ct(si), ct(f), ct(fi), ct(id)\}$

VV, a set of five vectors, can be reduced, independently of the successive choices of vector pairs, by $PROC_N$ to two vectors. The problem here is that the results arrived at this way are not best translations in that one of the returned vectors will contain an inequality ue as can be easily checked. We wanted to avoid inequalities if possible and, here, it is possible ($VV_O = \{[0,l,g,e], [e,l,g,0]\}$). The sorting in this case has to avoid the decision between the horizontal cover and the vertical cover. Instead of this it must be sensitive to some exceptional cases among which we should find the constellation $RR = T_2 \bigcup T_2'$. In the translation procedure of the next section we take into account such specific cases by the conditions C1-C7.

4   The algorithm

In addition to the procedures defined in the last section, we need another one which serves as sub-procedure of the main procedure defined below.

$$\text{PROC}_N^{as} \quad \begin{array}{ll} \text{Input:} & RR \subseteq REL \\ \text{Output:} & VV_O \subseteq VEC, \text{ a translation of } RR \ (rt(VV_O) = RR) \end{array}$$

- $VV_I \leftarrow \{ct(R) \mid R \in RR\}$

- $VV_O \leftarrow PROC_N(VV_I)$

This is the same as $PROC_N$ but with the canonical translation put at the beginning.

The following main procedure is meant to compute best translations for incoming sets of Allen symbols. In a first step of ordering the input along the lines of the "geometrical" partitionings motivated in the last section, we consider nine cases with preconditions C1-C9 which exclude each other but which, taken together, reflect all combinatorial possibilities. In a second step the other procedures are used as sub-routines.

$$\textbf{PROC}_r \quad \begin{array}{ll} \text{Input:} & RR \subseteq REL \\ \text{Output:} & VV \subseteq VEC, \text{ a best translation of } RR \ (rt(VV) = RR) \end{array}$$

- $RR^s \leftarrow RR \cap REL^s$

- $RR^r \leftarrow RR \cap REL^r$

- CASE1 (C1: $RR^s = \emptyset$)

    - $VV_C \leftarrow \emptyset$

- CASE2 (C2: Exists $i \in \{1,\ldots,4\}, j \in \{1,\ldots,5\}$ with $RR^s = S_i \cup \bar{S}_j$)

    - $VV_C \leftarrow \text{PROC}_N(\text{PROC}_N^{as}(S_i) \cup \text{PROC}_N^{as}(\bar{S}_j))$

- CASE3 (C3: Exists $i,j \in \{1,\ldots,4\}, i \neq j$ with $RR^s = S_i \cup S_j$)

    - $VV_C \leftarrow \text{PROC}_N(\text{PROC}_N^{as}(S_i) \cup \text{PROC}_N^{as}(S_j))$

- CASE4 (C4: Exists $i,j \in \{1,\ldots,4\}, i \neq j$ with $RR^s = \bar{S}_i \cup \bar{S}_j$)

    - $VV_C \leftarrow \text{PROC}_N(\text{PROC}_N^{as}(\bar{S}_i) \cup \text{PROC}_N^{as}(\bar{S}_j))$

- CASE5 (C5: Exists $i \in \{1,\ldots,4\}, T \in \{T_2, T_3, T_4, T_2', T_3', T_4'\}$ with $RR^s = S_i \cup T$)

    - $VV_C \leftarrow \text{PROC}_N(\text{PROC}_N^{as}(S_i) \cup \text{PROC}_N^{as}(T))$

- CASE6 (C6: Exists $i \in \{1,2,3\}$ with $RR^s = T_i \cup T_2'$)

    - $VV_C \leftarrow \text{PROC}_N(\text{PROC}_N^{as}(T_i) \cup \text{PROC}_N^{as}(T_2'))$

- CASE7 (C7: Exists $i \in \{1,2,3\}$ with $RR^s = T_i' \cup T_2$)

    - $VV_C \leftarrow \text{PROC}_N(\text{PROC}_N^{as}(T_i') \cup \text{PROC}_N^{as}(T_2))$

- CASE8 (C8: $\neg(\bigvee_{i \in \{1,\ldots,7\}} C_i)$ and $val(P_h(RR^s)) \leq_w val(P_v(RR^s)))$

    - $VV_C \leftarrow \text{PROC}_N(\bigcup_{i=1}^{3} \text{PROC}_N^{as}(P_h(RR^s)^i))$

- CASE9 (C9: $\neg(\bigvee_{i \in \{1,\ldots,8\}} C_i))$

    - $VV_C \leftarrow \text{PROC}_N(\bigcup_{i=1}^{3} \text{PROC}_N^{as}(P_v(RR^s)^i))$

- $VV \leftarrow \text{PROC}_{AN}(VV_C \cup \text{PROC}_N^{as}(RR^r))$

Theorem:

a) For all $RR \in REL$: PROC_r applied to RR returns a best translation of RR.

b) For all $RR \in REL$: A best translation of RR contains at most 5 vectors.

c) There are $RR \in REL$ a best translation of which contains exactly 5 vectors.

With respect to a), for lack of space we can only sketch the prove. It mainly consists of going through the cases 1)-9) of PROC_r, checking the described constellations. (One easily sees that geometrically symmetrical constellations can be merged into one checking case). With this we get the proof for the case $RR \in REL^s$. In order to prove the general case, we use this result and, in addition, the following lemma, which is easily checked:

Lemma:

a) $RR \subseteq \{b, m\}, RR \neq \emptyset, V \in VEC, rt(V) \not\subseteq \{b, m\}$.
   Then $ct(o) \leq_{vs} space(\{V\} \cup \{ct(R) \mid R \in RR\})$.

b) $RR \subseteq \{bi, mi\}, RR \neq \emptyset, V \in VEC, rt(V) \not\subseteq \{bi, mi\}$.
   Then $ct(oi) \leq_{vs} space(\{V\} \cup \{ct(R) \mid R \in RR\})$.

As a consequence the lemma tells us that vectors V which stem from $\{b, m\}$ on the one hand or from $\{bi, mi\}$ on the other can only be integrated in a set of vectors VV ($rt(VV)$ as in the lemma) - without increasing the cardinality of the set VV and modulo the retranslational impact of $\{V\} \bigcup VV$ - if an element of VV contains $ct(o)$ as a solution or if an element contains $ct(oi)$ respectively. In this case the integration of V can be done by the procedure $PROC_{AN}$ using the generalized neighborhood condition for combinations. Using this result we get the final step of the proof of a).

b) is easily deduced from a). Note that for subsets of triangles and subsets of big or small squares $PROC_N$ always returns exactly one vector.

c) finally shows that the limit stated in b) cannot be improved. Here it suffices to give the following example: $RR := \{b, di, s, f, mi\}$. We easily check that there are no $R, R' \in RR(R \neq R')$ with $rt(space(\{ct(R), ct(R')\})) \subseteq RR$. But in order to arrive at a translation with less than five vectors such a pair of relation symbols is needed.

5 Conclusion

In this paper we have outlined an algorithm which translates descriptions of (underspecified) interval relations expressed in terms of Allen's relation symbols into minimal sets of vectors reflecting the corresponding point-based descriptions. A complete algorithm for computing the transitive closure of a set of interval relations which comprises this translation algorithm and a point-based path consistency algorithm has been implemented and is part of the temporal resolution component of a NL-text understanding system that was developed at the University of Stuttgart.

References

[AL91]   Nicholas Asher and Alex Lascarides. Discourse relations and defeasible knowledge. In *Proceedings of ACL*, pages 55–62, 1991.

[All83]   James Allen. Maintaining knowledge about temporal intervals. *Comm.ACM*, 26:832–843, 1983.

[Bit86]   Oliver Bittel. Prädikatenlogische Beschreibung von Zeitstrukturen mit Anwendung. Master's thesis, Universität Stuttgart, 1986.

[Ebe91]   Kurt Eberle. *Ereignisse: Ihre Logik und Ontologie aus textsemantischer Sicht*. PhD thesis, Universität Stuttgart, 1991.

[Haj91]   Elzbieta Hajnicz. Another approach to formalizing the point and interval calculi. *International Journal of Man-Machine Studies*, 34:703–716, 1991.

[Her90]   Michael Herweg. *Zeitaspekte. Die Bedeutung von Tempus, Aspekt und temporalen Konjunktionen*. PhD thesis, Universität Hamburg, Hamburg, 1990.

[Hin86]   Erhard Hinrichs. Temporal anaphora in discourses of english. *Linguistics and Philosophy*, 9(1):63–82, 1986.

[KR83]   Hans Kamp and Christian Rohrer. Tense in texts. In Rainer Bäuerle, R. Schwarze, and Arnim von Stechow, editors, *Meaning, Use and Interpretation of Language*. de Gruyter, Berlin, 1983.

[KR85]   Hans Kamp and Christian Rohrer. Temporal reference in french. (ms.), IMS, Universität Stuttgart, 1985.

[Nö89]   Klaus Nökel. Convex relations between time intervals. In *Proceedings of ÖGAI*, Igls, 1989.

[TM87]   S. Thompson and W.C. Mann. Rhetorical structure theory: A framework for the analysis of texts. In *International Pragmatics Association Papers in Pragmatics, Vol.1*, pages 579–105, 1987.

[vB89]   Peter van Beek. Approximation algorithms for temporal reasoning. In *Proceedings of the Eleventh International Joint Conference on Artificial Intelligence*, pages 1291–1296, 1989.

[vB90]   Peter van Beek. Reasoning about qualitative temporal information. In *Proceedings of the Nineth National Conference on Artificial Intelligence (AAAI-90)*, pages 728–734, 1990.

[VK86]   Mark Vilain and Henry Kautz. Constraint propagation algorithms for temporal reasoning. In *Proceedings of the Fifth National Conference on Artificial Intelligence (AAAI-86)*, pages 377–382, 1986.

[VKvB89]   Mark Vilain, Henry Kautz, and P.G. van Beek. Constraint propagation algorithms for temporal reasoning: a revised report. In D.S.Weld and J.de Kleer, editors, *Readings in Qualitative Reasoning about Physical Systems*, pages 373–381. Morgan Kaufmann, San Mateo, CA, 1989.

Eine Disambiguierungskomponente für Modalverben

Bernhard Kipper

Graduiertenkolleg Kognitionswissenschaft,
Universität des Saarlandes, W 6600 Saarbrücken 11
E-Mail: kipper@cs.uni-sb.de

Zusammenfassung

Eine wichtige Aufgabe innerhalb natürlichsprachlicher Dialogsysteme ist die Erkennung der Überzeugungen, Wünsche, Ziele oder - allgemein - der propositionalen Einstellungen der Benutzer. Da Modalverben propositionale Einstellungen ausdrücken können, ist eine Analyse von Modalverben in natürlichsprachlichen Systemen wünschenswert. Ein Problem hierbei besteht darin, daß Modalverben auf semantischer Ebene verschiedene Lesarten besitzen. Die Disambiguierung zwischen diesen Lesarten ist die Aufgabe der hier vorgestellten Komponente DIA, zu deren Realisierung zunächst Disambiguierungskriterien herausgearbeitet wurden, auf deren Grundlage dann Disambiguierungsregeln aufgestellt wurden. Einsatz findet DIA innerhalb des natürlichsprachlichen Hilfesystems SINIX-Consultant im Rahmen einer mehrstufigen Modalverb-Analyse durch das System MODALYS.

Abstract

An important task within natural language dialog systems is the recognition of the beliefs, intentions, goals, or - in general - the propositional attitudes the user has. One way to express propositional attitudes in natural language is by using modal verbs so that an analysis of modal verbs is desirable in natural language dialog systems. One problem which arises hereby is the existence of different readings that modal verbs have. The disambiguation between them is the task of the component DIA which is described here. To realize such a component, several criteria relevant for the disambiguation were worked out and rules based on the criteria were stated. DIA is used as a part of a multi-stage analysis of modal verbs performed by the system MODALYS.

1 Einleitung

Modalverben haben eine besondere Funktion in der sprachlichen Kommunikation: Mit ihrer Hilfe kann ein Sprecher mentale Haltungen ausdrücken, die das grammatische Subjekt eines modalisierten Satzes gegenüber dem im restlichen Satz formulierten Sachverhalt einnimmt:

> "Ich <u>will</u> (<u>muß</u>, <u>kann</u>, ...) das an einem Beispiel belegen."

Dadurch kommt den Modalverben eine Schlüsselrolle zu, wenn man an den propositionalen Einstellungen des Gesprächspartners interessiert ist. Genau dies ist bei natürlichsprachlichen Dialogsystemen der Fall: Ein solches System kann die ihm gestellte Aufgabe -den kooperativen oder interessensbasierten Dialog mit dem Benutzer- nur dann adäquat erfüllen, wenn es die Absichten, Ziele, usw. erkennt, die beim Benutzer vorhanden sind. In natürlichsprachlichen Dialogsystemen stellt sich daher u.a. die Aufgabe, die Verwendung von Modalverben in Benutzereingaben zu analysieren.

Ein Problem bei einer solchen Modalverb-Analyse liegt jedoch darin, daß Modalverben verschiedene Lesarten mit z.T. sehr unterschiedlicher Semantik besitzen. So kann beispielsweise der Satz

"Karl soll studieren."

auf zweierlei Art und Weise interpretiert werden:

"Jemand will,   daß Karl studiert."   und
"Jemand hat behauptet, daß Karl studiert."

Ein wesentlicher Teil einer Modalverb-Analyse besteht somit darin, zu einem gegebenen Modalverb-Vorkommen zu untersuchen, welche Lesart konkret vorliegt. Innerhalb von MODALYS - einem System zur semantisch-pragmatischen Analyse von Modalverben in natürlichsprachlichen Dialogsystemen (siehe [Kipper, 91] und [Kipper, 92]), das in dem natürlichsprachlichen Hilfesystem SINIX-Consultant (siehe [Wahlster et al., 88]) eingesetzt wird - ist dies die Aufgabe der Komponente DIA.[1]

Zur Präsentation von DIA werden zunächst in Abschnitt 2 die Lesarten der Modalverben charakterisiert, zwischen denen DIA zu unterscheiden hat. Abschnitt 3 stellt die Kriterien vor, mit deren Hilfe innerhalb von DIA disambiguiert wird. Der Kern von DIA - die Disambiguierungsregeln, die auf diesen Kriterien aufbauen - wird in Abschnitt 4 besprochen. Abschnitt 5 erläutert die Implementierung von DIA sowie dessen Einsatz innerhalb der vom System MODALYS durchgeführten Modalverb-Analyse im natürlichsprachlichen Hilfesystem SINIX-Consultant. Eine kurze Zusammenfassung mit Ausblick schließt die Arbeit ab (Abschnitt 6).

2   Die Lesarten der Modalverben

Da es in der Linguistik weiterhin eine offene Frage ist, welche Verben zu der Gruppe der Modalverben zu zählen sind, wird die Charakterisierung der Lesarten zunächst nur für die sechs Verben *können, müssen, wollen, sollen, dürfen* und *mögen* vorgenommen, weil deren Zugehörigkeit zu den Modalverben unumstritten ist und sie somit gewissermaßen den Kernbestand bilden. Die systematische Unterscheidung zwischen den Lesarten liefert auch Argumente für die Hinzunahme weiterer Verben zur Gruppe der Modalverben, die dann innerhalb von DIA insgesamt berücksichtigt wird.

Trotz vereinzelter abweichender Charakterisierungen (wie z.B. in [Reinwein, 77]) hat sich in der Linguistik die Auffassung durchgesetzt, daß Modalverben zwei prinzipiell verschiedene Lesarten besitzen. Für diese beiden Lesarten existieren recht unterschiedliche Bezeichnungen, z.B. *deontische* und *epistemische* Lesart (bei [Kratzer, 76]) oder *objektive* und *subjektive* Lesart (bei [Fourquet, 70]). In der vorliegenden Arbeit wird jedoch die Bezeichnung *nicht-inferentielle* bzw. *inferentielle* Lesart aus [Brünner & Redder, 83] und [von Polenz, 85] übernommen, weil sie folgenden Zusammenhang verdeutlicht: Durch den <u>inferentiellen</u> Gebrauch eines Modalverbs teilt ein Sprecher mit, daß es sich bei der im Modalverb-Komplement angegebenen Information um eine <u>abgeleitete</u> handelt.

Diese Ableitung kann auf zweierlei Weise erfolgt sein: Die inferentielle Lesart von *sollen* im Konjunktiv II sowie die von *müssen, dürfen, können* und *mögen* kennzeichnen die Proposition im Modalverb-Komplement explizit als Folgerung eines vom Sprecher durchgeführten Inferenzprozesses:

"Das muß/dürfte/sollte/kann/mag richtig gewesen sein."

Dadurch, daß der Sachverhalt im Modalverb-Komplement als inferierter kenntlich gemacht wird, ist die Aussage mit Unsicherheit behaftet und erhält den Charakter einer **Annahme**. Der Grad der Unsicherheit, der in dieser Annahme steckt, hängt dabei vom verwendeten Modalverb ab. So drückt beispielsweise die inferentielle Lesart von *müssen* eine sehr viel stärkere Gewißheit aus als die von *können*.[2]

---

[1]Es sei an dieser Stelle darauf hingewiesen, daß die Zielsetzung von DIA ausschließlich darin besteht, solche Mehrdeutigkeiten bei Modalverben aufzulösen, die auf semantischer Ebene bestehen, und nicht solche, die auf Grund gleicher Verbformen auf morphologischer Ebene bestehen.

[2]Wie solche Unterschiede im Kontext natürlichsprachlicher Dialogsysteme ausgenutzt werden können, wird in [Kipper, 92] gezeigt.

Um eine andere Art der Ableitung handelt es sich bei der inferentiellen Verwendung von *sollen* im Indikativ und von *wollen*: Durch ihren Gebrauch wird angezeigt, daß die Aussage eines anderen Sprechers wiedergegeben wird. Genauer: Bei *wollen* handelt es sich um eine **Aussage des grammatischen Subjekts**, und bei *sollen* im Indikativ um eine **Aussage eines Dritten**, der zumeist ungenannt bleibt:

"Heinz will/soll sich ein neues Auto gekauft haben."

Die nicht-inferentiellen Lesarten der Modalverben sind im Gegensatz zu den inferentiellen Lesarten semantisch sehr inhomogen. Allen gemein ist lediglich die Eigenschaft, daß sie propositionale Einstellungen zum Ausdruck bringen: bei *müssen* eine **Notwendigkeit**, bei *können* die **Realisierbarkeit** (Möglichkeit) eines Sachverhalts, bei *wollen* ein **Ziel**, bei *sollen* die **Zielfestlegung durch einen Dritten**, bei *dürfen* eine **Erlaubnis** und bei *mögen* ebenso wie bei *wollen* ein - wenn auch vages - **Ziel**.

Zusätzlich zu den bisher genannten sechs Verben werden innerhalb von DIA noch *nicht brauchen* und *möchten* berücksichtigt. Die Hinzunahme von *nicht brauchen* ist dadurch gerechtfertigt, daß es eine negative Entsprechung zu *müssen* darstellt (z.B. in: "Du mußt kommen." - "Du brauchst nicht zu kommen.").

Bei *möchten* verhält es sich so, daß diese Konjunktiv II-Form von *mögen* sich durch Änderungen des Sprachgebrauchs fast schon zu einem eigenständigen Verb mit der Bedeutung *den Wunsch haben* entwickelt hat. Daher wird in der vorliegenden Arbeit die Sichtweise zugrunde gelegt, daß *möchten* die nicht-inferentielle Lesart von *mögen* darstellt.

In Tabelle 1 sind die innerhalb von DIA berücksichtigten Modalverben mit ihren Lesarten noch einmal zusammengefaßt.

Modalverb	Lesart bei nicht-inferentieller Verwendung	Lesart bei inferentieller Verwendung
müssen	Angabe eines notwendigen Sachverhaltes	Annahme[3]
nicht brauchen	Angabe eines nicht notwendigen Sachverhaltes	Annahme[3]
können	Angabe eines realisierbaren Sachverhaltes	Annahme[3]
dürfen	Angabe eines erlaubten Sachverhaltes	Annahme[3]
mögen		Annahme[3]
möchten	Angabe eines Zieles	
sollen im Konjunktiv II	Zielfestlegung durch einen Dritten	Annahme[3]
im Indikativ		Aussage eines Dritten
wollen	Angabe eines Zieles	Aussage des grammatischen Subjekts

Tabelle 1: Die Lesarten der Modalverben.

---

[3]Diese inferentiellen Lesarten unterscheiden sich darin, daß durch die Verwendung verschiedener Modalverben der Grad der Unsicherheit variiert wird, den die zum Ausdruck gebrachte Annahme beinhaltet.

3 Die Disambiguierungskriterien

In diesem Abschnitt wird untersucht, von welchen Faktoren die Bedeutung eines Modalverbs in einer gegebenen Äußerung abhängt. Diese Faktoren können in vier Gruppen eingeteilt werden: Informationen bezüglich der Flexion des Modalverbs, Informationen über den Prädikatausdruck im Modalverb-Komplement, Informationen über die verwendete Satzkonstruktion und Informationen über den sprachlichen Kontext, in dem der Satz geäußert wurde.

3.1 Morphologische Informationen über das Modalverb

Morphologische Informationen über das Modaverb können in bestimmten Fällen zur Disambiguierung bereits ausreichen. Ein Beispiel hierfür ist *dürfen*, bei dem die inferentielle Lesart nur bei Verwendung des Konjunktiv II auftreten kann (wie z.B. in dem Satz "Ich dürfte jetzt wohl das Schlimmste hinter mir haben."). Somit handelt es sich bei einem Vorkommen von *dürfen* im Indikativ immer um die nicht-inferentielle Lesart, und der **Modus des Modalverbs** ist einer der Faktoren, die bei der Disambiguierung zu berücksichtigen sind.

Ein zweiter Faktor ist das **Tempus des Modalverbs**. Betrachten wir hierzu den Satz "Er wollte arbeiten.". Setzt man voraus, daß es sich um die Imperfekt-Form von *wollen* handelt und nicht um die ebenfalls mögliche Konjunktiv II - Form (was ein Beispiel für eine Mehrdeutigkeit auf morphologischer Ebene ist), so wird *wollen* eindeutig nicht-inferentiell gebraucht. Das rührt daher, daß man die Wiedergabe der Aussage eines Dritten über ein vergangenes Geschehen mit *wollen* nicht dadurch erreicht, daß man das Modal<u>verb</u> in die Vergangenheitsform bringt, sondern das <u>Modalverb-Komplement</u>: "Er will gearbeitet haben." *wollen* kann hier also nicht in seiner inferentiellen Lesart, die die Aussage eines Dritten wiedergibt, vorliegen.

Weiterhin ist auch die **Person**, in der das Modalverb steht, zu berücksichtigen. Die inferentielle Lesart von *wollen* z.B. drückt eine Behauptung eines Dritten über sich selbst aus: "Karl will angeblich ein UFO gesehen haben." In der 1. Person läßt sich eine solche Behauptung nicht aufstellen, sodaß in solchen Fällen immer die nicht-inferentielle Lesart vorliegt.

3.2 Informationen über den Prädikatausdruck im Modalverb-Komplement

Die Infinitivergänzung im Modalverb-Komplement kann entweder im Infinitiv Präsens oder im Infinitiv Perfekt stehen. Daß der Unterschied zwischen den zwei Infinitivformen für die Disambiguierung von Bedeutung ist, kann am Beispiel von *sollen* gezeigt werden. Bei einem Satz wie z.B. "Das soll sich so zugetragen haben." kommt die nicht-inferentielle Lesart von *sollen* ("*wollen*-Lesart") nicht in Frage. Ein Wollen ist nämlich immer in die Zukunft gerichtet, bei obigem Beispielsatz dagegen ist wegen der Verwendung des Infinitiv Perfekt von bereits geschehenen Ereignissen die Rede. Daher benutzen die Disambiguierungsregeln neben morphologischen Informationen über das Modalverb auch die **Infinitivform des Prädikatausdrucks im Modalverb-Komplement**.

Ein weiteres Disambiguierungskriterium, das den Prädikatausdruck im Modalverb-Komplement betrifft, ergibt sich aus einer semantisch begründeten Einteilung von Prädikatausdrücken in verschiedene Klassen. Betrachten wir hierzu den Satz "Ich muß mein Zimmer aufräumen.". *müssen* wird in diesem Satz nicht-inferentiell verwendet, da der Prädikatausdruck des Modalverb-Komplements - *aufräumen* - eine Handlung ausdrückt und ein Sprecher im allgemeinen keine Annahmen darüber aufstellt, was er gerade tut.

Wie das Beispiel belegt, ist somit bei der Disambiguierung eine Unterscheidung sinnvoll zwischen Prädikatausdrücken im Modalverb-Komplement, die - allgemeiner formuliert - <u>Geschehnisse</u> ausdrücken, und solchen, die <u>Zustände</u> ausdrücken.

Neben dieser Unterscheidung gibt es noch eine weitere Möglichkeit, Satzprädikate so zu klassifizieren, daß sie für die Disambiguierung relevant sind. So drücken beispielsweise in den folgenden

Sätzen beide Prädikate im Modalverb-Komplement einen Zustand aus :

> "Die Pflanze soll an einem hellen Ort stehen."
> "Marias Großmutter soll schon sehr alt sein."

Während jedoch der erste Satz beide Lesarten von *sollen* zuläßt, legt der zweite Satz ohne Kontext eindeutig die inferentielle Lesart nahe. Dies läßt sich folgendermaßen begründen: Da der Standort einer (Zimmer-)Pflanze beliebig veränderbar ist, kann der erste Satz in Verbindung mit der nicht-inferentiellen Lesart als Aufforderung verstanden werden. Beim zweiten Satz ist dies nicht möglich, da das Alter von Personen nicht beeinflußbar ist.

Satzprädikate lassen sich also sinnvollerweise auch danach unterteilen, ob sie einen Sachverhalt ausdrücken, der <u>willentlich beeinflußbar</u> ist oder nicht.

Da diese Unterscheidung keineswegs auf Zustandsprädikate beschränkt ist, sondern auch für Prädikate gilt, die Geschehnisse zum Ausdruck bringen, erhält man insgesamt eine Kreuzklassifizierung von Satzprädikaten entlang zweier Kriterien, die uns vier Klassen liefert. Die Prädikate in den einzelnen Klassen drücken aus:

- Aktionen (willentlich beeinflußbare Geschehnisse)
- Prozesse (nicht willentlich beeinflußbare Geschehnisse)
- willentlich beeinflußbare Zustände
- nicht willentlich beeinflußbare Zustände

3.3 Die verwendete Satzkonstruktion

Besonderheiten in der verwendeten **Satzkonstruktion** sind ebenfalls der Disambiguierung dienlich, denn bei verschiedenen Satzkonstruktionen können an bestimmten Positionen auch nur bestimmte Lesarten verwendet werden. Beispiele hierfür sind finale Satzkonstruktionen, bei denen Modalverben im Finalsatz nur nicht-inferentiell verwendet werden können (diese Regel wird in Abschnitt 4 noch erläutert), sowie konditionale Satzgefüge, bei denen Modalverben im Antezedens nur nicht-inferentiell gebraucht werden können (siehe hierzu [Kipper, 91]).

3.4 Informationen aus dem sprachlichen Kontext

Alle bislang hergeleiteten Disambiguierungskriterien benutzen nur Informationen, die innerhalb des Satzes zur Verfügung stehen. Aber auch der sprachliche Kontext, in dem ein modalisierter Satz geäußert wird, übt einen großen Einfluß auf die Bedeutung der Modalverben aus. Innerhalb von DIA wurde ein Aspekt des sprachlichen Kontextes - der Zeitfokus - näher untersucht, um daraus ein weiteres Disambiguierungskriterium herzuleiten.

Der Satz "Ich muß bei meiner Schwester gewesen sein." läßt ohne Kenntnis des Kontextes, in dem er geäußert wird, beide Lesarten von *müssen* zu. Weiß man jedoch, in welchem Zusammenhang diese Äußerung steht, so ist es möglich, eine Lesart auszuschließen. Hier ein Beispiel, das nur noch die inferentielle Lesart zuläßt:

> "Ich habe gestern nachmittag vergeblich versucht, Dich zu erreichen." -
> "In diesem Zeitraum muß ich gerade bei meiner Schwester gewesen sein."

Die Tatsache, daß in diesem Beispiel von bereits geschehenen Ereignissen die Rede ist, reicht schon aus, um die nicht-inferenitelle Lesart von *müssen* auszuschließen, weil diese eine Notwendigkeit ausdrückt: Will man nämlich einen Sachverhalt formulieren, bei dem in der Vergangenheit eine Notwendigkeit für etwas bestand, so muß man bei *müssen* eine Vergangenheitsform verwenden ("Ich mußte bei meiner Schwester sein.") und nicht bei der Infinitivform im Modalverb-Komplement (wie im Beispielsatz).

Man kann somit bei der Disambiguierung einen **Zeitfokus** als weiteres Kriterium hinzunehmen, der besagt, ob in dem Kontext, in dem der modalisierte Satz geäußert wird, von vergangenen, gegenwärtigen oder zukünftigen Geschehnissen die Rede ist.

Insgesamt werden also innerhalb von DIA die folgenden Disambiguierungskriterien benutzt: Modus, Tempus und Person des Modalverbs, Infinitivform sowie Klassenzugehörigkeit des Prädikatausdrucks im Modalverb-Komplement, die Satzkonstruktion und ein Zeitfokus.

4 Die Disambiguierungsregeln

Die Ausführungen in Abschnitt 3 ließen bereits erkennen, daß gewisse Informationen eine der beiden Lesarten favorisieren. Diese Beobachtungen legen es nahe, darauf die Disambiguierungsregeln aufzubauen. Leider stellte es sich heraus, daß sich in einigen Fällen Gegenbeispiele konstruieren lassen. Solche Fälle treten zwar gegenüber dem "Normalfall" weit weniger häufig auf, sind aber prinzipiell möglich. Beim Auftreten gewisser Merkmalskombinationen kann man deshalb von allgemeinen **Tendenzen** zu einer bestimmten Lesart sprechen, und die vorsichtige Formulierung von einer *Favorisierung* einer Lesart ist berechtigt.

Hieraus und aus der Tatsache, daß jedes Modalverb seine charakteristischen Besonderheiten aufzuweisen hat, ergab sich die folgende Vorgehensweise: Für jedes Modalverb wurde untersucht, welche Kombination der in Abschnitt 3 vorgestellten Informationen im gegebenen Fall ausreicht, um die verwendete Lesart zu bestimmen. Dies führte zur Erstellung detaillierter Tabellen, wie sie z.B. in Tabelle 2 für den Fall wiedergegeben ist, daß das Modalverb in der 1. Person im Indikativ Präsens steht und der Prädikatausdruck im Modalverb-Komplement im Infinitiv Präsens. (Um Mißverständnissen vorzubeugen, sei ausdrücklich darauf hingewiesen, daß auch bei den in den Tabellen enthaltenen Ergebnissen Ausnahmen möglich sind, wenn auch nur in sehr geringem Maße.)

	können	müssen	nicht brauchen	wollen	sollen	dürfen	mögen
Aktion	nicht-inferentiell	nicht-inferentiell	nicht-inferentiell	nicht-inferentiell	nicht auflösbar	nicht-inferentiell	inferentiell
Prozeß	inferentiell	inferentiell	inferentiell	tritt nicht auf	nicht auflösbar	nicht-inferentiell	inferentiell
Zustand (w.b.)	nicht auflösbar	nicht auflösbar	nicht auflösbar	nicht-inferentiell	nicht auflösbar	nicht-inferentiell	inferentiell
Zustand (¬w.b.)	inferentiell	inferentiell	inferentiell	tritt nicht auf	inferentiell	nicht-inferentiell	inferentiell

Tabelle 2: Die Disambiguierungsergebnisse im Detail. Die Einträge sind aufgeschlüsselt nach Modalverb (Spalten) und Klassenzugehörigkeit des Prädikatausdrucks im Modalverb-Komplement (Zeilen).

Diese Tabellen bestätigten die allgemeinen Tendenzen. Daher werden im folgenden einige davon beispielhaft erläutert und - soweit möglich - auch Ausnahmen dazu angegeben.

Betrachten wir zuerst Modalverb-Verwendungen, bei denen der Prädikatausdruck im Modalverb-Komplement der Klasse *Prozess* oder *nicht willentlich beeinflußbarer Zustand* angehört:

1. Prozeß
   Zustand (¬w.b.) ⇒ inferentielle Lesart

Das grammatische Subjekt hat in diesen Fällen keine Möglichkeit, auf das im Modalverb-Komplement angeführte Geschehnis bzw. den angeführten Zustand einzuwirken. Daher sind die von den nicht-inferentiellen Lesarten ausgedrückten Modalitäten in der Regel nicht auf solche Prädikate anwendbar, und das Modalverb wird inferentiell gebraucht. Im Beispiel : "Sie will 18 Jahre alt sein."

Ausnahmen zu dieser Tendenz treten z.B. dann auf, wenn von allgemeinen Zusammenhängen die Rede ist: "Man muß schon sehr krank sein, um ein Fernbleiben zu entschuldigen." In diesem Satz kann *müssen* nicht-inferentiell gebraucht werden, weil sich die von ihm ausgedrückte Notwendigkeit nicht auf die Realisierung des im Modalverb-Komplement gegebenen Zustands bezieht. Vielmehr wird der im Modalverb-Komplement bezeichnete Zustand als notwendige Bedingung für die Proposition im Finalsatz angesehen.

Die nachfolgende Tendenz demonstriert die Verwendung des Zeitfokus bei der Disambiguierung anhand von Modalverb-Verkommen, bei denen der Prädikatausdruck des Modalverb-Komplements im Infinitiv Perfekt steht.

2. Infinitiv Perfekt, Aktion,　　　Zeitfokus Vergangenheit
　　　Zustand (w.b.), Zeitfokus Vergangenheit ⇒ inferentielle Lesart

Wegen des Infinitivs Perfekt liegt in diesen Fällen das Futur II vor, bei dem man generell zwei Verwendungsweisen unterscheiden kann: eine, die Bezug auf Vergangenes nimmt, und eine, die auf Zukünkftiges Bezug nimmt. Letztere kann auf Grund des Wertes, den der Zeitfokus hat, hier nicht vorliegen. Für die erste wird jedoch im Duden festgestellt: "Die Aussage nimmt dabei den Charakter einer Vermutung über vergangenes Geschehen an ..." ([Duden, 84], S. 152). Daher werden Modalverben in solchen Fällen im allgemeinen inferentiell gebraucht.

Ausnahmen zu dieser Tendenz treten dann auf, wenn im Modalverb-Komplement ein Geschehen erwähnt wird, das zwar in der Vergangenheit liegt, von deren Verlauf der Sprecher jedoch noch keine Kenntnis hat.

Verwendungen von *wollen* in der 1. Person werden durch die folgende Regel erfaßt:

3. *wollen* im Indikativ, Aktion,　　　1. Person
　　　Zustand (w.b.), 1. Person ⇒ nicht-inferentielle Lesart

Da die inferentielle Lesart von *wollen* eine Behauptung eines Dritten über sich selbst ausdrückt, kann sie in der 1. Person nicht verwendet werden. Es gibt daher auch keine Ausnahmen zu dieser Regel.

Abschließend soll noch - am Beispiel finaler Satzgefüge - eine Tendenz angegeben werden, bei der Besonderheiten der verwendeten Satzkonstruktion zur Disambiguierung ausgenutzt werden:

4. Modalverb im Finalsatz ⇒ nicht-inferentielle Lesart

In einem finalen Satzgefüge liefert der Finalsatz eine Begründung für den Vordersatz, indem die Proposition im Finalsatz als übergeordnetes Ziel gegenüber der im Vordersatz ausgedrückten Proposition angegeben wird. Geschehnisse laufen nur selten mit dem Ziel ab, eine Annahme aufzustellen bzw. Behauptungen Dritter wiederzugeben. Diese Tatsache verhindert, daß ein Modalverb im Finalsatz inferentiell gebraucht werden kann. Soll dennoch einmal ein Sachverhalt der oben erwähnten Art formuliert werden, so müssen andere sprachliche Mittel gewählt werden, die die Illokution der inferentiellen Lesarten explizieren: "Es müssen mehr Indizien vorliegen, um das anzunehmen."

Neben den in diesem Abschnitt erläuterten Tendenzen konnte noch eine Reihe weiterer herausgearbeitet werden. [Kipper, 91] enthält deren vollständige Auflistung.

5 Die Implementierung der Regeln und die Einbindung von DIA in natürlichsprachliche Dialogsysteme

Die Implementierung der Disambiguierungsregeln erfolgte mittels der regelbasierten Programmiersprache OPS5. So wird beispielsweise Regel 3 aus Abschnitt 4 folgerndermaßen kodiert:

```
(p wollen_erste_person
        (modalverb        ^name wollen
                          ^modus indicative
                          ^person 1)
        (komplementverb ^klasse << aktion zustand_wb >>)
   -->
        (make lesart ^modalverb wollen
                     ^name        nicht-inferentiell))
```

Zur besseren Strukturierung der Regeln wurden sie zu Regelpaketen zusammengefaßt gemäß der Aufteilung, wie sie auch in Abschnitt 3 vorgenommen wurde. Konnte ein Modalverb-Vorkommen von einer Regel disambiguiert werden, so wird eine Erklärung ausgegeben, die die gefundene Lesart sowie diejenigen Informationen beinhaltet, die zu diesem Ergebnis geführt haben. Falls die Lesart durch keine der vorhandenen Regeln bestimmt werden konnte, wird per Default die nicht-inferentielle Lesart genommen, weil diese bei Modalverben insgesamt gesehen häufiger Verwendung findet.

Die Regeln setzen somit voraus, daß in der Datenbasis die benötigten Informationen vorhanden sind in Form bestimmter Datenbasis-Elemente. Als Ergebnis liefert DIA dann die festgestellte Lesart zurück. Damit ergibt sich eine klar definierte Schnittstelle nach außen. DIA kann somit als eigenständige Komponente innerhalb natürlichsprachlicher Dialogsysteme eingesetzt werden. In der gegenwärtigen Systemarchitektur wird DIA jedoch als Teilkomponente einer mehrstufigen Modalverb-Analyse verwendet, die innerhalb des Systems MODALYS stattfindet. Aus diesem Grunde soll an dieser Stelle der Aufbau des Systems MODALYS sowie dessen Einbindung in den SINIX-Consultant erläutert werden.

Wie auch in Abbildung 1 zu erkennen ist, stellt die Disambiguierung mit Hilfe von DIA den ersten Schritt der semantisch-pragmatischen Modalverb-Analyse dar, die von MODALYS durchgeführt wird. Vor dem Aufruf von DIA initialisiert MODALYS dabei über die LISP-Schnittstelle von OPS5 die Datenbasis. Bis auf den Zeitfokus entnimmt MODALYS die hierfür benötigten Informationen der von Parser erzeugten Repräsentationsstruktur für den Eingabesatz (der Parser wiederum erhält die morphologischen Informationen von einer morphologischen Analysekomponente, die Infinitivform aus der Satzstruktur und die Klasse des Prädikatausdrucks im Modalverb-Komplement aus dem Lexikon, das er benutzt). Der Zeitfokus könnte von einer Kontextanalyse geliefert werden, die u.a. das Tempus verwendeter Verben verfolgt. Wegen des Fehlens einer solchen Komponente innerhalb des SINIX-Consultant wird der Zeitfokus bei MODALYS von einer Dummy-Funktion geliefert.

Nach Beendigung von DIA wird die festgestellte Lesart den beiden nachfolgenden Teilen von MODALYS bereitgestellt, welche parallel zueinander liegen. In einem Teil werden Modalverben in nicht-zusammengesetzten Sätzen untersucht. Dabei werden in Abhängigkeit von der durch DIA bestimmten Lesart und der Satzart (Aussage- oder Fragesatz, positiv formuliert oder negiert) Aktionen festgelegt (und in das vom Parser erhaltene Repräsentationskonstrukt eingetragen), die innerhalb des natürlichsprachlichen Systems als Reaktion auf die modalisierte Benutzeräußerung erfolgen sollen. Diese Aktionen betreffen die Wissensbasis-Retrieval-Komponente, den Plangenerator, die Benutzermodellierungskomponente und indirekt auch die Generierungskomponente und definieren eine **operationale Semantik** der Lesarten der Modalverben.

Eine Analyse von **Modalverben in zusammengesetzten Satzkonstruktionen** bildet den verbleibenden Teil von MODALYS. Bei dieser Analyse sind die Relationen von zentralem Interesse, die zwischen den Teilsätzen auf Grund des Zusammenspiels von Satzkonstruktion und verwendeten

Modalverben bestehen. Um die Relationen formal zu erfassen, wird das Repräsentationskonstrukt der *justification pattern* benutzt. Die *justification pattern* können dann im System adäquat weiterverarbeitet werden.

Nach Beendigung der Modalverb-Analyse sorgt dann eine Auswertungskomponente dafür, daß von den entsprechenden Systemkomponenten die im transformierten Repräsentationskonstrukt spezifizierten Aktionen ausgeführt bzw. die *justification pattern* ausgewertet werden.

Der Zusammenhang zwischen den drei Teilen von MODALYS sowie die Einbindung von MODALYS in das System SINIX-Consultant ist in Abbildung 1 noch einmal graphisch dargestellt.

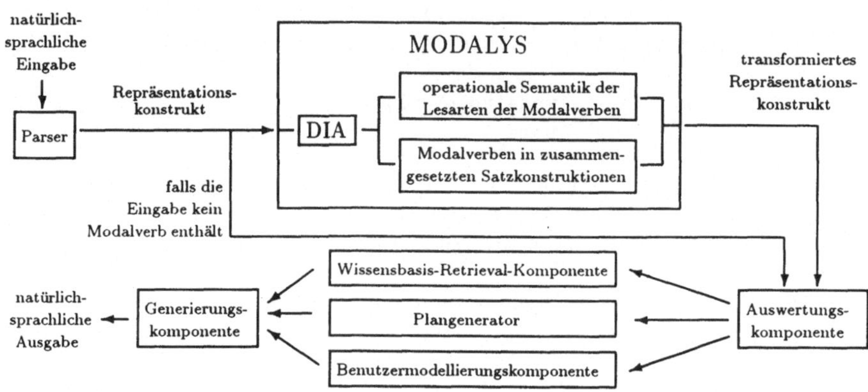

Abbildung 1: Die Einbindung von DIA innerhalb von MODALYS im SINIX-Consultant.

6 Zusammenfassung und Ausblick

Insgesamt ist festzuhalten, daß mit DIA zum ersten Mal eine systematische Disambiguierung von Modalverben durchgeführt wird. Der Vorteil liegt insbesondere darin, daß - im Gegensatz zum einzigen System mit vergleichbarer Zielsetzung, der Interpretation von Modalverben im natürlichsprachlichen Beratungssystem WISBER (siehe [Gerlach & Sprenger, 88]) - nicht nur Regeln erstellt wurden, die Besonderheiten einzelner Modalverben berücksichtigen, sondern auch Kriterien und Regeln herausgearbeitet wurden, die für alle Modalverben Gültigkeit besitzen. Die von DIA benötigten Informationen können dabei innerhalb natürlichsprachlicher Dialogsysteme bereitgestellt werden. In Verbindung mit der Tatsache, daß DIA über eine klar definierte Schnittstelle nach außen verfügt, bedeutet dies insbesondere, daß DIA sowohl - wie im Falle des SINIX-Consultant - in eine mehrstufige Modalverb-Analyse eingebunden werden kann, als auch als eigenständige, unabhängige Komponente in natürlichsprachlichen Dialogsystemen arbeiten kann. Darüber hinaus könnten die Disambiguierungsregeln auch bei der Generierung natürlichsprachlicher Äußerungen eingesetzt werden - als Test, ob in einer geplanten Äußerung die gewünschte Lesart eines Modalverbs überhaupt gebraucht werden kann.

Erweiterungsmöglichkeiten für DIA bestehen vor allem in zwei Richtungen: zum einen in der Gewinnung weiterer (möglicherweise kontextabhängiger) Disambiguierungskriterien, sodaß noch mehr Modalverb-Vorkommen von den Regeln abgedeckt werden können, und zum anderen in der Berücksichtigung von Mehrfachableitungen innerhalb eines Evidenzkalküls, sodaß sich die auf unterschiedlichen Tendenzen beruhenden Ergebnisse verschiedener Regeln gegenseitig verstärken oder abschwächen können.

Literatur

[Brünner & Redder, 83] G. **Brünner** und A. **Redder**. *Modalverben im Diskurs.* in: G. Brünner und A. Redder (Hrsg.), Studien zur Verwendung der Modalverben, S. 13–90. Tübingen: Gunter Narr Verlag, 1983.

[Duden, 84] Der Duden in 10 Bänden. Band 4: *"Grammatik der deutschen Gegenwartssprache"*, 4. Auflage. Mannheim: Bibliographisches Institut, 1984.

[Fourquet, 70] C. **Fourquet**. *Zum subjektiven Gebrauch der deutschen Modalverba.* Sprache der Gegenwart 6, 1970, S. 154–161.

[Gerlach & Sprenger, 88] M. **Gerlach** und M. **Sprenger**. *Semantic Interpretation of Pragmatic Clues: Connectives, Modal Verbs, and Indirect Speech Acts.* in: Proceedings of the 12th International Conference on Computational Linguistics (COLING 88), Budapest, 1988, S. 191–195.

[Kipper, 91] B. **Kipper**. *Semantisch-pragmatische Analyse von Modalverben in natürlich-sprachlichen Dialog- und Beratungssystemen.* Diplomarbeit, Universität des Saarlandes, Saarbrücken, 1991.

[Kipper, 92] B. **Kipper**. *MODALYS - A System for the Semantic-Pragmatic Analysis of Modal Verbs.* erscheint in: Proceedings of the 5th International Conference on Artificial Intelligence - Methodology, Systems, Applications (AIMSA 92), Sofia, 1992.

[Kratzer, 76] A. **Kratzer**. *Was „können" und „müssen" bedeuten können müssen.* Linguistische Berichte 42, April 1976, S. 1–28.

[Reinwein, 77] J. **Reinwein**. *Modalverb-Syntax.* Tübingen: Gunter Narr Verlag, 1977.

[von Polenz, 85] P. **von Polenz**. *Deutsche Satzsemantik.* Berlin: de Gruyter, 1985.

[Wahlster et al., 88] W. **Wahlster**, M. **Hecking**, und C. **Kemke**. *SC : Ein intelligentes Hilfesystem für SINIX.* in: W. Gollan, W. Paul, und A. Schmitt (Hrsg.), Innovative Informationsinfrastrukturen, Informatik Fachberichte Nr. 184. Berlin: Springer, 1988.

Verbfeldgenerierung

Jürgen Kunze
Forschungsgruppe Computerlinguistik im WIP
Prenzlauer Promenade 149-152
O-1100 Berlin
Tel: 37-2 4797 138, 139, 146   Fax: 37-2 4721 025
e-mail: duda@zisw.wtza-berlin.dbp.de

1. Der Gegenstand

Die Beziehungen zwischen der inneren Struktur von Sememen und
den von ihnen eingenommenen Positionen in Feldern bilden ein
Forschungsthema des Projekts TELEX[*]. Innerhalb dieses Themas
werden neben anderen Fragen die Beziehungen zwischen folgenden
semantischen Phänomenen untersucht:

(a) <u>Prototypische Bedeutungsbeschreibungen von Verben,</u> die z. B.
erfassen, daß **ausrauben, entkleiden** eine holistische Komponente
in ihrer Bedeutung enthalten, die bei **rauben, ausziehen** gerade
fehlt: "sich entkleiden" bedeutet, alles auszuziehen, was man
anhat. Diese Komponente hat zur Konsequenz, daß das holistisch
gebundene Argument (die Beute bzw. die Kleidung) als Aktant an
der Oberfläche nicht verfügbar ist, es ist auf eine nicht-tri-
viale Weise wegquantifiziert. Die adäquate Erfassung solcher
Phänomene erspart die Lambdafizierung.

(b) <u>Die unterschiedlichen Perspektiven, die durch verschiedene
Verbsememe für gleiche Sachverhalte erzeugt werden.</u> Es ist genau
diese Perspektive, die

$\qquad$ **x für y einsetzen** vs. **y gegen x austauschen**

unterscheidet. Derartige Oppositionen sind keineswegs selten.
Das Interessante an ihnen ist, daß sich die Perspektive nicht
nur mit entsprechenden Tests als deutliches Merkmal von Verbbe-
deutungen nachweisen läßt (Kunze 1991, S. 91f), sie kann auch

---

[*] TELEX ist ein DFG-Kooporationsprojekt, in dem die Berliner
Gruppe und das Institut für Intergrierte Publikations- und Informationssysteme (IPSI, Darmstadt) der Gesellschaft für Mathe-
matik und Datenverarbeitung zusammenarbeiten. Die hier dargestellte Generierungskomponente wurde von Beate Firzlaff (Darmstadt) auf der Grundlage des im IPSI entwickelten Context Feature Structure Systems implementiert.

durch Oberflächenmerkmale gleich mehrfach dingfest gemacht werden:

- die Verbpräfixe bzw. -zusätze sind antonym;
- die Präpositionen sind antonym;
- ein obligatorisches Objekt in einem reinen Kasus wechselt mit einem fakultativen Präpositionalobjekt.

Dieses Paradigma kann man an Paaren wie

x zu y verarbeiten   vs. *y aus x herstellen*

und (gleich zweidimensional) an den Verben

etwas von jemandem annehmen vs. *etwas an jemanden abschicken*

vs.   vs.

etwas jemandem wegnehmen vs. *etwas jemandem zuschicken*

durchexerzieren. Analog verhalten sich auch die *be*-Verben.

(c) <u>Die Eignung oder Nicht-Eignung von Verbsememen zur Konstituierung einer bestimmten thematischen Textstruktur</u> und der Zusammenhang dieser Eigenschaft mit der durch das Verbsemem induzierten Perspektive. Die drei Verben *verschenken, schenken, beschenken* sind derartige Perspektive-Varianten einer Sachverhaltsklasse. Der behauptete Zusammenhang wird an folgendem Phänomen deutlich: In den beiden Dialogen nimmt die Akzeptabilität von (2a) bis (2c) ab und von (4a) bis (4c) zu, eventuell unecht (die b-Sätze sind wohl in beiden Fällen akzetabel). Die Antworten dürfen umgeordnet werden, wenn es beliebt, für die kontextuell eingeführten Argumente (*Vase* in (2), *Braut* in (4)) darf man auch Personalpronomina einsetzen.

Situation 1: Gelegentlicher Besuch von A bei B.

A: (1)   *Wo ist denn die Vase, die du in der Vitrine hattest?*

B: (2a)   *Ich habe die Vase an eine Freundin verschenkt.*

    (2b)   *Ich habe die Vase einer Freundin geschenkt.*

    (2c)   *Mit der Vase habe ich eine Freundin beschenkt.*

Situation 2: Gespräch von A und B über eine Hochzeit.

A: (3)   *Was hast du denn für die Braut mitgenommen?*

B: (4a)   *Ich habe eine Vase an die Braut verschenkt.*

    (4b)   *Ich habe der Braut eine Vase geschenkt.*

    (4c)   *Ich habe die Braut mit einer Vase beschenkt.*

2. Die Grundannahmen

Die unter (a) bis (c) genannten Eigenschaften von Verbsememen korrelieren mit der Position der Sememe in Verbfeldern, sie sind sogar ein direkter Reflex dieser Position. Diese Behauptung scheint vom Himmel zu fallen, ist doch a priori nicht klar,

* wie die Struktur der Felder überhaupt aussieht,
* wie sich daraus Beziehungen zwischen den Positionen ergeben,
* wie "externe Beziehungen" zwischen Positionen und "interne Eigenschaften" der Positionen miteinander korrespondieren können, wobei die inneren Eigenschaften eigentlich nicht den Positionen selber, sondern den Sememen zukommen, die diese Positionen belegen.

Es geht daher um das Verhältnis zwischen der Anatomie eines Lexikoneintrags und seiner Stellung in einer systematischen Taxonomie. Dieser Zusammenhang wird bei TELEX dadurch hergestellt, daß Verbfelder generiert werden, und zwar auf der Basis des Context Feature Structure Systems. Die Merkmalstrukturen werden so gleichzeitig auf ihre Eignung als universelles Darstellungsmittel abgeklopft.

Ausgangspunkt der Untersuchungen ist zunächst die Hypothese, daß die Bedeutungen von Verben, die einem bestimmten Feld zuzurechnen sind, durch genau angebbare Variationen einiger "offener Parameter" beschrieben werden können. Hierzu gehören die in 3. als Operationen formulierten Schritte A. bis D., die auf der Annahme eines allgemeinen Templates für ein Feld beruhen. Diese Variationen spezifizieren also einerseits die Positionen des Feldes, sie erweisen sich aber ebenso als ausreichend, die Feldstruktur zu erfassen: Je zwei beliebige Positionen des Feldes lassen sich durch eine Kette aus den definierten Variationen aufeinander beziehen. Die Leistung der Variationen besteht also auch darin, das gesamte Feld kohärent zu machen. Es wäre zu viel verlangt, daß je zwei beliebige Positionen bereits durch eine einzige solche Variation zueinander in Beziehung treten sollen.

3. Die Methode

Ausgangspunkt der Generierung ist ein Grundformenschema, das als ein Template für die propositionale Darstellung von Sachverhaltsklassen dient. Für die Besitzwechselverben ist dies das folgende:
(5) CAUSE(ACT(1),ET(BEC(HAVE(2,3)),BEC(NOT(HAVE(4,5))))))
Die Argumentstellen sind hier noch nicht besetzt. Dennoch kann man dieses Schema schon interpretieren, was in dem exakten theoretischen Aufbau durch Instantiierungen geleistet wird. Als Ergebnis entsteht eine aufgegliederte Repräsentation, die - in volkstümlicher Vereinfachung formuliert - folgendes besagt, wenn

die Ziffern durch die Referenten der an ihre Stelle tretenden Argumente ersetzt werden:

(6) Eine Handlung von ref(1) bewirkt zweierlei, nämlich, daß ref(2) ref(3) bekommt und ref(4) ref(5) los wird.

Außerdem sind in (5) bereits Rollen definierbar, und zwar pro Argumentstelle genau eine. Besetzt ein Argument dann eine bestimmte Stelle, so wird die ihr zugeordnete Rolle eine mögliche Rolle dieses Arguments. Durch ein rekursives Definitionsschema, das ausführlich in Kunze 1991 beschrieben ist, entstehen die fünf unter (18-22) aufgeführten Rollen.

Die als Bedeutungen von Besitzwechselverben abgepackten Sememe verwenden hinsichtlich der Besetzung der Argumentstellen nur einen Teil der formal bestehendenen Möglichkeiten. Aus unterschiedlichen Gründen ergeben sich u. a. folgende Restriktionen:

(7) ref(3) = ref(5): Es soll nur von dem Besitzwechsel eines Objekts die Rede sein.

(8) ref(2) ≠ ref(4): Bei Gültigkeit von (7) wird (5) sonst eine Kontradiktion.

(9) ref(2) ≠ ref(3), ref(4) ≠ ref(5): Sich selber besitzen kann man nur in der Metaphorik:

(10) *Sie gab sich ihm hin.* (11) *Sie verkaufte sich teuer.* Hatte sie sich vorher und hinterher nicht mehr?

Durch derartige Beschränkungen verbleiben nur bestimmte Möglichkeiten für die Besetzung der fünf Argumentstellen:

(12) ref(2) ≠ ref(1) = ref(4): die "geben"-Verben.

(13) ref(2) = ref(1) ≠ ref(4): die "nehmen"-Verben.

(14) ref(1), ref(3) und ref(4) paarweise verschieden: die Verben vom Typ *beschaffen, besorgen.*

Das Schema (5) wird ferner optionalen Reduktionen unterworfen; denn für bestimmte Verben ist es überfrachtet:

(15) *Er warf das Papier weg.* Das erste Argument von ET widerspricht hier den Wahrheitsbedingungen.

(16) *Ich habe einen Schnupfen bekommen.* Es wird nicht mehr als BEC(HAVE(*ich,Schnupfen*)) behauptet.

Die durch Argumenteinsetzung und eventuelle Reduktion entstehenden Grundformen werden in zwei weiteren Schritten zu Sememrepräsentationen spezifiziert: Der eine Schritt ist die Auswahl der aktuellen Rollen pro Argument. Das aus (5) entstehende Angebot ist folgendes:

(18) 1: <AGENS,ACT>

(19) 2: <GOAL,HAVE>   (20) 3: <TO-OBJ,HAVE>

(21) 4: <SOURCE,HAVE>   (22) 5: <FROM-OBJ,HAVE>

Bei einem "geben"-Verb kann man für das Argument, das entsprechend (12) die Stellen 1 und 4 in (5) besetzt, nach (18) und (21) zwischen AGENS und SOURCE wählen, außerdem gemäß (7), (20) und (21) zwischen TO-OBJ und FROM-OBJ für das transferierte Objekt. Auf die Einzelheiten kann hier nicht eingegangen werden (s. Kunze 1992). Es sei nur noch gesagt, daß im Normalfall pro Argument genau eine der möglichen Rollen als aktuelle ausgewählt wird, daß es aber ebenso Fälle gibt, wo ein Argument zum Schweigen verurteilt ist. Dies gilt für die unter (a) in 1. genannten holistisch gebundenen Argumente. Es kommt andererseits auch vor, daß ein Argument zwei aktuelle Rollen hat (Belege s. 4.).

Der zweite Schritt ist die Verteilung von semantischen Emphasen auf die Teilpropositionen der Grundformen. Für die nicht reduzierten Grundformen, die die Gestalt (5) haben, gibt es insgesamt vier Möglichkeiten, die so aussehen:

	ACT(.)	BEC(HAVE(.,.))	BEC(NOT(HAVE(.,.)))
(23)	+E	+E	-E
(24)	-E	+E	-E
(25)	+E	-E	+E
(26)	-E	-E	+E

Bei reduzierten Grundformen ergeben sich entsprechende Möglichkeiten. Die einzige generelle Bedingung ist, daß man nicht beide BEC-Propositionen (den semantischen Kern der Besitzwechselverben) beseitigen darf und daß genau eine dieser beiden Propositionen eine Emphase erhält.

Die generelle Funktion der semantischen Emphase besteht darin, eine Abstufung zwischen ansonsten gleichberechtigten Teilsachverhalten herbeizuführen. Demzufolge unterscheiden sich (23) und (25) dadurch, daß bei (23) der Sachverhalt "das GOAL bekommt das transferierte Objekt" im Vordergrund steht, während bei (25) der Sachverhalt "das SOURCE wird das transferierte Objekt los" als wichtiger eingestuft wird. Dieser Unterschied manifestiert sich deutlich in den in 1. unter (b) vermerkten Oppositionen hinsichtlich der Perspektive. Bei **abnehmen** steht eindeutig der als zweiter genannte Sachverhalt im Vordergrund. Was (23), (25) gegenüber (24), (26) aufweist, ist die Emphase auf der kausierenden Handlung, und dies macht den Unterschied zwischen der Aktiv- und der Passiv-Perspektive aus: Im Passiv verliert die kausierende Handlung ihre Prominenz, allein der kausierte Sachverhalt erscheint als das Wichtige. Die propositionale Seite (insbesondere die Wahrheitsbedingungen) wird von der Emphaseverteilung nicht berührt.

Es sind somit vier Schritte, die von dem Grundformenschema (5) zu den Sememrepräsentationen führen:

A. Besetzung der Argumentstellen, wodurch aus (5) überhaupt erst Propositionen werden, die als ein Cluster von semantischen Grundformen dann ein Feld aufspannen.

B. Reduktionen der entstandenen Grundformen, wobei die kleinsten Abbauprodukte von (5) gerade die bei (23-26) aufgeführten Propositionen sind.

C. Auswahl von aktuellen Rollen aus dem Angebot von möglichen Rollen. Dabei ist es ganz wesentlich, daß die pro Argumentstelle definierten Rollen bei den Reduktionen unverändert bleiben, sofern die Argumentstelle selber nicht verschwindet. Dies ist ein kasustheoretisches Prinzip, auf dessen Voraussetzungen und Konsequenzen ich hier nicht eingehen kann.

D. Verteilung semantischer Emphasen auf die drei Teilpropositionen, wie in (23-26) für die Besitzwechselverben aufgeführt.

Zwischen den Schritten B., C. und D. bestehen bestimmte wechselseitige Beschränkungen, die eine heillose kombinatorische Overgeneration unterbinden. Diese Bedingungen sind in Kunze 1991 (u. a. S. 104f) genau angegeben.

Damit ist eine Komponente der Verbfeldgenerierung in TELEX skizziert. Ihr Output kann vereinfacht in einem Format dargestellt werden, das die fünf Argumentstellen hinsichtlich der Argumentstellenbesetzung, der aktuellen Rollen und der Emphase ausfüllt (s. (5), (23-26), +/- steht für mit/ohne Emphase):

(27) 1(AGENS)   2(GOAL)   3(TO-OBJ)   4(SOURCE)   5(FROM-OBJ)
(28) +p: Nom   -q: *an*   -u: 0   +p: 0   +u: Akk

Gemäß (12) und (25) müssen sich dahinter die Aktiv-Formen von "geben"-Verben verbergen, bei denen die Emphase auf der Teilproposition "ref(p) wird ref(u) los" liegt. Die Rollen TO-OBJ und SOURCE werden nicht aktualisiert. Belege sind u. a. **abschicken, austeilen, veräußern, verschenken, weggeben** (etwa 20 Verben). Die Komponente, die die zugehörigen Oberflächenmuster herstellt, d.h. auf der Basis allgemeiner Regeln und Bedingungen in (28) Nom, **an** und Akk vergibt, behandeln wir hier nicht (s. Kunze 1991, S. 131f). Innerhalb dieser Komponente ergibt sich auch, daß der aus q gebildete Aktant fakultativ ist, so daß folgendes Valenzmuster entsteht:

(29) **Der Lehrer** (p) **verschenkt Bücher** (u) [**an die Schüler** (q)].

Neben dieser oberflächenbezogenen Generierungsstrecke gibt es eine weitere, die auf der logisch-semantischen Ebene verläuft. Dabei werden die Grundformen unter Anwendung der Instantiierungen der in ihnen vorkommenden Prädikate in prototypische Bedeutungsbeschreibungen ausbuchstabiert (s. (a) in 1.).

4. Die Ergebnisse

Durch das erzeugte Verbfeld wird eine Kategorie "mögliches Besitzwechselverb des Deutschen" definiert. Die interessante Frage lautet nun, inwieweit diese theoretische Voraussage mit der sprachlichen Realität übereinstimmt. Tatsächlich sind fast alle generierten Positionen belegbar. Eine Diskussion sämtlicher Einzelfälle würde hier zu weit führen. Ich beschränke mich daher auf einige Positionen, die sich als Beleg-Lücken in der folgenden Übersicht manifestieren. Sie enthält nur Aktiv-Formen der "geben"- und "nehmen"-Verben, ignoriert also die verschiedenen Passiv-Formen und die "beschaffen"-Verben (s. (14)). Aus der Übersicht geht ausschnitthaft die fast ideale Struktur des Feldes hervor, die den Lexikographen (und -logen) bisher wohl entgangen ist. Die erkennbaren Symmetrien sind nicht nur formaler, d. h. morphosyntaktischer Natur, sie korrespondieren unmittelbar mit semantischen Faktoren (Emphaseverteilung, Argumentblockierung, Rollenauswahl). Die folgende Übersicht reflektiert:

A. Die "geben"-"nehmen"-Dualität bei den Besitzwechselverben (eine Argumentsubstitution): Vertauscht man bei nebeneinander stehenden Paaren p und q miteinander (*an* q entspricht *von* p), so so gehen die Oberflächenmuster ineinander über.

B. Emphase-Verschiebung bei Besitzwechselverben: Vertauscht man vertikal innerhalb der ersten beiden Paare bei den Verben mit aktueller AGENS-Rolle den Dativ mit *an* bzw. *von*, so gehen die Oberflächenmuster ineinander über.

Durch p' und q' wird die Realisierung eines Arguments durch ein Reflexivpronomen bei einer Doppelaktantifizierung (zwei aktuelle Rollen für ein Argument) bezeichnet. Es ist jeweils der maximale Kasusrahmen innerhalb der Argumente p, q und u angegeben, wobei p bzw. q durchgängig für das Argument mit der möglichen Rolle SOURCE bzw. GOAL steht.

Für die mit "? ? ?" markierten Lücken gibt es eine einheitliche Erklärung: Die erste Lücke ist das Gegenstück zu *ausrauben*. Während die prototypische Bedeutung dieses Verbs, nämlich "jemandem das/alles wegnehmen, was er anfänglich hat" eine klar definierte Angelegenheit ist, enthält der dazu symmetrische Fall eine üble Tautologie: "jemandem das/alles geben, was er schließlich hat" läßt völlig offen, was derjenige denn nun wirklich

bekommt. Die Verben, die sich als Belege dafür anbieten (*jemanden ausstatten/versorgen/unterhalten*), aktantifizieren das Argument u zwar außerhalb der im Feld vorgegebenen Möglichkeiten, nämlich als *mit*-Phrase (worauf hier nicht eingegangen werden kann), aber die Bedingung, daß u wie bei *ausrauben* überhaupt nicht an der Oberfläche erscheinen kann, wird offenbar von keinem deutschen Verb erfüllt. Analog liegen die Verhältnisse bei den anderen Lücken: Das (ebenfalls tautologische) Gegenstück zu *sich verausgaben* wäre "alles nehmen, was man schließlich hat".

<u>Verben mit aktuellem AGENS:</u>

p_N V q_D u_A	q_N V p_D u_A	
zuschicken	*abnehmen*	
p_N V u_A *an* q	q_N V u_A *von* p	
abschicken	*annehmen*	
p_N V p'_D u_A	q_N V q'_D u_A	
verscherzen	*aneignen*	
p_N V u_A *von* p'	q_N V u_A *an* q'	
geben	*nehmen*	
p_N V u_A	q_N V u_A	
wegwerfen	*ergreifen*	
p_N V p'_A u_G	q_N V q'_A u_G	
entledigen	*bemächtigen*	

<u>Verben ohne aktuelles AGENS:</u>

p_N V u_A *an* q	q_N v u_A *von* p
verlieren	*bekommen*
u_N V p_D	u_N V q_D
wegkommen	*zufallen*
p_N V u_G	q_N V u_G
verlustig gehen	*habhaft werden*
p_N V	q_N V
verarmen	*? ? ?*

<u>"geben"-"nehmen"-Konversion:</u>

p_N V q_A	q_N V p_A	p_N V p'_D u_A	q_N V q'_D u_A
? ? ?	*ausrauben*	*Ich gebe mir die Kugel. = Ich nehme sie.*	*Ich nehme mir das Leben. = Ich gebe es weg.*
p_N V p'_A	q_N V q'_A		
verausgaben	*? ? ?*		

In der Übersicht stehen N, G, D und A für die Oberflächen-
kasus, auf die Angabe von "fakultativ/obligatorisch" wurde verzichtet, obwohl auch dies aus den Sememrepräsentationen ableit-
bar ist.

5. Der Output der Generierung

Die am Schluß angefügte Seite soll die Generierung noch etwas
illustrieren. In der Tabelle ist das Fehlen der entsprechenden
Teilproposition durch "——" dargestellt. Die folgenden Oberflächenmuster von "geben"-Verben sind in der obigen Aufstellung
schon enthalten: 2/3: *zuschicken*; 9: *etwas von sich geben*;
13/14: *wegwerfen*; 15/16: *sich etwas verscherzen*; 17/18: *sich
verausgaben*; 19/20: *entledigen*; 21: *abschicken*. Pro Position
gibt es im allgemeinen mehrere Verben. Die nicht belegbaren
Positionen 10, 12, 22 und 24 weisen eine "Überaktantifizierung"
auf (vier Ergänzungen), die Doppelaktantifizierung allein ist
jedenfalls nicht das Kainszeichen. Die analogen Positionen sind
auch bei den "nehmen"-Verben nicht belegbar. Die Positionen 5/6
und 11 weisen die oben schon besprochene tautologische Bedeu-
tungskomponente auf. Analoges gilt für 1/2, die prototypische
Bedeutung müßte die folgende sein: ref(p) gibt ref(u) demjenigen, der ref(u) am Ende hat (Frage: Na wem denn sonst?). Eine
echte Lücke stellt offenbar die Position 7/8 dar; denn ihr dua-
les Gegenstück ist bei den "nehmen"-Verben belegbar:
(30) *Er beraubte sie ihres Geldes.*
Für 23 ist
(31) *Er verschwendet sich an seinen Freund.*
ein schwacher Beleg: Alles, was er hat, gibt er seinem Freund.

Literatur:
J. Kunze, *Kasusrelationen und semantische Emphase*. studia gram-
matica XXXII, Akademie Verlag, Berlin 1991.
J. Kunze, *Verbfeldstrukturen und Übersetzung*, in: Zschr. für
Literaturwissenschaft und Linguistik **84** (1992), S. 67-103.

		1 (agens)	2 (goal)	3 (to–obj)	4 (source)	5 (from–obj)
	1	+ p : Nom	+ q : 0	+ u : Akk	——	——
	2	+ p : Nom	+ q : 0	+ u : Akk	– p : 0	– u : 0
	3	+ p : Nom	+ q : Dat	+ u : Akk	——	——
	4	+ p : Nom	+ q : Dat	+ u : Akk	– p : 0	– u : 0
	5	+ p : Nom	+ q : Akk	+ u : 0	——	——
	6	+ p : Nom	+ q : Akk	+ u : 0	– p : 0	– u : 0
	7	+ p : Nom	+ q : Akk	+ u : Gen	——	——
	8	+ p : Nom	+ q : Akk	+ u : Gen	– p : 0	– u : 0
	9	+ p : Nom	+ q : 0	+ u : Akk	– p : von	– u : 0
	10	+ p : Nom	+ q : Dat	+ u : Akk	– p : von	– u : 0
	11	+ p : Nom	+ q : Akk	+ u : 0	– p : von	– u : 0
	12	+ p : Nom	+ q : Akk	+ u : Gen	– p : von	– u : 0
	13	+ p : Nom	——	——	+ p : 0	+ u : Akk
	14	+ p : Nom	– q : 0	– u : 0	+ p : 0	+ u : Akk
	15	+ p : Nom	——	——	+ p : Dat	+ u : Akk
	16	+ p : Nom	– q : 0	– u : 0	+ p : Dat	+ u : Akk
	17	+ p : Nom	——	——	+ p : Akk	+ u : 0
	18	+ p : Nom	– q : 0	– u : 0	+ p : Akk	+ u : 0
	19	+ p : Nom	——	——	+ p : Akk	+ u : Gen
	20	+ p : Nom	– q : 0	– u : 0	+ p : Akk	+ u : Gen
	21	+ p : Nom	– q : an	– u : 0	+ p : 0	+ u : Akk
	22	+ p : Nom	– q : an	– u : 0	+ p : Dat	+ u : Akk
	23	+ p : Nom	– q : an	– u : 0	+ p : Akk	+ u : 0
	24	+ p : Nom	– q : an	– u : 0	+ p : Akk	+ u : Gen

<u>Abstract</u>
The main topic of the paper is the relationship between the
internal structure of verb sememes and their position within
verb fields. For the field of the change-of-possession verbs in
German it is illustrated which components define the internal
structure and how they interact with the suitability of verb
sememes for constituting certain thematic structures in texts.
The general approach to generate the whole verb fields is outlined, and it is shown that this field has a rather symmetric
structure which has been overlooked till now.

Zur Verarbeitung lokaler Adjunkte

Claudia Maienborn
Universität Hamburg
Fachbereich Informatik
Wissens- und Sprachverarbeitung
Bodenstedtstr. 16, 2000 Hamburg 50

Der vorliegende Beitrag enthält den Entwurf eines Analysemodells für lokale Adjunkte auf der Basis einer Theorie der Adjunktion, die syntaktische, semantische und konzeptuelle Aspekte der Bedeutungskonstitution integriert. Am Beispiel von PPn, die neben einer rein raumbezogenen Interpretation auch eine Instrumentallesart zulassen, werden unterschiedliche konzeptuelle Verankerungsoptionen für lokale Adjunkte identifiziert und mit syntaktischen Adjunktionspositionen korreliert. Es wird dafür argumentiert, daß die konzeptuelle Distinktion einer situationsexternen und einer situationsinternen Verankerungsoption einer lokalen Angabe innerhalb des Sprachsystems durch lokale VP-Adjunkte und lokale V-Adjunkte reflektiert wird.

In the present paper, a model for the analysis of local adjuncts is proposed on the basis of a theory of adjunction that integrates syntactic, semantic and conceptual aspects of meaning constitution. Taking as an example PPs which in addition to a strictly spatial interpretation also allow for an instrumental reading, various conceptual anchoring options for local adjuncts are identified and correlated with syntactic adjunction positions. It will be argued that the conceptual distinction between a situationally external and situationally internal achoring option is reflected in the linguistic system by local VP adjuncts and local V adjuncts, respectively.

1 Motivation

Adjunkte gehören zu den gemeinhin vernachlässigten Kategorien sprachlicher Strukturbildung. Ihnen gilt weder das besondere Interesse linguistischer Grundlagenforschung noch finden sie gezielte Berücksichtigung bei der Entwicklung computerlinguistischer Modelle. In Arbeiten zur Grammatiktheorie, insbesondere denjenigen, die dem GB-Paradigma verpflichtet sind, dienen Adjunkte allenfalls als Kontrastfolie für die im Zentrum des Interesses stehenden Argumente, oder wird das Prinzip der Adjunktion aus Theorie-immanenten Gründen als Hilfsmittel zur Überwindung von Barrieren bei Bewegung eingesetzt (s. Sternefeld 1991). Charakteristisch für die Adjunktbehandlung in bestehenden Ansätzen ist das Festhalten an dem für Argumente entwickelten Analyse-Instrumentarium der Funktor-Argument-Beziehungen. Gemäß der klassischen Auffassung von Adjunkten, wie sie u. a. innerhalb der Familie der Kategorialgrammatiken zum Ausdruck kommt, gelten Adjunkte als Funktoren, die angewandt auf ein Argument eines bestimmten Typs als Resultat eine Kategorie desselben Typs liefern. Dahinter steht die Sichtweise auf Adjunkte als Kategorien, die sich zum einen an (nahezu) beliebigen Stellen in eine sprachliche Struktur zwischenschalten können und zum anderen beliebig häufig iterierbar sind. Eine solche Funktor-Modellierung erweist sich jedoch als zu wenig restriktiv für eine adäquate Beschreibung der sprachlichen Gegebenheiten. Symptomatisch ist der Versuch innerhalb der 'Head-driven Phrase Structure Grammar' (HPSG) die Unzulänglichkeiten der Funktoren-Analyse zu überwinden, indem zunächst eine Argumenthandhabung von Adjunkten anvisiert wurde (s. Pollard/Sag 1987), diese inzwischen allerdings wieder zugunsten der klassischen Funktoren-Lösung samt ihren Problemen verworfen wurde (s. Pollard/Sag 1991). Es ist zu konstatieren, daß sich Adjunkte einer direkten Analyse sowohl als Funktoren als auch als Argumente widersetzen. Alle Versuche, sie auf die eine oder andere Kategorie zurückzuführen, scheitern bzw. liefern unbefriedigende Ergebnisse. Der im Vergleich zu anderen Bereichen desolate Zustand der Theoriebildung bei Adjunkten hat hier seine Wurzeln: Adjunkte sprengen das Schema von Funktor-Argument-Strukturen mit funktionaler Applikation als Basisoperation.

Dieses Fazit in Rechnung stellend entwerfen Bierwisch (1988) und Wunderlich (1988) ein auf Higginbotham (1985) zurückgehendes alternatives Analysemodell, das den Ausschließlichkeitsanspruch der Dichotomie Funktor-vs.-Argument aufgibt und Unifikation als die für Adjunktbeziehungen einschlägige Basisoperation vorsieht. Mit der Wahl der Unifikation als formaler

Basisoperation zeichnen sich die ersten Konturen einer Adjunkt-Theorie ab. Darüber hinaus aber liegen zur Zeit nur wenige Vorschläge zu einer Elaborierung und Präzisierung dieses Theoriegerüsts vor. An dieser Stelle müssen Einzeluntersuchungen einsetzen, um zu einer differenzierteren Sicht auf das Phänomen der Adjunktion zu gelangen. Erst auf der Basis eines solchermaßen "geschärften Blicks" auf Adjunkte lassen sich substantielle Fortschritte bei der Formalisierung und Implementation von Adjunkt-Theorien in computerlinguistischen Systemen erwarten. In diesem Sinne versteht sich die vorliegende Arbeit als ein Beitrag zur kognitionswissenschaftlichen Fundierung computerlinguistischer Modellbildung. Unter Zugrundelegung einer Zwei-Ebenen-Theorie der Bedeutung, wie sie von Bierwisch/Lang (1987) und anderen vertreten wird, werden im folgenden lokale Adjunkte von Verbalphrasen untersucht.

2 Lokale Adjunkte

Lokale PPn denotieren die Eigenschaft, in einer Region lokalisiert zu sein (s. z.B. Wunderlich/Herweg 1991). VPn stellen gemäß der durch Davidson (1967) geprägten Auffassung einen Situationsreferenten bereit. Nimmt man nun Unifikation als Basisoperation an, so werden im Falle des Auftretens einer lokalen PP in Adjunktposition die durch die lokale PP partiell charakterisierte zu lokalisierende Entität und der Situationsreferent unifiziert: Die Eigenschaft, in einer Region lokalisiert zu sein, wird dem Situationsreferenten zugewiesen. Es liegt mithin **Situationslokalisierung** vor. Dies ist das Ergebnis der Übertragung der oben skizzierten Annahmen zu einer globalen Adjunktbehandlung.[1] Betrachtet man die Beispielsätze unter [1], so erweist sich dieser linguistische Befund zunächst einmal als angemessen.[2]

[1] a. Wolfgang ist in der Badewanne eingeschlafen.
    b. Auf dem Hof hat es am Donnerstag gebrannt.
    c. Vor dem Haus hat Anette auf Birgit gewartet.

In [1.a] wird die Situation des Einschlafens von Wolfgang in einer durch die lokale PP *in der Badewanne* spezifizierten Region lokalisiert. [1.b] lokalisiert eine Situation des Brennens zeitlich an einem kontextuell determinierten Donnerstag und räumlich in der durch die lokale PP *auf dem Hof* bereitgestellten Region. Und [1.c] schließlich gibt an, daß die Situation des Wartens von Anette auf Birgit in der durch die lokale PP *vor dem Haus* charakterisierten Region stattgefunden hat. Soweit die Essenz der globalen Analyse von lokaler VP-Adjunktion als Situationslokalisierung – im folgenden sollen nun Konstellationen wie die unter [2] aufgeführten untersucht werden, die zwar dem allgemeinen Muster der Kombination eines lokalen Adjunkts mit einer VP entsprechen, die sich jedoch dem Modell der Situationslokalisierung entziehen.

[2] a. Valderama wurde auf einer Trage vom Fußballfeld getragen.
    b. Die Touristen verließen das Urwalddorf in einem Boot.
    c. Tarzan schwingt sich an einer Liane von Baum zu Baum.

Nach keinem der aus der Literatur bekannten Kriterien sind die lokalen PPn in den Sätzen [2] als Argumente des jeweiligen Verbs zu betrachten.[3] Auch zeigen die in Frage stehenden PPn nicht

---

[1] Zu den Details der Umsetzung von Unifikation innerhalb des Sprachsystems auf der Ebene der θ-Rollen s. Bierwisch (1988). Maienborn (1990) erörtert die linguistischen Aspekte der im Rahmen des LILOG-Projektes vorgenommenen Integration des Konzepts der Situationslokalisierung in den Prototypen eines sprachverstehenden Systems.

[2] Fragen, die insbesondere die konzeptuelle Fundierung von Situationslokalisierung sowie den Zusammenhang zwischen Situations- und Objektlokalisierung betreffen, können an dieser Stelle nicht diskutiert werden. Es sei lediglich betont, daß die sprachlichen Verhältnisse bei lokaler VP-Adjunktion aber auch bei lokal modifizierten deverbalen Nomen (z.B. *das Gespräch am Kamin, die Uraufführung im Hamburger Opernhaus*) auf Situationslokalisierung als Analysemodell abzielen.

[3] So ist etwa der Eliminationstest als eines der häufig eingesetzten heuristischen Mittel zur Adjunkterkennung ohne Einbuße der Grammatikalität durchführbar (s. [i] – [iii]).
[i]   Valderama wurde vom Fußballfeld getragen.
[ii]   Die Touristen verließen das Urwalddorf.   [iii]   Tarzan schwingt sich von Baum zu Baum.

das Verhalten fakultativer lokaler Argumente (s. Maienborn 1991). Es handelt sich in jedem Fall um lokale Adjunkte. Gemäß den obigen Ausführungen wäre also die jeweilige Kombination des lokalen Adjunkts mit der VP semantisch als Situationslokalisierung zu interpretieren. Dies führt jedoch zu geradezu grotesken Analyseresultaten, denenzufolge Satz [2.a] ausdrückt, daß auf einer Trage eine Situation lokalisiert ist, in der Valderama vom Fußballfeld getragen wird. In [2.b] wäre es eine Situation des Verlassens eines Urwalddorfes durch Touristen, die in einem Boot lokalisiert wird. Und für [2.c] schließlich müßte angenommen werden, daß die Situation des 'von-Baum-zu-Baum-Schwingens', an der Tarzan als Agens beteiligt ist, an einer Liane lokalisiert wird. Hier muß eine Lösung gefunden werden, die den sprachlichen Gegebenheiten gerecht wird und plausible semantische Interpretationen liefert, ohne den Anspruch auf Allgemeingültigkeit des Erklärungsansatzes aufzugeben. Betrachten wir zu diesem Zweck das Beispielpaar [3]:

[3]   a. Die Tulpen wurden im Kühlhaus zum Ausgang C transportiert.
      b. Die Tulpen wurden im Lastwagen zum Ausgang C transportiert.

In Satz [3.a] liegt Situationslokalisierung vor: Die Situation des 'die-Tulpen-zum-Ausgang-C-Transportierens' wird im Kühlhaus lokalisiert. Der parallel aufgebaute Satz [3.b] hingegen gehört zur Kategorie der Sätze unter [2]. Der Lastwagen dient hier nicht als Referenzobjekt für die Lokalisierung der Situation sondern fungiert als Transportmittel. Daß den Sätzen unter [3] trotz ihrer bis auf eine lexikalische Einsetzung identischen Oberflächen unterschiedliche strukturelle Konfigurationen zugrundeliegen, wird deutlich, wenn man mögliche Fragekontexte hinzuzieht. So ist [3.a] eine legitime Antwort auf [4.a], nicht aber [4.b]. Umgekehrt beantwortet [3.b] die Frage [4.b] und scheidet als Antwort auf [4.a] aus.

[4]   a. Wo wurden die Tulpen zum Ausgang C transportiert?
      b. Wie wurden die Tulpen zum Ausgang C transportiert?

In Satz [3.b] wie auch in [2] dient das lokale Adjunkt nicht der Spezifikation eines Ortes sondern derjenigen des eingesetzten Instruments. Die lokale PP steuert keine ausschließlich raumbezogene Information zur Bedeutungskonstitution bei, sondern übernimmt die Funktion einer Instrumentalangabe, die z.B. auch durch eine *mit*-PP sprachlich zu realisieren wäre; vgl. [3.b] mit [5]:

[5]   Die Tulpen wurden mit dem Lastwagen zum Ausgang C transportiert.

Während also in Sätzen vom Typ [3.a] die reguläre **Lokationslesart** vorliegt, erhält das lokale Adjunkt in Sätzen des Typs [3.b] eine **Instrumentallesart**, wobei hier die Option der Lokationslesart prinzipiell ebenfalls gegeben ist. Satz [6] läßt beide Interpretationen des lokalen Adjunkts, die instrumentale, aber auch die rein lokale, dergemäß die Tulpen im Innenraum des Lastwagens hin und her transportiert wurden, zu.

[6]   Die Tulpen wurden im Lastwagen transportiert.

Bemerkenswert dabei ist, daß, sofern der Kontext nicht die Interpretation als Situationslokalisierung explizit unterstützt, die instrumentale Deutung des lokalen Adjunkts vorgezogen, die reguläre Lokationslesart von der instrumentalen Variante also geradezu verdrängt wird. Es sind ausschließlich Standardannahmen über die Beschaffenheit der Welt, die dazu veranlassen, für [3.b] etwa, genauso aber für die Sätze unter [2], die Lokationslesart auszuschließen. Das Sprachsystem stellt für Sätze dieses Typs prinzipiell beide Varianten bereit. Ungewöhnlich sind bei der Situationslokalisierungsvariante die Gegebenheiten der Welt,[4] nicht jedoch die sprachliche Bezugnahme darauf. Begriffliches Wissen nimmt hier auf die Bedeutungskonstitution Einfluß, indem es die Auswahl der angemessenen Lesart im jeweiligen Äußerungskontext steuert.

An das Zustandekommen der Instrumentallesart sind deutliche konzeptuelle Auflagen geknüpft: Erstens muß das vom NP-Argument der lokalen PP denotierte Objekt als Transportinstrument konzeptualisierbar sein. Dies unterscheidet die hier zu Illustrationszwecken herangezogenen Lastwagen, die eine Konzeptualisierung als Transportmittel zulassen, von Kühlhäusern, denen eine solche Konzeptualisierung versperrt ist, und erklärt, warum zwar in [3.b] neben der Loka-

---

[4] Die Situationslokalisierungsvariante gewinnt schlagartig an Plausibilität, betrachtet man nur die einschlägigen Sätze beispielsweise im Kontext einer Zwergen- oder Spielzeugwelt.

tionslesart auch die Instrumentallesart möglich ist, nicht aber in [3.a]. Zweitens muß der vom Verb und seinen Argumenten denotierte Situationstyp auf die Integration eines Transportinstruments ausgerichtet sein. So bietet zwar die lokale PP *in der Boeing 737* ein typisches Transportmittel (s. [7.a]), dieses kann jedoch nicht in einer Situation des Typs 'zollfreie-Ware-zum-Kauf-Anbieten' eingesetzt werden. Für Satz [7.b] scheidet damit die Instrumentallesart aus.

[7] a. Die Stewardeß hat in der Boeing 737 den Atlantik überflogen.
    b. Die Stewardeß hat in der Boeing 737 zollfreie Ware zum Kauf angeboten.
    c. Die Stewardeß hat auf einem Tablett zollfreie Ware zum Kauf angeboten.

Das lokale Adjunkt dient in [7.b] der Lokalisierung der Situation. Dies ändert sich, sofern ein mit dem Situationstyp kompatibles Transportinstrument wie in [7.c] gewählt wird. Hier ist aufgrund von Weltwissen wiederum die Instrumentallesart die klar präferierte Variante.

Eine dritte Bedingung schließlich betrifft die durch die Präposition eingeführte lokale Relation: Nicht alle lokalen Relationen erfüllen die Voraussetzungen für eine instrumentale Deutung. Nur die Präpositionen *in, auf* und *an* stellen geeignete Kandidaten bereit. Diese Restriktion sei hier lediglich erwähnt. Ich werde auf die Frage, warum gerade diese drei lokalen Präpositionen "instrumentalisiert" werden können, im Zusammenhang mit den Überlegungen zur semantischen und konzeptuellen Verarbeitung lokaler Adjunkte zurückkommen. Festzuhalten ist, daß mit der Instrumentallesart eines lokalen Adjunkts massive konzeptuelle Restriktionen verbunden sind. Die subtilen Abhängigkeiten zwischen Situationstyp und Transportinstrument setzen den Zugriff auf die interne konzeptuelle Struktur des Verbs bei der Überprüfung, ob eine instrumentale Deutung des lokalen Adjunkts möglich ist oder nicht, voraus. Derartig komplexe Bedingungen sind an die Zulässigkeit der Lokationslesart lokaler Adjunkte nicht geknüpft. Insbesondere muß bei der Kombination eines rein räumlich interpretierten lokalen Adjunkts mit einer VP kein Zugriff auf die interne konzeptuelle Struktur des Verbs erfolgen. Die Situation wird ungeachtet ihres internen Aufbaus lokalisiert. Welche sind nun die Bedingungen, unter denen die jeweilige Interpretation ermittelt wird, und welche die zugrundeliegenden Strukturen? Ich werde zunächst auf die syntaktischen Aspekte der hier diskutierten Beispielsätze eingehen und im Anschluß daran die konzeptuellen Verhältnisse näher beleuchten, um auf dieser Basis abschließend eine Skizze der Bedeutungskonstitution von lokal modifizierten VPn zu entwerfen.

3 Syntaktische Positionen lokaler Adjunkte

In diesem Abschnitt werde ich dafür argumentieren, daß Satzpaare des Typs [3] unterschiedliche syntaktische Strukturen aufweisen, die syntaktische Komponente des Sprachsystems mithin die konzeptuelle Distinktion Lokations- vs. Instrumentallesart reflektiert. Die Argumentation wird sich auf Wortstellungsdaten stützen, wobei im einzelnen das Verhalten der in Frage stehenden lokalen Adjunkte hinsichtlich der Stellung zur Negation, der Kombination mit lokalen Argumenten und Adjunkten, sowie in bezug auf Topikalisierung getestet wird. Zugrundegelegt wird dabei die Auffassung einer normalen bzw. unmarkierten Wortstellung, wie sie beispielsweise Jacobs (1991) vertritt. So liegt bei normaler Konstituentenabfolge das größtmögliche Maß an Kontextliberalität vor. Aus dieser Wortstellung ergeben sich keine zusätzlichen Anforderungen an den Äußerungskontext. Hingegen gilt eine Wortstellung als markiert, wenn mit ihr Restriktionen verbunden sind, die die Menge der potentiellen Äußerungskontexte einschränken und gegebenenfalls eine von der Normalbetonung (s. Jacobs 1991) abweichende Akzentsetzung erzwingen." M " diene im folgenden zur Kennzeichnung von markierter Wortstellung.

Stellung bzgl. Negation:
    Der Auktionsleiter ist verärgert, ...

[8] a. weil die Tulpen nicht im Lastwagen zum Ausgang C transportiert wurden.
    b. Mweil die Tulpen im Lastwagen nicht zum Ausgang C transportiert wurden.

[9] a. weil die Tulpen im Kühlhaus nicht zum Ausgang C transportiert wurden.
    b. ^Mweil die Tulpen nicht im Kühlhaus zum Ausgang C transportiert wurden.

Die Testsätze unter [8] und [9] zeigen, daß bei Normalabfolge ein instrumental gedeutetes lokales Adjunkt hinter dem Negationsausdruck *nicht*, ein rein lokales Adjunkt hingegen davor auftritt.[5] In [8.a] liegt die unmarkierte Wortstellung für die Instrumentalvariante vor, die die größtmögliche Freiheit der Fokuswahl aufweist und damit die geringsten Anforderungen an den Äußerungskontext stellt. In [8.b] hingegen ist die Abfolge 'lokales Adjunkt vor Negation' markiert und erzwingt kontrastiven Fokus. Die Menge der potentiellen Äußerungskontexte wird damit auf diejenigen Kontexte eingeschränkt, die genau den Kontrast bereitstellen, den der jeweils gewählte, durch entsprechende Akzentsetzung signalisierte Fokus erfordert. In den Sätzen unter [10] sind mögliche Kontrastfoki durch Kennzeichnung des Akzents mittels Großschreibung und exemplarischer Angabe einer vom Kontext beizusteuernden Alternative explizit gemacht.

[10] a. ^Mweil Birgit in ihrem neuen Auto nicht in die STADT gefahren ist (sondern aufs Land)
     b. ^Mweil Birgit in ihrem neuen Auto nicht in die Stadt GEFAHREN ist. (sondern gerast ist)

In [10.a] liegt der Kontrastfokus auf der direktionalen PP *in die Stadt*, in [10.b] auf dem Verb. Umgekehrt sind die Verhältnisse bei der Lokationsinterpretation in [9]: Hier liegt unmarkierte Wortstellung vor, sofern das lokale Adjunkt dem Negationsausdruck vorangeht; vgl. die Normalabfolge in [11] gegenüber der markierten, durch Permutation des lokalen Adjunkts und dem Negationsausdruck erhältlichen Variante [11'].

[11] a. weil die Tulpen im Blumenladen nicht ins Wasser gestellt wurden.
     b. weil die Tulpen im Blumenladen nicht in Zellophan eingewickelt wurden.

[11'] a. ^Mweil die Tulpen nicht im Blumenladen ins Wasser gestellt wurden.
      b. ^Mweil die Tulpen nicht im Blumenladen in Zellophan eingewickelt wurden.

Markiert und damit einen Kontrastfokus erzwingend, der nur durch zusätzliche Kontextrestriktionen zu legitimieren ist, ist die Abfolge 'Negation vor lokalem Adjunkt' in [9.b]; s. die unter [12] exemplarisch aufgeführten Kontrastfoki. Als Fazit ergibt sich die unter [13] aufgeführte Normalabfolge für die beiden hier untersuchten Typen von lokalen Adjunkten bzgl. Negation.

[12] a. ^Mweil die Tulpen nicht im KÜHLHAUS zum Ausgang C transportiert wurden.
         ... sondern in der Auktionshalle   (PP-Fokussierung)
     b. ^Mweil die TULPEN nicht im Kühlhaus zum Ausgang C transportiert wurden.
         ... sondern die Erdbeeren   (NP-Fokussierung)
     c. ^Mweil die Tulpen nicht im Kühlhaus zum Ausgang C TRANSPORTIERT wurden.
         ... sondern stehengeblieben sind   (V-Fokussierung)

[13] <u>unmarkierte Wortstellung</u>: Lokal < Neg
                                        Neg < Instrumental

Die Wortstellungsabfolge zwischen einem lokalen Adjunkt und der Negation ist insofern interessant, als Negation im Deutschen die linke VP-Klammer markiert (s. Webelhuth 1990) und damit Aufschluß über die strukturelle Position von Konstituenten gewährt. Wendet man dieses diagnostische Mittel mit der für nicht-konfigurationale Sprachen[6] gebotenen Vorsicht an, so ist zunächst festzuhalten, daß die strukturelle Position regulärer lokaler Adjunkte am äußeren Rand der VP zu finden ist, instrumental gedeutete lokale Adjunkte ihren Standort hingegen klar im Inneren der VP haben. Das Kombinationsverhalten der beiden Adjunkttypen untereinander liefert weitere Evidenz für diese Beobachtung und zeigt damit, daß die Stellungsdifferenzen nicht auf Spezifika der Negation zurückzuführen sind.

---

[5] Hier und im folgenden wird bei der Bewertung der Markiertheit der Wortstellung die in Frage stehende lokale PP stets als Adjunkt einer Verbprojektion betrachtet. Dabei ist darauf zu achten, daß die in einigen Fällen ebenfalls mögliche Lesart mit NP-Adjunktion (s. z.B. [8.b]) nicht interferiert.
[6] Nach dem von Fanselow (1990) zugrundegelegten Verständnis von Nicht-Konfigurationalität, demzufolge Wortstellung nicht ausschließlich auf grammatische Faktoren zurückzuführen ist, sondern auch pragmatischen Einflußgrößen unterliegt.

<u>Kombination Lokal – Instrumental</u>:[7]

Der Auktionsleiter ist verärgert, ...

[14] a. weil die Tulpen im Kühlhaus im Lastwagen zum Ausgang C transportiert wurden.
b. ^Mweil die Tulpen im Lastwagen im Kühlhaus zum Ausgang C transportiert wurden.

Kombiniert man die beiden lokalen Adjunkttypen wie in [14], so ergibt sich eine klare Präferenz für die Abfolge 'Lokal vor Instrumental'. Satz [14.b] ist, sofern man ihn überhaupt akzeptieren will, lediglich bei Kontrastakzentuierung der PP *im Kühlhaus* interpretierbar.

[15] <u>unmarkierte Wortstellung</u>: Lokal < Instrumental

Wiederum zeigt sich, daß die instrumentale Variante des lokalen Adjunkts eine größere Nähe zum Verb aufweist und in dem Sinne strukturell tiefer in die VP eingebettet ist, als die rein lokale. In einem nächsten Schritt sollen nun instrumental gedeutete lokale Adjunkte in bezug auf lokale Argumente geortet werden, um auf diese Weise den Hypothesenraum über ihre strukturelle Position weiter einzuschränken.

<u>Kombination Instrumental – lokales Argument</u>:

[16] a. weil Wolfgang in Wedel im Porsche aufgetaucht ist.
b. weil Wolfgang im Porsche in Wedel aufgetaucht ist.

[17] a. weil Birgit in den 5. Stock im überfüllten Aufzug gefahren ist.
b. weil Birgit im überfüllten Aufzug in den 5. Stock gefahren ist.

Bei der Kombination eines instrumental gedeuteten lokalen Adjunkts mit einem lokalen (s. [16]) oder direktionalen (s. [17]) Argument lassen sich keine deutlichen Reihenfolgebeschränkungen feststellen. Beide Abfolgevarianten zeichnen sich durch maximale Kontextliberalität aus und sind mit sämtlichen Fokusoptionen kompatibel. Dies zeigen [18] und [19] exemplarisch für [16]:

[18] a. weil Wolfgang in Wedel im PORSCHE aufgetaucht ist.   (und nicht etwa im Käfer)
b. weil Wolfgang in WEDEL im Porsche aufgetaucht ist. (und nicht etwa in Ahrensburg)
c. weil Wolfgang in Wedel im Porsche AUFGETAUCHT ist. (und nicht verschwunden)
d. weil WOLFGANG in Wedel im Porsche aufgetaucht ist.   (und nicht etwa Anette)

[19] a. weil Wolfgang im PORSCHE in Wedel aufgetaucht ist.   (und nicht etwa im Käfer)
b. weil Wolfgang im Porsche in WEDEL aufgetaucht ist. (und nicht etwa in Ahrensburg)
c. weil Wolfgang im Porsche in Wedel AUFGETAUCHT ist. (und nicht verschwunden)
d. weil WOLFGANG im Porsche in Wedel aufgetaucht ist.   (und nicht etwa Anette)

Diese Daten lassen den Schluß zu, daß die strukturelle Position der Instrumentalvarianten lokaler Adjunkte etwa auf der Ebene derjenigen der lokalen Argumente, eventuell sogar noch tiefer anzusiedeln ist. Legt man das allgemeine X-bar-Schema der GB-Theorie zugrunde, so kommt für instrumental gedeutete lokale PPn damit Adjunktion an V^0 oder V' in Frage. Die genaue syntaktische Beziehung zwischen Verb, (lokalem) Argument[8] und dem hier in Frage stehenden lokalen Adjunkt bedarf in jedem Fall einer detaillierten Untersuchung, zumal insbesondere die V^0-Adjunkt-Analyse weitreichende Konsequenzen[9] hätte, muß aber für die Zwecke dieses Beitrags zurückgestellt werden. Ich werde vorläufig den Terminus "V-Adjunktion" verwenden.

Die zu Beginn dieses Abschnitts angekündigte syntaktische Differenz der beiden hier betrachteten lokalen Adjunktvarianten kann damit benannt werden: Im Fall der Lokationslesart der lokalen PP liegt – wie üblicherweise angenommen – **VP-Adjunktion** vor. Die PP wird an die maximale V-Projektion adjungiert. Der Instrumentallesart der lokalen PP liegt hingegen **V-Adjunktion**

---

[7] Die Ungrammatikalität von [i] zeigt, daß die beiden lokalen Adjunkte keine Konstituente bilden, was die Voraussetzung für gemeinsame Topikalisierung wäre.
[i] *Im Kühlhaus im Lastwagen wurden die Tulpen zum Ausgang C transportiert.
[8] Auf das Stellungsverhalten von instrumental gedeuteten lokalen PPn bezüglich nicht-lokalen Argumenten kann im Rahmen dieses Beitrags nicht eingegangen werden. Die hier präsentierten Daten (s. auch [i]) sind jedoch m. E. Anlaß genug, die Möglichkeit einer verbadjazenten Verankerung des lokalen Adjunkts im Sinne etwa des von Jacobs (1992) entwickelten Integrationsbegriffs einer ernsthaften Prüfung zu unterziehen.
[i] weil er die Tulpen im Lastwagen transportiert. vs. weil er im Lastwagen die Tulpen transportiert.
weil er das Urwalddorf in einem Boot verlassen hat. vs. weil er in einem Boot das Urwalddorf verlassen hat.
[9] Erwähnt sei lediglich die Sprengung der Adjazenzbeziehung zwischen dem Verb und seinen Argumenten.

zugrunde. Die PP wird hier an V^0 bzw. V' adjungiert. Die unmarkierte Wortstellung reflektiert diese unterschiedlichen strukturellen Positionen der lokalen Adjunkttypen. Die Annahme verschiedener Adjunktionsebenen wird durch das Topikalisierungsverhalten der lokalen Adjunkte, auf das ich abschließend eingehen werde, untermauert.

<u>Topikalisierung:</u>

[20] a. Im Kühlhaus wurden die Tulpen im Lastwagen transportiert.

     b. Im Lastwagen sind die Tulpen vergammelt.

     c. In der Boeing 737 hat die Stewardeß zollfreie Ware zum Kauf angeboten.

[21] a. [M] Im Lastwagen wurden die Tulpen im Kühlhaus transportiert.

     b. [M] Im Porsche hat Wolfgang Anette abgeholt.

     c. [M] In der Boeing 737 hat die Stewardeß den Atlantik überflogen.

Die Beispielsätze unter [20] zeigen, daß lokale VP-Adjunkte in jedem Fall topikalisierbar sind. Lokale wie auch andere VP-Adjunkte (etwa temporale) treten präferiert in dieser Position auf. Sätze dieses Typs können neutral akzentuiert werden und schränken die Menge der potentiellen Äußerungskontexte nicht zusätzlich ein. So sind die Sätze unter [20] denkbare Antworten auf die maximal weiten Fokus setzende Frage *"Was ist geschehen?"*. Im Unterschied dazu verlangt die Topikalisierung eines lokalen V-Adjunkts (s. [21]) kontrastiven Akzent verbunden mit entsprechenden Kontextrestriktionen. Aufgrund des erzwungenen Kontrastfokus scheiden die Sätze [21] als denkbare Antworten auf die Frage *"Was ist geschehen?"* aus. Bei der Verarbeitung von Sätzen dieses Typs ist ferner ein "garden-path"-Effekt zu beobachten: Für die lokale PP in topikalisierter Position wird zunächst die Lokationslesart angenommen, ehe meist erst bei Berücksichtigung der Verbinformation festgestellt wird, daß die Instrumentallesart für das lokale Adjunkt zugrunde-zulegen ist. Die zunächst vorgenommene Analyse als lokales VP-Adjunkt muß zugunsten der V-Adjunkt-Analyse revidiert werden.[10] Damit hängt zusammen, daß in Konstellationen, in denen das außersprachliche Wissen beide Interpretationen zuläßt, bei Topikalisierung die Lokationsinterpretation deutlich präferiert wird:

[22] a. Die Tulpen wurden im Lastwagen transportiert.

     b. Im Lastwagen wurden die Tulpen transportiert.

Ich habe im Rahmen der Ausführungen zu Beispielsatz [6] (hier als [22.a] wiederholt) darauf hingewiesen, daß sich in Kontexten, die keine der beiden Interpretationen favorisieren, die Instrumentallesart der lokalen PP gegenüber der Lokationslesart durchsetzt. In [22.a] wird die lokale PP präferiert in ihrer instrumentalen Variante verstanden, also als V-Adjunkt analysiert. Tritt das lokale Adjunkt hingegen in topikalisierter Position auf, wie in [22.b], wird – neutrale Akzentuierung vorausgesetzt – die Lokationsvariante und damit die VP-Adjunkt-Analyse bevorzugt.

Als Zwischenresümee kann festgehalten werden, daß die beiden betrachteten Lesarten lokaler Adjunkte sowohl auf der konzeptuellen Ebene unterschiedlichen strukturellen Konfigurationen entstammen als auch auf der syntaktischen Ebene verschiedene strukturelle Positionen einnehmen, die für ihr unterschiedliches Verhalten in bezug auf die Stellung zur Negation, zu lokalen Argumenten und Adjunkten sowie hinsichtlich Topikalisierung verantwortlich sind. Der intensive Abgleich der internen konzeptuellen Struktur von Verb und instrumental gedeuteter Lokalangabe korreliert mit der sich in der V-Adjunkt-Position manifestierenden syntaktischen Nähe des lokalen Adjunkts zum Verb. Die unabhängig von der konzeptuellen Binnenstruktur des Verbs vorgenommene Situationslokalisierung der rein räumlich interpretierten Lokalangabe korreliert mit dem Auftreten des lokalen Adjunkts am äußeren Rand der VP in VP-Adjunkt-Position. Mit der Differenzierung lokaler Adjunkte in V-Adjunkte und VP-Adjunkte reflektiert das Sprachsystem die innerhalb des konzeptuellen Systems durch unterschiedliche Verankerung hergestellte Distinktion zwischen einer Instrumental- und einer Lokationsinterpretation von lokalen Angaben.

---

[10] S. insbesondere den stark markierten Satz [21.a], in dem beide Adjunkttypen auftreten, im Vergleich zu [20.a]. Hier bricht mit Erreichen der lokalen PP *im Kühlhaus* die gesamte unter der VP-Adjunkt-Hypothese bisher aufgebaute Struktur zusammen und muß reorganisiert werden.

4 Konzeptuelle Verankerung lokaler Adjunkte: Überlegungen zur Bedeutungskonstitution

Welche Schlüsse nun lassen die bisherigen Ausführungen auf die konzeptuellen Verankerungsoptionen lokaler Adjunkte zu? Es können eine situationsexterne und eine situationsinterne Verankerung identifiziert werden:

Die **situationsexterne Verankerung** des Bedeutungsbeitrags lokaler Adjunkte zeichnet sich durch Ausblendung der internen Struktur des mit dem Verb assoziierten Situationskonzepts bei der Kombination der räumlichen Information mit der Situationsinformation aus. Die Situation wird in ihrer Gesamtheit in der vom lokalen Adjunkt bereitgestellten Region lokalisiert. Die situationsexterne konzeptuelle Verankerung des lokalen Adjunkts bewirkt damit semantisch Situationslokalisierung und wird auf der syntaktischen Ebene durch VP-Adjunktion reflektiert. Die Option einer solchen situationsexternen Verankerung räumlicher Information ergibt sich aus dem ontologischen Status[11] der Kategorie 'Situation' als raum-zeitliche Entität (s. z.B. Vendler 1967), für die die Möglichkeit einer Einordnung bezüglich der räumlichen oder der zeitlichen Dimension konstitutiv ist. Lokale und temporale VP-Adjunkte übernehmen genau diese bereits innerhalb des ontologischen Gerüsts angelegte Aufgabe. Da es grundlegende Eigenschaften sind, die die räumliche und zeitliche Lokalisierbarkeit von Situationen garantieren, die Möglichkeit einer räumlichen (oder zeitlichen) Einordnung mithin nicht auf bestimmte Klassen von Situationen beschränkt ist, sind keine konzeptuellen Restriktionen bei der Kombination einer VP mit einem lokalen VP-Adjunkt wirksam und kann folglich der Zugriff auf die konzeptuelle Binnenstruktur des jeweiligen Verbs zur Überprüfung etwaiger konzeptueller Auflagen unterbleiben.

Eine **situationsinterne Verankerung** des Bedeutungsbeitrags lokaler Adjunkte erfolgt hingegen in enger Abhängigkeit von der konzeptuellen Binnenstruktur des Verbs. Im hier diskutierten Fall der instrumentalen Deutung eines lokalen V-Adjunkts setzt sie voraus, daß die mit dem Verb assoziierte konzeptuelle Situationsstruktur die Integration eines Transportmittels vorsieht und das lokale Adjunkt ein mit dem jeweiligen Situationstyp kompatibles Transportmittel bereitstellt. Allerdings erschöpfen sich die situationsinternen Verankerungsoptionen für lokale V-Adjunkte nicht in der Transportmittelvariante. Die Beispielsätze [23] illustrieren weitere situationsinterne Verankerungs- und Interpretationsoptionen für lokale V-Adjunkte, die nach dem gleichen Schema wie das hier erörterte Instrumentalmuster aufgebaut sind.

[23] a. Anette steht auf dem Kopf / liegt auf dem Rücken / hängt an den Kniekehlen
     b. Die Kinder saßen im Kreis / standen in einer Reihe
     c. Birgit kratzt sich hinter dem Ohr / blutet am Knie

Die lokale PP kann in Kombination mit Kontakt implizierenden lokalen Verben wie unter [23.a] die Funktion übernehmen, die Herstellung des Kontaktes zu spezifizieren (vgl. die Ausführungen zu derartigen Konstellationen von Steinitz 1991)[12] oder aber die Anordnung eines komplexen Objekts angeben (s. [23.b]). In beiden Fällen erhält die lokale PP, wie schon für die Instrumentalvariante festgestellt, neben der regulären Lokationsinterpretation eine zusätzliche, hier modale, die näheren Umstände der Situation charakterisierende Deutung, die die Lokationslesart gleichsam verdrängt.[13] In Sätzen des Typs [23.c] behält zwar die lokale PP ihre ausschließlich räumliche Ausrichtung bei, nutzt aber (in der präferierten Lesart) nicht die prinzipiell mögliche situationsexterne Verankerungsoption sondern spezifiziert einen innerhalb der konzeptuellen Binnenstruktur des jeweiligen Situationstyps ausgewiesenen Ort. Für [24] liefert der sprachliche Kontext keine

---

[11] Für den Begriff der Ontologie wird hier das von Lang (1992) geprägte Verständnis als Hypothese über die Organisation und Struktur menschlicher Kenntnisse zugrundegelegt.

[12] Steinitz (1991) stellt einen in den Basisannahmen ähnlichen Ansatz vor, ortet allerdings die hier thematisierte Problematik in der lexikalisch-semantischen Komponente des Sprachsystems: Sie analysiert die betroffenen lokalen PPn als fakultative Argumente von lokalen Verben. Die Beobachtungen und Analysen in Steinitz (1991) bildeten einen wesentlichen Impuls für die im Rahmen dieses Beitrags angestellten Überlegungen.

[13] Einen geeigneten Fragekontext für [23.a, b] bildet wiederum nicht die Frage nach dem Ort sondern eine durch das Fragepronomen *wie* eingeleitete Frage nach der Art und Weise des Hergangs, vgl. die Bemerkungen zu [4].

Hinweise auf die intendierte Lesart: Das deiktische *hier* kann auf den Ort des Geschehens oder aber die in Mitleidenschaft gezogene Körperstelle referieren, je nach dem ob eine situationsexterne oder situationsinterne Verankerung des lokalen Adjunkts vorgenommen wird.

[24] Kater Karl hat Birgit hier gebissen.

Das Spektrum der potentiellen situationsinternen Verankerungsoptionen für lokale Adjunkte soll hier nur in Umrissen skizziert werden. Im einzelnen ließe sich zum einen zeigen, daß die aufgeführten zusätzlichen Interpretationsvarianten lokaler Adjunkte genau wie die Instrumentallesart massiven konzeptuellen Restriktionen unterworfen sind, ihr Zustandekommen mithin von der Paßfähigkeit des Bedeutungsbeitrags des lokalen Adjunkts in die interne konzeptuelle Struktur des jeweiligen Situationstyps abhängt. Zum anderen kann das syntaktische Verhalten von instrumental gedeuteten lokalen Adjunkten auch bei den hier angerissenen Deutungsvarianten festgestellt werden. Die in diesem Beitrag exemplarisch anhand von lokalen Adjunkten, die eine Instrumentallesart zulassen, angestellten Beobachtungen und Analysen lassen sich also auf andere Interpretationsvarianten übertragen. Damit kann die Frage nach den Grundzügen der Bedeutungskonstitution lokaler Adjunkte von Verbprojektionen abschließend aus einer allgemeineren Perspektive aufgegriffen werden.

Lokale Adjunkte besetzen auf der konzeptuellen Ebene Positionen, die im Rahmen der konzeptuellen Repräsentation von Verben geschaffen werden. Es kann sich hierbei um eine von sämtlichen situationsdenotierenden Verben bereitgestellte Position handeln, die sich aus dem ontologischen Status von Situationen als raum-zeitliche Entitäten ableitet, oder aber um Positionen, die allein innerhalb mehr oder weniger spezifischer Strukturkonfigurationen bestimmter Situationstypen auftreten und folglich nur von einzelnen Verben bzw. Verbklassen zur Verfügung gestellt werden. In jedem Fall ist die konzeptuelle Struktur von Verben auf eine gezielte Integration des Bedeutungsbeitrags von lokalen Adjunkten eingerichtet. Lokale Adjunkte treten nicht wahllos zur Bedeutung der VP hinzu, sondern saturieren – ebenso wie Argumente – klar konturierte Leerstellen innerhalb der konzeptuellen Verbstruktur.[14] In Abhängigkeit der jeweils herrschenden funktionalen Bezüge wird ihnen – eine weitere Analogie zu Argumenten – eine thematische Rolle (bzw. ihr konzeptuelles Pendant) zugewiesen. Entsprechend ihrer funktionalen Einbettung leisten lokale Adjunkte die Spezifikation z.B. von Lokalisierungs-, Instrumental-, Kontaktrealisierungs- oder Anordnungsinformation. Und ebenso wie Argumente (Stichwort: Sorten- und Selektionsrestriktionen) müssen die hier diskutierten lokalen Adjunkte konzeptuelle Auflagen erfüllen, um eine bestimmte Leerstelle innerhalb der konzeptuellen Struktur belegen und die damit verbundene thematische Rolle übernehmen zu können.

Vor diesem Hintergrund kann die zunächst zurückgestellte Frage, warum die instrumentale Deutung lokaler V-Adjunkte in Kombination mit Transportverben lediglich den Präpositionen *in, auf* und *an* offen steht, erneut aufgegriffen werden. Eine Erklärung ergibt sich aus der Forderung nach Kompatibilität zwischen der semantischen Struktur der Präposition einerseits und der funktionalen Bestimmung der thematischen Rolle andererseits. Ein Instrument, das in einer Situation eingesetzt wird, die ein abstraktes Transportmuster instantiiert, muß, um als Transportmittel dienen zu können, gegenüber dem zu transportierenden Objekt eine gewisse Stütz-

---

[14] Insbesondere sind lokale, temporale, instrumentale u. ä. Adjunkte genausowenig iterierbar wie Argumente. Eine tatsächliche Iteration von Adjunkten gleichen Typs wie sie in [i] vorliegt ist ausgeschlossen. Möglich hingegen ist die Belegung einer Adjunktposition durch eine beliebig komplexe Konstituente wie in [ii]. Dies gilt allerdings gleichermaßen für Argumente (s. [iii]). In [iv] bietet die konzeptuelle Struktur des Verbs zwei unterschiedliche Ankerplätze für lokale Adjunkte, damit sind jedoch die Integrationsmöglichkeiten ausgeschöpft: Iteration im Sinne einer Mehrfachbelegung ein und derselben Adjunktposition findet nicht statt.

[i]   *Birgit hat Anette am Sonntag vorgestern vor den Osterfeiertagen getroffen.
     *Birgit hat Anette in Istanbul in Ankara getroffen.
[ii]   Birgit hat Anette vorige Woche am Sonntag um 11 Uhr getroffen.
     Birgit hat Anette in Istanbul vor der Blauen Moschee an einem Brunnen getroffen.
[iii] Das Seminar hat vorige Woche am Sonntag um 11 Uhr begonnen.
     Anette stand in Istanbul vor der Blauen Moschee an einem Brunnen.

ungsfunktion einnehmen (in der einschlägigen Literatur oft als "support" bezeichnet). Die innerhalb der semantischen Repräsentation von lokalen Präpositionen auftretenden lokalen Relationen verhalten sich nun unterschiedlich hinsichtlich der Kompatibilität mit einer solchen Stützungsfunktion: Die lokale Inklusionsrelation der Präposition *in* läßt sich funktional als Containerbeziehung deuten und erweist sich so mit einer Stützungsfunktion kompatibel. Die durch *auf* spezifizierte lokale Relation ist als Kontakt mit einer Oberfläche ausgewiesen und kann damit direkt eine Stützungsfunktion übernehmen, analoges gilt für das lokalen Kontakt implizierende *an* (vgl. *Sie geht an Krücken. / Sie geht am Stock.*) Die übrigen lokalen Präpositionen rekurrieren nicht auf die geeigneten lokalen Relationen, um im Rahmen von Transportsituationen die geforderte Stützungsfunktion übernehmen zu können. So kommt etwa das lokalen Kontakt ausschließende *bei* nicht für die Vermittlung einer Stützungsfunktion in Frage, kann also im Zusammenhang mit Transport niemals instrumental gedeutet werden.[15] Der spezifische Bedeutungsbeitrag der jeweiligen lokalen Präposition bleibt auch bei gleicher funktionaler Strukturierung erhalten.

[25] a. Tarzan rettete sich mit einem Baumstamm ans andere Ufer.
       b. Tarzan rettete sich auf einem Baumstamm ans andere Ufer.
       c. *Tarzan rettete sich bei einem Baumstamm ans andere Ufer.   (Instrumentallesart)

Während die instrumentale *mit*-PP in [25.a] nur unspezifische Angaben zu den Begleitumständen der denotierten Situation macht (s. Steinitz 1991), Tarzan könnte sich z.B. wie ein Stabhochspringer mit dem Baumstamm ans andere Ufer katapultiert oder aber am Baumstamm entlanggehangelt haben, impliziert [25.b] aufgrund der Bedeutung der lokalen Präposition *auf*, daß sich Tarzan während der beschriebenen Situation auf der Oberfläche des Baumstammes befand. Wenn auch durchaus Konstellationen denkbar sind, in denen sich Tarzan bei seiner Rettungsaktion einen Baumstamm zunutze macht, ohne in direktem Kontakt mit ihm zu stehen, die in [25.c] ausgedrückte lokale Relation damit erfüllt wäre, ist die Instrumentallesart in [25.c] dennoch ungrammatisch, weil die *bei*-PP keine Stützungsfunktion übernehmen kann und ihr damit die situationsinterne Verankerungsoption als instrumental gedeutetes lokales V-Adjunkt verschlossen bleibt.

Soviel zu den Gemeinsamkeiten zwischen den hier betrachteten Adjunkten und Argumenten auf der konzeptuellen Ebene: Beide saturieren von der konzeptuellen Verbstruktur eröffnete Leerstellen und erhalten thematische Rollen, die ihre Position innerhalb des Funktionalgefüges bestimmen. Der grundlegende Unterschied betrifft die Vermittlung der konzeptuellen Verhältnisse auf die semantische Ebene. Während im Fall der Argumente konzeptuelle Leerstellen in die Argumentstruktur von Lexemen projeziert werden und dort Saturierungszwang besteht, bleibt bei Adjunkten eine solche Projektion ins Sprachsystem aus. Die konzeptuelle Verbstruktur stellt zwar entsprechende Leerstellen bereit, forciert aber nicht ihre Belegung. Die latent vorhandenen Positionen müssen von den Adjunkten selbst gleichsam aktiviert werden. Unifikation als innerhalb des Sprachsystems wirksame Basisoperation für Adjunkte ist ein geeignetes Mittel, um diese Aktivierung latent vorhandener Leerstellen – die Einblendung zusätzlicher Strukturkomplexe – zu modellieren. Dabei stellen sich eine ganze Reihe von Fragen, wie etwa die nach der genauen Vorgehensweise bei Unifikation des semantischen Beitrags von V-Adjunkten mit demjenigen des Verbs, oder die nach der Zugriffssteuerung auf die konzeptuelle Binnenstruktur des Verbs zur Überprüfung der Paßfähigkeit eines lokalen Adjunkts, die aber im Rahmen dieses Beitrags unbeantwortet bleiben müssen. Vorgestellt wurde ein grobes Gerüst zur Verarbeitung lokaler Adjunkte, demzufolge lokale Adjunkte in Kombination mit Verben innerhalb der konzeptuellen Struktur zwei Klassen von Verankerungsoptionen nutzen können, eine situationsexterne und eine situationsinterne. Diese konzeptuelle Distinktion wird vom Sprachsystem

---

[iv] Im Treppenhaus hat Wolfgang die Fellmütze unter dem Kinn zugeknöpft.
[15] Diese Position wäre dahingehend zu präzisieren, daß diejenigen lokalen Präpositionen, deren semantische Repräsentation unterspezifiziert ist hinsichtlich Kontakt, unter geeigneten Kontextbedingungen die Auflagen an die Instrumentallesart erfüllen können. In [i] wird der Kontakt mit dem Referenzobjekt erzwungen, obwohl die Semantik von *unter* dies nicht fordert. Eine genaue Analyse der einschlägigen Bedingungen kann hier nicht erfolgen.
[i] Wolfgang schmuggelte die Geheimdokumente unter dem Lastwagen außer Landes.

durch unterschiedliche Adjunktpositionen, VP- und V-Adjunktposition, reflektiert. Mit der Zugrundelegung von Unifikation als innerhalb des Sprachsystems wirksame Basisoperation für Adjunkte kann dem Status von Adjunkten als konzeptuellen Argumenten Rechnung getragen werden, ohne die innerhalb des Sprachsystems zutage tretenden Unterschiede gegenüber semantischen Argumenten zu nivellieren.

Literatur

Bierwisch, M. (1988): On the Grammar of Local Prepositions. In: M. Bierwisch/W. Motsch/I. Zimmermann (Hrsg.), *Syntax, Semantik und Lexikon*. Berlin: Akademie-Verlag (studia grammatica 29), 1-65

Bierwisch, M./Lang, E. (1987, Hrsg.), *Grammatische und konzeptuelle Aspekte von Dimensionsadjektiven*. Berlin: Akademie-Verlag (studia grammatica 26/27)

Davidson, D. (1967): The Logical Form of Action Sentences. In: N. Rescher (Hrsg.), *The Logic of Decision and Action*. Pittsburgh: University of Pittsburgh Press, 81-95

Fanselow, G. (1990): Scrambling as NP-Movement. In: Grewendorf, G./Sternefeld, W. (1990): *Scrambling and Barriers*. Amsterdam/Philadelphia: Benjamins, 113 – 140

Higginbotham, J. (1985): On Semantics. *Linguistic Inquiry*, 16: 547-593

Jacobs, J. (1991): Focus Ambiguities. *Journal of Semantics* 8: 1-36

Jacobs, J. (1992): *Integration*. Theorie des Lexikons, Arbeiten des SFB 282, Nr. 13

Lang, E. (1992): Linguistische vs. konzeptuelle Aspekte der LILOG-Ontologie - Anfragen von außen. In: G Klose/ E. Lang/T. Pirlein (Hrsg.),*Ontologie und Axiomatik der Wissensbasis von LILOG*. Berlin: Springer

Maienborn, C. (1990): *Lokale Verben und Präpositionen: Semantische und konzeptuelle Verarbeitung in LEU II*. IWBS-Report Nr.119, IBM Stuttgart

Maienborn, C. (1991): Verbs of Motion and Position: On the Optionality of the Local Argument. In: O. Herzog/C.-R. Rollinger (eds.), *Text Understanding in LILOG: Integrating Computational Linguistics and Artificial Intelligence*. Berlin: Springer, 621-631

Pollard, C./Sag, I. (1987): *Information-based Syntax and Semantics. Volume 1: Fundamentals*. Stanford: Center for Study of Language and Information Lecture Notes Number 13

Pollard, C./Sag, I. (1991): *Information-based Syntax and Semantics. Volume 2: Agreement, Binding and Control*. Manuskript

Steinitz, R. (1991): Mehrdeutigkeit in der Grammatik: *Auf* und *an* – eine Fallstudie. Erscheint in: I. Zimmermann/A. Strigin (Hrsg.)

Sternefeld, W. (1991): *Syntaktische Grenzen*. Opladen: Westdeutscher Verlag

Vendler, Z. (1967). *Linguistics in Philosopy*. Ithaca, New York: Cornell University Press

Webelhuth, G. (1990): Diagnostics for Structure. In: G. Grewendorf/W. Sternefeld (Hrsg.), *Scrambling and Barriers*. Amsterdam: Benjamins, 41-75

Wunderlich, D. (1988). Über grammatische Parasiten. Manuskript, Düsseldorf

Wunderlich, D./Herweg, M. (1991). Lokale und Direktionale. In: A. v. Stechow/D. Wunderlich (Hrsg.), *Semantik – Semantics. Ein internationales Handbuch der zeitgenössischen Forschung*. Berlin: de Gruyter

Ein Ansatz zur kontextsensitiven Verarbeitung nicht-lexikalisierter Nomen-Nomen Komposita

Ralf Meyer

Universität Heidelberg
Computerlinguistik
Karlstr. 2
6900 Heidelberg
e-mail: e91@vm.urz.uni-heidelberg.de

Zusammenfassung

Obwohl isolierte nicht-lexikalisierte Nomen-Nomen Komposita (NN-Komposita) ambig sind, erhalten sie in Diskursen in der Regel eine eindeutige Interpretation. Die Ambiguität ergibt sich aus der Anwendbarkeit einer Vielzahl von Relationen, die auf semantischem und Hintergrundwissen basieren. Im Diskurs erhält das Kompositum auf der Basis von Diskurs- und Hintergrundwissen eine spezifische Äußerungsbedeutung. Ausgehend von einer 2-Ebenen-Semantik, in der kontext-invariante semantische Repräsentationen auf Konzeptfamilien abgebildet werden, wird ein Ansatz vorgestellt, in dem die vom Diskurs gegebene Information mit Kompositionsregeln interagiert, um die Äußerungsbedeutung festzulegen.

Although isolated non-lexicalized noun-noun compounds (NN-compounds) are ambiguous, they get an unambiguous interpretation in discourse. The ambiguity results from the applicability of a variety of relations that base on semantic and background knowledge. In a discourse the compound gets a specific utterance meaning by means of text and background knowledge. Based on a two-level semantics, where context-invariant semantic representations are mapped into concept families, an approach is developed where information given by the discourse interacts with compounding rules in order to determine the utterance meaning.

0.   Einleitung

Die Verarbeitung natürlicher Sprache erfordert Strategien zur Interpretation neuer komplexer Wörter, da das Lexikon ein generatives System ist. Insbesondere die deutsche Sprache ist sehr produktiv bei der Bildung komplexer Wörter, und unter den verschiedenen Wortbildungsmechanismen nehmen wohl die Regeln zur Erzeugung von Nominalkomposita den ersten Rang ein[1]. Innerhalb der verschiedenen Nominalkompositatypen sind Nomen-Nomen (NN-) Komposita widerum die am häufigsten gebildeten Zusammensetzungen. Diese haben in verschiedenen Kontexten oft auch verschiedene Bedeutungen. Komposita wie *Büchermuseum*, *Museumsbuch*, *Dichterfreund* und *Bahnhofs-Kaffee* haben in Diskursen eine sehr spezifische

---

[1] Nominalkomposita sind alle Zusammensetzungen mit einem Nomen als Head. In diese Klasse fallen neben Nomen-Nomen (NN-) Komposita u.a. auch AN-Komposita (*Großkatze*, *Schnellbus*) und VN-Komposita (*Schwimmwunder*, *Leserunde*). Warum bestimmte Kombinationen prinzipiell ausgeschlossen sind, ist zur Zeit ein noch offenes Problem. Ebenso gibt es eine kontroverse Debatte über die Frage, ob und wenn ja, wie Wortbildungsregeln mit der Syntax interagieren. Zu den den verschiedenen Theorien zugrundeliegenden Prinzipien siehe Spencer (1991).

Bedeutung (die kontextuell determinierte Äußerungsbedeutung), die nicht notwendigerweise auch die Bedeutung ist, die ihnen isoliert als präferierte Bedeutung zugewiesen werden würde. Ein sprachverstehendes System muß daher in der Lage sein, die Äußerungsbedeutung von NN-Komposita zu berechnen, damit die korrekten Inferenzen aus dem Diskurswissen gezogen werden können. Hier soll ein Ansatz vorgestellt werden, wie NN-Komposita kontextsensitiv verarbeitet werden können, so daß ihre Äußerungsbedeutung bestimmt werden kann.

Generell impliziert die allgemeine Produktivität des Lexikons für die Konstruktion von textverstehenden Systemen, daß das Lexikon eines realistischen Systems nicht auf eine Liste von lexikalischen Einträgen reduziert werden kann, auf die beim Parsing zugegriffen wird, sondern auch einen Wortparser und -Interpreter enthalten muß, der in der Lage ist, beliebig komplexe Wörter in ihre -im Lexikon repräsentierten- Konstituenten zu zeriegen und aufbauend auf der vom Wortparser gelieferten Struktur eine Interpretation zu liefern.

Auf den ersten Blick scheint das Problem für die Verarbeitung von NN-Komposita nur deren Ambiguität zu sein. Mögliche Bedeutungen von z.B. *Büchermuseum* können als *'Museum, das Bücher ausstellt'* ; als *'Museum, über das Bücher informieren'* oder auch als *'Museum, das Bücher verkauft'* paraphrasiert werden. *Bahnhofs-Kaffee* ist paraphrasierbar als *'Kaffee, der in einem Bahnhof gekauft/ getrunken/ gefunden/... wird'*. Wie die Paraphrasen zeigen, sind Bedeutungen von NN-Komposita durch die Angabe von zweistelligen Relationen spezifizierbar. Somit müssen Mechanismen angegeben werden, die kontextrelevante Relationen bestimmen.

Die Ambiguität der NN-Komposita ist zwar das Hauptproblem für deren Verarbeitung, aber nicht das Einzige, wie ein genauerer Blick auf die obigen Paraphrasen zeigt: die Konstituenten der Komposita referieren, abhängig von der Relation, auf verschiedene Konzepte. So ist ein *'Museum, das Bücher verkauft'* eine Institution, die physikalische Objekte verkauft; ein *'Museum, über das Bücher informieren'* kann sowohl ein Gebäude sein als auch eine Institution oder eine Sammlung, über die die Information, dessen Träger das physikalische Objekt 'Buch' ist, Auskunft gibt. Die Eigenschaft von Nomen, kontextabhängig auf verschiedene Konzepte referieren zu können, ist ein bekanntes Problem aus der lexikalischen Semantik und läuft unter dem Stichwort 'konzeptuelle Verschiebung'[2]. Genau wie einfache Nomen können auch die Konstituenten von NN-Komposita kontextabhängige Extensionen haben, d.h. isoliert referieren die Konstituenten auf Konzeptfamilien und nicht auf ein einzelnes Konzept. Im Kontext wird hingegen auf eine Teilmenge von Konzepten oder im Idealfall auf ein spezifisches Konzept aus dieser Familie referiert.

Nicht alle Relationen, die möglich sind, sind auch plausible Relationen. Die meisten NN-Komposita haben eine präferierte Bedeutung, determiniert durch ein saliente Relation. Die natürlichste Interpretation für *Büchermuseum* ist z.B. durch eine 'ausstellen-über' Relation gegeben. *Bahnhofs-Kaffee* hingegen scheint keine präferierte Interpretation zu haben.

Die Festlegung der Äußerungsbedeutung ist ein Prozess, der, unter der Berücksichtigung präferierter Relationen und gesteuert vom Textwissen, Inferenzen zur Auswahl von Relationen anstößt.

---

[2] Lexikalische Items im Allgemeinen haben in der Regel keine kontextunabhängigen Extensionen. Allerdings manifestiert sich die Art des Kontexteinflusses kategorienspezifisch. Siehe Bierwisch (1983), Gust (1991), Bosch (1991).

1. Wissensbasierte Relationen in NN-Komposita

Die meisten Relationen basieren auf Wissen über Objekteigenschaften und allgemeinen Beziehungen zwischen Entitäten wie z.B. temporalen und räumlichen Lokationen. Die allgemein übliche Strategie zur Interpretation von NN-Komposita ist die Spezifikation einer Relation in einer Wissensbasis. Dies wird entweder durch eine Suchstrategie im Konzeptverband realisiert (Finin 1982, 1986; Alshawi 1987), oder es werden Bedingungen für eine Anzahl allgemeiner Relationen wie Lokation, Besitz etc. angegeben, die von den Konzepten der Konstituenten erfüllt werden müssen (Allen 1987). Die Suchstrategie ist sehr einfach: ausgehend von dem vom Head denotierten Konzept werden Relationen (diese entsprechen den Rollen in einer KL-ONE Sprache) gesucht, die zwischen dem Headkonzept und dem Modifierkonzept gelten. Danach werden schrittweise Rollen zwischen den Superkonzepten gesucht. Die Menge der Rollen, die im Konzeptverband gefunden wird, bestimmt dann die Menge der möglichen Bedeutungen des Kompositums. An die Anwendbarkeit der gefundenen Rollen sind bestimmte Bedingungen geknüpft, die von den Konzepten erfüllt werden sollten. Abhängig davon, ob und wie die Konzepte die Bedingungen erfüllen, wird eine Summe von Werten als Gesamtwert für die Rolle bestimmt. Die Rolle mit dem höchsten Wert wird zur Interpretation herangezogen.

Da NN-Komposita zum größten Teil wissensabhängig interpretiert werden, ist die Suche nach Rollen in einem Konzeptverband ein notwendiger (aber nicht hinreichender) Mechanismus, um mögliche Bedeutungen herauszufinden. Allerdings ist die Suche nicht auf mögliche Rollen zwischen zwei Konzepten beschränkt, sondern Rollen zwischen allen Konzepten der beiden involvierten Konzeptfamilien müssen gesucht werden. Dann wird z.B. die Institution/Gebäude-Unterscheidung durch die Wahl der Rollen bestimmt.

Eine Suche nach einfachen Rollen schließt aber bestimmte Verarbeitungsmechanismen aus, die insbesondere im Diskurs eine Rolle spielen:

1. Neben einfachen Relationen können auch komponierte Relationen für die Interpretation eines NN-Kompositums verwendet werden.

2. Interpretationen von NN-Komposita basieren nicht grundsätzlich auf Weltwissen, sondern sie können auch auf semantischem Wissen und der Argumentstruktur des Heads beruhen.

Zudem ist ein Ansatz zur Verarbeitung von NN-Komposita, in dem Diskurswissen zu einer einfachen Bedingung für eine Bewertungsfunktion reduziert wird (Finin 1982), nicht befriedigend, da dies der Komplexität der Diskursstruktur und ihren Auswirkungen auf die NN-Interpretation nicht gerecht wird.

Ein anderer Ansatz besteht darin, während der Textverarbeitung durch das NN-Kompositum ein Unterkonzept des vom Head denotierten Konzepts neu einzuführen (Emde 1991). Dies sichert jedoch nur ein partielles Verstehen des Textes, da die Relation nicht explizit gesucht oder konstruiert wird.

Ein Ansatz, der zwischen lexikalischem und Hintergrundwissen differenziert und dadurch präferierte von nicht-präferierten Relationen unterscheidet, wird hier vorgestellt. Diese Unterscheidung wird auch bei der Einbeziehung des Kontextes zur Bestimmung der Äußerungsbedeutung mit eine Rolle spielen.

2. Eine Zwei-Ebenen Semantik für NN-Komposita

Ein von Bierwisch (1983) vorgeschlagenes Verfahren zur Bestimmung kontextspezifischer Extensionen geht von einem lexikalischen Dekompositionsansatz aus, in dem kontextinvariante lexikalische Repräsentationen auf Konzepte abgebildet werden:

[Nomen] ---Lexikonzugriff---> [lexikalischer Eintrag] --Abbildung--> [Konzeptfamilie]

In der folgenden Strategie zur Verarbeitung von NN-Komposita übernehme ich diese grundlegende Idee. Die semantische Komponente des Lexikoneintrags eines Nomens kann auch Relationen enthalten, die zur Bestimmung möglicher NN-Bedeutungen herangezogen werden können. Die semantische Repräsentation wird auf Konzeptbeschreibungen abgebildet, um die Menge der möglichen Konzepte, auf die das Nomen referieren kann, zu bestimmen. Ich gehe davon aus, daß der Zweck eines Artefakts die semantische Repräsentation eines Artefakt-Nomens bestimmt. Der Zweck eines Museums z.B. besteht darin, über Objekte und Ereignisse auszustellen und zu informieren. Rollennomina hingegen besitzen eine semantische Repräsentation, die eine soziale Funktion angeben. So besteht z.B. die Funktion eines Arztes in der Behandlung von Patienten. Neben der semantischen Repräsentation ist die Argumenstruktur eines Nomens ebenfalls eine Komponente seines lexikalischen Eintrags, die zur Komposition herangezogen werden kann. Nicht-derivierte Nomen können entweder als sortale oder relationale Nomen klassifiziert werden (Löbner 1985). Sortale Nomen verweisen auf Objektkonzepte, während relationale Nomen auf eine bestimmte Relation verweisen, deren Träger ein Objektkonzept ist. Im Deutschen sind alle Verwandtschaftsbezeichnungen relationale Nomen, ebenso Nomen wie *Direktor* und *Adresse*.

Argumentstruktur und semantische Repräsentation sind im DRS-Format repräsentiert als eine lexikalische DRS. Eine lexikalische DRS ist ein Paar <L,D>, wobei L eine Sequenz von Lambda-Operatoren ist und D eine DRS <U, Con>. U ist eine Menge von Diskursreferenten und Con eine Menge von lexikalischen DRS-Bedingungen.

Über den Diskursuniversen ist eine Erreichbarkeitsrelation definiert, die gewährleistet, daß ein Diskursreferent nur mit erreichbaren Diskursreferenten identifiziert werden kann[3]. Die Menge U_K^* ist die Menge aller Diskursreferenten in einer DRS K und ihren untergeordneten DRSen.

Argumentstruktur und semantische Repräsentation von *Freund, Museum* und *Buch* sind z.B.:

$$\lambda y\ \lambda x\ [\{x\ y\}\ \{freund\text{-}von(x,y)\ any(y)\}]$$

$$\lambda x\ [\{x\}\ \{zweck(x,p)\ p= [\{y\ e1\ e2\}\ \{ausstellen(e1)\ informieren(e2)$$
$$thema(e1,y)\ thema(e2,y)\ any(y)\}]]$$

$$\lambda x\ [\{x\}\ \{zweck(x,p)\ p= [\{e\ y\}\ \{vermitteln(e)\ information(y)\ thema(e,y)\}]]$$

Wenn man der Einfachheit halber davon ausgeht, daß die Weltwissensbasis W ebenfalls im DRS-Format repräsentiert ist[4] und über den Universen von W die gleiche Erreichbarkeitsrelation definiert ist, kann eine Relation r: U_k^* --> U_w^* definiert werden, die die Diskursreferenten in einer lexikalischen DRS K auf Referenten in ihren Konzeptbeschreibungen in einer Wissensbasis W abbildet, so daß die gleichen Erreichbarkeitsbeziehungen in den Konzeptbeschreibungen gelten. Damit läßt sich die zu einem Nomen gehörige Konzeptfamilie identifizieren.

---

[3] Für Details siehe Kamp (1981).

[4] Dies ist ohne einen Verlust an Ausdrucksstärke möglich, da KL-ONE-Ausdrücke in DRSen übersetzt werden können.

Aufbauend auf dieser Beziehung zwischen Repräsentationen von Nomen und deren Konzepten lassen sich drei Interpretationsregeln angeben, die über der Argumentstruktur, den semantischen Repräsentationen und dem Konzeptwissen operieren:

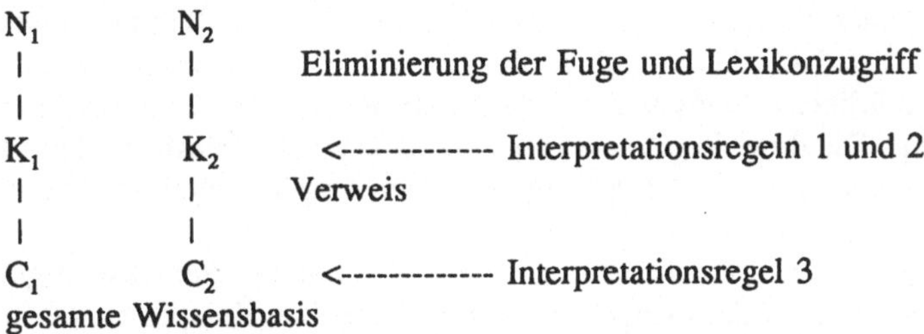

Der Modifier N_1 referiert auf die Konzeptfamilie $C_1 = \{c_1,...,c_n\}$ und der Head N_2 auf die Konzeptfamilie $C_2 = \{d_1,..., d_m\}$.

1. Wenn der Head ein relationales Nomen ist und ein Modifierkonzept die Selektionsrestriktionen für dessen internes Argument erfüllt, belegt der Modifier das interne Argument:
$\lambda x1\ \lambda x2\ [U_2, Con_2]; (\lambda y1)\ \lambda y2\ [U_1, Con_1]$ und es existiert ein c_i, das die Selektionsrestriktionen für das interne Argument x1 erfüllt -> $\lambda x2\ [U_2, Con_2 \cup \{![y2]K_1\}$ mit $Con_1 \cup \{y2 = x1\}$
Die DRS-Bedingung $![y2]K_1$ gibt die generische Quantifikation des Modifiers an, da Modifier isolierter NN-Komposita in der Regel generische Ausdrücke sind. [y2] repräsentiert den generisch quantifizierten Referenten in U_1. Die generizität zeigt sich in der Existenz der Fugenmorpheme, die keine semantische Information tragen. *Bücherfan* und *Museumsfan* z.B. referieren auf eine Klasse von Entitäten, die normalerweise zu Büchern bzw. Museen in der fan-von Relation stehen. Allquantifikation ist also nicht adäquat. Weitere Beispiele von NN-Komposita, die mit dieser Regel interpretiert werden, sind *Künstlerfreund* und *Soldatenbruder*, nicht aber *Computerbruder*, da hier Selektionsrestriktionen verletzt werden. Dieses Kompositum muß auf der Basis von Weltwissen interpretiert werden.

2. Wenn die semantische Repräsentation des Heads eine 2-stellige Relation enthält und ein Modifierkonzept die Selektionsrestriktionen für das zweite Argument erfüllt, bestimmt die 2-stellige Relation die Bedeutung des Kompositums:
$(\lambda x1)\ \lambda x2\ [U_2, Con_2]; (\lambda y1)\ \lambda y2\ [U_1, Con_1]$ mit: $Con_2 = \{zweck(x2,p)\ p = [U_3, Con_3]$ und $r(w,z)$ $\in Con_3$ und es existiert ein c_i, das die Selektionsrestriktionen für den Referenten z erfüllt -> $(\lambda x1)\ \lambda x2\ [U_2 \cup \{v\}, Con_2 \cup \{![y2]K1, y2 = v\}$ und $Con_3 \cup \{z = v\}$.
Die auf (2) beruhende Repräsentation von *Büchermuseum* ist dann:

```
λx [{x v} {zweck(x,p)
            p = [ {e1 e2 y} {ausstellen(e1) informieren(e2)
                            thema(e1,y) thema(e2,y) any(y) y=v}]
    ![{z} {z=v zweck(z,q)
            q= [{w e3} {vermitteln(e3) information(w) thema(e3,w)}]]]
```

3. Wenn es eine Rolle r zwischen einem c_i und einem d_j gibt oder deren Superkonzepten, ist r eine bedeutungsbestimmende Relation. Rollen zwischen den denotierten Konzepten sind salienter als Rollen zwischen allgemeineren Konzepten.

Die Anwendungen dieser Kompositionsregeln sind hierarchisch geordnet: wenn ein Head relational ist, liefert die erste Regel die beste Interpretation; ansonsten liefert die zweite Regel die nächstbeste Interpretation und die dritte auf Konzeptwissen basierende Interpretationen. Wenn der Head ein sortales Nomen ist, liefert die zweite Regel die beste Interpretation und die dritte alle weiteren möglichen Interpretationen. Ein Beispiel sind mögliche Interpretationen von *Büchermuseum*. Die erste Regel ist nicht anwendbar, da *Museum* kein relationales Nomen ist. Die zweite Regel liefert die natürlichste Interpretation, da die thema-Relation von 'ausstellen' und 'informieren' anwendbar ist. Die dritte Regel sucht Relationen in der Wissensbasis. Dies können Relationen sein wie z.B. 'abgebildet_in' oder 'enthält' zwischen dem Museumsgebäude-Konzept und dem Buchobjekt-Konzept.

Diese drei hierarchisch geordneten Kompositionsregeln liefern unter Berücksichtigung der Variabilität von Nomenbedeutungen die Interpretationen isolierter NN-Komposita.

3.   Die Verarbeitung von NN-Komposita in Texten

Die relative Eindeutigkeit von NN-Komposita in Texten ist durch mehrere Faktoren determiniert:

1. Selektionsrestriktionen des argumentvergebenden lexikalischen Items an den Head des Kompositums schränken die Menge der möglichen Relationen ein. Es kann nur nach Rollen in der Wissensbasis gesucht werden, die an die selektierten Konzepte des Heads gebunden sind. Was immer z.B. das Kompositum *Bahnhofs-Kaffee* in dem Satz *Der Bahnhofs-Kaffee tropft auf den Boden* bedeuten mag, die Bedeutung kann nur durch eine Relation zwischen dem Getränk 'Kaffee' und den von *Bahnhof* denotierten Konzepten determiniert werden.

Relationen aus semantischen Repräsentationen sind dagegen immer anwendbar, da diese kontextinvariante Information bereitstellen. Der Eintrag für *Museum* z.B. enthält die Relation des ausstellens. Diese Relation ist immer anwendbar, unabhängig von der Referenz des Heads. So kann in (a) und (b) die ausstellen-Relation angewandt werden, obwohl der Head in (a) auf das Gebäude und in (b) auf die Institution referiert:

(a) *Das Büchermuseum brennt.*

(b) *Das Büchermuseum kauft eine alte Bibel.*

2. Eine wichtige Rolle spielen anaphorische Beziehungen der Konstituenten des Kompositums (Boase-Beier & Toman 1984). Wenn das Kompositum Head einer definiten NP ist, muß der Head des Kompositums auf einen Antezedenten referieren. Antezedenten müssen in der Diskursrepräsentation und im Hintergrundwissen gesucht werden. Der Modifier kann ebenfalls anaphorisch sein. Im Text kann zwischen den Antezedenten eine Relation gegeben sein. Im trivialen Fall ist dies ein Verb oder eine Präposition[5]. Die vom Verb bzw. der Präposition denotierte Rolle wird dann an das vom Kompositum denotierte Konzept vergeben. Eine anaphorische Beziehung des Modifiers ersetzt auch dessen generische Quantifikation durch die des Antezedenten.

3. Scripts über stereotypische Abläufe von Ereignissen können die Relation für das Kompositum bestimmen, wenn der Head des Kompositums auf ein im Script deklariertes Objekt verweist und die Relation im Script angegeben ist.

4. Die lokale Struktur des Textes (Die Kohäsion) kann ebenfalls die Bedeutung eines NN-Kompositums bestimmen, falls mehrere Relationen durch das Textwissen angeboten werden und

---

[5] Weniger trivial ist die Bestimmung der Äußerungsbedeutung des Verbs bzw. der Präposition!

davon eine ausgewählt werden kann.

5. Explizit im Text angegebene Information über die Bedeutung des NN-Kompositums hat Vorrang vor impliziter Information über Objekteigenschaften. Da implizite Information im Hintergrundwissen einen stark stereotypischen Charakter hat, haben NN-Komposita, die auf der Basis von Objekteigenschaften interpretiert werden, immer eine plausible Interpretation, die oft auch die präferierte ist. Texte jedoch sind prinzipiell frei in der Angabe von Eigenschaften. Deshalb kann ein NN-Kompositum im Text nur dann eine "schräge" Bedeutung bekommen, wenn die Relation explizit angegeben wird. Dies geschieht mittels anaphorischer Referenz.

Einige Beispiele sollen die Relevanz dieser Faktoren verdeutlichen und als Basis für die unten formulierte Verarbeitungsstrategie dienen.

(1)   *Ein Museum in Hamburg verschenkt Bücher an seine Besucher. Das **Büchermuseum** hat einen großen Etat.*

Die Analyse des Kompositums in (1) ist trivial: das Kompositum ist Head einer definiten NP; beide Konstituenten referieren auf Antezedenten. Die Relation ist explizit zwischen ihnen angegeben. In der DRS K1 ist die Äußerungsbedeutung des Kompositums allein durch die Referenz determiniert[6]:

$$\boxed{\begin{array}{l}
x \quad y \quad z \quad w \quad r \quad s \quad t \\
museum(x) \quad loc\text{-}in(x,y) \quad hamburg(y) \\
verschenken(x,z) \\
b\ddot{u}cher(z) \\
partizipient(z,w) \\
besucher(w) \\
museum(r) \quad r{=}x \\
b\ddot{u}cher(s) \quad s{=}z \\
haben(r,t) \quad etat(t)
\end{array}}$$

Ein wesentlich komplexeres Beispiel ist (2):

(2)   *Die Papiermühle des Patriziers Ulman Stromer beginnt ihre Arbeit 1390. In seiner Mühle wurden Lumpen als Rohstoff verwendet. Sie wurden mit Wasser versetzt und zu einem zähen Brei zerfasert. Die aus **Lumpen-Brei** geschöpften Produkte überdauerten die Zeit bis heute.*

Die stark vereinfachte DRS K2 ist:

---

[6] K1 zeigt die Notwendigkeit für die DRT, die Äußerungsbedeutungen der Wörter zu bestimmen, da sonst wichtige Information nicht erfaßt werden kann. Insofern muß die gegenwärtige DRT, die Wörter als nichtanalysierbare Einheiten auffaßt, modifiziert werden. So referieren z.B. sowohl das Kompositum als auch der Antezedent des Heads auf eine Institution. Auch die Verben haben in (1) eine sehr spezifische Äußerungsbedeutung, die durch die Konstruktion von DRSen allein nicht erfaßt werden kann. Zusätzlich zu DRSen wird eine Ebene konzeptuellen Wissens benötigt, um die auf Weltwissen beruhenden kontextspezifischen Äußerungsbedeutungen festlegen zu können, wie die Bestimmung der Äußerungsbedeutung von NN-Komposita deutlich macht. Eine Neufassung der DRT würde diesen Rahmen jedoch bei weitem sprengen. Zu ersten Ansätzen siehe Kamp & Roßdeutscher (1992).

$$
\boxed{
\begin{array}{l}
\quad\quad\quad \mathrm{x\ \ y\ \ z\ \ v\ \ r\ \ s\ \ e\ \ e1\ \ e2} \\
\mathrm{papierm\ddot{u}hle(x)\ \ von(x,y)\ \ Patrizier\text{-}Ulman\text{-}Stromer(y)} \\
\quad\quad \mathrm{beginnt\text{-}Arbeit\text{-}1390(e)\ \ agens(e,x)} \\
\quad\quad \mathrm{In\text{-}seiner\text{-}M\ddot{u}hle\text{-}als\text{-}Rohstoff\text{-}verwenden(e1)} \\
\quad\quad\quad \mathrm{material(e1,z)\ \ lumpen(z)} \\
\quad\quad \mathrm{mit\text{-}Wasser\text{-}versetzen\text{-}und\text{-}zerfasern(e2)} \\
\quad\quad\quad\quad \mathrm{thema(e2,z)} \\
\quad\quad\quad\quad \mathrm{ergebnis(e2,v)} \\
\quad\quad\quad\quad\quad \mathrm{brei(v)} \\
\quad\quad\quad\quad \mathrm{brei(r)\ \ r=v} \\
\quad\quad\quad \mathrm{lumpen(s)\ \ s=z}
\end{array}
}
$$

(2) zeigt sowohl die Präferenz von expliziter vor impliziter Information als auch die Möglichkeit komplexer Relationen. Die Konstituenten von *Lumpen-Brei* referieren auf Antezedenten. Das in K2 der Übersichtlichkeit halber einfach repräsentierte Ereignisprädikat zwischen den Antezedenten bestimmt die Äußerungsbedeutung des Kompositums.

In vielen Fällen existieren keine anaphorischen Beziehungen der Konstituenten. Allerdings steuert das durch den vorherigen Text gewonnene Wissen Inferenzen, die Anwendungen von Relationen, basierend auf der Hierarchie von Interpretationsregeln, verhindern.

(3) *Peter kauft in einer Buchhandlung ein teures Museumsbuch.*

(3') *Peters Museumsbuch führt ihn durch die Universität.*

In (3) erhält das NN-Kompositum seine präferierte Lesart als Äußerungsbedeutung, da die im Text gegebene Information diese zuläßt. Das Kompositum wird als 'Buch, das über Museen informiert' interpretiert. In (3') jedoch blockiert der Text diese Interpretation: ein Buch, das einen durch eine Universität führt, informiert in der Regel nicht auch noch über Museen. Auf der Basis dieser, die präferierte Lesart blockierenden, Inferenz muß in (3') *Museumsbuch* eine Interpretation erhalten, die mit dem Textwissen kohärent ist. Jede auf Objekteigenschaften beruhende Interpretation, die die obige Inferenz nicht verletzt, ist eine passende Interpretation. Deshalb ist in (3') das Kompositum ambig.

Neben anaphorischer Referenz auf Diskursreferenten ist Referenz auf Entitäten im Hintergrundwissen möglich. Dabei kann Scriptwissen die für die Äußerungsbedeutung relevante Relation enthalten:

(4)　　*Herr Peters traf sich mit Herrn Müller im Bahnhof in einem Cafe. Sie einigten sich auf 300DM Miete und Herr Peters zahlte am Ende sogar den Bahnhofs-Kaffee.*

Der Head referiert auf das Kaffeegetränk-Konzept, das im Script über Cafebesuche deklariert ist. Damit sind Relationen zwischen anderen Konzepten aus der Konzeptfamilie ausgeschlossen. Das Script enthält ebenfalls die trinken-Relation. Die in der Wissensbasis konstruierte komponierte Relation zwischen dem Kaffeegetränk-Konzept und dem Bahnhofsgebäude-Konzept determiniert die Äußerungsbedeutung.

Die in (1) - (4) dargestellten Phänomene bilden die Basis für die folgende Verarbeitungsstrategie, welche die oben angegebenen Faktoren berücksichtigt:

Eine DRS K wird konstruiert. Während der Verarbeitung eines Satzes trifft der Parser auf ein NN-Kompositum, das nicht im Lexikon enthalten ist. Das Kompositum kann in seine im Lexikon

repräsentierten Konstituenten N_1 und N_2 zerlegt werden. N_1 und N_2 referieren auf die Konzeptfamilien $C_1 = \{c_1,..., c_n\}$ und $C_2 = \{d_1,..., d_m\}$ in der Wissensbasis.
(1) Selektionsrestriktionen des regierenden Items bestimmen eine Teilmenge $S \subseteq C_2$ von kontextuell relevanten Konzepten.
(2) Das Kompositum ist Head einer definiten NP: suche in der bisher aufgebauten DRS und in der Wissensbasis eine einfache oder komponierte Relation zwischen den Antezedenten bzw. Referenten von N_1 und N_2.
(3) Das Kompositum ist Head einer indefiniten NP: nehme die von den Interpretationsregeln produzierte präferierte Interpretation, wenn es keinen Widerspruch zwischen dieser Interpretation und dem aus dem bisher verarbeiteten Text gewonnenen Wissen gibt.
Wenn es einen Widerspruch gibt, nehme solange eine von den Regeln produzierte Interpretation, bis das aus dem Text mit dem aus dem Kompositum gewonnenen Wissen widerspruchsfrei ist.

Mit dieser Verarbeitungsstrategie lassen sich kontextuell determinierte Relationen sowie von den Konstituenten im Kontext denotierte Konzepte bestimmen.
Diskursstrukturen können allerdings wesentlich komplexer sein als in den obigen Beispielen. Entsprechend ihrer Komplexität wird auch die Bestimmung kontextuell relevanter Relationen schwieriger. Deshalb benötigen weitere Untersuchungen über die Beziehungen zwischen NN-Komposita-Intepretation und Diskursverarbeitung hauptsächlich neue Ergebnisse über Diskursstrukturen und deren Repräsentationen.

Literatur

Allen, J. (1987) *Natural Language Understanding*. Reading, Mass.; Benjamins/ Cummings Publishing Company.

Alshawi, H. (1987) *Memory and context for language interpretation*. Cambridge, Cambridge University Press.

Bierwisch, M. (1983) Semantische und konzeptuelle Interpretation lexikalischer Einheiten. In *studia grammatica XXII*. Berlin; Akademie Verlag: 61-100.

Boase-Beier, J. & J. Toman (1984) Komposita im Text. Überlegungen zur Unterscheidung zwischen grammatischem und textuellem Wissen. *Zeitschrift für Literaturwissenschaft und Linguistik, 64:* 61-72.

Bosch, P. (1991) The Bermuda Triangle: Natural Language Semantics Between Linguistics, Knowledge Representation, and Knowledge Processing. In O. Herzog & C.-R. Rollinger (Hrsg.): 243-258.

Emde, W. (1991) Managing Lexical Knowledge in LEU/2. In O. Herzog & C.-R. Rollinger (Hrsg.): 167-179.

Finin, T.W. (1982) *The Interpretation of Nominal Compounds in Discourse*. Technical Report MS-CIS-1982-3, Department of Computer and Information Science, University of Pennsylvania, Philadelphia.

Finin, T.W. (1986) Constraining the Interpretation of Nominal Compounds in a Limited Context. In R. Grishman & R. Kittredge (eds.) *Analyzing Language in Restricted Domains: Sublanguage Description and Processing*. Hillsdale, N.J.; Lawrence Erlbaum: 163-173.

Gust, H. (1991) Representing Word Meanings. In O. Herzog & C.-R. Rollinger (Hrsg.); 127-142.

Herzog, O. & C.-R. Rollinger (Hrsg.) (1991) *Text Understanding in LILOG*. Berlin; Springer.

Kamp, H. (1981) A Theory of Truth and Semantic Representation. In J. Groenendijk; T.M.V. Janssen & M. Stokhof (eds.) *Formal Methods in the Study of Language, Vol. I.* Mathematische Centrum; Amsterdam:277-322. Reprinted in: J. Groenendijk et al. (1984) *Truth, Interpretation and Information.*Dordrecht; Foris: 1-41.

Kamp, H. & A. Roßdeutscher (1992) *Remarks on Lexical Structure, DRS-Construction and Lexically Driven Inferences.* Arbeitspapiere des SFB 340, Stuttgart, Bericht Nr. 21.

Kanngießer, S. (1985) Strukturen der Wortbildung. In C. Schwarze & D. Wunderlich (Hrsg.) *Handbuch der Lexikologie.* Königstein; Athenäum: 134-183.

Löbner, S. (1985) Definites. *Journal of Semantics, 4:* 279-326.

Spencer, A. (1991) *Morphological Theory.* Oxford and Cambridge, Mass.; Basil Blackwell.

A Combined Disambiguation Method
for Target Word Selection

Elisabeth Breidt
Seminar für Sprachwissenschaft
Kleine Wilhelmstr. 113
University of Tübingen
W-7400 Tübingen 1
breidt *at* earley.sns.neuphilologie.uni-tuebingen.de

Ulrike Schwall[1]
IBM Germany Scientific Center
Inst. for Knowledge Based Systems
Wilckensstr. 1a
W-6900 Heidelberg 1

Abstract

We describe a disambiguation method to handle different phenomena for target word selection in Machine Translation such as ambiguity, fixed expressions or collocations. CDM is a constraint-based approach exploiting language specific mapping patterns of source word readings to target words in order to limit analysis depth. It employs a gradual schema of modular layers in a specific order, incorporating a broad spectrum of sources, from linguistic over semantic up to domain, discourse and world knowledge. The model is applied to and partially implemented in LMT–GE, a machine translation system from German to English following the Logic-programming-based Machine Translation approach of McCord (1989).

Der Beitrag beschreibt eine Disambiguierungsmethode für verschiedene Phänomene bei der Zielwortauswahl in der Maschinellen Übersetzung, wie Ambiguität, fixierte Mehrwortausdrücke und Kollokationen. Wir verwenden einen constraint-basierten Ansatz, der sprachpaarspezifische Relationen zwischen ausgangssprachlichen Lesarten und zielsprachlichen Wörtern ausnutzt. In einer bestimmten Reihenfolge wird in einem modularen Stufenschema linguistisches, semantisches und bereichsspezifisches Wissen, Diskurs- und Weltwissen eingesetzt. Die Methode ist teilweise implementiert und wird in dem MÜ-Prototypen LMT-GE (Deutsch-Englisch) angewendet, der auf dem Ansatz von McCord (1989) zur MÜ nach Prinzipien der Logikprogrammierung basiert.

1 Introduction

A special case of lexical disambiguation is target word selection, one of the major tasks for Machine Translation (MT). Often, disambiguation for target word selection mainly relies on syntactic data and in a limited way on semantic features. Some MT systems operate with world knowledge (e.g. Nirenburg et al. 1989), which is, however, very difficult to acquire and computationally costly for broad coverage. Recent approaches try to use statistical data on lexical relations as an alternative to semantic and world knowledge (e.g. Brown et al. 1991). We propose a Combined Disambiguation Method CDM that gradually employs different types of information for target word selection.

Since lexical disambiguation in MT is concerned with translation-relevant (source-target-dependent) readings and not necessarily with monolingual differences in meaning, the depth of analysis can be limited w.r.t. language-pair specific lexical distinctions and the different linguistic phenomena. CDM takes advantage of this by its modular approach in which the different layers capture the linguistic distinctions.

---

[1]Now at Siemens Nixdorf Informationssysteme AG, LingLab, Otto-Hahn-Ring 6, D-8000 München 83.

1.1 Target Word Selection

The problem of target word selection can be split into three parts: First, lexicographic criteria have to be worked out to allow classification of words according to disambiguation needs. Then, words can be marked in the lexical entries with an appropriate coding mechanism corresponding to the lexicographic distinctions. Finally, the system must be able to choose the correct part of the lexical entry with the help of this coding, together with its translation. To determine the disambiguation needs, special attention has been paid to contrastive mapping patterns, namely lexical translation equivalence types (cf. Koller 1979).

1.2 Translation Equivalences

One word/syntagma of a source language (SL) can have several translation equivalents in a target language (TL), among which an MT system has to choose the correct one for a given context. Translation equivalents can be classified into different types according to linguistic phenomena:

- Ambiguous words have several readings in the SL; the semantic structuring of SL and TL determine the translation equivalents.

- Within purely compositional collocations, the translation equivalents of one reading of a SL word differ according to the collocational environment of this word and not according to semantic relations (e.g. *Versicherung/Vertrag abschließen – take out an insurance; conclude a treaty*).

- Occurrences in other multiword lexemes[2] (MWLs) (also support verb constructions) can be considered as separate readings; they require a noncompositional analysis and translation of the whole phrase. The recognition of MWLs is not only important for a correct translation of these units, but also has consequences for the treatment of other linguistic phenomena, such as coordination and anaphora.

- In the case of vagueness (or bilingual ambiguity), no reading distinction exists in the SL, but a conceptual and lexical distinction is present in the TL. The correct translation equivalent depends on the wider context in which the word appears (e.g. *Uhr – fr. montre; pendule; horloge*). In some cases, no real equivalent exists in the TL, only a paraphrase or partially equivalent words (e.g. *Geist – mind/spirit*).

2 The CDM Approach and its Realization in LMT–GE

The Combined Disambiguation Method CDM is a modular, incrementally layered, constraint-based approach for target word selection. CDM can be used for analysis and translation of ambiguous words, collocations and other MWLs. In certain cases it could also resolve bilingual ambiguity and 1:0-equivalences. The different layers of constraints in CDM are further applicable to other disambiguation and filtering tasks, e.g. parse pruning, anaphora resolution, coordination phenomena and compound treatment.

The seven successive layers for translation-relevant reading disambiguation in CDM[3] are the following:

---

[2]Multiword lexemes consist of several words forming one unit of a language's lexical system. We consider collocations as a subgroup of MWLs. For a detailed definition of the object domain of MWLs see Brundage et al. (1992), for an overview see Everaert et al. (1989).

[3]See also Dahlgren (1987) for methods 3, 5 and 7.

1. check for completely frozen and semi-frozen MWLs[4]
2. check for domain specification
3. use syntactic information
4. check for flexible MWLs (phrasemes and collocations)
5. use semantic information on the complements
6. use semantic information on adjuncts
7. use knowledge about discourse, situation, and commonsense knowledge.

We try to restrict the depth of analysis for target word selection as far as possible with our CDM approach. It seems sensible to use the seven methods successively to avoid unnecessary semantic calculations and inferences in a knowledge base in cases where ambiguities can already be resolved by syntactic means or by simpler semantic techniques. The semantic information is kept as general as possible, just specific enough to distinguish different word senses. Complex techniques such as the use of world knowledge should only be employed if the other methods fail.

The next subsection gives a brief introduction to the machine translation system LMT, the logic-programming-based MT system developed by McCord (1989, 1992). Then we describe each of the disambiguation methods 1 – 6 in its application to the German-English version LMT–GE; method 7 has not been implemented yet.

2.1 LMT

LMT is a multilingual, general purpose MT engine using a highly modular, source-based transfer approach. Because it is transfer-based, a full description of the meanings of a word is not necessary (in contrary to an interlingua approach), only different translation-relevant readings need to be distinguished. The design of the lexicon and the processing of the lexical information are well suited to support this. The lexicon format allows for a varying depth of lexical distinctions which can be used in several processing stages, either in analysis or in transfer.

LMT–GE uses a single bilingual lexicon indexed with source base forms and transfer elements (LMT also supports separate analysis and transfer lexicons), written in a Prolog formalism. Lexical entries consist of three parts: (i) the lexeme, (ii) the morphological, syntactic, and semantic constraints for analysis, and (iii) the translation(s) with possible conditions for target word selection and morphological, syntactic and transfer-specific information of the TL. The lexicon offers the possibility of creating different types of multi-word entries which is useful for the treatment of frozen and flexible MWLs.

The system uses Slot Grammar for analysis (McCord 1992), where slots represent syntactic dependency relations between categories. Slots for (obligatory and optional) complements of functional categories are coded in the lexicon; adjunct slots are declared in the grammar for the parts of speech. Slots can be augmented with several types of constraints, including idiosyncratic syntactic properties and semantic restrictions for the fillers.

Lexical analysis and transfer play a crucial role in target word selection, so we will describe them in a little more detail. First, the morphological analyser produces a derived lexical analysis of the input words and the lexical compiler creates corresponding prolog clauses. The analysis part of the lexical entry is compiled into **wframe**-clauses, the transfer part into **twframe**-clauses. The general format for **wframe** and **twframe** is

---

[4]Recognition criteria depend on the degree of fixedness of the multiword unit. For a computational treatment, we distinguish between completely frozen, semi-frozen and flexible MWLs (Brundage et al. 1992).

```
wframe(Number, Sense, Features, SlotFrame) <- SourceConds.
twframe(POS, SLword, Slots, TLword) <- TransConds.
```

Possible transfer constraints result in a conditional `twframe`-clause; the form of the condition varies with the different types of constraints. They are verified during the compositional transfer step: the transfer algorithm calls the predicate `twframe` with the third argument `Slots` instantiated with the identifiers of the slot fillers, and asks for a `TLword`. The call succeeds for that `twframe`-clause whose conditions `TransConds` are satisfied by the slot fillers.

2.2 Completely Frozen and Semi-Frozen MWLs

Completely frozen MWLs are analysed as if they were single words. The mechanism assumes a headword under which the multiword is indexed. (1) shows the lexical entry for the noun *Affekt*, both in its literal meaning and as the headword in the MWL *'im Affekt'*. Frozen MWLs are coded with a complex category label consisting of an m- followed by the category to which the MWL belongs syntactically. The tokenizer is able to recognize such multiwords via the m- of the category label in the lexical entry. After all elements of the multiword have been found, it is accepted and treated as one super-word during the rest of the analysis and translation process, in this case as an adverbial.

```
(1) affekt< n(EMOTION,nil,mask) < t(emotion)
        < madv("im = ") < t('in the heat of the moment').
(2) voll < madj("zum Brechen = ") < t(crammed) ...
(3) creditor < mn(" = by endorsement") < t(girogläubiger) ...
```

Semi-frozen MWLs are coded similarly. The only changes allowed to these MWLs are inflectional variations of the headword according to the paradigm of the POS assigned to the whole phraseological unit ((2): voll as in *'in den zum Brechen vollen Raum' (into the crammed room)*, and (3): act as in *'two creditors by endorsement'*). Therefore, recognition in this case may require morphological analysis.

2.3 Domain Specification

The preference for a given word sense can depend on the domain of the text (in the domains of transport, telecommunication or chemistry, *Verbindung* means *connection, line, compound* respectively). In addition, a specification of subject area(s) may also trigger category preferences (the word *write* can be used as a noun in the computer area: *'Do a write to the disk.'*). In the constraint formulation in LMT, domain constraints can be any Boolean combination of subject areas. One can also have a hierarchy of subject-areas and use them even for manual-specific domains and company-specific terminology.

Testing on subject areas is possible in both analysis and transfer. The testing for *source* domain affects the parse evaluation system[5], which then prunes away any parse containing the wrong subject area. Domain constraints formulated in the *transfer* elements of the lexicon are compiled into `subjarea`-conditions in the corresponding target word frames `twframe`.

---

[5]During parsing (left-to-right, bottom-up) a parse evaluation scheme compares different parse results. For details see McCord (1992).

2.4 Syntactic Information

Syntactic cues help to resolve many lexical ambiguities. Valency information and morpho-syntactic constraints are used for both analysis and transfer. This way, we can not only distinguish transitive and intransitive readings of a verb (4a), but also restrict the preposition in a PP slot of a verb or noun entry as in (4b), look for a specific case marking or slot filler, a separable prefix, a reflexive argument or an adjunct, or check the gender of a noun, (e.g. *das/der Band – the ribbon/volume*).

```
(4) a. acht < v(pl(auf.acc)) < t(pay:::attention; pc(to))
            v(obj1)          < t(respect)
    b. amüsier < v(reflx1(a).p(über.acc)) < t(f ? find//funny;acc ! have:::fun ).
```

If there are alternative slot frames for analysis as in (4a), lexical analysis produces several **wframe**-entries. Disambiguation is done when the parser tries to build up larger phrases by filling the slots of a functor category with its arguments, in this case either with a PP(auf) or with a direct object. Only the **wframe**-entry with the correct slot frame leads to a successful slot-filling by the parser, and the corresponding word sense is chosen for translation.

For (4b), disambiguation takes place after analysis, i.e. the lexical analysis gives one **wframe**-fact and two **twframe**-clauses with the corresponding conditions. Here, the condition only checks whether the PP slot is filled or not. If it is filled, the translation is 'find (sth.) funny', otherwise it is 'have fun'.

2.5 Flexible MWLs

Flexible MWLs are treated in the lexicon as pseudo-natural strings (Rimon et al. 1991), with either the noun or the verb as lexical head showing the valency structure, and containing variable symbols for flexible sub-phrases like *sein (mein/ihr)* in '*sein wahres Gesicht zeigen*' *(show one's true colors)*. The string '*poss wahres Gesicht*' in (5) is parsed during the lexical preprocessing. In a post-parse step after syntactic analysis, the sub-structure of this string gets transformed into a 'normalized' representation that reflects the phraseological reading; the compositional literal reading is pruned away, because after tests on MWL-restrictions the parse evaluation module prefers the phraseological reading. Transfer operates on the normalized tree that still contains the MWL-valential structure. Our approach for a treatment of flexible MWLs can only be outlined here, because of their high degree of monolingual modifiability and many different types of mapping possibilities between SL and TL.

```
(5)   zeig < v(iobj.obj1:"poss wahres Gesicht") < t(show::obj1:"poss true colors") ...
(6)   halt < v(pobj:"im Zaum".obj1) < t(curb) ...
(7)   put < v(obj1:"all poss eggs".pobj1:"into one basket")
          < t(setz::obj1:alles.pobj1:"auf eine Karte") ...
(8)   take < v(obj1:"pnoss fancy") < t(stech::iobj:nposs.pobj1:"ins Auge") ...
```

MWL-internal arguments, i.e. slots with non-variable components, get zeroed out if the TL entry does not have a corresponding MWL argument, such as **pobj1:"im Zaum"** in (6). They are maintained if the target MWL has an equivalent argument, like **obj1** in (5). Variable symbols like **poss** or **nposs** are either deleted (7) or replaced by slots or subphrases according to the target entry (the possessive pronoun of *fancy* in (8) is converted into an indirect object of *stechen*, as in *'This dress took my fancy immediately'* – *'Dieses Kleid stach* mir *sofort in die Augen'*).

To restrict analysis depth recognition of simple, purely compositional collocations with an equivalent argument structure in the TL may be delayed until transfer, as for example with *'eine Wette abschließen' (to make a bet)* in (9a). In the transfer part of a lexical entry, slot fillers can be restricted to single words or collocation-lists[6], besides general semantic constraints (9b,c), morphological and syntactic features. The restrictions are translated into `semtype`-conditions on the slots in the `twframe`-predicate, however in the first two cases not with semantic types but with the single word or collocation-list.

```
(9) schließ < v(ptcl1(ab).obj1)    a. < t( wette ? make !
                                   b.      conv  ? conclude !
                                   c.      phys  ? lock ! ... ).
```

2.6 Semantic Disambiguation

Semantic disambiguation in LMT-GE uses semantic constraints on the verb complements/adjuncts as selection restrictions of the verb and vice versa. For the purpose of target word selection it is not necessary to describe the full meaning of a word with selection restrictions nor to characterize semantic wellformedness, but only to be able to distinguish translation-relevant readings. We use 'weak' selection restrictions that distinguish between coarse semantic classes of concepts and do not give a definite and unambiguous semantic description of the complements.

The semantic information is encoded in a *linguistic-ontological* type hierarchy. The hierarchy is linguistically motivated by the way verbs combine with certain groups of nouns that belong to the same conceptual category, and at the same time it is based on the ontological structuring of the world. Thus the hierarchy reflects the taxonomic relations that hold between concepts both due to their language use and (to some extent) due to the conceptual structuring of the world.

The creation of the SemType hierarchy was a combined inductive–deductive process[7]: two existing ontologically and linguistically motivated hierarchies from Dahlgren et al. (1989) and Zelinsky-Wibbelt (1989) were used as a start to formulate selection restrictions for a test vocabulary of 15 arbitrarily chosen verbs with approx. 100 different readings. In order to capture the semantic distinctions of approx. 240 possible complements of the verbs, an augmented hierarchy was created, in which the concepts could in turn be linguistically motivated with the given selection restrictions of the test vocabulary. More SemTypes might be added to the hierarchy, e.g. for temporal and spatial concepts or for a lower structure. The hierarchy built up so far seems to provide a good basis, as it proved useful for the coding of approximately 300 verbs and almost 3000 nouns in LMT–GE.

An important feature of the hierarchy, adopted from Dahlgren's ontology, is the use of *cross-classifications* which proved very useful for the formulation of selection restrictions. Cross-classification is based on the idea that people structure concepts according to several viewpoints (or ontologies), e.g. a house as an artifact and at the same time as a nonmoveable object, both aspects conjoined in a single reading of the word. This is

---

[6]These are collections of the few words that are interchangeable in a collocation without changing the reading of the headword.

[7]An extract of the SemType hierarchy and contrastive examples for the linguistic motivation of some of the SemTypes are listed in the appendix. A full description of the SemTypes can be found in Breidt (1991).

reflected in the selection restrictions of verbs, where often only one of the possible viewpoints is important, e.g. with the verbs *build* and *pull down*. Only entities belonging to the class of PHYS&SOC (artifacts) can be built, and only STAT (nonmoveable) entities can be pulled down (in the sense of 'demolish'). A *house* can be *built* as well as *pulled down*, the word thus receives the complex category STAT&SOC, which is a subcategory both of PHYS&SOC and STAT (which in turn are subcategories of PHYS). In addition to cross-classification, ambiguous nouns can be multiply classified according to the different readings.

2.6.1 Complements

Selection restrictions can be formulated for analysis and transfer and are processed similar to subdomain constraints (2.3). Transfer constraints translate into **semtype**-conditions in **twframe**. For example, the sentence *'Sue schließt die Tür ab (Sue locks the door).'* results in a call to **twframe** as in (10a) to disambiguate *abschließen*. The relevant **twframe**-clause for *abschließen* resulting from the compilation of (9c) above is shown in (10b)[8] The translation *lock* is chosen if the lexical entry for *Tür* has a SemType that is subsumed by PHYS.

(10) a. ?- twframe(verb, schließ1, (nom:sue1:noun(prop ...)).(acc:tür1:noun(cn...))).nil, Trans).
    b. twframe(verb, schließ1, (nom:S:*).(acc:O:*).nil, lock) <– semtype(O,phys).

2.6.2 Semantic Information on Adjuncts

Semantic constraints can also be formulated on adverbials, because these can be coded in a lexical entry similar to complements. For prepositional adjuncts the semantic information on the noun can be used to determine the semantic subclass of the adverbial. In the grammar, certain semantic subclasses of adverbials may only be allowed to modify certain subclasses of verbs. This combination triggers the specific translation of the preposition. An example to which this procedure should apply is given in (11)[9].

(11)   a. Ich fahre mit meiner Freundin (*I go with my girlfriend*).

       b. Ich fahre mit dem Zug (*I go by train*).

Moreover, note that semantic type information is preserved during compound treatment (Rackow et al. 1992). It can also help in anaphora resolution (Leass/Schwall 1991) and for structural disambiguation during source analysis, e.g. for the distinction of an adjunct (12a) and an optional complement (12b). With a lexical entry like (13), a complement analysis is only possible if the object belongs to the category PHYS, otherwise an analysis with a temporal adjunct is forced.

(12)   a. Er schrieb den ganzen Tag (*he wrote all day long*).

       b. Er schrieb einen langen Brief (*he wrote a long letter*).

(13)   schreib < v(obj:phys.iobj) < t(write;pc(to)).

---

[8]Via the sense label schließ1 the **twframe** refers to the **wframe** of *abschließen* which has the separable prefix *ab* as an obligatory slot.

[9]Not fully implemented yet; a paper is in preparation by U. Schwall and A. Storrer.

2.7   Discourse and World Knowledge

The use of discourse and world knowledge is the most costly method for disambiguation, which should only come into play if the methods described above do not yield a unique result. In the area of knowledge representation, many efforts have been made to work out and formalize the necessary knowledge structures. Current results only work for very restricted domains with a well defined application area, and more work needs to be done on the acquisition and description of knowledge before this method can be used effectively for disambiguation. One promising approach to reduce this gap for applicable MT systems is the use of statistical information on the cooccurrence of words as described in Dagan et al. (1991).

3   Conclusions and Outlook

In the beginning, layers 1 to 6 of CDM were processed deterministically in LMT. This is well suited for methods 1 to 4, assuming that collocational and MWL readings are preferred to a free usage. However, semantic disambiguation sometimes cannot fully resolve an ambiguity, e.g. *'den Vortrag halten'* can mean 'give/hold the talk'. Thus, the system was modified such that several readings which are semantically possible can be returned. At this point, a bidirectional communication between the semantics module and a knowledge base (or statistics) would be necessary. At the current stage, unresolved ambiguities are presented to the user for interactive disambiguation.

Due to our main focus on the distinction of translation-relevant readings, a certain loss of reusability seems inevitable. Thus, a balance between reusability and the restricted depth of analysis in our approach has to be found. We propose to maintain lexical ambiguities of the SL which yield the same translation in the TL in a special reusable lexical database tool as proposed in Bläser et al. (1992). The conversion procedure from the database into LMT-format can recognize that subentries of a semantically ambiguous lexeme have the same translation and conflate them accordingly for a processing in LMT.

More elaborate lexicographic methods are necessary to improve the classification according to the translation equivalence groups, especially the distinction of free occurrences of words and 'bound' occurrences in collocations and MWLs. Further, the varying modifiability of flexible MWLs affords special representation and processing mechanisms (cf. Brundage et al. 1992) .

Tests on the processing of SemTypes showed good results, and an evaluation for large scale material by checking them with clustering techniques for word cooccurrences in corpora is in progress. Once a large lexicon has to be coded with semantic types, a tool for the classification of nouns needs to be developed which offers definitions and tests for a correct and consistent classification. So far, the SemTypes are only defined by explanations and examples (Breidt 1991).

Another challenge is the augmentation of a large lexicon with semantic knowledge. Machine readable dictionaries provide a promising source for the automatic extraction of semantic information on taxonomic relations between nouns from lexeme definitions (Veronis/Ide 1991). Semantic constraints could also be partly extracted from lexeme definitions via words such as *somebody, a person, something* etc. (Alshawi 1989). Another solution could be the combination of semantic disambiguation techniques with statistical data, e.g. use SemTypes for the core vocabulary and statistical information on word cooccurrences for the rest of the lexicon (Velardi 1991).

References

Alshawi, H. (1989). Analysing the dictionary definitions. In: Boguraev, B., T. Briscoe (eds.). *Computational Lexicography for Natural Language Processing*. 153-170. London:Longman.

Bläser, B., A. Storrer, U. Schwall (1992). A Reusable Lexical Database for Machine Translation. *COLING 1992*.

Breidt, E. (1991). *Behandlung von mehrdeutigen Verben in der MÜ: Desambiguierung mit linguistisch–ontologischen Informationen der Verbkomplemente*. IWBS–Report 158, Scientific Centre IBM Germany, Heidelberg.

Brown, P. F. S. Della Pietra, A. Della Pietra, R. Mercer (1991). Word Sense Disambiguation using Statistical Methods. *Proc. of the 29th Annual Meeting of the ACL, Berkeley*, 264-270..

Brundage, J., M. Kresse, U. Schwall, A. Storrer (1992). *Multiword Lexemes: Monolingual and Contrastive Typology for NLP and MT Systems*. To appear as IWBS-Report, Scientific Centre IBM Germany, Heidelberg.

Dagan, I., A. Itai, U. Schwall (1991). Two Languages are more informative than One. *Proc. of the 29th Annual Meeting of the ACL, Berkeley*, 130-137.

Dahlgren, K. (1987). Using Commonsense Knowledge to Disambiguate Word Senses. In: Dahl, V., P. Saint–Dizier (eds). *Natural Language Understanding and Logic Programming, Vol. 2*. 255–276. Amsterdam: North–Holland.

Dahlgren, K., J. McDowell, E. P. Stabler (1989). Knowledge Representation for Commonsense Reasoning with Text. *Computational Linguistics 15*, No.3, 149–170.

Everaert, M., E. van der Linden (eds.) (1989). *Proceedings of the First Tilburg Workshop on Idioms, May 1989*. Institute for Language Technology and Artifical Intelligence (ITK), Tilburg University, Holland.

Koller, W. (1979). *Einführung in die Übersetzungswissenschaft*. Heidelberg: UTB.

Leass, H., U. Schwall (1991). *An Anaphora Resolution Procedure for Machine Translation*. IWBS–Report 172, Scientific Centre IBM Germany, Heidelberg.

McCord, M. (1989). A New Version of the Machine Translation System LMT. *Literary and Linguistic Computing*, 4, 218-229.

McCord, M. (1992). The Slot Grammar System. In: Wedekind, J., Ch. Rohrer (eds.). *Unification in Grammar*. To appear in MIT Press.

Nirenburg, S. et al. (1989). *KBMT–89, A Knowledge–based Machine Translation Project at the Centre for Machine Translation*. Project Report. Carnegie Mellon University, Pittsburgh.

Rackow, U., I. Dagan, U. Schwall (1992). Automatic Translation of Noun Compounds.*COLING 1992*.

Rimon, M., M. McCord, U. Schwall, P. Martinez (1991). Advances in Machine Translation Research and Development in IBM. *Proc. of the MT Summit III, Washington*.

Velardi, P. (1991). Acquiring a semantic lexicon for Natural Language Processing. In: Zernik, U. (ed.). *Lexical Acquisition. Exploiting On-Line Resources to Build a Lexicon*. 341-368. Hillsdale, NJ: Lawrence Erlbaum Associates.

Veronis, J., N. Ide (1991). An Assessment of Semantic Information Automatically extracted from MRDs. *Proc. of the 5th European Meeting of the ACL, Berlin*, 227-232.

Zelinsky–Wibbelt, C. (1989). *Machine Translation Based on Cognitive Linguistics: What Lexical Semantics Contributes to the Semantic Unity of a Sentence*. Eurotra–D Working Paper No. 16. IAI, Saarbrücken.

Appendix

Table 1: The SemType Hierarchy

ENTITY → (REAL ! ABSTRACT) & (INDividual ! COLLective ! PARTitive)
COLL → MASS ! SET ! STRUCTURE
REAL → (NATural ! Social) & (PHYsical ! SENTient ! REALEVENT)
PHYS → (STATionary ! NONSTATionary ! NONSTAT_COLLective) & (LIVing ! NONLIVing)
NONSTAT → SELFMOVE ! NONSELFMOVE
ABSTRACT → SITUATION ! (DEFINED ! NONDEFined) ! MENTAL ! DOcument !
        TIMEState ! QUANTITY ! Var
SITUATION → STATE ! EVENT
EVENT → PROPositional ! ACTIVITY ! ACHIEVEment ! ACCOMPLishment
PROPOS → PROPOSIND ! PROPOSCOLL
ACHIEVE → POSITIVE ! Var
DEFINED → CONVENTION ! Var
MENTAL → PERCEPTIVE ! COGNITIVE ! EMOTION
QUANTITY → MEASURE ! NUMERICAL

Notation:
X ! Y := X or Y (disjunction)
X & Y := X and Y (cross-classification)
Var := additional subcategories possible

Table 2:Examples for the linguistic motivation of SemTypes

REAL - ABSTRACT

Der Knopf reißt ab.	*The button comes off.*
Das Gespräch reißt ab.	*The conversation breaks off.*

IND - COLL

Der Junge trifft sich selbst (mit dem Schläger).	*The boy hits himself (with the racket).*
Der Verein trifft sich einmal im Monat.	*The society meets once a month.*

NAT - SOC

Anna ißt eine Birne.	*Anna eats a pear.*
Anna schraubt die Birne hinein.	*Anna screws the bulb in.*

SENT - PHYS

Die IBM hat heute morgen angerufen.	*IBM called this morning.*
Die IBM ist das große Haus an der Ecke.	*IBM is the big house at the corner.*

STAT - NONSTAT

Die Ritter hielten die Stadt.	*The knights held the town.*
Die Ritter hielten ihre Pferde.	*The knights held their horses.*

STATE - EVENT

Die Alliierten beendeten den Krieg.	*The allied stopped the war.*
Die Musiker beendeten das Konzert.	*The musicians concluded the concert.*

PROPOS - ACTIVITY - ACCOMPL

Die Professorin beendete ihre Rede.	*The professor concluded her speech.*
Die Professorin beendete das Essen.	*The professor finished the meal.*
Die Professorin beendete ihr neues Buch.	*The professor completed her new book.*

Finding Adequate Routes for the Generation of Route Descriptions

Kai-Uwe Carstensen

Universität Osnabrück
Fachbereich Sprach- und Literaturwissenschaften
Arbeitsbereich Computerlinguistik und Künstliche Intelligenz
Postfach 4469, Sedanstraße 4, 4500 Osnabrück
Tel.: 0541/969 2584; Fax: 0541/969 2500; e-mail: carstens@dosuni1.bitnet

Zusammenfassung

Bei dem Entwurf eines kognitiven Modells der Generierung von Wegbeschreibungen sieht man sich dem allgemeinen Problem gegenüber, wie nicht-sprachliches und sprachliches Wissen miteinander interagieren. Insbesondere ist das sogenannte *Interdependenz-Problem* zu behandeln: wie wird eine Route gefunden, die nicht nur die kürzest mögliche ist, sondern auch für die Verbalisierung geeignet? In diesem Papier soll eine Lösung des Problems aufgezeigt werden, die zwischen voll interagierender Interdependenz und nicht-interagierender Modularität angesiedelt ist. Die Existenz eines globalen Planers, der gleichzeitig räumliche und sprachliche Kriterien berücksichtigt, wird negiert. Stattdessen wird postuliert, daß *konzeptuelles* Routenwissen als Vermittler zwischen sensomotorischen und sprachlichen Repräsentationen fungiert.

Summary

In developing a cognitive model for the generation of route descriptions one is faced with the general problem of how linguistic and non-linguistic knowledge sources interact. Specifically, one has to handle the so-called *interdependence problem*: how is a route found that is not only the shortest possible but also adequate for verbalization? In this paper, a solution to the problem will be offered that lies between fully interacting interdependence and non-interacting modularity. The existence of a global planner which takes both spatial and linguistic criteria into consideration will be denied. Instead, it will be assumed that *conceptual* route knowledge serves as a mediator between sensorimotor and linguistic representations.

1. Introduction

Besides the basic questions of how to learn, represent, and process specific types of knowledge, one of the central questions in cognitive science is how different knowledge sources interact during the solution of a complex problem. In the field of language generation, a relevant interaction exists between the *expert* component which decides *what* to say and the *speaker* component which decides *how* to express the selected content (cf. McDonald 1983, McKeown 1985). Meanwhile it has become obvious that a simple modular view of this interaction leads to problems and inadequacies in verbalization as it is not guaranteed that the content selected by the expert is expressable by the speaker (Hovy 1990, Mellish/Evans 1990, Meteer 1990). In the domain of the generation of route descriptions, a similar problem (called *interdependence problem* by Hoeppner et al. 1990) arises: it is not guaranteed that a route found by the route finding component leads to a route description that is adequate with respect to the underlying pragmatic goal.

In the following, I will first try to clarify the problem by presenting a standard model for the generation of route descriptions and its critic by Hoeppner et al., who propose to consider linguistic aspects even in route planning. Then I will take a closer look at some empirical data of route descriptions leading to the differentiation of *experience-based* and *planning-based* route finding procedures. After that, I will propose a solution for the interdependence problem that is based on a close examination of route knowledge and that adopts the theoretical background of the 'two-level-semantics' of Bierwisch (cf. Bierwisch 1983, Bierwisch/Lang 1989, Lang/Carstensen/Simmons 1991).

2. The standard model of generating route descriptions

In order to account for their characteristics, linguistic analyses of the empirical data on route descriptions have led to some hypotheses about the structure and processing of the underlying representations of large-scale space. Among these are assumptions of how a route is *planned*. Klein (1979, 1982) makes use of the map metaphor of macrospatial knowledge in that he describes planning a route as first activating a *cognitive map* of the region (which he calls the 'primary plan') that contains both source and goal, and second building a 'secondary plan' that is a selection of those features of the primary plan relevant for the description. With respect to the primary plan, Klein distinguishes 'advance planners', that is, people who begin to speak after having a clear primary plan, and 'stepwise planners' who seem to behave different (they apparently activate the primary plan in stages and describe the segments found so far). For this, Klein cites the distribution of *planning pauses* as an evidence. With respect to the secondary plan, he refers to an 'imaginary journey' as the principle underlying the linear sequence of verbal expressions.

There are some problems with Klein´s conception of route planning. First, it might not be appropriate to make such a literal use of the cognitive map metaphor (see section 6 for more on this). Second, it seems that the process of finding a route is equated with performing an imaginary journey. Yet there might be a difference between considering the imaginary journey as a principle of route finding or as a principle of route presentation. This point is made explicit by Levelt (1989:139):

"Above, we considered a speaker´s retrieval of the shortest or easiest route from a source place to a goal place in town. It is not enough for a speaker to make this spatial information conceptually available; the information should also be ordered for expression. The natural order is the connected sequence of loci from source to goal. *It is not necessarily the case that this is also the order in which a speaker retrieves the shortest route from memory.* He may well happen to become aware of the final part of the route before he has worked out the initial part in detail. *In other words, the natural order has to be imposed for the listener´s sake.*"

Third, the notion of 'stepwise planning' presents a serious difficulty as it is not clear in which direction the primary plan is elaborated when the goal is not "visible".

As an alternative for the primary/secondary plan dichotomy, Habel (1987) proposed to distinguish between activating the cognitive map, finding a *path* (a succession of, for example, street segments to be traversed) in this map[1], building a route (that is, for example, combining segments of the paths into chunks more adequate for communication, or adding landmarks as salient intermedediate goals), and finally applying the principle of imaginary journey to the route for verbalization. Note that in this *standard model* that gave rise to several implementations (cf. Carstensen 1988, Meier et al. 1988, Müller 1989, Pattabhiraman/Cercone 1990) linguistic knowledge is used after a path already has been found!

3 . Introducing the interdependence problem: a critique of the standard model

Do the processes of searching and describing a route have to be treated modularly or are they intrinsically related? Hoeppner et al. (1990) restate this question as a planning problem: how can a route be planned that is both adequate with respect to spatial criteria (the route shall be as short as possible) and to linguistic criteria (the route shall be easy to describe in order to be highly memorable and verifiable)? In the standard model in which description follows search, this problem can only be solved by finding all the routes satisfying the spatial criteria and then selecting the best according to the linguistic criteria. This seems, to Hoeppner et al. and to me, to be extremely inadequate. Therefore, Hoeppner et al. arrive at the conclusion that "criteria of the natural-language description finally aim at the criterium of memorability and should therefore take a direct influence in the search" (ibid., p.223).
What do they mean by "criteria of the natural-language description"? To answer this, Hoeppner et al. give an example that is depicted in figure 1.

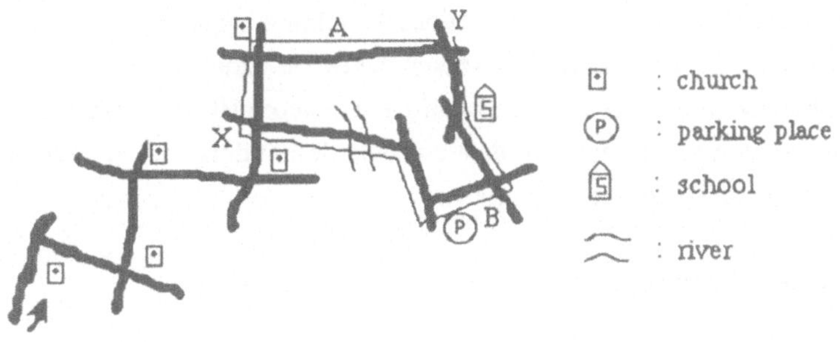

fig. 1

In this example, the route finder has to decide at X whether to reach Y through path A or B. It is then argued that because going through A once more requires the verbalization of a church (which deteriorates memorability) the route finder either has to backtrack looking for other landmarks (or landmark descriptions) or has to choose B as final part of the route. In utilizing linguistic knowledge during path planning, this model therefore clearly represents an interdependence solution to the interdependence problem, with a global planner having simultaneous access to both spatial and linguistic knowledge.

---

[1]   Actually, this is called a *path net*.

4. A re-critique: things are not so simpledifficult

Although the interdependence model seems to offer a reasonable solution to the planning problem, there exist some weighty objections to it. In taking into consideration aspects of *object description* while planning a route, one *has to* specify principles of memorability related to the elements and structure of a natural language description. The route finder needs to know *when* memorability is deteriorated by a feature, *how* features or descriptions of features differ in memorability (<u>church</u> vs. <u>church with a green cupola</u>), and *which* of the many possible descriptions to choose (by comparing the memorability estimates). In addition, the route finder has to decide *what* to include at all into the description. Why not simply leave out a church mentioning the name of the relevant street instead? Finally, there may be highly memorable compositions of features to be considered by the route finder. In the above example, this could lead to the description "Only turn at churches, first to the right, then alternating. After the fifth turn you run into Y".

Thus, the interdependence model runs into serious theoretical and practical (complexity, time and space resources) difficulties. It is at the same time too simple (in abandoning considerations of modularity too quickly) and too difficult (in being intractable). It is based on two assumptions: the notion of a global *planner* and the *dichotomy* of spatial and linguistic criteria (below, I will argue for a *trichotomy*). Although I believe that this discussion has made clear that neither the strictly modular approach of the standard model (using only spatial criteria) nor the strictly non-modular approach of the interdependence model (using all criteria) suffices to account for the performance of "natural" route finders, my arguments do not prove the invalidity of latter model (despite my objections the solution might work). Because of that, my goal for the rest of this paper is first to weaken the two assumptions and second to develop a plausible alternative model for the solution of the interdependence problem. To do this, I will take a closer look at some empirical data on route descriptions and at some investigations dealing with how route knowledge is structured and processed.

5. Experience-based vs. planning-based routefinding

There are some empirical data on route descriptions (cf. Klein 1979, Wunderlich/Reinelt 1982, Habel 1987). For the discussion of the interdependence problem, however, the route descriptions in the public transport system (especially in the underground) of Hamburg (cf. Schopp 1989) turn out to be particularly interesting. Here one can easily compare subjects with respect to source-goal constellations as to which routes are selected and how they are described (for example, regarding the selection of landmarks, the detail of description, and planning pauses). In the corpus of Kühn/Schopp (to be found in Schopp 1989), there are some route descriptions concerning a route problem in which subjects have to find and describe a route from 'Jungfernstieg' to 'Holstenstraße'. While the problem is shown in figure 2 as a part of the Metro plan of Hamburg, (1) and (2) present two verbalized solutions for it.

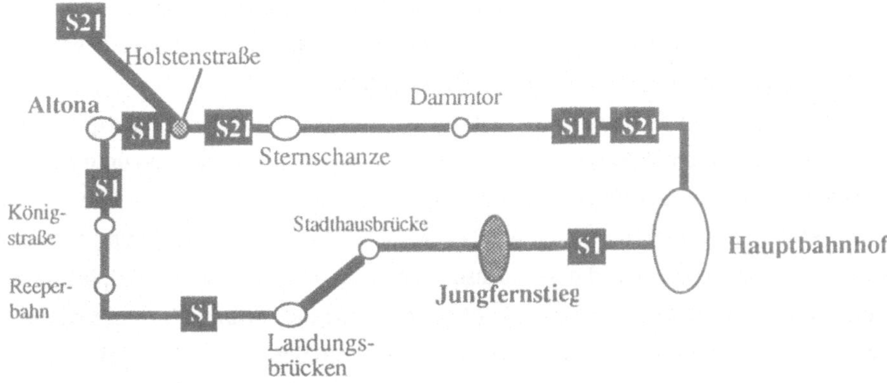

fig. 2

(1)   Kühn/Schopp_29
A   Zur Holstenstraße? [7 sec] ja **da müssen Sie erst zum Hauptbahnhof {first you must go to the Hauptbahnhof}**. äh, ja Sie müssen mit der S-Bahn fahren, sonst kommen Sie da überhaupt nicht hin. [3 sec] Ich würde Ihnen raten, zum Hauptbahnhof zu fahren [F: aha] und denn fahren Sie [3 sec] nee Sie fahren mit mit der S1 [3 sec] bis Altonaer Bahnhof [F: ja] und dann müssen Sie aber umsteigen, Sie müssen so und so, man kann sorum fahren oder andersrum, also über Hauptbahnhof kann man auch, müssen Sie aber auch umsteigen [F: ahja] aber da in Altona, das finden Sie leichter [F: aha] und dann fahren Sie bis Altona und dann steigen Sie da in den Zug in die S-Bahn, die Richtung Hauptbahnhof fährt [...]

(2)   Kühn/Schopp_21
A   mh, ein Moment [zieht Fahrkarte] Holstenstraße, [F: ja] meine Güte da, ist S 21, wir sind am Jungfernstieg [15 sec], **da müssen Sie hier rum fahren, Richtung Stadthausbrücke, Landungsbrücken, Reeperbahn, Königstraße, Altona [F: aha] und is [3 sec] dann noch eine Station weiter {you must go hereabout, direction Stadthausbrücke, Landungsbrücken, Reeperbahn, Königsstraße, Altona, and is then only one station further}**. [F: aha] Nech, so rum müssen Sie fahren, so rum, des könnten Sie auch. Sie können auch in die andere Richtung fahren von Jungfernstieg [F: ja] über Hauptbahnhof und dann Dammtor zur Holstenstraße, bleibt sich egal [...]

Both in (1) and (2) the two possible routes are described.[2] Yet, they differ in the order in which the alternatives are mentioned. This is important because it shows that the decision of the first route in each description is not simply dependent on not knowing the other. Apart from this, notice that the route via Hauptbahnhof *leads away* from the goal while the other one is mainly *in direction to* the goal. Now a striking cooccurrence of features can be observed in the route descriptions: while in (2) the first routedescription requires intensiv planning (judged by the amount of 15 seconds of hesitation), is detailed and leads to goal, the first routedescription in (1) shows a much shorter planning pause, is less detailed (only the Hauptbahnhof as salient intermediate goal is mentioned), and leads away from the goal.

One could interpret these findings by postulating that the level of detail in planning is the dominant factor treating planning time and direction as dependent variables (or even treating direction as irrelevant). This seems inadequate to me because it does not explain why in either case the other route is not chosen first (notice that the detailed planner in (2) would need less steps for the "away-route" while the undetailed planner still has to decide between Altona and

---

2   In the transscriptions, they are marked as 'not in front of a plan'.

Hauptbahnhof as an intermediate goal). Other route descriptions show that this is a *general phenomenon* in that quick and global planners often find a route which is longer in spatial and temporal extent and sometimes leading astray, but is simple.

So perhaps routeplanners differ in their use of planning criteria ('always take the quick route', 'always take the best route')? Still this is unsatisfactory, because it would explain the order of the alternatives but not the differences in planning time (for each planner to know what is 'quick' or 'best', it would require to know all routes and then decide, yielding no significant discrepancy in planning time), and it would also not explain the direction in (1). If, on the other hand, these criteria were to be understood as heuristics, it would seem to be more natural for the routeplanner to disregard alternatives leading away from the goal rendering those leading towards it the quickest.

In my opinion, these phenomena can be explained if the view is shifted towards the question of which representational structures are tapped and which processes operate in each case. In this respect I have elsewhere (cf. Carstensen 1991, 1992) proposed a distinction between *planning-based* and *experience-based* routefinding that can be regarded as an instance of the more general distinction between planning and automaticity or between conscious and unconscious processing. As I cannot go into the details of this distinction here, let me just point out its main implications. Contrary to the assumption that *planning* a route leads to an adequate description, the empirical data show that planning-based route descriptions are usually more complex and therefore less memorable than automatic experience-based route descriptions. Most importantly, the differences between these types of route finding cannot be explained within a paradigm based on the notion of planning. This, in turn, weakens the first assumption of the interdependence model (although it is not disproved; people might only show bad performance in planning, and it might be possible to simulate experience-based route finding with a planner).

6. Route knowledge

In the past three decades or so, a vast number of investigations concerning macrospatial representations (often called "mental maps" or "cognitive maps") has been produced within the fields of environmental and cognitive psychology. Due to shortage of space for a thorough treatment of this topic, let me just summarize some of the most important results:

- Systematic distortions of cognitive maps have been established in experiments (distortions of cognitive distances, directions, and angles) (cf. Golledge 1986 for an overview).
- The notion 'cognitive map' is a convenient metaphor for macrospatial representations but has to be kept distinct from them as distortions in cognitive maps need not imply a distortion in the respective mental representations (Kuipers 1982).
- Distortions can be traced back to characteristic properties of macrospatial representations as regards organization (partiality and hierarchical structure) and processing (access to and retrieval of informaton; heuristics) (cf., e.g., Tversky 1981).
- Different types or levels of macrospatial representations can be distinguished: senso-motoric representations ('views' and 'actions' linked in an associative structure), topo-

logical representations (sequences of locations, nearness, containment in regions, and boundaries), and metric representations (quantitative aspects of movements and turns) (cf. Kuipers/Levitt 1988).

- The sequential and metric aspects of cognitive maps are referred to as 'route maps' and 'survey maps', respectively. With respect to acquisition, the construction of route maps is said to precede that of survey maps (cf. Thorndyke/Hayes-Roth 1982).

- Nevertheless, route competence is distinct from survey competence: taxi drivers have been found to be no better in survey competence than others, while there is a difference in route competence (cf. Chase 1982).

- Routes get integrated into a route net from early on (as opposed the separate storage of whole routes) (Moar/Carleton 1982); experts show a greater degree of route integration than the so-called "normal population" (Stern/Leiser 1988).

- There are two relevant computational models dealing with aspects of cognitive maps: the TOUR-model of Kuipers/Levitt (1988) (general aspects) and the TRAVELLER-model of Leiser/Zilbershatz (1989) (modelling route integration and the behaviour of the "normal population"). Both models do not, and are not able to, provide a solution for the inter-dependence problem as they impose no or only arbitrary restrictions on possible route segments.

- Contrary to this, route segments have been demonstrated to show significant inter-individual similarities (Allen 1981, Allen/Kirasic 1985).

7. Conceptual knowledge as a mediator between macrospatial and linguistic knowledge
7.1 Route categorization

In general, it seems to be widely accepted that with the age of, say, three years, a child "no longer operates solely in a space of action for he begins to *represent* his routes (route representations)" (Hart/Moore 1973:287, my emphasis). Specifically, the findings of Allen and Allen/Kirasic demonstrate that these route representations are not structured arbitrarily. In this connection, Allen/Kirasic merely point to an analogy to *categorization*. In fact, I will assume that there is a process of *route categorization* taking sensomotoric in/output and yielding *route categories* (or route *schemata*) as *conceptual representations* of the respective experience.

When talking about categories and concepts (cf. Smith/Medin 1981) or categorization (cf. Rosch 1978), one has to be cautious not to confuse *linguistic* and *conceptual* categories. While in most discussions on this topic no difference is made (leading to the very confusion)[3], this difference is important in the case of route representations. Their status as conceptually categorized representations is similar to the status of *object schemata* (non-linguistic representations of the gestalt and properties of object types) developed by Lang (cf. Lang 1989, Carstensen/Simmons 1991, Lang/Carstensen/ Simmons 1991) in that linguistic categories are composed of (parts of) conceptual schemata (in the case of typical noun or verb categories) or represent an access to them (in the case of, for example, dimensional adjectives).

More concretely, route categorization can be regarded as a composition of views and actions into a conceptual temporo-spatial unit, that is, into an *event category*. In doing so, route categorization guarantees that similar or continuously varying perceptual inputs are grouped (continuation of movement or direction, iteration of landmarks) by abstraction of their common properties and that "breakages" in the flow of perception (turns, crossings etc.) are mirrored in

---

3   Cf. Lang (1991) for the necessity of dissociating the two category types.

the route net. It is therefore this process of route categorization that determines the structure of a route net and at the same time provides for to-be-well-memorized route segments and therefore for adequate route descriptions.

7.2 The structure of route nets

I used the notion 'event category' to express the fact that route categorization is only a special case of the more general process of event categorization. This does not mean, however, that event categories have to be conceived of as representational entities on the conceptual level. On the contrary, I believe that there are no distinguished 'events' in a conceptual representation. The reason for this is that events like routes are represented in an integrated form. But then, how is experience represented? As an answer to this question I assume that *states* or *processes* (which can be viewed as dynamic states) and the *transitions* between these constitute the conceptual structure of situational knowledge. As an example, consider figure 3a which depicts a simple transition of a state S_x (for example, 'BEING AT LOCATION X') to a state S_y (for example, 'BEING AT LOCATION Y'). Note that these two states correspond to two views (V_m, V_n) connected by an associative link. Figure 3b shows an elaborate version of this schema: first, there is a transition from S_x to a process P (for example, 'MOVE') and a transition from P to S_y; second, the status of P as a chunk for the succession of the locative states between S_x and S_y is indicated by the thin circles and arrows; third, the whole correspondence between the associative structure of the views and actions (see the views V_m, V_n, V_o, V_p, and the associative links between them) and the conceptual structure becomes obvious. In short, figure 3b can be regarded as a schema for route segments which constitute route nets.

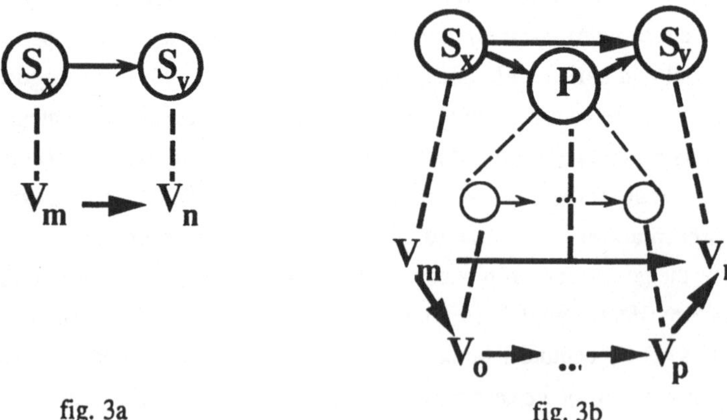

fig. 3a   fig. 3b

Let me summarize the aspects of the structure of route nets by relating it to the interdependence problem. I have demonstrated that a level of *conceptual representations* serves as a mediator between sensomotoric spatial experience and action, and language. Most important of this is that a process of *route categorization* as a special case of a general process of categorization does the work of determining what is mentally well-formed as regards route memorability.

7.3 Route finding and verbalization

With respect to route finding, it can be supposed that the process of route categorization, by applying *conceptual criteria,* restricts the creation of associative links to the route categories. Further, route categories as well as the corresponding associative nets are *hierarchically structured*: in each case, portions of them can be said to be *embedded* in other portions. Route categories then serve as the basis for verbalization in that conceptual content *at a certain level of their hierarchical structure* can be selected and passed to linguistic categorization (with the semantic representations of natural language expressions serving as the interface to linguistic knowledge; cf. Bierwisch 1983, Bierwisch/Lang 1989; cf. Carstensen 1991, 1992 for examples of semantic representations of spatial expressions for the domain of route descriptions). Note that in this model the process of object description is kept separate from route finding and simultaneously applies to an existing route segment and the current context of discourse. Note further that a conceptual route segment can be "zoomed" in and out, possibly leading to the verbalization of additional or summarizing information, respectively. Thus with the considerations presented here, the dichotomy of spatial and linguistic criteria, that is, the second assumption of the interdependence model, is more than weakened.

8. Conclusion

In this paper, I have discussed a specific version of a general problem that appears when knowledge sources of different modalities participate in the execution of a certain task. I have demonstrated that it is reasonable to adopt a moderate modular view which admits local interaction (between sensomotoric and conceptual representations, between conceptual and linguistic representations) but denies, for theoretical and practical reasons, the necessity of global interdependence (of sensomotoric and linguistic representations). With these general assumptions, I suspect that I have only made explicit what is general consensus. Let´s find out the details.

References

Allen, G. L. (1981): "A developmental perspective on the effects of 'subdividing' macrospatial experience". *JEP: Human Learning and Memory* 7, 120-132.

Allen, G. L./ Kirasic, K. C. (1985): "Effects of the Cognitive Organization of Route Knowledge on Judgments of Macrospatial Distance". *Memory and Cognition* 13 (3), 218-227.

Bierwisch, M. (1983): "Semantische und konzeptuelle Repräsentationen lexikalischer Einheiten".In: R. Ruzicka/ W. Motsch (Hrsg.):*Untersuchungen zur Semantik.* Berlin:Akademie-Verlag (Studia Grammatica 22). 61-99.

Bierwisch, M./ Lang, E. (eds.)(1989): Dimensional Adjectives: Grammatical Structure and Conceptual Interpretation. Berlin-Heidelberg-New York: Springer-Verlag 1989.

Carstensen, K.-U. (1988): WebS - ein System zur Generierung von Wegbeschreibungen. LILOG-Memo 11.

Carstensen, K.-U. (1991): Aspekte der Generierung von Wegbeschreibungen. IWBS-Report 190.

Carstensen, K.-U. (1992): "Aspects of the Generation of Route Descriptions". in preparation.

Carstensen, K.-U./ Simmons, G. (1991): "Why a hill can't be a valley: Representing Gestalt and Position Properties of Objects with Object Schemata". In: O. Herzog/ C.-R. Rollinger (eds.): *Text Understanding in LILOG. Integrating Computational Linguistics and Artificial Intelligence.* Lecture Notes in Artificial Intelligence, Vol. 546, Springer-Verlag. 632-644.

Chase, W.G. (1982): "Spatial Representations of Taxi Drivers". In: D. R. Rogers/ J. A. Sloboda (eds.): *Acquisition of Symbolic Skills*. New York: Plenum.

Downs, R./Stea, D.(1982): *Kognitive Karten: Die Welt in unseren Köpfen*. New York: Harper & Row, UTB.

Golledge, R.G. (1986): "Environmental Cognition". in: D. Stokols/ F. Altman (eds.): *Handbook of Environmental Psychology*. Wiley. 131-174.

Habel, C. (1987): Prozedurale Aspekte der Wegplanung und Wegbeschreibung. in: H. Schnelle/G. Rickheit (Hrsg.): *Kognitive und neuronale Sprach-verarbeitung*. Westdeutscher Verlag: Wiesbaden.

Hart, R. A./ Moore, G. T. (1973): "The Development of Spatial Cognition: A Review". In: R. M. Downs & D. Stea (eds.): *Image and Environment*. Chicago: Aldine. 246-288.

Hoeppner, W./ Carstensen, M./ Rhein, U. (1990): "Wegauskünfte: Die Interdependenz von Such- und Beschreibungsprozessen". In: C. Freksa/ C. Habel (eds.): *Repräsentation räumlichen Wissens*. Berlin et al.: Springer. 221-234.

Hovy, E. H. (1990): "Unresolved Issues in Paragraph Planning". In: R. Dale / C. Mellish / M. Zock (eds.): *Current Research in Natural Language Generation*. 17-45.

Jacobs, P. S. (1988): "Why Text Planning Isn´t Planning". *Proceedings of the AAAI Workshop on Text Planning and Realization*. St.Paul, Minnesota. 39-44.

Klein, W.(1979): "Wegauskünfte". In: *Zeitschrift für Literaturwissenschaft und Linguistik* 9. S. 9-57.

Klein, W.(1982): "Local Deixis in Route Directions". In: R. J. Jarvella/ W. Klein(eds.): *Speech, Place, and Action*. Wiley & Sons. S. 161-82.

Kuipers, B. J. (1978): "Modelling spatial knowledge". *Cognitive Science* 2, 129-153.

Kuipers, B. J. (1982): "The 'Map in the Head' Metaphor". *Environment and Behaviour* 14 (2), 202-220.

Kuipers, B. J. / Levitt, T. S. (1988): "Navigation and Mapping in Large-Scale Spaces". *AI Magazine* 25-43.

Lang, E. (1989): "The Semantics of Dimensional Designation of Spatial Objects". In: M. Bierwisch/ E. Lang (eds.) (1989). 263-417.

Lang, E. (1991): "Linguistische vs. konzeptuelle Aspekte der LILOG-Ontologie". In: G. Klose, E. Lang, Th. Pirlein (Hrsg.): *Die Ontologie und Axiomatik der Wissensbasis von LEU/2*. IWBS Report 171. IV.

Lang, E./ Carstensen, K.-U. (1989): "OSKAR - ein PROLOG-Programm zur Repräsentation der Struktur und Verarbeitung räumlichen Wissens". In: D. Metzing (ed.): *GWAI-89. 13th German Workshop on Artificial Intelligence*. Springer-Verlag. 234-243.

Lang, E./ Carstensen, K.-U./ Simmons, G. (1991): *Modelling Spatial Knowledge on a Linguistic Basis: Theory - Prototype - Integration*. Lecture Notes in Artificial Intelligence. Vol. 481. Springer-Verlag.

Leiser, D. / Zilbershatz, A. (1989): "THE TRAVELLER: A Computational Model of Spatial Network Learning". *Environment and Behaviour* 21 (4), 435-463).

Levelt, W. J. M. (1989): *Speaking: From Intention to Articulation*. Cambridge: MIT Press.

Maki, R. H. (1981): "Categorization and Distance Effects with Spatial Linear Orders". *Journal of Experimental Psychology: Human Learning and Memory* 7, 15-32.

McDonald, David, D. (1983): "Natural Language Generation as a Computational Problem: an Introduction". In: M. Brady/ R.C. Berwick (eds.),*Computational Models of Discourse* (Cambridge et al.:MIT Press), 209-265.

McKeown, K. R. (1985): *Text Generation: Using Discourse Strategies and Focus Constraints to Generate Natural Language Text*. Cambridge: Cambridge University Press.

Meier, J./ Metzing, D./ Polzin, T./ Ruhrberg, P./ Rutz, H./ Vollmer, M. (1988): "Generierung von Wegbeschreibungen". KoLiBri Arbeitsbericht Nr. 9. DFG-Forschergruppe Kohärenz. Universität Bielefeld.

Mellish, C. / Evans, R. (1989): "Natural Language Generation from Plans". *Computational Linguistics*. 15 (4), 233-249.

Meteer, M. W. (1990): "Abstract Linguistic Resources for Text Planning". Proceedings of the 5th International Workshop on Natural Language Generation. 62-69.

Moar, I./ Carleton, L.R. (1982): "Memory for Routes". *Quarterly Journal of Experimental Psychology* 34 A, 381-394.

Müller, S. (1989): "CITYGUIDE - Wegauskünfte aus dem Computer". Sonderforschungsbereich 314 Künstliche Intelligenz-Wissensbasierte Systeme, Memo Nr. 37.

Pattabhiraman, T./ Cercone, N. (1990): "Selection: Salience, Relevance and the Coupling between Domain-Level Tasks and Text Planning". *Proceedings of the Fifth International Workshop on Natural Language Generation*. 79-86.

Rosch, E. (1978): "Principles of Categorization". In: E. Rosch/ B. B. Lloyd (eds.): *Cognition and Categorization*. Hillsdale, New Jersey: Erlbaum. S. 27-48.

Schopp, A. (1989): "Sprachliche und kognitive Konzepte für die Generierung von Wegbeschreibungen". Magisterarbeit. Universität Hamburg.

Smith, E. E./Medin, D. L. (1981): *Categories and Concepts*. Cambridge/Mass.: Harvard University Press.

Stern, E. / Leiser, D. (1988): "Levels of Spatial Knowledge and Urban Travel Modeling". *Geographical Analysis* 20 (2), 140-155.

Thorndyke, P. W. / Hayes-Roth, B. (1982): "Differences in Spatial Knowledge Acquired from Maps and Navigation". *Cognitive Psychology* 14, 560-582.

Tversky, B. (1981): "Distortions in Memory for Maps". *Cognitive Psychology* 13, 407-433.

Wunderlich, D./ Reinelt, R. (1982): "How to get there from here". In: R.J. Jarvella /W. Klein (eds.): *Speech, Place and Action*. Wiley & Sons. 183-201.

Satzgenerierung in TELOS:

Zeitliche Lokalisierung von Situationen in einer räumlichen Domäne[1]

Manfred Klenner
Albert-Ludwigs-Universität Freiburg
Linguistische Informatik / Computerlinguistik
Friedrichstr. 50
W-7800 Freiburg i. Brsg.

e-mail: klenner@supreme.coling.uni-freiburg.de

Abstract

Das Thema dieses Beitrags ist die Satzgenerierung aus zeitveränderlichen Szenen. TELOS (*Temporal Localization of Situations*) ist ein System, das - ausgehend von zeitlich und räumlich zu lokalisierenden Situationen des Weltausschnitts *Straßenszenen* - temporale Konjunktionalsätze des Deutschen generiert. Entscheidend für die Auswahl einer Konjunktion ist, neben der zugrundeliegenden zeitlichen Relation, die Konzeptualisierung der Argumentsatzsituationen in einer den Aspektforderungen der Konjunktion korrespondierenden Situationssorte - Ereignis oder Zustand. Die Konzeptualisierung von Situationen erfolgt in TELOS primär durch die räumliche Verankerung der Situation bezüglich bestimmter Wegabschnitte der Bewegung.

The topic of this paper is the generation of natural language sentences from time-varying scenes. In the system TELOS (*Temporal Localization of Situations*) situations of the domain of traffic-scenes are localized, both temporally and spatially. The temporal localization is expressed by temporal subordinating conjunctions which impose restrictions on how situations are to be conceptualized. The respective conceptualization (either as a state or an event) is primarily constituted by the instantiation of the optional spatial roles of the situation verbs.

1. Einleitung

Trotz wachsenden Interesses an Fragen der Verarbeitung und Repräsentation zeitlichen Wissens (z.B. Computational Linguistics 1988) liegen in der sprachorientierten KI-Forschung zur Analyse bzw. Generierung von temporalen Konjunktionalsätzen wenig Arbeiten vor (z.B. Steedman 1982, Bree 1984). Hingegen ist der Bereich *räumliches Wissen* durch abgeschlossene Arbeiten und Implementierungen (Novak 1986, André 1988) sowie laufende Projekte (vgl. dazu Freksa & Habel 1990) relativ gut vertreten. TELOS ist ein System zur Generierung temporaler Konjunktionalsätze aus Straßenszenen, das sich in seiner Konzeption an den oben erwähnten Arbeiten aus dem Themenbereich "Sprachproduktion aus visuellen Daten" orientiert, den Fokus jedoch auf die Versprachlichung zeitlichen Wissens durch Konjunktionen legt.

Durch temporale Konjunktionen werden Situationen zeitlich zueinander in Beziehung gesetzt; beispielsweise kann eine Situation als vorzeitig, gleichzeitig oder nachzeitig zu einer anderen Situation eingeordnet werden. Entscheidend für die Auswahl von Konjunktionen sind, neben den zugrundeliegenden zeitlichen Relationen, die semantischen Restriktionen (Aspektforderungen) der Konjunktionen über ihre Argumentsatzsituationen (Herweg 1990). Diese Konzeptualisierungsvorgaben nehmen Bezug auf die zeitlichen Eigenschaften von Situationen, die in TELOS im Anschluß an Herweg (1990) anhand der Ereignis-Zustands-Dichotomie von Galton (1984) erfaßt wer-

---

[1] Diese Arbeit entstand während meiner Tätigkeit in der Forschungsgruppe *Kognitive Systeme* (Leitung: Prof. H. Spada) am Psychologischen Institut der Universität Freiburg. Mein besonderer Dank gilt Heidi Sinn für die gute Zusammenarbeit.

den[2]. Eine Situation kann als Zustand - etwas ist kontinuierlich eine Zeitlang der Fall - oder als Ereignis - etwas findet mit seinem Anfang und Ende zu einer bestimmten Zeit statt - konzeptualisiert werden. In der räumlichen Domäne von TELOS (Straßenszenen) erfolgt dies primär durch die Verankerung der Situationen bezüglich bestimmter Wegabschnitte der Bewegung (z.B. *source, goal*). Maßgeblich für die Konstitution der Situationssorte ist dabei der Grenzbezug des Wegarguments (vgl. Maienborn 1990). Eine Fahren-Situation kann z.B. durch die Auswahl einer nicht-grenzbezogenen Rolle (*direction*) als Zustand (*in Richtung Kronenbrücke fahren*) oder durch den Grenzbezug der Rolle (*goal*) als Ereignis (*zur Kronenbrücke fahren*) konzeptualisiert werden[3]. Nicht in jedem Fall kann aber eine Konzeptualisierung in der geforderten Situationssorte direkt durch die Auswahl wegbezogener Rollen vollzogen werden - entweder aufgrund von Restriktionen der Kompositionalitätsprinzipien oder wenn die Situationskonstellation eine Instantiierung einer oder mehrerer Rollen nicht zuläßt. In manchen Fällen kann dann dennoch eine korrekte Konzeptualisierung erfolgen (siehe Kapitel 6), bei anderen Situationskonstellationen ist eine Generierung mit der gewählten Konjunktion nicht möglich.

2. Repräsentation der Situationsinstanzen

Die Situationsinstanzen werden in einem hybriden, propositionalen und quasi-analogen Format repräsentiert. Die Bild- und Ereigniserkennung (vgl. dazu Neumann & Novak 1983) wird in TELOS durch die Eingabe in einen Szeneneditor ersetzt, in dem die zur Generierung vorgesehenen Situationen entworfen und repräsentiert werden können. Zum Aufbau der Szenenfolge stehen dem Benutzer verschiedene Situationsinstanzen und Diskursreferenten zur Verfügung (Abb. 1). Zusätzlich zur Belegung der semantischen Rollen des Verbs sind für jede Situation die zeitlichen und räumlichen Koodinaten zu bestimmen. Die zeitliche Lokalisierung erfolgt durch die Angabe von Zeitintervallen (Anfangs- und Endpunkt), zur räumlichen Lokalisierung steht ein Trajektorieneditor zur Verfügung, in dem Anfangs- und Endpunkt der Bewegung (durch Cursorpositionierung) zu markieren sind (Abb.2).

Damit sind die Eingabesituationen in zweierlei Hinsicht unterspezifiziert:

1) hinsichtlich der zeitlichen Relationen, die zwischen den beiden Situationen bestehen. Dieselbe Intervallkonstellation kann zur Ableitung mehrerer Zeitrelationen führen (z.B. je nach Intervallrelationierung: *before* oder *after*). Die Ableitung der möglichen Zeitrelationen bleibt dem System überlassen, die Auswahl einer Relation erfolgt durch den Benutzer.

2) hinsichtlich der Instantiierung der optionalen wegbezogenen Rollen des Verbs. Durch die Angabe der Raumkoordinaten ist eine Situation zwar in einer bestimmten Raumregion eindeutig fixiert, es ist aber noch offen, bezüglich welcher (u.U. konkurrierenden) Referenzobjekte, mit welchen wegbezogenen Rollen und durch welche räumliche Relation die Situation lokalisiert werden soll.

---

2   Es gibt in der Literatur zahlreiche Ansätze zur Klassifikation von Situationen (z.B. Vendler 1967, Dowty 1979, Verkuyl 1989). Eine ausgezeichnete Diskussion dieser Arbeiten findet sich in Herweg (1990).

3   Kriterial für die Klassifikation von Situationen ist ihre Einbettbarkeit in Zeitrahmen- bzw. Zeitdaueradverbiale. Ereignisse können in einen Zeitrahmen gestellt werden, sind aber nicht meßbar (Zeitdauer): *in wenigen Minuten die Kronenbrücke erreichen* versus **minutenlang die Kronenbrücke erreichen*. Für Zustände gilt die inverse Konstellation (vgl. für weitere Kriterien Galton 1984).

```
crtl<d = down, u = up, l = deLete, a = generate, h = help>, return at traject

sit1:   fahren_1                     1: abbiegen_1      1: bmw_1
                                     2: anhalten_1      2: vw_1
ag               : vw_1              3: betreten_1      3: kaefer_1
time             : 1,5               4: erreichen_1     4: radfahrer_1
traject          : c(7,31),c(7,57)   5: hupen_1         5: studentin_1
route              rotteckring       6: naehern_1       6: rot_1
                                     7: passieren_1     7: gruen_1
                                     8: schalten_1      8: ub
                                     9: ueberholen_1    9: stadttheater
sit2:   abbiegen_1                  10: ueberqueren_1  10: warsteiner
                                    11: verlassen_1    11: p_1
ag               : vw_1             12: wechseln_1     12: p_2
time             : 6,7              13: weiterfahren_1 13: p_3
traject          : c(7,59),c(9,60)  14: wenden_1       14: p_4
goal               belfortstraße    15: befinden_1     15: rotteckring
route              ub               16: blinken_1      16: sedanstraße
                                    17: bremsen_1      17: milchstraße
                                    18: fahren_1       18: belfortstraße
                                    19: gehen_1        19: ub_garage_1
                                    20: drosseln_1     20: ampel_1
                                    21: stehen_1       21: kreuzung_1
Start Oberflächengenerierung?                                  return
```

Abb.1: Der Szeneneditor nach der Instantiierung wegbezogener Rollen für die Situationen *sit1* und *sit2*. Die unterstrichenen Rollen wurden von TELOS ergänzt.

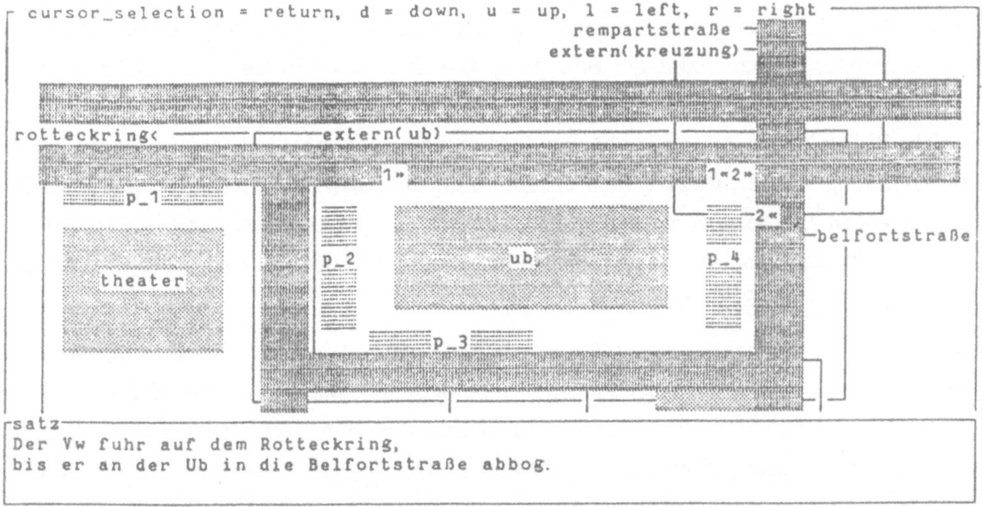

Abb.2: Der Trajektorieneditor mit dem generierten Satz der Situationskonstellation aus Abb.1. Die Darstellung der Situationen erfolgt durch ihren Situationsindex ('1' oder '2'), die Bewegungsrichtung wird durch die Richtungssymbole ('»' für den Anfangs-, '«' für den Endpunkt) kenntlich gemacht. Zur Repräsentation der statischen Objekte: schraffierte Flächen kennzeichnen den Place-Bereich der Objekte, ihr Extern-Bereich wird durch umrandete Felder markiert.

Die Auswahlkriterien zur räumlichen und zeitlichen Lokalisierung der Situationen sind nicht bereits bei der Ereigniserkennung gegeben, erst in der Selektionsphase kann entschieden werden,

1) ob und wie die zeitliche Relation versprachlicht werden soll: implizit durch Satzreihung oder explizit durch koordinierende oder subordinierende temporale Konjunktionen.

2) welche optionalen wegbezogenen Rollen mit welchen Referenzobjekten zur räumlichen
Lokalisierung herangezogen werden sollen. Kriterien hierfür sind u.a.:

- die Diskurshistorie: welche Referenzobjekte wurden zur Lokalisierung bereits herangezogen (Vermeidung von Redundanz).

- die Auffälligkeit der Referenzobjekte, z.B. die Auswahl von Landmarken (Habel
1988) zur eindeutigen Lokalisierung.

- der Detailliertheitsgrad der räumlichen Lokalisierung in Abhängigkeit davon, ob der
Hörer die Situation sehen kann oder nicht (Annahme in TELOS).

- Restriktionen, die sich aus der Auswahl bestimmter sprachlicher Mittel für die Auswahl möglicher optionaler Rollen ergeben. In TELOS sind dies die semantischen Restriktionen der Konjunktionen *nachdem*, *bevor*, *bis*, *als* und *während*.

Die quasi-analoge Repräsentation durch Raumkoordinaten ermöglicht eine eindeutige, gegenüber
den verschiedenen Realisierungsmöglichkeiten neutrale Lokalisierung der Situationen, ohne der
Entscheidung über die tatsächliche Realisierung durch eine Instantiierung aller Alternativen vorzugreifen.

3. Räumliche Lokalisierung

Die räumliche Lokalisierung von Situationen erfolgt durch die Verankerung der Situationen bezüglich bestimmter Wegabschnitte der Bewegung. Das Situationsverb legt fest, welche Rollen instantiiert werden dürfen (optionale Rollen des Verbs); anhand der Szenenkonstellation wird ermittelt, welche Rollen instantiiert werden können (Ableitungsbedingungen von wegbezogenen Rollen).
Die Instantiierung wegbezogener Rollen erfolgt durch die Auswahl von Referenzobjekten. Eine
Situation läßt sich z.B. bezüglich des Ursprungs der Bewegung lokalisieren, wenn ein Referenzobjekt gefunden werden kann, so daß gilt: die Anfangskoordinate der Situation, nicht aber die Endkoordinate, liegt in einer Region des Referenzobjekts.

Die Objekte des Szenenhintergrunds sind sowohl quasi-analog (durch ihre Koordinaten in der
Szenenkarte) als auch propositional (anhand "topologischer" Merkmale) repräsentiert (Herweg
1989). Die zu versprachlichenden Situationen sind bezüglich ihrer Anfangs- und Endkoordinaten
spezifiziert. Zur Ermittlung eines Referenzobjekts werden die Koordinaten der Situation mit den
Koordinaten der Hintergrundobjekte auf Inklusion verglichen. Ist ein Referenzobjekt gefunden, so
daß die Instantiierungsbedingungen der Rolle erfüllt sind, kann im Rückgriff auf die Region des
Referenzobjekts, die den jeweiligen Wegabschnitt inkludiert, eine räumliche Relation abgeleitet
werden. In TELOS werden zwei Konzepte zur Gebietscharakterisierung von Objekten herangezogen: der Place-Bereich, d.i. die Region, die das Objekt einnimmt und der Extern-Bereich, die
Nachbarschaftsregion des Objekts, abzüglich seines Place-Bereichs (vgl. die Regionen um die
Raumobjekte in Abb. 2). Diese (minimale) Differenzierung (vgl. Herweg 1989, Habel & Pribbenow
1988) ist Voraussetzung für die korrekte Ableitung der räumlichen Relation zwischen den Bezugsobjekten und ermöglicht in einem späteren Verarbeitungsschritt die Auswahl einer Präposition. Befindet sich (Wegargument *loc*) ein Objekt z.B. im Extern-Bereich eines Referenzobjekts, so kann

man sagen, es ist *an* oder *bei* dem Objekt, befindet es sich im Place-Bereich, stehen - je nach Dimensionalität des Referenzobjekts - *in* oder *auf* zur Auswahl.

4. Das Selektionsproblem in TELOS[4]

Durch die Relationierung von zwei Situationen, die als Haupt- bzw. Komplementsatz der Konjunktion versprachlicht werden, treten bei der Satzgenerierung in TELOS bereits Textgenerierungsphänomene auf: identische Objekte zur (optionalen) räumlichen Lokalisierung der Situationen sind zu vermeiden (redundante Lokalisierung), identische Objekte der obligatorischen Rollen müssen pronominalisiert werden. Neben diese pragmatischen Bedingungen treten die semantischen Restriktionen der Konjunktionen. Die Auswahl einer Konjunktion erfordert das Vorliegen einer bestimmten zeitlichen Relation und stellt konjunktionsspezifische Bedingungen an die Konzeptualisierung der Argumentsatzsituationen, d.i. in TELOS der kompositionale Aufbau der Situationsausdrücke durch die Instantiierung optionaler wegbezogener Rollen. Dabei ist neben der Grammatikalität des generierten Satzes auch dessen Übereinstimmung mit der Situationskonstellation (Faktizität) - der Satz darf nicht grammatikalisch richtig, "faktisch" aber falsch sein - sicherzustellen.

Das Problem der Faktizität von Äußerungen bei der Generierung in TELOS wird im Vergleich zu einem "herkömmlichen" Satzgenerator deutlich. Jede der Beschreibungen der aufeinanderfolgenden Situationen (1) und (2) ist - unabhängig voneinander generiert - zulässig.

(1)   Der VW fuhr auf dem Rotteckring zum Theater.

(2)   Der VW überholte auf dem Rotteckring am Theater einen Radfahrer.

Sobald jedoch beide Situationen im Rahmen einer Texteinheit versprachlicht werden sollen, muß - um Redundanz zu vermeiden - die Lokalisierung der Situationen relativ zu den Referenzobjekten (*Theater*, *Rotteckring*) auf eine der beiden Situationen verteilt werden, z.B. durch (3).

(3)   Der VW fuhr auf dem Rotteckring. Er überholte am Theater einen Radfahrer.

Der Hörer kann inferieren, daß auch der Überholvorgang auf dem Rotteckring stattgefunden hat. Als zeitliche Relation zwischen den beiden Situationen kommt nur die Inklusionsrelation in Betracht: der Überholvorgang findet während der Fahren-Situation auf dem Rotteckring statt. Die Inferenz auf die Inklusionsrelation ist unabhängig vom Szenenwissen des Hörers, sie wird durch die aspektuelle Klasse der Situationsausdrücke ausgelöst (vgl. Dowty 1986). Durch die vorgenommene Konzeptualisierung, d.h. die Verteilung der Lokalisierungen auf die beiden Situationen, wird eine bestimmte zeitliche Relation zwischen ihnen induziert, die mit den vollständigen Situationsbeschreibungen aus (1) und (2) nicht übereinstimmt: Situation (1) geht Situation (2) voraus. Die Beschreibung in (3) ist dennoch korrekt, sie stellt eine bestimmte Sichtweise der Situationskonstellation dar.

---

4   TELOS wurde in Prolog implementiert; es besteht aus zwei Editoren, der Selektionskomponente und einem FUG-basierten Oberflächengenerator (vgl. dazu Klenner 1991).

Wird nun die zeitliche Relation durch eine Konjunktion versprachlicht, müssen die Situationsperspektiven den semantischen Restriktionen der Konjunktion genügen. Unter dem Blickwinkel der Gleichzeitigkeit bzw. Überlappung (*während* bzw. *als*) kann die Konzeptualisierung aus den Sätzen in (3) beibehalten werden (vgl. 4).

(4) Während (als) der VW auf dem Rotteckring fuhr, überholte er am Theater einen Radfahrer.

Soll hingegen die Nachzeitigkeit der Situation in (2) zur Situation in (1) durch *nachdem* ausgedrückt und gleichzeitig die Verteilung der wegbezogenen Rollen aus den Konzeptualisierungen der Sätze in (3) beibehalten werden, wird zwar eine grammatikalische, faktisch aber nicht zutreffende Szenenbeschreibung generiert (gekennzeichnet durch '#'):

(5) #Nachdem der VW auf dem Rotteckring gefahren war, überholte er am Theater einen Radfahrer.

Die Komplementsatzsituation ist zum Zeitpunkt der Hauptsatzsituation noch nicht abgeschlossen: der Überholvorgang findet analog zu (3) auf dem Rotteckring statt. Die grammatikalische und zutreffende Beschreibung in Satz (6) erfordert die Berücksichtigung der Aspektforderung von *nachdem* (vgl. Kapitel 5).

(6) Nachdem der VW auf dem Rotteckring zum Theater gefahren war, überholte er einen Radfahrer.

Bei dieser Konzeptualisierung bezieht sich der Abschluß der Fahren-Situation nur auf das Ziel *zum Theater* (das Theater wurde erreicht), nicht auf die Wegstrecke *auf dem Rotteckring*.

5. Semantik von Konjunktionen und Kompositionalitätsprinzipien

Die Konzeptualisierungsvorgaben der Konjunktionen wurden in TELOS anhand der Semantik temporaler Konjunktionen, wie sie in Herweg (1990) beschrieben wird, erfaßt. Herweg analysiert die semantischen Restriktionen von Konjunktionen anhand der Aspektforderungen, die sie an ihre Komplement- und ggfs. Hauptsatzsituationen stellen. Dabei stellt er im Anschluß an Galton (1984) eine Korrespondenz zwischen dem sprachlichen Phänomen *Aspekt* und der Klassifikation von Situationen her. Galton unterscheidet zwischen Ereignissen und Zuständen und bezeichnet perfektiven Aspekt als die Ereignisperspektive auf Situationen und imperfektiven Aspekt als die Zustandsperspektive auf Situationen. Situationen werden durch sogenannte Satzradikale repräsentiert, d.h. Sätze abzüglich ihrer temporalen Information, und diese können mittels sogenannter Aspektoperatoren wechselseitig ineinander überführt werden.

Die Aspektforderungen der Konjunktionen restringieren die mögliche Perspektive auf ihre Argumentsatzsituationen nun dadurch, daß die Konzeptualisierung der Argumentsatzsituationen in der der Aspektforderung korrespondierenden Situationssorte erfolgen muß. *Nachdem* z.B. fordert Perfektaspekt für die Komplementsatzsituation, d.h. die Situation muß als Ereignis konzeptualisiert werden. Tabelle 1 gibt eine Darstellung der Semantik von Konjunktionen (Aspektforderungen und zeitliche Relationen) in einer gegenüber der Formulierung von Herweg vereinfachten Form.

	nachdem	bevor	bis	während
KS	R-Ereignis[5]	R-Ereignis	R-Ereignis	Z-Phase
HS	beliebig	beliebig	R-Zustand	beliebig
Relation	KS < HS	HS < KS	HS @ KS	KS ⊆ HS

Tab.1: Semantik der Konjunktionen. Die Einträge der Argumentforderungen für die Haupt- (HS) und Komplementsatzsituationen (KS) bezeichen den jeweils zulässigen Radikaltyp (R-). *Während* fordert im Nebensatz eine Zustandsphase (Z-Phase). Die zugrundeliegenden zeitlichen Relationen sind Präzedenz: <, Adjazenz: @ und unechte Inklusion: ⊆.

Aus Generierungssicht ist zu fragen, wie sich die jeweils geforderte Perspektive auf Situationen konstituiert, d.h. unter welchen Bedingungen die Aspektforderungen der Konjunktionen erfüllt sind. Um die korrekte Konzeptualisierung zu gewährleisten muß die Situationsinstanz bezüglich ihrer grundlegenden Situationssorte klassifiziert werden und es müssen Prinzipien formuliert werden, die es ermöglichen, die Situation nach der Instantiierung wegbezogener Rollen neu zu klassifizieren.

Jede Situationsinstanz kann im Rückgriff auf die Situationstaxonomie einer Situationssorte eindeutig zugeordnet werden (z.B. *fahren_1* als Instanz von *fahren* ist ein Zustand). Beim Aufbau der Taxonomie wurden einfache Satzradikale zugrundegelegt, z.B. wurde die Fahren-Situation anhand des Satzradikals *der_Wagen_fahr* als Zustand klassifiziert. Die Kompositionalitätsprinzipien unterhalb dieser Ebene, d.h. die Abhängigkeit der Situationssorte von der Referenzweise der Verbargumente (vgl. Krifka 1989) wurde durch die Beschränkung auf Individualobjekte im Singular ausgeklammert. Die Klassifikation der Situation nach der Instantiierung der wegbezogenen Rollen erfolgt mittels Kompositionalitätsprinzipien, die sich in der Domäne von TELOS über den Grenzbezug der Wegargumente formulieren lassen. Dazu wird zwischen grenzbezogenen (telischen) Rollen (*source, path, goal*) und nicht-grenzbezogenen (atelischen) Rollen (*loc, route, direction*) unterschieden, deren Instantiierung u.U. zu einem Wechsel der Situationssorte führt (Tabelle 2, Spalten 1 - 3)[6]:

Sorte	lok. Rollen	Neuklassifikation nach Rollenauswahl	Operator	Neuklassifikation nach Operatoranwendung
Zustand	{loc,route,dir}	Zustand	PO	Ereignis
Zustand	{source,path,goal}	Ereignis	PROG	Zustand
Ereignis	{alle Rollen\loc}	Ereignis	PROG	Zustand

Tab.2: Konzeptualisierung von Situationen in TELOS. Die Klassifikation in Spalte 5 ergibt sich durch die Pofektivierung bzw. Progressivierung der aus der Instantiierung wegbezogener Rollen resultierenden Situationssorte in Spalte 3.

---

[5] Herweg (1990) fordert Perfektradikale. Diese Bedingung wurde in TELOS in zwei Komponenten aufgespalten: eine Konzeptualisierungsvorgabe (Ereignis) und eine Tempusvorgabe (z.B. Plusquamperfekt).

[6] Vgl. Maienborn (1990) für eine in Teilen abweichende Formulierung der Kompositionalitätsprinzipien.

Im Idealfall können die Konzeptualisierungsvorgaben der Konjunktionen kompositional durch die Instantiierung wegbezogener Rollen erfüllt werden: z.B. kann ein Zustand durch die Instantiierung der Rolle *route* als Zustand oder durch die Instantiierung der Rolle *goal* als Ereignis konzeptualisiert werden (Tabelle 2, Zeilen 1 und 2). Kritisch sind Konzeptualisierungsvorgaben, die einen Wechsel der Situationssorte erfordern, der nicht durch die Instantiierung der wegbezogenen Rollen erreicht werden kann. Darunter fallen grundsätzlich Zustandskonzeptualisierungen von Ereignissen, sowie Ereigniskonzeptualisierungen von Zuständen, bei denen die Instantiierungsbedingungen der telischen Rollen nicht erfüllt sind. In der Theorie von Herweg (1990) erfolgen diese nicht-kompositionalen Konzeptualisierungen anhand sogenannter Aspektoperatoren wie PROG und PO (Spalte 4). PROG bewirkt eine Progressivierung von Ereignissen und damit die Konzeptualisierung eines Ereignisses als Zustand. Die Progressivierung kann gegebenenfalls sprachlich markiert werden (*dabei sein, etwas zu tun*). Durch die Pofektivierung (Operator PO) wird ein Zustand als Ereignis konzeptualisiert, das im Auftreten einer Phase des Zustands besteht. Der Begriff der Zustandsphase wird in Löbner (1988) eingeführt. Er bezeichnet die maximalen Zeiten, zu denen ein Zustand besteht, so daß weder unmittelbar davor noch unmittelbar danach der Zustand (schon bzw. noch) herrscht. Insbesondere die Bedingungen zur Pofektivierung haben sich in TELOS für das bereits erläuterte Kriterium der Faktizität als relevant erwiesen. Beispielsweise ist die in (5) (hier wiederholt) problematisierte Szenenbeschreibung nur dann korrekt, wenn sich von dem Zustand *auf_dem_Rotteckring_fahren* eine Phase bilden läßt (Pofektivierung), die als Ganzes vor dem Ereignis *am_Theater_einen_Radfahrer_überholen* liegt.

(5)   #Nachdem der VW auf dem Rotteckring gefahren war, überholte er am Theater einen Radfahrer.

Diese Bedingung ist im vorliegenden Fall nicht erfüllt (vgl. die Sätze (1) und (2)), da auch beim Überholen der Zustand *auf_dem_Rotteckring_fahren* weiterbesteht. Eine Pofektivierung ist daher aufgrund der faktischen (zeitlichen) Eigenschaften der Situationsinstanz nicht möglich, so daß in TELOS bei dieser Konzeptualisierung der Situationen mit *nachdem* keine Generierung erfolgt.

6. Ein Beispiel

Die (kompositionale) Konzeptualisierung von Situationen gemäß den Aspektforderungen von Konjunktionen soll im folgenden an einem Beispiel verdeutlicht werden. Es wird gezeigt, wie die Instantiierung der wegbezogenen Rollen bei ein und derselben Situationskonstellation von der Auswahl einer bestimmten Konjunktion abhängt.

```
[sit1 = fahren_1,                    [sit2 = abbiegen_1,
ag = vw_1,                           ag = vw_1,
route = rotteckring,                 route = {ub,kreuzung_1},
source = [],                         source = rotteckring,
goal = {ub,kreuzung_1},              goal = belfortstraße,
time = [1,5]]                        time = [6,7]]
```

Abb.3: Beispielsituationen. Die wegbezogenen Rollen der Situationsverben mit ihren (alternativen) Referenzobjekten sind zur Verdeutlichung vollständig aufgeführt.

Der Sachverhalt aus Abbildung 3 kann in folgender Weise paraphrasiert werden: Der VW fuhr auf dem Rotteckring zur UB (Kreuzung), dort bog er in die Belfortstraße ab. Aufgrund der Zeitintervalle der Situationen können u.a. zwei zeitliche Relationen berechnet werden: *meets* und *after* (vgl. Allen 1984). Wird die Relation *after* durch *nachdem* versprachlicht, muß die Komplementsatzsituation *fahren_1* als Ereignis konzeptualisiert werden (vgl. Tab. 1). Durch die Instantiierung der telischen Rolle *goal* mit *UB* ist diese Bedingung erfüllt (vgl. Tab. 2):

(7)   Nachdem der VW auf dem Rotteckring zur UB gefahren war, bog er in die Belfortstraße ab.

Bei der Versprachlichung von *meets* durch *bis* muß die Fahren-Situation hingegen als Zustand konzeptualisiert werden, d.h. die telische Rolle *goal* darf nicht ausgewählt werden (Satz 8), nur die atelische Rolle *route* ist zulässig (Satz 9).

(8)   *Der VW fuhr auf dem Rotteckring zur UB, bis er in die Belfortstraße abbog.

(9)   Der VW fuhr auf dem Rotteckring, bis er an der UB in die Belfortstraße abbog.

Der durch die Aspektforderungen der unterschiedlichen Konjunktionen bedingte Perspektivenwechsel manifestiert sich in der Distribution des Referenzobjekts *UB* auf die Haupt- und Nebensatzsituationen. Während in Satz (7) *UB* als Ziel (*goal*) der Fahren-Situation ausgewählt wurde, dient es in (9) zur Bezeichnung der (mittleren) Wegstrecke (*route*) der Abbiegesituation.

7. Zusammenfassung

Den Schwerpunkt dieses Beitrags bildeten Fragen der Raum- und Zeitmodellierung und ihr Zusammenwirken bei der zeitlichen Lokalisierung von Situationen in TELOS, einem System zur Generierung temporaler Konjunktionalsätze. Die Repräsentation räumlichen Wissens erfolgte im Hinblick auf die Bedingungen zur zeitlichen Lokalisierung in einem hybriden Format. Dabei konnte ein wesentlicher Vorteil quasi-analoger Repräsentation räumlichen Wissens (grundlegend dazu: Habel 1988) aufgezeigt werden: die eindeutige, jedoch gegenüber den verschiedenen Realisierungsmöglichkeiten neutrale Repräsentation ermöglicht eine flexible, d.h. auf die jeweiligen Selektionskriterien abgestimmte Verarbeitungsstrategie. In TELOS sind dies die Konzeptualisierungsvorgaben der Konjunktionen. Die aus der theoretischen Linguistik bzw. der Temporallogik stammenden Arbeiten von Herweg (1990) und Galton (1984) zur Repräsentation und Verarbeitung von Zeit wurden für den Weltausschnitt *Straßenszenen* konkretisiert und um die für die Sprachgenerierung notwendigen Repräsentations- und Verarbeitungsannahmen ergänzt. U.a. wurde gezeigt, wie die Anwendungsbedingungen der Aspektoperatoren als Constraints, die über den faktischen (zeitlichen) Eigenschaften der Situationen operieren, in den Selektionsprozeß einfließen, und es wurden Kompositionalitätsprinzipien formuliert, die konstitutiv für die satzbezogene (nicht-kompositionale) Betrachtungsweise der genannten Arbeiten sind und die insofern einen Beitrag zur Elaborierung dieses theoretischen Ansatzes leisten.

Literatur

Allen, J. F. (1984): Towards a general theory of action and time. Artificial Intelligence 23, 123-154.

André, E. (1988): Generierung natürlichsprachlicher Äußerungen zur simultanen Beschreibung zeitveränderlicher Szenen: Das System SOCCER. Universität des Saarlandes, Saarbrücken, Diplomarbeit.

Bree, D.S. et al. (1984): Generation and comprehension of Dutch subordinating conjunctions. In T. O'Shea (Ed.). Proc. of the 6th European Conf on Artificial Intelligence. Amsterdam: Elsevier, 1984.

Computational Linguistics, 14(2), June 1988. Special Issue on Tense and Aspect.

Dowty, D.R. (1979): Word meaning and Montague Grammar. Dordrecht: Reidel.

Dowty, D.R. (1986): The effects of aspectual class on the temporal structure of discourse: semantics or pragmatics. Linguistics & Philosophy, 1986, 37-61.

Freksa, C, & Habel, C. (1990)(Hrsg.): Repräsentation und Verarbeitung räumlichen Wissens. Informatik-Fachberichte 245, Springer: Berlin.

Galton, A. (1984): The logic of aspect: an axiomatic approach. Oxford: Clarendon Press.

Habel, C. & Pribbenow, S. (1988): Gebietskonstituierende Prozesse. LILOG-Report 18. IBM Stuttgart.

Habel, C. (1988): Prozedurale Aspekte der Wegplanung und Wegbeschreibung: In H. Schnelle & G. Rickheit (Hrsg.). Sprache in Mensch und Computer. Wiesbaden: Westdeutscher Verlag, 107-133.

Herweg, M. (1989): Ansätze zu einer semantischen Beschreibung topologischer Präpositionen. In C. Habel, M. Herweg & K. Rehkämper (Hrsg.). Raumkonzepte in Verstehensprozessen. Tübingen: Niemeyer, 99-127.

Herweg, M. (1990): Zeitaspekte: Die Bedeutung von Tempus, Aspekt und temporalen Konjunktionen im Deutschen. Wiesbaden: Universitätsverlag.

Klenner, M. (1991): TELOS: Ein System zur Generierung temporaler Konjunktionalsätze. Albert-Ludwigs-Universität Freiburg, Magisterarbeit. (erschienen auch als Forschungsbericht Nr.75 des Psychologischen Instituts der Albert-Ludwigs-Universität Freiburg).

Krifka, M. (1989): Nominalreferenz und Zeitkonstitution: Zur Semantik von Massentermen, Pluraltermen und Aspektklassen. München: Fink.

Löbner, S. (1988): Ansätze zu einer integralen semantischen Theorie von Tempus, Aspekt und Aktionsarten. In V. Erich & H. Vater (Hrsg.). Temporalsemantik. Beiträge zur Linguistik der Zeitreferenz. Tübingen: Niemeyer, 163-191.

Maienborn, C. (1990): Semantische und konzeptuelle Aspekte der Bedeutungskonstruktion: Verbalphrasen der Bewegung und Lage. Universität Hamburg, Magisterarbeit.

Neumann, B. & Novak, H-J. (1983): Event models for recognition and natural language description of events in real-world image sequences. IJCAI-83, 724-726.

Novak, H-J. (1986): Textgenerierung aus visuellen Daten: Beschreibungen von Straßenszenen. Springer: Heidelberg.

Steedman, M. J. (1982): Reference to past time. In R.J. Jarvella & W. Klein (Eds.). Speech, place, and action. New York: Wiley & Sons, 125-157.

Vendler, Z. (1967): Verbs and times. In Z. Vendler (Ed.). Linguistics and Philosophy. Ithaca: Cornell University Press, 97-121.

Verkuyl, H.J.(1989): Aspectual classes and aspectual composition. Linguistics and Philosophy 12, 39-94.

TECHDOC: A System for the Automatic Production of Multilingual Technical Documents

Dietmar Rösner
FAW
P.O.Box 2060
7900 Ulm
Germany
ROESNER@DULFAW1A

Manfred Stede*
Dept. of Computer Science
University of Toronto
Toronto M5S 1A4
Canada
MSTEDE@CS.TORONTO.EDU

Zusammenfassung

The availability of technical documents in multiple languages is a problem of increasing significance, particularly in Europe. We propose to exploit natural language *generation* technology to help overcome the documentation problem. We focused on multilingual automobile manuals, specifically maintenance instructions, and analyzed them in terms of underlying technical knowledge and text structure. These investigations led us to a design of a system for the automatic, multilingual generation of such maintenance manuals. TECHDOC uses a domain knowledge base to first construct a language-independent text representation, which is then transformed into a collection of individual sentence plans. These are given to language-specific sentence generators to produce the desired text.

Die Verfügbarkeit technischer Dokumente in mehreren Sprachen wird besonders in Europa immer bedeutsamer. Um das Dokumentationsproblem zu lösen, schlagen wir vor, die Möglichkeiten der automatischen *Sprachgenerierung* auszuschöpfen. Wir haben mehrsprachige Automobilhandbücher, speziell Wartungsinformationen, auf das zugrundeliegende technische Wissen sowie auf Textstrukturen hin untersucht. Daraus entstand das Design eines Systems zur automatischen, mehrsprachigen Generierung solcher Handbücher. TECHDOC erstellt aus einer Wissensbasis mit Gebietswissen zunächst eine sprachunabhängige Textrepräsentation, die dann in eine Folge von Satzplänen transformiert wird. Diese werden schließlich sprachspezifischen Satzgeneratoren zur Textproduktion übergeben.

---

*Part of the work reported in this paper has been carried out during an internship at FAW Ulm funded from the ICSI exchange program. Thereafter, the work has been supported by a University of Toronto Open Doctoral Fellowship.

1 Introduction

The availability of technical documents in multiple languages is a problem of increasing significance. Not only do consumers demand adequate product documentation in their mother tongue; there are also legal requirements, e.g. in the upcoming European common market. The need to provide such a massive amount of multilingual material is likely to exceed both the capacities of human translators as well as those of currently available machine translation technology. We feel that this situation calls for an investigation of a potential alternative: to exploit available natural language *generation* technology in order to help overcome the documentation problem.

The idea is to work out an architecture that is based on knowledge sources as language-independent as possible. More specifically, one has to account for two different kinds of knowledge: The technical domain knowledge on the one hand, and the knowledge of appropriate document structure on the other. While the former may be regarded as language-independent without extensive discussion, with the latter we have to be more careful; how people construct texts in order to achieve certain communicative goals is in general a culture-, hence also language-dependent matter. However, we found that in the particular domain we investigated, the maintenance sections of an automobile manual, the rules of text structure are the same in the European languages that are provided by the manual we work on.

A detailed analysis of the automobile manual in terms of a) the kind of technical knowledge that instructions presuppose on the user's part, and b) the text structure of maintenance instruction sections led us to design a system for the automatic, multilingual generation of such manuals. We propose a system that uses an underlying knowledge base to construct first a language-independent discourse representation, which is then transformed into a collection of individual sentence plans. These are given to language-specific sentence generators to produce the desired text.

In general, our practical aim is to avoid re-inventing wheels and instead to build a system that incorporates existing NLP modules as far as possible. We chose the LOOM knowledge representation tool [MacGregor, Bates 87], sentence generators including PENMAN [PENMAN 89] for English and SEMTEX [Rösner 88] for German; in addition we instrumentalize Rhetorical Structure Theory (RST) [Mann, Thompson 87] as the language-independent level of representation of discourse structure.

Other Work. There are not many examples of work on the generation of technical documents yet. The most prominent projects are COMET at Columbia University [Feiner, McKeown 90] and the WIP project at Saarbrücken [Wahlster et al 91]; both concentrate on integrating textual and pictorial information. The IDAS project at Edinburgh [IDAS 91] envisages combining natural language generation techniques with hypermedia approaches, and IMAGENE [Vander Linden et al 92] at the University of Colorado aims at encoding much of the knowledge required for generation in systemic-functional grammar.

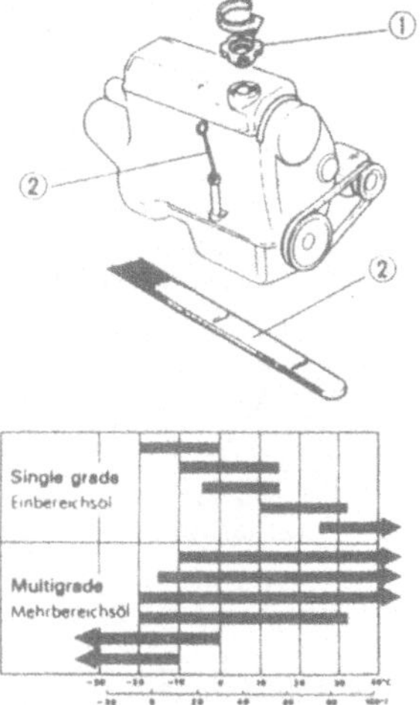

Abbildung 1: Example page from the multilingual manual

2 Knowledge Representation

The crucial epistemological choice to be made when devising a knowledge base is to determine the level of abstraction on which the modelling takes place. For a first approximation, an obvious goal is to represent knowledge in a form that does not reflect the peculiarities of a particular natural language. Furthermore, when constructing a model of some technical domain, it should not reflect the peculiarities of a particular application program, either. We are not interested in a knowledge base for text generation only; significant parts of a KB should be useful for other purposes, like diagnostic or tutoring systems, as well.

A similar consideration leads to a separation between knowledge of the particular technical system that is being modelled (in our case, parts of an automobile engine) and more general knowledge of technical or physical items, which is common to numerous application domains. To illustrate this point, suppose we want to give a KB representation that corresponds to the instructions for changing the spark plugs of the engine. A "spontaneous" solution would treat the spark plug as an isolated object that is a (removable) part of the engine, and activities like 'remove', 'insert', and 'tighten' as isolated actions that operate on the spark plug. "Isolated" in the sense that there is no systematic connection to other objects/actions in the KB.

Factoring out the underlying general notions of dealing with technical machinery leads to a much more abstract representation: When we concentrate on the aspect of how parts are connected, then spark plugs are, beside their functionality for the ignition, instances of the abstract concept "screw connection". As for any other screw connection, the degree of connectedness can move between 'disconnected' and

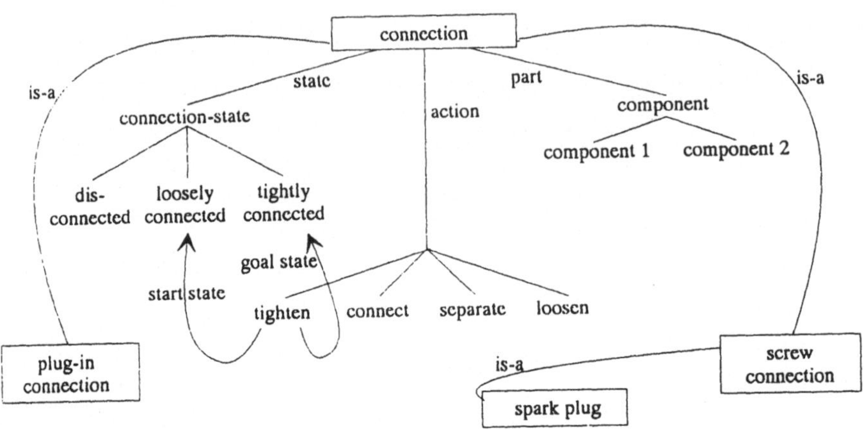

Abbildung 2: Hierarchy of concepts of connection, their states and state-transforming operations (simplified for presentation purposes)

'tightly connected'; for modelling purposes, we can reduce this interval to a small number of discrete states (as long as the existence of the continuum is not crucial for a particular activity). "Tightening the spark plug" then corresponds to transforming a screw connection from the state 'loosely connected' to the state 'tightly connected'. Besides, this action is performed with the instrument "spark plug wrench", while the preceding step of inserting the spark plug is done by hand. In abstract terms: The state transformation of the screw connection from 'disconnected' to 'loosely connected' is performed without a special instrument.

Therefore, spark plugs and the activities concerning them are subconcepts of more abstract classes in the KB. A screw connection in turn is a subconcept of "connection" and thus shares a number of properties with "plug-in connections" and other types of connections: At any time, they are in a single state, and certain operations, which for the particular cases may involve certain instruments, switch from one state to another.

Another example: The various tanks surrounding the engine (oil, transmission fluid, coolant, etc.) share numerous properties, but also differ in certain respects (some have a drain bolt, others do not, etc.). Such commonalities and differences are captured in the concept hierarchy. Some tanks have a measuring scale imprinted on them, which in turn is a subconcept of the class "measuring instrument", whose purpose is to determine the value of some attribute of an object; again, odometer, thermometer, nanometer, fluid level scales, and other instruments form a concept hierarchy that expresses their common functionality and links them to the objects and attributes being measured.

With a representation of this kind, the abstract concepts are common to many technical domains, hence they are portable from application to application. Given a KB of such general concepts, what we have to specify for the model of the automobile engine domain are merely the relevant subconcepts of those concepts and how they relate to each other: Spark plugs are screw connections (and more), the coolant reserve tank is a tank, etc. We have designed and implemented the knowledge base in the described fashion in LOOM, a KL-ONE dialect [MacGregor, Bates 87].

3   Text Structure

3.1   RST Analyses of Manual Texts

In order to produce a well-structured and comprehensible manual, one needs a level of representation mediating between domain knowledge and language: a text representation. Such a level becomes especially important when the aim is to produce texts in multiple languages; the text representation is required to reflect its overall structure and to abstract from the details of a particular natural language.

There are not many formal theories of text structure around today. The one we found to be a suitable basis for our purposes is Rhetorical Structure Theory (RST) [Mann, Thompson 87]. The central claim of RST is that a text can be represented as a tree, where the leaves are the elementary propositions to be communicated, and the internal nodes are the rhetorical relations that link propositions or subtrees to one another. The actual set of relations is not seen as strictly fixed; for our manual domain, we found it useful to add a few specific discourse relations. Definitions are provided in [Rösner, Stede 92], where we also highlight a few problematic aspects of RST in general.

RST has originally been conceived as a descriptive tool for the human text analyst. We also used it in this way when we started our investigations of the automobile manual and found that the RST tree provides an appropriate representation of the maintenance instructions. More recently, Hovy [Hovy 90] suggested to use the instrument of the RST tree also for the task of language generation, as a text representation from which one can move forward to a sequence of individual sentences. We adopted this general decision, but our way of building up the RST tree from the knowledge base (see section 5.1) is quite different from Hovy's text structure planner: we tailor the process to the sort of text we intend to generate.

3.2   Content Analysis

Apart from the rhetorical structure, we inspected the contents of the maintenance instructions and discovered a general scheme that the various manual sections have in common. Whether the topic is replacing oil, changing spark plugs, or adding coolant does not change the order in which information is presented. For one thing, the activities described in the manual fall intro three categories: CHECKING (e.g., a fluid level); ADDING a substance; REPLACING a part or a substance. Some manual sections deal with only one of these actions, others cover all of them (e.g., oil can be checked, added, or changed).

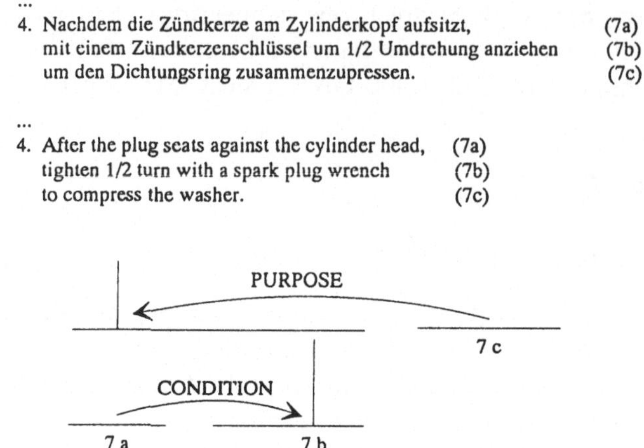

Abbildung 3: RST structure of a text segment on spark plugs

The first information given in a section is the location of the object to be dealt with. If it is difficult to find, a picture supplements the verbal description. Next we are told (if appropriate) which kind of replacement parts/substances to use, and which ones to avoid (e.g., do not replace a fuse by a piece of wire).

The actual steps of the repair/maintenance activity (check, add, replace) constitute a plan in the traditional AI sense. An action may have pre- or post-conditions (e.g., check the oil only when the car is parked on level ground). A plan step can be a complex action that gives rise to the execution of a sub-plan. In addition, further advisory information or warnings can be given concerning a plan or a plan step. For example, the step "insert engine oil" is annotated by the information that the engine's oil capacity is 3.5l.

3.3   Representing Text Structure Information in the KB

The result obtained in the last section, that the manual presents maintenance information about the various parts of the automobile according to a fixed scheme, gives rise to the idea of encoding this scheme directly into the knowledge base.

Thus we define a concept *maintenance_info* with roles for the object the information is given about, its location, recommended and inadequate replacement parts/substances, a checking action, a supplementing, and a replacement action. The fillers of the last three roles are of type *plan*, whose roles consist of pre- and postconditions for applying the plan, the steps of the activity, and additional advice. Likewise, we define objects *plan_step* and *plan_advice*. The action corresponding to a plan step can either be atomic or complex, in which case it is described recursively by a *plan*-object. The decision as to whether the text generation actually explicates such a subplan, or merely gives the name of the complex action, depends on the intended user model: an automobile mechanic is happy with "macro"-instructions, whereas the laymen needs detailled prescriptions.

Currently, we treat the user model in a simple fashion: With every plan step there is an associated role *user_knows*, having a yes/no value. If a refinement plan for the step exists, and the filler of *user_knows* is 'no', then the subplan enters the document generation process, otherwise is does not.

The integration of text structure information into the knowledge source provides a natural way to link the two types of knowledge to each other: Domain model concepts fill the appropriate roles of concepts representing text structure. Once the domain model has been specified fully, including all the relevant actions concerning the automobile, the only task that is required to enable the automatic manual generation is the specification of the plans with steps, conditions and advices. For every particular activity (e.g., oil change) an instance of a plan concept is created where the steps are roles pointing to elementary actions defined in the domain knowledge.

4 Sentence Generation

At the front end of a document generation system stands the actual production of sentences in a natural language. Nowadays, powerful sentence generators are already available and can be used as independent modules of a larger system. We use PENMAN [PENMAN 89] for the production of English text and generate German versions with the SEMTEX system [Rösner 88]. Moreover, to achieve a more homogeneous system, we are developing a German version of PENMAN's grammar (Nigel). The addition of a French generator is also in preparation.

In the PENMAN case, one uses the sentence plan language SPL to specify the concept or relation to be expressed, accompanied by semantic deep cases (actor, actee, etc.) and, if necessary, linguistic parameters like *speechact: yes/no-question*. PENMAN combines information from the knowledge base (where concepts that are used in a sentence plan need to be specified), the lexicon, and the (systemic) grammar to produce a proper English sentence.

5 Integrating the Parts

So far, we have discussed the roles of the knowledge base, the intermediate RST text representation, and the sentence generation process. The two missing links are the construction of the RST tree from the KB and the transformation of the tree into SPL sentence plans. The result is the system architecture shown in fig. 4.

5.1 RST Tree Construction

As discussed above, the plans for executing a certain action like changing the engine oil are fully specified within the LOOM knowledge base. Since LOOM supports the object-oriented programming paradigm, we chose to implement the RST tree

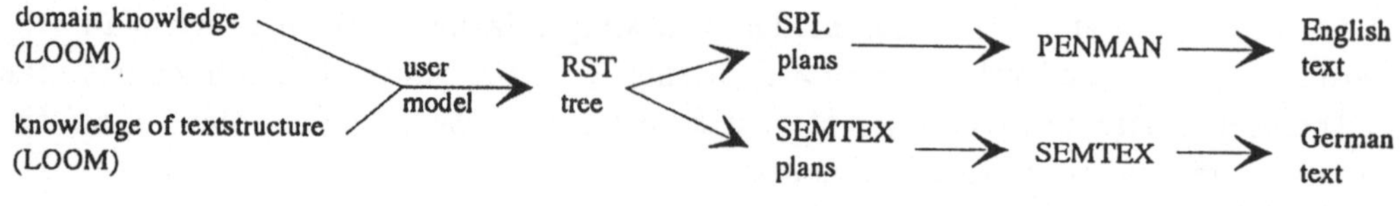

Abbildung 4: System Architecture

construction with methods that are attached to the plan-related objects of the KB. For example, the method attached to the object *plan* checks whether this particular plan has a defined precondition, and if so contributes its propositional content to the RST tree via a CONDITION-relation. The steps of the plan are being realized as the nuclei of a SEQUENCE-relation, and since every step itself can be a complex object, the *plan* method calls the *plan-step* method for each of them and integrates the results. Similarly, *plan-step* identifies the shape of the actual step it is to contribute to the tree and responds with an appropriate representation. In the simplest case, this is a single proposition, which becomes part of the higher-level SEQUENCE relation. But if the step is complex, it may involve a precondition or an advice giving rise to a CIRCUMSTANCE relation in the tree. Moreover, if a refinement-plan is attached to the step, and the user model calls for it to be explicated, the original *plan* method is started recursively, and the result is combined with the RST-representation of this step by a PURPOSE relation: One executes the sub-plan for the purpose of performing the action given in the step.

While the RST relations form the backbone of our text representation, they cannot convey *all* the information that needs to be passed from the knowledge base to the generation module. For this reason, we attach to every RST-relation in the tree a list of annotations where feature-value pairs for various purposes can be stored. For instance, an advice to a plan step can be a minor suggestion or a warning of a severe danger for the manual reader (e.g., hot coolant might scald you). Various kinds of advices need to be expressed in different forms in the text — by using upper case letters or bold face, or by putting a "WARNING:" in front. Since all advices are being realized as CIRCUMSTANCE relations, the parameter of the importance of the advice needs to be represented in the annotation list of that relation.

To summarize, we do not perform any top-down text *planning* with RST operators, but instead provide a direct mapping from the schematic knowledge to the rhetorical tree. For our particular domain, we view this approach as more appropriate than a general text planner that reasons about the user's beliefs and intentions (e.g., [Moore, Paris 89]).

5.2 Transformation Into Sentence Plans

The RST tree is converted to a series of sentence plans in a step by step, largely language-specific manner. The RST tree almost specifies the order in which propositions are generated (one only needs to decide how to order nuclei and satellites of relations). In principle, we might simply traverse the tree and give the leaf nodes (i.e. the propositions) to the sentence generator. This would produce a sequence of roughly correct maintenance instructions, but with no cohesion whatsoever — more work is necessary.

As an example for one tree modification step that appears to be rather language-universal, consider the case where two propositions appear in a row, both of which describe the same type of action, but with different objects ("Remove the engine oil filler cap. Remove the drain bolt."). To improve text cohesion, these should be conjoined into one proposition ("Remove the engine oil filler cap and the drain bolt."), in particular if the two objects are semantically related. These and similar tree modifications are discussed for instance by [Horacek 92].

The transformation of the RST tree into sentence plans is performed by a pattern-based algorithm that encodes local constraints and preferences for expressing RST relations. Most relations are signalled by lexical elements, e.g. a CONDITION may be expressed by *if ... then ...* in English, a PURPOSE by *in order to* or similarly. Some relations, however, are typically not signalled, e.g., BACKGROUND.

The tree is recursively expanded into a text template of connectives and propositions, such that the overall preferred linearization is produced. Finally, the propositions are converted into the input format of the sentence generators, and these are called to produce clauses, which are embedded in the text template for output. The process is illustrated in more detail in [Rösner, Stede 92].

6   Summary and Future Work

To validate the architecture outlined in this paper, we have built a prototypical system, which is able to reconstruct sections of the automobile manual (for example, the page shown in fig. 1) in English and German.

Several issues are now being explored in more detail. As mentioned above, a German version of the NIGEL grammar for PENMAN is under development. Lexicalisation has so far been handled in a simple manner, by annotating the relevant KB concepts with exactly one word for each language. But, in general, word choice requires a more sophisticated mechanism. This holds particularly for our KB, because we decided to keep it on a rather abstract level of representation. Instead of annotating concepts with words, we need to attach a procedure that inspects the context, considers the user model, and then decides on the right word.

On the conceptual level, we plan to extend the coverage of TECHDOC to other sections of the manual that do not have instructional but rather descriptive or explanatory character. Also, we started working on the French versions of our manual and plan to add a sentence generator for French.

Literatur

[Feiner, McKeown 90] S. Feiner, K.R. McKeown. *Coordinating text and graphics in explanation generation.* In: CAIA 90: Proceedings of the IEEE conference on AI applications, IEEE, 1990.

[Horacek 92] H. Horacek. *An Integrated View of Text Planning.* In: Dale, Hovy, Rösner, Stock (Eds.): Aspects of Automated Natural Language Generation. Springer, Berlin/Heidelberg 1992.

[Hovy 90] E. H. Hovy. *Unresolved Issues in Paragraph Planning.* In: Dale, Mellish, Zock (Eds.): Current Research in NLG. Academic Press, New York 1990.

[IDAS 91] J. Levine, A. Cawsey, C. Mellish, L. Poynter, E. Reiter, P. Tyson and J. Walker. *IDAS: Combining hypertext and natural language generation.* In: Proceedings of the Third European Workshop on Natural Language Generation, pages 55-62. Innsbruck, Austria 1991.

[MacGregor, Bates 87] R. M. MacGregor and R. Bates. *The Loom Knowledge Representation Language.* USC/Information Science Inst. Tech. Rep. ISI/RS-87-188.

[Mann, Thompson 87] W. Mann and S. Thompson. *Rhetorical structure theory: Toward a functional theory of text organization.* Text, 8, 243-281.

[Moore, Paris 89] J. D. Moore and C. L. Paris. *Planning Text for Advisory Dialogues.* In: Proceedings of the 27th Annual Meeting of the Association for Computational Linguistics, pages 203-211. 1989.

[PENMAN 89] *The Penman Documentation.* Unpublished documentation for the Penman language generation system. USC/Information Science Institute.

[Rösner 88] D. Rösner. *The Generation System of the SEMSYN Project: Towards a Task-Independent Generator for German.* In: Zock, Sabah (Eds.): Advances in Natural Language Generation: An Interdisciplinary Perspective. Pinter Publishers, London 1988.

[Rösner, Stede 92] D. Rösner, M. Stede. *Customizing RST for the Automatic Production of Technical Manuals.* In: Dale, Hovy, Rösner, Stock (Eds.): Aspects of Automated Natural Language Generation. Springer, Berlin/Heidelberg 1992.

[Vander Linden et al 92] K. Vander Linden, S. Cumming, and J. Martin. *Using System Networks to Build Rhetorical Structures.* In: Dale, Hovy, Rösner, Stock (Eds.): Aspects of Automated NLG. Springer, Berlin/Heidelberg 1992.

[Wahlster et al 91] W. Wahlster, E. André, W. Graf, T. Rist. *Designing Illustrated Texts: How Language Production is influenced by Graphics Generation.* Fifth Conference of the European Chapter of the ACL. Berlin 1991.

Ein konnektionistisches System zur Satzerkennung am Beispiel der Übersetzung von Datenbankanfragen nach SQL

K. Eder, R. Deffner, Dr. H. Geiger

Kratzer Automatisierung GmbH, 8044 Unterschleißheim b. München,

Carl v. Linde Str. 38,

Tel. 089/32152-0, Fax.: 089/32152-109

Abstract

In this paper a system is presented which translates a simple natural language statement, here a database query, into a formal statement, for example SQL. Due to the intent to connect a speech recognition system as a front-end the primary objective was a high degree of fault tolerance. To make a natural language statement suitable for connectionist systems, symbolic information is extracted from the input sentence, which is inherently ambigouus. The translation system consists therefore of a special precoding for natural language statements, a neural network for classification that selects an output frame by the given input data, and a procedure that fills the frame by substituting words or transformed expressions for placeholders in the frame. The system tolerates misspelling, grammatical errors and semantically inaccurate or vague sentences. This is achieved by combining methods of linguistics, pattern recognition and classification.

Zusammenfassung

Ziel des hier vorgestellten Systems ist, einfache natürlichsprachliche Eingaben, hier Datenbankanfragen, in eine formale Sprache, wie zum Beispiel SQL, zu übersetzen. In Hinblick auf die Anbindung an ein akustisches Spracherkennungssystem stand die Fehlertoleranz im Vordergrund. Zur Verarbeitung eines natürlichsprachlichen Statements muß aus dem Eingabesatz symbolische Information extrahiert werden, die typischerweise mehrdeutig ist. Das System enthält daher eine speziell auf die Satzerkennung abgestimmte Vorverarbeitung, ein neuronales Klassifikationsnetz, das anhand der Eingabedaten einen Statement-Rahmen für die Ausgabesprache auswählt, und eine Nachverarbeitung, bei der mit Hilfe der Informationen aus dem Rahmen die darin befindlichen Platzhalter mit Wörtern oder Ausdrücken besetzt werden. Tippfehler, Grammatikfehler und semantische Ungenauigkeiten können auf diese Weise sehr gut toleriert werden. In dem System sind Methoden der Linguistik, Mustererkennung und Klassifikation vereinigt.

1. Grundlagen

Aufgabe des hier vorgestellten Satzerkennungssystems ist, einen einfachen natürlich-sprachlichen Eingabesatz in eine formale Sprache zu übersetzen. Da mit bereits bekannten Systemen korrekte und auch komplexe Sätze bereits analysiert werden können <9>, stand bei dem hier verfolgten Ansatz die Fehlertoleranz im Vordergrund. Die bei den Benutzereingaben in ein Computersystem zu erwartenden Fehler können wie folgt zusammengefaßt werden:

- Tippfehler: sie können zu einem großen Teil durch ein Worterkennungssystem korrigiert werden. Dabei auftretende Mehrdeutigkeiten dürfen aber nicht zu früh im Satzerkennungsprozeß verworfen werden.

- Grammatikfehler: sie entstehen meist durch falsche Wortwahl oder Wortstellung.

- Ambiguitäten: sie können nur durch Einbeziehen von Kontextinformationen behoben werden.

Die Arbeiten zur Worterkennung <1> haben gezeigt, daß die Zerlegung in Buchstabengruppen, die sogenannte n-gram-Zerlegung <2>, bzw. die Wickelfeatures <3> ein sehr fehlertolerantes Erkennungsverfahren ermöglichen. Bei diesem Verfahren werden Eingabezeichenketten oder Phonem-Strings in überlappende Teilketten zerlegt und diese Teilketten als symbolische Information einem neuronalen Klassifikationsnetz als Eingabe angeboten. Durch die erreichte Fehlertoleranz müssen im Lexikon, das der Worterkennung zugrundeliegt, nicht mehr unbedingt alle später zu erkennenden Wortformen abgelegt sein. Bei Fehlern in der Eingabe wählt das Klassifikationsnetz selbständig zwischen zusammengehörigen und widersprüchlichen Informationen aus.

Zur Satzerkennung wird ein ähnlicher Ansatz verfolgt. Aus dem Eingabesatz wird mit Hilfe des Worterkennungsystems möglichst viel Information über den syntaktischen Aufbau und den semantischen Inhalt des Satzes extrahiert. Da diese Information nur wortweise extrahiert wird, ist sie zwangsläufig mehrdeutig. Es wurde nun gezeigt <4>, daß zur korrekten Klassifikation des Eingabesatzes, bei der dem Satz ein Ausgabestatementrahmen zugeordnet wird, in dieser Verarbeitungsstufe keine explizite Disambiguierung der extrahierten Merkmale nötig ist. Stattdessen werden mehrere konkurrierende Hypothesen über die syntaktische und semantische Interpretation einem neuronalen Klassifikator <5> angeboten. Das Netzwerk ist durch entsprechendes Training in der Lage die angebotenen Informationen zu bewerten und gegebenenfalls Widersprüche implizit aufzulösen.

Durch die Klassifikation wird der Rahmen für ein formales Ausgabestatement (im Beispielsystem: SQL) selektiert. Dieser Rahmen enthält die unveränderlichen syntaktischen Grundelemente der Zielsprache, eine Ansammlung von Platzhaltern, die den Rahmen zu einem vollständigen Statement ergänzen und prozeduralem sowie faktischem Wissen darüber, wie aus dem Eingabesatz die Wörter für die Platzhalter extrahiert werden können.

Es hat sich gezeigt, daß durch dieses Vorgehen ein sehr leistungsfähiges System realisiert werden kann. Die Informationen, die nach der Rahmenauswahl zur Weiterverarbeitung und Disambiguierung des Eingabesatzes zur Verfügung stehen, haben ein sehr hohes Abstraktionsniveau und erleichtern somit das Einbeziehen von semantischem Kontext- und Weltwissen.

2. Vorverarbeitung zur Klassifikation mit neuronalen Netzen

Das Worterkennungsverfahren wurde auf die Verarbeitung längerer Zeichenketten, die auch mehrere Wörter enthalten können, ausgedehnt. Im ersten Verarbeitungsschritt wird der Eingabesatz einer Worterkennung unterzogen. Ergebnis ist eine (positions-unabhängige) Liste von Wörtern aus dem Eingabesatz zusammen mit einem Fehlermaß, das angibt, inwieweit das Wort exakt, mit Fehlern oder in einer nicht gelernten Wortform vorliegt. Durch eine entsprechende Schwellenfunktion kann eingestellt werden, bis zu welchem Grad ein Wort als erkannt gelten soll. Dadurch erhält man einen Eingabevektor für ein neuronales Netz, bei dem die Aktivität eines Neurons angibt, ob das ihm zugeordnete Wort im Satz enthalten ist und ob es korrekt (wie im Lexikon) eingegeben wurde. Dadurch werden Fehler in der Segmentierung, also zum Beispiel fehlende Leerzeichen, toleriert, da ein fehlendes Trennzeichen wie ein gewöhnlicher Tippfehler behandelt wird (siehe Bild 1).

Bild 1: Worterkennung im Satz

Anschließend werden die Wörter des Satzes einzeln extrahiert und ihnen ein Vektor mit syntaktischen und semantischen Zusatzinformationen zugeordnet. In diesen Vektoren sind unter anderem die Wortart, Kasus sowie verschiedene andere Merkmale wie "ist_gegenstand", "ist_lebendig" usw. gespeichert. Zu einer Schreibweise eines Wortes gibt es im Allgemeinen mehrere Formen, also mehrere Merkmalsvektoren. Insbesondere wenn Trennzeichen zwischen Wörtern fehlen, werden einem Wort, das in diesem Fall ja aus mehreren Einzelwörtern besteht alle Merkmale der enthaltenen Wörter zugeordnet. Dem neuronalen Klassifikationsnetz wird nun eine nach Fehlermaß der Wörter gewichtete Überlagerung der möglichen Merkmalsvektoren angeboten (siehe Bild 2).

Parallel dazu werden die Merkmalsvektoren der Wörter zu einem zweidimensionalen Bildvektor zusammengefaßt, der mit Mitteln der Mustererkennung bearbeitet werden

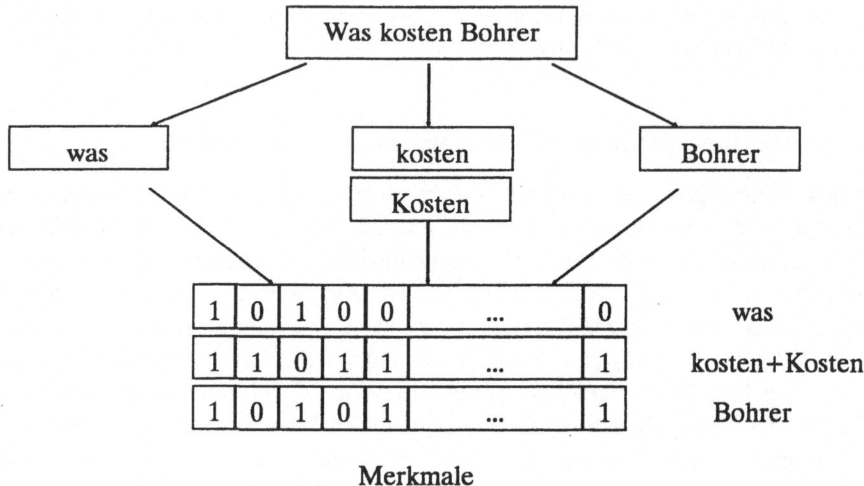

Bild 2: Extraktion der Merkmalsvektoren

kann.

Hier wurden zwei Ansätze weiterverfolgt. Zum einen wird der Bildvektor dem Klassifikationsnetz direkt angeboten. Zum anderen wurde, um die Verschiebung des Merkmalsvektorfeldes, die durch Weglassen von Wörtern, wie zum Beispiel Artikeln oder Konjunktionen tolerieren zu können, eine Mustererkennung mit rezeptiven Feldern angewendet <6> <8>.

In einem weiteren Schritt werden den Wörtern des Satzes je nach Wortart Symbole zugeordnet (Zum Beispiel Nomen der Buchstabe N, Verben ein V, Adjektiven A usw.) Betrachtet man die verwendeten syntaktischen Merkmale als symbolische Elementareinheiten, kann die wenn auch mehrdeutige syntaktische Struktur des Eingabesatzes als Symbolkette aufgefaßt werden, die mit einem der Worterkennung sehr ähnlichen

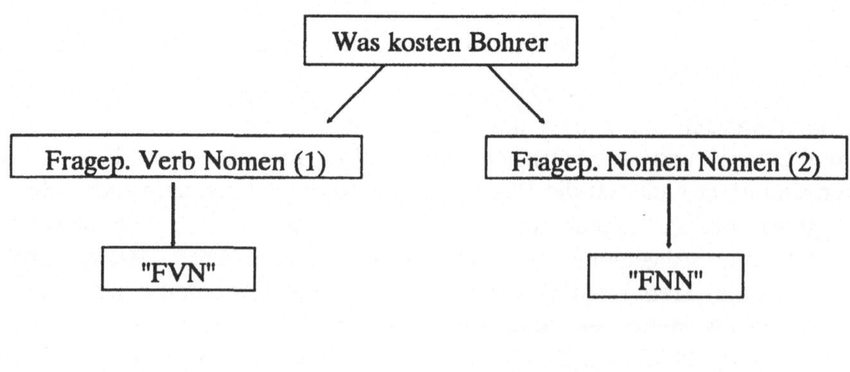

Bild 3: Umwandlung in Syntaxsymbole

System weiterbearbeitet werden kann. Dazu wird jede Wortart durch ein einzelnes Zeichen, ein sog. Wortartsymbol repräsentiert. Aus dem Satz entsteht dabei eine Zeichenkette, die für jedes Wort ein Wortartsymbol enthält. An jeder Stelle, an der Mehrdeutigkeiten enthalten sind, sind auch mehrere Wortartsymbole möglich. Für einen Satz entstehen typischerweise mehrere Wortartsymbolketten. Alle diese Symbolketten werden wie bei der Worterkennung in Symbolgruppen zerlegt und dem Klassifikationsnetz zur Satzerkennung angeboten (siehe Bild 3).

Als Ergebnis liefert das Satzerkennungsnetz einen Rahmen für das zu erzeugende Ausgabestatement, im hier realisierten Beispielsystem einen SQL-Statementrahmen. In diesem Rahmen sind die syntaktischen Grundelemente der Ausgabesprache enthalten sowie Informationen, die die Ersetzung der im Rahmen enthaltenen Platzhalter steuern. Variablen und Ausdrücke müssen im folgenden Schritt aus dem Eingabesatz extrahiert und in den Rahmen eingesetzt werden. Dazu kann wiederum ein erweitertes Worterkennungssystem verwendet werden, das zur Wortauswahl die Zusatzinformationen benutzt, die aus dem Wissen über den auszufüllenden Statementrahmen resultieren.

Diese Grundform der Rückkopplung, bei der Informationen aus dem noch hypothetischen Endergebnis die Verarbeitung in den unteren Ebenen steuert, wird in weiteren Arbeiten verfolgt. Es zeigt sich dabei, daß schon durch die Einbindung von wenigen semantischen Zusatzinformationen die Erkennleistung stark gesteigert werden kann. Auf diese Weise ist auch die Anbindung an ein akustisches Spracherkennungssystem realistisch, bei dem Hypothesen über die zu erwartende Lautinterpretation und -segmentierung aus den höheren Verarbeitungsebenen generiert werden können.

3. Ein System zur Übersetzung in SQL

3.1 Worterkennung/Lexikon

Die erste Stufe des Satzerkennungssystems ist die Worterkennung. Das hierzu verwendete konnektionistische System enthält bis zu 20000 Inputneurone, mit einem Wortschatz von bis zu 7000 Wörtern wurde experimentiert. Das Worterkennungssystem basiert auf einem perceptron-artigen Netzwerk, das mit einer modifizierten Delta-Regel trainiert wird <7>. Da die oben beschriebene Vorverarbeitung der Eingabezeichenkette sehr dünn besetzte Eingabevektoren liefert, können viele Verbindungen zwischen Ein- und Ausgabeneuronen unberücksichtigt bleiben. Die Trainings- und Verarbeitungszeiten sind aufgrund der einfachen Netzstruktur sehr kurz <1>. Für die Übersetzung in SQL wurde ein Wortschatz von ca. 300 Wörtern verwendet, die in Hinblick auf die geplante Anwendung, eine Werkzeugdatenbank, ausgewählt wurden <11>. Das Satzverarbeitungslexikon enthält 25 Datenbankeinträge, wie zum Beipsiel "Schrauben", "Schraubenzieher" usw. in je fünf Formen, zehn Adjektive in etwa je sieben Formen, zehn Verben, jeweils in den Präsens- und Infinitivformen, sowie etwa 130 weitere Wörter, wie Pronomen, Artikel, Adverbien. Die grundsätzliche Lexikonstruktur ist zwar ein Vollformenlexikon, wie aus den oben genannten Zahlen hervorgeht, sind aber nicht alle möglichen Formen jedes Wortes tatsächlich gespeichert. Dies ist Aufgrund des assoziativen Verhaltens des Worterkennungssystems möglich, bewirkt aber, daß schon in der Trainingsphase mehrere Interpretationen eines Satzes gelernt werden.

3.2 Assoziative Merkmalsergänzung

Den mit dem assoziativen Worterkennungssystem gefundenen Wörtern werden syntaktische und semantische Eigenschaften in Form von Merkmalsvektoren zugeordnet. Diese Merkmalsvektoren sind für jeden Lexikoneintrag explizit angegeben. Zur Übersetzung in SQL sind etwa 30 verschiedene Merkmale verwendet worden, etwa 20 Merkmale sind rein syntaktischer Natur, also Wortart, Kasus, Person, Numerus usw. Die übrigen 10 Merkmale tragen semantische Informationen. Dazu gehören Merkamle wie "ist_benutzer", das zum Beispiel dem Wort "ich" zugeordnet ist und den Benutzer des Satzerkennungssystems bezeichnet, verschiedene allgemeine Merkmale sowie datenbankspezifische Eigenschaften, wie die Kennzeichnung von Spalteneinträgen oder Gegenständen aus der Datenbank.

3.3 Darstellung des Satzaufbaus

Die den Wörtern zugeordneten Merkmalsvektoren werden zur Darstellung des Satzaufbaus verwendet. Die Information über die Wortart, elf Merkmale, werden in Buchstaben kodiert und so der syntaktische Aufbau des Satzes als Symbolkette dargestellt. Die Wortartsymbolketten werden mit einem Verfahren wie bei der Worterkennung bearbeitet. Die zugehörige Satzliste enthält eine symbolische Repräsentation der Syntaxstruktur der Trainingssätze.

Die getesteten 140 Trainingssätze liefern dabei ca. 600 Symbolteilketten. Ein Satz aus 10 Wörtern enthält davon etwa 25, wodurch der entsprechende Inputbereich der Klassifikationsnetzes sehr dünn besetzt ist.

Die übrigen, in den Merkmalsvektoren gespeicherten Informationen werden dem Satzerkennungsnetz direkt angeboten. Zum einen in der Reihenfolge der Wörter des Eingabesatzes, also positionsabhängig, zum anderen werden Featuredetektoren der Größe 3*3 ausgebildet <8>, die eine positionsunabhängige Erkennung der Merkmalsinformation erlauben. Die Maximallänge eines Satzes wurde auf 20 Wörter beschränkt, der Eingabebereich für die Mekmalsvektoren enthält also 1400 Elemente, die Anzahl der Featuredetektoren ist auf 2000 beschränkt.

3.4 Neuronales Netzwerk zur Rahmenauswahl

Im hier vorgestellten System sind sieben SQL-Statementrahmen verwendet worden. Die Ausgabeschicht läßt sich also sehr einfach über sieben Großmutterneurone realisieren. Als Klassifikationsnetz für das Satzerkennungssystem dient ebenfalls ein perceptronartiges Netzwerk, das mit der modifizierten Delta-Regel trainiert wird <7>. Das Netz besteht aus 4500 Input- und sieben Outputneuronen. Bei der angegebenen Verschaltung entspricht das 31500 Verbindungen. Der Inputbereich gliedert sich in die oben beschriebenen Teile für die Wörter, Merkmalsvektoren, Syntaxstruktur und Merkmalsstruktur. Durch Einfachheit des Netzes konnte diese in hohem Maße redundanten Vorverarbeitung gewählt werden. Das verwendete Netz war für diese Aufgabenstellung vollkommen ausreichend. Außerdem hätten die hier auftretenden Größen der

Eingabevektoren stark optimiert werden müssen, um sie in einem mehrschichtigen Netz in vergleichbar kurzer Zeit trainieren zu können.

3.5 Variablenersetzung

Nach der Zuordnung eines Statementrahmens zum Eingabesatz muß dieser zu einem SQL-Statement vervollständigt werden. Zur Extraktion der Bezeichner und Ausdrücke aus dem Eingabesatz wurden zwei Ansätze verfolgt, die Worterkennung mit semantischen Zusatzinformationen und die Wortassoziation. Mit dem ersten Verfahren werden zum Beispiel Artikelnamen extrahiert. Der Worterkennungsalgorithmus extrahiert dazu die Wörter aus dem Eingabesatz, bei denen in den Merkmalsvektoren gewisse Zusatzinformationen eingetragen sind. Für die Wortassoziation wird eine Wortähnlichkeit über gemeinsame syntaktische und semantische Merkmale definiert <10>.

4. Ergebnisse

Das realisierte System wurde mit 140 Datenbankanfragen trainiert, was aufgrund der einfachen Netzwerkstruktur in wenigen Lerndurchläufen, typischerweise unter zehn, möglich ist <4>.

Zum Test wurden die trainierten Sätze sowie eine Anzahl von speziellen Testsätzen angeboten, die verschiedene Tippfehler und syntaktische Fehler enthielten. Das realisierte System zeigte sich als sehr unempfindlich bezüglich der folgenden Fehlertypen:

Tippfehler: sie wurden bereits durch die Worterkennung in großem Maße korrigiert.

Änderungen in der Wortstellung: durch die Kodierung der syntaktischen Struktur in Form von Symbolketten wird eine Fehlertoleranz vergleichbar mit dem Worterkennungsalgorithmus erreicht. Vertauschungen von Wörtern und Umordnung ganzer Satzteile werden toleriert.

Fehlende Wörter: es zeigte sich, daß Sätze auch noch sinnvoll übersetzt werden, wenn ganze Wörter fehlen oder nicht korrekt erkannt werden können. Eine sinnvolle Übersetzung ist in diesem Kontext eine Übersetzung, die einen möglichst hohen Informationsanteil des Eingabesatzes enthält.

Fehlende Trennzeichen zwischen Wörtern: durch diese Fehler werden mehrere Merkmalsvektoren, die den einzelnen Wörtern zugeordnet sind überlagert.

Hier einige Beispiele:

```
"Hastu Bohrer?" -->
    select *
    from Artikelliste
    where Artikelname = "Bohrer"
```

```
"Gib Preise derSchraubenzier" -->
      select Artikename,Preis
      from Artikelliste
      where Artikename = "Schraubenzieher"
```

Eine höhere Zahl von Trainingssätzen verbessert die Fehlertoleranz nicht merklich. Die Komplexität der Eingabesätze, die das System verarbeiten kann, erhöht sich mit weiteren Trainingssätzen ebenfalls nicht, hier muß also weitere Information über die Satzstruktur einbezogen werden.

5. Allgemeine Anwendbarkeit des Systems

Hier soll kurz beschrieben werden, welche Anwendungsgebiete über die oben genannte Datenbankanwendung hinaus vorstellbar sind, und welche Modifikationen am System dazu vorgenommen werden müssen. Zur Anpassung an eine andere Applikation sind drei Punkte zu nennen:

- Im Lexikon müssen die für die Anwendung nötigen Wörter enthalten sein und ihnen müssen die für die Variablenersetzung im Ausgabestatement nötigen semantischen Merkmale zugeordnet sein.

- Die zu erzeugende Ausgabesprache muß sich über Statementrahmen und Variablen, die darin ersetzt werden, darstellen lassen, was die Ausgabe zwangsläufig auf formale Sprachen beschränkt.

- Zum Training des Satzerkennungsnetzes muß eine ausreichend große Sammlung von Sätzen und den ihnen zugeordneten Ausgaberahmen zusammengestellt werden.

Mögliche Anwendungen des Systems, die zum Teil bereits realisiert wurden, sind intelligente Hilfesysteme, Shells, Desktop-Publishing-Systeme und andere für Anfänger schwer zu bedienende Applikationen.

Schluß

Es hat sich gezeigt, daß unter Einbeziehung von wenigen syntaktischen und semantischen Zusatzinformationen mit einem konnektionistischen System ein sehr fehlertolerantes Satzerkennungssystem entwickelt werden kann. Damit der Eingabesatz allerdings von einem neuronalen Netz verarbeitet werden kann, muß er entsprechend vorverarbeitet werden. Am Beispiel der Übersetzung von einfachen Datenbankanfragen in SQL wurden die beschriebenen Verfahren getestet.

Literatur

<1>   R. Deffner, K. Eder, H. Geiger: Word Recognition as a first Step towards Natural Language Processing with Artificial Neural Networks in G. Dorffner (Hrsg.): Konnektionismus in der Artificial Intelligence und Kognitionsforschung, Proceedings, S. 221-225, Informatik Fachberichte 252 Springer Berlin 1990

<2>   T. Kohonen: Content Adressable Memories (2nd Edition) Springer Series in

Information Science, Vol. 1 Springer Berlin, Heidelberg, New York

<3>   W. A. Wickelgren: Context-sensitive coding, associative memory and serial order in (speech) behaviour. Physiological Review, 76, 1-15, 1969

<4>   K. Eder: Satzerkennung mit konnektionistischen Methoden. Diplomarbeit, TU München, 1990

<5>   M. Eldracher: Klassifikation großer Datenmengen anhand dynamisch extrahierter, relevanter Merkmale mit neuronalen Netzen. Diplomarbeit, TU München, 1990

<6>   T. Waschulzik: Optische Mustererkennung in neuronalen Architekturen. Diplomarbeit, TU München 1987

<7>   T. Waschulzik, H. Geiger: Theorie und Anwendung strukturierter konnektionistischer Systeme, in G. Dorffner (Hrsg.): Konnektionismus in der Artificial Intelligence und Kognitionsforschung, Proceedings, Informatik Fachberichte 252, S. 143-152, Springer Berlin 1990

<8>   M. Arnoldi: Mustererkennung mit Hilfe selbstorganisierender, adaptiver Mechanismen. Diplomarbeit, TU München 1989

<9>   Bericht des Projektes ASL, 'Programmarchitekturen von Systemen zur integrierten Analyse von Sprachlauten und Sprachstrukturen', Universität Hamburg, 1990

<10>   R. Deffner, H. Geiger: Elektrische Sprachsignalverarbeitung, S. 127-134, Hrsg. R. Hoffmann, Universität Dresden 1991

<11>   R. Deffner, H. Geiger: Eine natürlichsprachliche Benutzerschnittstelle für SQL unter Verwendung künstlicher neuronaler Netze, ORACLE in Theorie und Praxis, Proceedings der 4. Deutschen ORACLE-Anwenderkonferenz, S 177-184, Stuttgart 1991

Flexible Semantics Communication in Integrated Speech/Language Architectures

Abdel Kader Diagne and John Nerbonne[*]
Deutsches Forschungszentrum für Künstliche Intelligenz
Stuhlsatzenhausweg 3
6600 Saarbrücken 11, Germany
{ diagne, nerbonne } @dfki.uni-sb.de

Abstract: We consider communication between modules in an integrated architecture for Speech and Natural Language (NL), in particular the communication with the semantics module. In an integrated Speech/Language system several components—phonology (intonation), syntax, context model—may express meaning constraints, which the semantics module must flexibly manage and evaluate, in order to enable semantic inference. This paper describes an implemented approach in the ASL Project in which nonsemantic modules provide feature-based contraints that are then translated into a meaning representation language. We realize these TRANSLATOR FUNCTIONS in the spirit of federated agents' architectures (Genesereth); this functionality is required in heterogenous integrated architectures, and is implemented here using compiler technology.
Keywords: Software Interoperability, Translator Functions, Agents' (Federation) Architectures, Interfaces
Area: Natural Language and Speech Understanding.
Deutsche Zusammenfassung Wir betrachten die Kommunikation zwischen Modulen in einem System zur integrierten Analyse von Sprachlauten und Sprachstrukturen (Speech and Language) und speziell die Kommunikation mit dem Semantikmodul in so einem System. Sowohl die Syntax als auch u.a. die Phonologie (Intonation) und das Kontextmodell dürfen Einschränkungen über Semantik ausdrücken. Das Semantikmodul muß diese Constraints verwerten und darauf basierend Inferenzen vollziehen. Diese Arbeit beschreibt einen im ASL-Projekt bereits implementierten Ansatz, in dem nicht-semantische Module Einschränkungen über die Semantik in Form von Merkmalsstrukturen an den Semantikmodul liefern, die dann in die semantische Repräsentationssprache übersetzt werden. Wir realisieren diese ÜBERSETZUNGSFUNKTIONEN im Sinne der ''föderativen Agentenarchitektur'' (Genesereth); Übersetzungsfunktionalität ist in solchen heterogenen Agentenarchitekturen erforderlich und wird hier mittels Kompilertechnologie implementiert.

---

[*]This work was supported by research grant ITV 9102 from the German Bundesministerium für Forschung und Technologie (BMFT) to the DFKI ASL project. We thank Joachim Laubsch for valuable discussions. Diagne is the principal author and technical contributor for the work presented here.

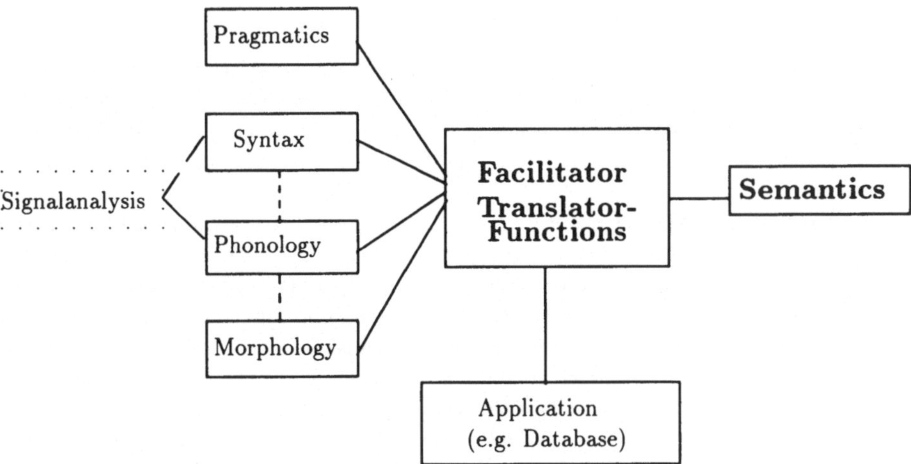

Figure 1: **Information Flow to Semantics in a Speech System:** The semantics interface contains translator-functions (one for each incoming specification language), which render incoming data and queries to the module in the semantics' internal representation language. The translators' design is based on compiler technologies, which improves the generality of the approach.

1 Introduction and Motivation

The technical kernel of the present paper is the description of an implemented general translation facility for a semantics module. This facility translates constraints from (potentially several) non-semantic modules into a meaning representation language. It may be seen as a generalization of the syntax/semantics interface customary in NLP systems, but it is superior first in allowing multiple determination of semantics (important in speech/language applications), and second in enabling independent engineering for a semantics module—allowing it to function in various systems with minimal system prerequisites. The translation facility is best seen as the instantiation of (one part of) the FACILITATOR in federated agents' architectures [3].

1.1 Semantics in Speech/Language Systems

Speech/language systems provide input to the semantics module not only from syntax and lexicon, but also from suprasegmental phonology (intonation and focus accent) among perhaps others. We abandon the idea of there being a functional, homomorphic relation between a single (syntactic) source and a semantic representation, and instead conceive of semantics construction as a constraint-satisfaction process, in which syntax, suprasegmental phonology (and eventually contextual pragmatics) provide constraints on logical form which the semantics module evaluates, reasons from, and applies appropriately (our present applications are calendar management and train schedule information). The constraint-satisfaction view of semantics construction is further useful in speech/language systems because it allows one to deal with partial information incrementally. Figure 1.1 sketches the place of the semantics module in the communication model proposed for the ASL-Nord-Project [6].

1.2   Engineering for Computational Semantics

But the facility is also very useful in more typical systems where semantics remains entirely syntax-driven. The language in which constraints are formulated is generally that of typed feature logic ([1], [2]), and the semantic representation language is generally a variant of a higher-order predicate logic. This justifies the need for translator functions (even if more traditional syntax/semantics interfaces could suffice here).

This motivation is strengthened if one considers the state of natural language engineering for large NL systems. These are presently too complex for any single small group to develop. As a result, today's systems increasingly involve some incorporation of heterogeneous modules taken from different development efforts. This tactic of eclectically combining modules has great potential but harbors serious system architecture (communication) problems. It is easy to find components which perform well in specific systems, but which are difficult to use elsewhere because of idiosyncratic input and interface requirements. This suggests that the design of contemporary components should foresee the needs of software interoperability—the deployment of components in heterogeneous systems— from the beginning, insisting on modularity, flexibility (ease of experiment), and tolerance (minimal interface requirements) [3]. The translator facilities we provide serve especially the last purpose— they allow a more general use of the semantics module they provide interface to, without prerequisites about the theories, designs or even implementation languages of other system components.

2   Semantics Communication Facilities

The meaning representation language used in this work is $\mathcal{NLL}$ [5], which is designed to function as an independent module, and which therefore supports SEVERAL interfaces to grammar, all of which require only that strings be provided to the $\mathcal{NLL}$ module. Here, we examine specifications in typed feature structures. This is especially interesting, because it allows the integration of multiple modules simultaneously constraining semantics—the speech situation. In the case where multiple modules constrain semantics, the constraints are first unified before being passed to the interface. The interface itself is effected by a translation function which takes as input a string representation of a typed feature structure and outputs an $\mathcal{NLL}$ expression, suitable for processing by the underlying inference engine. The function is structured as a compiler—it reads the feature expression, parses it into an abstract syntax tree, performs tree-transformations to eliminate structural divergences, and substitutes corresponding atoms to obtain a final translation.

2.1   Parsing Feature Descriptions

The feature-based semantics interface had to meet the following requirements: (i) applicability to different formalisms implemented in different programming languages; (ii) minimal requirements for input/output data; (iii) satisfactory compilation time. The particular feature formalism is variable in that the feature structure description language is specified declaratively, and is irrelevant to the core translation procedures. The implementation language may likewise be ignored, since we use the string representation of the feature structure—which minimizes our input requirements. The employment of compiler-compiler technology provides satisfactory compilation time. The input to the interface is a string representing a feature structure description in a language specified by a given BNF (e.g., [2]). This CONCRETE SYNTAX is parsed into an ABSTRACT SYNTAX TREE, which is in turn input to the transformation routines. The distinction between concrete and abstract syntax allows us to use the same compilation routines for superficially different feature formalisms (and we have tested this against two formalisms).

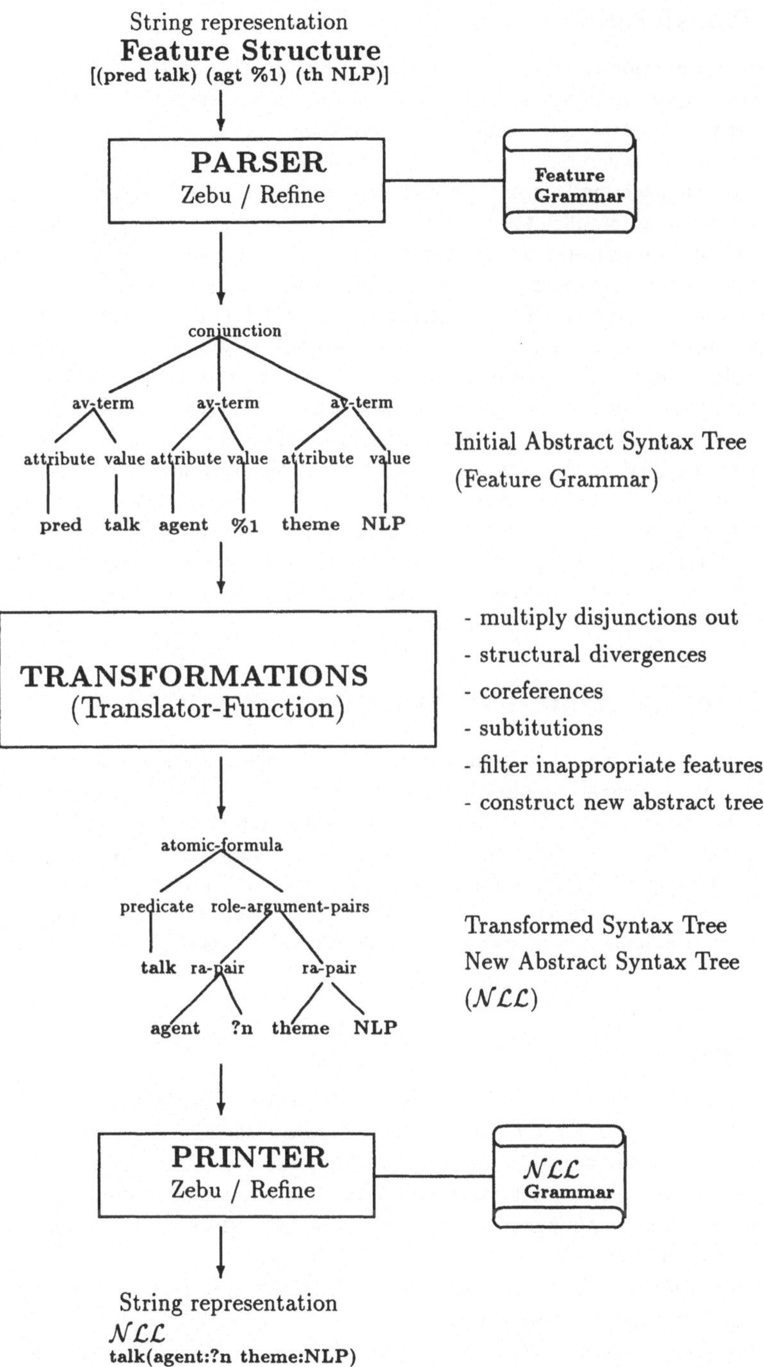

Figure 2: A feature-based semantics interface. Translating a feature structure description into $\mathcal{NLL}$. Partial specification of the sentence *Someone talks about NLP*. A more precise feature description of the sentence *Someone talks about NLP* may be *[(conn and) (sub-wffs [(*first [(pred Person) (inst %1)]) (*rest [(*first [(pred talk) (agent %1) (theme NLP)]) (*rest *end)])])])]*; the corresponding $\mathcal{NLL}$ representation will be *and{Person(instance:?n) talk(agent:?n theme:NLP)}*. For reason of simplicity we limit the example to the second conjunct of the description.

2.2 Transforming Feature Specifications

The next compilation step is a tree transformation task, illustrated in Figure 2.

Different tasks have to be solved by the transformation submodule: (i) resolving structural divergences between the feature language on the one hand, and the semantic representation on the other; (ii) performing substitutions; (iii) filtering inappropriate features; and (iv) managing coreferences in the feature language; and (v) multiplying disjunctions out (not yet implemented). Transformation rules are used to accomplish the tasks (i)-(iii); and a symbol table manages coreferences (iv).

The role of tree transformations in handling structural divergences is worth special mention. The output from the feature description parser is an abstract syntax tree which serves as the input to the transformation submodule. The transformation submodule consists of a *translator-function*, which combines calls to various auxiliary tree-traversal (and tree-transformation) functions and transformation rules. The main tree-traversal functions are: (1) a so-called PREORDER-TRANSFORMATION function for top-down traversing; and (2) a POSTORDER-TRANSFORMATION function for bottom-up traversing of the abstract syntax tree. Each of these functions takes as arguments not only the (abstract) tree specified by the root, but also a set of transformation rules that is applied to the nodes of the given tree. A pre/postorder-transformation function operates on the tree in several passes; only one rule is used in each pass. Each rule in the rule set must be used, therefore the choice may be nondeterministic. The algorithms terminate when no rule can perform any further change on the tree. Given this control, it is sometimes necessary to split the rule set into subsets that are used in different calls to the tree-traversal functions.

3 Conclusion and Prospectus

The purpose of this paper has been to present a suitable and general approach for developing interfaces in an heterogeneous architecture for speech and language. We focused on the communication with the semantics module in particular the semantics interface, but a similar approach is realizable in other cases. We are working on other interfaces to the semantics module: (1) Discourse Memory (Attentional State) (2) Dialogue Management (Intentional State); (3) Knowledge Representation; (4) Phonology (esp. Intonation); and (4) Applications. $\mathcal{NLL}$ interfaces to applications like databases can be easily implemented by using translator-functions based on compilation (e.g. $\mathcal{NLL}$ to SQL interface [4]).

References

[1] Bob Carpenter. *The Logic of Typed Feature Structures*. Tracts in Theoretical Computer Science. Cambridge University Press, Cambridge, to appear, 1992.

[2] Lutz Euler. Syntax des ASL-Attributterm-Formalismus. Technical report, Universität Hamburg, Fachbereich Informatik, Arbeitsbereich 'Natürlichsprachliche Systeme', 1992.

[3] M.R. Genesereth. An Agent-based Framework for Software Interoperability. Technical report, Dept. of Computer Science, Stanford Univ, 1992.

[4] Joachim Laubsch. The Semantics Application Interface. In Hans Haugeneder, editor, *Applied Natural Language Processing*. 1992.

[5] Joachim Laubsch and John Nerbonne. An Overview of NLL. Technical report, Hewlett-Packard Laboratories, Palo Alto, July 1991.

[6] Claudius Pyka. Architektur von ASL-Nord. Technical report, Universität Hamburg, Fachbereich Informatik, Arbeitsbereich 'Natürlichsprachliche Systeme', 1991.

A Server for Area Code Information Based on Speech Recognition and Synthesis by Concept

S. Dobler[1], P. Meyer[1], H.W. Rühl[1], R. Collier[2], L.Vogten[2], K. Belhoula[3]

[1] Philips Kommunikations Industrie AG, Nürnberg
[2] Institute for Perception Research, Eindhoven
[3] Ruhr Universität Bochum

Abstract

An automatic information server to be operated via the telephone net is presented, requiring the input of an old German area code for mail adresses and responding with the new area code. The server both employs speaker-independent recognition of connected words, and a synthesis scheme by concept speaking town names by rules. Recognition is based on an HMM-recognizer, trained speaker independent. Its feature extraction is insensitive both to different frequency responses of telephone and transmission line, and to slowly varying background noise. Speech synthesis uses PSOLA technique and concatenation of diphones. In order to generate highly natural sounding speech, most utterances are stored as natural speech, with only town names being synthesized. To prevent the impression of two different voices, utterances and diphones were spoken by the same speaker.

Zusammenfassung

Es wird ein automatisches Auskunftssystem vorgestellt, das per Telefon über die neuen deutschen Postleitzahlen informiert. Dazu werden ein sprecherunabhängiger Wortkettenerkenner und eine Sprachsynthese nach Konzept eingesetzt, die die Ortsnamen synthetisiert. Zur Erkennung wird ein sprecherunabhängiger Wortkettenerkenner benutzt, der mit Hidden-Markov-Modellen arbeitet. Die verwendeten Merkmalsvektoren sind unempfindlich gegen Frequenzgänge des Übertragungskanals und gegen quasistationäre Störgeräusche. Die Sprachsynthese setzt die PSOLA-Technik und eine Verkettung von Diphonen ein. Um natürlich klingende Sprache zu erzeugen, werden nur Ortsnamen synthetisiert und in natürlich gesprochene Trägersätze eingebettet. Damit der Eindruck eines Sprecherwechsels vermieden wird, sind Trägersätze und Diphone vom gleichen Sprecher gesprochen worden.

Server Concept

Due to German reunification, the area code system for mail adresses will be respecified, as most of the existing 4-digit codes are used both in western and eastern Germany. We used this occasion to set up a demonstrator serving two purposes:
- show state of the art in speaker-independent recognition of connected words
- prove that speech synthesis with sufficient quality for public information servers is possible

The server suited these purposes ideally, as the task of recognising a digit string with at most four digits can be done with sufficiently few errors. Longer digit strings like

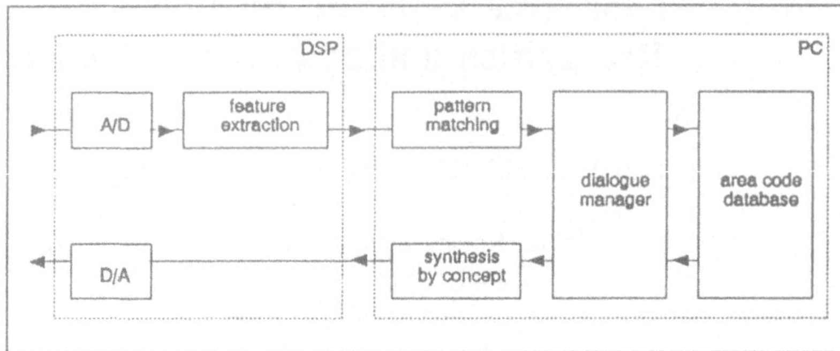

Fig. 1: Structure of the information server

e.g. telephone numbers might have caused problems, at least in a noisy fair environment. Furthermore, speech synthesis for unlimited text was not necessary, as most announcements of the dialogue had a fixed form, exept for a few sentences where town names had to be embedded in otherwise fixed carrier utterances. For this reason, synthesis by concept using natural, recorded carrier sentences with inserted synthetic town names avoided problems like e.g. still unnatural and boring prosody of most text-to-speech synthesizers.

The server is implemented on an i486 PC running at 33MHz with an additional DSP board. The DSP board is used for AD/DA conversion and for feature extraction of the recognition algorithm, all other tasks like pattern matching for recognition, speech reproduction and synthesis, dialogue management and database access are running on the PC. An outline of the system structure is shown in fig. 1. The server operates in real-time.

Speech Recognition

The speech recognizer is based on hidden Markov modelling (HMM), and it uses the one-pass algorithm for recognition [1]. For each word to be recognized, a male and a female template of variable length are created, with the number of states of the reference models determined by the average length of the corresponding training utterances. This kind of duration modelling allowed to tie transition probabilities over all states and all models as shown in fig. 2, so that only four different transition probabilities need to be estimated. Observations are unquantized and modelled using single Laplacian densities.

Feature vectors are calculated using telephone bandwidth speech. A log. power density spectrum is computed every 12 ms, smoothed cepstrally, and down-sampled to 15 components.

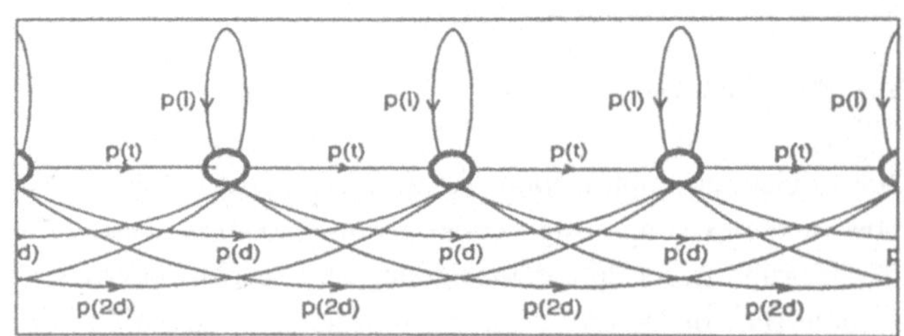

Fig. 2: Section of the HMM showing the tied transition probabilities

The spectral components are normalized with respect to energy, with the average energy serving as a 16th component. A more detailled description of this part of the feature extraction may be found in [2]. To improve speaker independency, to decrease the recognition sensitivity to the frequency response of telephone lines and different telephones, and to increase recognition robustness to stationary or slowly varying background noise, all features were high-pass filtered over time, using a simple 1st order IIR filter with 4.5 Hz cut-off frequency (see [3] or [4] for more details).

Speech Synthesis by Concept

The server works on a data base holding area codes of 9000 locations in eastern and western Germany. As the new areas will be defined in much more detail than the old ones, it is mandatory to speak the names of towns and villages. Using natural speech to do so results in recording and handling 9000 utterances of city names, which is a very demanding task. Additionally, any changes in the area code database like a rename of a location would cause a demand to manually fix or add utterances, which is unnecessary when locations are synthesized. For this reason, it was decided to use speech synthesis.

Unfortunately, synthetic speech still sometimes sounds unnatural and maybe is not accepted by all users. For this reason, we decided to use synthesis by concept. The keywords (town names) are produced by a speech synthesizer and inserted into carrier sentences of natural speech. This allows to generate an unlimited amount of information, based on a fixed and rather small number of natural announcements. Since most of the naturalness of the utterances lies in the prosody of the carrier sentence, such a system is highly preferable to pure synthetic announcements.

A prerequisite for the described system is a speech synthesis sounding natural at the segmental level. Our system is based on diphones [5]. 1834 diphones were extracted from nonsense words spoken by the same female speaker that also spoke the carrier sentences used for the server. The extraction of the diphones from the nonsense words was done automatically with little manual postprocessing. For this reason, it is rather easy to set up applications using new voices.

The PSOLA technique (pitch synchronous overlap and add) [6,7] was used for the manipulation of pitch and duration, which is necessary to smoothly insert synthetic town names into natural carrier utterances. With this technique, in a first step, the pitch of the natural carrier sentences was calculated to allow smooth insertion of synthetic town names, providing a pitch synchronous segmentation via so-called pitch markers. The nonsense words containing the diphones were segmented similarly. Diphones were extracted and monotonized to a pitch of 200 Hz, with the pitch markers being in phase within a diphone, but uncorrelated across diphone boundaries.

To concatenate the diphones for synthesis, an optimal phase shift has to be calculated using correlation methods before an overlap add kind of concatenation can be done. Since all diphones have a constant pitch, and since for our system pitch markers are not adjusted to a distinct position within a period, e.g. the glottal closure, they may be shifted synchronously within a diphone or utterance unit to provide an optimal correlation of adjacent periods at diphone boundaries.

Pitch and duration control for the synthetic keywords are again achieved by the PSOLA-technique. The duration of the keywords is calculated automatically, and up to now independent of the prosodic structure of carrier sentence. The pitch of the keywords must be fitted to the F0 contour of the carrier sentences. First results of listening tests show that the pitch of the carrier sentences need not be modified, even if long keywords are inserted. It is important to achieve a smooth F0 contour without discontinuities between carrier utterances and keywords. If there are significant changes in pitch, this is perceived subjectively as a change of the speaker, which makes the whole utterance sound unnatural. With correct pitch adjustment, a few keywords still sound somewhat distorted, but there is no impression of a speaker change. Besides pitch adjustment, also coarticulatory effects between the carrier utterances and adjacent diphones proved important and still have to be dealt with.

For the conversion of text to phonemes, we use the SyRUB system [8] developed at the Ruhr University Bochum. Special attention has been given to the pronounciation of town names. To derive rules, a database of 21000 German town names has been converted semi-automatically to get a correct phonemic transcription. Although the pronounciation of town names is rather regular, it does not follow the standard pronounciation rules. Hence, automatic transcription resulted in 55% error rate when applied to this data base. These errors had to be corrected by hand to get a reference transcription. A list of special morphemes related only to towns, and a first set of additional rules reduced error rate to 28% (17% when neglecting stress). The error rate was further reduced when some of the general transcription rules were suppressed. Suppressed general rules e.g. relate to affixes not occurring in town names. A significant improvement of the rules is still necessary to achieve sufficient accuracy in applications where the synthetic town name is not expected but an unknown information.

Dialogue

The dialogue was implemented as a finite-state machine. A simple dialogue compiler was available that allowed to specify the dialogue in readable form that could be modified easily. Furthermore, an integrated interface for voice output based on both replay of prerecorded utterances and synthesis of new utterances was available, with internal intelligence to decide whether a text string was available as a recorded utterance or had to be synthesized.

Dialogue compiler and general speech output module proved to very valuable as they allowed internal field trials with daily improvement of the dialogue, using a preliminary set of recorded utterances and additional synthetic speech to substitute missing recordings. It took merely a fortnight to optimize the dialogue, and only then some further natural utterances were added where necessary.

Due to the still restricted capabilities of the input device (not continuous speech, but at best connected digits), there is a strict user guidance reducing the range of potential inputs significantly, but in a very friendly and helpful way. So, after having dialled into the server, a user is first asked whether he would like to get more information about the use of the server (answer: 'ja' or 'nein'). The next question is whether an area code from one of the western countries is wanted (answer: 'ja' or 'nein'). Then the user is requested to enter the old area code which may be entered as a combination of digit strings of 1 to 4 digits length, with facilities to delete the last digit or the complete digit string that has already been entered.

At each dialogue step, there is explicit or implicit confirmation about recognition results, and there is allways a correction facility to step back and repeat a misrecognized utterance. In addition to the offer for general information at the beginning of the dialogue, several help levels are implemented, allowing a fast dialogue for expert users, and supplying details on all potential inputs for new users.

Results

The area code server was presented at CeBIT 92 fair. It was used by a large amount of fair visitors, and although the dialogue restrictions (e.g. to speak only after a prompt tone) caused some aquaintance problems after call setup, most visitors successfully completed their information request. Concerning recognition, some children had difficulties to be understood as our training data base contains no children's utterances. For speech synthesis, several visitors claimed that 'the lady' mispronounced the name of the town that they had asked for, but only few found out that speech synthesis was involved. Most visitors only suggested, that for the town names there was some background disturbance, similar to those known from the telephone network. The last point is to our opinion the most important result, as it shows that synthetic speech is mature enough and sufficiently natural to be accepted not only by expert users, but also by a general, unprepared public.

References

[1] H. Ney: "The Use of a One-Stage Dynamic Programming Algorithm for Connected Word Recognition". IEEE Trans. Acoustic, Speech and Signal Processing, Vol. ASSP-32, pp. 263-271, 1984

[2] H.W. Ruehl et al.: "Speech Recognition in the Noisy Car Environment". Speech Communication, vol. 10, no. 1, 1991, pp. 11-22

[3] P. Meyer, S. Dobler, H.-W. Rühl: "Zur robusten sprecherunabhängigen Erkennung von Wortketten". Fortschritte der Akustik - DAGA'91, pp. 1041-1044, Bochum, 1991

[4] S. Dobler, P. Meyer, H.W. Ruehl: "A Robust Connected-Words Recognizer". Proc. ICASSP 92, San Francisco, 1992, in print

[5] P.A. van Rijnsoever: "A Multilingual Text-to-Speech System". IPO Annual Progress Report 23, pp. 34-40, 1988

[6] F. Charpentier, E. Moulines: "Pitch Synchronous Waveform Processing Technique for Text to Speech Synthesis Using Diphones". Proc. EUROSPEECH 89, Vol. 2, pp. 13-19, Paris, 1989

[7] C. Hamon, E. Moulines, F. Charpentier: "A Diphone Synthesis System Based on Time Domain Modifications of Speech". Proc. FASE Int. Conf., Edinburgh, 1989, pp. 238-241

[8] A. Böhm: "Über die Struktur des Bochumer Sprachausgabesystems SyRUB". Fortschritte der Akustik - DAGA'92, Berlin, 1992, in print

Linguistisch motivierte Silbenmodellbildung

Gudrun Flach
Institut für Technische Akustik
Technische Universität Dresden
Mommsenstr. 13
O- 8027 Dresden

Zusammenfassung

In dem Poster wird das Problem des Silbenmodellentwurfs für Sprechsilben vorgestellt.
Bei der Signalverarbeitung werden Zugehörigkeiten zu einem Satz von Grobeigenschaften gewonnen. Die Sprechsilbenmodelle dienen dazu, durch ein Spotting Silbenhypothesen in gesprochener Sprache zu bilden. Dargestellt werden das Vorgehen beim Modellieren und Ergebnisse bei der Voruntersuchung von Texten.

Abstract

The poster presents the problem of modelling of speech syllables. During the signal processing fuzzy probabilities for a set of gross features are estimated. The modells of the speech syllables are used in a spotting process to generate syllable hypotheses in fluent speech.
The process of modelling and the results of preprocessing of texts are shown.

Das diesem Beitrag zugrundeliegende Vorhaben wurde mit Mitteln des Bundesministers für Forschung und Technologie unter dem Förderkennzeichen 01 IV 102 K gefördert. Die Verantwortung für den Inhalt dieser Veröffentlichung liegt bei der Autorin.

1. Einleitung

Die automatische Verarbeitung gesprochener Sprache erfordert die Nutzung geeigneten Hintergrundwissens. Man kann davon ausgehen, daß auch die akustische Erkennung durch linguistisches Wissen unterstützt wird. Aus dieser Annahme resultiert ein möglicher Ansatz für eine Interaktion von Akustik und Linguistik in Form linguistisch motivierter Silbenmodelle.

Den Hintergrund für die dargestellte Herangehensweise bildet eine spezielle Strategie der akustischen Signalverarbeitung, bei der mittels Fuzzy-logischer Verfahren für einzelne Signalabschnitte (Zeitfenster) Zugehörigkeiten zu ausgewählten Grobeigenschaften ermittelt werden [Lan90]. Diese Grobeigenschaften sind nicht primär phonologisch motiviert, sie sind Resultat von Untersuchungen des Sprachsignals hinsichtlich "sicher" detektierbarer Eigenschaften. Der vollständige Satz der bisher betrachteten Grobeigenschaften umfaßt:

* 4 Vokalgruppen
* 2 Frikativgruppen
* 3 Plosivgruppen
* 8 Lautübergangsgruppen
* Pause
* Übergangsphase

Die als Ergebnis der akustischen Erkennung geforderte Symbolfolge muß durch geeignete Verknüpfung der ermittelten Ausprägungen der Grobeigenschaften realisiert werden. Dabei sind sowohl die Intensität als auch die Zeitdauer einer Eigenschaftsdetektion zu beachten, d. h. es sind Modelle oder Regeln für den Aufbau von Signalabschnitten erforderlich. Bei der Suche nach der Größe von Signalabschnitten, die für eine geschlossene Beschreibung geeignet sind, kommt der Sprechsilbe eine besondere Bedeutung zu, da sie zum einen im Sprachsignal detektierbar ist und zum anderen auch eine linguistische Entsprechung hat (im Unterschied zu Signalabschnitten, die durch Pausen begrenzt werden). Weitere Vorteile der Sprechsilbe sind die geringe Kontextbeeinflussung bei einem noch handhabbaren Gesamtinventar.

2. Silbenmodellentwurf

Der Silbenmodellentwurf dient der Bereitstellung geeigneter Referenzinformation für das im Pkt. 1 erwähnte Verfahren der Sprachsignalverarbeitung. Bei dem Modellentwurf wird von Kenntnissen über den Aufbau von Sprechsilben ausgegangen. Das Ziel besteht in einem weitgehend automatisierten Entwurfsverfahren. Dazu sind folgende Teilprobleme zu lösen:

- Umsetzung von orthographischem Text in Lautsymboldarstellung
Als Lautsymbole können zunächst Phonemsymbole verwendet werden, es ist jedoch beabsichtigt, das Symbolinventar durch Erweiterungen an die erwähnten Grobeigenschaften anzupassen, um Merkmale wie "Übergangsphase" bzw. "Lautübergang" modellieren zu können.

- Zerlegung der Texte in Lautsymboldarstellung in Sprechsilben
In der jetzigen Ausbaustufe des Systems zur Modellierung wird dieser Schritt noch vollständig von Hand ausgeführt. Dabei werden auch mehrere Zerlegungsvarianten vorgesehen, um eine möglichst gute Anpassung an Signaleigenschaften (wie Pause oder Energieminimum) zu gewährleisten, z. B. "Akzent":
1.Variante: ak-ts@nt, 2.Variante: a-kts@nt.
Silbentrennverfahren aus der Textverarbeitung sollen hinsichtlich ihrer Anwendbarkeit innerhalb der Lautsymbolebene untersucht werden.

- Ermittlung von wort- und textspezifischen Kontextmodellen für die im Wortschatz enthaltenen Sprechsilben. Bei der Beschreibung der textspezifischen Umgebung einer Sprechsilbe werden Koartikulations-
phänomene berücksichtigt, im Moment werden folgende Assimilationsphänomene [Zed89] betrachtet:
    -Gleiche Laute an Wortgrenzen werden nur einmal realisiert (außer Vokalen).
    -Folgt auf p/t/k im Wortauslaut b/d/g im Anlaut des nächsten Wortes, entfällt die Pause zwischen
    den Wörtern.
    -Folgt auf /s/ im Auslaut /z/ im Anlaut, wird zu /s/ zusammengezogen.
Die Silbenkontextbeschreibung erfolgt in Form von Lautklassen, wobei in der experimentellen Untersuchung der Umfang dieser Klassen bestimmt wird.

- Darstellung der Sprechsilben als Folgen von Grobeigenschaften
Jedes der verwendeten Lautsymbole wird durch eine oder mehrere Grobeigenschaften dargestellt.
Lautsymbole, die im Rahmen eines betrachteten Satzes von Grobeigenschaften nicht beschrieben werden
können (z. B. "l","r" oder "h" im Rahmen des gegenwärtig zur Verfügung stehenden Satzes von
Grobeigenschaften) werden einer Klasse zugeordnet und durch ein spezielles Symbol beschrieben.
Bei der Darstellung von Lautsymbolen durch Grobeigenschaften werden neben dem Gesamtinventar an
Grobeigenschaften auch ausgewählte Teilmengen (z. B nur Vokale) untersucht, um die Beschreibungsgüte
bei reduziertem Aufwand zu ermitteln. In Tabelle 1 sind einige Beispiele für Silbenmodelle in Form von
Grobeigenschaftsfolgen angegeben.

Silbe	Grobeigenschafts- satz	Modell
de:n	alle Eigenschaften außer Pause und	PAVEAN
ral	Übergangsphase	*VAVI
de:n	nur Vokalgruppen	*VE*
ral		*VAVI

verwendete Symbole: PA alveolarer Plosiv
                   VE Vokalgruppe [e_E]
                   VA Vokalgruppe [a_a]
                   VI Vokalgruppe [i_y]
                   AN ausschwingender Nasal
                   * nicht beschreibbar

Als Maß für die Beschreibungsgüte wird das Diskriminationsverhalten in Bezug auf ein vorliegendes
Silbeninventar verwendet. In [Zil91] wird die Eignung phonetischer Klassen zur Beschreibung von
Wörtern untersucht. Dabei werden 3, 5, 10, 12 und 40 phonetische Klassen auf der Basis distinktiver
Merkmale eingeführt und Wörter als Folgen dieser Klassen dargestellt. Anschließend wurde über einem
Wortschatz untersucht, wieviele Wörter in Phonemklassendarstellung nicht mehr unterscheidbar waren
(Gütekriterium für Satz phonetischer Klassen).

Die genannten Arbeitsschritte stellen den linguistisch motivierten Silbenmodellentwurf dar, der signalunab-
hängig ist und weitgehend automatisiert zu realisieren ist. Aus einem vorliegenden orthographischen Text
können diese Modelle gewonnen werden. Die zunächst als Vorteil erscheinende Signalunabhängigkeit stellt
jedoch eine Einschränkung der Modelle dar, da die aus der orthographischen Darstellung abgeleiteten
Lauterwartungen im Signal nicht sicher enthalten sind (z. B. starke Kontextfärbung bei Vokalen). Aus
diesem Grund muß eine Signalanpassung der Modelle in Form eines Zusatzmoduls vorgesehen werden,
die im Punkt 4 kurz erläutert wird.

3. Voruntersuchungen zum Silbenmodellentwurf

Die Voruntersuchungen zum Silbenmodellentwurf dienen in erster Linie der Beschreibung des Silbeninventars eines zu erkennenden Textes, um zum einen eine geeignete Gewichtung beim Modellentwurf (häufig vorkommende Silben sollten besonders sorgfältig modelliert werden) und zum anderen die Auswahl von hinsichtlich ihrer Beschreibungsgüte optimaler Teilmengen aus dem Gesamtvorrat der Grobeigenschaften zu ermöglichen. Die einzelnen Schritte der Voruntersuchung sind in Bild 1 dargestellt.

Bei der Textanalyse werden aus vorliegenden Texten die enthaltenen Wörter mit ihrer Vorkommenshäufigkeit ermittelt. Die Wörter werden in eine mit Sprechsilbenmarkierungen versehene Lautsymboldarstellung in SAMPA-Notation überführt. Auf dieser Grundlage ist es möglich, für den Text eine Silbenstatistik zu erzeugen und damit eine Abschätzung der Textabdeckung mit einer nach Häufigkeit geordneten Teilmenge des Silbeninventars zu liefern (vgl. Bild 2).

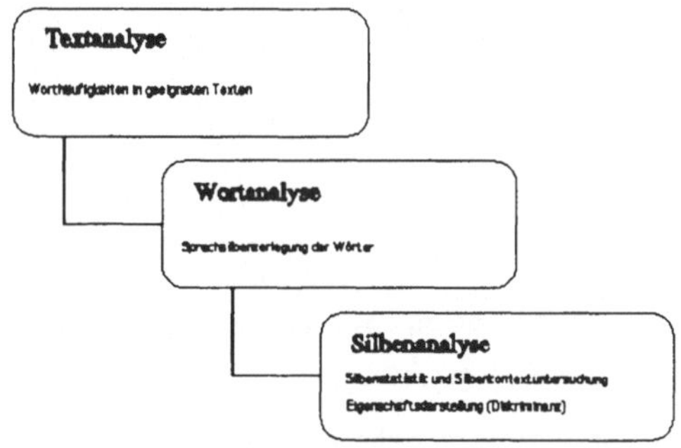

Bild 1: Schritte der Voruntersuchung

Die bisherigen Voruntersuchungen wurden an dem im ASL-Süd-Verbund eingesetzten Sprachmaterial

- 1000 Sätze Bundesbahnauskunft
- PHODAT-Material (Berliner Sätze, Marburger Sätze, Geschichten und Synthesetest)

durchgeführt. Die Ergebnisse sind in Tabelle 2 und Bild 2 aufgeführt.

Text	Wortinventar	Silbeninventar
DB-Auskunft	857	759
PHONDAT	1499	772
GESAMT(Zusammenfassung beider Texte)	2112	1082

Tabelle 2: Wort- und Silbeninventare für ASL-Texte

Ein weiteres wesentliches Problem bei der Voruntersuchung besteht in der Beschreibung des Diskrimina-

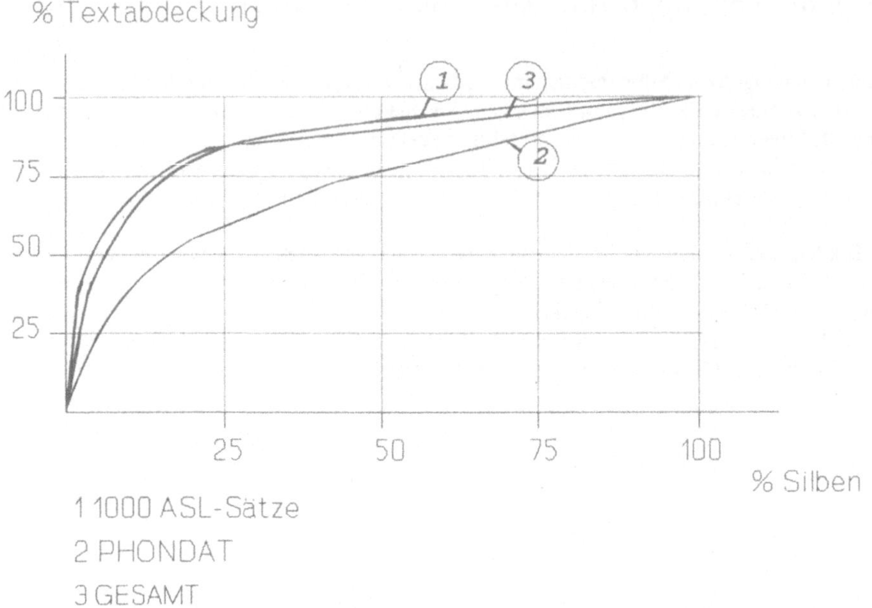

Bild 2: Darstellung des Textabdeckungsgrades

tionsverhaltens von Teilmengen der zur Verfügung stehenden Grobeigenschaften. Die Grobeigenschaften werden für eine grobe Abschätzung als distinktiv betrachtet. Somit kann den als Lautsymbolfolgen vorliegenden Sprechsilben eine Grobeigenschaftsfolge zugewiesen werden, wobei einem Lautsymbol genau eine Grobeigenschaft zugeordnet wird. Lautsymbole, denen dabei keine Grobeigenschaft zugeordnet werden kann, werden mit einem "dummy"-Symbol gekennzeichnet, d. h. sie haben innerhalb der betrachteten Teilmenge von Grobeigenschaften keine unterscheidende Funktion.

Für diese Voruntersuchungen wurden folgende Grobeigenschaftssätze definiert:

GS1: 4 Vokalgruppen, 2 Frikativgruppen, 3 Plosivgruppen,
     8 Lautübergangsgruppen
GS2: 4 Vokalgruppen, 6 Lautübergangsgruppen
GS3: 4 Vokalgruppen
GS4: 8 Lautübergangsgruppen

In Tabelle 3 sind für die Grobeigenschaftssätze jeweils die Anzahl enthaltener Elemente und die Anzahl der damit aus den 81 Symbolen des erweiterten Lautsymbolinventars (z. B. durch Lautübergangssymbole) beschreibbaren Symbole aufgeführt.

Grobeigenschaftssatz	GS1	GS2	GS3	GS4
Elemente des GS	17	10	4	8
beschreibbare Symbole	69	55	30	31

Tabelle 3: Umfang und Beschreibungsgüte von Grobeigenschaftssätzen

Für die angegebenen 3 Wortschätze wurde das Diskriminationsverhalten dieser Eigenschaftssätze untersucht. Die Ergebnisse sind in Tabelle 4 zusammengefaßt.

Wortschatz: BUNDESBAHNAUSKUNFT

Grobeigenschaftssatz	GS1	GS2	GS3	GS4
Anzahl Silbenklassen	410	106	76	48
einelementige Klassen	274	38	21	9
maximaler Klassenumfang	20	70	63	189

Wortschatz: PHONDAT

Grobeigenschaftssatz	GS1	GS2	GS3	GS4
Anzahl Silbenklassen	421	109	77	52
einelementige Klassen	296	39	25	16
maximaler Klassenumfang	26	63	49	171

Wortschatz: GESAMT

Grobeigenschaftssatz	GS1	GS2	GS3	GS4
Anzahl Silbenklassen	560	130	93	55
einelementige Klassen	367	40	27	14
maximaler Klassenumfang	28	75	68	270

Tabelle 4 Diskrimination der Grobeigenschaftssätze

4. Signalanpassung der Silbenmodelle

Die Silbenmodelle sollen eingesetzt werden, um in einem Spotting-Verfahren Silben in einem fließend gesprochenem Text anzuzeigen. Die bisher vorliegenden Modelle müssen dazu noch verfeinert werden, indem die Kontextabhängigkeit der Lautrealisierungen innerhalb der Sprechsilbe brücksichtigt wird. Weiterhin muß bei der Darstellung der Lautsymbole durch Grobeigenschaften sowohl die größenmäßige als auch die relative zeitliche Ausprägung im Modell erfaßt werden. Dazu wird innerhalb eines Lernprozesses ein Modul erzeugt, der zur Anpassung signalunabhängiger formaler Silbenmodelle an reale Analysergebnisse eingesetzt wird.

5. Literatur

[Lan90] Langmann, D. EXA 1630 - Einsatz einer Experttechnologie zur Sprachsignalauswertung mit unscharfem Zugang.
    Dissertation, TU Dresden, 1990
[Zed89] Zedler, A. Wörterbucheditor.
    Diplomarbeit, TU Dresden, 1989
[Zil91] Zillmer, P. Merkmalbasierte Worthypothesenbildung.
    Diplomarbeit, TU Dresden, 1991

Being Informative: The Role of a Conversational Record in Plan-based Discourse*

Elizabeth Garner
Wolfgang Heinz

Austrian Research Institute for Artificial Intelligence
Schottengasse 3, A-1010 Vienna

Email: {elizabeth, wolfgang}@ai.univie.ac.at

Abstract

Cooperative discourse behaviour in a NL Consulting System requires that users be kept informed of how the system's utterances contribute to the current plan. In this paper we present a model for realising such behaviour based on the contents of the conversational record—a record of the mutually believed information obtainable from a discourse. The approach is formulated in the situation semantics framework.

Für ein kooperierendes Diskursverhalten eines natürlichsprachigen Beratungssystems ist es erforderlich, daß für den Benutzer jederzeit klar ist, wie die Äußerungen des Systems zu einem vorliegenden Plan beitragen. In dieser Arbeit stellen wir ein Modell für ein solches Diskursverhalten vor, das auf dem Inhalt des *Conversational Record* basiert, der die für Benutzer und System zugänglichen Informationen aus dem Diskurs beinhaltet. Der Ansatz ist im Rahmen der Situationsemantik formuliert.

1 Introduction

According to Grosz & Sidner (1990), in order to account for extended sequences of utterances, it is necessary to realise that two agents may develop a plan together rather than merely execute the existing plan of one of them. While one of the discourse participants (commonly the user) may initiate the plan, subsequent exchanges entail both system and user working together to satisfy it. The key issue is *collaboration* between user and system, rather than user and system each pursuing their own individual goals.

Collaboration between user and system occurs at the level of discourse. Indeed Grosz and Sidner claim that the role of discourse is precisely to provide sufficient information about the beliefs and intentions of the discourse participants to allow their interlocutors to be able to determine how their actions contribute to their shared plan. Grosz & Sidner (1990) concentrate on situations where agents are collaborating to perform actions. In advisory dialogues agents collaborate towards the exchange of information. Discourse plays here a double role: it is both the medium in which the plan is carried out and in which information about the plan is communicated. It is this second role which corresponds to Grosz and Sidner's collaborative behaviour. Satisfying the demands of such collaborative behaviour seems to require something akin to Grice (1975)'s principle of quantity, i.e. that a contribution to a dialogue should be as informative as is required for the current purposes of the exchange. We refer to this as *informativity*.

We present here a framework aimed at ensuring system utterances meet the demands of informativity. We achieve this by means of a mechanism aimed at avoiding potential discrepancies between the *conversational record* (a representation of those mutually held beliefs that play a role in the shared plan) and the system's intentional structure (a representation of the system's own goals and intentions which arise as a result of the plan). The approach is presented within a situations semantics framework and is currently being implemented in the dialogue system Vie-$\mathcal{DU}$, a consulting system for providing information about subsidies for house improvements.

2 The Conversational Record and the Intentional Structure

In an advisory dialogue the goals of the user which she intends the system to fulfil must be derivable from her utterances. The initial utterance (D1) of the sample dialogue in Fig.1, for example, expresses a goal of the user to be informed of a procedure to obtain a subsidy for central heating installation to which the system is expected to respond. Instead of immediately responding to the user's stated goal, the system launches a subgoal to find out if the user is eligible for such a subsidy, information which cannot be directly obtained from the user but which triggers

---

*This research has been sponsored by the Austrian *Fonds zur Förderung der wissenschaftlichen Forschung*, Grant No. P7986-PHY. Elizabeth Garner is also currently supported by a Science and Engineering Research Council studentship, Award Number 90600238.

User:	*Wie muß ich vorgehen, um eine Förderung für eine Zentralheizung zu bekommen?*	(D1)
	How do I go about getting a subsudy for central heating?	
System:	*Dazu müssen Sie einige Voraussetzungen erfüllen.*	(D2)
	To do that you have to fulfil a number of conditions.	
	Zuerst müssen wir feststellen, ob Ihr Haushaltseinkommen unter der	
	zulässigen Höchstgrenze liegt.	(D3)
	We first need to find out if your income lies under the permitted limit.	
	Wie hoch ist Ihr Haushaltseinkommen?	(D4)
	What is your household income?	

[...]

System:	*Damit liegen Sie unter der zulässigen Höchstgrenze von 546.000 S für 5 Personen im Haushalt.*	(D5)
	In that case you are under the permitted limit of 546,000 Schillings for households with five members.	

Figure 1: Sample Dialogue

further system-internal subgoals. Such subgoals do not require that the system initiate utterances. We refer to this sequence of goals and subgoals as the *intentional structure* (IS) of the system, following Grosz & Sidner (1986).[1]

Goals of the discourse participants which are reflected in utterances are entered into the *conversational record*. This term, taken from Thomason (1990), refers to the information contained in a discourse which is public and offers an evolving representation of the state of a conversation as available to all discourse participants. Such information might include, Thomason suggests, the intentional and attentional structures proposed by Grosz & Sidner (1986), since discourse purposes, focus management and the appropriate use of referring expressions[2] are things which need to be public if a conversation is to function smoothly. We concentrate here on that aspect of the conversational record (CR) which deals with intentional information.

We can compare the intentional aspect of the CR to the SharedPlan* of Grosz & Sidner (1990). The SharedPlan* contains a collection of those beliefs and intentions related to the domain plan which may be derived from utterances. The SharedPlan* is not constructed, however, purely on the basis of what is explicitly mentioned in the dialogue, but also on the basis of *prior mutual beliefs*, which are beliefs inferable on the basis of the plan. Similarly, the CR also contains information believed to be inferable by the discourse participants.

Should discrepancies arise between the CR and the system's IS, the possibility arises that the user may be unsure of the system's cooperativity. In order to prevent this we require a set of constraints describing situations where potential mismatches between the CR and the IS may occur, as well as strategies that can then be applied to successfully update the CR in such a way as to ensure that the principle of informativity will be satisfied. These strategies must cover situations where system goals are not derivable either from the system utterances or on the basis of inferences which may be reasonably expected to be drawn from them.[3] Such reasonable inferences depend on the user's competence and the context offered by the CR.

The approach offers a method of dealing with the problem mentioned by Quilici (1990) of deciding what information should be offered to a user to most efficiently allow her to reconstruct the reasoning chain behind the discourse.

3 Basic Framework

We require then two mechanisms, the CR and the system's personal intentional structure, the IS, which are updated during the course of the interaction. Changes in these structures are effected by means of plan strategies and collaborative strategies which apply according to the context of the discourse. Here context refers to the current CR and the IS as well as the beliefs of the system (in particular with regard to the user's competence).

To model such a framework we have chosen a semantic theory that allows for the integration of context - Situation Semantics (cf. Barwise & Perry (1983), Barwise & Cooper (1991))[4]. In situation semantics meaning is considered relational, as constraints linking utterance situations and described situations. Conditional constraints are used to model the relation holding between situations relative to a given context (Barwise (1989)). So, for example, the situation S involves the situation S' relative to a context C:

$$\Rightarrow S' \mid C$$

---

[1] Grosz and Sidner in fact use the term slightly differently to refer to the purposes of discourse segments.

[2] Clark & Wilkes-Gibbs (1990) provide evidence for the colloborative nature of referring expressions.

[3] An intention to be informed, for example, allows a partner to reconstruct a goal to know. There is a parallel here with Rhetorical Structure Theory, cf. Mann & Thompson (1987).

[4] The situation semantic formulas were produced using macros developed by J. Barwise and R. Cooper.

We make use of such conditional constraints to represent the strategies for updating the IS and the CR. In the following sections we offer an overview of the basic structure of the model, followed by detailed examples which show how the collaborative strategies are used to increase the informativity of the CR.

3.1 Representation of Beliefs

At the outset of the interaction the system has a set of beliefs. Most basic of these are beliefs about general principles relating information which can be represented by means of types in situation semantics, e.g:

$$[A,G|\ (S\ \models \langle\!\langle achieve,A,G;1\rangle\!\rangle\ )]$$

Here A and G are parameters to be anchored to actions and goals respectively. The formula states that A and G are the types of objects related in a situation by the relation *achieve*, i.e. an *action* achieves a *goal*.[5] Domain-specific and discourse-specific beliefs are then formulated by means of such types by anchoring A to a specific action and G to a specific goal.

The system also has beliefs about the information available to the user. At the outset of the interaction the system does not expect the user to have competence regarding domain-specific knowledge, but does expect the user to have competence relating to the user herself. Such information can be represented by restricted types, e.g:

$$[TU:\ \langle\!\langle concern,TU,household;1\rangle\!\rangle|\ (s\models\langle\!\langle competent,U,TU;1\rangle\!\rangle\ )]$$

$$[TD:\ \langle\!\langle concern,TD,domain;1\rangle\!\rangle|\ (s\models\langle\!\langle competent,U,TD,0\rangle\!\rangle\ )]$$

i.e. if TU is a parameter for a topic object concerning the user's household then in the situation s the user is competent regarding TU and if it is a parameter for a topic object concerning the domain then the user is not competent regarding TU. s here represents the domain. In addition, the system assumes that the general information principles and discourse knowledge are available to both user and system.

During the course of the interaction system beliefs are updated to include that information deduced by the system following the completion of goals, or made available by the user in dialogue exchanges. In this latter case information is obtained by beliefs about the *preconditions* of certain utterance types, as explained in Garner & Heinz (1991). This includes information about the beliefs and goals of the user. For example, (D2) of the sample dialogue contains the precondition that the system believes that the user must meet a number of conditions. The effect of the utterance is that this information is mutually believed, i.e. it represents public information.

3.2 Plan and Collaborative Strategies

Two kinds of strategies, plan and collaborative, are used to update the IS in the course of the interaction. Both strategies serve to add new goals to the IS.

3.2.1 Plan Strategies

Plan strategies apply in response to the goals and intentions[6] present in the CR and the IS. In the former case such strategies are reactive, i.e. they are triggered by believed goals and intentions of the user. In the latter case the strategies are active, i.e. they are triggered by goals and intentions of the system (themselves a response to the goals contained in the CR). An example of a reactive plan strategy is:

$$(cr\models\langle\!\langle goal,A,(s\models\langle\!\langle inform,B,A,P;1\rangle\!\rangle\ );1\rangle\!\rangle\ )\ |\ (r\models\langle\!\langle know,B,P;1\rangle\!\rangle\ )$$
$$\Rightarrow (is\models\langle\!\langle intend,B,(s_1\models\langle\!\langle inform,B,A,P;1\rangle\!\rangle\ );1\rangle\!\rangle\ )$$

i.e. when an agent A has a goal to be informed of P by an agent B, in a context where B knows P, B adopts an intention (in the IS) to carry out the inform. Here $cr\models\ldots$ represents the fact that the infon holds of a mutually believed situation, the cr. r represents the resourse situation, which is in this case the background beliefs of the system.

Intentions to inform the user lead to utterances, and a subsequent update of the CR. The amount of information carried in the update depends on the prior mutual beliefs recoverable from the context. The CR should contain the same information as that section of the IS which represents already launched goals.

3.2.2 Collaborative Strategies

Collaborative strategies occur in contexts where the system believes that the current state of the CR, coupled with the user's believed competence, could lead to discrepancies between the IS and the CR. Collaborative strategies always lead to intentions to inform the user being added to the IS. In this section we introduce two types of colloborative strategies necessary for dealing with the sample dialogue in Fig.1.

The first strategy applies when the user's expectation about the next system utterance will not be met. Let us first consider the situation in which this strategy applies.

The initial user's query in Fig.1 is represented by an abstract:

---

[5] Capital letters are used throughout to refer to parameters.

[6] We make a distinction here between goals which aim to achieve a certain *state*, and intentions of an agent to carry out an *action*.

$$q = [A| \ (r \models \langle\!\langle \text{enable},A,\text{Subsidy};1\rangle\!\rangle \ )]$$

for which an assignment $asg = [\ A \rightarrow \text{action}]$ is sought. The user has then a (public) goal with the theme:

$$g = (s \models \langle\!\langle \text{inform},\text{sys},\text{user},q,asg;1\rangle\!\rangle \ )$$

and thus the CR is instantiated by inserting the mutual belief of this goal:

$$(cr \models \langle\!\langle \text{goal},\text{user},g;1\rangle\!\rangle \ )$$

The plan strategy given in the previous section leads to the expectation that the system adopt an intention to inform the user of the value of the assignment.

The system believes, however, that obtaining a subsidy is dependent on the user fulfilling a number of conditions. Providing an assignment for A in a situation where these conditions weren't met would not satisfy cooperativity. The system adopts then the intention:

$$(is \models \langle\!\langle \text{intend},\text{sys},(s \models \langle\!\langle \text{inform},\text{sys},\text{user},q,asg;1\rangle\!\rangle \ )\rangle\!\rangle \ | \ (s \models \text{hold},\text{conds};1 \ ) \ )$$

which involves a subgoal to know if the conditions hold. Both intention and subgoal are entered in the IS. Notice that there is now a discrepancy between the public goal of the user and the intention of the system. While the theme of the inform is the same, the system's intention to carry out the inform is subject to a constraint. In this context the following collaborative strategy is applied:

$$(is \models \langle\!\langle \text{intend},\text{user},(s \models \langle\!\langle \text{inform},\text{sys},\text{user},Q,\text{Asg};1\rangle\!\rangle \ );1\rangle\!\rangle \ | \ C \ ) \ |(cr \models \langle\!\langle \text{goal},\text{sys},(s_1 \models \langle\!\langle \text{inform},\text{sys},\text{user},Q,\text{Asg};1\rangle\!\rangle \ );1 \ \rangle\!\rangle \ ) \Rightarrow$$
$$(is \models \langle\!\langle \text{intend},\text{sys}, \ (s_2 \models \langle\!\langle \text{inform},\text{sys},\text{user},Q(\text{Asg})|C;1\rangle\!\rangle \ );1 \ \rangle\!\rangle \ )$$

This leads to the utterance (D2) and the CR can now be updated with this information. A prior mutual belief now leads to the expectation that the system has a subgoal to find out if the conditions hold and the user is thus able to connect this subgoal with the subsequent dialogue.

The second type of collaborative strategy is concerned with keeping the user informed of the relations between discourse segments. Two subtypes are used: the first to demarcate the opening of a subplan, and the second to demarcate its subsequent satisfaction.

As an example of the first, consider the situation after (D2) in the sample dialogue. The system's current goal is to know if the user's household income falls under the income allowed for households of that size. Instantiating the two parameters in the system's goal, i.e. the user's household income and the number of members of the user's household, would enable the system to derive the required information. Therefore the system launches a subgoal to know the user's household income. This is information about which it believes the user to be competent, and leads via a plan strategy to an intention that the user inform the system.

The IS thus includes at this point the following goals:

$$G0 = \langle\!\langle \text{goal},\text{sys},\text{knowif-conditions-hold}\rangle\!\rangle$$
$$G1 = \langle\!\langle \text{goal},\text{sys},\text{knowif-user's-income-lessthan-admissible-income}\rangle\!\rangle$$
$$G2 = \langle\!\langle \text{goal},\text{sys},\text{know-value-of-user's-household-income}\rangle\!\rangle$$
$$G3 = \langle\!\langle \text{goal},\text{sys},\langle\!\langle \text{inform},\text{user},\text{sys},\text{user's-household-income}\rangle\!\rangle\rangle\!\rangle$$

where:

$$\langle\!\langle \text{subgoal},G1,G0\rangle\!\rangle \ \wedge \ \langle\!\langle \text{subgoal},G2,G1\rangle\!\rangle \ \wedge \ \langle\!\langle \text{subgoal},G3,G2\rangle\!\rangle$$

The current CR includes G0, acting upon G3 by means of a query would enable the user to infer G2. However, the relation between G0 and G2 cannot be inferred on the basis of either the user's competence or mutually known strategies.

The system thus employs the following collaborative strategy:

$$(is \models \langle\!\langle \text{goal},\text{sys},X2;1\rangle\!\rangle \ ) \ | \ (cr \models \langle\!\langle \text{goal},\text{sys},X0;1\rangle\!\rangle \ ) \ \wedge \ (is \models \langle\!\langle \text{goal},\text{sys},X1;1\rangle\!\rangle \ ) \ \wedge \ (cr \not\models \langle\!\langle \text{goal},\text{sys},X1;1\rangle\!\rangle \ ) \ \wedge$$
$$\langle\!\langle =,X2,\langle\!\langle \text{inform},\text{user},\text{sys},Q,\text{Asg};1\rangle\!\rangle;0\rangle\!\rangle \ \wedge \ \langle\!\langle \text{subgoal},X1,X0\rangle\!\rangle \ \wedge \ \langle\!\langle \text{subgoal},X2,X1\rangle\!\rangle$$
$$\Rightarrow (is \models \langle\!\langle \text{intend},\text{sys},(s \models \langle\!\langle \text{inform},\text{sys},\text{user},\langle\!\langle \text{goal},\text{sys},X1\rangle\!\rangle;1\rangle\!\rangle \ );1\rangle\!\rangle \ )$$

If X2 is a goal that the user inform the system then X1 is a goal to know and hence derivable from the subsequent query; it does not therefore need to be made explicit. This strategy leads to the utterance (D3) allowing G1 to be entered into the CR. Since G2 refers to a parameter of G1, we may expect this goal to be inferred by the user, and the relation between the four subgoals and G0 is now also part of the CR.

We may formulate the second subtype of the collaborative strategy as follows:

$$(is \models \langle\!\langle \text{goal},\text{sys},X1;1\rangle\!\rangle \ ) \ | \ (is \models \langle\!\langle \text{goal},\text{sys},X0;1\rangle\!\rangle \ ) \ \wedge \ \langle\!\langle =,X2,\langle\!\langle \text{inform},\text{user},\text{sys},Q,\text{Asg};1\rangle\!\rangle;0\rangle\!\rangle \ \wedge \ \langle\!\langle \text{subgoal},X1,X0\rangle\!\rangle$$
$$\Rightarrow (is \models \langle\!\langle \text{intend},\text{sys},(s \models \langle\!\langle \text{inform},\text{sys},\text{user},X1;1\rangle\!\rangle \ );1\rangle\!\rangle \ )$$

i.e. whenever the system has a subgoal which is not a goal to be informed the satisfaction of the superordinate goal is signalled by an inform. Not allowing X1 to be a goal to be informed prevents the stratagy applying when X0 is a goal to know which the user herself satisfies.

We expect such strategies to act as defaults; mutually believed information may at any time preclude the necessity of applying the strategy.

4   Conclusions

Consultation dialogue entails collaboration between the agents involved towards the execution of a shared plan. A requirement of such dialogue is that utterances contain enough information to enable a discourse participant to reconstruct her partner's contribution towards the plan. This requires observance of the principle of informativity.

In this paper, making use of the concepts *conversational record* (Thomason (1990)) and *intentional structure* (Grosz & Sidner (1986)), we present an approach designed to enable a NL consulting system to generate such informative discourse behaviour. This is achieved by reconstructing the mutually believed information carried in discourse by means of constraints between the utterances in the discourse, the current state of the conversational record and the system's beliefs about the user's competence. Further constraints between the system's own intentional structure and its planned utterances point to discrepancies which may arise in the conversational record, leading to the application of collaborative strategies to ensure informativity. Examples of such strategies are presented.

We have focussed in this paper on strategies for making public the goals and intentions of the system in the course of the dialogue. These strategies are based, as we have explained, on beliefs of the system about the user's competence. However, clearly such beliefs may be misplaced, leading to discrepancies between the system's beliefs about the contents of the CR and those of the user. A further problem for our framework consists of identifying and remedying such mismatches.

Our approach is modelled in the situation semantics framework. It is currently being implemented in the consulting system VIE-*DU* which is being developed at the Austrian Research Institute for Artificial Intelligence. An overview of the system is available in Buchberger et al. (1991).

References

Barwise, J. (1989) *The Situation in Logic*, CSLI Lecture Notes 17, CSLI, Stanford

Barwise, J. and R. Cooper (1991) *Simple Situation Theory and its Graphical Representation Working Version*, to appear in *Proceedings of the Third Conference on Situation Theory and its Applications*

Barwise, J. and J. Perry (1983) *Situations and Attitudes*, MIT Press, Cambridge, Mass.

Buchberger, E., E. Garner, W. Heinz, J. Matiasek and B. Pfahringer, (1991) 'VIE-*DU* — Dialogue by Unification', in Kaindl, H. (ed.) 7. *Österreichische Artificial-Intelligence-Tagung, Proceedings*, Springer, Berlin. Austrian Research Institute for Artificial Intelligence, Vienna

Clark, H. and D. Wilkes-Gibbs (1990) *Referring as a Collaborative Process*, in P.R. Cohen, J. Morgan and M.E. Pollack (eds.) *Intentions in Communication*, MIT Press, Cambridge, Mass, 463-93

Garner, E. and W. Heinz (1991) 'On the Representation of Speech Acts in Situation Semantics', in Christaller, Th. (ed.), *Proceedings of the 15th German Workshop on Artificial Intelligence*, Springer, Berlin

Grice, P. (1975) 'Logic and Conversation', in P. Cole and H.L. Morgan (ed.) *Speech Acts*, Syntax and Semantics 3, Academic Press, New York

Grosz, B.J. and C.L. Sidner (1986) 'Attention, Intention, and the Structure of Discourse', *Computational Linguistics* **12**, 175-204

Grosz, B.J. and C.L. Sidner (1990) 'Plans for Discourse', in P.R. Cohen, J. Morgan and M.E. Pollack (eds.) *Intentions in Communication*, MIT Press, Cambridge, Mass, 417-45

Mann, W.C. and S.A. Thompson (1987) 'Rhetorical Structure Theory: A Theory of Text Organization', in L. Polanyi (ed.) *The Structure of Discourse*, Ablex Publishing Corporation, Norwood, N.J.

Quilici, A. (1990) 'Participating in Plan-Oriented Dialogs', *Twelfth Annual Conference of the Cognitive Science Society*, Lawrence Erlbaum, Hillsdale, New Jersey

Thomason, R. (1990) 'Accommodation, Meaning, and Implicature', in P.R. Cohen, J. Morgan and M.E. Pollack (eds.) *Intentions in Communication*, MIT Press, Cambridge, Mass, 335-63.

Robust Preprocessing and Segmentation
of Fluent Speech

Hans-Peter Hirsbrunner

Psychologisches Institut
der Universität Bern
Gesellschaftsstrasse 49
CH - 3012 Bern

1 Introduction.

Emphasis on linguistic distinct features of speech guided research to disjoin prosodic aspects of fluent speech from verbal components. While intonation (together with temporal aspects) is still the prominent carrier of prosody, robust formant tracking remains a key feature of any device providing linguistic analysis of speech (references in Hi91). In conventional approaches (LPC or Cepstrum techniques) where prosodic and non-prosodic aspects of fluent speech are treated separately, prosodic information often conflicts with formant information, as well, as with linguistic distinct temporal information (such as voice onset time or plosive releases).

An integrated non-competitive approach is aimed at avoiding this conflict: Highly detailed and robust reconstruction of the waveform is obtained by phase-locking a great number of virtually independant processes (Hi92). The capability of the device to precisely track phase relations in formants may yield some promising outcomes.

2 A hypotheses testing model for robust pitch extraction and segmentation.

Human speech perception is supposed to achieve optimal performance in presence of a clean signal as well as in adverse environments. As a consequence, and in contrast to a number of conventional approaches, where the acoustic signal is considered to be blurred, fuzzy, instable or even chaotic, we consider an adequate technical model to have robust signal conditioning and reliable feature extraction, as a prerequisite.

Robust pitch extraction is one of the key features of auditory perception, and a crucial demand in a number of technical applications, such as LPC-analysis and synthesis, adaptive noise cancelling and co-channel separation.

Each dot in **figure 1 a** represents one or more hypotheses about the period length in the signal (top of Fig. 1) measured at the output of a hypotheses testing model (Hi92). Vertical resolution (period length Δt) is limited by the sampling interval (83 μsec), equivalent to a sampling

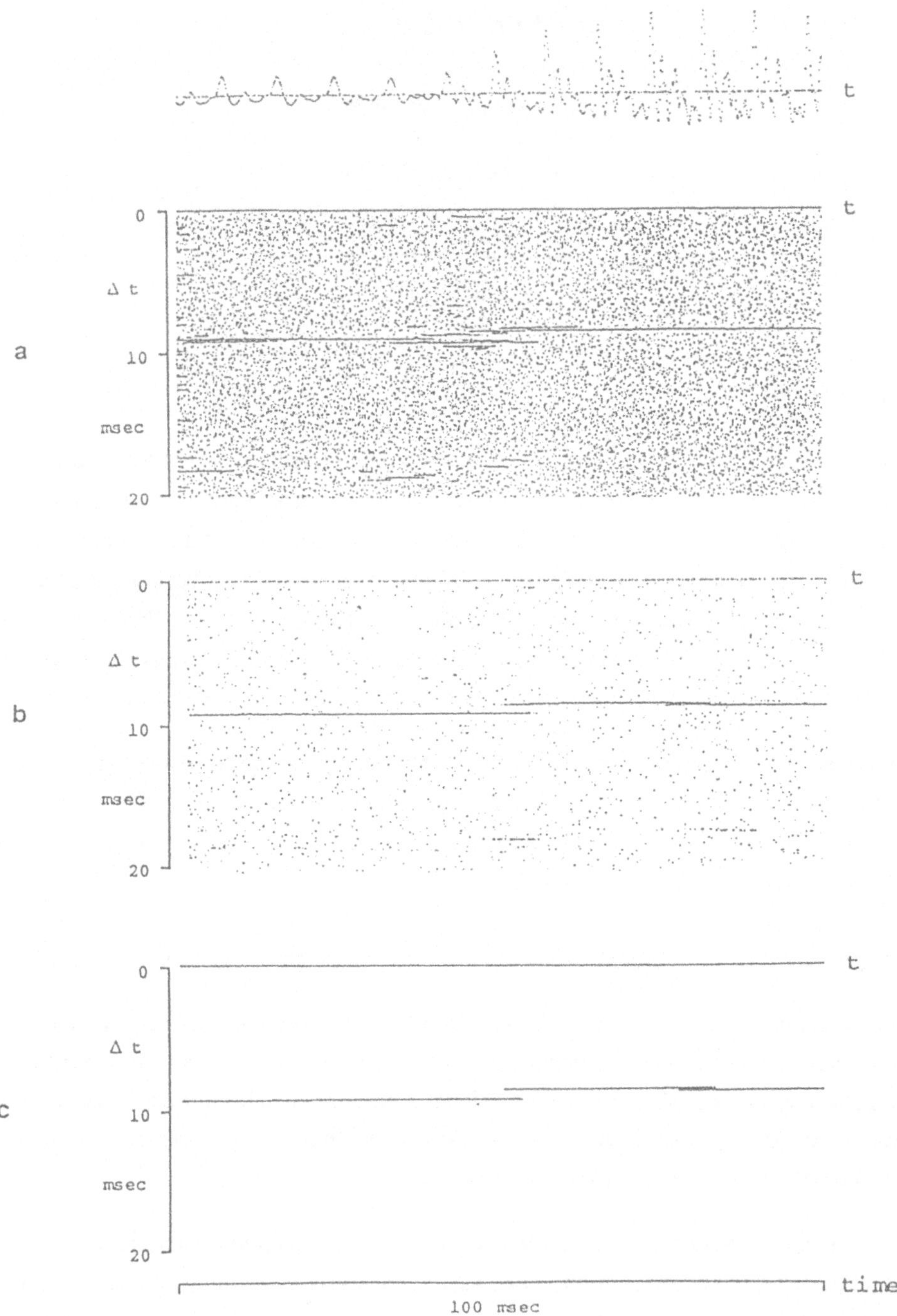

Figure 1: Robust estimation of period length Δt in a voiced CV-transition (clean speech, male speaker, german, voiced |n| -> |u| transition in |nul|).

frequency of 12 kHz^{-1}. Virtually unlimited resolution can be obtained with much lower sampling rates, using randomly distributed, instead of equidistant samples of the analog waveform.

The model generates a considerable number of hypotheses in parallel. Dot density in **figure 1 b** is proportional to the probability of a hypothesis, generated by the model, and tested in a distinct region of Δt at a given time t. In **figure 1 c** a dot is printed, when one third or more of the total number of cells involved in pitch detection hold the same hypothesis. A discontinuity in the pitch contour stresses the CV-boundary, together with increased variance in the CV-transition region (Figs. **1 a** and **1 b**).

Irregularities in conventional pitch detection devices are introduced by erroneous synchronisation of the device with predominant parts of the carrier (formant frequency^{-1}) or with multiples of the actual period length. The homogeneous distribution of erroneous hypotheses and distinct clustering around the actual period length has to be seen against this background. Some variance is introduced by a change in the patterning of sound |n| to |u|. At setup time (mostleft of the figure) the algorithm converges from arbitrary values to a correct Δt within a fraction of the current period length.

3 Stochastic averaging and co-channel separation.

To detect and follow an acoustic signal buried in surrounding noises may well be of vital importance for a living organism, whether it be to escape from the prowling enemy in the dead of the jungle or to simply cross the street downtown. This, besides acoustic evidence, supports the hypothesis that human audition primarily breaks down an acoustic event into constituents of currently active sound sources rather than aligning its spectral components into a row.

Co-channel separation, however, raises a number of problems. As with pitch extraction, the main difficulty is, that the task of co-channel separation has yet to be adequately defined. Since signals originating from different sound sources usually share the same spectral components, a separation of currently active signals by means of conventional filter techniques inevitably results in considerable degradation of the signals' quality, or cannot be performed at all. The ability to precisely and reliably decompose a complex acoustic wave into a limited number of well-defined objects, so far, remains a characteristic of living organisms.

Co-channel signals A and B (lines **2 a** and **2 b** in **figure 2**) are superimposed to form the co-channel signal C in line **2 c**.

Signals in lines **2 d** and **2 e** are measured at the output of a co-channel separation device using **sequential averaging**. Here the co-channel signal is processed in sequential order from left to right by averaging successive samples of superimposed signals A+B in phase with co-channel signal A. The averaged signal ("mean") is shown on line **2 d**. The remainder, in this

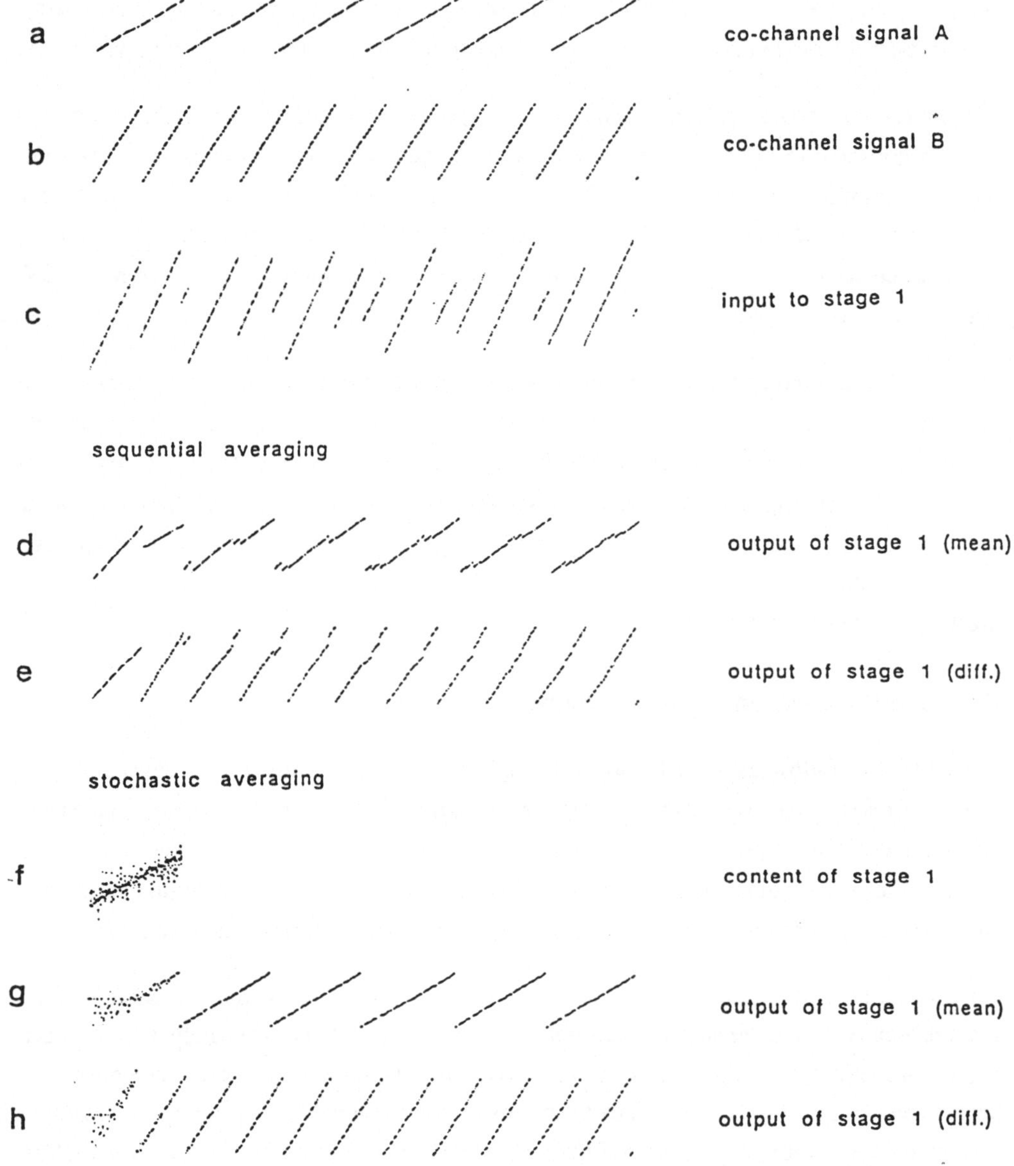

Figure 2: Minimizing crosstalk in presence of asynchroneously superimposed signals by stochastic averaging of co-channel information.

case co-channel signal B, is restored by calculating the difference between averaged channel A and input. This signal ("diff.") may be fed to a second stage for further processing.

Saturation of the averaging process is reached within a few periods (line **2 d**, left). Considerable ripple, however, is to be noted, due to incomplete separation of co-channels A and B (line **2 d**, right). Crosstalk between channels, here, could only be reduced significantly by unduly expanding the time constant of the averaging process.

Results obtained with **stochastic averaging** are illustrated on lines **2 f** to **2 h**. Samples are taken in random order from signal C (line 2 c).

The content of a number of (independent) cells involved in the averaging process is represented on line **2 f**. Cells are aligned with regard to their respective phase.

Line **2 g** ("mean") shows successive outputs over time. Again, co-channel information B is restored by calculating the difference between output channel A and input A+B (line **2 h**). This signal ("diff.") may be fed to a second stage for further processing.

(**Note:** Any cyclic waveform may be processed. A saw tooth function is used for illustrative purposes only).

4 Integral feature extraction.

Robust formant tracking is considered as the final cue to phonemic (linguistic distinctive) information. Formant patterns, however, are highly affected by environmental conditions (by room acoustics or technical transmission parameters). As a consequence, we look on dynamic properties of the signal, formant transitions and phase shifts, as the constituents of the linguistic content in fluent speech, with the signal pattern providing the carrier, a robust attractor to phase and frequency transitions (Hi91; Hi92).

We have shown, that highly detailed and robust reconstruction of the waveform is obtained by phase-locking a great number of virtually independent processes (**figure 2**). The concept of a preprocessor (outlined schematically in **figure 3**) combining signal enhancement and feature extraction in highly parallel, and elementary processes, has been implemented in software, on a PC AT. While amplitude information in an active cell array provides a convenient pull-in for stochastic hillclimbing, precise and highly selective tracking of period length and formants is achieved by exploiting a distinct minimum in phase deviation of stored patterns from input at maximum amplitude (Hi92).

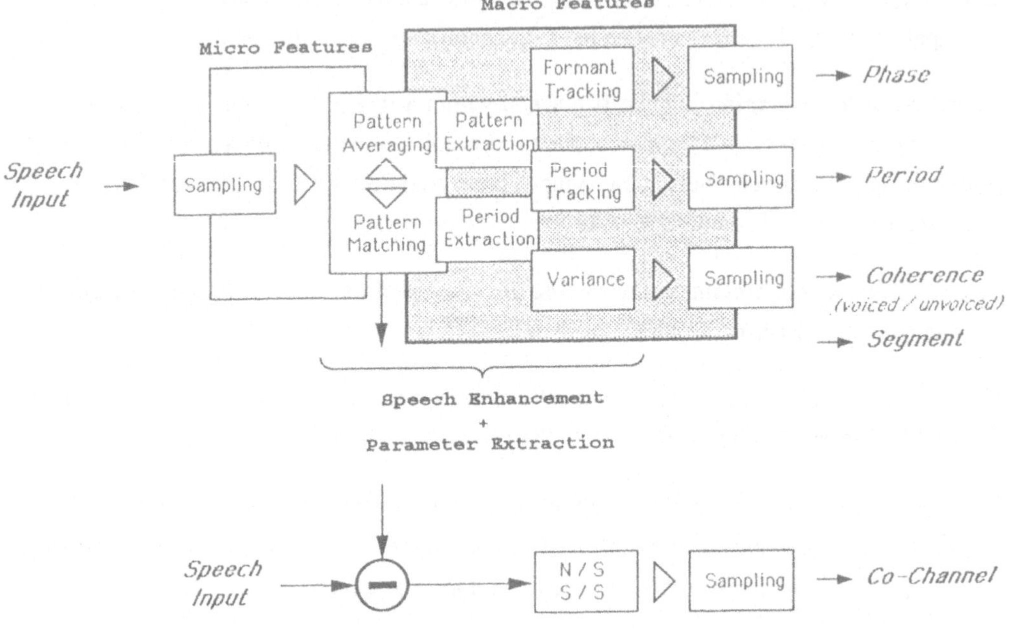

Figure 3: Robust preprocessing and segmentation by highly redundant pattern matching and pattern averaging, in massively parallel, and elementary processes.

References.

Hi88: Hirsbrunner H P (1988) Vom Mythos der Spektraldarstellung. Kommentare. Psychologische Rundschau, 39, 213-215.

Hi91: Hirsbrunner H P & Mösch K (1991). Abschied von Aristoteles. Elementare Forderungen an ein Modell akustischer Signalformkodierung. In: K Grawe, R Hänni, N Semmer & F Tschan (Hsg.) Ueber die richtige Art, Psychologie zu betreiben. Göttingen: Hogrefe, 331-342.

Hi92: Hirsbrunner H P (1992) Ein integrales Modell zur Segmentierung des Signals kontinuierlich gesprochener Sprache. Forschungsberichte aus dem Psychologischen Institut der Universität Bern.

Interaktive Gestaltung der graphischen Benutzeroberfläche eines Expertensystems durch gesprochene Sprache – eine prototypische Realisierung

Harald Klaus
Technische Universität Berlin
Institut für Fernmeldetechnik
Einsteinufer 25
W-1000 Berlin 10

Ruth Marzi
Technische Universität Berlin
Institut für Quantitative Methoden
Franklinstr. 28/29
W-1000 Berlin 10

Here, the interdisciplinary work of the authors to enhance the human-computer-interface of knowledge-based work-place systems incorporating speech input and output components is presented. The aim is to develop a system based on an expert-system tool to control complex applications using natural speech. The report focusses on the hard- and software components of a prototype implemented at the Technical University of Berlin. This prototype is to be used to further explore different aspects of human-computer-interaction.

0   Zusammenfassung

Es wird von einer gemeinsamen Arbeit der Autoren berichtet, bei der die Mensch-Computer-Schnittstelle bei wissensbasierten Arbeitsplatzsystemen durch den Einsatz von Sprachein- und Sprachausgabekomponenten verbessert werden soll. Ziel dieser Arbeit ist es, auf der Basis eines Expertensystem-Tools ein System zu entwickeln, mit dem komplexe Anwendungen durch natürliche, gesprochene Sprache gesteuert werden können. Der vorliegende Beitrag beschreibt schwerpunktmäßig die Hard- und Softwarekomponenten des an der TU Berlin realisierten Prototypen, mit dem im weiteren Arbeitsverlauf unterschiedliche Aspekte der Mensch-Computer-Interaktion untersucht werden sollen.

1   Einleitung

Für den Einsatz gesprochener Sprache als zusätzliches Ein- und Ausgabemedium bei wissensbasierten Systemen sprechen vor allem folgende Gründe: Sprache ist die wichtigste und zugleich einfachste Form menschlicher Kommunikation. Ferner läßt sich die Mensch-Computer-Interaktion auf mehrere Kommunikationskanäle verteilen, was insbesondere bei komplexen Anwendungen sinnvoll ist. Schließlich können durch gesprochene Sprache bestimmte Verhaltensweisen, die z. B. durch eine Behinderung hervorgerufen werden oder die typisch für bestimmte Benutzergruppen sind, in besonderem Maße berücksichtigt werden.

Die Vorteile der Verwendung gesprochener Sprache werden modellhaft an einem wissensbasierten Arbeitsplatzsystem demonstriert, das sowohl den Anwender als auch den Entwickler unterstützen soll. Einerseits wird dem Anwender ein System zur Verfügung gestellt, mit dem er leicht umgehen kann. Hierfür wird versucht, für den jeweiligen Benutzer bzw. Benutzerkreis eine optimale Anpassung der Mensch-Maschine-Schnittstelle zu erzielen. Andererseits soll der Entwickler, der mit der Konfigurierung eines solchen Arbeitsplatzsystems betraut ist, durch ein geeignetes Software-Werkzeug unterstützt werden, durch das sich die jeweilige konkrete Arbeitsplatzumgebung - etwa Arbeitsplatzsysteme im Produktions- oder Bürobereich - in kurzer Zeit konfigurieren läßt. Bei diesem "Baukastenverfahren" lassen sich sowohl personenbedingte Anforderungen (z. B. für Behinderte) als auch aufgabenbedingte Anforderungen (z. B. Entscheidungsunterstützung) berücksichtigen. Das Modulsystem soll es außerdem ermöglichen, Methoden der Künstlichen Intelligenz zur Unterstützung des Benutzers (z. B. die Benutzermodellierung) zu untersuchen.

2   Zielsystem

Bild 1 stellt die Grobarchitektur des Zielsystems dar. Es handelt sich dabei um ein verteiltes, wissensbasiertes System (realisiert durch eine Blackboard /Nii, 1986/), bei dem neben dem eigentlichen Anwendungswissen auch andere Wissensbereiche wie linguistisches Wissen, Wissen über den Benutzer, Umweltwissen und Steuerungswissen von Bedeutung sind.

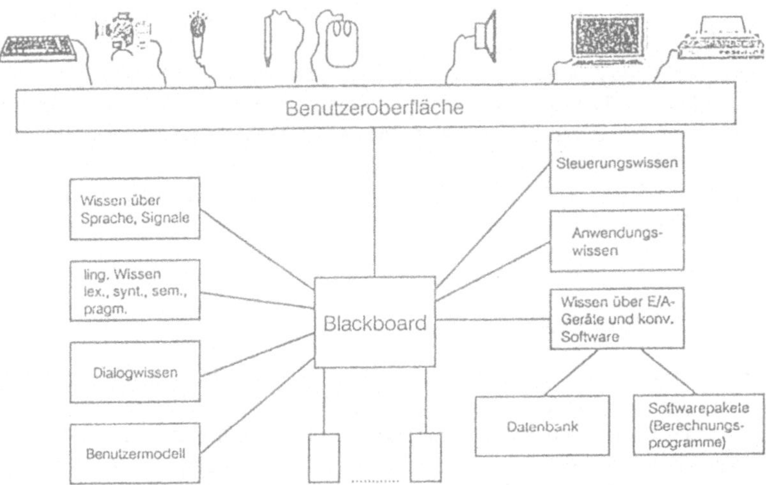

Bild 1: Grobarchitektur eines Arbeitsplatzsystems

Die Benutzeroberfläche erlaubt die multimodale Ein- und Ausgabe von Informationen. Neben Maus, Tastatur und Mikrofon könnten je nach Applikation auch weitere Eingabegeräte benutzt werden. Für die Ausgabe sind bisher Bildschirm, Drucker und Lautsprecher vorgesehen.

Die Wissensbasis, die aus mehreren Moduln besteht, bildet den anwendungsspezifischen Teil des Systems. Aufgrund des modularen Aufbaus der Wissensquellen in einem Blackboardsystem sind das Wissen über gesprochene Sprache und das linguistische Wissen in unterschiedlichen Wissensquellen untergebracht. Dies hat den Vorteil, daß das System unabhängig vom Vorhandensein eines Spracherkenners eine natürlichsprachliche (schriftliche) Eingabe von Befehlen ermöglicht.

3   Realisierter Prototyp

3.1   PC-Komponenten

Der Prototyp besteht aus zwei PCs (Industriestandard), die über die serielle Schnittstelle miteinander gekoppelt sind (Bild 2). Auf dem ersten, links dargestellten PC befinden sich die Sprachkomponenten einschließlich der zugehörigen Softwaremoduln, die zum Trainieren des Vokabulars und zur Erstellung von Sprachdateien für die akustische Ausgabe benötigt werden. An diesen PC sind das Mikrofon und der Lautsprecher angeschlossen. Der zweite (leistungsfähigere) PC stellt das eigentliche Arbeitsplatzsystem dar, auf dem eine erweiterte Version eines kommerziellen Expertensystem-Tools installiert wurde.

Bild 2: Hardware-Komponenten des Prototypen

Dieser hardwaremäßig aufwendige Ansatz ermöglicht es, Dialogsoftware aus früheren Arbeiten zu verwenden und die Konzeption in vergleichsweise kurzer Zeit zu überprüfen und zu konkretisieren. Sobald genauere Erkenntnisse vorliegen, sollen alle Software-Module auf dem leistungsfähigeren PC unter Windows integriert werden.

3.2   Sprach-Komponenten

3.2.1   Spracherkennungseinheit

Bei dem derzeit verwendeten Spracherkennungssystem handelt es sich um den sprecherabhängigen Einzelworterkenner "VoiceScribe 1000" der Firma Dragon Systems. Das System ist in der Lage, einen Wortschatz von maximal 1000 Wörtern pro Erkennungsschritt zu unterscheiden. Die vom Hersteller mitgelieferte Software erlaubt es, unterschiedliche Anwendungen durch gesprochene Eingaben zu steuern, eine kontextfreie Grammatik in Backus-Naur-Form zu erstellen sowie die Erkennungsleistung durch ein Analyseprogramm zu optimieren.

Weiterhin wird ein am Institut für Fernmeldetechnik früher entwickeltes, menügeführtes Programmpaket /Klaus, 1991/ verwendet, mit dem ein neuer Sprecher eine Trainingsphase durchläuft und das Anwendungsvokabular trainiert. Die vom Anwender erzeugten Sprachmuster werden auf der Festplatte des Systems gespeichert und stehen anschließend für die weitere Arbeit zur Verfügung. Außerdem ermöglicht dieses Programm, das den Benutzer während der Trainingsphase durch Hilferoutinen mittels geschriebener und gesprochener Sprache unterstützt, eine beliebige Anwendung zu starten und durch gesprochene Kommandos zu steuern.

Die durch die Backus-Naur-Form fest vorgegebene, eindeutige Zuordnung eines gesprochenen zu einem geschriebenen Wort ist zwar für eine kommandoorientierte Form der Spracheingabe gut geeignet, jedoch für eine natürlichsprachliche Eingabe zu starr. Daher wird für die Weiterverarbeitung der erkannten Wörter eine linguistische Komponente nachgeschaltet, die die erkannte Wortfolge lexikalisch/ syntaktisch, semantisch und pragmatisch auf Richtigkeit und Ausführbarkeit untersucht. Hierbei erfolgt die linguistische Verarbeitung u. a. in Abhängigkeit vom Kontext (Zustand der Anwendung) und durch Heranziehen von Benutzerpräferenzen.

3.2.2   Sprachwiedergabeeinheit

Für die Sprachausgabe wird die kommerzielle Sprachwiedergabekarte "PC-HQ" der Firma GSP-Sprachtechnologie verwendet. Die vom Hersteller mitgelieferten Softwaremodule ermöglichen es, einzelne Wörter, Phrasen, aber auch komplette Ansagen aufzunehmen und auf der Festplatte des PC abzulegen. Diese so erstellten Sprachdateien lassen sich in beliebiger Reihenfolge zusammenstellen und über einen Lautsprecher oder Kopfhörer wiedergeben. Durch dieses Verfahren erhält man bei geschickter Zusammenstellung der Ansageelemente eine Vielzahl unterschiedlicher Systemmeldungen bei vergleichsweise geringem Speicherbedarf /Fellbaum, 1991/.

3.2.3 Sprachdialog-Konponente

Naturgemäß erwartet der Anwender bei gesprochenen Eingaben auch eine akustische Systemreaktion. Jedoch hat sich gezeigt (z. B. /Taylor, 1989/), daß ein sinnvoller, d. h. effektiver sprachlicher Mensch-Maschine-Dialog sich in erheblichem Maße vom Mensch-Mensch-Dialog unterscheidet. Daher sollen intensive Benutzertests stattfinden, um eine optimale Mensch-Rechner-Interaktion zu gewährleisten.

Diese Untersuchungen werden zunächst an einfachen Beispielen vorgenommen. Zum einen werden dem Benutzer häufig vorkommende Systemreaktionen sowie Rückfragen des Systems auf akustischem Wege mitgeteilt, wodurch weniger Informationen auf dem Bildschirm angezeigt werden müssen /Klaus, 1991/. Zum anderen werden Bedienfehler (z. B. "Datei ist nicht vorhanden!") oder Instruktionen an den Anwender ("Bitte wechseln Sie die Diskette!", "Wie bitte? Bitte sprechen Sie erneut!") per Sprachdialog abgewickelt.

3.3   Expertensystem-Tool

Das hier verwendete Expertensystem-Tool "Kappa-PC 1.2" der Firma IntelliCorp ist ein Werkzeug zur Erstellung eines wissensbasierten Systems. Es stehen Funktionen zur Verfügung, mit denen eine graphische Dialogschnittstelle definiert werden kann. Durch eine umfangreiche Bibliothek an Servicefunktionen in der systemeigenen Applikationssprache KAL (Kappa Application Language) und in der Programmiersprache C kann der vorhandene Funktionsvorrat durch eigene Komponenten erweitert werden. Kappa-PC ist lauffähig unter Windows 3.0 und bietet die Möglichkeit, regelbasiert oder objektorientiert zu arbeiten.

4   Dialog zur Gestaltung einer graphischen Benutzeroberfläche

Für den ersten Prototypen wurde eine in sich abgeschlossene Anwendung ausgewählt, die den Entwickler eines Arbeitsplatzsystems bei der Erstellung der Benutzeroberfläche unterstützt. Der Prototyp soll die Interaktion, die bisher über Tastatur und Maus auf einer graphischen Benutzeroberfläche erfolgte, durch die Sprachein- und Sprachausgabe ergänzen. Als Beispieldialog ist vorgesehen, die Benutzerschnittstelle für ein wissensbasiertes System interaktiv zu erstellen.

Mit dem Expertensystem-Tool ohne Spracheingabe werden die folgenden Schritte durchlaufen: Im Layout-Modus können per Maus Ikonen für Graphikobjekte ausgewählt (s. Bild 2a) und an einer beliebigen Stelle auf dem Bildschirm positioniert werden. Diese Objekte können bearbeitet werden, indem Farbgestaltung, Schrifteigenschaften und Daten- und Anwendungsobjekteigenschaften festgelegt werden (s. Bild 2b). Nach Einbindung der Spracheingabe wird einfach der Objektname gesprochen und die Ikone an der Position des Mauscursors plaziert. Hierbei sind synonyme Ausdrücke zugelassen (z.B. "Radio Button", "Ampel" oder "Ampel generieren"). Mit weiteren Spracheingaben werden Attribute wie Schrifteigenschaften ("kursiv") bzw. Grundfarbe oder Schattierung per Sprache festgelegt, wobei Standardwerte (z. B. "dunkelblau") und Abstufungen (z. B. "etwas heller") systemintern definiert sind.

Nach Abschluß der Definition wird das Graphikobjekt wird mit den bereits vorhandenen Objekten und Regeln der Applikation verbunden. Bei der Festlegung der Verbindung zwischen Graphikobjekt und Applikationsobjekt/-slot müssen die Objekte, Slots und Funktionen textuell eingegeben werden. Diese Eingaben können nicht per Sprache eingegeben werden, da die Namen dem System nicht bekannt sind; buchstabierende Texteingabe ist zu langwierig und nicht akzeptabel.

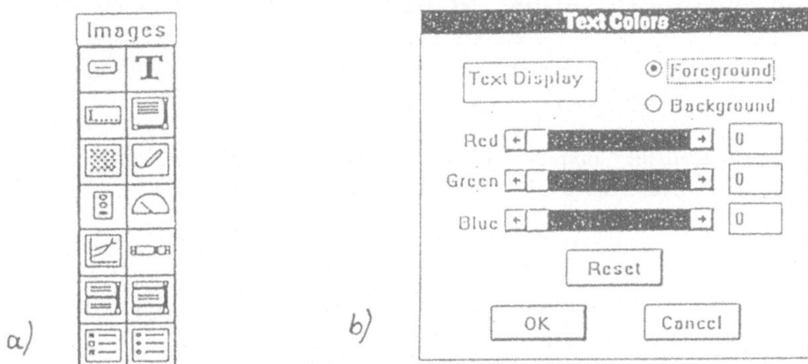

Bild 3: Ausschnitte des Layout-Modus' in Kappa-PC: Toolbox (a) und Dialogbox zur Farbgestaltung (b) (aus /Kappa-PC,1990/)

5 Weiterführende Arbeiten

Nachdem die Systemkomponenten, die derzeit auf zwei PCs verteilt vorliegen, in einem einzigen PC integriert worden sind, sollen zwei Hauptaspekte näher untersucht werden. Zum einen soll der Konfigurator mit einem Anwendungsentwicklungssytem versehen werden, das es ihm ermöglicht, einen benutzerspezifischen Arbeitsplatz zu erstellen. Der Konfigurator muß dazu sowohl das Anwendungs- und Steuerwissen, als auch Vokabular und Grammatik für die Sprachverarbeitung eingeben. Das Anwendungsentwicklungssystem unterstützt ihn hierbei und überprüft zudem die Konsistenz der in der Regel komplexen Anwendung.

Zum anderen soll die im Prototypen realisierte Sprachunterstützung zur Erstellung einer graphischen Benutzeroberfläche auf die akustische Eingabe für die Applikation übertragen werden. Die Verarbeitung natürlichsprachlicher Ausdrücke und die Eingabe gesprochener Sprache erleichtern die Benutzung des Systems, da einerseits das Erlernen und Anwenden einer strengen Befehlssyntax vermieden und andererseits eine tastaturunabhängige Eingabeform zur Verfügung gestellt werden. Schließlich soll ein Benutzermodell integriert werden, das die Dialogführung und die Problemlösung beeinflußt.

Literatur

/Fellbaum, 1991/ Fellbaum, Klaus: Sprachausgabesysteme für hohe Sprachgüte und begrenzten Wortschatz (Sprachwiedergabeverfahren). In: Fortschritte der Akustik – DAGA '91, S. 1093 - 1100. Bad Honnef: DPG-GmbH, 1991.

/Kappa-PC, 1990/ KAPPA User's Guide. KAPPA Version 1.0. IntelliCorp, Inc., 1990.

/Klaus, 1991/ Klaus, Harald; Fellbaum, Klaus: Einsatz der Spracherkennung und Sprachausgabe bei Personal Computern für motorisch behinderte Benutzer. In: Fortschritte der Akustik – DAGA '91, S. 929 - 932. Bad Honnef: DPG-GmbH, 1991

/Marzi, 1991a/ Marzi, Ruth: AI as Computer Support for the Manager - An Integrated Concept. In: Bullinger, H.-J. (Hrsg.): Human Aspects in Computing. Design and Use of Interactive Systems and Information Management (18B), pp. 1208-1211. Elsevier North Holland, 1991.

/Marzi, 1991b/ Marzi, Ruth: Sprachverstehen im Bürobereich. In: R. Hoffmann (Hrsg.): Elektronische Sprachsignalverarbeitung, S. 213-223. Dresden: Technische Universität Dresden, Institut für Technische Akustik, 1991.

/Nii, 1986/ Nii, P. H.: Blackboard-Systems (Part 1) . In: AI Magazine (2), pp. 38-53, 1986.

/Taylor, 1989/ Taylor, M. M.; Néel, F.; Bouwhuis, D. G.: "The Structure of Multimodal Dialogue". Elsevier Sc. Publ., New York 1989.

DiTo - Ein Diagnostik-Werkzeug für die syntaktische Analyse [*]

Judith Klein[†], Ludwig Dickmann[‡], Abdel Kader Diagne, John Nerbonne und Klaus Netter[†]

[†]Deutsches Forschungszentrum für Künstliche Intelligenz, GmbH
Stuhlsatzenhausweg 3, D-6600 Saarbrücken 11, FRG Telephone: (+49 681) 302-5303, e-mail:
klein@dfki.uni-sb.de
[‡]Institut für Computerlinguistik, Universität des Saarlandes
Im Stadtwald, D-6600 Saarbrücken 11, FRG

Abstrakt

In dieser Arbeit wird ein Testwerkzeug für die Fehlerdiagnose bei Syntaxkomponenten natürlichsprachlicher Systeme vorgestellt. Wir diskutieren kurz die Relevanz von Testwerkzeugen für natürlichsprachliche Systeme und befürworten die Idee modularer Testtools. In diesem Rahmen stellen wir einen Ansatz vor, der im Bereich der Syntaxkomponente angesiedelt ist. Mit unserem Diagnostik-Tool unternehmen wir den Versuch, einen Datenkatalog zu erstellen, der die wesentlichen Phänomene deutscher Syntax erfaßt, um die Fehlerdiagnose zu unterstützen. Bisher beinhaltet der Datenkatalog die Bereiche *Verbrektion, Koordination* und - noch nicht ganz vollständig - *Funktionsverbgefüge.* Wir arbeiten mit anderen Gruppen[1] zusammen, die weitere Syntaxthemen entsprechend den Richtlinien unseres Ansatzes erarbeiten. Damit ausgewählte Syntaxgebiete separat abgetestet werden können, sind die Daten in einer relationalen Datenbank organisiert.

Abstract

In this paper we present a testing tool for the diagnosis of errors in NLP systems. We discuss briefly the relevance of testing tools for NLP systems and advocate the idea of modular testing tools. Here we present an approach for the syntax component of NLP systems. Our diagnostic tool for German syntax is an effort to construct a catalogue of syntactic data exemplifying the major syntactic patterns of German that supports the diagnosis of errors. Up to now, the catalogue contains the areas *verbal government, coordination* and - although not yet completed - *fixed verbal structures.*We cooperate with other groups[2] that work on further syntactic phenomena according to the ideas of DiTo. To allow systematic testing of specific areas of syntax the data are organised into a relational database.

Motivation und Ziele

Bei der Entwicklung natürlichsprachlicher Systeme müssen den Entwicklern Testmengen zur Verfügung stehen, anhand derer sie die Performanz der Systeme kontrollieren können. Durch die modulare Architektur natürlichsprachlicher Systeme besteht die Möglichkeit,

---

[*]Diese Arbeit wurde durch einen Forschungszuschuß, ITW 9002 0, vom Deutschen Bundesministerium für Forschung und Technologie an das DISCO Projekt am DFKI und durch IBM Deutschland Projekt LILOG-SB an der Universität des Saarlandes finanziell unterstützt.

[1]IAI (Institut für angewandte Informationswissenschaft), Projekt EUROTRA in Saarbrücken und Institut für Computerlinguistik an der Universität Koblenz

[2]IAI (Institute for Applied Information Science), project EUROTRA in Saarbrücken and Institute for Computational Linguistics at the University of Koblenz

einzelne Komponenten und Teilkomponenten separat zu testen und entsprechend zu modifizieren. Leider existieren oftmals entweder nur unzureichende Testmengen oder ausführlich erarbeitete Testdaten sind nur für ein spezielles System angelegt worden, so daß sie für ein zweites System nicht brauchbar sind. Aus dieser Überlegung heraus entstand die Idee, eine Testmenge zu entwickeln, die im Bereich der *Syntaxkomponente* als Kontrollmenge eingesetzt werden kann. Unser Diagnostik-Tool **DiTo** ist nun der Versuch, einen linguistischen Datenkatalog zu erstellen, mit dem Ziel, möglichst alle wesentlichen Bereiche der deutschen Syntax anhand von Beispieldaten *systematisch* abzudecken. Der Katalog hat folgende Aufgaben:

- **Debugging** : Fehler innerhalb der syntaktischen Verarbeitung können leichter lokalisiert und benannt werden, wenn eine empirische Grundlage für die Fehlerdiagnose zur Verfügung steht.
- **Konsistenzhaltung** : Anhand der Daten kann überprüft werden, ob sich die Abdeckung eines syntaktischen Phänomens verändert hat, nachdem z.B. die Grammatik an anderer Stelle modifiziert wurde.
- **Monitoring der Systemperformanz** : Die Bearbeitung einzelner Syntaxbereiche kann durch die regelmäßige Anwendung der Testsätze gezielt kontrolliert werden.

Von anderen Arbeiten in diesem Bereich unterscheidet sich unser Ansatz in zwei Punkten:

- Die Beispieldaten sind systematisch erstellt und nicht aus Texten extrahiert, um eine möglichst genaue Kontrolle über die Testdaten zu haben
- Die Beispieldaten sind mit syntaktischen Annotationen versehen, die das jeweilige Syntaxphänomen weitgehend beschreiben und mit allgemein-syntaktischen Informationen, die die Oberflächenstruktur der Sätze betreffen.

Bei der Wahl der Annotierungen sind wir von folgenden Überlegungen ausgegangen: Der Datenkatalog wird nützlicher sein, wenn Beispielsätze zu einem ausgewählten Bereich herausgezogen werden können, d.h. die syntaktischen Merkmale, die mit einem Beispielsatz verknüpft sind, betreffen *ein* spezielles syntaktisches Phänomen. Zusätzlich dienen die allgemein-syntaktischen Informationen dazu, die Systeme anhand sehr genauer und leicht kontrollierbarer Daten auf Genauigkeit innerhalb der syntaktischen Analyse hin zu überprüfen.

Die Datengrundlage

Unsere Datensammlung besteht aus systematisch gebildeten Beispielsätzen, die mit syntaktischen Merkmalen annotiert sind. Um bei dem angestrebten Einsatz der Testmenge zu erreichen, daß alle und nur die richtigen Sätze verarbeitet werden und sinnvolle Toleranzgrade bei der Fehlerbehandlung herausgearbeitet werden können, umfaßt die Datensammlung auch eine Zusammenstellung ungrammatischer Sätze, die ebenfalls systematisch für die jeweiligen Syntaxbereiche erarbeitet wurden. Die DiTo-Datenstruktur soll an den Beispielen *Verbrektion* und *Koordination* verdeutlicht werden. Generell haben wir versucht, so viele Parameter wie möglich bei der Konstruktion der Beispielsätze einzuschränken, um unnötige Mehrdeutigkeiten zu vermeiden. Zum Beispiel beschränken wir uns bei den NPs soweit wie möglich darauf, den bestimmten Artikel zu verwenden und morphologische Ambiguitäten zwischen Feminin in Nominativ und Akkusativ und Neutrum in Nominativ und Akkusativ dadurch auszuschließen, daß wir diese Formen nicht verwenden.[3]

Bei der *Verbrektion* ging es darum, alle Kombinationen obligatorischer Komplemente zusammenzustellen, die die deutschen Satzschemata bilden. Zu allen möglichen Kombinationen nominaler, präpositionaler, adjektivischer und sententialer Komplemente haben

---

[3]Wird das Thema *NP-Syntax* bearbeitet, gelten diese Bestimmungen natürlich nicht. Bei einigen Beispielsätzen konnten nicht alle Kriterien exakt eingehalten werden; dies ist dann in einem besonderen Kommentarfeld vermerkt.

wir Beispielsätze konstruiert. Das Ergebnis ist eine Liste von ca. 70 Kombinationen, die durch etwa 220 Sätze (440 mit den ungrammatischen Beispielen) illustriert sind. Einige Beispieldaten:

- **Kombinationen nominaler Komplemente:**
  "Der Manager gibt dem Studenten den Computer."
- **Nominale Komplemente kombiniert mit sententialen Komplementen:**
  "Der Vorschlag dient dazu, den Plan zu erklären."

Jede Komplement-Kombination ist durch mindestens einen Beispielsatz veranschaulicht. Außerdem gehört zu jedem Rektionstyp eine Zusammenstellung ungrammatischer Sätze.

Die zweite Testmenge beschreibt Phänomene der *Satzkoordination,* wie zum Beispiel "Gapping", "Rechts-" und "Linkstilgung". Die beiden Ausgangssätze, die dieser Datensammlung zugrunde liegen, sind: *Ich glaube, daß der Professor der Sekretärin den Blumenstrauß schenkte, und der Student dem Kommilitonen den Roman verkaufte.* als Beispiel für Verb-Letzt-Stellung und *Der Professor schenkte der Sekretärin den Blumenstrauß , und der Student verkaufte dem Kommilitonen den Roman.* als Beispiel für Verb-Zweit-Stellung. In diesen beiden Sätzen wurden systematisch alle möglichen Tilgungsvariationen vorgenommen und - um einer kombinatorischen Explosion vorzubeugen - alle möglichen Permutationen nur im *zweiten* Konjunkt durchgeführt. Das Ergebnis ist eine Liste von ca. 100 grammatischen und 430 ungrammatischen Beispielsätzen. Einige Beispieldaten:

- Gapping: (Tilgung des Hauptverbes und einer NP im zweiten Konjunkt)
  "Der Professor schenkte der Sekreträrin den Blumenstrauß und der Student den Roman."
- Linkstilgung:
  "Ich glaube, daß der Professor der Sekretärin den Blumenstrauß schenkte und den Roman verkaufte."

Die Organisation der Daten in der relationalen Datenbank

Die Daten sind so in der Datenbank organisiert, daß entweder Beispielsätze anhand vorgegebener syntaktischer Merkmale erfragt werden können, oder daß die syntaktische Beschreibung konkreter Sätze ausgegeben werden kann. Mehrere Gründe sprechen dafür, das linguistische Material in einer relationalen Datenbank zu organisieren:

- Die Testmenge ist klar strukturiert und erleichtert so den Zugriff auf die Daten.
- Auf diese Weise ist es leicht, die Einträge konsistent zu halten.
- Den interessierten Gruppen stehen verschiedene logische Sichten auf die Daten zur Verfügung.
- Wir haben so gute Voraussetzungen, um die Datenbank um neue Syntaxbereiche zu erweitern.

Unsere Datenbank wurde in **awk** programmiert, weil **awk** als *public domain*-Software verfügbar ist und sowohl unter UNIX als auch unter MS-DOS läuft, was unserer Idee, dieses Test-Tool letztlich an alle interessierten Gruppen weiterzugeben, entgegenkommt. Außerdem erlaubt **awk** eine Stringbehandlung mit besonderen Matchingfunktionen, die Standard-Datenbanksoftware nicht bereitstellt, und die für unser Datenmaterial sehr wünschenswert ist. Andererseits bietet **awk** keine *schnellen* Zugriffsmethoden auf die gespeicherten Informationen, was für unsere Zwecke aber auch nicht im Vordergrund steht. Zusätzliche Tools wie z.B. eine Anfragesprache AQL, die mit Hilfe der Werkzeuge LEX, einem lexikalischen Analyse-Generator, und YACC, einem Parser-Generator, entwickelt wurde, konnten leicht in die Systemumgebung eingebunden werden. Das konzeptuelle Schema der Datenbank wird in Abbildung 1 illustriert:

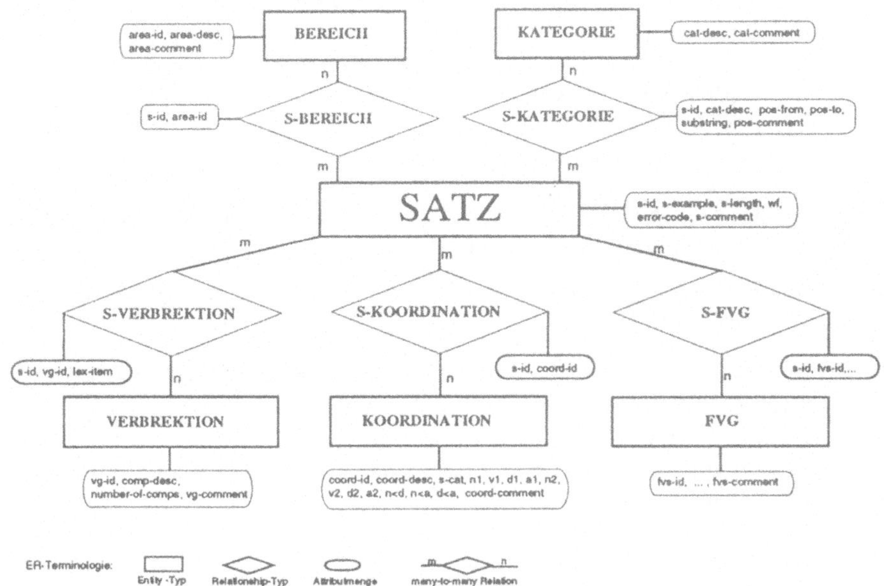

Die zentrale Relation in der Datenbank ist SATZ. Sie umfaßt Informationen über die eindeutig zugewiesene Satznummer, das Satzbeispiel, die Satzlänge, die Grammatikalität des Satzes, den möglichen Syntaxfehler und mögliche Besonderheiten des Satzes, die dann im Kommentarfeld eingetragen werden. Die Einträge in SATZ haben folgende Form:

s-id	s-example	s-length	wf	error-code	s-comment
1168	der manager beurteilt den studenten danach, ob der vortrag gut ist	11	1	0	null
3021	*der professor schenkte der sekretaerin einen blumenstrauss und der student verkaufte dem kommilitonen	13	0	- 10	rechtstilgung

In den Relationen VERBREKTION, KOORDINATION und FVG (Funktionsverbgefüge) stehen die Attribute, die für diese syntaktischen Phänomene entscheidend sind. Durch S-VERBREKTION, S-KOORDINATION und S-FVG werden die Satzbeispiele mit den syntaktischen Merkmalen verknüpft. S-BEREICH ordnet die Satzbeispiele den in BEREICH eingetragenen Syntaxbereichen zu. In S-KATEGORIE sind die allgemein-syntaktischen Informationen zu den Satzbeispielen gespeichert.

Folgende Anfragen zeigen die Verbindungen der Daten untereinander. In den ersten beiden Anfragen werden Beispielsätze erfragt, die bestimmte syntaktische Merkmale haben.

- Zeige alle Sätze, die eine Nominativ-NP, eine Dativ-NP und eine Akkusativ-NP haben.

  retrieve s-id s-example where comp-desc = "nom_dat_acc.
  1022 der manager gibt dem studenten den computer.
  1023 der manager verdankt dem praesidenten den computer.
  1235 *der manager gibt.
  1236 *der manager gibt dem studenten.
  . . .

- Zeige die grammatischen Sätze, in denen im zweiten Konjunkt Gapping auftritt.[4]

---

[4] Der Wert *2* in der Anfrage zeigt *Tilgung* an.

> **retrieve s-id s-example where v2 = 2 and (n2 = 2 or d2 = 2 or a2 =2) and wf = 1**
> 3025 der professor schenkte der sekretärin den blumenstrauss und *dem kommilitonen den roman.*
> 3026 der professor schenkte der sekretärin den blumenstrauss und *den roman dem kommilitonen.*
> . . .

Das letzte Beispiel zeigt eine Anfrage, die von einem konkreten Satz ausgehend allgemein-syntaktische Merkmale dieses Satzes erfragt.

- Zeige die Position der NP's in den Sätzen mit der Komplement-Beschreibung "nom_dat_acc".

> **retrieve s-id cat-desc cat-position substring where cat-desc = "np" and comp-desc = "nom_dat_acc "**
> 1022 np 1 2 der manager
> 1022 np 4 5 dem studenten
> 1022 np 6 7 den computer
> 1022 finite_matrix_verb 3 3 gibt
> . . .

Ausblick

Unser Diagnostik-Tool ist mit einer flexiblen Schnittstelle versehen, die es ermöglicht, die Daten den Systemen, die die Testsätze einsetzen wollen, zugänglich zu machen. Um das endgültige Ziel, alle Bereiche deutscher Syntax systematisch abzudecken, erreichen zu können, brauchen wir die Unterstützung anderer Forschungsgruppen, die weitere Bereiche von syntaktischen Phänomenen erarbeiten. Kontakte und Zusammenarbeit bestehen bereits mit dem IAI in Saarbrücken[5] und dem Institut für Computerlinguistik in Koblenz[6].

Literatur

[1] Abdel Kader Diagne: DiTo – *DMS. The DiTo Database Management System. Concepts, Implementation Issues and User Guide.* To appear as: DFKI Technical Document, DFKI, Saarbrücken, 1992.

[2] Daniel Flickinger, John Nerbonne, Ivan Sag, and Thomas Wasow: Towards evaluation of natural language processing systems. Technical report, Hewlett-Packard Laboratories, 1987.

[3] Giovanni Guida and Giancarlo Mauri: Evaluation of natural language processing systems: Issues and approaches. *Proceedings of the IEEE*, 74(7):1026–1035, 1986.

[4] Judith Klein and Ludwig Dickmann: DiTo – *Datenbank. Daten–Dokumentation zu Verbrektion und Koordination.* To appear as: DFKI Technical Document, DFKI, Saarbrücken 1992.

[5] Martha Palmer and Tim Finin: Workshop on the Evaluation of Natural Language Processing Systems. In: *Computational Linguistics 16(3)*, 1990, pp.175-181.

[6] Walter Read, Alex Quilici, John Reeves, Michael Dyer, and Eva Baker: Evaluating natural language systems: A sourcebook approach. In *COLING '88*, pages 530–534, 1988.

[7] Martin Volk and Hanno Ridder: GTU – eine Grammatik Testumgebung mit Testsatzarchiv. To appear in: *LDV-Forum 1.1992*

---

[5]Brigitte Krenn arbeitet am IAI in Saarbrücken an Funktionsverbgefügen.
[6]Martin Volk vom Institut für Computerlinguistik in Koblenz hat vorgeschlagen, Relativsätze zu erarbeiten.

Automatische Extraktion prosodischer Merkmale aus den Verläufen von Sprachgrundfrequenz und Lautheit

Matthias Reyelt
Institut für Nachrichtentechnik
Technische Universität Braunschweig
D-3300 Braunschweig
reyelt@ifn.ing.tu-bs.de

Zusammenfassung

Ausgehend von einem Modell der prosodischen Gruppe wurde untersucht, inwieweit sich Betonungsstufen und prosodische Gruppen (Phrasen) automatisch mit Methoden der Mustererkennung aus berechneten Merkmalverläufen des Sprachsignals ermitteln lassen. Verwendet wurde zur Analyse das Verfahren der Dynamischen Programmierung. Es zeigte sich, daß die Prosodie in unterschiedlichem Maße auf Grundfrequenz und Lautheit einwirkt und daß sich die Erkennungsleistung durch Interpolation der Grundfrequenz in den stimmlosen Bereichen und teilweise auch durch Einbeziehung der Satzdeklination, also des Absinkens der Grundfrequenz zum Satzende hin, verbessern läßt.

Abstract

Starting from a model of the prosodic group (phrase) the possibility was investigated of finding different stress levels and prosodic groups automatically by means of pattern analysis. Dynamic time warping was used for analysing parameters (e.g. F_0 -contours) of the speech signal. The results show that prosody has different effect on pitch and loudness. The recognition rates can be improved by interpolation of F_0 in unvoiced parts of the signal and by correction of the influence of declination (i.e. the falling of F_0 to the end of a sentence).

Einleitung

Beim Sprechen wird der erzeugte Schall im wesentlichen durch zwei Faktoren beeinflußt: Schallanregung und Artikulation. Die Automatische Spracherkennung reduziert das Sprachsignal in den meisten Fällen zunächst auf den Artikulationsanteil (z.B. LPC-Koeffizienten), während die Anregung nicht weiter untersucht wird. Prosodische Merkmale des Sprachsignals sind die Verläufe von Sprachgrundfrequenz, Intensität und die Lautdauer, also Merkmale aus dem Bereich der Schallanregung.

Durch die Prosodie werden dem Hörer zusätzliche Informationen übermittelt, z.B. das Geschlecht oder der seelische Zustand des Hörers. Diese Informationen sind für die automatische Spracherkennung meist nicht relevant.

Indessen können andere Informationen, die die Prosodieanalyse liefert, durchaus für die automatische Spracherkennung wichtig sein und die Erkennungsleistung verbessern. Die Wortbetonung kann auch im Deutschen bedeutungsunterscheidend sein (wie beim Wortpaar 'umfahren vs. um'fahren). Oberhalb der Wortebene kann der Sprecher für den Inhalt der Äußerung wichtige Wörter intonatorisch besonders hervorheben. Auch können Frage und Aussage nur durch die Intonation unterschieden sein. Weiterhin hat Prosodie Aufgaben, die im geschriebenen Text von der Interpunktion übernommen werden, nämlich die

Gliederung der gesprochenen Äußerung in prosodische Einheiten. Diese Einheiten werden auch als prosodische Gruppen oder Phrasen bezeichnet. Grammatische Satzgrenzen sind auch prosodische Gruppengrenzen, wobei Sätze aus mehreren prosodischen Gruppen bestehen können.

Bei der Prosodieanalyse muß zumindest zwischen Mikroprosodie, Wortprosodie, Gruppen- und Satzprosodie unterschieden werden, deren Effekte sich in der gesprochenen Äußerung überlagern. Grundsätzlich verwenden SprecherInnen eine ihnen eigene Prosodie, die selbst auch Schwankungen unterworfen ist. Die Festlegung eines Inventars prosodischer Labels (wie Betonungsstufen) ist schwierig. Dabei muß beachtet werden, daß es bei der prosodischen Handetikettierung einerseits wünschenswert ist, wenn die Betonung möglichst fein abgestuft werden kann. Allerdings ist diese Etikettierung stark subjektiv und ist daher oft inkonsistent.

Untersuchungen zur Gruppenprosodie

An dieser Stelle soll im wesentlichen nur die Gruppenprosodie betrachtet werden. Ausgangspunkt der durchgeführten Untersuchungen war die Frage, ob sich bei einem etwas umfangreicheren Korpus mit Mitteln der Mustererkennung ein vorher festgelegtes Inventar von prosodischen Einheiten im Verlauf der Merkmale unterscheiden läßt. Weiterhin sollten Erkenntnisse darüber erhalten werden, welche Merkmale am besten für die Prosodieanalyse geeignet sind.

Modell der prosodischen Gruppe

Bei den Versuchen zur Gruppenprosodie wurde ein Modell der prosodischen Gruppe verwendet, das in Abbildung 1 dargestellt ist. Dies Modell beschreibt die zulässige Abfolge von betonten und unbetonten Silben innerhalb der prosodischen Gruppe. Wie aus Abb. 1 hervorgeht, werden zwei Arten von betonten Silben unterschieden. Daß auch zwei Arten unbetonter Silben unterschieden werden sollen, liegt an der daraus resultierenden zusätzlichen Information über die Gruppengrenzen.

Dem Modell liegen die folgenden Regeln zugrunde:

- Eine prosodische Gruppe enthält genau einen Gruppenakzent.

- Eine prosodische Gruppe kann einen oder mehrere Nebenakzente enthalten.

- Der Gruppenakzent ist die letzte betonte Silbe in einer Gruppe.

- Auf die letzte Silbe vom Typ (.) folgt eine Gruppengrenze (vgl. Abb. 1).

Gruppenakzent	(')
Nebenakzent	(,)
unbetont vor Gruppenakzent	(-)
unbetont nach Gruppenakzent	(.)
Gruppengrenze	(|)

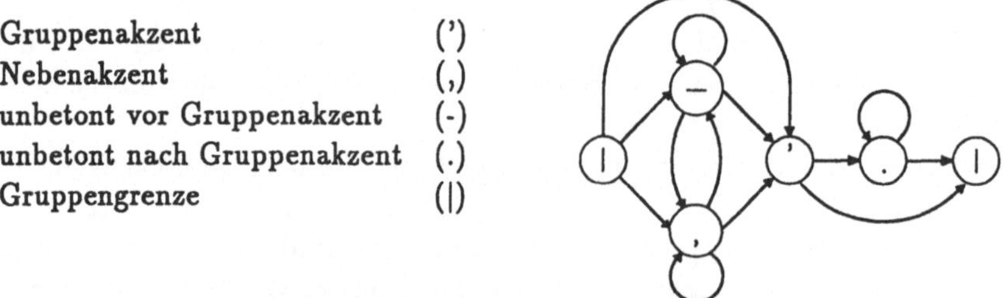

Abbildung 1: Modell für die prosodische Gruppe

Sprachmaterial und Verfahren

Das verwendete Sprachmaterial bestand aus 49 einzelnen Sätzen aus Kochrezepten, die von einem Sprecher (Sprecher 1) gesprochen wurden. Zur Kontrolle wurde am Institut für Phonetik der Uni München aufgenommenes Sprachmaterial etwa gleichen Umfangs verwendet (Sprecher 2).

Nach dem *leave-one-out*-Verfahren wurde jeweils die zu klassifizierende Silbe mit allen anderen verglichen und dann der Betonungsstufe der ähnlichsten Silbe (Nächster Nachbar) zugeordnet. Um die Ähnlichkeit zwischen den Silben zu ermitteln, wurde das Verfahren des *dynamic time warping* verwendet, das zwei Merkmalverläufe optimal aufeinander abbildet und eine Distanz zwischen ihnen liefert.

Diese Klassifizierung wurde mit der Handetikettierung verglichen und das Ergebnis in Verwechslungsmatrizen festgehalten. Die Summe der richtig erkannten Silben für die vier Betonungsstufen ergibt die Erkennungsrate, die in Tabelle 1 angegeben ist. Die Erkennungsrate für die Gruppenakzente ist dazu noch gesondert angegeben, da sie für die Erkennung prosodischer Gruppen wichtig ist.

Merkmal	Erkennungsraten			
	Gruppenakzente		alle 4 Betonungsstufen	
	Spr.1	Spr.2	Spr.1	Spr.2
psychoakustische Lautheit	32 %		45 %	
Grundfrequenz, linear	39 %	40 %	55 %	57 %
Grundfrequenz, interpoliert	49 %	30 %	57 %	53 %
Grundfrequenz, Deklination subtrahiert	48 %	43 %	53 %	57 %
Kombination Grundfrequenz Lautheit	52 %		56 %	
Modellgesteuerte Klassifizierung				
Grundfrequenz	61 %	54 %	64 %	66 %
Kombination Grundfrequenz Lautheit	57 %		61 %	

Tabelle 1: Erkennungsraten für verschiedene Merkmale

Mit diesem Verfahren wurden die Verläufe der Sprachgrundfrequenz und der psychoakustischen Lautheit untersucht. Bei der Grundfrequenz wurden auch die Auswirkungen von Vorverarbeitungen untersucht. Insbesondere wurde ein in [6] beschriebenes Verfahren zur Interpolation der Grundfrequenz in den stimmlosen Abschnitten getestet. Weiterhin wurde im Verlauf der Grundfrequenz die Satzdeklination subtrahiert.

Modellgesteuerte Klassifizierung

Die Klassifizierung von einzelnen Silben läßt es zu, daß prosodische Gruppen entstehen, die im Sinne des Intonationsmodells unzulässig sind, weil sie z.B. keinen Gruppenakzent enthalten. Durch die Überprüfung und Korrektur der Klassifizierung anhand des Modells läßt sich die Erkennungsleistung steigern. Dazu werden bei jeder zu klassifizierenden Silbe die Nächsten Nachbarn für jede der vier Betonungsstufen ermittelt. Über den ganzen Satz wird dann für alle Silben einer der vier Nächsten Nachbarn ausgewählt, so daß einerseits die Abfolge der Silbe vom Modell zugelassen wird und andererseits die Summe der Distanzen für diese Abfolge minimal wird.

Durch die modellgesteuerte Klassifizierung läßt sich die Erkennungsrate verbessern. Die Werte sind wiederum in Tabelle 1 angegeben.

Beurteilung der Ergebnisse

Die Erkennungsraten sind mit ca. 60% nicht besonders hoch. Dies liegt zum Teil daran, daß die Unterscheidung, ob eine unbetonte Silbe vor oder hinter dem Gruppenakzent liegt, aus der einzelnen Silbe nur schwer zu treffen ist. Weiterhin standen besonders für die Nebenakzente nur wenige Referenzmuster zur Verfügung. Die Erkennungsraten sind für die Grundfrequenz bei beiden Sprechern in etwa gleich. Der Einfluß der Deklination war bei Sprecher 2 auch hörbar geringer als bei Sprecher 2. Das schlechtere Ergebnis bei der interpolierten Grundfrequenz für Sprecher 2 läßt sich auf mikroprosodische Effekte und auf eine weniger gute Anpassung der Interpolationsparameter zurückführen.

Der Vergleich mit der Handetikettierung ist für die Beurteilung der Erkennungsleistung allerdings insofern problematisch, als es mehrere zulässige Intonationsmuster für einen gesprochenen Satz gibt und die Handetikettierung der Betonungsstufen recht subjektiv ist. So kann es sein, daß die automatische Klassifizierung zwar nicht mit der Handetikettierung übereinstimmt, jedoch trotzdem ein sinnvolles Ergebnis liefert.

Daraufhin wurde die automatische Klassifikation für Sprecher 1 unabhängig von der Handetikettierung daraufhin untersucht, ob die Ergebnisse bei einer weitergehenden linguistischen Analyse die Erkennungsleistung steigern würden. Dazu wurde die prosodische Klassifizierung auf die folgenden Regeln hin überprüft:

- Akzente können sich nur an lexikalisch betonten Stellen im Wort befinden.

- Artikel sind immer unbetont bzw. tragen als Demonstrativpronomen den Gruppenakzent einer Gruppe.

- Grammatische Einheiten (Nomenphrasen etc.) gehören vollständig zu einer prosodischen Gruppe.

- Wörter gehören vollständig zu einer prosodischen Gruppe.

Für die schon oben verwendete Kombination Grundfrequenz – Lautheit ergab sich dann folgendes Bild:
Von 123 gefundenen Gruppenakzenten lagen 101 (82 %) an zulässigen Stellen. Von den gefundenen 12 Nebenakzenten sind 9 (75%) zulässig.

Erkennung von prosodischen Gruppengrenzen

Die Lage der prosodischen Gruppengrenzen läßt sich auf zwei Arten ermitteln: Einmal indirekt aus der Abfolge der Betonungsstufen; weiterhin lassen sich Gruppengrenzen mit dem oben beschriebenen Verfahren auch direkt aus dem Merkmalverlauf extrahieren. Aus der Folge der Betonungsstufen für die modellgesteuerte Klassifizierung ergaben sich 70 Gruppengrenzen. Diese teilten sich folgendermaßen auf:

25 (36%)   an den Grenzen grammatischer Phrasen
15 (21%)   zwischen Wörtern innerhalb grammatischer Phrasen
30 (43%)   innerhalb von Wörtern

Dieses relativ schlechte Ergebnis kommt auch daher, daß die Unterscheidung zwischen den beiden Klassen für unbetonte Silben gerade im Bereich der Grenze schwierig ist. So wird die Grenze oft eine Silbe vor oder hinter der tatsächlichen Stelle detektiert.

Werden die Gruppengrenzen direkt aus dem Merkmalverlauf ermittelt, und zwar für Folgen von zwei Silben, verbessert sich das Ergebnis deutlich. Es werden nur noch 22 Gruppengrenzen gefunden; von diesen liegen:

13 (59%) an Grenzen grammatischer Phrasen
6 (27%) zwischen Wörtern innerhalb grammatischer Phrasen
3 (14%) innerhalb von Wörtern.

Zusammenfassung und Danksagung

Das hier erläuterte Verfahren liefert einige grundsätzliche Erkenntnisse über die Eignung von Merkmalen für die Prosodieanalyse und die erzielbaren Erkennungsraten. Es zeigte sich, daß die Interpolation der Grundfrequenz die Ergebnisse verbessert. Weiterhin liefert auch die psychoakustische Lautheit in Verbindung mit der Grundfrequenz einen Beitrag zur Erkennungsrate. Die Erkennungsraten sind insgesamt noch unbefriedigend. In Zukunft sollen mit diesem Verfahren statt einzelner Silben Silbenkombinationen untersucht werden. Weiterhin soll die Klassifikation der Betonungsstufen mit der Suche nach prosodischen Gruppengrenzen kombiniert werden.

Es hat sich bei den Versuchen aber auch gezeigt, daß die Handetikettierung prosodischer Einheiten nicht unproblematisch ist. Hier muß auf jeden Fall eine größere Konsistenz erreicht werden.

Der DFG ist für die Förderung der hier beschriebenen Arbeiten im Rahmen des Schwerpunktprogramms "Modelle und Strukturanalyse bei der Auswertung von Bild- und Sprachsignalen" zu danken.

Literatur

[1] BATLINER, A. & E. NÖTH: The Prediction of Focus. Proc. Eurospeech '89, Paris 1989

[2] DEMENKO,G.; B. MÖBIUS & M. PÄTZOLD: Statistische Analyse zur Klassifizierung von Intonationsverläufen. Tagungsband DAGA '90, Wien 1990

[3] WOLF, H.E.: Intonationsmotive zur Prosodiesteuerung nach Regeln für die Sprachsynthese. Tagungsband FASE/DAGA '82, Göttingen 1982

[4] PAULUS, E. et al.: Der Nutzwert prosodischer Merkmale für die automatische Spracherkennung. In: K. FELLBAUM (Hrsg.), Tagungsband Elektronische Sprachsignalverarbeitung Berlin 1990

[5] REINECKE, J. & M. LEHNING: Interpolation und Glättung von Sprachgrundfrequenzverläufen. Fortschritte der Akustik DAGA '91, DPG-GmbH, Bad Honnef 1991

[6] REYELT, M.: Einfluß der Prosodie auf die Verläufe von Sprachgrundfrequenz und Lautheit. Fortschritte der Akustik DAGA '92

[7] PAULUS, E. et al.:Prosodie- und Wortstellungsanalyse bei der Automatischen Spracherkennung. DFG-Abschlußbericht zum Vorhaben Pa 207/19

Maschinelles Verfahren zur Bestimmung der Bedeutung abgeleiteter Wörter ("MORSE")

Uta Seewald
Universität Hannover
Romanisches Seminar
Welfengarten 1
W-3000 Hannover 1
Tel.: (0511) 80 84 01
uta@cip-mb.uni-hannover.de

1. Einleitung

Das vorliegende Verfahren zur maschinellen Bedeutungsanalyse, MORSE (aus „morpho-semantische Analyse"), das in einer objektorientierten Programmierumgebung (Smalltalk-80) realisiert wurde, analysiert abgeleitete Wörter des französischen Wortschatzes der Datenverarbeitung. Die Analyse liefert die morphologische Struktur eines Wortes, auf deren Basis dann unter Zuhilfenahme von konzeptuellem Wissen — das nominalen Kernen in Form einer Begriffsklasse auf der Basis des fachlichen Kontextes der Datenverarbeitung zugeordnet ist — die Bedeutung eines Wortes in Form einer Paraphrase generiert wird. Das Verfahren macht semantische Informationen (Bedeutung des Lemmas, Lesartendifferenzierung etc.) transparent und für andere Ebenen der Verarbeitung natürlicher Sprache verfügbar.

2. Lexikon

Bei der Analyse greift das System auf ein hierarchisch strukturiertes Morphemlexikon zu, das in verschiedene Teillexika untergliedert ist. Auf der obersten Ebene stehen die Teillexika 'Morpheme', 'Konnektoren', 'Flexive' und 'Wörter' nebeneinander. Das Teillexikon 'Wörter' enthält morphologisch komplexe Lemmata, deren Konstituenten semantisch nicht oder nicht mehr motiviert erscheinen. Das Lexikon 'Morpheme' verzweigt in die Unterlexika 'Kerne', 'Präfixe' und 'Suffixe', deren Elemente nach ihrer Position in Wörtern als Unterklassen der Kategorie 'Morpheme' angelegt sind. Das Lexikon 'Suffixe' gliedert sich in die nach Wortklassen differenzierten Teillexika für Derivationssuffixe, deren Adjunktion an eine Ableitungsbasis ein Substantiv (DS-N), ein Verb (DS-V), ein Adjektiv (DS-Adj) oder ein Adverb (DS-Adv) erzeugt, sowie in ein Teillexikon, das allomorphe Varianten von Derivationssuffixen (DS-Allomorphe) enthält. Die Lexikonoberfläche spiegelt diese Strukturierung durch die einzelnen (skollbaren) Fenster, in denen die jeweiligen Lexikonteile aktiviert werden können, wider (siehe Abb. 1). Entsprechend dem unterschiedlichen Status der einzelnen Teillexika, der durch die Tatsache bedingt ist, daß einige Teillexika potentielle Ableitungsbasen enthalten (so die Kernmorphem-Lexika), andere hingegen Affixe, deren Auftreten in der *parole* an die gleichzeitige Existenz einer Basis gebunden ist, weichen die Einträge der verschiedenen Teillexika in den relevanten Subkategorisierungen voneinander ab. Eine Besonderheit der Affixlexika besteht darin, daß sie durch die den jeweiligen Einträgen zugeordnete Information die Wortbildungsregeln enthalten, auf denen die Analyse basiert. Ein Eintrag im Lexikon umfaßt im Falle eines Suffixes

— seine graphematische Repräsentation (z.B.: *-ation*)

— Bedingungen für dessen Selektion, sofern diese spezifiziert werden können, oder Spezifizierungen bzw. Optionen für dessen semantisches Verhalten (bezogen auf das Suffix *-ation* lautet die Angabe „2 Lesarten", was bedeutet, daß *-ation* zusammen mit Verbbasen, die als „potentiell resultativ" klassifiziert sind, Ableitungen bildet, die hinsichtlich ihrer Bedeutung ambig sind, da sie sowohl eine prozessuale Lesart (1) als auch eine resultative Lesart (2) erlauben. Bsp.: *configuration*, (1) Konfigurierung [von Geräten], (2) Konfiguration.)

— ein „Leitmorphem", dem verschiedene allomorphe Varianten eines Affixes zugeordnet werden, so daß Besonderheiten bzw. Beschränkungen, die auf die dem Leitmorphem zugeordneten Allomorphe zutreffen, nur an einer Stelle formuliert werden müssen

— die Angabe einer grammatischen Kategorie, die sowohl Auskunft über die Wortklasse der Ableitungsbasis gibt, an die das Affix herantritt, als auch über die bei der Affigierung resultierende Kategorie (hier: V\N, da das Suffix *-ation* an eine verbale Basis herantritt (V\) und eine Ableitung erzeugt, die der Kategorie N angehört.)

— sowie den semantischen Wert des Affixes, der als 'formalisierte' Paraphrase angegeben wird und den Status einer Kernbedeutung hat, da von ihm gegebenenfalls Lesartenvarianten oder inhaltliche Spezifizierungen abgeleitet werden (im vorliegenden Bsp. '[Prozess von V]', wobei V eine kategorial spezifizierte Variable für die einzusetzende verbale Ableitungsbasis ist).

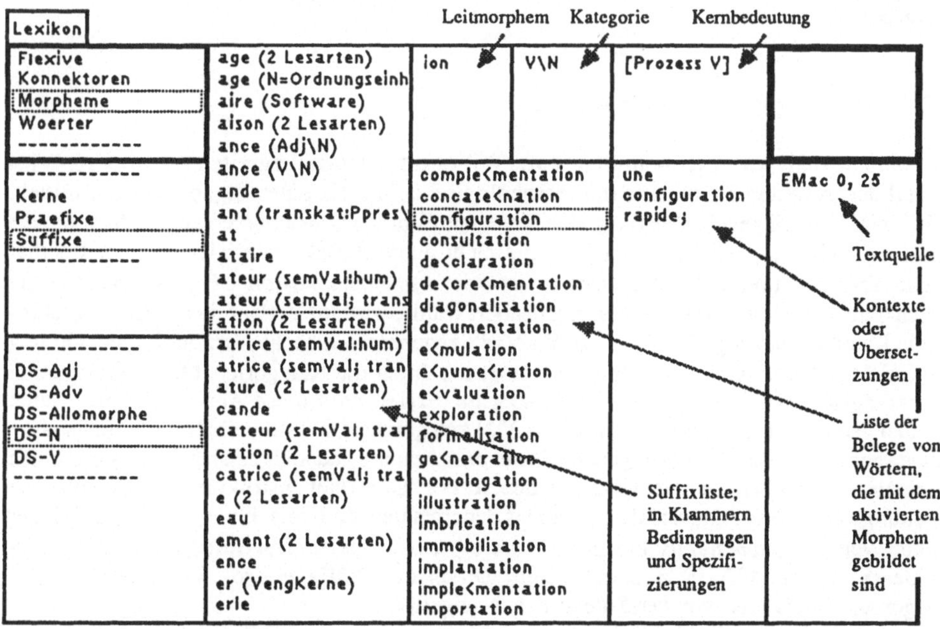

Abb. 1: Lexikon (Bildschirmabzug)

Ein Eintrag in einem nominalen Kernlexikon ist dagegen nur im Hinblick auf seine Wortklassenzugehörigkeit und die Zugehörigkeit zu einer sogenannten „Begriffsklasse" spezifiziert. Die im vorliegenden System verwendeten Begriffsklassen basieren auf der Feststellung der typischen Rollen, in denen ein durch das jeweilige Substantiv bezeichnete außersprachliche Objekt im fachlichen Kontext der Datenverarbeitung 'normalerweise' auftritt und klassifizieren Wortkerne nach der außersprachlichen, fachspezifischen Funktion des Objektes oder Sachverhaltes, auf das in konkreten Kontexten mit den entsprechenden Wortformen dieser Kerne Bezug genommen wird. (Das Substantiv *format* [dt. (*Disketten-*, *Datei-*)*Format*] ist z.B. als „Struktur" klassifiziert, weshalb bei der inhaltlichen Analyse deverbaler Ableitungen von diesem Substantiv die Paraphrase „[strukturieren in bezug auf FORMAT]" erzeugt wird).

Verbkerne hingegen sind untergliedert nach der Zugehörigkeit zu einer bestimmten Flexionsklasse. Darüber hinaus sind ihnen aspektuelle Angaben zugeordnet, die sie als „ausschließlich prozessual", „potentiell resualtativ" oder „ausschließlich resultativ" klassifizieren und auf die u.a. bei der Bestimmung deverbaler Substantive als 'Nomina actionis' oder als 'Nomina acti' zugegriffen wird.

3 Analyseverfahren

3.1 Segmentierung

Die Analyse eines Eingabewortes vollzieht sich in zwei Schritten. Im ersten Schritt wird ein Wort in Morpheme segmentiert. Die Segmentierung erfolgt gleichsam zentripetal, d.h. in Richtung auf den zu isolierenden Wortkern hin, und operiert nach dem Verfahren des "longest matching"[1]. Das Verfahren ist so angelegt, daß für homographe Eingabeketten unterschiedliche Segmentierungen ermittelt werden. Da jedem Affix eine Menge von mit ihm kombinierbaren Affixen zugeordnet ist — vergleichbar mit den „continuation patterns" des Two-Level-Modells von Koskenniemi (1983) —, werden morphosyntaktisch nicht erlaubte Segmentierungen vermieden Alle Ergebnisse der Analyse eines Wortes werden an das nachfolgende Analysemodul übergeben.

3.2 Morphologische Struturanalyse

Im zweiten Analyseschritt — in dem zwei Teilschritte ineinandergreifen — wird zunächst anhand der isolierten Morpheme die morphologische Struktur eines Eigabewortes ermittelt. Dabei wird dem eingegebenen Wort eine Kette von Wortklassensymbolen zugeordnet, die die einzelnen Ableitungsschritte, auch jene, die nicht durch Affixe materialisiert sind, sichtbar macht. Einem denominalen Substantiv wie *micro-programmation* z.B., das zuvor in die Morphkette *micro+programm+ation* segmentiert wurde, wird im Verlauf dieses Analyseschrittes die Kategorienabfolge 'N/N - N - N\V - V\N'[2] zugeordnet. Obschon bei der Segmentierung nur drei Morpheme isoliert worden sind, zeigt die durch die Kategorienabfolge dargestellte morphologische Struktur vier Ableitungsschritte. Erzielt wird diese Analyse im erwähnten Beispiel dadurch, daß das Suffix *-ation*, als V\N kategorisiert, nur an verbale Ableitungsbasen herantreten kann. Bei der vorliegenden Basis *programm(e)* handelt es sich jedoch um einen nominalen Kern (N). Daraus wird auf den in der 'Oberflächenstruktur' nicht sichtbaren Ableitungsschritt N\V, d.h. der Bildung eines denominalen Verbums, im vorliegenden Fall der Bildung von [*programm(er)*]$_V$ aus [*programm(e)*]$_N$, geschlossen. Die Suffigierung von *-ation* mit der Kategorie V\N ist nun autorisiert. Durch das Präfix *micro-* wird die Kette der Kategorialsymbole links von der Kategorie N/N angeführt.

3.3 Semantische Beschreibung

Parallel zur morphologischen Strukturanalyse wird eine Paraphrase generiert, die die inhaltliche Beschreibung des abgeleiteten Wortes repräsentiert und zum Ziel hat, die "Beziehung zwischen

---

[1] Segmentierungsverfahren, bei dem durch Vergleich der Eingabekette mit einer Morphemliste die längst mögliche Zeichenkette bei Übereinstimmung mit einem Morphem abgetrennt wird.

[2] In Anlehnung an Notationskonventionen wie sie im Rahmen des kategorialen Kalküls (Moortgat 1988) üblich sind, verwenden wir Basiskategorien (N, V, Adj), die hier im Lexikon ausschließlich den Kernmorphemen zugeordnet sind, und von diesen abgeleitete Kategorien. Jede abgeleitete Kategorie enthält einen Konnektor (\ oder /), der jeweils angibt, ob sich das entsprechende als Funktor interpretierte Affix links (/) oder rechts (\) mit einem Basislexem verbindet. Darüber hinaus wird durch die einem Affix zugeordnete Kategorie neben der bei der Wortbildung entstehenden Wortklasse auch diejenige Wortklasse spezifiziert, die ein Affix als Basiskategorie fordert.

einem objektsprachlich zu erläuternden Inhalt und der Definition dieses Inhalts in einer Metasprache"[3] sichtbar zu machen. Während die Segmentierung eines eingegebenen Wortes von außen nach innen verläuft, erfolgt die semantische Analyse vom Kern, dem Träger der lexikalischen Basisinformation, aus nach außen[4]. Bevor die syntaktische und/oder semantische Veränderung einer Ableitungsbasis, die durch das Hinzutreten eines Suffixes hervorgerufen wird, in die zu erweiternde formale Paraphrase eingeht, wird überprüft, ob der Kern zuvor präfigiert wurde, sich die suffixale Ableitung also nicht nur auf das Kernmorphem bezieht, sondern auch eine Präfigierung umfaßt. Ein solcher Fall liegt beispielsweise in dem bereits zitierten *micro-programmation* vor. Nicht das im ersten Analyseschritt ermittelte Kernmorphem *programm(e)* bildet die Ableitungsbasis für die Verbalisierung und anschließende Suffigierung mit *-ation*, sondern der mit *micro-* präfigierte Kern *micro-programme*. Die Rekonstruktion der Ableitungsgeschichte, die in der linearen Abfolge der Morphe nicht zum Ausdruck kommt, ist für die semantische Analyse von zentraler Bedeutung.

Für die semantische Analyse spielt nicht nur die morphologische Struktur des Eingabewortes eine Rolle, denn aus ihr könnte nur eine abstrakt bleibende Wortbildungsbedeutung[5] erschlossen werden, sondern auch die Zugehörigkeit von nominalen Kernen zu bestimmten Begriffsklassen (siehe oben). Während einer Vielzahl denominaler Verben (*indexer, classer, copier, calculer, filtrer* etc.) z.B. rein formal dieselbe morphologische Struktur zugeordnet werden muß (N + N\V), unterscheiden sich diese Verben doch hinsichtlich ihres semantischen Wertes („versehen mit einem *index*"; „strukturieren in bezug auf *classe*" usw.). Wie eine denominale Verbableitung semantisch im Einzelfall zu interpretieren ist, kann auf der Basis des konzeptuellen Wissens, das in den sogenannten Begriffsklassen kodiert ist, die über die Rolle bzw. Funktion des durch das Substantiv benannten Objektes oder Sachverhaltes in der außersprachlichen Wirklichkeit Auskunft geben, abgeleitet werden.[6] Ferner spielt bei der semantischen Analyse bzw. bei der Angabe von Lesartenmehrdeutigkeiten der aspektuelle Wert einer Ableitungsbasis eine Rolle, der bei nicht abgeleiteten Verben im Lexikon verzeichnet ist (siehe oben), bei abgeleiteten Verbklassen in Abhängigkeit vom Kern der Verbbasis ermittelt wird.

Bei der in Abb. 2 dargestellten Analyse des Substantivs *emboîtement*, dessen Verbbasis von einer präpositionalen Fügung (*en+boîte*) mit dem Substantiv *boîte* abgeleitet ist, das nicht als „Ergebnis", sondern als „Behaelter" klassifiziert ist, sind entsprechend zwei Interpretationen möglich. Abgeleitete Verbbasen, deren Kern als „Ergebnis" klassifiziert wurde (Bsp. *programmation*), erlauben hingegen nur eine prozessuale Interpretation.

4   Ausblick

Bei der vorliegenden maschinellen Bedeutungsanalyse wurde das Lexikon mit dem Analysemodul in eine Komponente integriert. Gegenwärtig liefert die Analyse 95% vollständig richtige

---

[3] Laca (1986:81).

[4] Diese Reihenfolge ergibt sich aus dem von Laca (1986:23) wie folgt beschriebenen Phänomen: "Sekundäre paradigmatische Strukturen [i.e. Wortbildungen, U.S.] sind Fälle von orientierter Implikation: die Bedeutung des Sekundärlexems enthält die Bedeutung des Primärlexems und setzt ihre Bestimmung somit voraus, die Bestimmung der Bedeutung des Primärlexems erfolgt hingegen unabhängig von seinem Funktionieren in einer sekundären Struktur."

[5] Die 'Wortbildungsbedeutung' ist definiert als "eine Invariante auf der Ebene des WB-Systems, die ausschließlich durch die Bedeutung der Basis und das auf sie einwirkende einzelsprachliche WB-Verfahren bestimmt wird" (Laca 1985:175).

[6] "Die bezeichneten Sachen selbst weisen auf gewisse Beziehungen als einzig mögliche hin, machen andere unwahrscheinlich, eliminieren sie. Unser Wissen von der Sache ist etwas von "Bedeutung" durchaus Verschiedenes. Die stoffliche Steuerung findet von den konkreten, durch die Texteinheiten bezeichneten Gegenständen, Prozessen usw. aus statt, nicht aber von der Bedeutung aus." (Morciniec (1964:97), zitiert nach Laca (1986:67)).

Ergebnisse. In 4% der Fälle liefert das System falsche oder keine Ergebnisse und in 1% der Fälle liegen heteromorphe Analyseergebnisse mit einem richtigen Resultat vor. Da bei der Analyse einem im Lexikon nicht enthaltenen abgeleiteten Lemma durch das Analysemodul sowohl syntaktische als auch semantische Informationen (Bedeutung des Lemmas, Lesartendifferenzierung, gegebenenfalls Angaben zur Argumentstruktur) zugeordnet werden, wird eine weitergehende Verarbeitung dieses Lemmas auf anderen Ebenen der sprachlichen Analyse möglich. Darüber hinaus bietet sich der Einsatz eines solchen Systems, das die inhaltliche Beziehung transparent macht, die zwischen Wörtern mit einem gemeinsamen lexematischen Kern besteht, auch für didaktische Zwecke im Bereich der linguistisch untermauerten Fremdsprachenvermittlung an.

Morphosemantische Analyse	
Eingabe	emboîtement
Segmentierung	em+boît+ement
Morphologische Struktur	(Prep + N) + N\V + V\N
Bedeutung Lesart (1)	[Prozess [[[in BOÎTE] hineinlegen] y]]
Bedeutung Lesart (2)	[z Instanz [Resultat [[[[in BOÎTE] hineinlegen] y] -> [erzeugen z]]]]

Abb. 2: Dialogfenster zur Kommunikation mit dem Analysemodul (Bildschirmabzug)

Literatur

Bierwisch, Manfred (1982): Formal and Lexical Semantics. In: Linguistische Berichte 80 (1982), S. 3-17

Byrd, Roy J. (1983): Word Formation in Natural Language Processing Systems. In: Proceedings of the Eighths International Conference on Artificial Intelligence, S. 704-706

Corbin, Danielle (1989): Form, structure and meaning of constructed words in an associative and stratified lexical component. In: Booij/van Marle (eds.): Yearbook of Morphology 2 (1989), S. 31-54

Jokinen, Kristiina (1990): The Morpho-Syntactic Lexicon. A study of interaction between morphology and syntax based on Finnish verb derivation. Diss., University of Helsinki

Laca, Brenda (1985): Probleme der semantischen Beschreibung denominaler Nomina agentis. In: Dietrich, Wolf/Gauger, Hans-Martin/Geckeler, Horst (Hrsg.): Grammatik und Wortbildung romanischer Sprachen. Beiträge zum Deutschen Romanistentag in Siegen, 30.0.-3.10.85. Tübingen: Narr, (1987), S. 151-169

Laca, Brenda (1986): Die Wortbildung als Grammatik des Wortschatzes. Untersuchungen zur spanischen Subjektnominalisierung. Tübingen: Narr

Moortgat, Michael (1988): Lambek Categorial Grammar and the Autonomy Thesis. In: Everaert, Martin/Evers, Arnold/ Huybregts, Riny/Trommelen, Mieke (eds.): Morphology and Modularity. Dordrecht: Foris, S. 232-257

Pages, Pascale (1984): Analyse morphologique automatique du français. Thèse du doctorat du 3e cycle. INALCO, Paris III

Weber, Nico (1990): Modelle für ein Lexikon der Wortbildungsmittel. In: Schaeder, Burkhard/Rieger, Burghard (Hg.): Lexikon und Lexikographie. Hildesheim: Olms, S. 29-44

Zwanenburg, Wiecher (1980): Form and Meaning in Morphology. In: Quaderni di Semantica 1/2, S. 327-337

Experiments in Dialogue Context Dependent Language Modelling *

Petra Witschel, Gerhard Th. Niedermair

SIEMENS AG
Otto-Hahn-Ring 6, 8000 MUNICH 83
GERMANY

Abstract

The German prototype (SUNGerm) of the European project SUNDIAL[1] aims at a telephone based real time system for oral dialogues to inquire a database on intercity train schedules. To enhance system performance one of our goals is to improve the recognition accuracy by minimizing the perplexity. We will show that our bigram language model component which can be dynamically changed according to the context of the dialogue, can further reduce this perplexity. This paper describes the integration of linguistic knowledge into the continuous speech recognizer[2]. Especially our experiments in the interaction of the language model component and the dialogue manager are presented. In our evaluation part we compare our approaches with and without dynamically varied language models by an overview of results of the performance measurement.

Zusammenfassung

Der deutsche Prototyp (SUNGerm) des europäischen Projektes SUNDIAL[3] hat als Ziel ein Echtzeitsystem zur Bearbeitung von gesprochenen Dialogen, mit denen Informationen aus einer Datenbank der Intercity Fahrpläne über Telefon abgefragt werden können. Um die Performanz des Erkennungssystems zu vergrößern und die Erkennungsrate zu verbessern, ist es eine unserer Perspektiven, die Perplexität zu minimieren. Durch unsere Sprachmodell-Komponente (Bigram), die abhängig vom Dialogkontext dynamisch veränderbar ist, können wir die Perplexität weiter reduzieren. Der Beitrag beschreibt die Integration von linguistischem Wissen in den Erkenner kontinuierlich gesprochener Sprache[4]. Im Speziellen werden unsere Experimente zur Interaktion der Sprachmodell-Komponente mit dem Dialogmanager dargestellt. Durch Performanzmessungen vergleichen wir unsere Ansätze, die mit und ohne dynamische Anpassung der Sprachmodelle evaluiert werden.

---

*The authors would like to thank their colleagues in the SUNDIAL project, who contributed to the work described here: G. Bakenecker, T. Kuhn.

[1]This project is partially funded by the Commission for the European Communites ESPRIT programme, as project 2218. The partnes in this project are CAP GEMINI INNOVATION, CNET, CSELT, DAIMLER-BENZ, ERLANGEN UNIVERSITY, INFOVOX, LOGICA, POLITECHNICO DI TORINO, SARIN, SIEMENS, SURREY UNIVERSITY.

[2]The recognition moduls are supplied by the ERLANGEN UNIVERSITY.

[3]Dieses Projekt wird zum Teil unterstützt von dem ESPRIT Programm der Kommission der Europäischen Gemeinschaft als Projekt 2218. Die Partner in diesem Projekt sind CAP GEMINI INNOVATION, CNET, CSELT, DAIMLER-BENZ, ERLANGEN UNIVERSITY, INFOVOX, LOGICA, POLITECHNICO DI TORINO, SARIN, SIEMENS, SURREY UNIVERSITY.

[4]Die Erkennungsmodule sind an der UNIVERSITÄT ERLANGEN entstanden.

1   Introduction

Within the ESPRIT project SUNDIAL, which we began in February 1989, prototypes of oral dialogue systems are being developed which will support the access to information services over a telephone network. The German prototype (SUNGerm) supports inquiries to a database on intercity train schedules. This prototype, a first version of which is fully implemented now, also integrates modules which are the result of a common effort of different partners of the SUNDIAL project. The overall system architecture comprises an acoustic front end, linguistic processing, dialogue management, and message generation. An overview is given in Peckham [Pec90]. The task oriented dialogue component offers the possibility of effectively applying dialogue context knowledge to the recognition process; the knowledge can be used to improve the recognition performance.

2   Language Model

For language modelling in the German demonstrator a stochastic bigram model based on word categories is used. Instead of the usual word bigrams we grouped the words into categories according to morphological, syntactic, and semantic characteristics. We trained the transition probabilities between these categories. Thus we can reduce the size of the required training corpus and the size of the language models themselves. See also [PN89]. Its task is to estimate for a wordchain $w_1, .., w_n$ the a-priori probability $P(w_1, .., w_n)$. In case of a bigram model $P(w_1, .., w_n)$ is approximated by the product of conditional probabilities $p(w_n|w_{n-1})p(w_{n-1}|w_{n-2}),...$ The conditional probability $p(w_n|w_{n-1})$ is approximated by:

$$p(w_n|w_{n-1}) = p(w_n|C_n)p(C_n|C_{n-1})$$

where C_i denotes the category the word w_i belongs to; for each word this category is unique. It is currently assumed that within a category every word is equally probable, that is: $p(w_i|C_i) = 1/N_i$ where N_i denotes the number of words in the category C_i. With a large enough training corpus this could probably be improved by taking the relative frequencies of words as the emission probabilities of words within a given class. The $p(C_i|C_{i-1})$ are estimated on a training corpus of sentences.

A measure for the restrictiveness of the language model is the test set perplexity. In the following definition the test set is regarded as a single chain of all test sentences where w_1 is the first word and w_n is the last word of the entire test set. Each two sentences are separated by a special end sign. For our bigram class-based language model we approximated the test set perplexity as follows:

$$PP = 2^H \text{ where } H = -(1/n)\sum_{i=0,...n-1} log_2[p(w_{i+1}|C_{i+1})p(C_{i+1}|C_i)]$$

For the SUNDIAL application we determined word categories by using the information in the syntactic/semantic lexicon. We defined fixed classifiers which automatically achieve the classification of the words by using the word feature entries of a given lexicon. In this way we have done some experiments using different classifiers, a syntactic, a morpho-syntactic, and a syntactic-semantic one. According to these experimentations we found that big differences in the perplexity of the language models can result from the different classifiers. It turned out that on a classifier, which uses for classification a combination of syntactic categories, morphology, and additionally semantic features, the lowest perplexity was achieved. 96 classes have been defined which result in 9216 possible categorial bigrams.

LM	semantic and situational context	LM	semantic and situational context
b_0	whole task	b_7	which city do you want to pass
b_1	hello, what info do you need	b_8	do you want earlier connections
b_2	at what time do you want to travel	b_9	where do you want to start
b_3	when do you want to travel	b_10	on which day do you want to ..
b_4	do you want the next train	b_11	at what time do.. to arrive
b_5	asking for confirmation	b_12	where do you want to change
b_6	to which place do you want to go	b_14	thank you, good bye

Table 1: Dialogue step dependent language models

For a detailed description of the different classifiers see [WN92].

First a language model for the whole task of the application was trained: The collected training material consists of 1947 utterances made of 12503 words. This training material was collected from two different simulations. The first consists of sentences collected in the DICOS project at Regensburg [Kb90]. In the second written utterances were collected by the SIEMENS staff. The test material we took from the German dialogue SUNDIAL sentences which consist of 458 user utterances made of 1578 words, of which 198 are different. The figures for the dialogue dependent task can be found in table 2. The SUNDIAL lexicon used for calculating the perplexity has 1068 word entries. Under the above assumptions we have calculated a perplexity of 106 for our **general** language model; this was the lowest perplexity we could achieve through appropriate classification (as opposed to e.g. 248 with a purely syntactic classifier).

3   Dialogue Dependent Prediction

We decided to train dialogue step dependent language models following the observation that the utterances were rather similar within a certain dialogue step, but very different in vocabulary and structure between different steps. We grouped the corpora into 13 different classes depending on the semantic and situational context of the dialogue. For these corpora corresponding stochastic bigram language models using syntactic, morphologic, and semantic categories were generated (in the same way as described in section 2). Table 1 gives an overview of the different contexts in the train schedule enquiry domain, for which the models were generated: b_0 stands for the general language model, b_1 to b_14 are the dialogue step dependent language models. The context string indicates the preceeding system utterance which establishes the particular dialogue context. The 13 different dialogue dependent language models are trained on the complete lexicon. The size of training- and test corpora are listed in table 2 together with the different test set perplexities for each model. Using the complete vocabulary each context dependent model still models the whole vocabulary, just with varying probabilities. Consequently the size of the context dependent model stays the same, only the transition probabilities between the categorie-classes vary. In this way the language model does not a priori, or cascadedly exclude any possible user utterance; the latter being the problem of many predictive approaches (see e.g. [You89]).

The dialogue manager, developed by our partners, provides an interface to the linguistic processor in both directions. From the linguistic processor the dialogue manager receives a semantic structure of the utterance, to the linguistic processor it passes a perdiction on the type of the possible next user utterances. This prediction is derived from the state of the dialog manager and the type of utterances that the system last made (see also table 1). It contains (beside system internals) the following information:

- The kind of dialogue acts that are expected to be performed in the next user input. Typically acts which are predicted are e.g.: open-request, correction, wh-answer, etc.

- The dialogue history provides information which indicates the topics that last have been addressed either by user or system utterances. This can be information e.g. about departure place, arrival place, date etc.

We used this interface-information to choose the right one out of our 13 dialogue dependent models. By heuristic methods we extract the relevant characteristics of the predictions which allows us to associate a particular language model with the current dialogue situation. The user utterance is expected to fit this model. If no dialogue dependent class fits, the general language model b_0 is used instead. The identifier of the appropriate model is passed to the acoustic front end. Accordingly one of the specific language models is used during recognition.

4 Evaluation

The tests have been performed with a speaker dependent recognition task trained on 1000 application dependent utterances [5]. To measure recognition quality in this special context we compared the error rate achieved by the recognition component with and without dynamically varied language models under comparable conditions. The results are presented in table 2. For the dialogue dependent language models we got an improvement of the perplexity up to 60% in comparison to the whole task language model b_0. In b_9 and b_12 one can observe a higher perplexity than in b_0. This may be due to the fact that in b_0 areas of higher perplexity, which are outweighed by areas of low perplexity like b_4, lead to an average of 106 for b_0. For the recognition error rate there is an improvement up to 23% using dialogue step dependent language models. For some dialogue situations the error rate may grow despite of lower perplexity of the model, or vice versa. There may be different reasons for this behavior, e.g. that this effect may depend on changed linguistic probabilities for highly confusable or notoriously badly recognized words. Changed linguistic probabilities can be caused by different training material and the estimation of not-observed bigrams probabilites by discounting the relative frequencies of bigram observations by going back to unigrams. The high error rate for language model b_4, b_5 and b_8 is caused by problems in recognizing the word "ja". E.g. for b_8 the test sentences (110 words, 20 errors) contain the word "ja" 23 times. This leads to an error 11 times.

5 Conclusion and Future Aspects

The experiments have shown that in most cases where dialog dependent language modelling is used an improvement of the recognition quality could be achieved. Nevertheless the figures for some language models reflect that it would be necessary to work with training corpora of much more than 100 utterances to be representative.

---

[5]The recognition tests have been performed by T. Kuhn of ERLANGEN UNIVERSITY.

LM	Err.	Err. to b_0	PP	TEST no. utter.	TRA no. utter.	LM	Err.	Err. to b_0	PP	TEST no. utter.	TRA no. utter.
b_4	15.22	22.83	42	25	150	b_6*	4.00	8.00	69	35	100
b_5*	11.49	28.16	45	60	200	b_11	10.98	14.63	69	24	150
b_3	2.17	5.43	48	22	157	b_10*	3.85	3.85	71	30	152
b_2*	0.0	1.22	49	22	144	b_7	5.77	1.92	85	16	99
b_1*	2.99	2.52	56	75	350	b_9*	8.00	12.00	114	40	150
b_8*	28.18	31.82	64	37	160	b_12	7.69	5.13	139	12	100
b_14*	15.38	23.08	65	10	35						

LM :	semantic, situational context and appropriate language model
* :	models currently used in SUNGerm
Err. :	error rate of acoustic recognition using dialog dep. lang. models
Err. to b_0 :	error rate of acoustic recognition using whole task lang. model
PP :	test set perplexity for dialog dependent language model (the whole task language model has PP of 106)
TEST no. utter.:	number of test utterances
TRA no. utter.:	number of training utterances

Table 2: Evaluation

As already pointed out in section 2, the allocation of appropriate classes is decisive for the perplexity. In the SUNGerm project we have gained specific experiences in fixing word classes for the bigram language model through intellectual inspection. We are convinced that it would be very usefull to have a more accurate and automatic method for fixing the word classes. In future we intend to learn the best classification automatically from tagged corpora (using appropriate syntactic, semantic and morphological features of words) such that the resulting perplexity can be minimized. Moreover the training of language models should be based on much larger databases.

References

[Kb90] Huberta Kritzenberger. Zustandsbeschreibung der Benutzereingaben zum DICOS-Bahnauskunftssystem, DICOS Arbeitspapier 11. Technical report, Universität Regensburg, FG Linguistische Informationswissenschaften, 1990.

[Pec90] J. Peckham. Speech understanding and dialogue over the telephone: An overview of progress in the SUNDIAL project. *Acoustic Bulletin*, pages 1469–1472, 1990.

[PN89] Annedore Paeseler and Hermann Ney. Continuous-speech recognition using a stochastic language model. In *International Conference on Acoustics, Speech and Signal Processing*, pages 719–722, Dallas, Texas, 1989.

[WN92] P. Witschel and G. Th. Niedermair. Generation of Stochastic Language Models. Technical report, deliverable 3 of WP5 of SUNDIAL project, 1992.

[You89] S. Young. The MINDS system: using context and dialogue to enhance speech recognition. In *International Conference of DARPA*, pages 131–136, 1989.

Autorenverzeichnis